权威·前沿·原创

皮书系列为
“十二五”国家重点图书出版规划项目

中国社会科学院创新工程学术出版项目

中国省域竞争力蓝皮书

BLUE BOOK OF CHINA'S PROVINCIAL COMPETITIVENESS

中国省域经济综合竞争力发展报告（2013~2014）

REPORT ON CHINA'S PROVINCIAL ECONOMIC COMPETITIVENESS DEVELOPMENT (2013-2014)

新常态下中国省域经济结构分析

Analysis of China's Provincial Economic Structure under the New Normal

主　　编／李建平　李闽榕　高燕京
副 主 编／李建建　苏宏文
执行主编／黄茂兴

社会科学文献出版社
SOCIAL SCIENCES ACADEMIC PRESS (CHINA)

图书在版编目(CIP)数据

中国省域经济综合竞争力发展报告. 2013～2014：新常态下中国省域经济结构分析/李建平，李闽榕，高燕京主编. —北京：社会科学文献出版社，2015.2

（中国省域竞争力蓝皮书）

ISBN 978－7－5097－7136－5

Ⅰ. ①中… Ⅱ. ①李… ②李… ③高… Ⅲ. ①省－区域经济发展－研究报告－中国－2013～2014 Ⅳ. ①F127

中国版本图书馆 CIP 数据核字（2015）第 027327 号

中国省域竞争力蓝皮书

中国省域经济综合竞争力发展报告（2013～2014）

——新常态下中国省域经济结构分析

主　　编／李建平　李闽榕　高燕京

副 主 编／李建建　苏宏文

执行主编／黄茂兴

出 版 人／谢寿光

项目统筹／王　绯

责任编辑／李兰生　赵慧英

出　　版／社会科学文献出版社·社会政法分社（010）59367156

地址：北京市北三环中路甲 29 号院华龙大厦　邮编：100029

网址：www. ssap. com. cn

发　　行／市场营销中心（010）59367081　59367090

读者服务中心（010）59367028

印　　装／三河市东方印刷有限公司

规　　格／开 本：787mm×1092mm　1/16

印 张：40.25　字 数：929 千字

版　　次／2015 年 2 月第 1 版　2015 年 2 月第 1 次印刷

书　　号／ISBN 978－7－5097－7136－5

定　　价／198.00 元

皮书序列号／B－2007－069

中国社会科学院创新工程学术出版项目

荣获中国首届优秀皮书“最佳影响力奖”（2009 年）

荣获中国第二届“优秀皮书奖”（2011 年）

荣获第三届“中国优秀皮书奖·报告奖”一等奖（2012 年）

荣获第四届“中国优秀皮书奖”（2013 年）

荣获第五届“中国优秀皮书奖”（2014 年）

入选 2013 年中国“十大皮书”（2013 年）

全国经济综合竞争力研究中心 2015 年重点项目研究成果

中央财政支持地方高校发展专项项目“福建师范大学产业与区域经济综合竞争力研究创新团队”2014～2015 年重大研究成果

中央组织部首批青年拔尖人才支持计划（组厅字〔2013〕33 号文件）2014～2015 年资助的阶段性研究成果

2010 年国家社科基金一般项目（项目编号：10BJL046）的阶段性研究成果

福建省特色重点学科和福建省重点学科福建师范大学理论经济学学科 2014～2015 年重大研究成果

福建省社会科学研究基地——福建师范大学竞争力研究中心 2015 年重大项目研究成果

2014 年福建省社科基地重大项目（项目编号：2014JD2010、2014JD2011 和 2014JD2012）的阶段性研究成果

福建省高等学校科技创新团队培育计划（项目编号：闽教科〔2012〕03 号）的阶段性研究成果

福建师范大学创新团队建设计划 2014～2015 年的阶段性研究成果

中国省域竞争力蓝皮书编委会

编委会组成名单

主　　任　韩　俊　隆国强　卢中原　李慎明

副 主 任　李建平　高燕京　谢寿光　李闽榕

委　　员　李建建　苏宏文　张华荣　黄茂兴

编著人员名单

主　　编　李建平　李闽榕　高燕京

副 主 编　李建建　苏宏文

执行主编　黄茂兴

编写组人员　黄茂兴　李军军　林寿富　叶　琪　王珍珍
陈洪昭　周利梅　陈伟雄　易小丽　唐　杰
张宝英　杨雪星　叶婉君　张　璇　邱雪萍
李师源　兰筱琳　贾学凯　陈志龙　邹尔明
季　鹏　林　瀚　吴　娟　林惠玲　陈贤龙
彭席席　张艺婷　黄　成　李　振　肖　蕾

主要编撰者简介

李建平 男，1946年出生于福建莆田，浙江温州人。曾任福建师范大学政治教育系副主任、主任，经济法律学院院长，副校长、校长。现任全国经济综合竞争力研究中心福建师范大学分中心主任，教授，博士生导师，同时兼任福建省人民政府经济顾问、中国《资本论》研究会副会长、中国经济规律研究会副会长、全国马克思主义经济学说史研究会副会长、全国历史唯物主义研究会副会长等。长期从事马克思主义经济思想发展史、《资本论》和社会主义市场经济、经济学方法论、区域经济发展等问题研究，已发表学术论文100多篇，撰写、主编学术著作、教材60多部。科研成果获得教育部第六届社科优秀成果二等奖，八次获得福建省哲学社会科学优秀成果一等奖，两次获得二等奖，还获得全国第七届“五个一工程”优秀理论文章奖。福建省优秀专家，享受国务院特殊津贴专家，国家有突出贡献中青年专家，2009年被评为福建省第二届杰出人民教师。

李闽榕 男，1955年生，山西安泽人，经济学博士。现为福建省新闻出版广电局党组书记、副局长，福建师范大学兼职教授、博士生导师，中国区域经济学会副理事长。主要从事宏观经济学、区域经济竞争力、现代物流等问题研究，已出版著作《中国省域经济综合竞争力研究报告（1998~2004）》等20多部（含合著），并在《人民日报》《求是》《管理世界》等国家级报刊上发表学术论文200多篇。科研成果曾荣获新疆维吾尔自治区第二届、第三届社会科学优秀成果三等奖，以及福建省科技进步一等奖（排名第三）、福建省第七届至第十届社会科学优秀成果一等奖、福建省第六届社会科学优秀成果二等奖、福建省第七届社会科学优秀成果三等奖等10多项省部级奖励（含合作），并有20多篇论文和主持完成的研究报告荣获其他省厅级奖励。

李建建 男，1954年生，福建仙游人，经济学博士。曾任福建师范大学经济学院院长，教授、博士生导师。享受国务院特殊津贴专家。主要从事《资本论》与社会主义市场经济、经济思想史、城市土地经济问题等方面的研究，先后主持和参加了国家自然科学基金、福建省社科规划基金等研究课题20余项，已出版专著、合著《中国城市土地市场结构研究》等10多部，在《经济研究》《当代经济研究》《中国房地产》等刊物上发表论文70余篇。科研成果荣获国家教委优秀教学成果二等奖（合作）、福建省哲学社会科学优秀成果一等奖（合作）、福建省社会科学优秀成果二等奖、福建省社会科学优秀成果三等奖和福建师范大学优秀教学成果一等奖等多项省部级奖励。曾获福建省高校优秀共产党员、福建省教学名师和学校教学科研先进工作者称号。

黄茂兴 男，1976 年生，福建莆田人。教授、博士生导师。现为福建师范大学经济学院副院长（主持工作）、全国经济综合竞争力研究中心福建师范大学分中心常务副主任、福建师范大学福建自贸区综合研究院院长、福建省人才发展研究中心执行主任。同时兼任中国青年政治经济学学者年会执行委员会主席、中国数量经济学会常务理事、中国区域经济学会常务理事等。主要从事技术经济、区域经济、竞争力问题研究，主持国家社科基金、教育部人文社科基金等课题 40 多项；出版《技术选择与产业结构升级》《论技术选择与经济增长》等著作 34 部（含合著），在《经济研究》《管理世界》等国家核心刊物发表论文 130 多篇，科研成果获得教育部第六届社科优秀成果二等奖 1 项（合作），福建省第七届至第十届社会科学优秀成果一等奖 5 项（合作）、二等奖 3 项等 10 多项省部级科研奖励。入选“中组部首批‘万人计划’青年拔尖人才支持计划人选”“教育部新世纪优秀人才支持计划人选”“福建省高校领军人才”等多项人才奖励计划。荣获 2014 年团中央授予的第 18 届“中国青年五四奖章”提名奖等多项荣誉称号。他所带领的科研团队于 2014 年被人社部、教育部评为“全国教育系统先进集体”。

摘　要

经济综合竞争力是一个地区、一个产业或行业在市场经济的激烈竞争中占据优势、处于不败之地的关键因素。省域经济作为中国经济的一个重要组成部分，在经济社会发展中发挥了中流砥柱的作用。在当代中国经济的发展中，中国要增强经济发展的内生活力和动力，就必须着眼和着力提升省域经济综合竞争力。

全书共三大部分。第一部分为总报告，旨在从总体上评价分析 2012～2013 年中国省域经济综合竞争力的发展变化，揭示中国各省域经济综合竞争力的优劣势和变化特征，提出增强省域经济综合竞争力的基本路径、方法和对策，为我国区域经济战略决策提供分析依据。第二部分为分报告，通过对 2012～2013 年中国 31 个省、区、市（不包括港澳台）经济综合竞争力进行比较分析和评价，明确各自内部的竞争优势和薄弱环节，追踪研究各省、区、市经济综合竞争力的演化轨迹和提升方向。第三部分为专题分析报告，本次专题开辟了新常态下中国省域经济结构分析内容，深度剖析了新常态下中国省域经济在动力结构、产业结构、城乡结构、需求结构、分配结构五个方面的结构变化和发展趋势，深入追踪研究省域经济发展与省域综合竞争力的内在关系，为提升中国经济综合竞争力提供有价值的决策依据。

附录部分，收录了本书关于中国省域经济综合竞争力指标评价体系的设置情况和各级指标得分及排名情况，以及 2012～2013 年中国 31 个省、区、市主要经济指标的统计数据，可为广大读者进行定量化分析提供数据参考。

关键词　省域经济　综合竞争力　比较分析

Abstract

The overall competitiveness of economy is a key factor for an area, an industry or a domain to keep superiority and stay in an invincible position in the intense market competition. As an important part of Chinese economy, provincial economy plays an important mainstay role in economic and social development. In contemporary economic development, China should pay attention to and promote the overall competitiveness of provincial economy in order to enhance the inner force and power of economic development.

The book consists of three parts. The first part is a general report, which generally evaluates and analyzes the development and changes of overall competitiveness of China's provincial economy during 2012 – 2013, revealing the strengths, weaknesses and the variation of overall competitiveness in various provinces. The first part also proposes the basic paths, methods and strategies to enhance provincial competitiveness. By this way, it can provide analytical basis for making strategic decisions of China's regional development. The second part is sub-reports. Through the comparative analysis and evaluation of overall competitiveness among China's 31 provinces (not including Hong Kong, Macao, Taiwan) during 2012 – 2013, each province clarifies their own competition advantages and disadvantages. Then it furthers studies on the evolutionary tracks and enhances the direction of the overall competitiveness of economy for provinces, districts and cities. The third part is special analysis reports, which opens up a new topic named analysis of China's provincial economic structure under the "new normal". This part makes in-depth analysis of structural changes and trends of China's provincial economy on five areas: power structure, industrial structure, urban-rural structure, and demand structure and distribution structure, and continues follow-up study on inherent relationship between the development and competitiveness of provincial economy. At last, it provides important suggestion for decision making on enhancing the overall competitiveness of Chinese economy.

The appendixes include index system of overall competitiveness of Chinese provincial economy as well as all levels of indicators scores and ranks. Furthermore, relatively statistical data of overall competitiveness among China's 31 provinces during 2012 – 2013 are provided to readers.

Keywords: Provincial economy; Overall competitiveness; Comparative analysis

前　言

“竞争”是市场经济的自然属性和基本要义。区域经济发展的本质就是区域间的经济竞争，任何一个区域要想在激烈的市场竞争中求得生存和发展，就必须具有能够占据优势的经济综合竞争力。党的十八大以来，党中央多次强调要提高综合国力、国际竞争力和文化、企业等方面的竞争力。党的十八大报告将“综合国力、国际竞争力、国际影响力迈上一个大台阶”列为十年来取得的重大成就之一，并将“国际竞争力明显增强”列入全面建成小康社会和全面深化改革开放的目标之中，强调要“提高银行、证券、保险等行业竞争力”“提高大中型企业核心竞争力，把我国经济发展活力和竞争力提高到新的水平”“增强文化整体实力和竞争力”“形成激发人才创造活力、具有国际竞争力的人才制度优势”。党的十八届三中全会强调“积极发展混合所有制经济，提高竞争力”“加快形成具有国际竞争力的人才制度优势，完善人才评价机制，增强人才政策开放度，广泛吸引境外优秀人才回国或来华创业发展”。2014 年 12 月 9 日至 11 日在京举行的 2014 年中央经济工作会议强调指出“加快转变发展方式，必须尽快转到数量质量效益并重、注重提高竞争力上来”“推进国企改革要奔着问题去，以增强企业活力、提高效率为中心，提高国企核心竞争力，建立产权清晰、权责明确、政企分开、管理科学的现代企业制度”。这些论述充分表明，在经济和社会的发展中，我们党越来越重视国际竞争力和产业、行业竞争力的提升。

省域经济是一种集社会主义基本制度与市场经济体制的不同属性要求于一体、具有鲜明中国特色的区域经济类型，是中国社会主义市场经济不可缺失的一个重要组成部分，提升省域经济综合竞争力日益引起理论界、学术界和区域经济发展战略决策者们的高度重视。省域经济综合竞争力研究是中国社会主义市场经济建设和发展的产物，国际竞争力理论的兴起和发展为它提供了深厚的历史和理论背景，中国社会主义市场经济体制的建立和发展为它的产生提供了“沃土”。研究和提升省域经济综合竞争力既要借鉴国际竞争力、国家竞争力和区域竞争力的基本原理和方法，又要立足于中国社会主义市场经济发展的具体实际，不能全盘照抄照搬西方竞争力研究的理论和方法；既要搞好省域经济综合竞争力的评价，也要加强省域经济综合竞争力未来发展变化的预测。党的十八届三中全会提出，要“完善发展成果考核评价体系，纠正单纯以经济增长速度评定政绩的偏向，加大资源消耗、环境损害、生态效益、产能过剩、科技创新、安全生产、新增债务等指标的权重，更加重视劳动就业、居民收入、社会保障、人民健康状况”。这是我国首次以党的决议形式做出的关于调整政绩考核指标体系的规定，是党中央对新形势下“政绩观”和“发展观”的有效廓清，引导地方政府把注意力更多地集中到转方式、调结构、增效益上来，更加注重“提质增效”和“改革成果惠及全体人民”。这

些要求有助于实现各级地方政府和官员从“为数量增长而竞争”“唯GDP论英雄”到“为科学发展而竞争”的重大转变，具有十分重要的意义。自2007年首次发布《中国省域竞争力蓝皮书》以来，课题组在致力于中国省域经济综合竞争力评价研究过程中，就一直极力淡化GDP的色彩，注重对经济发展质量的综合性评价，强调经济社会资源环境之间的协调和可持续发展。当然，在今后的研究中，我们将继续按照新的考核体系的要求，进一步修改完善中国省域经济综合竞争力评价指标体系，以推动全国各省、区、市更加重视经济发展的质量和效益，更加重视环境保护和生态建设，更加重视安全生产和社会和谐稳定，更加追求长远利益的发展目标，努力实现全面、协调、可持续的“包容性增长”。只有这样，才能对中国省域经济综合竞争力的提升乃至整个中国经济的又好又快发展，提供重要的理论和实践指导。

有鉴于此，为了适应国际竞争力发展和国内区域经济竞争格局的需要，早在2006年1月，国务院发展研究中心管理世界杂志社、福建师范大学等单位联合成立了全国经济综合竞争力研究中心。同年，福建师范大学设立了分中心，福建师范大学原校长、博士生导师李建平教授担任分中心主任。八年来，该分中心主要从事中国省域经济综合竞争力、环境竞争力、国家创新竞争力、低碳经济竞争力、创意经济竞争力及其他竞争力问题的研究。本蓝皮书具体由全国经济综合竞争力研究中心福建师范大学分中心负责组织撰写。2007年3月，由李建平、李闽榕、高燕京担任主编的第一部省域竞争力蓝皮书《中国省域经济综合竞争力发展报告（2005～2006）》出版，并在中国社会科学院召开新闻发布会，引起了各级政府、理论界和新闻界的广泛关注，产生了强烈的社会反响。随后在2008年3月、2009年3月、2010年2月、2011年2月、2012年2月、2013年2月、2014年3月，分别编撰、出版了《中国省域经济综合竞争力发展报告（2006～2007）》《中国省域经济综合竞争力发展报告（2007～2008）》《中国省域经济综合竞争力发展报告（2008～2009）》《中国省域经济综合竞争力发展报告（2009～2010）》《“十一五”期间中国省域经济综合竞争力发展报告》《中国省域经济综合竞争力发展报告（2011～2012）》《“十二五”中期中国省域经济综合竞争力发展报告》等8部蓝皮书，国内外新闻媒体持续对该系列书最新研究成果作了深入报道，该系列书也持续引起了各级政府、学术界、理论界和新闻媒体的广泛关注，产生了积极的社会反响。据不完全统计，每年互联网上报道的信息超过50万条。经过这些年的努力，该系列蓝皮书已跃升为中国有重要影响力的皮书品牌。2009年8月17～19日，中国社会科学院在辽宁丹东举行中国首届优秀蓝皮书表彰大会，在全国100多种蓝皮书中仅评选出6种优秀皮书，其中《中国省域经济综合竞争力发展报告》蓝皮书荣获“中国首届优秀皮书‘最佳影响力奖’”。2011年9月，在安徽合肥召开的中国优秀皮书颁奖大会上，表彰了10部优秀皮书，《中国省域竞争力蓝皮书》再次荣获“中国优秀皮书奖”，这是入选10部获奖皮书中唯一一部由地方高校承担的研究成果。2012年9月，在江西南昌举行的第三届“中国优秀皮书奖·报告奖”评选中，该分中心完成的“2009～2010年全国省域经济综合竞争力总体评价报告”和“2001～2010年G20集团国家创新竞争力总体评价与比较分析”双双荣获第三届“中国优秀皮书奖·报告奖”一等奖，是唯一一个同时获得两项一等奖的课题组。2013 年 8 月 24～25 日在甘肃兰州召开的中国优秀皮书颁奖大会上，《中国省域竞争力蓝皮书》又荣获第四届“中国优秀皮书奖”。2014 年 8 月，在贵州贵阳举行的第五届“中国优秀皮书奖”评选中，《中国省域经济综合竞争力发展报告》再获殊荣。这一系列皮书成果的科研奖励，充分展示了这一研究成果的学术价值和社会价值。

本年度的研究报告在充分借鉴国内外研究者的相关研究成果的基础上，进一步丰富省域经济综合竞争力的基本概念和内涵，并且紧密跟踪省域经济综合竞争力的最新研究动态，结合当前中国经济进入“新常态”的新变局、新情况、新挑战，深入分析当前我国省域经济综合竞争力的特点、变化趋势及动因，同时深度剖析了“新常态”下中国省域经济结构的变动特点、发展趋势和战略取向。全书以我们课题组对 2012～2013 年中国 31 个省级区域经济综合竞争力进行全面深入、科学的比较分析和评价回顾为主要内容，深刻揭示不同类型和发展水平的省域经济综合竞争力的特点及其相对差异性，明确各自内部的竞争优势和薄弱环节，追踪研究全国各省、区、市经济综合竞争力的演化轨迹和提升方向，为提升中国省域经济综合竞争力提供有价值的理论指导和决策借鉴。全书共三大部分，基本框架如下。

第一部分：总报告，即 2012～2013 年全国省域经济综合竞争力总体评价报告。总报告对 2012～2013 年中国除港澳台外 31 个省、区、市的经济综合竞争力进行评价分析，构建了由 1 个一级指标、9 个二级指标、25 个三级指标和 210 个四级指标组成的评价体系。在进行综合分析的基础上，通过对 2012～2013 年中国省域经济综合竞争力变化态势的评价分析，阐述 2012～2013 年全国各省、区、市经济综合竞争力的区域分布情况，明示我国各省域的优劣势和相对地位，分析评价期内省域经济综合竞争力的变化特征及发展启示，提出增强省域经济综合竞争力的基本路径、方法和对策，为我国区域经济战略选择提供有价值的分析依据。

第二部分：分报告，即 2012～2013 年分省域进行经济综合竞争力评价分析。以专题报告的形式，对 2012～2013 年中国除港澳台外 31 个省级区域的经济综合竞争力进行全面深入、科学的比较分析和评价，深刻揭示 2012～2013 年不同类型和发展水平的省域经济综合竞争力的特点及其相对差异性，明确各自内部的竞争优势和薄弱环节，追踪研究各省、区、市经济综合竞争力的演化轨迹和提升方向。

第三部分：专题分析报告，即“新常态”下中国省域经济结构分析。该专题部分深度剖析了新常态下中国省域经济在动力结构、产业结构、城乡结构、需求结构、分配结构五个方面的结构变化和发展趋势，深入追踪研究省域经济发展与省域综合竞争力的内在关系，为提升中国省域经济综合竞争力提供有价值的决策依据。

最后是附录。其中附录一列出了本书所构建的中国省域经济综合竞争力指标评价体系，为读者详细品读本书的各项研究结论提供分析依据；附录二列出了 2013 年中国省域经济综合竞争力各级指标得分和排名情况，为读者提供可量化的分析依据；附录三列出了 2013 年中国 31 个省、区、市主要经济指标的统计数值，为读者进行定量化分析提供分析依据。

本报告在过去八年系列研究成果的基础上，力图在省域经济综合竞争力的理论、研究方法和实践评价上尝试做一些创新和突破，但受到研究能力和占有资料有限等主客观因素的制约，在一些方面的认识和研究仍然不够深入和全面，还有许多需要深入研究的问题未及研究。此外，有关各省、区、市如何提升省域经济综合竞争力的具体对策，也需要我们在今后继续深入探索和研究。本课题组愿与关注这些问题的研究者一起，不断深化对省域经济综合竞争力理论和方法的研究，使省域经济综合竞争力的评价更加符合客观实际，更为有效地指导省域经济和区域经济发展。

编者

2014 年 12 月 30 日

目 录

𝔹 Ⅰ 总报告

𝔹 Ⅱ 分报告

BⅢ 专题分析报告

BⅣ　附录

皮书数据库阅读**使用指南**

CONTENTS

𝔹 I General Report

B Ⅱ Departmental Reports

B Ⅲ Special Reports

BIV Appendix

B I 总报告

General Report

B.1

全国省域经济综合竞争力总体评价报告

中国位于亚洲大陆的东部、太平洋西岸，陆地面积约960万平方公里，陆地边界长达2.28万公里；海域面积473万平方公里，大陆海岸线长约1.8万公里。2013年全国年末总人口为13.6亿人，实现国内生产总值56.6万亿元，同比增长7.7%。世界经济论坛公布的《全球竞争力报告2014～2015》显示，在金砖国家中，中国的竞争力最强（第28位），领先于巴西（第57位）、南非（第56位）、印度（第71位）和俄罗斯（第53位）。省域是中国最大的行政区划，省域经济是中国经济的重要组成部分，省域经济综合竞争力在一定程度上决定着中国经济及其国际竞争力的发展水平。本部分通过对2012～2013年中国省域经济综合竞争力以及各要素竞争力的排名变化分析，从中找出中国省域经济综合竞争力的推动点及影响因素，为进一步提升中国经济综合竞争力提供决策参考。

一　全国各省、区、市经济综合竞争力发展评价

1.1　全国省域经济综合竞争力评价结果

根据中国省域经济综合竞争力的指标体系和数学模型，对2012～2013年全国除港、澳、台外的31个省、区、市的相关指标数据进行统计和分析，图1－1、图1－2、图1－3和表1－1显示了评价期内全国31个省、区、市经济综合竞争力排位和排位变化情况及其下属9个二级指标的评价结果。

1.2　全国省域经济综合竞争力排序分析

2013年全国31个省、区、市经济综合竞争力处于上游区（1～10位）的依次为江苏省、广东省、北京市、上海市、浙江省、山东省、天津市、辽宁省、福建省、湖北省；

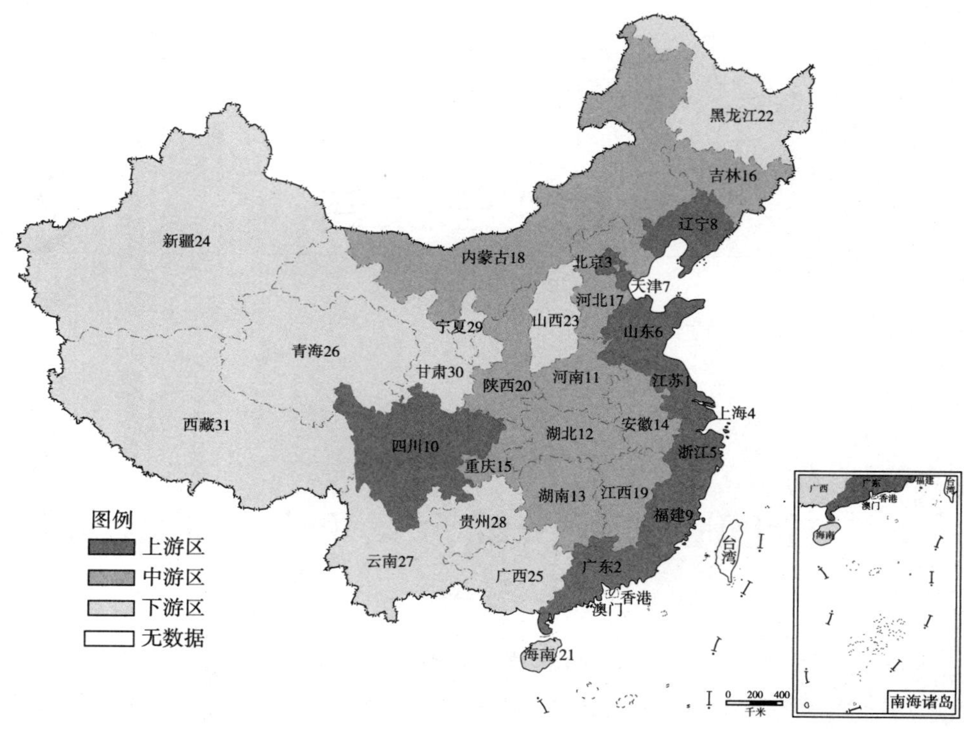

图 1-1　2012 年全国省域经济综合竞争力排位图

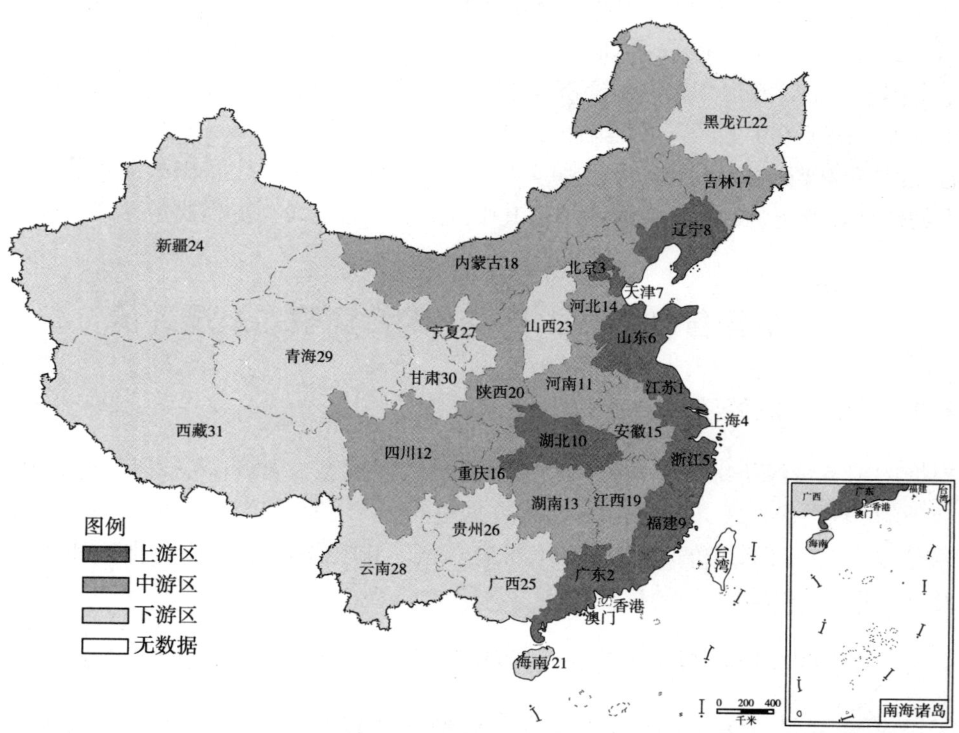

图 1-2　2013 年全国省域经济综合竞争力排位图

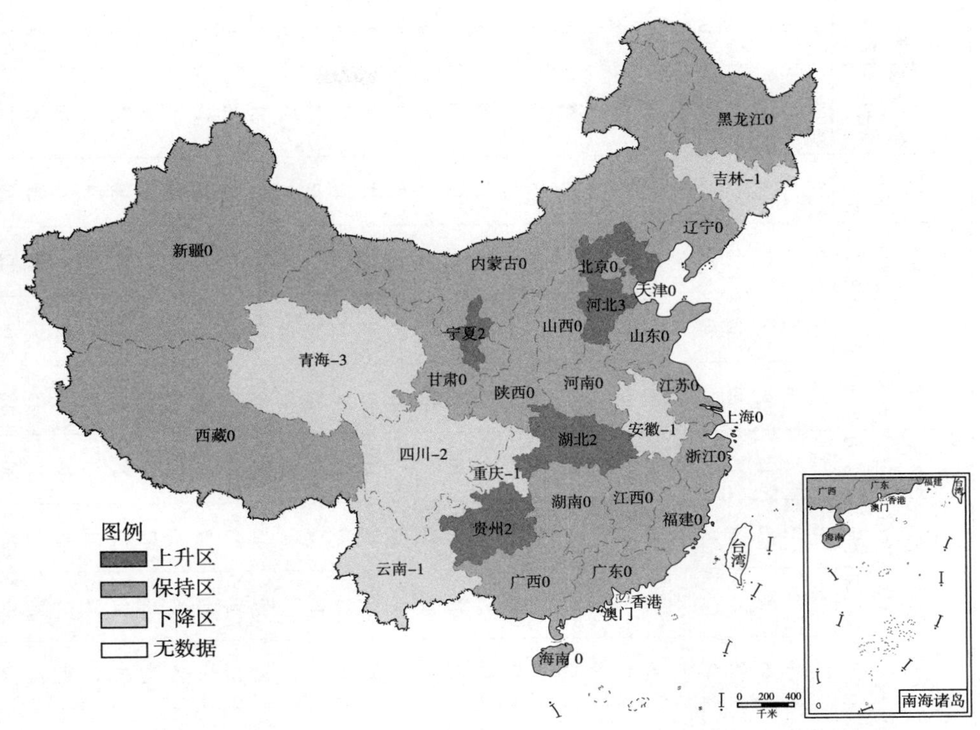

图 1-3 2012~2013 年全国省域经济综合竞争力排位变化图

排在中游区（11~20 位）的依次为河南省、四川省、湖南省、河北省、安徽省、重庆市、吉林省、内蒙古自治区、江西省、陕西省；处于下游区（21~31 位）的依次为海南省、黑龙江省、山西省、新疆维吾尔自治区、广西壮族自治区、贵州省、宁夏回族自治区、云南省、青海省、甘肃省、西藏自治区。

2012 年全国 31 个省、区、市经济综合竞争力处于上游区（1~10 位）的依次为江苏省、广东省、北京市、上海市、浙江省、山东省、天津市、辽宁省、福建省、四川省；排在中游区（11~20 位）的依次为河南省、湖北省、湖南省、安徽省、重庆市、吉林省、河北省、内蒙古自治区、江西省、陕西省；处于下游区（21~31 位）的依次为海南省、黑龙江省、山西省、新疆维吾尔自治区、广西壮族自治区、青海省、云南省、贵州省、宁夏回族自治区、甘肃省、西藏自治区。

1.3 全国省域经济综合竞争力排序变化比较

2013 年与 2012 年相比较，经济综合竞争力排位上升的有 4 个省、区，上升幅度最大的是河北省，排位上升了 3 位，湖北省、贵州省和宁夏回族自治区排位均上升了 2 位；21 个省、区、市排位没有变化；排位下降的有 6 个省、市，下降幅度最大的是青海省，排位下降了 3 位，其次是四川省，下降了 2 位，吉林省、安徽省、云南省和重庆市均下降了 1 位。

表 1-1　2012～2013 年全国 31 个省、区、市经济综合竞争力评价比较表

地区＼指标	2012年										2013年										综合排名升降
	宏观经济竞争力	产业经济竞争力	可持续发展竞争力	财政金融竞争力	知识经济竞争力	发展环境竞争力	政府作用竞争力	发展水平竞争力	统筹协调竞争力	全国比较综合排名	宏观经济竞争力	产业经济竞争力	可持续发展竞争力	财政金融竞争力	知识经济竞争力	发展环境竞争力	政府作用竞争力	发展水平竞争力	统筹协调竞争力	全国比较综合排名	
北　京	6	7	9	1	1	2	6	4	2	3	5	8	5	1	3	2	6	4	3	3	0
天　津	8	6	14	5	7	5	8	7	4	7	6	6	22	5	7	6	8	6	2	7	0
河　北	13	18	31	27	19	15	12	19	13	17	11	15	23	29	18	13	10	16	10	14	3
山　西	25	28	17	11	16	20	14	25	21	23	27	28	9	14	13	20	15	26	22	23	0
内蒙古	20	8	2	22	25	21	22	22	12	18	20	13	1	26	29	21	20	20	11	18	0
辽　宁	5	9	23	10	12	7	4	13	10	8	7	9	14	8	14	7	4	12	8	8	0
吉　林	17	19	19	29	20	27	10	21	6	16	19	20	20	28	21	28	11	21	6	17	-1
黑龙江	19	12	4	30	24	29	20	23	5	22	21	18	4	31	28	30	17	24	5	22	0
上　海	7	5	22	2	5	1	7	3	1	4	8	5	26	2	4	1	5	2	1	4	0
江　苏	1	1	21	4	2	3	1	1	3	1	2	1	19	4	1	3	3	1	9	1	0
浙　江	4	4	8	8	4	4	3	5	7	5	4	4	8	6	5	4	1	5	4	5	0
安　徽	15	20	12	18	13	19	13	18	22	14	16	17	11	19	17	14	16	17	25	15	-1
福　建	9	15	1	21	14	8	9	9	18	9	9	11	3	11	12	8	9	9	15	9	0
江　西	18	21	15	23	17	22	23	12	14	19	17	23	15	18	16	23	23	11	16	19	0
山　东	3	2	10	9	6	9	5	8	8	6	3	2	6	10	6	10	7	8	7	6	0
河　南	10	10	13	25	8	12	17	17	17	11	12	7	12	20	9	12	19	19	19	11	0
湖　北	16	16	18	19	11	10	18	14	16	12	10	10	16	12	11	11	21	14	18	10	2
湖　南	14	13	16	26	15	17	16	15	15	13	13	14	21	24	15	16	14	15	13	13	0
广　东	2	3	5	3	3	6	2	2	9	2	1	3	13	3	2	5	2	3	12	2	0
广　西	28	27	7	28	21	28	27	16	24	25	28	25	7	30	20	27	28	18	31	25	0
海　南	23	22	3	16	28	18	15	10	26	21	18	22	2	15	25	22	12	10	26	21	0
重　庆	12	25	24	13	18	11	24	6	19	15	15	21	24	23	22	9	22	7	17	16	-1
四　川	11	14	27	7	10	24	11	11	11	10	14	16	29	7	10	24	13	13	14	12	-2
贵　州	24	23	29	12	27	26	28	27	30	28	25	26	25	16	19	25	27	28	29	26	2
云　南	29	26	20	14	22	30	29	26	27	27	29	24	18	13	23	29	30	25	30	28	-1
西　藏	21	29	25	6	31	31	31	29	31	31	23	31	28	22	27	31	31	27	20	31	0
陕　西	26	11	11	20	9	13	19	24	20	20	22	12	17	21	8	17	24	23	24	20	0
甘　肃	30	30	26	31	23	25	25	31	28	30	31	29	31	27	24	26	25	31	27	30	0
青　海	22	24	28	24	30	14	30	28	23	26	30	27	30	17	31	15	29	29	21	29	-3
宁　夏	31	31	30	17	29	16	21	20	29	29	24	30	27	25	30	18	18	22	28	27	2
新　疆	27	17	6	15	26	23	26	30	25	24	26	19	10	9	26	19	26	30	23	24	0

1.4 全国省域经济综合竞争力跨区段变化情况及动因分析

在评价期内，各省份的排位都没有出现跨区段变化，只是在区段内发生排位的小幅度变化，特别是上游区的10个省份排位基本不变（只有第10位有所变化），中游区和下游区分别有一些省份排位发生变化。由于一级指标仍属于合成性指标，要真正找准影响省域经济综合竞争力升降的根本原因，还必须对处于基础地位、具有确定值的四级指标进行评价分析，这些将在第二部分对每个省份的经济综合竞争力评价分析报告中给出具体分析和评价。

二 全国各省、区、市经济综合竞争力的区域分布

2.1 全国省域经济综合竞争力均衡性分析

按照阀值法进行无量纲化处理和加权求和后得到的各省、区、市经济综合竞争力排位，反映出的只是排序位差，要更为准确地反映各省、区、市经济综合竞争力的实际差距，还需要分析各级指标竞争力得分及分布情况，对竞争力得分的实际差距及其均衡性进行深入研究和分析。图2－1显示了2012年和2013年全国各省、区、市经济综合竞争力评价分值的分布情况。表2－1则以2013年排位为基准，列出了评价期内全国各省、区、市经济综合竞争力评价分值及其变化情况。

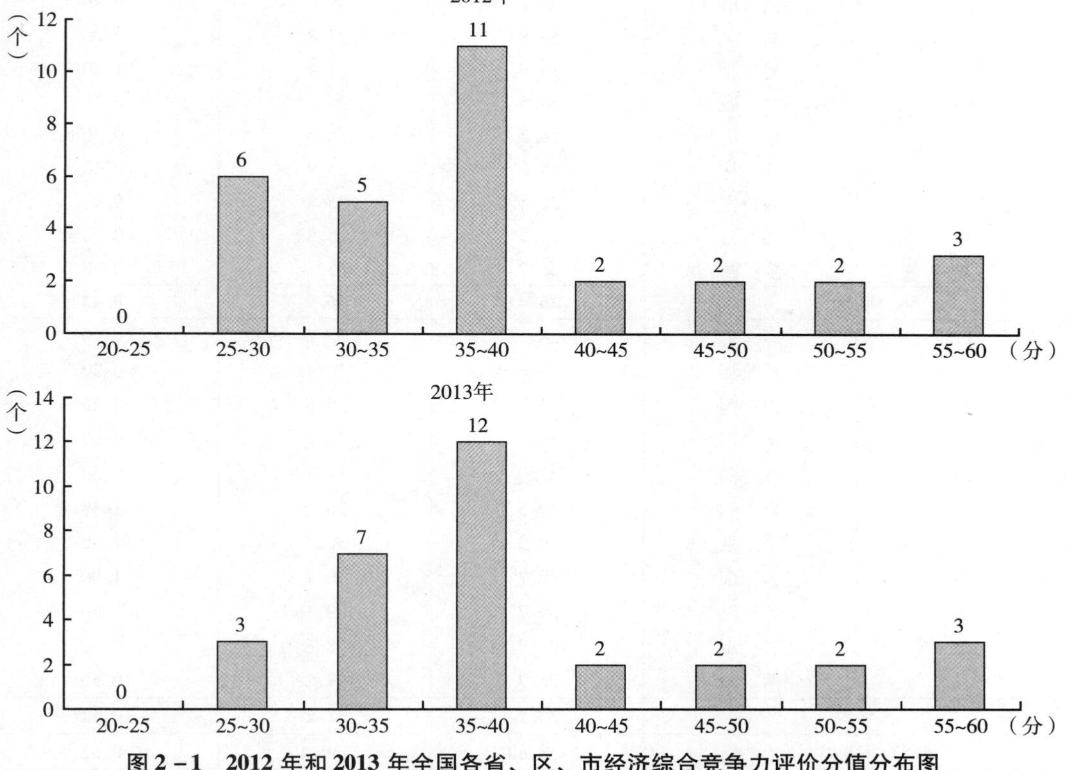

图2－1 2012年和2013年全国各省、区、市经济综合竞争力评价分值分布图

从图 2 - 1 中可以看出，不同地区之间经济综合竞争力分布很不均衡，全国有一半多的省份经济综合竞争力得分集中在 30 ~ 40 分，整体上看，都比较分散，而且呈现偏态分布。从 2012 ~ 2013 年的对比情况来看，2013 年各省份得分有所提高，其中得分在 25 ~ 30 分的省份由 6 个减少到 3 个，在 30 ~ 35 分的省份由 5 个增加到 7 个，而得分在 35 ~ 40 分的省份则由 11 个增加到 12 个，其他得分区间的省份数量无变化。

表 2 - 1　全国各省、区、市经济综合竞争力评价分值及分差比较表

单位：分

序号	地　区	2012 年	2013 年	分值升降
1	江　苏	59.6	58.9	-0.70
2	广　东	57.3	58.4	1.10
3	北　京	56.1	56.4	0.30
4	上　海	53.9	54.7	0.80
5	浙　江	50.5	51.4	0.90
6	山　东	48.3	48.9	0.60
7	天　津	45.9	47.8	1.90
8	辽　宁	42.9	43.5	0.60
9	福　建	40.4	41.8	1.40
10	湖　北	37.7	38.9	1.20
平均		**49.3**	**50.1**	**0.81**
11	河　南	38.1	38.8	0.70
12	四　川	39.1	38.3	-0.80
13	湖　南	36.8	37.8	1.00
14	河　北	35.6	37.4	1.80
15	安　徽	36.6	36.7	0.10
16	重　庆	36.3	36.6	0.30
17	吉　林	35.8	35.9	0.10
18	内蒙古	35.4	35.8	0.40
19	江　西	35.3	35.8	0.50
20	陕　西	35.2	35.7	0.50
平均		**36.4**	**36.9**	**0.42**
21	海　南	34.6	35.2	0.60
22	黑龙江	34.6	34.4	-0.20
23	山　西	33.3	33.5	0.20
24	新　疆	31.2	32.1	0.90
25	广　西	31.0	31.3	0.30
26	贵　州	29.5	30.9	1.40
27	宁　夏	29.3	30.7	1.40
28	云　南	29.7	30.7	1.00
29	青　海	29.7	29.1	-0.60
30	甘　肃	27.7	28.6	0.90
31	西　藏	26.7	27.2	0.50
平均		**30.7**	**31.2**	**0.64**
全国平均		**38.80**	**39.4**	**0.62**

从表2－1中可以看出，不同省、区、市经济综合竞争力的综合得分差距悬殊，2013年，得分最低的西藏自治区只有27.2分，不到第一名江苏省的一半。另外，相同区位内部各省份的得分差距也比较明显，同样是处于上游区，排在第10位的湖北省与排在第1位的江苏省在评价总分值上相差了20分；同样是处于下游区，排在第21位的海南省比排在第31位的西藏自治区超出8分；但是处于中游区的10个省份得分比较接近，排位第11位的河南省得分为38.8分，比排位第20位的陕西省仅多出3.1分。处于上游区的10个省份平均分值为50.1分，处于中游区的10个省份的平均分值为36.9分，处于下游区的11个省份的平均分值为31.2分，比差为1.6∶1.2∶1。

从2012～2013年得分升降来看，全国27个省份的得分有所上升，上升幅度最大的是天津市，增加了1.90分，其次是河北省、福建省、宁夏回族自治区、贵州省、湖北省、广东省、湖南省、云南省，都增加了1分以上，但有4个省份得分有不同程度的下降，下降幅度最大的是四川省，下降了0.80分。从全国平均分值来看，2013年为39.4分，比2012年上升了0.60分，上升幅度比较大。

2.2 全国省域经济综合竞争力区域评价分析

表2－2列出了评价期内全国4大区域经济综合竞争力评价分值及其分差情况。2012年全国4大区域经济综合竞争力的评价分值依次为：东部地区48.2分，中部地区36.3分，西部地区31.7分，东北地区37.8分，比差为1∶0.75∶0.66∶0.78，西部地区经济综合竞争力分值与东部地区的差距比较大。2013年全国4大区域经济综合竞争力的评价分值依次为：东部地区49.1分，中部地区36.9分，西部地区32.2分，东北地区37.9分，4大区域的分值比差为1∶0.75∶0.66∶0.77。与2012年相比，西部地区与东部地区的差距扩大了0.40分，表明西部地区竞争力上升不大，与东部地区差距仍然较大，中部地区、东北地区与东部地区的差距也有所扩大。

从2012～2013年区域经济综合竞争力平均分值变化情况看，4个地区平均分值各有变化，其中东部地区分值上升最多，增加了0.90分；其次为中部地区，增加了0.60分；西部地区得分增加了0.50分。由此反映出东部各省份经济综合竞争力平均而言提升比较快，与西部地区的差距呈现扩大的趋势，说明4大区域经济综合竞争力发展的协调性还有待提高。

表2－2 全国4大区域经济综合竞争力评价分值及分差比较表

单位：分

地区	2012年	2013年	分值升降	地区	2012年	2013年	分值升降
东部地区	48.2	49.1	0.90	西部地区	31.7	32.2	0.50
中部地区	36.3	36.9	0.60	东北地区	37.8	37.9	0.10

2.3 全国省域经济综合竞争力区域内部差异分析

省域经济综合竞争力不仅在全国4大区域之间有明显差距，各区域内部的各省份之间也存在较大的差距，为了分析我国4大区域各自内部省份的经济综合竞争力排位差异情况，表2－3、表2－4、表2－5和表2－6分别列出了评价期内东部地区、中部地区、西部地区和东北地区各省份在全国的排位情况。

表2－3　东部地区经济综合竞争力排位比较表

地区	东部地区排位			全国排位		
	2012年	2013年	排位升降	2012年	2013年	排位升降
江　苏	1	1	0	1	1	0
广　东	2	2	0	2	2	0
北　京	3	3	0	3	3	0
上　海	4	4	0	4	4	0
浙　江	5	5	0	5	5	0
山　东	6	6	0	6	6	0
天　津	7	7	0	7	7	0
福　建	8	8	0	9	9	0
河　北	9	9	0	17	14	3
海　南	10	10	0	21	21	0

从表2－3中可以看出，东部10个省份的经济综合竞争力排位绝大部分都在上游区，只有河北省处于中游区，海南省处于下游区，其他8个省份都处在全国经济综合竞争力的上游区，并且排位比较稳定，没有发生变化，说明东部地区在全国处于绝对优势地位。但在东部地区的10个省份内部，竞争格局也是不平衡的，最明显的差距体现在海南省与其他省份之间，就是同样处在上游区的省份，也存在较大的差距，表2－1的竞争力得分结果显示，江苏省、广东省、上海市、北京市和浙江省得分都在50分以上，福建省得分相对较低。

表2－4　中部地区经济综合竞争力排位比较表

地区	中部地区排位			全国排位		
	2012年	2013年	排位升降	2012年	2013年	排位升降
湖　北	2	1	1	12	10	2
河　南	1	2	－1	11	11	0
湖　南	3	3	0	13	13	0
安　徽	4	4	0	14	15	－1
江　西	5	5	0	19	19	0
山　西	6	6	0	23	23	0

从表2－4中可以看出，中部地区6个省份的经济综合竞争力排位除山西省处在下游区外，其他5个省份都处在中游区，与2012年相比，2013年湖北省的综合排位变化明显，上升了2位，其他省份排位变化幅度不大。从表2－2的竞争力得分来看，中部地区与东部地区得分差距较大，与西部地区之间得分差距较小，这说明整体而言，中部地区尚不具备明显的竞争优势。中部地区内部的6个省份也表现出明显的非均衡性，湖北省处于上游区，河南省、湖南省和安徽省都处于中游区的前列，江西省处于中游区的靠后位置，山西省则处于下游区。从地区内部的排位变化来看，中部地区各省份竞争力相对变化不明显。

表2－5　西部地区经济综合竞争力排位比较表

地区	西部地区排位			全国排位		
	2012年	2013年	排位升降	2012年	2013年	排位升降
四　川	1	1	0	10	12	－2
重　庆	2	2	0	15	16	－1
内蒙古	3	3	0	18	18	0
陕　西	4	4	0	20	20	0
新　疆	5	5	0	24	24	0
广　西	6	6	0	25	25	0
贵　州	9	7	2	28	26	2
宁　夏	10	8	2	29	27	2
云　南	8	9	－1	27	28	－1
青　海	7	10	－3	26	29	－3
甘　肃	11	11	0	30	30	0
西　藏	12	12	0	31	31	0

从表2－5中可以看出，西部地区12个省份的经济综合竞争力排位大多数处在下游区，但是也有四川省、重庆市、内蒙古自治区和陕西省处于中游区，其他各省份处于明显的竞争劣势地位，从表2－2的竞争力得分来看，西部地区平均得分只有东部地区得分的66%，表明其竞争力与东部地区相比有很大差距，但西部地区与中部地区相比，很多省份的竞争力得分差距很小，其竞争力劣势就不太明显。从2012～2013年得分变化来看，西部地区平均得分增加幅度比较小，不同于往年的变化趋势，与东部地区的差距反而有所扩大，说明西部地区的竞争力提升速度有待提高。从西部地区12个省份的内部来看，各省份之间的差距也是很明显的，西部地区各省份之间的综合竞争力排位相对稳定，除了少数省份排位有所调整以外，没有太大的变化。

表 2－6　东北地区经济综合竞争力排位比较表

地区	东北地区排位			全国排位		
	2012 年	2013 年	排位升降	2012 年	2013 年	排位升降
辽　宁	1	1	0	8	8	0
吉　林	2	2	0	16	17	－1
黑龙江	3	3	0	22	22	0

从表 2－6 中可以看出，与 2012 年相比，东北地区 2013 年经济综合竞争力排位变化不大，其中吉林省下降了 1 位，黑龙江省的排位与辽宁省相比，仍然有较大差距。

三　全国省域宏观经济竞争力评价分析

3.1　全国省域宏观经济竞争力评价结果

根据宏观经济竞争力指标体系和数学模型，课题组对采集到的 2012～2013 年全国 31 个省、区、市的相关统计资料进行整理和合成，图 3－1、图 3－2、图 3－3 和表 3－1 显示了这两个年份宏观经济竞争力排位和排位变化情况以及其下属 3 个三级指标的评价结果。

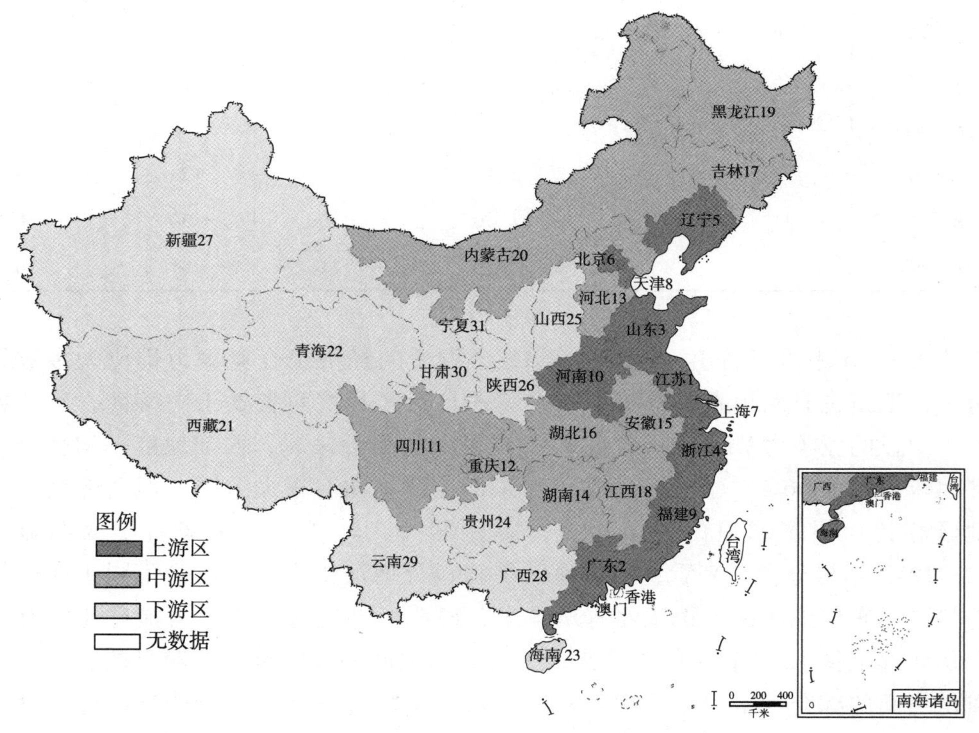

图 3－1　2012 年全国省域宏观经济竞争力排位图

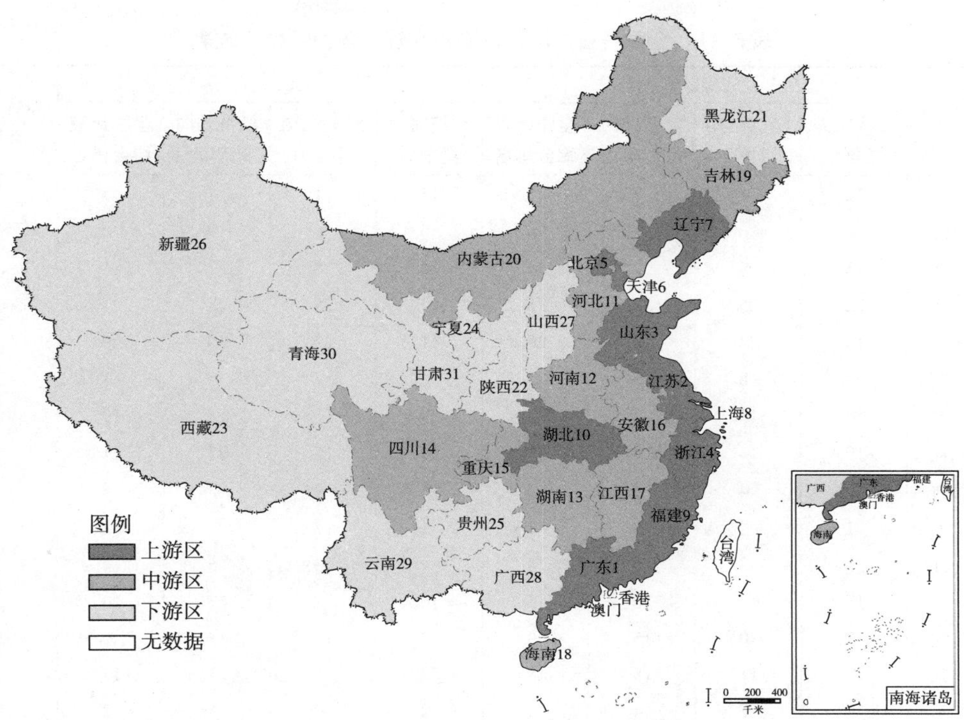

图 3-2　2013 年全国省域宏观经济竞争力排位图

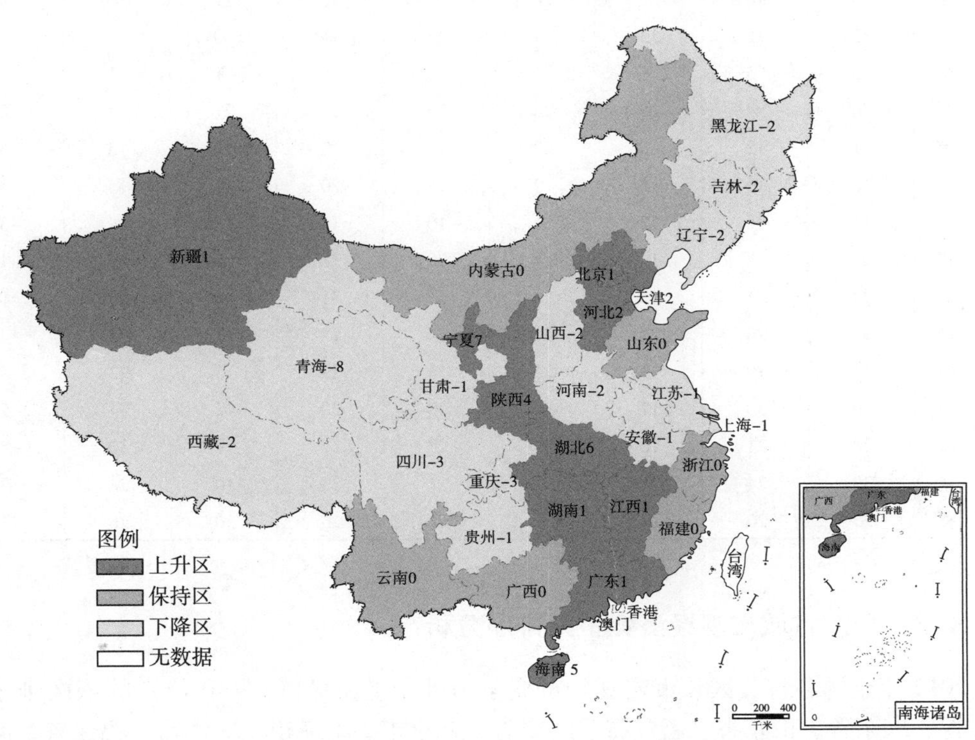

图 3-3　2012～2013 年全国省域宏观经济竞争力排位变化图

表 3-1 全国各省、区、市宏观经济竞争力评价比较表

地区＼指标	2012年 经济实力竞争力	2012年 经济结构竞争力	2012年 经济外向度竞争力	2012年 全国比较综合排名	2013年 经济实力竞争力	2013年 经济结构竞争力	2013年 经济外向度竞争力	2013年 全国比较综合排名	综合排名升降
北京	12	1	7	6	13	1	4	5	1
天津	6	6	11	8	5	6	9	6	2
河北	13	9	22	13	14	8	22	11	2
山西	22	25	24	25	23	25	28	27	-2
内蒙古	10	23	30	20	11	22	30	20	0
辽宁	4	8	6	5	6	7	7	7	-2
吉林	14	13	21	17	29	10	24	19	-2
黑龙江	19	14	29	19	26	15	25	21	-2
上海	20	4	3	7	18	4	3	8	-1
江苏	1	2	2	1	1	2	2	2	-1
浙江	5	3	5	4	4	3	6	4	0
安徽	17	17	10	15	16	17	17	16	-1
福建	7	10	15	9	7	13	14	9	0
江西	25	11	18	18	22	11	21	17	1
山东	2	7	4	3	2	9	5	3	0
河南	9	22	9	10	8	21	13	12	-2
湖北	8	16	20	16	9	16	19	10	6
湖南	15	15	13	14	12	14	20	13	1
广东	3	5	1	2	3	5	1	1	1
广西	26	27	28	28	25	27	27	28	0
海南	31	12	25	23	28	12	23	18	5
重庆	18	19	8	12	17	20	11	15	-3
四川	11	18	12	11	10	19	18	14	-3
贵州	21	28	14	24	20	28	16	25	-1
云南	24	31	16	29	19	31	8	29	0
西藏	27	20	27	21	24	18	31	23	-2
陕西	16	29	19	26	15	29	15	22	4
甘肃	29	30	17	30	30	30	12	31	-1
青海	28	21	26	22	27	24	29	30	-8
宁夏	30	24	31	31	31	23	10	24	7
新疆	23	26	23	27	21	26	26	26	1

3.2 全国省域宏观经济竞争力排序分析

2012年全国各省、区、市宏观经济竞争力处于上游区（1~10位）的依次排序是江苏省、广东省、山东省、浙江省、辽宁省、北京市、上海市、天津市、福建省、河南省；排在中游区（11~20位）的依次排序为四川省、重庆市、河北省、湖南省、安徽省、湖北省、吉林省、江西省、黑龙江省、内蒙古自治区；处于下游区（21～31位）的依次排序为西藏自治区、青海省、海南省、贵州省、山西省、陕西省、新疆维吾尔自治区、广西壮族自治区、云南省、甘肃省、宁夏回族自治区。

2013年全国各省、区、市宏观经济竞争力处于上游区（1～10位）的依次排序是广东省、江苏省、山东省、浙江省、北京市、天津市、辽宁省、上海市、福建省、湖北省；处于中游区（11～20位）的依次排序为河北省、河南省、湖南省、四川省、重庆省、安徽省、江西省、海南省、吉林省、内蒙古自治区；处于下游区（21～31位）的依次排序为黑龙江省、陕西省、西藏自治区、宁夏回族自治区、贵州省、新疆维吾尔自治区、山西省、广西壮族自治区、云南省、青海省、甘肃省。

3.3 全国省域宏观经济竞争力排序变化比较

2013年与2012年相比较，排位上升的有11个省份，上升幅度最大的是宁夏回族自治区（7位），其他依次为湖北省（6位）、海南省（5位）、陕西省（4位）、天津市（2位）、河北省（2位）、北京市（1位）、江西省（1位）、湖南省（1位）、广东省（1位）、新疆维吾尔自治区（1位）；有6个省份的排位没有变化；排位下降的有14个省份，下降幅度最大的是青海省（8位），其他依次为四川省（3位）、重庆市（3位）、西藏自治区（2位）、河南省（2位）、黑龙江省（2位）、吉林省（2位）、辽宁省（2位）、山西省（2位）、甘肃省（1位）、贵州省（1位）、安徽省（1位）、江苏省（1位）、上海市（1位）。

3.4 全国省域宏观经济竞争力跨区段变化情况

不同区段是衡量竞争力优势水平的重要标志，在评价期内，一些省份宏观经济竞争力排位的升降出现了跨区段变化。在跨区段上升方面，湖北省由中游区升入上游区，海南省由下游区升入中游区。在跨区段下降方面，河南省由上游区降入中游区，黑龙江省由中游区降入下游区。

3.5 全国省域宏观经济竞争力动因分析

作为省域经济综合竞争力的二级指标，省域宏观经济竞争力的变化是三级指标的变化综合作用的结果，表3－1还列出了3个三级指标的变化情况。

经济实力竞争力方面，2012年排在前10位的省份依次为：江苏省、山东省、广东省、辽宁省、浙江省、天津市、福建省、湖北省、河南省、内蒙古自治区；2013年排在前10位的省份依次为：江苏省、山东省、广东省、浙江省、天津市、辽宁省、福建省、河南省、湖北省、四川省。

经济结构竞争力方面，2012年排在前10位的省份依次为：北京市、江苏省、浙江省、上海市、广东省、天津市、山东省、辽宁省、河北省、福建省；2013年排在前10位的省份依次为：北京市、江苏省、浙江省、上海市、广东省、天津市、辽宁省、河北省、山东省、吉林省。

经济外向度竞争力方面，2012 年排在前 10 位的省份依次为：广东省、江苏省、上海市、山东省、浙江省、辽宁省、北京市、重庆市、河南省、安徽省；2013 年排在前 10 位的省份依次为：广东省、江苏省、上海市、北京市、山东省、浙江省、辽宁省、云南省、天津市、宁夏回族自治区。

从上述宏观经济竞争力排位跨区段升降的省份来看，宁夏回族自治区的宏观经济竞争力排位上升了 7 位，是由于经济结构竞争力排位上升 1 位和经济外向度竞争力排位上升 21 位共同推动的结果；青海省的宏观经济竞争力排位下降 8 位，主要是受到经济结构竞争力排位下降 3 位和经济外向度竞争力排位下降 3 位的影响。此外，从宏观经济竞争力排位在评价期内均处于上游区的省份来看，要保持竞争优势地位，都需要 3 个三级指标的良好表现来支撑。

四　全国省域产业经济竞争力评价分析

4.1　全国省域产业经济竞争力评价结果

根据产业经济竞争力指标体系和数学模型，课题组对采集到的 2012 ~ 2013 年全国 31 个省、区、市的相关统计资料进行了整理和合成，图 4 - 1、图 4 - 2、图 4 - 3 和表 4 - 1显示了这两个年份产业经济竞争力排位和排位变化情况，以及其下属 4 个三级指标的评价结果。

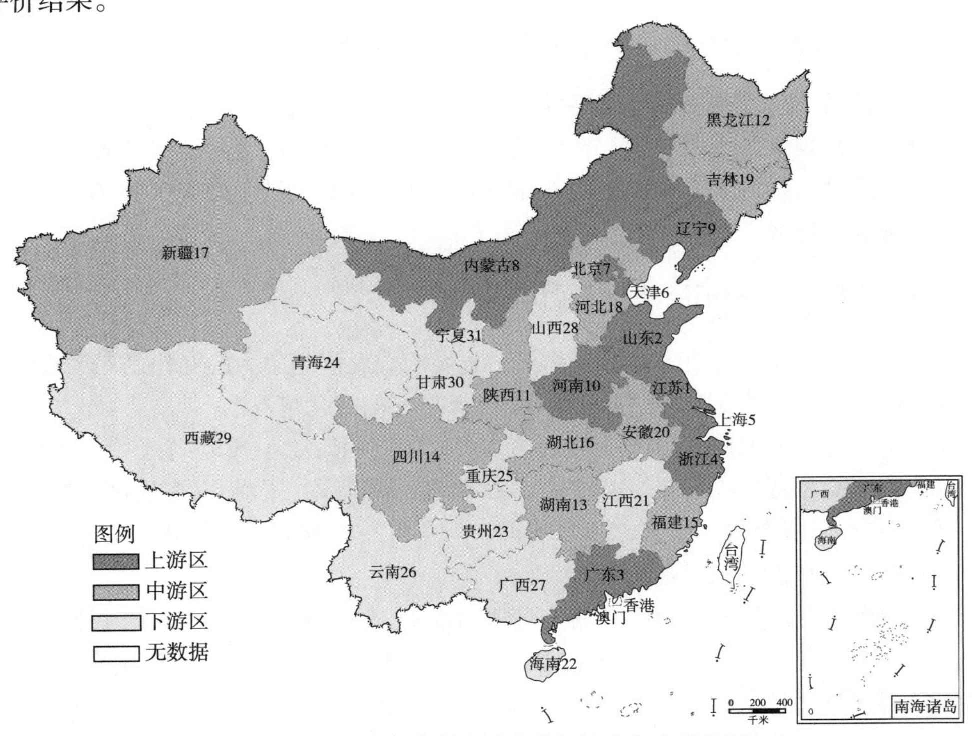

图 4 - 1　2012 年全国省域产业经济竞争力排位图

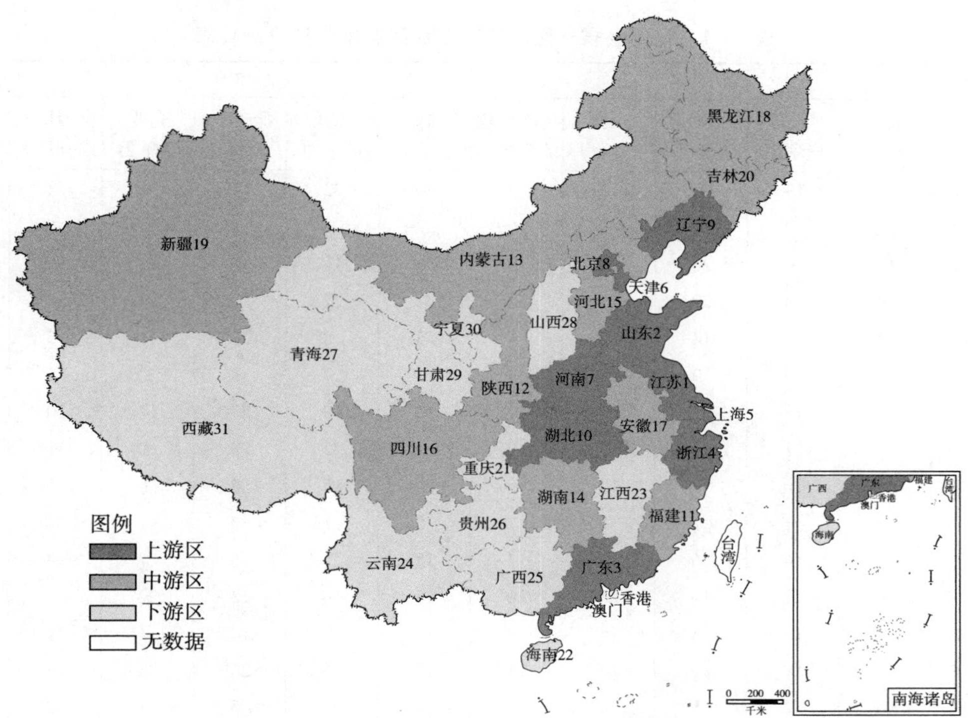

图 4-2 2013 年全国省域产业经济竞争力排位图

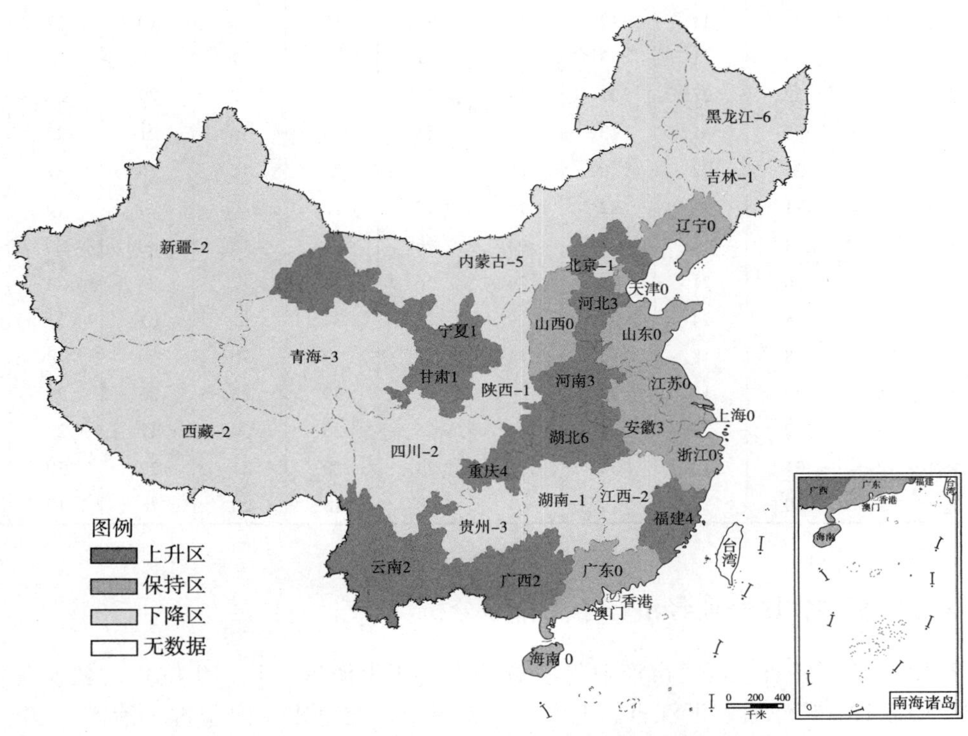

图 4-3 2012~2013 年全国省域产业经济竞争力排位变化图

表 4-1　全国各省、区、市产业经济竞争力评价比较表

地区＼项目	2012 年					2013 年					综合排名升降
	农业竞争力	工业竞争力	服务业竞争力	企业竞争力	全国比较综合排名	农业竞争力	工业竞争力	服务业竞争力	企业竞争力	全国比较综合排名	
北　京	31	15	4	2	7	30	22	4	3	8	-1
天　津	24	7	7	3	6	27	6	7	2	6	0
河　北	12	10	20	25	18	6	11	19	23	15	3
山　西	30	23	29	18	28	31	27	29	19	28	0
内蒙古	3	5	14	11	8	3	8	26	13	13	-5
辽　宁	6	9	9	21	9	7	7	8	20	9	0
吉　林	8	18	23	20	19	12	19	27	17	20	-1
黑龙江	2	21	25	7	12	2	25	23	9	18	-6
上　海	11	16	3	10	5	20	15	2	6	5	0
江　苏	1	1	2	1	1	5	1	3	1	1	0
浙　江	10	6	6	5	4	18	5	6	7	4	0
安　徽	18	17	10	26	20	15	16	13	22	17	3
福　建	9	14	16	15	15	10	10	14	14	11	4
江　西	21	19	26	24	21	19	14	25	25	23	-2
山　东	5	2	5	4	2	1	2	5	4	2	0
河　南	14	4	19	17	10	4	4	15	15	7	3
湖　北	13	12	12	16	16	9	13	11	11	10	6
湖　南	20	13	11	12	13	14	17	12	10	14	-1
广　东	15	3	1	8	3	21	3	1	5	3	0
广　西	17	22	27	31	27	17	23	22	29	25	2
海　南	7	29	31	13	22	11	29	10	21	22	0
重　庆	27	25	22	19	25	29	20	16	16	21	4
四　川	16	11	8	22	14	13	12	9	24	16	-2
贵　州	26	24	13	23	23	26	21	18	30	26	-3
云　南	19	26	21	28	26	16	24	17	28	24	2
西　藏	29	28	24	27	29	28	31	21	31	31	-2
陕　西	23	8	18	6	11	23	9	20	8	12	-1
甘　肃	25	30	15	29	30	22	30	28	26	29	1
青　海	28	27	28	9	24	25	26	30	12	27	-3
宁　夏	22	31	30	30	31	24	28	31	27	30	1
新　疆	4	20	17	14	17	8	18	24	18	19	-2

4.2　全国省域产业经济竞争力排序分析

2012 年全国各省、区、市产业经济竞争力处于上游区（1～10 位）的依次是：江苏省、山东省、广东省、浙江省、上海市、天津市、北京市、内蒙古自治区、辽宁省、河南省；排在中游区（11～20 位）的依次排序为陕西省、黑龙江省、湖南省、四川省、福建省、湖北省、新疆维吾尔自治区、河北省、吉林省、安徽省；处于下游区（21～31位）的依次排序为江西省、海南省、贵州省、青海省、重庆市、云南省、广西壮族自治区、山西省、西藏自治区、甘肃省、宁夏回族自治区。

2013年全国各省、区、市产业经济竞争力处于上游区（1～10位）的依次是：江苏省、山东省、广东省、浙江省、上海市、天津市、河南省、北京市、辽宁省、湖北省；处于中游区（11～20位）的依次排序为福建省、陕西省、内蒙古自治区、湖南省、河北省、四川省、安徽省、黑龙江省、新疆维吾尔自治区、吉林省；处于下游区(21～31位）的依次排序为重庆市、海南省、江西省、云南省、广西壮族自治区、贵州省、青海省、山西省、甘肃省、宁夏回族自治区、西藏自治区。

4.3 全国省域产业经济竞争力排序变化比较

2013年与2012年相比较，排位上升的有10个省份，上升幅度最大的是湖北省（6位），其他依次为福建省（4位）、重庆市（4位）、河北省（3位）、安徽省（3位）、河南省（3位）、广西壮族自治区（2位）、云南省（2位）、甘肃省（1位）、宁夏回族自治区（1位）；9个省份排位没有变化；其他12个省份排位下降，下降幅度最大的是黑龙江省（6位），其他依次为内蒙古自治区（5位）、贵州省（3位）、青海省（3位）、江西省（2位）、四川省（2位）、西藏自治区（2位）、新疆维吾尔自治区（2位）、北京市（1位）、吉林省（1位）、湖南省（1位）、陕西省（1位）。

4.4 全国省域产业经济竞争力跨区段变化情况

在评价期内，一些省份产业经济竞争力排位的升降出现了跨区段变化。在跨区段上升方面，湖北省由中游区升入上游区；在跨区段下降方面，内蒙古自治区由上游区降入中游区。

4.5 全国省域产业经济竞争力动因分析

在农业竞争力方面，2012年排在前10位的省份依次为：江苏省、黑龙江省、内蒙古自治区、新疆维吾尔自治区、山东省、辽宁省、海南省、吉林省、福建省、浙江省；2013年排在前10位的省份依次为：山东省、黑龙江省、内蒙古自治区、河南省、江苏省、河北省、辽宁省、新疆维吾尔自治区、湖北省、福建省。

在工业竞争力方面，2012年排在前10位的省份依次为：江苏省、山东省、广东省、河南省、内蒙古自治区、浙江省、天津市、陕西省、辽宁省、河北省；2013年排在前10位的省份依次为：江苏省、山东省、广东省、河南省、浙江省、天津市、辽宁省、内蒙古自治区、陕西省、福建省。

在服务业竞争力方面，2012年排在前10位的省份依次为：广东省、江苏省、上海市、北京市、山东省、浙江省、天津市、四川省、辽宁省、安徽省；2013年排在前10位的省份依次为：广东省、上海市、江苏省、北京市、山东省、浙江省、天津市、辽宁省、四川省、海南省。

在企业竞争力方面，2012 年排在前 10 位的省份依次为：江苏省、北京市、天津市、山东省、浙江省、陕西省、黑龙江省、广东省、青海省、上海市；2013 年排在前 10 位的省份依次为：江苏省、天津市、北京市、山东省、广东省、上海市、浙江省、陕西省、黑龙江省、湖南省。

从上述产业经济竞争力排位跨区段升降的省份看，湖北省产业经济竞争力排位上升 6 位，是由 3 个三级指标排位上升共同作用的结果，特别是企业竞争力（上升 5 位）排位有较大幅度的上升。所以，要不断提升一个地区的产业经济竞争力，就必须全面提升三级指标的排位。产业经济竞争力排位在评价期均处于上游区的省、区、市，也都是由于有 4 个三级指标的良好表现来支撑的。

五　全国省域可持续发展竞争力评价分析

5.1　全国省域可持续发展竞争力评价结果

根据可持续发展竞争力指标体系和数学模型，课题组对采集到的 2012 ~ 2013 年全国 31 个省、区、市的相关统计资料进行了整理和合成，图 5 - 1、图 5 - 2、图 5 - 3 和表 5 - 1 显示了这两个年份可持续发展竞争力排位和排位变化情况，以及其下属 3 个三级指标的评价结果。

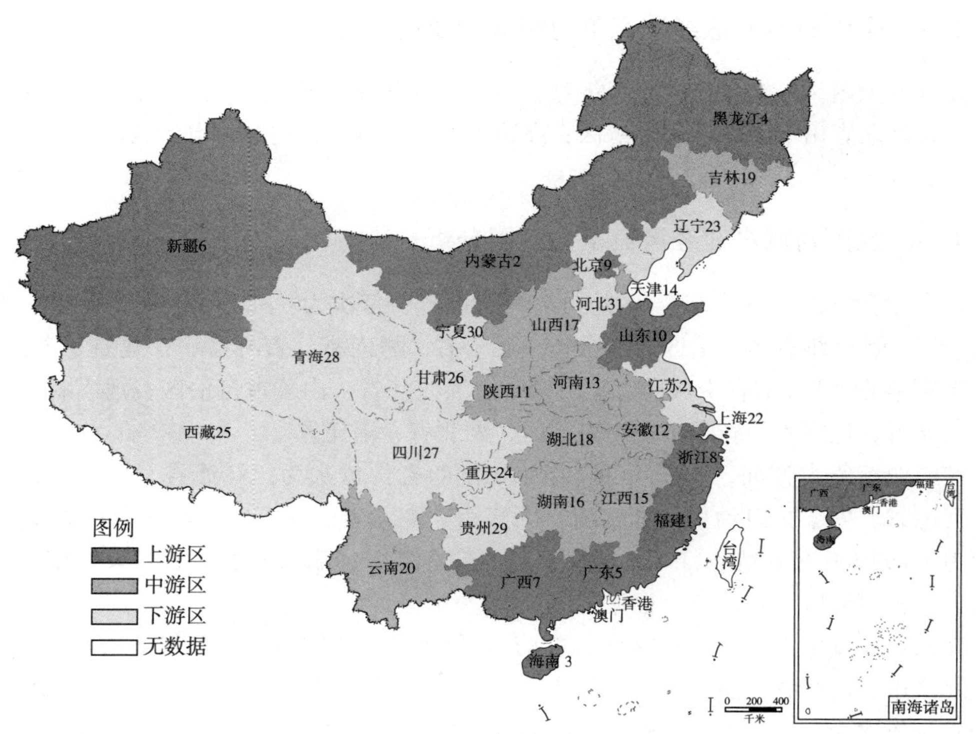

图 5 - 1　2012 年全国省域可持续发展竞争力排位图

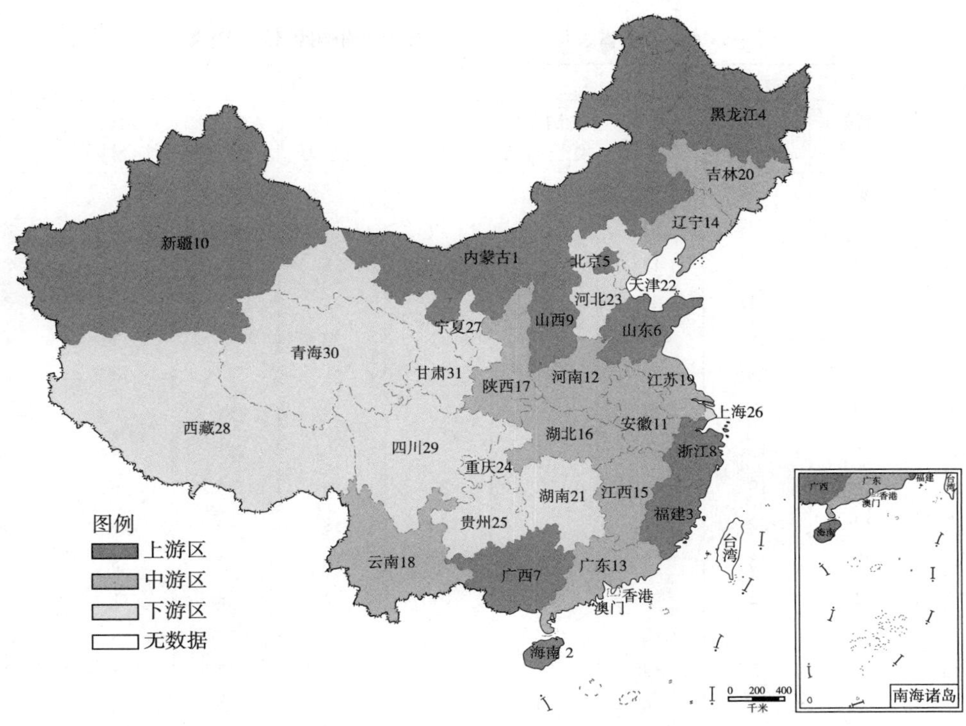

图 5－2　2013 年全国省域可持续发展竞争力排位图

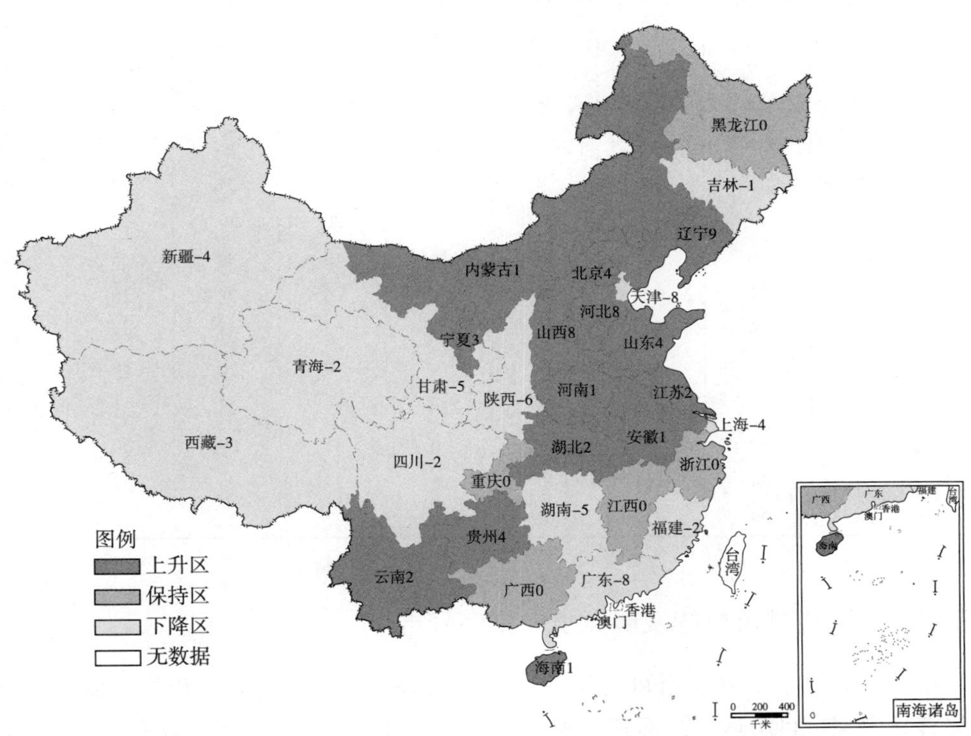

图 5－3　2012～2013 年全国省域可持续发展竞争力排位变化图

表 5-1　全国各省、区、市可持续发展竞争力评价比较表

项目 地区	2012 年 资源竞争力	2012 年 环境竞争力	2012 年 人力资源竞争力	2012 年 全国比较综合排名	2013 年 资源竞争力	2013 年 环境竞争力	2013 年 人力资源竞争力	2013 年 全国比较综合排名	综合排名升降
北　京	30	18	1	9	31	8	1	5	4
天　津	29	8	5	14	29	16	6	22	-8
河　北	18	31	13	31	17	25	13	23	8
山　西	7	21	20	17	5	23	18	9	8
内蒙古	1	28	21	2	1	22	23	1	1
辽　宁	13	25	12	23	11	21	12	14	9
吉　林	9	15	24	19	9	15	24	20	-1
黑龙江	5	16	22	4	4	20	21	4	0
上　海	31	19	2	22	30	26	5	26	-4
江　苏	20	22	11	21	20	18	9	19	2
浙　江	25	13	3	8	27	10	2	8	0
安　徽	22	12	8	12	21	12	8	11	1
福　建	10	2	10	1	14	1	10	3	-2
江　西	19	5	19	15	23	4	19	15	0
山　东	11	20	6	10	12	14	4	6	4
河　南	21	14	7	13	22	17	7	12	1
湖　北	26	17	9	18	25	11	11	16	2
湖　南	24	10	15	16	26	9	14	21	-5
广　东	27	7	4	5	24	19	3	13	-8
广　西	15	3	18	7	13	3	15	7	0
海　南	6	1	14	3	7	2	16	2	1
重　庆	28	6	25	24	28	5	27	24	0
四　川	14	27	17	27	15	30	17	29	-2
贵　州	16	9	30	29	16	13	30	25	4
云　南	8	11	28	20	8	6	28	18	2
西　藏	3	26	31	25	3	28	31	28	-3
陕　西	17	4	16	11	19	7	20	17	-6
甘　肃	12	23	27	26	10	29	26	31	-5
青　海	4	30	29	28	6	31	29	30	-2
宁　夏	23	24	26	30	18	24	25	27	3
新　疆	2	29	23	6	2	27	22	10	-4

5.2　全国省域可持续发展竞争力排序分析

2012 年全国各省、区、市可持续发展竞争力处于上游区（1～10 位）的依次排序是福建省、内蒙古自治区、海南省、黑龙江省、广东省、新疆维吾尔自治区、广西壮族自治区、浙江省、北京市、山东省；排在中游区（11～20 位）的依次排序为陕西省、安徽省、河南省、天津市、江西省、湖南省、山西省、湖北省、吉林省、云南省；处于下游区（21～31位）的依次排序为江苏省、上海市、辽宁省、重庆市、西藏自治区、甘肃省、四川省、青海省、贵州省、宁夏回族自治区、河北省。

2013年全国各省、区、市可持续发展竞争力处于上游区（1～10位）的依次排序是内蒙古自治区、海南省、福建省、黑龙江省、北京市、山东省、广西壮族自治区、浙江省、山西省、新疆维吾尔自治区；排在中游区（11～20位）的依次排序为安徽省、河南省、广东省、辽宁省、江西省、湖北省、陕西省、云南省、江苏省、吉林省；处于下游区（21～31位）的依次排序为湖南省、天津市、河北省、重庆市、贵州省、上海市、宁夏回族自治区、西藏自治区、四川省、青海省、甘肃省。

5.3 全国省域可持续发展竞争力排序变化比较

2013年与2012年相比较，排位上升的有14个省份，上升幅度最大的是辽宁省（9位），其他依次为河北省（8位）、山西省（8位）、北京市（4位）、山东省（4位）、贵州省（4位）、宁夏回族自治区（3位）、江苏省（2位）、湖北省（2位）、云南省（2位）、内蒙古自治区（1位）、安徽省（1位）、河南省（1位）、海南省（1位）；5个省份排位没有变化；排位下降的有12个省份，下降幅度最大的是天津市（8位）和广东省（8位），其他依次为陕西省（6位）、甘肃省（5位）、湖南省（5位）、上海市（4位）、新疆维吾尔自治区（4位）、西藏自治区（3位）、福建省（2位）、四川省（2位）、青海省（2位）、吉林省（1位）。

5.4 全国省域可持续发展竞争力跨区段变化情况

在评价期内，一些省份可持续发展竞争力排位的升降出现了跨区段变化。在跨区段上升方面，山西省由中游区升入上游区，辽宁省和江苏省由下游区升入中游区。在跨区段下降方面，广东省由上游区跌入中游区；湖南省和天津市由中游区跌入下游区。

5.5 全国省域可持续发展竞争力动因分析

在资源竞争力方面，2012年排在前10位的省份依次为：内蒙古自治区、新疆维吾尔自治区、西藏自治区、青海省、黑龙江省、海南省、山西省、云南省、吉林省、福建省；2013年排在前10位的省份依次为：内蒙古自治区、新疆维吾尔自治区、西藏自治区、黑龙江省、山西省、青海省、海南省、云南省、吉林省、甘肃省。

在环境竞争力方面，2012年排在前10位的省份依次为：海南省、福建省、广西壮族自治区、陕西省、江西省、重庆市、广东省、天津市、贵州省、湖南省；2013年排在前10位的省份依次为：福建省、海南省、广西壮族自治区、江西省、重庆市、云南省、陕西省、北京市、湖南省、浙江省。

在人力资源竞争力方面，2012年排在前10位的省份依次为：北京市、上海市、浙江省、广东省、天津市、山东省、河南省、安徽省、湖北省、福建省；2013年排在前10位的省份依次为：北京市、浙江省、广东省、山东省、上海市、天津市、河南省、安徽省、江苏省、福建省。

从可持续发展竞争力3个三级指标的变化可以看出，辽宁省可持续发展竞争力排位上升最大，主要是由于环境竞争力大幅度上升在起主导作用。天津市和广东省可持续发展竞争力排位下降幅度最大，均是环境竞争力排位大幅度下降导致的，且天津市人力资源竞争力排位也有所下降。这说明资源竞争力受不可再生资源消耗的制约，提升位次难度很大，而环境是可以通过保护、改善得到优化的，因此，提升可持续发展竞争力重点在于提升环境竞争力和人力资源竞争力。当然，资源的合理开发、保护和有效利用，也是提升可持续发展竞争力的一个不可忽视的重要因素。

六　全国省域财政金融竞争力评价分析

6.1　全国省域财政金融竞争力评价结果

根据财政金融竞争力指标体系和数学模型，课题组对采集到的2012～2013年全国31个省、区、市的相关统计资料进行了整理和合成，图6－1、图6－2、图6－3和表6－1显示了这两个年份财政金融竞争力排位和排位变化情况，以及其下属2个三级指标的评价结果。

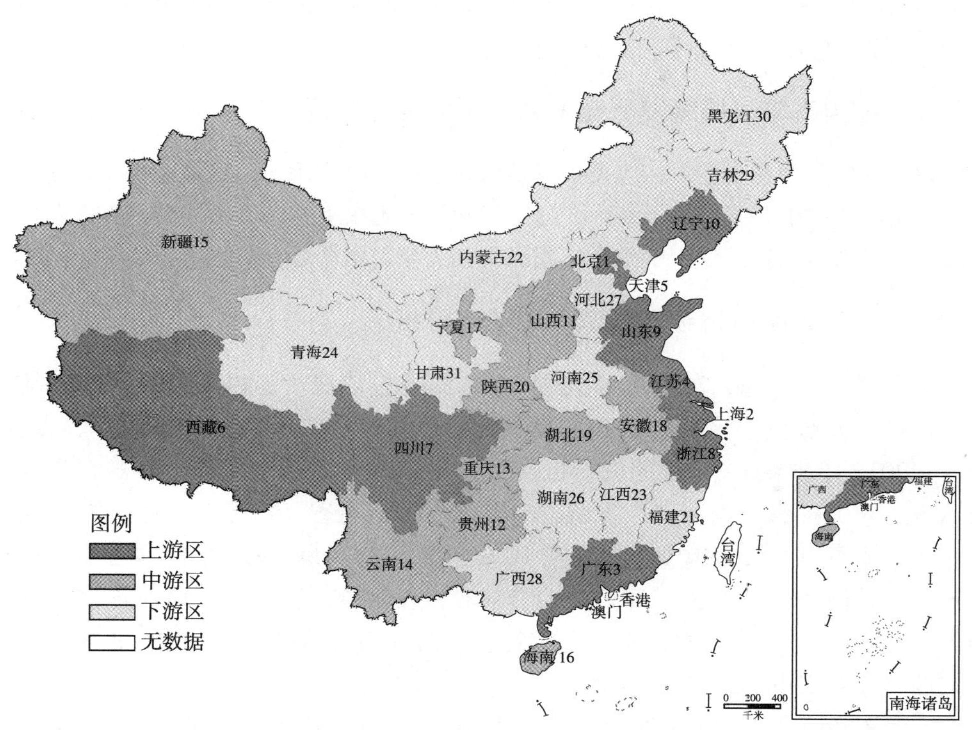

图6－1　2012年全国省域财政金融竞争力排位图

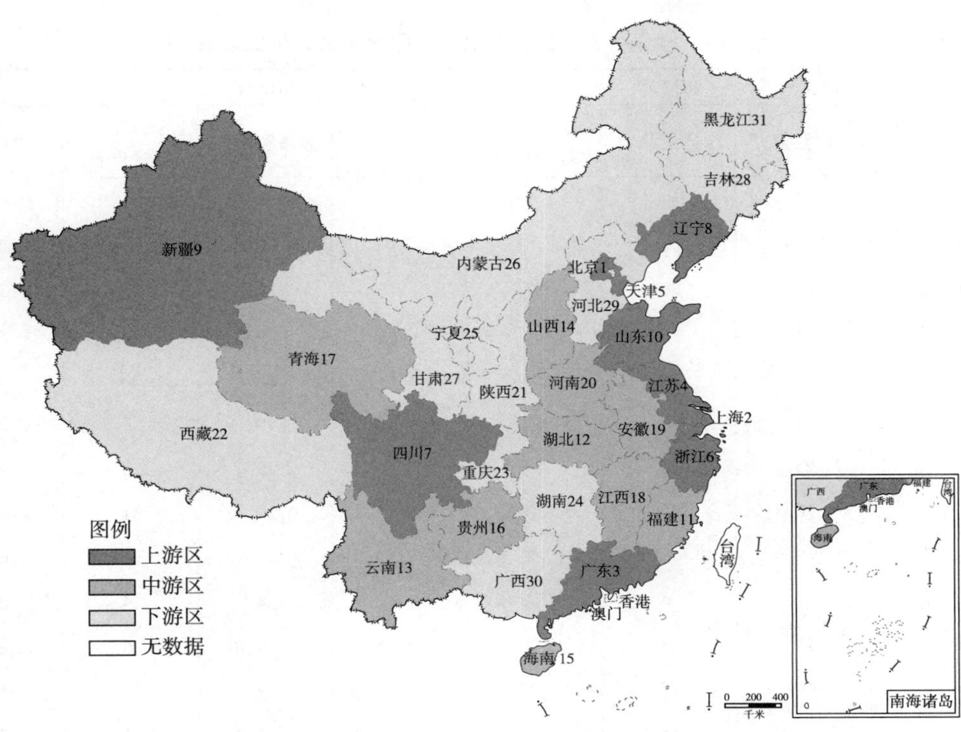

图 6－2　2013 年全国省域财政金融竞争力排位图

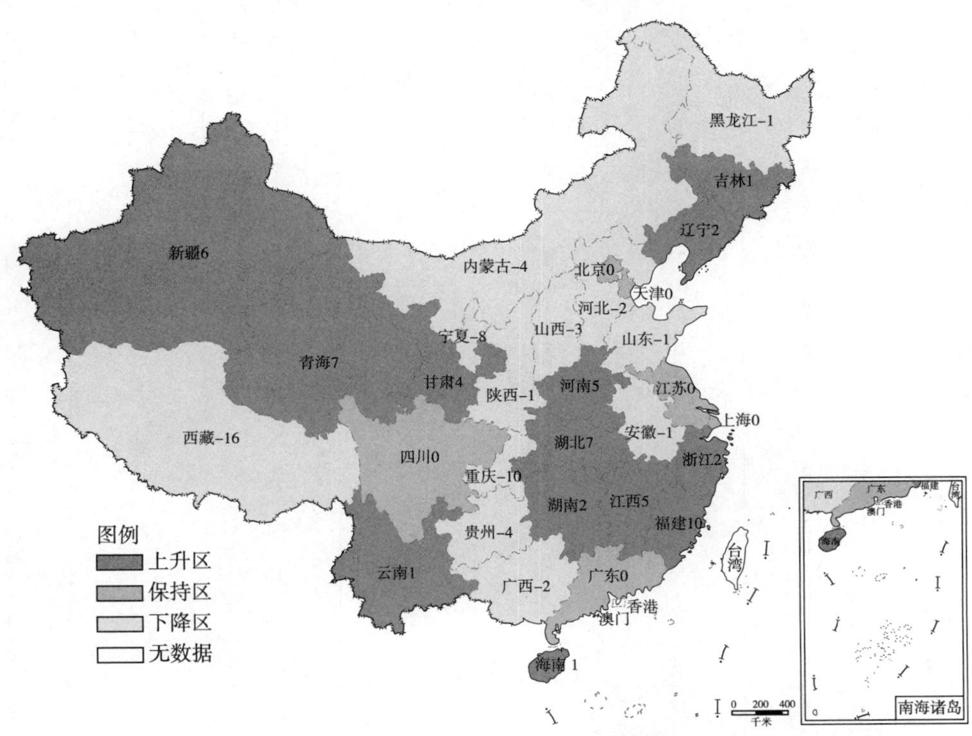

图 6－3　2012～2013 年全国省域财政金融竞争力排位变化图

表 6-1　全国各省、区、市财政金融竞争力评价比较表

地区＼项目	2012 年			2013 年			综合排名升降
	财政竞争力	金融竞争力	全国比较综合排名	财政竞争力	金融竞争力	全国比较综合排名	
北　京	1	1	1	1	1	1	0
天　津	4	8	5	3	8	5	0
河　北	29	20	27	30	22	29	-2
山　西	17	6	11	22	6	14	-3
内蒙古	20	23	22	24	24	26	-4
辽　宁	8	11	10	9	10	8	2
吉　林	25	25	29	27	25	28	1
黑龙江	30	26	30	31	29	31	-1
上　海	2	2	2	2	2	2	0
江　苏	7	4	4	5	4	4	0
浙　江	21	5	8	13	5	6	2
安　徽	19	17	18	19	19	19	-1
福　建	22	15	21	12	12	11	10
江　西	16	30	23	15	30	18	5
山　东	12	9	9	16	9	10	-1
河　南	27	14	25	20	15	20	5
湖　北	24	12	19	10	14	12	7
湖　南	28	16	26	26	17	24	2
广　东	5	3	3	4	3	3	0
广　西	26	24	28	29	23	30	-2
海　南	14	19	16	11	16	15	1
重　庆	15	10	13	28	11	23	-10
四　川	13	7	7	14	7	7	0
贵　州	6	22	12	8	20	16	-4
云　南	10	18	14	7	18	13	1
西　藏	3	31	6	18	31	22	-16
陕　西	23	13	20	25	13	21	-1
甘　肃	31	29	31	23	28	27	4
青　海	18	27	24	17	26	17	7
宁　夏	11	28	17	21	27	25	-8
新　疆	9	21	15	6	21	9	6

6.2 全国省域财政金融竞争力排序分析

2012 年全国各省、区、市财政金融竞争力处于上游区（1～10 位）的依次是北京市、上海市、广东省、江苏省、天津市、西藏自治区、四川省、浙江省、山东省、辽宁省；排在中游区（11～20 位）的依次排序为山西省、贵州省、重庆市、云南省、新疆维吾尔自治区、海南省、宁夏回族自治区、安徽省、湖北省、陕西省；处于下游区（21～31 位）的依次排序为福建省、内蒙古自治区、江西省、青海省、河南省、湖南省、河北省、广西壮族自治区、吉林省、黑龙江省、甘肃省。

2013 年全国各省、区、市财政金融竞争力处于上游区（1～10 位）的依次是北京市、上海市、广东省、江苏省、天津市、浙江省、四川省、辽宁省、新疆维吾尔自治区、山东省；排在中游区（11～20 位）的依次排序为福建省、湖北省、云南省、山西省、海南省、贵州省、青海省、江西省、安徽省、河南省；处于下游区（21～31 位）的依次排序为陕西省、西藏自治区、重庆市、湖南省、宁夏回族自治区、内蒙古自治区、甘肃省、吉林省、河北省、广西壮族自治区、黑龙江省。

6.3 全国省域财政金融竞争力排序变化比较

2013 年与 2012 年相比较，排位上升的有 13 个省份，上升幅度最大的是福建省（10 位），其他依次为湖北省（7 位）、青海省（7 位）、新疆维吾尔自治区（6 位）、江西省（5 位）、河南省（5 位）、甘肃省（4 位）、辽宁省（2 位）、浙江省（2 位）、湖南省（2 位）、海南省（1 位）、云南省（1 位）、吉林省（1 位）；6 个省份排位没有变化；排位下降的有 12 个省份，下降幅度最大的是西藏自治区（16 位），其他依次为重庆市（10 位）、宁夏回族自治区（8 位）、内蒙古自治区（4 位）、贵州省（4 位）、山西省（3 位）、河北省（2 位）、广西壮族自治区（2 位）、黑龙江省（1 位）、安徽省（1 位）、山东省（1 位）、陕西省（1 位）。

6.4 全国省域财政金融竞争力跨区段变化情况

在评价期内，一些省份财政金融竞争力排位的升降出现了跨区段变化。在跨区段上升方面，福建省、江西省、青海省、河南省由下游区升入中游区，新疆维吾尔自治区由中游区升入上游区；在跨区段下降方面，西藏自治区由上游区跌入下游区，陕西省、重庆市、宁夏回族自治区由中游区跌入下游区。

6.5 全国省域财政金融竞争力动因分析

在财政竞争力方面，2012 年排在前 10 位的省份依次为：北京市、上海市、西藏自治区、天津市、广东省、贵州省、江苏省、辽宁省、新疆维吾尔自治区、云南省；2013 年排在前 10 位的省份依次为：北京市、上海市、天津市、广东省、江苏省、新疆维吾尔自治区、云南省、贵州省、辽宁省、湖北省。

在金融竞争力方面，2012 年排在前 10 位的省份依次为：北京市、上海市、广东省、江苏省、浙江省、山西省、四川省、天津市、山东省、重庆市；2013 年排在前 10 位的省份依次为：北京市、上海市、广东省、江苏省、浙江省、山西省、四川省、天津市、山东省、辽宁省。

从省域财政金融竞争力 2 个三级指标的变化情况中可以看出，在评价期内，财政金融竞争力排位居于前 10 位的大部分省份的 2 个三级指标均始终处于上游区，表明财政、金融的关系密不可分，财政金融竞争力优势的形成需要财政竞争力、金融竞争力的共同支撑。

七　全国省域知识经济竞争力评价分析

7.1　全国省域知识经济竞争力评价结果

根据知识经济竞争力指标体系和数学模型，课题组对采集到的 2012 ~ 2013 年全国 31 个省、区、市的相关统计资料进行了整理和合成，图 7 - 1、图 7 - 2、图 7 - 3 和表 7 - 1显示了这两个年份知识经济竞争力排位和排位变化情况，以及其下属 3 个三级指标的评价结果。

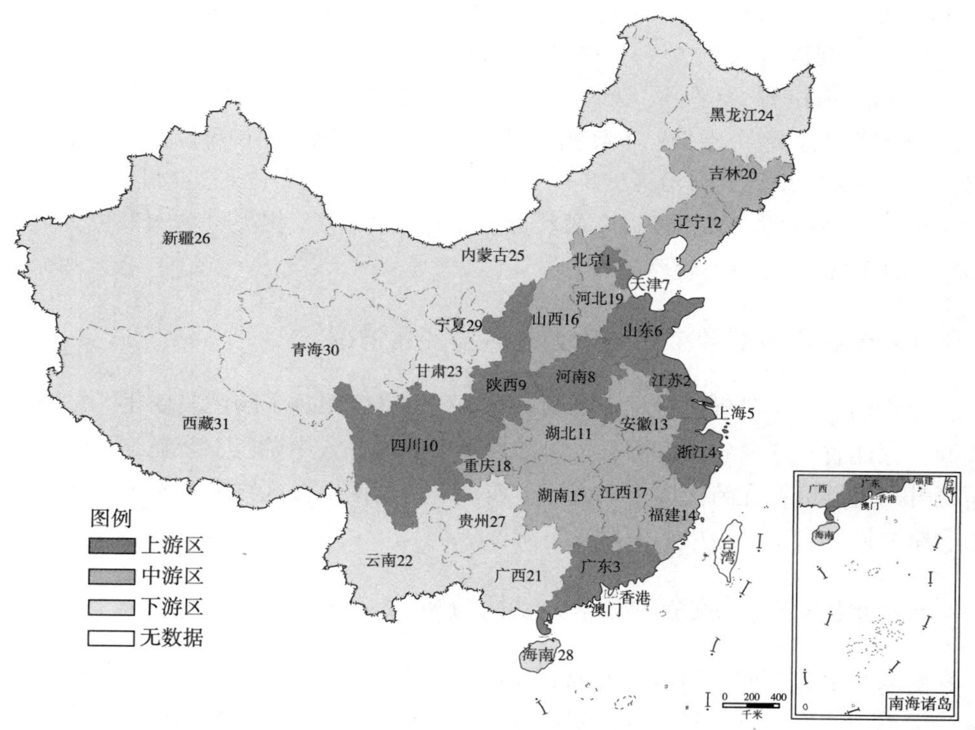

图 7 - 1　2012 年全国省域知识经济竞争力排位图

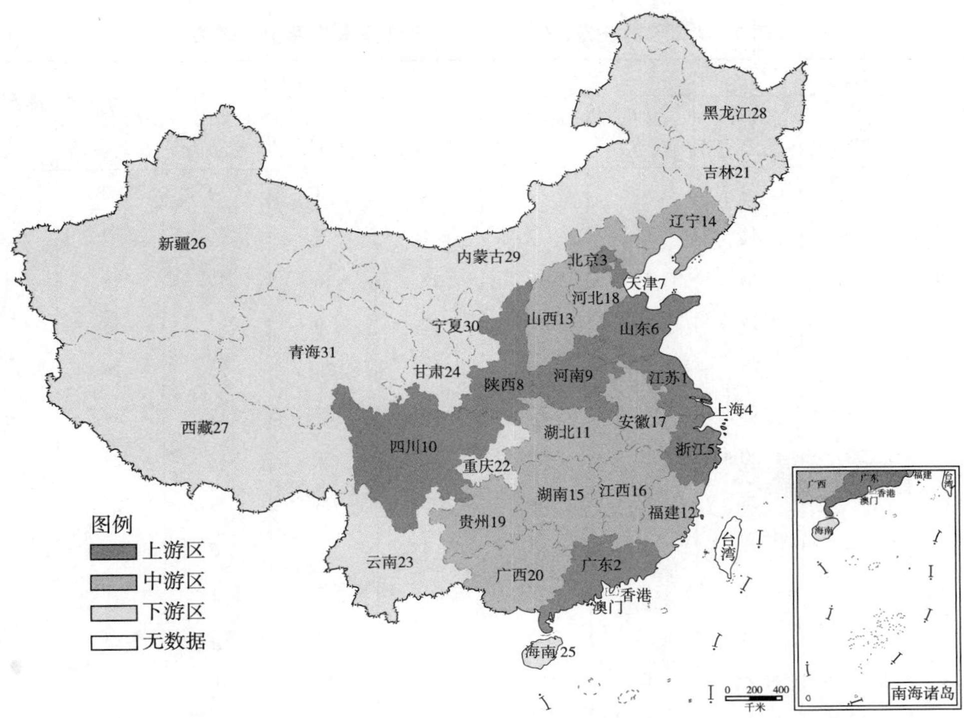

图 7－2　2013 年全国省域知识经济竞争力排位图

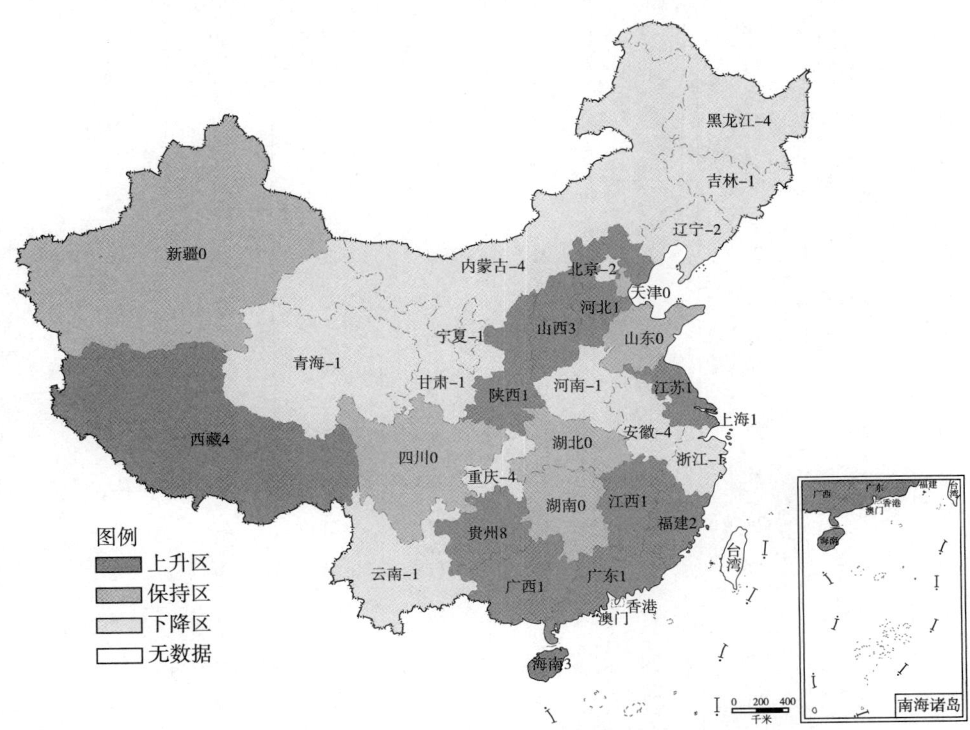

图 7－3　2012～2013 年全国省域知识经济竞争力排位变化图

表 7－1　全国各省、区、市知识经济竞争力评价比较表

项目 地区	2012 年				2013 年				综合排名升降
	科技竞争力	教育竞争力	文化竞争力	全国比较综合排名	科技竞争力	教育竞争力	文化竞争力	全国比较综合排名	
北　京	1	1	5	1	3	1	4	3	－2
天　津	6	10	16	7	6	7	20	7	0
河　北	21	14	18	19	18	18	17	18	1
山　西	20	12	11	16	22	9	7	13	3
内蒙古	27	25	19	25	25	29	23	29	－4
辽　宁	14	11	14	12	14	23	12	14	－2
吉　林	22	20	10	20	19	26	13	21	－1
黑龙江	23	28	25	24	23	28	27	28	－4
上　海	4	9	4	5	4	8	5	4	1
江　苏	2	2	1	2	1	2	1	1	1
浙　江	5	6	2	4	5	12	3	5	－1
安　徽	15	8	12	13	15	19	18	17	－4
福　建	12	18	17	14	10	24	14	12	2
江　西	16	15	21	17	16	11	22	16	1
山　东	7	4	6	6	7	6	6	6	0
河　南	9	5	13	8	12	4	9	9	－1
湖　北	11	16	8	11	9	15	11	11	0
湖　南	17	17	9	15	17	17	8	15	0
广　东	3	3	3	3	2	3	2	2	1
广　西	18	22	20	21	21	20	16	20	1
海　南	19	31	29	28	20	25	26	25	3
重　庆	10	29	24	18	13	27	25	22	－4
四　川	8	13	15	10	8	13	15	10	0
贵　州	24	27	26	27	24	10	21	19	8
云　南	25	21	23	22	28	16	19	23	－1
西　藏	28	24	31	31	27	21	31	27	4
陕　西	13	7	7	9	11	5	10	8	1
甘　肃	26	23	22	23	26	22	24	24	－1
青　海	31	26	30	30	31	31	30	31	－1
宁　夏	29	30	27	29	29	30	28	30	－1
新　疆	30	19	28	26	30	14	29	26	0

7.2 全国省域知识经济竞争力排序分析

2012 年全国各省、区、市知识经济竞争力处于上游区（1～10 位）的依次是北京市、江苏省、广东省、浙江省、上海市、山东省、天津市、河南省、陕西省、四川省；排在中游区（11～20 位）的依次排序为湖北省、辽宁省、安徽省、福建省、湖南省、山西省、江西省、重庆市、河北省、吉林省；处于下游区（21～31 位）的依次为：广西壮族自治区、云南省、甘肃省、黑龙江省、内蒙古自治区、新疆维吾尔自治区、贵州省、海南省、宁夏回族自治区、青海省、西藏自治区。

2013 年全国各省、区、市知识经济竞争力处于上游区（1～10 位）的依次为江苏省、广东省、北京市、上海市、浙江省、山东省、天津市、陕西省、河南省、四川省；排在中游区（11～20 位）的依次排序为湖北省、福建省、山西省、辽宁省、湖南省、江西省、安徽省、河北省、贵州省、广西壮族自治区；处于下游区（21～31 位）的依次为吉林省、重庆市、云南省、甘肃省、海南省、新疆维吾尔自治区、西藏自治区、黑龙江省、内蒙古自治区、宁夏回族自治区、青海省。

7.3 全国省域知识经济竞争力排序变化比较

2013 年与 2012 年相比，排位上升的有 12 个省份，上升幅度最大的是贵州省（8 位），其他依次为西藏自治区（4 位）、山西省（3 位）、海南省（3 位）、福建省（2 位）、陕西省（1 位）、广西壮族自治区（1 位）、广东省（1 位）、江西省（1 位）、江苏省（1 位）、上海市（1 位）、河北省（1 位）；6 个省份的排位没有变化；排位下降的有 13 个省份，下降幅度最大的是黑龙江省（4 位）、内蒙古自治区（4 位）、安徽省（4 位）和重庆市（4 位），其他依次为北京市（2 位）、辽宁省（2 位）、吉林省（1 位）、浙江省（1 位）、河南省（1 位）、云南省（1 位）、甘肃省（1 位）、青海省（1 位）、宁夏回族自治区（1 位）。

7.4 全国省域知识经济竞争力跨区段变化情况

在评价期内，一些省份知识经济竞争力排位的升降出现了跨区段变化。在跨区段上升方面，贵州省和广西壮族自治区由下游区升入中游区；在跨区段下降方面，吉林省、重庆市由中游区跌入下游区。

7.5 全国省域知识经济竞争力动因分析

在科技竞争力方面，2012 年排在前 10 位的省份依次为：北京市、江苏省、广东省、上海市、浙江省、天津市、山东省、四川省、河南省、重庆市；2013 年排在前 10 位的省份依次为：江苏省、广东省、北京市、上海市、浙江省、天津市、山东省、四川省、湖北省、福建省。

在教育竞争力方面，2012 年排在前 10 位的省份依次为：北京市、江苏省、广东省、山东省、河南省、浙江省、陕西省、安徽省、上海市、天津市；2013 年排在前 10

位的省份依次为：北京市、江苏省、广东省、河南省、陕西省、山东省、天津市、上海市、山西省、贵州省。

在文化竞争力方面，2012 年排在前 10 位的省份依次为：江苏省、浙江省、广东省、上海市、北京市、山东省、陕西省、湖北省、湖南省、吉林省；2013 年排在前 10 位的省份依次为：江苏省、广东省、浙江省、北京市、上海市、山东省、山西省、湖南省、河南省、陕西省。

从省域知识经济竞争力 3 个三级指标的变化情况中可以看出，经济发达地区多数表现出科技竞争力、教育竞争力和文化竞争力比较均衡、协调提升的态势，一些中西部省份的 3 个三级指标也保持了比较均衡、协调提升的态势，如湖北省、山西省、陕西省。

八　全国省域发展环境竞争力评价分析

8.1　全国省域发展环境竞争力评价结果

根据发展环境竞争力指标体系和数学模型，课题组对采集到的 2012 ~ 2013 年全国 31 个省、区、市的相关统计资料进行了整理和合成，图 8 －1、图 8 －2、图 8 －3 和表 8 －1显示了这两个年份发展环境竞争力排位和排位变化情况，以及其下属 2 个三级指标的评价结果。

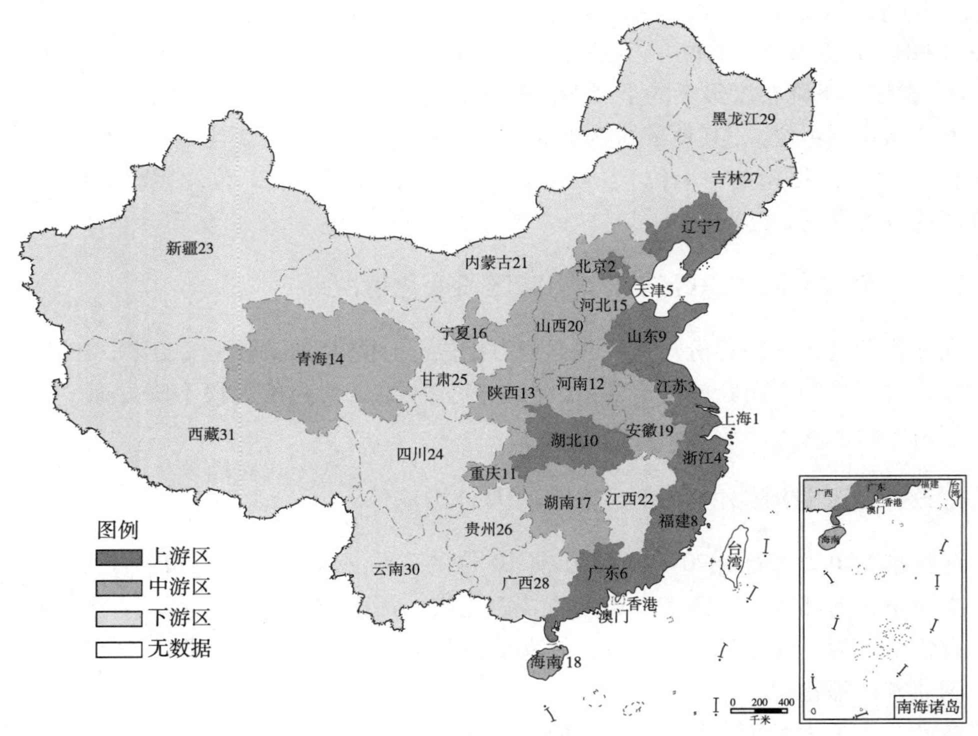

图 8 －1　2012 年全国省域发展环境竞争力排位图

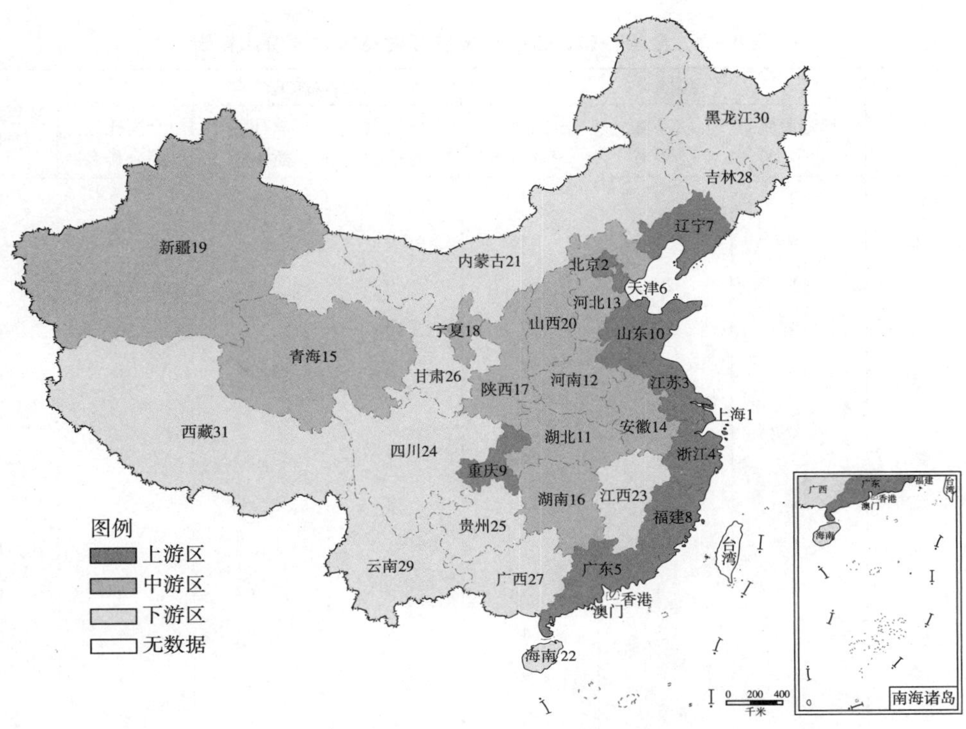

图 8－2　2013 年全国省域发展环境竞争力排位图

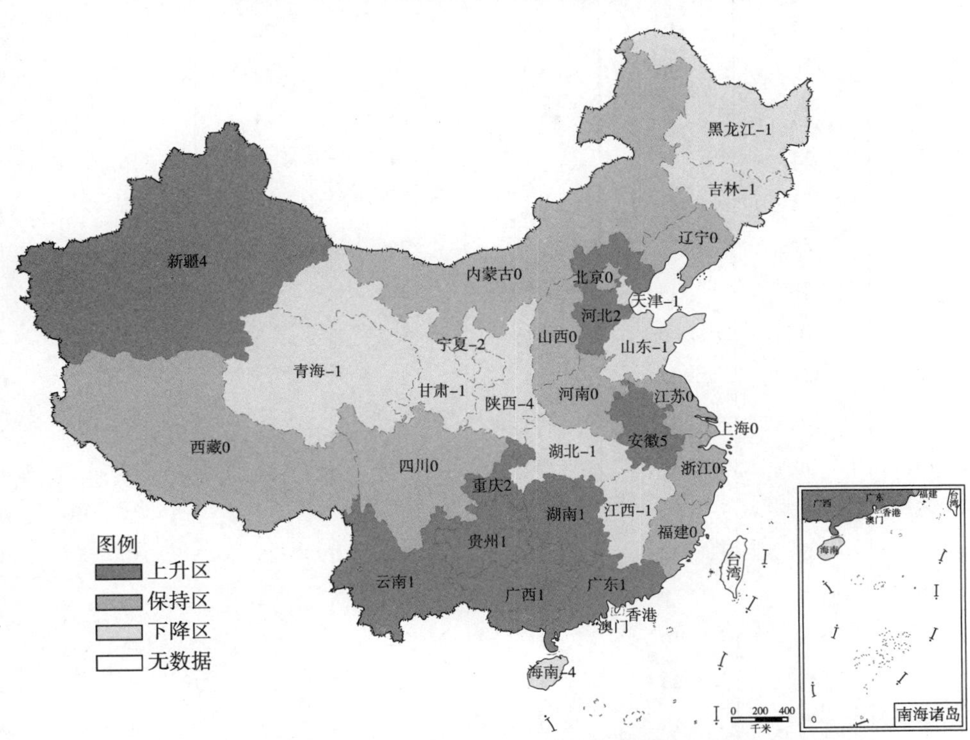

图 8－3　2012～2013 年全国省域发展环境竞争力排位变化图

表 8－1　全国各省、区、市发展环境竞争力评价比较表

项目 地区	2012 年			2013 年			综合排名升降
	基础设施竞争力	软环境竞争力	全国比较综合排名	基础设施竞争力	软环境竞争力	全国比较综合排名	
北　京	3	2	2	4	2	2	0
天　津	6	3	5	7	4	6	－1
河　北	11	29	15	9	30	13	2
山　西	19	24	20	19	23	20	0
内蒙古	17	28	21	18	25	21	0
辽　宁	8	7	7	6	7	7	0
吉　林	25	22	27	27	19	28	－1
黑龙江	28	20	29	28	22	30	－1
上　海	1	1	1	2	1	1	0
江　苏	4	4	3	3	6	3	0
浙　江	5	5	4	5	9	4	0
安　徽	13	30	19	11	29	14	5
福　建	9	8	8	12	8	8	0
江　西	22	15	22	21	21	23	－1
山　东	7	19	9	8	26	10	－1
河　南	10	26	12	10	28	12	0
湖　北	12	12	10	13	14	11	－1
湖　南	15	25	17	14	27	16	1
广　东	2	31	6	1	31	5	1
广　西	24	27	28	26	24	27	1
海　南	21	14	18	22	16	22	－4
重　庆	16	6	11	15	3	9	2
四　川	23	17	24	25	17	24	0
贵　州	26	18	26	24	20	25	1
云　南	30	16	30	30	15	29	1
西　藏	31	21	31	31	10	31	0
陕　西	18	11	13	17	13	17	－4
甘　肃	29	9	25	29	12	26	－1
青　海	20	10	14	20	5	15	－1
宁　夏	14	23	16	16	18	18	－2
新　疆	27	13	23	23	11	19	4

8.2 全国省域发展环境竞争力排序分析

2012 年全国各省、区、市发展环境竞争力处于上游区（1～10 位）的依次是上海市、北京市、江苏省、浙江省、天津市、广东省、辽宁省、福建省、山东省、湖北省；排在中游区（11～20 位）的依次排序为重庆市、河南省、陕西省、青海省、河北省、宁夏回族自治区、湖南省、海南省、安徽省、山西省；处于下游区（21～31 位）的依次排序为内蒙古自治区、江西省、新疆维吾尔自治区、四川省、甘肃省、贵州省、吉林省、广西壮族自治区、黑龙江省、云南省、西藏自治区。

2013 年全国各省、区、市发展环境竞争力处于上游区（1～10 位）的依次是上海市、北京市、江苏省、浙江省、广东省、天津市、辽宁省、福建省、重庆市、山东省；排在中游区（11～20 位）的依次排序为湖北省、河南省、河北省、安徽省、青海省、湖南省、陕西省、宁夏回族自治区、新疆维吾尔自治区、山西省；处于下游区（21～31 位）的依次排序为内蒙古自治区、海南省、江西省、四川省、贵州省、甘肃省、广西壮族自治区、吉林省、云南省、黑龙江省、西藏自治区。

8.3 全国省域发展环境竞争力排序变化比较

2013 年与 2012 年相比较，排位上升的有 9 个省份，上升幅度最大的是安徽省（5 位），其他依次为新疆维吾尔自治区（4 位）、河北省（2 位）、重庆市（2 位）、湖南省（1 位）、广东省（1 位）、广西壮族自治区（1 位）、贵州省（1 位）、云南省（1 位）；11 个省份排位没有变化；排位下降的有 11 个省份，下降幅度最大的是海南省（4 位）和陕西省（4 位），其他依次为宁夏回族自治区（2 位）、天津市（1 位）、吉林省（1 位）、黑龙江省（1 位）、江西省（1 位）、山东省（1 位）、湖北省（1 位）、甘肃省（1 位）、青海省（1 位）。

8.4 全国省域发展环境竞争力跨区段变化情况

在评价期内，一些省份发展环境竞争力排位的升降出现了跨区段变化。在跨区段上升方面，重庆市由中游区升入上游区，新疆维吾尔自治区由下游区升入中游区；在跨区段下降方面，湖北省由上游区降入中游区；海南省由中游区降入下游区。

8.5 全国省域发展环境竞争力动因分析

在基础设施竞争力方面，2012 年排在前 10 位的省份依次为：上海市、广东省、北京市、江苏省、浙江省、天津市、山东省、辽宁省、福建省、河南省；2013 年排在前 10 位的省份依次为：广东省、上海市、江苏省、北京市、浙江省、辽宁省、天津市、山东省、河北省、河南省。

在软环境竞争力方面，2012 年排在前 10 位的省份依次为：上海市、北京市、天津市、江苏省、浙江省、重庆市、辽宁省、福建省、甘肃省、青海省；2013 年排在前 10 位的省份依次为：上海市、北京市、重庆市、天津市、青海省、江苏省、辽宁省、福建省、浙江省、西藏自治区。

从省域发展环境竞争力 2 个三级指标的变化可以看出，经济综合竞争力排位处于上游区的省份，基础设施竞争力和软环境竞争力基本都在同一区段内比较协调地变化，那些排位差距呈现不断拉大趋势的地区，发展环境竞争力的综合排位也呈现下降趋势，表明基础设施竞争力和软环境竞争力都是经济综合竞争力不可缺少的重要组成部分，需要协调发展、同步提升。

九　全国省域政府作用竞争力评价分析

9.1　全国省域政府作用竞争力评价结果

根据政府作用竞争力指标体系和数学模型，课题组对采集到的 2012 ~2013 年全国 31 个省、区、市的相关统计资料进行了整理和合成，图 9 -1、图 9 -2、图 9 -3 和表 9 -1显示了这两个年份政府作用竞争力排位和排位变化情况，以及其下属 3 个三级指标的评价结果。

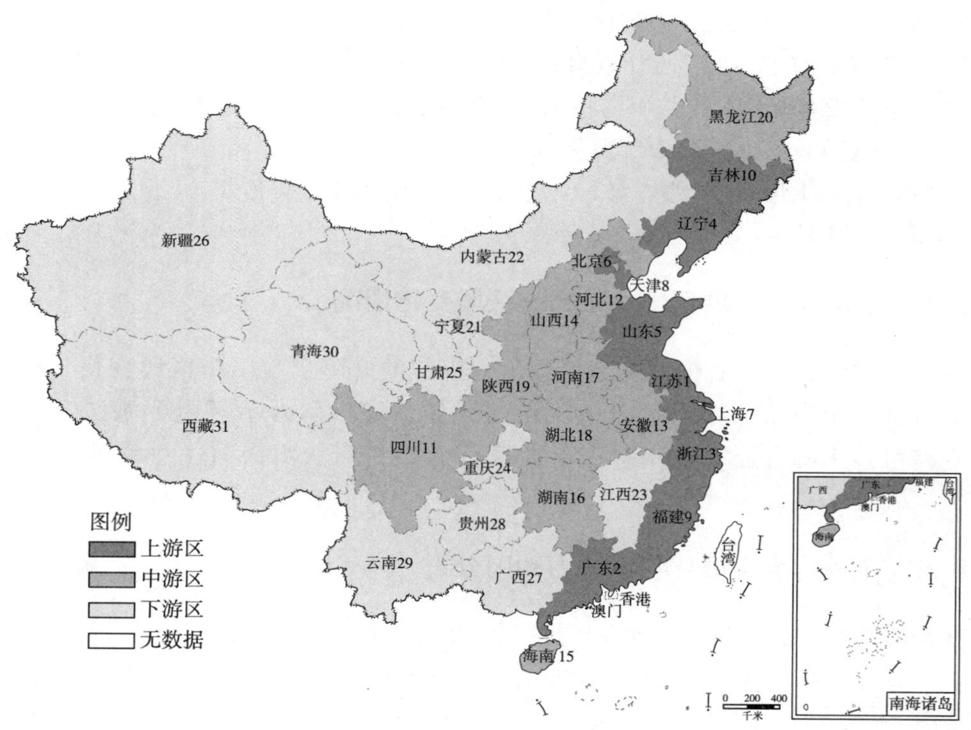

图 9 -1　2012 年全国省域政府作用竞争力排位图

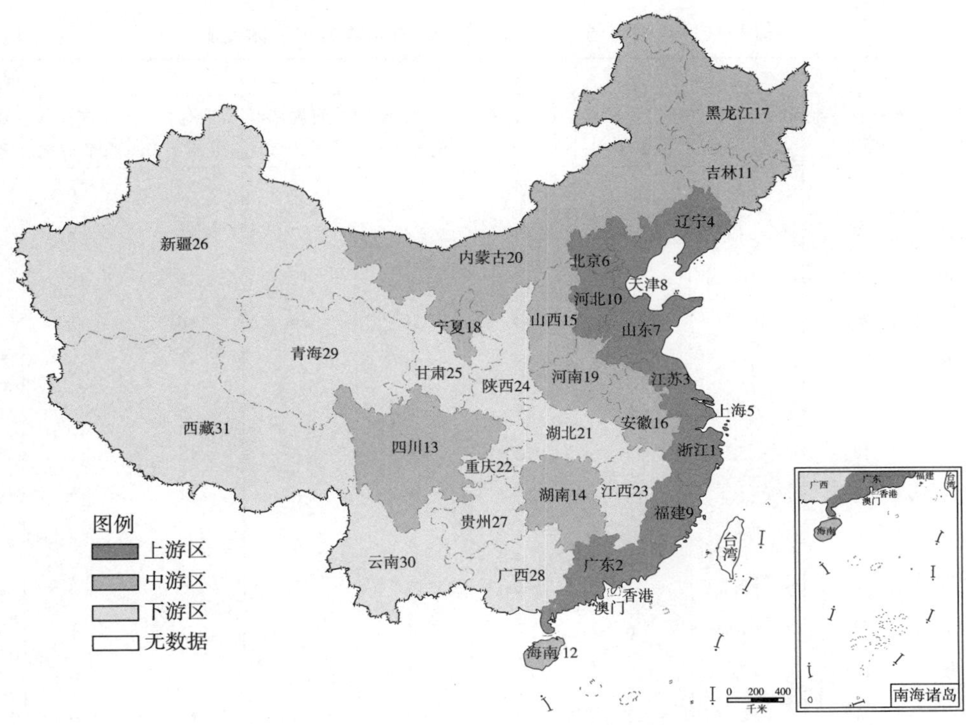

图 9-2　2013 年全国省域政府作用竞争力排位图

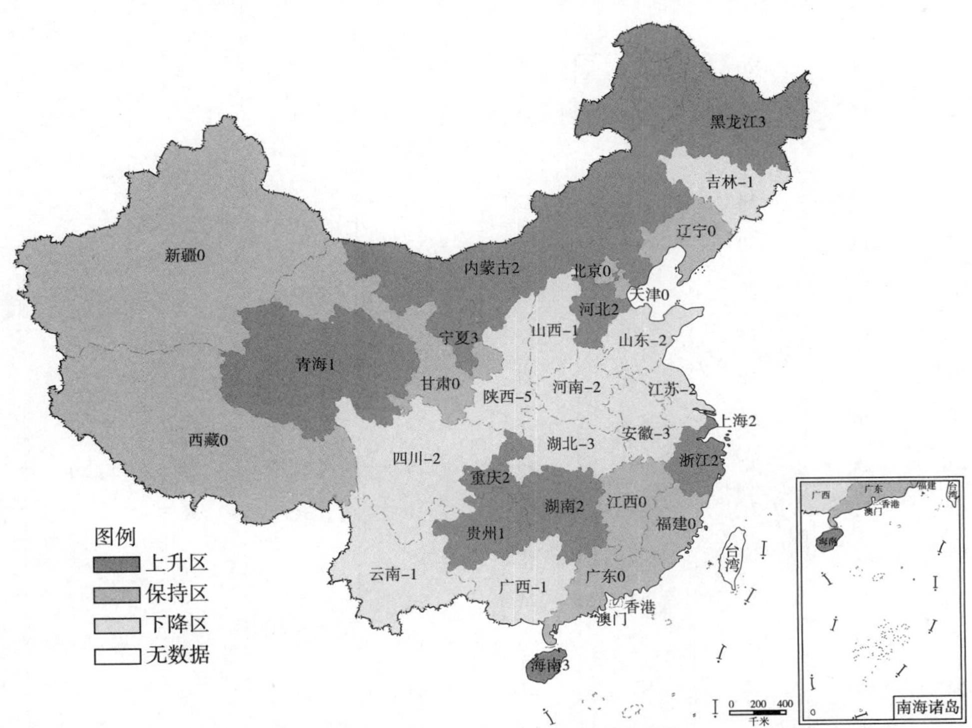

图 9-3　2012～2013 年全国省域政府作用竞争力排位变化图

表 9-1　全国各省、区、市政府作用竞争力评价比较表

项目 地区	2012 年				2013 年				综合排名升降
	政府发展经济竞争力	政府规调经济竞争力	政府保障经济竞争力	全国比较综合排名	政府发展经济竞争力	政府规调经济竞争力	政府保障经济竞争力	全国比较综合排名	
北　京	20	2	4	6	24	3	3	6	0
天　津	4	4	28	8	3	2	26	8	0
河　北	12	10	21	12	9	12	13	10	2
山　西	21	7	19	14	21	9	16	15	-1
内蒙古	22	18	17	22	20	17	18	20	2
辽　宁	7	8	5	4	7	6	5	4	0
吉　林	18	5	11	10	18	5	15	11	-1
黑龙江	23	11	14	20	23	10	11	17	3
上　海	8	3	8	7	8	4	7	5	2
江　苏	2	6	2	1	1	7	6	3	-2
浙　江	3	1	6	3	4	1	4	1	2
安　徽	10	17	15	13	12	19	17	16	-3
福　建	1	12	25	9	2	16	20	9	0
江　西	16	25	20	23	16	24	21	23	0
山　东	6	9	7	5	5	8	8	7	-2
河　南	9	20	24	17	10	15	28	19	-2
湖　北	14	21	16	18	11	21	23	21	-3
湖　南	13	13	23	16	13	11	22	14	2
广　东	5	14	1	2	6	13	1	2	0
广　西	15	30	29	27	17	30	27	28	-1
海　南	27	27	3	15	28	27	2	12	3
重　庆	19	28	13	24	14	28	12	22	2
四　川	11	16	10	11	15	18	14	13	-2
贵　州	26	26	26	28	27	26	24	27	1
云　南	25	22	31	29	25	25	30	30	-1
西　藏	31	31	30	31	31	31	31	31	0
陕　西	17	19	22	19	19	20	29	24	-5
甘　肃	24	24	18	25	22	22	19	25	0
青　海	30	23	27	30	29	23	25	29	1
宁　夏	28	15	12	21	26	14	10	18	3
新　疆	29	29	9	26	30	29	9	26	0

9.2　全国省域政府作用竞争力排序分析

2012 年全国各省、区、市政府作用竞争力处于上游区（1~10 位）的依次是：江苏省、广东省、浙江省、辽宁省、山东省、北京市、上海市、天津市、福建省、吉林省；排在中游区（11~20 位）的依次排序为：四川省、河北省、安徽省、山西省、海南省、湖南省、河南省、湖北省、陕西省、黑龙江省；处于下游区（21~31 位）的依次排序为：宁夏回族自治区、内蒙古自治区、江西省、重庆市、甘肃省、新疆维吾尔自治区、广西壮族自治区、贵州省、云南省、青海省、西藏自治区。

2013 年全国各省、区、市政府作用竞争力处于上游区（1~10 位）的依次是：浙江省、广东省、江苏省、辽宁省、上海市、北京市、山东省、天津市、福建省、河北省；排在中游区（11~20 位）的依次排序为：吉林省、海南省、四川省、湖南省、山西省、安徽省、黑龙江省、宁夏回族自治区、河南省、内蒙古自治区；处于下游区（21~31 位）的依次排序为：湖北省、重庆市、江西省、陕西省、甘肃省、新疆维吾尔自治区、贵州省、广西壮族自治区、青海省、云南省、西藏自治区。

9.3　全国省域政府作用竞争力排序变化比较

2013 年与 2012 年相比较，排位上升的有 11 个省份，上升幅度较大的为黑龙江省（3 位）、海南省（3 位）、宁夏回族自治区（3 位），其他依次为河北省（2 位）、内蒙古自治区（2 位）、上海市（2 位）、浙江省（2 位）、湖南省（2 位）、重庆市（2 位）、贵州省（1 位）、青海省（1 位）；排位没有变化的有 9 个省份；排位下降的有 11 个省份，下降幅度最大的是陕西省（5 位），其他依次为安徽省（3 位）、湖北省（3 位）、江苏省（2 位）、山东省（2 位）、河南省（2 位）、四川省（2 位）、山西省（1 位）、吉林省（1 位）、广西壮族自治区（1 位）、云南省（1 位）。

9.4　全国省域政府作用竞争力跨区段变化情况

在评价期内，一些省份政府作用竞争力排位的升降出现了跨区段变化。在跨区段上升方面，河北省由中游区升入上游区，内蒙古自治区、宁夏回族自治区由下游区升入中游区；在跨区段下降方面，吉林省由上游区降入中游区，湖北省、陕西省由中游区降入下游区。

9.5　全国省域政府作用竞争力动因分析

在政府发展经济竞争力方面，2012 年排在前 10 位的省份依次为：福建省、江苏省、浙江省、天津市、广东省、山东省、辽宁省、上海市、河南省、安徽省；2013 年排在前 10 位的省份依次为：江苏省、福建省、天津市、浙江省、山东省、广东省、辽宁省、上海市、河北省、河南省。

在政府规调经济竞争力方面，2012 年排在前 10 位的省份依次为：浙江省、北京市、上海市、天津市、吉林省、江苏省、山西省、辽宁省、山东省、河北省；2013 年排在前 10 位的省份依次为：浙江省、天津市、北京市、上海市、吉林省、辽宁省、江苏省、山东省、山西省、黑龙江省。

在政府保障经济竞争力方面，2012 年排在前 10 位的省份依次为：广东省、江苏省、海南省、北京市、辽宁省、浙江省、山东省、上海市、新疆维吾尔自治区、四川省；2013 年排在前 10 位的省份依次为：广东省、海南省、北京市、浙江省、辽宁省、江苏省、上海市、山东省、新疆维吾尔自治区、宁夏回族自治区。

从省域政府作用竞争力 3 个三级指标的变化中还可以看出，经济比较活跃和发达的省、区、市，这 3 个指标大多数表现都比较好，而那些 3 个指标表现欠佳的省份，多数是中西部经济欠发达地区。这表明，在经济体制转轨时期，政府作用对经济增长有着直接影响，提升省域经济综合竞争力必须全面提升政府作用竞争力。

十　全国省域发展水平竞争力评价分析

10.1　全国省域发展水平竞争力评价结果

根据发展水平竞争力指标体系和数学模型，课题组对采集到的 2012 ~2013 年全国 31 个省、区、市的相关资料进行了整理和合成，图 10 －1、图 10 －2、图 10 －3 和表 10 －1显示了这两个年份发展水平竞争力排位和排位变化情况，以及其下属 3 个三级指标的评价结果。

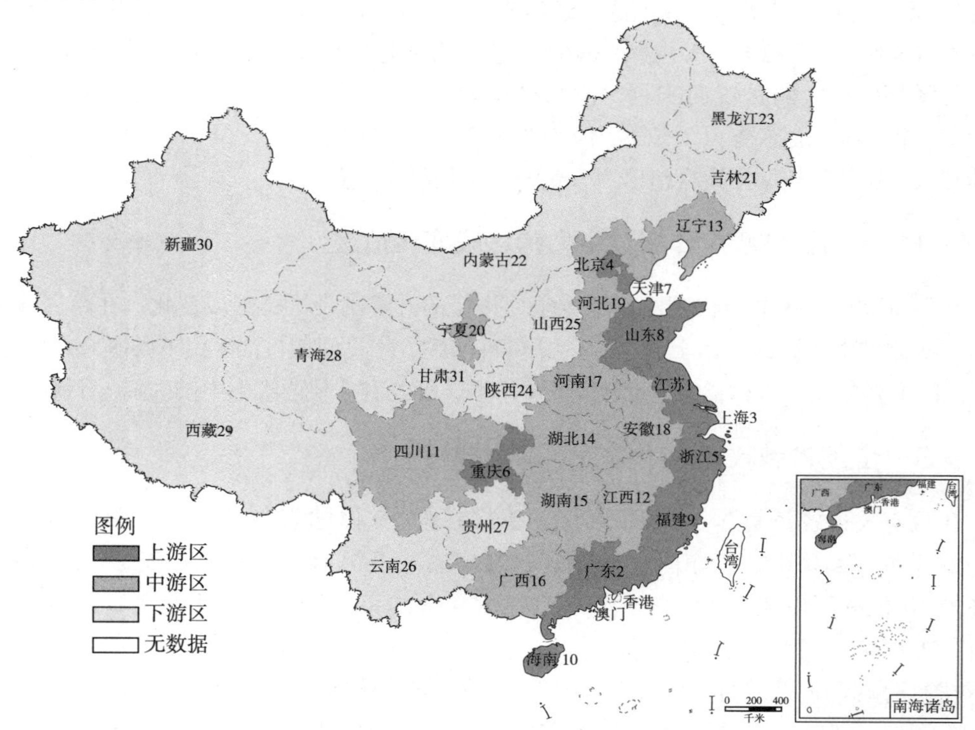

图 10 －1　2012 年全国省域发展水平竞争力排位图

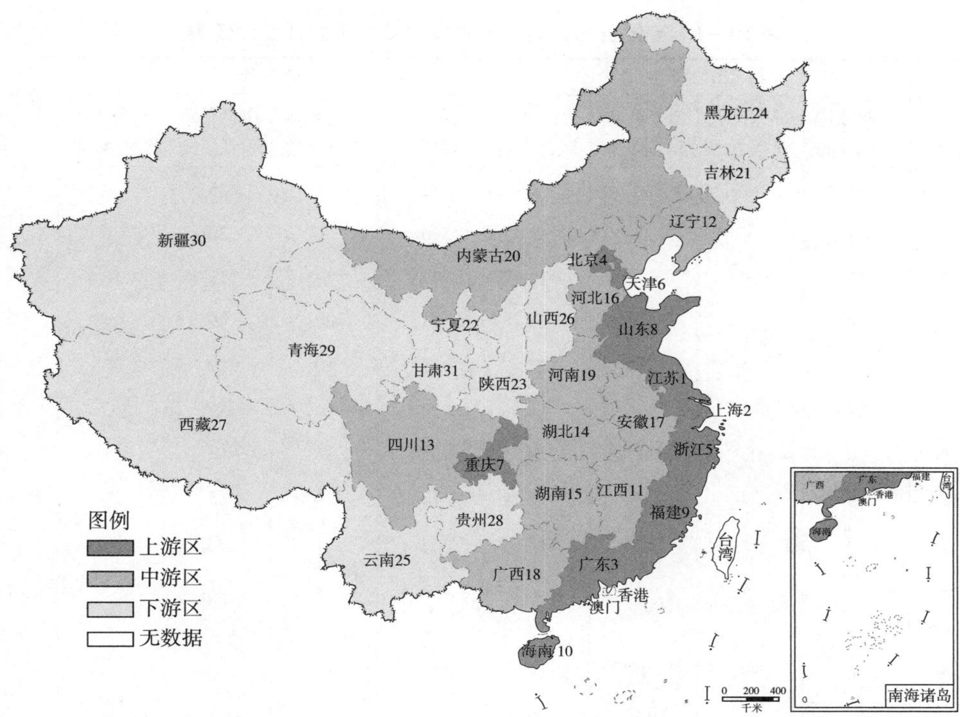

图 10－2　2013 年全国省域发展水平竞争力排位图

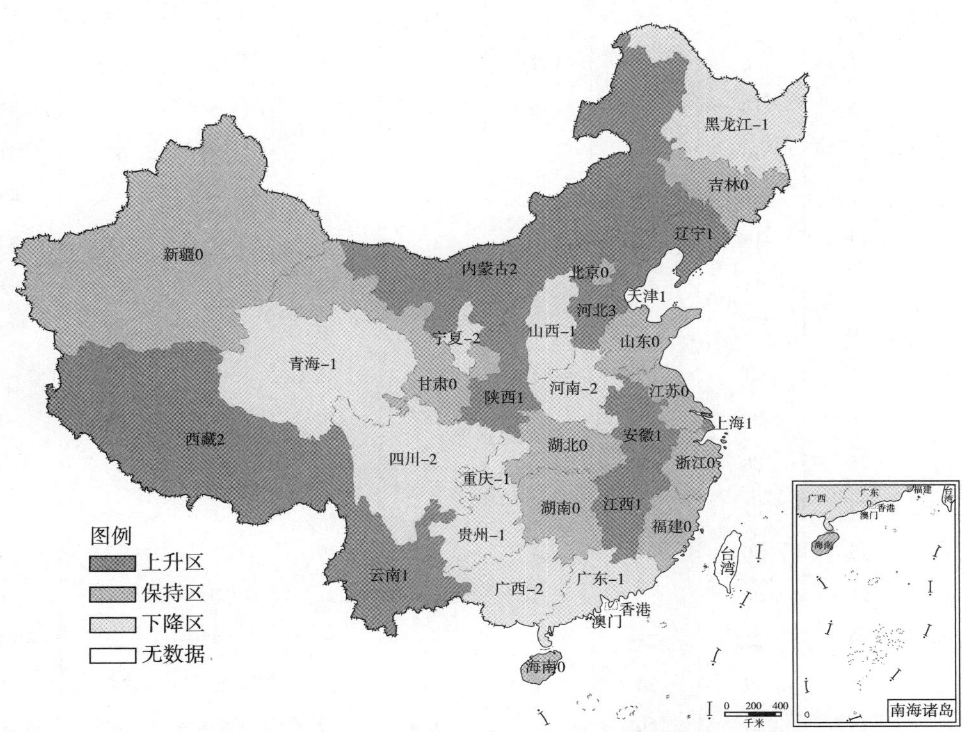

图 10－3　2012～2013 年全国省域发展水平竞争力排位变化图

表 10－1　全国各省、区、市发展水平竞争力评价比较表

地区 \ 项目	2012 年				2013 年				综合排名升降
	工业化进程竞争力	城市化进程竞争力	市场化进程竞争力	全国比较综合排名	工业化进程竞争力	城市化进程竞争力	市场化进程竞争力	全国比较综合排名	
北　京	1	2	24	4	2	2	25	4	0
天　津	8	6	21	7	6	6	20	6	1
河　北	27	19	12	19	27	20	11	16	3
山　西	19	22	26	25	23	22	26	26	－1
内蒙古	31	14	19	22	31	10	19	20	2
辽　宁	22	13	4	13	20	13	5	12	1
吉　林	26	23	18	21	22	23	17	21	0
黑龙江	14	24	23	23	16	24	23	24	－1
上　海	3	1	6	3	4	1	7	2	1
江　苏	4	4	1	1	3	4	1	1	0
浙　江	12	3	2	5	14	3	2	5	0
安　徽	30	18	7	18	30	16	9	17	1
福　建	13	7	11	9	11	8	12	9	0
江　西	10	12	9	12	10	12	10	11	1
山　东	16	8	5	8	13	7	6	8	0
河　南	11	26	13	17	17	25	15	19	－2
湖　北	15	10	14	14	12	11	14	14	0
湖　南	20	16	10	15	18	14	8	15	0
广　东	2	5	3	2	1	5	4	3	－1
广　西	17	15	16	16	21	18	16	18	－2
海　南	7	11	15	10	7	15	13	10	0
重　庆	6	9	8	6	8	9	3	7	－1
四　川	5	21	17	11	5	21	18	13	－2
贵　州	23	30	25	27	25	30	24	28	－1
云　南	25	28	22	26	26	26	22	25	1
西　藏	9	31	31	29	9	29	31	27	2
陕　西	18	20	27	24	15	19	28	23	1
甘　肃	21	29	30	31	19	31	30	31	0
青　海	29	25	28	28	29	28	27	29	－1
宁　夏	24	17	20	20	24	17	21	22	－2
新　疆	28	27	29	30	28	27	29	30	0

10.2　全国省域发展水平竞争力排序分析

2012 年全国各省、区、市发展水平竞争力处于上游区（1～10 位）的依次是：江苏省、广东省、上海市、北京市、浙江省、重庆市、天津市、山东省、福建省、海南省；排在中游区（11～20 位）的依次为：四川省、江西省、辽宁省、湖北省、湖南省、广西壮族自治区、河南省、安徽省、河北省、宁夏回族自治区；处于下游区（21～31 位）的依次排序为：吉林省、内蒙古自治区、黑龙江省、陕西省、山西省、云南省、贵州省、青海省、西藏自治区、新疆维吾尔自治区、甘肃省。

2013 年全国各省、区、市发展水平竞争力处于上游区（1～10 位）的依次是：江苏省、上海市、广东省、北京市、浙江省、天津市、重庆市、山东省、福建省、海南省；排在中游区（11～20 位）的依次为：江西省、辽宁省、四川省、湖北省、湖南省、河北省、安徽省、广西壮族自治区、河南省、内蒙古自治区；处于下游区（21～31 位）的依次排序为：吉林省、宁夏回族自治区、陕西省、黑龙江省、云南省、山西省、西藏自治区、贵州省、青海省、新疆维吾尔自治区、甘肃省。

10.3　全国省域发展水平竞争力排序变化比较

2013 年与 2012 年相比较，排位上升的有 10 个省份，上升幅度最大的是河北省（3 位），其他依次为内蒙古自治区（2 位）、西藏自治区（2 位）、天津市（1 位）、辽宁省（1 位）、上海市（1 位）、安徽省（1 位）、江西省（1 位）、云南省（1 位）、陕西省（1 位）；有 11 个省份排位没有变化；排位下降的有 10 个省份，依次为河南省（2 位）、广西壮族自治区（2 位）、四川省（2 位）、宁夏回族自治区（2 位）、山西省（1 位）、黑龙江省（1 位）、广东省（1 位）、贵州省（1 位）、重庆市（1 位）、青海省（1 位）。

10.4　全国省域发展水平竞争力跨区段变化情况

在评价期内，一些省份发展水平竞争力排位的升降出现了跨区段变化。在跨区段上升方面，内蒙古自治区由下游区升入中游区；在跨区段下降方面，宁夏回族自治区由中游区降入下游区。

10.5　全国省域发展水平竞争力动因分析

在工业化进程竞争力方面，2012 年排在前 10 位的省份依次为：北京市、广东省、上海市、江苏省、四川省、重庆市、海南省、天津市、西藏自治区、江西省；2013 年排在前 10 位的省份依次为：广东省、北京市、江苏省、上海市、四川省、天津市、海南省、重庆市、西藏自治区、江西省。

在城市化进程竞争力方面，2012 年排在前 10 位的省份依次为：上海市、北京市、浙江省、江苏省、广东省、天津市、福建省、山东省、重庆市、湖北省；2013 年排在前 10 位的省份依次为：上海市、北京市、浙江省、江苏省、广东省、天津市、山东省、福建省、重庆市、内蒙古自治区。

在市场化进程竞争力方面，2012 年排在前 10 位的省份依次为：江苏省、浙江省、广东省、辽宁省、山东省、上海市、安徽省、重庆市、江西省、湖南省；2013 年排在前 10 位的省份依次为：江苏省、浙江省、重庆市、广东省、辽宁省、山东省、上海市、湖南省、安徽省、江西省。

从省域发展水平竞争力 3 个三级指标的变化中可以看出，排位居于前 10 位的省份大多数是经济比较活跃的东部沿海地区，这些地区中的大多数 3 个指标表现都比较好，这表明工业化、城市化、市场化进程在总体上是一个联系密切、相辅相成、互相促进的发展过程，一个省域的发展水平竞争力是工业化、城市化、市场化进程竞争力的综合体现。

十一　全国省域统筹协调竞争力评价分析

11.1　全国省域统筹协调竞争力评价结果

根据统筹协调竞争力指标体系和数学模型，课题组对采集到的 2012 ~ 2013 年全国 31 个省、区、市的相关统计资料进行了整理和合成，图 11 - 1、图 11 - 2、图 11 - 3 和表 11 - 1 显示了这两个年份统筹协调竞争力排位和排位变化情况，以及其下属 2 个三级指标的评价结果。

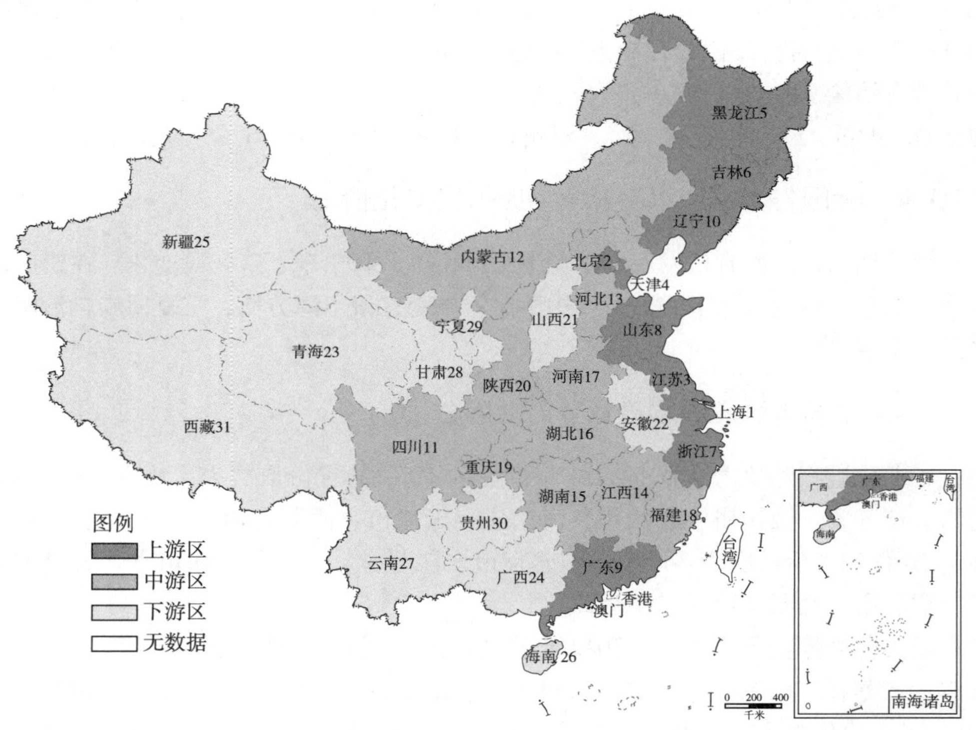

图 11 - 1　2012 年全国省域统筹协调竞争力排位图

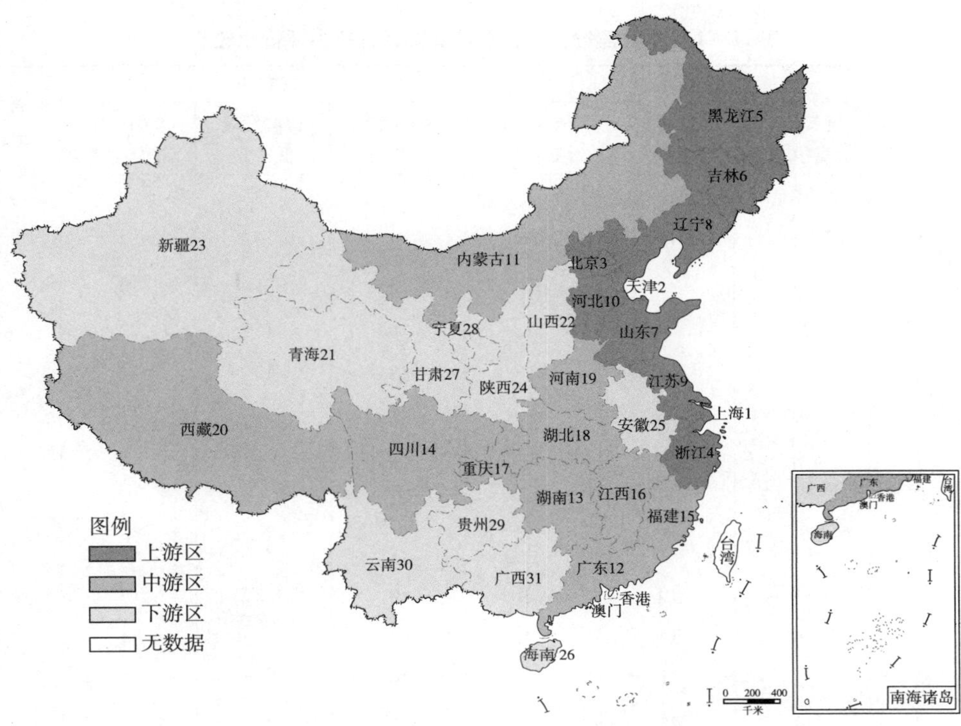

图 11－2　2013 年全国省域统筹协调竞争力排位图

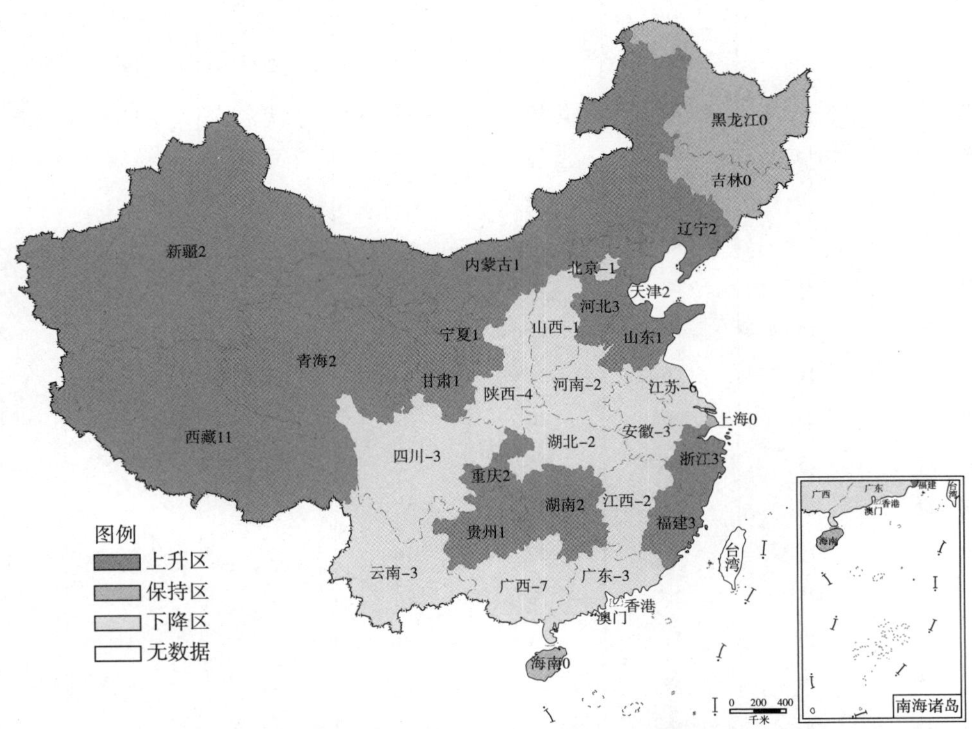

图 11－3　2012～2013 年全国省域统筹协调竞争力排位变化图

表 11－1　全国各省、区、市统筹协调竞争力评价比较表

项目／地区	2012 年			2013 年			综合排名升降
	统筹发展竞争力	协调发展竞争力	全国比较综合排名	统筹发展竞争力	协调发展竞争力	全国比较综合排名	
北　京	2	19	2	2	25	3	－1
天　津	3	18	4	3	9	2	2
河　北	24	1	13	18	5	10	3
山　西	27	8	21	26	15	22	－1
内蒙古	15	9	12	13	10	11	1
辽　宁	19	5	10	15	3	8	2
吉　林	8	3	6	9	1	6	0
黑龙江	9	2	5	6	2	5	0
上　海	1	27	1	1	21	1	0
江　苏	5	10	3	10	8	9	－6
浙　江	6	12	7	4	12	4	3
安　徽	22	21	22	20	27	25	－3
福　建	12	25	18	7	24	15	3
江　西	10	11	14	14	18	16	－2
山　东	7	7	8	8	7	7	1
河　南	20	17	17	21	20	19	－2
湖　北	18	15	16	22	16	18	－2
湖　南	13	14	15	11	14	13	2
广　东	4	30	9	5	28	12	－3
广　西	17	29	24	19	31	31	－7
海　南	21	28	26	24	22	26	0
重　庆	14	26	19	12	26	17	2
四　川	16	6	11	23	6	14	－3
贵　州	28	20	30	29	17	29	1
云　南	23	23	27	25	30	30	－3
西　藏	31	24	31	17	23	20	11
陕　西	11	31	20	16	29	24	－4
甘　肃	25	22	28	28	19	27	1
青　海	29	4	23	31	4	21	2
宁　夏	30	13	29	30	11	28	1
新　疆	26	16	25	27	13	23	2

11.2 全国省域统筹协调竞争力排序分析

2012 年全国各省、区、市统筹协调竞争力处于上游区（1～10 位）的依次是：上海市、北京市、江苏省、天津市、黑龙江省、吉林省、浙江省、山东省、广东省、辽宁省；排在中游区（11～20 位）的依次排序为：四川省、内蒙古自治区、河北省、江西省、湖南省、湖北省、河南省、福建省、重庆市、陕西省；处于下游区（21～31 位）的依次排序为：山西省、安徽省、青海省、广西壮族自治区、新疆维吾尔自治区、海南省、云南省、甘肃省、宁夏回族自治区、贵州省、西藏自治区。

2013 年全国各省、区、市统筹协调竞争力处于上游区（1～10 位）的依次是：上海市、天津市、北京市、浙江省、黑龙江省、吉林省、山东省、辽宁省、江苏省、河北省；排在中游区（11～20 位）的依次排序为：内蒙古自治区、广东省、湖南省、四川省、福建省、江西省、重庆市、湖北省、河南省、西藏自治区；处于下游区（21～31 位）的依次排序为：青海省、山西省、新疆维吾尔自治区、陕西省、安徽省、海南省、甘肃省、宁夏回族自治区、贵州省、云南省、广西壮族自治区。

11.3 全国省域统筹协调竞争力排序变化比较

2013 年与 2012 年相比较，排位上升的有 15 个省份，上升幅度最大的是西藏自治区（11 位），其他依次为：河北省（3 位）、浙江省（3 位）、福建省（3 位）、天津市（2 位）、辽宁省（2 位）、湖南省（2 位）、重庆市（2 位）、青海省（2 位）、新疆维吾尔自治区（2 位）、内蒙古自治区（1 位）、山东省（1 位）、贵州省（1 位）、甘肃省（1 位）、宁夏回族自治区（1 位）；有 4 个省份排位没有变化；排位下降的有 12 个省份，下降幅度最大的是广西壮族自治区（7 位），其他依次为：江苏省（6 位）、陕西省（4 位）、安徽省（3 位）、广东省（3 位）、四川省（3 位）、云南省（3 位）、江西省（2 位）、河南省（2 位）、湖北省（2 位）、北京市（1 位）、山西省（1 位）。

11.4 全国省域统筹协调竞争力跨区段变化情况

在评价期内，一些省份统筹协调竞争力排位的升降出现了跨区段变化。在跨区段上升方面，河北省由中游区升入上游区，西藏自治区由下游区升入中游区；在跨区段下降方面，广东省由上游区降入中游区，陕西省由中游区降入下游区。

11.5 全国省域统筹协调竞争力动因分析

在统筹发展竞争力方面，2012 年排在前 10 位的省份依次为：上海市、北京市、天津市、广东省、江苏省、浙江省、山东省、吉林省、黑龙江省、江西省；2013 年排在前 10 位的省份依次为：上海市、北京市、天津市、浙江省、广东省、黑龙江省、福建省、山东省、吉林省、江苏省。

在协调发展竞争力方面，2012 年排在前 10 位的省份依次为：河北省、黑龙江省、吉林省、青海省、辽宁省、四川省、山东省、山西省、内蒙古自治区、江苏省；2013

年排在前10位的省份依次为：吉林省、黑龙江省、辽宁省、青海省、河北省、四川省、山东省、江苏省、天津市、内蒙古自治区。

从表11－1中可以看出，大部分省份，不管是统筹协调竞争力排位靠前还是靠后，统筹发展竞争力和协调发展竞争力2个二级指标都不太协调，经济较发达的省份也存在不协调发展的情况，这与各地发展基础以及自然状况有关，也与经济发展的路径选择有关。如何保持经济以科学、协调的方式快速发展，是每一个省份都要认真思考的问题。

十二　2012～2013年全国省域经济综合竞争力变化的基本特征及启示

省域经济综合竞争力是由9个二级指标、25个三级指标和210个四级指标组成的综合评价体系，综合反映了一个省份在经济、科技、教育、财政、金融、资源、环境、政府作用和统筹协调发展等各方面的发展能力及在全国的竞争地位，各方面的发展相互促进、相互制约，共同影响省域经济综合竞争力的排位和变化趋势，也表现出一定的变化规律和特征。省域经济综合竞争力的发展变化有其内在的基本特征，既有各个省、区、市普遍存在的共性，也有不同省情所决定的特殊性。要有效提升省域经济综合竞争力，就需要深刻认识和深入把握这些特征，从而研究和发现提升省域经济综合竞争力的正确路径、方法和对策。

12.1　省域经济综合竞争力排位整体比较稳定，个别省份竞争力排位波动明显

表12－1列出了2012年和2013年评价期间全国各省、区、市经济综合竞争力排位及变化情况。

表12－1　全国各省、区、市2012～2013年经济综合竞争力排位变化分析表

	地　区	2012年	2013年		地　区	2012年	2013年		地　区	2012年	2013年
上游区	江　苏	1	1	中游区	河　南	11	11	下游区	海　南	21	21
	广　东	2	2		四　川	10	12		黑龙江	22	22
	北　京	3	3		湖　南	13	13		山　西	23	23
	上　海	4	4		河　北	17	14		新　疆	24	24
	浙　江	5	5		安　徽	14	15		广　西	25	25
	山　东	6	6		重　庆	15	16		贵　州	28	26
	天　津	7	7		吉　林	16	17		宁　夏	29	27
	辽　宁	8	8		内蒙古	18	18		云　南	27	28
	福　建	9	9		江　西	19	19		青　海	26	29
	湖　北	12	10		陕　西	20	20		甘　肃	30	30
									西　藏	31	31

从表 12 - 1 中排位变化情况来看，整体上各省份经济综合竞争力排位相对比较稳定，在某一区段内变化较小，只是在局部有所调整。2012 年处于上游区的 10 个省份，除四川省外，2013 年都继续保持在上游区，持续保持竞争优势地位。2012 年处于中游区的 10 个省份，除湖北省升入上游区外，其余也都继续保持在中游区。处于下游区的 11 个省份仍然继续处于下游区，特别是西部地区几个省份排位一直都处于下游区末尾，表现出长期而明显的竞争劣势，其劣势地位在短期内难以改变。

尽管各省份经济综合竞争力排位相对稳定，但并不意味着各省份之间的竞争优劣势没有发生变化，从竞争力得分就可以看出，各省份竞争力得分之间的差距还是有所变化的，只不过这种变化在短时间内还不够明显，还没有对排位产生较大影响。当竞争过程持续较长一段时间后，这种差距就会逐步扩大，使竞争力排位发生变化。特别是在中游区和下游区的省份，竞争力综合排位发生变化的省份比较多，其中中游区 10 个省份中有 5 个省份的排位发生变化，下游区 11 个省份中有 4 个省份的排位发生了变化，主要是中游区和下游区的各省份得分比较接近，各省份之间竞争优劣势不明显，排位容易发生变化。尽管上游区各省份得分差距比较大，相互之间排位比较稳定，但当分差的变动累积到一定程度以后，就有可能发生排位上的变化，比如四川省从第 10 位变为第 12 位。

省域经济综合竞争力的稳定性说明一个省份的竞争优势或者竞争劣势是长期积累的结果，也是通过众多客观指标综合反映的结果，形成省域经济的综合竞争优势或劣势。提升省域经济综合竞争力排位不能寄希望于一时的变化，也不能寄希望于少数指标的变化，而是需要经过长期不懈的努力，需要各个方面综合发展、协同提升。但省域经济综合竞争力排位又是动态变化的，具有不稳定的特点，各种因素都有可能使其排位发生变化，不管是大省还是小省，经济是否发达还是欠发达，每个省份只要抓住历史机遇，加快发展、持续发展和协调发展，就能有效提升省域经济综合竞争力。

12.2 省域经济综合竞争力是多种要素综合反映的结果，客观体现了各省域经济发展的能力与水平

表 12 - 2 列出了 2012 年和 2013 年各省、区、市经济综合竞争力得分与 9 个二级指标竞争力得分的相关系数及变化情况。

表 12 - 2 全国各省、区、市经济综合竞争力与二级指标得分相关系数

	宏观经济竞争力	产业经济竞争力	可持续发展竞争力	财政金融竞争力	知识经济竞争力	发展环境竞争力	政府作用竞争力	发展水平竞争力	统筹协调竞争力
2012 年	0.940	0.886	0.252	0.733	0.954	0.888	0.917	0.934	0.792
2013 年	0.944	0.897	0.213	0.808	0.929	0.890	0.882	0.939	0.718
变化	0.004	0.011	-0.039	0.075	-0.025	0.002	-0.035	0.005	-0.074

从表 12 - 2 来看，与省域经济综合竞争力得分相关系数最大的二级指标是宏观经济竞争力，其次为发展水平竞争力和知识经济竞争力，相关系数都超过 0.9，远

高于其他几个二级指标。同时产业经济竞争力、发展环境竞争力和政府作用竞争力等几个二级指标的相关系数也比较大。这种高度拟合的效果说明宏观经济竞争力是省域经济综合竞争力最直接的体现，也就是说，各省份在着力发展经济，加快产业结构调整，提高经济发展水平的过程中，经济综合竞争力也会得到相应的提升。同时，省域经济综合竞争力的评价对象是以省域级别的行政区域划分的，各省份经济综合竞争力的提升离不开各省级政府对本省份经济发展的宏观政策调控和指导作用。各省级政府依据本省份的省情，制定促进经济社会发展的政策和规划，实施针对本省份发展经济、规调经济和保障经济的措施，对本省份经济综合竞争力提升有直接的影响。因为科技创新是省域经济快速、健康发展的主要推动力，教育发展为省域经济发展提供人力资源和智力支持，所以知识经济是提高省域经济发展速度、优化省域经济结构，提高省域经济效益的有效手段。从两年内相关系数的变化来看，系数增加最大的有产业经济竞争力，其他增加的还有宏观经济竞争力、财政金融竞争力、发展水平竞争力和发展环境竞争力，剩余二级指标和经济综合竞争力的相关系数都有不同程度的下降，说明产业经济发展对经济社会发展的影响越来越大，产业经济竞争力的提升逐渐成为经济综合竞争提升的主要动力。

总之，省域经济综合竞争力是多种要素综合反映的结果，既是经济总量的竞争，也是增长速度、平均水平、经济结构和效益的综合竞争，是显性优势和潜在优势的综合反映。任何一个省份要提升省域经济综合竞争力，都要从综合竞争力各要素出发，全面培养竞争优势，减少竞争劣势，制定竞争力提升的长期战略。

12.3 产业经济竞争力是推动省域经济综合竞争力提升的重要因素

农业、工业和服务业是国民经济发展的基础，三次产业是国民经济的主要载体，产业经济的发展是经济增长的动力，而企业竞争力更是地区经济竞争力的核心。图 12－3 和图 12－4 分别描述了 2012 年和 2013 年全国各省、区、市经济综合竞争力排位变化与产业经济竞争力的变动关系。

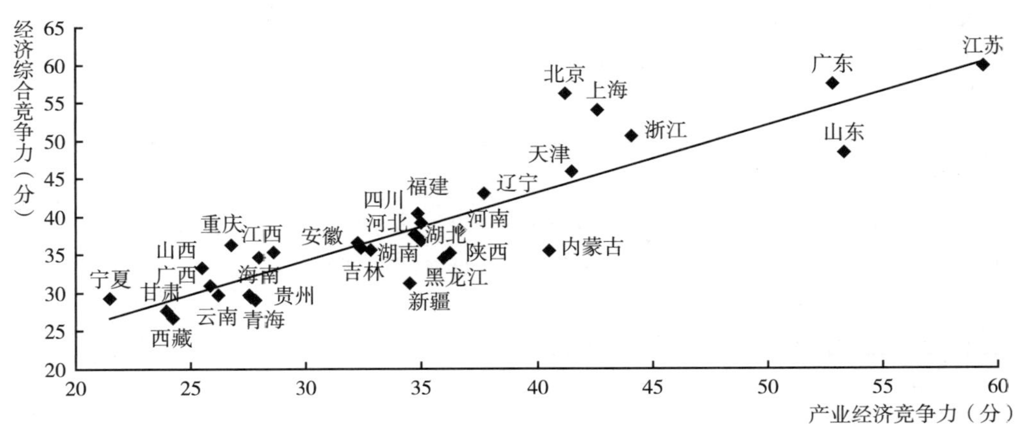

图 12－1 2012 年全国各省、区、市产业经济竞争力和经济综合竞争力得分对应关系

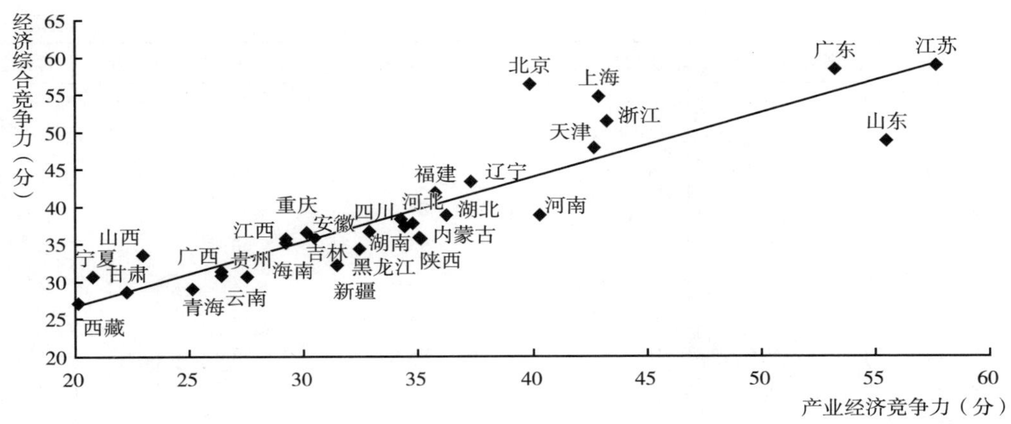

图 12－2　2013 年全国各省、区、市产业经济竞争力和经济综合竞争力得分对应关系

从图 12－1 和图 12－2 中可以看出，各省、区、市经济综合竞争力和产业经济竞争力基本上是同方向变化的，大部分省份都聚集在趋势线上，具有较强的正向线性关系，也就是说产业经济竞争力得分越高，其经济综合竞争力得分也越高，2012 年和 2013 年的图形非常接近。当然，也有一些比较特殊的省份，比如北京市和上海市等地的产业经济竞争力不是特别靠前，但经济综合竞争力反而名列前茅，是由于其他二级指标得分比较高的缘故。可以说，没有产业的发展，就没有国民经济的发展，产业没有竞争力，国民经济也不会有竞争力，由此决定了产业经济竞争力是提升省域经济综合竞争力的重要支撑。产业经济竞争力的大幅度提升，是推动省域经济综合竞争力上升的主导力量，要大力提升省域经济综合竞争力，必须紧紧抓住产业经济竞争力这一关键环节。

12.4　只有切实做到固强扶优、优化指标结构，才能保持省域经济综合竞争力处于优势地位

表 12－3 列出了 2013 年全国各省、区、市经济综合竞争力四级指标的竞争态势结构，以反映竞争力指标优劣势及其结构对竞争力排位的影响。

表 12－3　全国各省、区、市经济综合竞争力四级指标优劣势结构分析表

地　区	强势指标(个)	优势指标(个)	中势指标(个)	劣势指标(个)	2013 年排位
江　苏	60	77	37	36	1
广　东	46	63	38	46	2
北　京	73	38	36	63	3
上　海	63	57	32	58	4
浙　江	33	93	40	44	5
山　东	38	66	67	39	6
天　津	40	66	40	64	7
辽　宁	13	84	77	36	8

续表

地　区	强势指标(个)	优势指标(个)	中势指标(个)	劣势指标(个)	2013 年排位
福　建	11	70	83	46	9
湖　北	6	58	105	41	10
河　南	14	53	79	64	11
四　川	4	59	87	60	12
湖　南	7	48	95	60	13
河　北	5	50	83	72	14
安　徽	4	42	105	59	15
重　庆	6	50	98	56	16
吉　林	8	34	97	71	17
内蒙古	16	36	69	89	18
江　西	6	32	101	71	19
陕　西	9	37	107	57	20
海　南	20	45	60	85	21
黑龙江	11	43	65	91	22
山　西	12	27	98	73	23
新　疆	13	46	51	100	24
广　西	2	25	92	91	25
贵　州	16	29	46	119	26
宁　夏	16	35	58	101	27
云　南	10	37	57	106	28
青　海	12	38	36	124	29
甘　肃	11	23	56	120	30
西　藏	34	19	17	140	31

从表 12－3 中可以看出，一个省份拥有众多的强势指标和优势指标，其省域经济综合竞争力才能在较长时间内保持竞争优势地位。江苏省、广东省、上海市和北京市等省份之所以长期处于上游区，排位始终名列前茅，具有明显的竞争优势，一个共同的特点就是，这些省份都有一大批始终处于上游区的强势指标和优势指标，而且强势指标的数量也是最多的。强势指标的数量以天津市为界线，形成了明显的断层，天津市和排位在天津市以前的省份强势指标数量最多，远远超过其他省份，其省域经济综合竞争力的优势地位非常稳固，而辽宁省、福建省和湖北省虽然位居上游区，但强势指标个数相对较少，与全国其他很多省份没有太大差别。当然，强势指标的个数来也不能完全决定一个省份在全国的排位，特别是处于中游区的省份强势指标个数比较少，而处于下游区省份的强势指标个数反而比较多，很多排位比较靠前的省份强势指标个数反而比排位靠后的省份少。比如排在末位的西藏自治区，拥有 34 个强势指标，不但比中游区和下游区省份的强势指标多，甚至比处于上游区的辽宁省、福建省和四川省拥有的强势指标数量还要多。另外，海南省也拥有较多数量的强势指标，但排位都处在下游区。

决定一个省份排位的不仅仅是强势指标数量，更重要的是优势指标数量，处于上游区的辽宁省和福建虽然强势指标不多，但它们拥有的优势指标数量比较多，这是排在下游区的省份无法比拟的，其他处于上游区的省份也有这个特点。把各省份的强势指标个数和优势指标个数加总后，可以发现，强势和优势指标个数之和越多，其省域经济综合竞争力排位越靠前。处于上游区的10个省份中，排在前7位的省份强势和优势指标个数之和都超过100个，辽宁省也接近100个，而福建省的强势指标和优势指标个数之和也远远超过中游区和下游区省份。所以，强势指标与优势指标的组合，才是决定一个省域在全国排位处于上游区的关键因素。中游区和下游区省份强势指标和优势指标数量之和都比较少，且区别不大，中游区和下游区的区别主要体现在劣势指标的数量上。排在第24位以后的省份劣势指标个数大多都超过100个，其他下游区省份的劣势指标个数也接近100个，远多于排位在前面的省份。所以，一个省份经济综合竞争力排位需要依靠更多的强势指标和优势指标来支撑，劣势指标太多，就会导致省域经济综合竞争力排位靠后。处于下游区的省份强势、优势指标都比较少，中势指标和劣势指标数量相对较多，劣势指标越多，排位越靠后。

总之，省域经济综合竞争力优势地位的保持和提升，关键在于强势指标和优势指标数量的增加，从而对应于劣势指标数量的减少。因此，一个省份在指标体系中强势指标、优势指标、中势指标、劣势指标的不同结构分布，决定了其在全国的竞争力排位，也为提升省域经济综合竞争力指明了基本路径和方法。要有针对性地采取措施保持强势指标，强化优势指标，减少劣势指标，不断优化指标组成结构，才能保证省域经济综合竞争力的优势地位。

12.5 增加上升指标、减少下降指标，是显著提升省域经济综合竞争力的重要方向

表12－4列出了2013年全国各省、区、市经济综合竞争力四级指标的竞争变化趋势，以反映竞争力指标排位波动及其结构对竞争力排位的影响。

表12－4 全国各省、区、市经济综合竞争力四级指标竞争变化趋势表

地 区	上升指标(个)	保持指标(个)	下降指标(个)	升降幅度	区位
河 北	71	75	64	3	中游
湖 北	67	81	62	2	上游
贵 州	70	90	50	2	下游
宁 夏	69	78	63	2	下游
北 京	60	99	51	0	上游
天 津	76	82	52	0	上游
山 西	72	61	77	0	下游
内蒙古	49	84	77	0	中游
辽 宁	66	83	61	0	上游
黑龙江	46	76	88	0	下游
上 海	48	99	63	0	上游
江 苏	52	107	51	0	上游

续表

地 区	上升指标(个)	保持指标(个)	下降指标(个)	升降幅度	区位
浙 江	61	102	47	0	上游
福 建	72	81	57	0	上游
江 西	72	68	70	0	中游
山 东	61	95	54	0	上游
河 南	66	87	57	0	中游
湖 南	60	74	76	0	中游
广 东	56	105	49	0	上游
广 西	63	86	61	0	下游
海 南	73	77	60	0	下游
西 藏	44	119	47	0	下游
陕 西	62	77	71	0	中游
甘 肃	62	89	59	0	下游
新 疆	68	89	53	0	下游
吉 林	55	74	81	-1	中游
安 徽	69	64	77	-1	中游
重 庆	77	71	62	-1	中游
云 南	72	79	59	-1	下游
四 川	54	78	78	-2	中游
青 海	50	93	67	-3	下游

从表12-4可以看出，各省、区、市210个四级指标排位波动及其构成变化对省域经济综合竞争力的变化有较大影响，在综合排位上升的4个省份中，都是上升指标个数超过了下降指标个数，特别是上升指标显著大于下降指标的省份，其排位的上升幅度较大。比如河北省，上升指标个数超过下降指标比较多，排位上升幅度比较大。排位保持不变的21个省份中，虽然上升指标和下降指标一致的省份不多，但没有表现出明显的差别，其中几个省份的上升指标和下降指标数量比较接近，但都是排位保持的指标个数最多，占据主导地位。比如江苏省、浙江省、广东省和西藏自治区，保持的指标个数都非常大，排位比较稳定。在综合排位下降的6个省份中，有4个省份的下降指标个数大于上升指标个数，特别是排位下降比较明显的青海省，下降指标超出上升指标个数比较多。因此，要保持省域经济综合竞争优势，提高其综合排位，就需要维持各指标的竞争优势，力促有优势的指标排位不断上升，避免或减少劣势指标排位下降，才能系统而有效地促进省域经济综合竞争力整体水平的不断提升。

十三 提升省域经济综合竞争力的基本路径、方法和对策

（1）稳定和完善宏观政策调控，协调拓展内外需关系，以政府自身改革带动重要领域改革，实施新一轮高水平对外开放，主动适应经济发展新常态，促进经济持续稳定健康发展，有效提升省域宏观经济竞争力。2015年是全面深化改革的关键之年，是全

面推进依法治国的开局之年，也是全面完成“十二五”规划的收官之年，做好经济工作意义重大。世界经济仍处在国际金融危机后的深度调整期，2015 年世界经济增速可能会略有回升，但不稳定不确定因素还比较多，总体复苏疲弱态势难有明显改观，国际金融市场波动加大，国际大宗商品价格波动，地缘政治等非经济因素影响加大。同时，我国经济发展进入新常态，经济运行面临不少困难和挑战，经济下行压力较大，结构调整阵痛显现，改革发展稳定任务艰巨繁重。2015 年，我国要坚持稳中求进工作总基调，坚持以提高经济发展质量和效益为中心，主动适应经济发展新常态，保持经济运行在合理区间，统筹稳增长、转方式、调结构、促改革，把转方式、调结构放到更加重要位置，保持区间调控弹性，全面认识持续健康发展和生产总值增长的关系，切实增强经济发展的协调性、可持续性和内生动力。第一，保持稳增长和调结构之间的平衡，切实把经济工作的着力点放到转方式、调结构上来，促进“三驾马车”更均衡地拉动增长，努力保持经济稳定增长。第二，继续实施积极有力的财政政策，发挥财政政策在稳定增长、优化结构、调节分配、促进和谐等方面的作用；保持财政收入稳定增长，优化财政支出结构，下决心压缩一般性支出，厉行节约；加强地方政府性债务管理，坚决防止盲目铺摊子、上项目，着力防控债务风险。第三，继续实施稳健的货币政策，更加注重松紧适度，把握资金流向，把信贷资金更多投向实体经济，更好服务于保持经济平稳健康发展。第四，牢牢把握扩大内需这一战略基点，加快构建扩大内需长效机制，切实增强内需对经济增长的拉动力；采取正确的消费政策，着力增加消费需求，加快培育一批拉动力强的消费增长点，充分释放消费潜力，使消费继续在推动经济发展中发挥基础作用；加大在基础设施互联互通和一些新技术、新产品、新业态、新商业模式等方面的投资，创新投融资方式，把握投资方向，消除投资障碍，使投资继续对经济发展发挥关键作用。第五，以政府自身改革带动重要领域改革，全面深化改革，不断完善和发展中国特色社会主义制度，推进国家治理体系和治理能力现代化；更加注重改革的系统性、整体性、协同性，加快发展社会主义市场经济、民主政治、先进文化、和谐社会、生态文明。第六，不断提高对外开放水平。面对对外开放出现的新特点，更加积极地促进内需和外需平衡、进口和出口平衡、引进外资和对外投资平衡，逐步实现国际收支基本平衡，构建开放型经济新体制；深入实施“一带一路”战略，积极拓展国际经济合作空间，切实提升对外开放的水平和效益。针对在评价期内一些省份存在的对外开放和对内搞活不同步、不协调的问题，要注重和善于从扩大对外开放和强壮自身经济素质两个方面，合力促进经济外向度竞争力和省域经济综合竞争力的提升。概括地说，要顺应世界政治经济格局的新变化，适应国内发展的新要求，从着力提升开放型经济的质量水平和不断强壮经济“体质”两个方面入手，强“内”抗“外”，不断提高应对国际市场波动影响的能力，防范各类风险；强“内”拓“外”，切实转变对外贸易增长方式，深入实施“走出去”战略，探索新的投资合作方式，注意防范和化解境外投资风险；强“内”引“外”，进一步扩大利用外资规模，提高利用外资水平，加强指导和服务，鼓励外资投向高端制造业、高技术产业、现代服务业、节能环保等领域和中西部地区，积极稳妥扩大金融等服务领域对外开放；以“外”强“内”，通过增创对外开放新优势，促进省域经济素质和综合实力的不断提升。在加强自身经济素质方面，要着力调整、优化产业结构，加快转变经济发展方式，提高自主创新能力，提升产业和企业素质，增强经济实力，进一步提升宏观经济竞争力，推动省域经济综合竞争力在大开放中实现有效提升。

（2）突出创新驱动，更加注重科技进步和全面创新，优化、升级产业结构，提高产业整体质量，增强产业发展的平衡性、协调性、可持续性，着力提升省域产业经济竞争力。实现尊重经济规律、有质量、有效益、可持续的发展，关键是深化产业结构战略性调整。针对当前国内外经济形势，2014 年中央经济工作会议明确提出："创新要实，推动全面创新，更多靠产业化的创新来培育和形成新的增长点，创新必须落实到创造新的增长点上，把创新成果变成实实在在的产业活动。"国际金融危机对我国的冲击，表面上是对经济增长速度的冲击，实质上是对不合理的经济发展方式的冲击。2015 年作为"十二五"规划的收官之年，应该继续坚持把经济结构战略性调整作为加快转变经济发展方式的主攻方向。纵观国内外经济发展的历史实践，产业是经济的基础、财富的源泉，在现代市场经济中，如果产业不具有竞争优势，其他方面的竞争优势必然也难以持续保持。在本评价期内，省域经济综合竞争力不具备优势的省份，无一不是产业经济竞争力不具备优势或处于下降趋势的省份。这些省份产业经济竞争力存在的问题，主要体现在产业的增长速度、规模经营、效率效益和技术水平等方面，特别是工业产业和企业在这些方面的问题更为突出。要提升产业经济竞争力，必须主动适应新兴产业、服务业、小微企业作用更加凸显，生产小型化、智能化、专业化的产业组织新特征，从调整优化产业结构、转变经济发展方式两个方面入手，着力调整、优化需求结构，增强消费拉动力，重点提升居民消费能力、改善居民消费条件、培育新的消费热点；以优化投资结构为重点，提高投资质量和效益；严控投资产能过剩行业，防止新的低水平重复建设，坚定不移化解产能过剩。优化经济发展空间格局，不断完善区域政策，促进各地区协调发展、协同发展、共同发展。继续实施西部开发、东北振兴、中部崛起、东部率先的区域发展总体战略，坚定不移实施主体功能区制度，各省域要找准主体功能区定位和自身优势，确定工作着力点。重点实施"一带一路"、京津冀协同发展、长江经济带三大战略，通过改革创新打破地区封锁和利益藩篱，全面提高资源配置效率。统筹城乡区域协调发展，重点加快中小城市和小城镇的发展，发挥好城市对农村的辐射带动作用，壮大县域经济。积极稳妥推进新型城镇化，着力提高城镇化质量，合理确定大中小城市和小城镇的功能定位、产业布局、开发边界，形成基本公共服务和基础设施一体化、网络化发展的城镇化新格局。在走中国特色新型工业化道路的过程中，要大力发展战略性新兴产业，强化政策支持，加大财政投入，大力推进技术改造，加快传统产业优化升级。积极创造环境，使企业真正成为创新主体。培育一批适应市场需要、拥有核心技术、重视创新、机制灵活的优势企业和产业，提高产业集中度。构建现代产业体系，不断壮大发展趋势好、后劲足、带动面广的现代制造业，着力推动传统产业向中高端迈进；壮大旅游、金融保险、现代物流业等具有一定基础，又有较好发展前景的产业，培育扶持新材料、生物工程技术、环保新技术、海洋技术等现在比较弱小，但代表着未来经济发展方向的新兴高科技产业，着力发展特色产业，不断增强产业经济的独特竞争优势，努力形成一个内部关系协调、聚合力强、整体水平高、竞争优势持久的产业体系。加强产业基础设施建设，加快发展现代能源产业和综合运输体系。整合提高各类经济园区，增强产业集约化竞争力。培育大企业，发展中小微企业，鼓励发展具有国际竞争力的大企业集团，推进企业兼并重组。大力培育名牌产品，以产品竞争力的增强促进企业竞争力和产业经济竞争力的持续提升。

（3）继续实施积极的财政政策和稳健的货币政策，高度重视风险防控和化解，增强财政金融服务经济发展的能力，切实提升省域财政金融竞争力。财政、金融是现代经济的核心，是经济活力的重要标志，也是产业经济、知识经济、可持续发展不可缺少的财力支撑。我国经济正处于一个历史性重要关口，2015 年世界经济仍将延续缓慢复苏的态势，不稳定不确定因素仍然较多，国际金融市场波动加大，国际大宗商品价格波动，地缘政治等非经济因素影响加大。在这种背景下，要坚持宏观政策要稳、微观政策要活、社会政策要托底的总体思路，保持宏观经济政策的连续性和稳定性，继续实施积极有力的财政政策和稳健的货币政策，充分发挥财政政策在稳定增长、改善结构、调节分配、促进和谐等方面的作用。同时，还要根据新形势新情况，着力提高政策的针对性、灵活性、有效性，进一步调整财政支出结构，厉行节约，提高资金使用效率，完善结构性减税政策，并配合金融政策和其他手段，进一步改善经济结构和拉动经济增长。在本评价期内，一些省份的财政竞争力和金融竞争力处于劣势地位，成为经济综合竞争力中的两条“短腿”。这就要求这些省份在提升财政竞争力方面：第一，要充分发挥政府公共投资的作用，促进投资平稳增长，重点是加强农村公共服务能力建设，改进教育培训、医疗卫生、公共文化服务，强化乡村正常运转的财力保障，培育农村新型金融组织，解决好农村融资难问题。第二，调整优化财政支出结构，下决心压缩一般性支出，厉行节约；加强地方政府性债务管理，把控制和化解地方政府性债务风险作为经济工作的重要任务，把短期应对措施和长期制度建设结合起来，做好化解地方政府性债务风险各项工作。第三，要合理运用出口退税、关税、财政补贴等财税政策手段，稳定和扩大出口并改善出口结构。第四，进一步放宽社会资本以参股等方式进入金融、铁路、公路、航空、电信、电力以及城市供水等多个行业，培育新的经济增长点。第五，通过财税手段引导和支持企业培育自主创新能力，对企业技术改造项目、技术创新活动给予政策性导向的信贷支持和财政补贴与税收优惠。第六，要继续深化预算制度改革，强化预算管理和监督，健全中央和地方财力与事权相匹配的体制，加快形成统一、规范、透明的财政转移支付制度，提高一般性转移支付规模和比例，加大公共服务领域的投入。在提升金融竞争力方面：第一，推进利率市场化和人民币汇率形成机制改革，增强金融运行效率和服务实体经济能力，进一步改善国际收支状况。第二，要科学把握放贷的节奏和投向，特别要密切跟踪国内外经济形势变化，保持货币信贷及社会融资规模合理增长，改善和优化融资结构和信贷结构，加大信贷政策对经济社会薄弱环节、就业、战略性新兴产业、产业转移等方面的支持，有效缓解小企业融资难问题，保证重点建设项目贷款需要，严格控制对高耗能、高排放行业和产能过剩行业的贷款，着力提高信贷质量和效益。第三，要密切关注和防范国内外可能出现的各类金融风险，高度关注风险发生、发展趋势，按照严控增量、区别对待、分类施策、逐步化解的原则，有序加以化解；继续保持金融体系的稳定，突出关注通胀问题，发挥货币政策在管理通胀预期方面的特殊作用。第四，要使货币政策与财政政策、产业政策、就业政策、中小企业发展政策以及区域发展政策等协调配合，为经济社会发展创造良好的金融环境。加快发展企业债、公司债、短期融资和中期票据等非金融企业债务融资工具，扩宽企业融资渠道，同时要引导和规范资本市场健康发展。第五，要以提高金融支持经济发展的能力为着力点，加快推进金融体制改革，发展各类金融市场，形成多种所有制和多种经营形式、结构合理、功能完善、高效安全的现代金融体系；提高银行业、证券业、保险业的竞争力。从提高金融质量、加强金融机构对地方经济的支持、促进资本市场的健康发展、增强金融活力、促进金融创新、充分发挥金融在市场资源配置中的核心作用等关键环节入手，努力为经济发展提供强力支持。发挥国家发展规划、计划、产业政策在宏观调控中的导向作用，综合运用财政、金融政策，提高宏观调控水平，切实提升省域财政金融竞争力。

（4）更加注重建设生态文明，推动形成绿色低碳循环发展新方式，继续优化人口结构，不断提高人才素质，持续提升省域可持续发展竞争力。坚持节约资源和保护环境的基本国策，坚持可持续发展，是关系人民群众切身利益和中华民族生存发展的重大课题，也是推动和保障经济和社会全面、快速、健康、持久发展的一项重大战略。当前环境承载能力已经达到或接近上限，必须顺应人民群众对良好生态环境的期待，推动形成绿色低碳循环发展新方式。党的十八大把生态文明建设提升到五位一体总体布局的战略高度，第一次单列一个部分加以论述，有关内容和要求写入新修订的党章。提出大力推进生态文明建设，建设美丽中国，实现中华民族永续发展。在本评价期内，一些省份资源竞争力、环境竞争力和人力资源竞争力处于劣势地位或呈现下降趋势，成为影响省域经济综合竞争力提升的“瓶颈”。因此，各省份要把资源节约型、环境友好型社会建设放在突出位置，推动可持续发展竞争力持续上升，提高生态文明水平。我国政府已向世界作出庄严承诺：到 2020 年，中国单位国内生产总值二氧化碳排放比 2005 年下降 40% ~45%。这一目标远远高于美国宣布的减排 17%、欧盟提出的最高减排 30% 的目标。由此可见，我国应对气候变化、减缓碳排放的力度和决心是相当大的。2015 年，我国在继续落实中央实施的扩大内需政策、积极稳妥推进新型城镇化的过程中，要更加注重建设生态文明，加快建立生态文明制度，健全国土空间开发、资源节约利用、生态环境保护的体制机制，推动形成人与自然和谐发展的现代化建设新格局。第一，要完善政府节能减排目标责任考核评价体系，进一步发挥市场作用，健全激励和约束机制，增强企业和全社会节能减排内生动力。第二，加强重点节能工程建设，大力发展循环经济和环保产业，加快低碳技术研发应用；开展低碳经济试点，加强生态保护和环境治理，加快建设资源节约型、环境友好型社会。第三，坚持开发节约并重、节约优先，运用补助、贴息、税收、价格等扶持政策和发挥政府投资的引导作用，引导民间资本投向自主创新、产业升级、资源节约和环境保护等领域，并与民间投资有机结合起来。第四，实施主体功能区战略，推进主体功能区建设，加强重点流域、区域、行业污染治理，加快建立生态补偿机制，加快城镇污水、垃圾处理设施建设和重点流域水污染防治，加强重点防护林和天然林资源保护工程建设。第五，开发和推广节约、替代、循环利用和治理污染的先进适用技术，发展清洁能源和可再生能源，保护土地和水资源，建立科学合理的能源资源利用体系，提高能源资源利用效率。各省份要充分认识保护生态环境的重要性、艰巨性、长期性，坚持以人为本，坚持保护环境的基本国策，建立系统完整的生态文明制度体系。第一，要实行最严格的源头保护制度、损害赔偿制度、责任追究制度，完善环境治理和生态修复制度，用制度保护生态环境。第二，要加大保护生态环境的力度，努力解决影响经济社会发展，特别是严重危害人民健康的突出问题，逐步改善生态环境，促进经济与环境协调发展。第三，要加强水利、林业、草原建设，加强荒漠化、石漠化治理，促进生态修复。第四，要加强应对气候变化的能力建设，落实控制温室气体排放行动目标，积极开展国际合作，为保护全球气候做出新贡献。充分认识人口老龄化日趋发展、农业富余劳动力减少、要素的规模驱动力减弱等现象，优化人口结构，提高人力资本整体素质和水平，集聚人才，推动经济增长向更多依靠人力资本质量和技术进步转变。第一，要优化人口结构，实现优生优育，不断提高人口的健康素质和文化素质。第二，要加强人力资源开发，建立健全人才培养、引进、使用和激励机制，建立和完善人才市场体系与人才服务机制，创新人才评价和使用机制，大力培养、积极引进、合理使用各类人才，努力营造一个开放度大、自由度高、公正性强、鼓励竞争、宽容失败、有利于优秀人才创新创业的良好社会人文环境，为持续提升省域经济综合竞争力提供人力资源和人才保证。

（5）深化科技体制改革和教育领域综合改革，切实提升教育质量和水平，大力推进全面创新，培育市场化的创新机制，建设社会主义文化强国和人力资源强国，协力提升省域知识经济竞争力。当今世界，知识和科技的更新速度非常快，知识经济已成为经济综合竞争力的一个重要组成部分，并日益成为推动经济社会持续快速发展的重要动力。党的十八大报告提出，要坚持走中国特色自主创新道路，以全球视野谋划和推动创新，提高原始创新、集成创新和引进消化吸收再创新能力，更加注重协同创新。十八届三中全会提出，要深化科技体制改革，建立健全鼓励原始创新、集成创新、引进消化吸收再创新的体制机制，健全技术创新市场导向机制，发挥市场对技术研发方向、路线选择、要素价格、各类创新要素配置的导向作用。建立产学研协同创新机制，健全技术创新激励机制。从我国省域经济综合竞争力的构成和变化发展来看，多数省份的知识经济竞争力水平不高。各省份要显著提升经济综合竞争力，就必须深入实施创新驱动发展战略，持续加大对自主创新的投入，着力突破制约经济社会发展的关键技术，不断增强自主创新能力。要抓紧落实国家重大科技专项，落实重点产业调整振兴规划，大力推进技术改造，加快传统产业优化升级，全面提升省域知识经济竞争力。在提升科技竞争力方面，要深化科技管理体制改革，整合科技规划和资源，完善政府对基础性、战略性、前沿性科学研究和共性技术研究的支持机制。完善鼓励技术创新和科技成果产业化的法制保障、政策体系、激励机制、市场环境。要支

持基础研究、前沿技术研究、社会公益性技术研究，筛选和扶持一批原创性研究项目和重大高新技术产业化项目，加大重大科技专项实施力度，加强相关技术的配套集成与创新，力求在一批重点技术领域取得新的突破，抢占一批科技制高点。要构筑技术支持体系，促进科技与经济结合，加快科技成果转化为现实生产力，提高经济增长的技术含量。要真正确立企业技术创新的主体地位，建立技术创新试点企业，强化企业的技术创新能力，培育一批适应市场需要、拥有核心技术、重视创新、机制灵活的优势企业和产业。加快建立高新技术产业风险投资机制，为高新技术企业的发展提供资金支持，不断增强企业的科技研发能力、自主创新能力和科技成果转化能力。进一步营造有利于大众创业、市场主体创新的政策环境和制度环境，创造更好的市场竞争环境，培育市场化的创新机制，在保护产权、维护公平、改善金融支持、强化激励机制、集聚优秀人才等方面积极作为。努力引进和造就世界一流的科学家和科技领军人才，注重培养一线的创新人才，使全社会创新智慧竞相迸发、各方面创新人才大量涌现。在提升教育竞争力方面，要深化教育领域综合改革，健全教育投入保障机制，大力促进教育公平，健全家庭经济困难学生资助体系，让贫困家庭的孩子都能接受公平的有质量的教育。构建利用信息化手段扩大优质教育资源覆盖面的有效机制，逐步缩小区域、城乡、校际差距。统筹城乡义务教育资源均衡配置，实行公办学校标准化建设和校长教师交流轮岗，不设重点学校重点班，破解择校难题，标本兼治减轻学生课业负担。大力发展职业教育，提高高等教育质量，努力建设全民学习、终身学习的学习型社会。要加快推进文化体制机制创新，加快完善文化管理体制和文化生产经营机制，建立健全现代公共文化服务体系、现代文化市场体系，推动社会主义文化大发展、大繁荣。积极推进广播影视、新闻出版等领域重大文化建设项目和产品创新。积极培养各类人才特别是科技人才，加强对劳动者专业技能、创业能力、创新精神和职业道德的培养，普遍提高劳动者的素质，为推进技术创新和科技进步奠定坚实的人才基础。

（6）加快基础设施投资和建设，积极改善发展软环境，强化软硬件环境对经济社会发展的支撑能力，进一步提升发展环境竞争力。发展环境是经济社会发展不可缺少的基础条件，其优劣程度直接影响和制约着经济综合竞争力的提高。要继续加大基础设施建设和软环境建设的力度，全面提升发展环境竞争力。在提升基础设施竞争力方面，中央出台的一系列投资计划中，交通基础设施建设是最重要领域。第一，要以构建更具强大支撑力的物质性基础设施体系为目标，完善高速公路网、铁路网、航空网，建设综合立体交通网络。第二，要大力发展城市轨道交通，完善综合交通运输服务条件和设施，提高交通运输管理服务的信息化、现代化水平。第三，要加强市政基础设施建设，完善城市管理，全方位提高城镇化发展水平。第四，要着力加强农村基础设施建设，加大对农村水利、电网和危房改造、环境整治投入力度，继续推进农村公路、沼气建设；把水利作为农村基础设施建设的重点，多方筹集资金，切实增加投入。第五，要加快建立现代化信息传输网，积极建设稳定可靠的能源保障网络和安全、稳定、可靠的电网，加快完善城镇供水、排水、燃气、供电、现代信息基础设施建设和以提高农业抗旱防洪能力及以农村路网为重点的农村基础设施建设，不断增强基础设施环境竞争力，使“硬件”更硬。在提升软环境竞争力方面：第一，要以构建优质高效的社会服务支撑体系为目标，依法行政，依法管理经济和企业，形成比较完善的法制环境。第二，要进一步完善养老、医疗、住房等各项社会保障制度。第三，要强化各级政府部门和社会中介服务组织的服务功能，及时帮助国有企业、个体私营企业和外资企业解决生产经营中遇到的困难和问题，促进公用事业和公共服务领域形成多元投资、公平竞争、规范经营的发展格局，创造良好的社会服务环境。第四，要严厉打击骗税、偷漏税、制假售假、商业欺诈等经济违法犯罪行为，保护市场主体的合法权益，切实改善企业经营环境，加快形成统一透明、有序规范的市场环境。第五，要加快社会信用体系建设，建立企业和个人信用档案，健全信用监管和失信惩戒机制，提高企业和个人的信用水平，建立良好的社会信用环境。第六，要加强社会治安综合治理，积极防范和严厉打击各类违法犯罪活动，保障各类市场主体的合法权益，切实增强经济发展软环境竞争力。

（7）同步推进新型工业化、信息化、城镇化、农业现代化，切实加强对实体经济的支持，全面提升经济社会发展水平，显著提升省域发展水平竞争力。工业化、城镇化是经济和社会发展走向现代化的必然过程，是经济和社会发展的客观规律。党的十八大报告提出：“坚持走中国特色新型工业化、信息化、城镇化、农业现代化道路，推动信息化和工业化深度融合、工业化和城镇化良性互动、城镇化和农业现代化相互协调，促进工业化、信息化、城镇化、农业现代化同步发展。”2014 年中央经济工作会议明确提出：“推进新型工业化、信息化、城镇化、农业现代化同步发展，逐步增强战略性新兴产业和服务业的支撑作用，着力推动传统产业向中高端迈进。”在评价期内，一些省份工业化进程竞争力、城市化进程竞争力、市场化进程竞争力发展不够平衡和协调。要坚持以新型工业化为主导，以市场化为基础，以新型城镇化为动力，全面、协调、有效地促进省域发展水平竞争力的提升。第一，继续坚持走新型工业化道路，将调整、优化经济结构与转变经济发展方式紧密结合起来，在增强工业素质和提高产业水平上取得突破性进展，不断提升工业化进程竞争力。第二，坚定不移加快转变农业发展方式，尽快转到数量质量效益并重、注重提高竞争力、注重农业技术创新、注重可持续的集约发展上来，走产出高效、产品安全、资源节约、环境友好的现代农业发展道路；深化农村各项改革，完善强农惠农政策，完善农产品价格形成机制，完善农业补贴办法，强化金融服务；完善农村土地经营权流转政策，搞好土地承包经营权确权登记颁证工作，健全公开规范的土地流转市场；推动农村改革创新，加快构建新型农业经营体系，坚持家庭经营在农业中的基础性地位，推进家庭经营、集体经营、合作经营、企业经营等共同发展的农业经营方式创新；鼓励农村发展合作经济，扶持发展规模化、专业化、现代化经营；鼓励农户运用现代科技和物质装备，加快发展农民专业合作组织，培育发展专业化、市场化的农业社会化服务体系；完善职业培训政策，提高培训质量，造就一支适应现代农业发展的高素质职业农民队伍。第三，以构建体系健全、机制完善的市场支撑体系，形成统一开放、竞争有序的良好市场环境为着眼点，培育能够促进市场和产业互动发展的区域性专业市场，健全生产和消费互动的农村市场体系，发展地方性资本市场，同时还要完善市场机制，坚持以市场机制引导和促进各类所有制经济加快发展，形成多元投资、公平竞争、规范经营的发展格局，不断增强体制、机制创新能力和市场竞争力。第四，积极稳妥推进新型城镇化，完善城镇化健康发展体制机制，推进以人为核心的城镇化，推动大中小城市和小城镇协调发展、产业和城镇融合发展，促进城镇化和新农村建设协调推进。要构建科学合理的城市格局，大中小城市和小城镇、城市群要科学布局，与区域经济发展和产业布局紧密衔接，与资源环境承载能力相适应。合理确定大中小城市和小城镇的功能定位、产业布局、开发边界，形成基本公共服务和基础设施一体化、网络化发展的城镇化新格局，促进大中小城市和小城镇协调发展。以增强综合承载能力为重点，以特大城市为依托，形成辐射作用强的城市群，培育新的经济增长极。要把强化中心城市功能作用与提升区域竞争力和对各类经济资源的吸引力结合起来，增强城市聚集效益和辐射功能，突出抓好中心城市和中心城镇的功能培育和发展壮大，加强城镇建设和经营管理，逐步形成中心城市辐射带动作用较强，大中小城市和小城镇共同发展、分工有序、功能互补、布局合理、结构协调的城市化体系，不断提升城市化进程的竞争力。此外，政府要充分发挥宏观调控政策和区域政策在促进区域协调发展中的积极作用，在制定实施宏观调控和区域政策时，优化经济发展空间格局，促进各地区协调发展、协同发展、共同发展。继续实施西部开发、东北振兴、中部崛起、东部率先的区域发展总体战略。加快制定法律法规、配套政策、考核体系，确保国家主体功能区规划落到实处，各地区要找准主体功能区定位和自身优势，确定工作着力点；重点实施“一带一路”、京津冀协同发展、长江经济带三大战略；加大对革命老区、民族地区、边疆地区、贫困地区扶持力度，提高自主发展能力，改善群众生产生活条件，让各族人民共享改革发展成果；发展区域特色经济，在市场机制的基础上，重视对区域产业集聚的扶持与调控，培育区域经济增长的动力。继续做好区域规划的编制和实施，推动形成合理有序的空间开发结构。加强区域政策的研究制定，促进形成特色鲜明的区域发展格局。

（8）加强保障和改善民生，切实提高人民生活水平，加强和创新社会管理，着力推进治理能力现代化，进一步提升政府作用竞争力。保障和改善民生是落实科学发展观、促进社会和谐的内在要求，是经济发展的出发点和落脚点。要始终坚持以人为本，更加注重发展，不断提高人民群众的生活质量和水平；更加注重民意，努力解决好人民群众最关心、最直接、最现实的问题；更加注重和谐，努力为人民群众创造安定稳定的社会环境，使经济发展成果更多地体现在改善民生上，以民生的改善来凝聚民心，为经济持续较快发展提供强大的动力和支撑。2014 年中央经济工作会议提出“加强保障和改善民生工作”“多些雪中送炭，更加注重保障基本民生，更加关注低收入群众生活，更加重视社会大局稳定”。今后，各省份要继续坚持守住底线、突出重点、完善制度、引导舆论的思路，统筹教育、就业、收入分配、社会保障、医药卫生、住房、食品安全、安全生产等，切实做好改善民生各项工作。第一，要把做好就业工作摆到突出位置，坚持更加积极的就业政策，把促进充分就业作为经济社会发展的优先目标，更好发挥市场在促进就业中的作用，多渠道开发就业岗位，完善城乡公共就业服务体系，重点抓好高校毕业生就业和化解产能过剩中出现的下岗再就业工作，保障劳动者权益，构建和谐劳动关系。第二，要加强农民工职业技能培训，提高职业培训质量，鼓励就地就近就业和返乡创业，鼓励创业带动就业。各级政府要加强职业技能培训和公共就业服务，加强对就业困难人员和零就业家庭的就业援助，鼓励有实力的大企业创造更多智力密集型就业机会。第三，要加快建设覆盖城乡居民的社会保障体系，在扩大养老保险覆盖面、提高统筹层次、完善转移接续办法等方面取得新进展，扩大新型农村社会养老保险试点范围，建立健全企业退休人员基本养老金、城乡居民低保标准正常调整机制。第四，要扎实推进医药卫生体制改革，突出抓好健全基本药物制度和加快公立医院改革试点工作，保障群众用药安全有效、价格合理、方便可及，坚持公共医疗卫生的公益性质，为群众提供满意的基本医疗卫生服务。第五，要努力解决好住房问题，探索适合国情、符合发展阶段性特征的住房模式，加大廉租住房、公共租赁住房等保障性住房建设和供给，做好棚户区改造。特大城市要注重调整供地结构，提高住宅用地比例，提高土地容积率。第六，加大环境治理和保护生态的工作力度、投资力度、政策力度，加强区域联防联控，加强源头治理，把大气污染防治措施真正落到实处。此外，各级政府要牢固树立为人民群众和经济发展服务的观念，做好各项服务工作，做到"问政于民、问需于民、问计于民"，确保中央关于进一步扩大内需、促进经济增长的政策措施不折不扣落实到位，以经济和法律手段为主，辅之以必要的行政手段，全面加强价格调控监管工作，保持物价总水平基本稳定。要加强对影响社会稳定因素的分析和把握，完善维护社会稳定的体制机制，高度重视和正确处理新形势下人民内部矛盾，加强源头治理，依法按政策及时妥善处理群众反映的问题，加强社会治安综合治理，有效防范和坚决遏制重特大安全事故，切实抓好维护社会大局稳定工作，切实维护国家安全。要健全政府职责体系，完善公共服务体系，推行电子政务，强化社会管理和公共服务。政府要转变职能，按照市场规律办事，做到"有所为，有所不为"，将政府不该管的审批事项全部减下来；建立一套科学、合理并与部门和个人利益紧密挂钩的绩效考评机制，提高政府领导经济工作的效率和成效。

（9）深入实施可持续发展战略，提高人口资源环境协调发展水平，努力建设美丽中国，全面提升省域统筹协调竞争力。科学发展观第一要义是发展，越是在经济发展面临较大困难的时候，我们越是要坚定不移地贯彻发展是硬道理的战略思想，毫不动摇坚持以经济建设为中心，一心一意谋发展，咬定青山不放松。我们所谋求的发展必须是讲求质量和效益的发展，要努力做到调速不减势、量增质更优，要以人为本，全面协调可持续地发展。当前，我国要按照科学发展观的要求，树立尊重自然、顺应自然、保护自然的生态文明理念，把生态文明建设放在突出地位，融入经济建设、政治建设、文化建设、社会建设各方面和全过程，建立系统完整的生态文明制度体系，用制度保护生态环境，努力建设美丽中国，实现中华民族永续发展。我们要在经济发展的同时，努力提高人民的生活水平和质量，促进人的全面发展，通过发展人力资本、发挥创新精神，提高劳动者的创造力和劳动效率；更好地实施科教战略、人才战略、可持续发展战略，着力把握发展规律，创新发展理念，转变发展方式，破解发展难题，提高发展质量和效益；

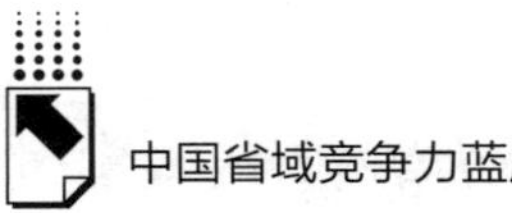

既要通过发展增加社会物质财富、不断改善人民生活，又要通过发展保障社会公平正义、不断促进社会和谐。全面协调可持续发展要求坚持生产发展、生活富裕、生态良好的文明发展道路，建设资源节约型、环境友好型社会，实现速度和结构质量效益相统一、经济发展与人口资源环境相协调。在推进经济建设的同时，加快发展政治建设、文化建设、社会建设，促进现代化建设各个环节、各个方面相协调，实现又好又快发展，全面提升省域统筹协调竞争力。

BⅡ 分报告

Departmental Reports

B.2

1

北京市经济综合竞争力评价分析报告

北京市简称京，是中华人民共和国的首都，为历史悠久的世界著名古城。位于华北平原西北边缘，东南距渤海约150公里，与河北省、天津市相接。全市面积为16410平方公里，2013年全市常住人口为2115万人，地区生产总值为19501亿元，同比增长7.7%，人均GDP达93213元。本部分通过分析2012～2013年北京市经济综合竞争力以及各要素竞争力的排名变化，从中找出北京市经济综合竞争力的推动点及影响因素，为进一步提升北京市经济综合竞争力提供决策参考。

1.1 北京市经济综合竞争力总体分析

1. 北京市经济综合竞争力一级指标概要分析

（1）从综合排位看，2013年北京市经济综合竞争力综合排位在全国居第3位，这表明其在全国处于强势地位；与2012年相比，综合排位没有发生变化。

（2）从指标所处区位看，9个指标均处于上游区，其中，财政金融竞争力、知识经济竞争力、发展环境竞争力和统筹协调竞争力4个指标为北京市经济综合竞争力的强势指标。

（3）从指标变化趋势看，9个二级指标中，有2个指标处于上升趋势，分别为宏观经济竞争力和可持续发展竞争力，这些是北京市经济综合竞争力的上升动力所在；有4个指标排位没有发生变化，分别为财政金融竞争力、发展环境竞争力、政府作用竞争力和发展水平竞争力；有3个指标处于下降趋势，分别为产业经济竞争力、知识经济竞争力和统筹协调竞争力，这些是北京市经济综合竞争力的下降拉力所在。

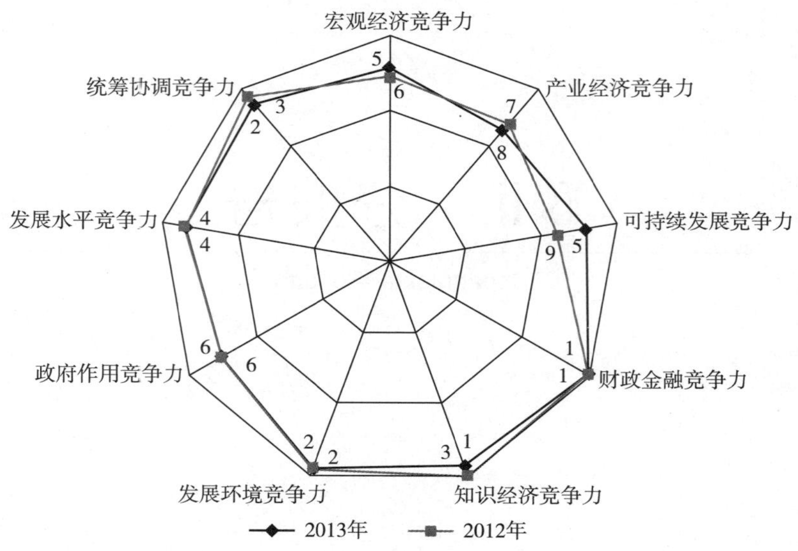

图 1-1　2012～2013 年北京市经济综合竞争力二级指标比较雷达图

表 1-1　2012～2013 年北京市经济综合竞争力二级指标比较表

项目 / 年份	宏观经济竞争力	产业经济竞争力	可持续发展竞争力	财政金融竞争力	知识经济竞争力	发展环境竞争力	政府作用竞争力	发展水平竞争力	统筹协调竞争力	**综合排位**
2012	6	7	9	1	1	2	6	4	2	3
2013	5	8	5	1	3	2	6	4	3	3
升降	1	-1	4	0	-2	0	0	0	-1	0
优劣度	优势	优势	优势	强势	强势	强势	优势	优势	强势	强势

2. 北京市经济综合竞争力各级指标动态变化分析

表 1-2　2012～2013 年北京市经济综合竞争力各级指标排位变化态势比较表

二级指标	三级指标	四级指标数	上升		保持		下降		变化趋势
			指标数	比重（%）	指标数	比重（%）	指标数	比重（%）	
宏观经济竞争力	经济实力竞争力	12	3	25.0	7	58.3	2	16.7	下降
	经济结构竞争力	6	1	16.7	4	66.7	1	16.7	保持
	经济外向度竞争力	9	2	22.2	3	33.3	4	44.4	上升
	小　计	27	6	22.2	14	51.9	7	25.9	上升
产业经济竞争力	农业竞争力	10	3	30.0	6	60.0	1	10.0	上升
	工业竞争力	10	5	50.0	3	30.0	2	20.0	下降
	服务业竞争力	10	3	30.0	3	30.0	4	40.0	保持
	企业竞争力	10	6	60.0	2	20.0	2	20.0	下降
	小　计	40	17	42.5	14	35.0	9	22.5	下降

续表

二级指标	三级指标	四级指标数	上升		保持		下降		变化趋势
			指标数	比重(%)	指标数	比重(%)	指标数	比重(%)	
可持续发展竞争力	资源竞争力	9	0	0.0	7	77.8	2	22.2	下降
	环境竞争力	8	2	25.0	3	37.5	3	37.5	上升
	人力资源竞争力	8	2	25.0	4	50.0	2	25.0	保持
	小　计	25	4	16.0	14	56.0	7	28.0	上升
财政金融竞争力	财政竞争力	12	5	41.7	7	58.3	0	0.0	保持
	金融竞争力	10	1	10.0	7	70.0	2	20.0	保持
	小　计	22	6	27.3	14	63.6	2	9.1	保持
知识经济竞争力	科技竞争力	9	2	22.2	5	55.6	2	22.2	下降
	教育竞争力	10	2	20.0	3	30.0	5	50.0	保持
	文化竞争力	8	3	37.5	3	37.5	2	25.0	上升
	小　计	27	7	25.9	11	40.7	9	33.3	下降
发展环境竞争力	基础设施竞争力	9	1	11.1	5	55.6	3	33.3	下降
	软环境竞争力	9	1	11.1	7	77.8	1	11.1	保持
	小　计	18	2	11.1	12	66.7	4	22.2	保持
政府作用竞争力	政府发展经济竞争力	5	2	40.0	1	20.0	2	40.0	下降
	政府规调经济竞争力	5	1	20.0	4	80.0	0	0.0	下降
	政府保障经济竞争力	6	3	50.0	2	33.3	1	16.7	上升
	小　计	16	6	37.5	7	43.8	3	18.8	保持
发展水平竞争力	工业化进程竞争力	6	1	16.7	4	66.7	1	16.7	下降
	城市化进程竞争力	7	3	42.9	3	42.9	1	14.3	保持
	市场化进程竞争力	6	2	33.3	3	50.0	1	16.7	下降
	小　计	19	6	31.6	10	52.6	3	15.8	保持
统筹协调竞争力	统筹发展竞争力	8	4	50.0	1	12.5	3	37.5	保持
	协调发展竞争力	8	2	25.0	2	25.0	4	50.0	下降
	小　计	16	6	37.5	3	18.8	7	43.8	下降
合　计		210	60	28.6	99	47.1	51	24.3	保持

从表1－2可以看出，210个四级指标中，上升指标有60个，占指标总数的28.6%；下降指标有51个，占指标总数的24.3%；保持不变的指标有99个，占指标总数的47.1%。综上所述，北京市经济综合竞争力的上升动力略大于下降拉力，但由于受到保持指标所占比重较大等因素影响，2012～2013年北京市经济综合竞争力排位保持不变。

3. 北京市经济综合竞争力各级指标优劣势结构分析

基于图1－2和表1－3，从四级指标来看，强势指标73个，占指标总数的34.8%；优势指标38个，占指标总数的18.1%；中势指标36个，占指标总数的17.1%；劣势指标63个，占指标总数的30.0%。从三级指标来看，强势指标13个，占三级指标总数的52%；优势指标5个，占三级指标总数的20%；中势指标1个，占三级指标总数

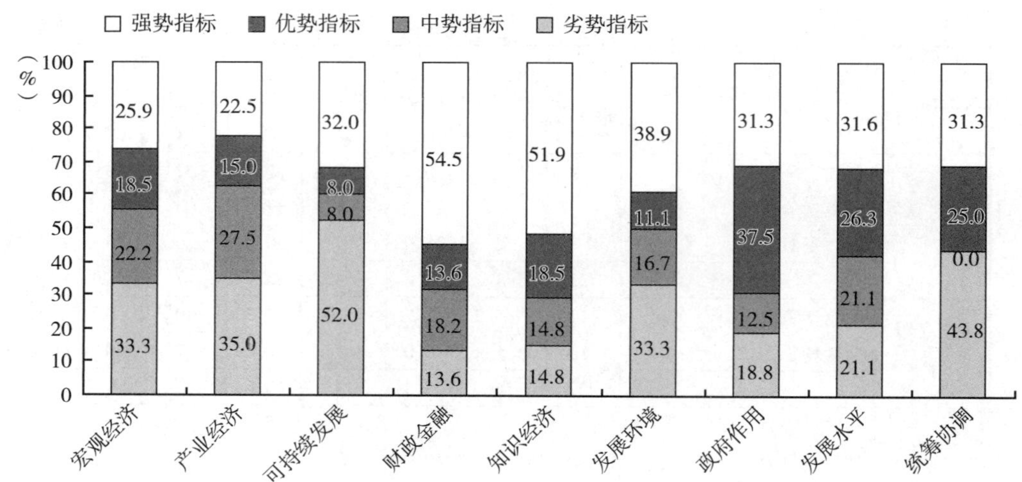

图 1－2　2013 年北京市经济综合竞争力各级指标优劣势比较图

表 1－3　2013 年北京市经济综合竞争力各级指标优劣势比较表

二级指标	三级指标	四级指标数	强势指标		优势指标		中势指标		劣势指标		优劣势
			个数	比重（%）	个数	比重（%）	个数	比重（%）	个数	比重（%）	
宏观经济竞争力	经济实力竞争力	12	3	25. 0	1	8. 3	3	25. 0	5	41. 7	中势
	经济结构竞争力	6	3	50. 0	0	0. 0	2	33. 3	1	16. 7	强势
	经济外向度竞争力	9	1	11. 1	4	44. 4	1	11. 1	3	33. 3	优势
	小　计	27	7	25. 9	5	18. 5	6	22. 2	9	33. 3	优势
产业经济竞争力	农业竞争力	10	2	20. 0	1	10. 0	0	0. 0	7	70. 0	劣势
	工业竞争力	10	0	0. 0	1	10. 0	6	60. 0	3	30. 0	劣势
	服务业竞争力	10	3	30. 0	3	30. 0	2	20. 0	2	20. 0	优势
	企业竞争力	10	4	40. 0	1	10. 0	3	30. 0	2	20. 0	强势
	小　计	40	9	22. 5	6	15. 0	11	27. 5	14	35. 0	优势
可持续发展竞争力	资源竞争力	9	0	0. 0	0	0. 0	1	11. 1	8	88. 9	劣势
	环境竞争力	8	3	37. 5	2	25. 0	1	12. 5	2	25. 0	优势
	人力资源竞争力	8	5	62. 5	0	0. 0	0	0. 0	3	37. 5	强势
	小　计	25	8	32. 0	2	8. 0	2	8. 0	13	52. 0	优势
财政金融竞争力	财政竞争力	12	6	50. 0	1	8. 3	3	25. 0	2	16. 7	强势
	金融竞争力	10	6	60. 0	2	20. 0	1	10. 0	1	10. 0	强势
	小　计	22	12	54. 5	3	13. 6	4	18. 2	3	13. 6	强势
知识经济竞争力	科技竞争力	9	6	66. 7	3	33. 3	0	0. 0	0	0. 0	强势
	教育竞争力	10	3	30. 0	1	10. 0	3	30. 0	3	30. 0	强势
	文化竞争力	8	5	62. 5	1	12. 5	1	12. 5	1	12. 5	优势
	小　计	27	14	51. 9	5	18. 5	4	14. 8	4	14. 8	强势

续表

二级指标	三级指标	四级指标数	强势指标		优势指标		中势指标		劣势指标		优劣势
			个数	比重（%）	个数	比重（%）	个数	比重（%）	个数	比重（%）	
发展环境竞争力	基础设施竞争力	9	4	44.4	1	11.1	1	11.1	3	33.3	优势
	软环境竞争力	9	3	33.3	1	11.1	2	22.2	3	33.3	强势
	小　计	18	7	38.9	2	11.1	3	16.7	6	33.3	强势
政府作用竞争力	政府发展经济竞争力	5	0	0.0	1	20.0	2	40.0	2	40.0	劣势
	政府规调经济竞争力	5	3	60.0	1	20.0	0	0.0	1	20.0	强势
	政府保障经济竞争力	6	2	33.3	4	66.7	0	0.0	0	0.0	强势
	小　计	16	5	31.3	6	37.5	2	12.5	3	18.8	优势
发展水平竞争力	工业化进程竞争力	6	3	50.0	2	33.3	1	16.7	0	0.0	强势
	城市化进程竞争力	7	3	42.9	2	28.6	1	14.3	1	14.3	强势
	市场化进程竞争力	6	0	0.0	1	16.7	2	33.3	3	50.0	劣势
	小　计	19	6	31.6	5	26.3	4	21.1	4	21.1	优势
统筹协调竞争力	统筹发展竞争力	8	4	50.0	2	25.0	0	0.0	2	25.0	强势
	协调发展竞争力	8	1	12.5	2	25.0	0	0.0	5	62.5	劣势
	小　计	16	5	31.3	4	25.0	0	0.0	7	43.8	强势
合　计		210	73	34.8	38	18.1	36	17.1	63	30.0	强势

的4%；劣势指标6个，占三级指标总数的24%。反映到二级指标上来，强势指标4个，占二级指标总数的44.4%；优势指标有5个，占二级指标总数的55.6%。综合来看，由于强势指标在指标体系中居于主导地位，2013年北京市经济综合竞争力处于强势地位。

4. 北京市经济综合竞争力四级指标优劣势对比分析

表1-4　2013年北京市经济综合竞争力各级指标优劣势比较表

二级指标	优劣势	四　级　指　标
宏观经济竞争力（27个）	强势指标	人均地区生产总值、人均财政收入、人均全社会消费品零售总额、产业结构优化度、城乡经济结构优化度、就业结构优化度、外贸依存度（7个）
	优势指标	财政总收入、进出口总额、出口总额、对外经济合作完成营业额、对外直接投资（5个）
	劣势指标	地区生产总值增长率、财政总收入增长率、固定资产投资额、固定资产投资额增长率、全社会消费品零售总额增长率、所有制经济结构优化度、进出口增长率、出口增长率、实际FDI增长率（9个）
产业经济竞争力（40个）	强势指标	农民人均纯收入、农产品出口占农林牧渔总产值比重、人均服务业增加值、限额以上批发零售企业主营业务收入、限额以上餐饮企业利税率、规模以上企业平均资产、规模以上企业平均增加值、新产品销售收入占主营业务收入比重、工业企业R&D经费投入强度（9个）
	优势指标	农村人均用电量、工业资产总额、服务业增加值、旅游外汇收入、房地产经营总收入、规模以上企业平均利润（6个）
	劣势指标	农业增加值、农业增加值增长率、人均农业增加值、农民人均纯收入增长率、人均主要农产品产量、农业机械化、财政支农资金比重、工业增加值、工业资产总额增长率、工业资产总贡献率、服务业增加值增长率、限额以上批零企业利税率、规模以上工业企业数、流动资金周转次数（14个）

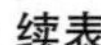
续表

二级指标	优劣势	四级指标
可持续发展竞争力（25个）	强势指标	人均工业废气排放量、人均工业固体废物排放量、自然灾害直接经济损失、15～64岁人口比例、文盲率、大专以上教育程度人口比例、平均受教育程度、人口健康素质（8个）
	优势指标	一般工业固体废物综合利用率、生活垃圾无害化处理率（2个）
	劣势指标	人均国土面积、人均年水资源量、耕地面积、人均耕地面积、人均牧草地面积、主要能源矿产基础储量、人均主要能源矿产基础储量、人均森林储积量、人均废水排放量、人均治理工业污染投资额、人口自然增长率、人力资源利用率、职业学校毕业生数（13个）
财政金融竞争力（22个）	强势指标	地方财政收入占GDP比重、税收收入占GDP比重、税收收入占财政总收入比重、人均地方财政收入、人均地方财政支出、人均税收收入、存款余额、人均存款余额、人均贷款余额、保险密度、保险深度、人均证券市场筹资额（12个）
	优势指标	地方财政收入、贷款余额、保险费净收入（3个）
	劣势指标	地方财政收入增长率、税收收入增长率、货币市场融资额（3个）
知识经济竞争力（27个）	强势指标	R&D人员、R&D经费、R&D经费投入强度、技术市场成交合同金额、财政科技支出占地方财政支出比重、高技术产业增加值占工业增加值比重、人均教育经费、人均文化教育支出占个人消费支出比重、万人高等学校在校学生数、出版印刷工业销售产值、城镇居民人均文化娱乐支出、农村居民人均文化娱乐支出、城镇居民人均文化娱乐支出占消费性支出比重、农村居民人均文化娱乐支出占消费性支出比重（14个）
	优势指标	发明专利授权量、高技术产业增加值、高技术产品出口额占商品出口额比重、高校专任教师数、文化产业增加值（5个）
	劣势指标	公共教育经费占财政支出比重、万人中小学学校数、万人中小学专任教师数、图书和期刊出版数（4个）
发展环境竞争力（18个）	强势指标	铁路网线密度、人均邮电业务总量、万户移动电话数、万户上网用户数、万人外资企业数、万人商标注册件数、罚没收入占财政收入比重（7个）
	优势指标	公路网线密度、外资企业数增长率（2个）
	劣势指标	人均内河航道里程、全社会旅客周转量、全社会货物周转量、个体私营企业数增长率、万人个体私营企业数、食品安全事故数（6个）
政府作用竞争力（16个）	强势指标	调控城乡消费差距、统筹经济社会发展、规范税收、失业保险覆盖率、城镇登记失业率（5个）
	优势指标	政府公务员对经济的贡献、人口控制、城市城镇社区服务设施数、医疗保险覆盖率、养老保险覆盖率、下岗职工再就业率（6个）
	劣势指标	政府消费对民间消费的拉动、财政投资对社会投资的拉动、物价调控（3个）
发展水平竞争力（19个）	强势指标	工业增加值占GDP比重、高技术产业增加值占工业增加值比重、信息产业增加值占GDP比重、城镇化率、城镇居民人均可支配收入、城市平均建成区面积比重（6个）
	优势指标	高技术产业规模以上企业产值、高技术产品出口额占商品出口额比重、人均日生活用水量、人均公共绿地面积、亿元以上商品市场成交额（5个）
	劣势指标	人均拥有道路面积、非公有制经济产值占全社会总产值的比重、私有和个体企业从业人员比重、居民消费支出占总消费支出比重（4个）
统筹协调竞争力（16个）	强势指标	社会劳动生产率、万元GDP综合能耗、最终消费率、固定资产投资额占GDP比重、城乡居民人均现金消费支出比差（5个）
	优势指标	社会劳动生产率增速、非农用地产出率、环境竞争力与宏观经济竞争力比差、城乡居民家庭人均收入比差（4个）
	劣势指标	生产税净额和营业盈余占GDP比重、固定资产交付使用率、资源竞争力与宏观经济竞争力比差、人力资源竞争力与宏观经济竞争力比差、资源竞争力与工业竞争力比差、环境竞争力与工业竞争力比差、全社会消费品零售总额与外贸出口总额比差（7个）

1.2 北京市经济综合竞争力各级指标具体分析

1. 北京市宏观经济竞争力指标排名变化情况

表 1-5 2012~2013 年北京市宏观经济竞争力指标组排位及变化趋势表

指 标	2012 年	2013 年	排位升降	优劣势
1 宏观经济竞争力	6	5	1	优势
1.1 经济实力竞争力	12	13	-1	中势
地区生产总值	13	13	0	中势
地区生产总值增长率	30	30	0	劣势
人均地区生产总值	2	2	0	强势
财政总收入	8	6	2	优势
财政总收入增长率	28	23	5	劣势
人均财政收入	2	2	0	强势
固定资产投资额	24	25	-1	劣势
固定资产投资额增长率	30	29	1	劣势
人均固定资产投资额	13	15	-2	中势
全社会消费品零售总额	11	11	0	中势
全社会消费品零售总额增长率	30	30	0	劣势
人均全社会消费品零售总额	1	1	0	强势
1.2 经济结构竞争力	1	1	0	强势
产业结构优化度	1	1	0	强势
所有制经济结构优化度	28	28	0	劣势
城乡经济结构优化度	3	3	0	强势
就业结构优化度	2	2	0	强势
资本形成结构优化度	22	16	6	中势
贸易结构优化度	11	12	-1	中势
1.3 经济外向度竞争力	7	4	3	优势
进出口总额	4	4	0	优势
进出口增长率	19	25	-6	劣势
出口总额	7	8	-1	优势
出口增长率	27	23	4	劣势
实际 FDI	12	13	-1	中势
实际 FDI 增长率	17	22	-5	劣势
外贸依存度	1	1	0	强势
对外经济合作完成营业额	9	9	0	优势
对外直接投资	9	4	5	优势

2. 北京市产业经济竞争力指标排名变化情况

表 1－6　2012～2013 年北京市产业经济竞争力指标组排位及变化趋势表

指　　标	2012 年	2013 年	排位升降	优劣势
2　产业经济竞争力	7	8	－1	优势
2.1　农业竞争力	31	30	1	劣势
农业增加值	29	29	0	劣势
农业增加值增长率	27	27	0	劣势
人均农业增加值	26	27	－1	劣势
农民人均纯收入	2	2	0	强势
农民人均纯收入增长率	29	28	1	劣势
农产品出口占农林牧渔总产值比重	2	2	0	强势
人均主要农产品产量	30	30	0	劣势
农业机械化	31	30	1	劣势
农村人均用电量	8	8	0	优势
财政支农资金比重	29	28	1	劣势
2.2　工业竞争力	15	22	－7	劣势
工业增加值	24	24	0	劣势
工业增加值增长率	1	18	－17	中势
人均工业增加值	17	17	0	中势
工业资产总额	10	10	0	优势
工业资产总额增长率	25	23	2	劣势
工业资产总贡献率	30	29	1	劣势
规模以上工业主营业务收入	19	18	1	中势
规模以上工业利润总额	19	18	1	中势
工业全员劳动生产率	20	13	7	中势
工业成本费用利润率	12	13	－1	中势
2.3　服务业竞争力	4	4	0	优势
服务业增加值	5	5	0	优势
服务业增加值增长率	31	28	3	劣势
人均服务业增加值	1	1	0	强势
服务业从业人员数	14	14	0	中势
服务业从业人员数增长率	8	13	－5	中势
限额以上批发零售企业主营业务收入	1	3	－2	强势
限额以上批零企业利税率	24	22	2	劣势
限额以上餐饮企业利税率	1	2	－1	强势
旅游外汇收入	5	4	1	优势
房地产经营总收入	6	9	－3	优势
2.4　企业竞争力	2	3	－1	强势
规模以上工业企业数	23	23	0	劣势
规模以上企业平均资产	3	2	1	强势
规模以上企业平均增加值	2	1	1	强势
流动资金周转次数	30	29	1	劣势
规模以上企业平均利润	7	5	2	优势
规模以上企业销售利税率	13	13	0	中势
新产品销售收入占主营业务收入比重	3	2	1	强势
产品质量抽查合格率	14	19	－5	中势
工业企业 R&D 经费投入强度	4	3	1	强势
中国驰名商标持有量	6	11	－5	中势

3. 北京市可持续发展竞争力指标排名变化情况

表 1-7 2012~2013 年北京市可持续发展竞争力指标组排位及变化趋势表

指　标	2012 年	2013 年	排位升降	优劣势
3 可持续发展竞争力	9	5	4	优势
3.1 资源竞争力	30	31	-1	劣势
人均国土面积	30	30	0	劣势
人均可使用海域和滩涂面积	12	12	0	中势
人均年水资源量	29	29	0	劣势
耕地面积	31	31	0	劣势
人均耕地面积	30	30	0	劣势
人均牧草地面积	25	25	0	劣势
主要能源矿产基础储量	25	25	0	劣势
人均主要能源矿产基础储量	12	21	-9	劣势
人均森林储积量	28	29	-1	劣势
3.2 环境竞争力	18	8	10	优势
森林覆盖率	15	16	-1	中势
人均废水排放量	26	26	0	劣势
人均工业废气排放量	1	1	0	强势
人均工业固体废物排放量	2	2	0	强势
人均治理工业污染投资额	25	31	-6	劣势
一般工业固体废物综合利用率	10	8	2	优势
生活垃圾无害化处理率	4	5	-1	优势
自然灾害直接经济损失	26	3	23	强势
3.3 人力资源竞争力	1	1	0	强势
人口自然增长率	20	21	-1	劣势
15~64 岁人口比例	2	1	1	强势
文盲率	1	1	0	强势
大专以上教育程度人口比例	1	1	0	强势
平均受教育程度	1	1	0	强势
人口健康素质	2	2	0	强势
人力资源利用率	27	29	-2	劣势
职业学校毕业生数	25	24	1	劣势

4. 北京市财政金融竞争力指标排名变化情况

表 1-8 2012~2013 年北京市财政金融竞争力指标组排位及变化趋势表

指　标	2012 年	2013 年	排位升降	优劣势
4 财政金融竞争力	1	1	0	强势
4.1 财政竞争力	1	1	0	强势
地方财政收入	6	6	0	优势
地方财政支出	13	13	0	中势
地方财政收入占 GDP 比重	2	2	0	强势
地方财政支出占 GDP 比重	20	18	2	中势

续表

指　　标	2012 年	2013 年	排位升降	优劣势
税收收入占 GDP 比重	1	1	0	强势
税收收入占财政总收入比重	6	2	4	强势
人均地方财政收入	1	1	0	强势
人均地方财政支出	3	3	0	强势
人均税收收入	1	1	0	强势
地方财政收入增长率	28	23	5	劣势
地方财政支出增长率	24	12	12	中势
税收收入增长率	29	22	7	劣势
4.2　金融竞争力	1	1	0	强势
存款余额	2	2	0	强势
人均存款余额	1	1	0	强势
贷款余额	4	5	-1	优势
人均贷款余额	1	1	0	强势
货币市场融资额	31	31	0	劣势
中长期贷款占贷款余额比重	13	14	-1	中势
保险费净收入	5	4	1	优势
保险密度	1	1	0	强势
保险深度	2	2	0	强势
人均证券市场筹资额	1	1	0	强势

5. 北京市知识经济竞争力指标排名变化情况

表 1-9　2012~2013 年北京市知识经济竞争力指标组排位及变化趋势表

指　　标	2012 年	2013 年	排位升降	优劣势
5　知识经济竞争力	1	3	-2	强势
5.1　科技竞争力	1	3	-2	强势
R&D 人员	3	3	0	强势
R&D 经费	3	3	0	强势
R&D 经费投入强度	1	1	0	强势
发明专利授权量	6	5	1	优势
技术市场成交合同金额	1	1	0	强势
财政科技支出占地方财政支出比重	1	2	-1	强势
高技术产业增加值	12	10	2	优势
高技术产业增加值占工业增加值比重	2	2	0	强势
高技术产品出口额占商品出口额比重	1	9	-8	优势
5.2　教育竞争力	1	1	0	强势
教育经费	10	13	-3	中势
教育经费占 GDP 比重	14	16	-2	中势
人均教育经费	1	2	-1	强势

续表

指　　标	2012 年	2013 年	排位升降	优劣势
公共教育经费占财政支出比重	6	21	-15	劣势
人均文化教育支出占个人消费支出比重	8	3	5	强势
万人中小学学校数	30	30	0	劣势
万人中小学专任教师数	30	30	0	劣势
高等学校数	13	14	-1	中势
高校专任教师数	10	7	3	优势
万人高等学校在校学生数	1	1	0	强势
5.3　文化竞争力	5	4	1	优势
文化产业增加值	6	4	2	优势
图书和期刊出版数	21	21	0	劣势
报纸出版数	13	16	-3	中势
出版印刷工业销售产值	3	3	0	强势
城镇居民人均文化娱乐支出	2	2	0	强势
农村居民人均文化娱乐支出	2	1	1	强势
城镇居民人均文化娱乐支出占消费性支出比重	2	3	-1	强势
农村居民人均文化娱乐支出占消费性支出比重	3	2	1	强势

6. 北京市发展环境竞争力指标排名变化情况

表 1-10　2012～2013 年北京市发展环境竞争力指标组排位及变化趋势表

指　　标	2012 年	2013 年	排位升降	优劣势
6　发展环境竞争力	2	2	0	强势
6.1　基础设施竞争力	3	4	-1	优势
铁路网线密度	1	2	-1	强势
公路网线密度	6	6	0	优势
人均内河航道里程	28	28	0	劣势
全社会旅客周转量	25	26	-1	劣势
全社会货物周转量	29	27	2	劣势
人均邮电业务总量	1	1	0	强势
万户移动电话数	1	1	0	强势
万户上网用户数	1	1	0	强势
人均耗电量	12	14	-2	中势
6.2　软环境竞争力	2	2	0	强势
外资企业数增长率	9	5	4	优势
万人外资企业数	2	2	0	强势
个体私营企业数增长率	25	28	-3	劣势
万人个体私营企业数	22	22	0	劣势
万人商标注册件数	1	1	0	强势
查处商标侵权假冒案件	19	19	0	中势
每十万人交通事故发生数	16	16	0	中势
罚没收入占财政收入比重	3	3	0	强势
食品安全事故数	30	30	0	劣势

7. 北京市政府作用竞争力指标排名变化情况

表 1-11　2012~2013 年北京市政府作用竞争力指标组排位及变化趋势表

指　　标	2012 年	2013 年	排位升降	优劣势
7　政府作用竞争力	6	6	0	优势
7.1　政府发展经济竞争力	20	24	-4	劣势
财政支出用于基本建设投资比重	31	15	16	中势
财政支出对 GDP 增长的拉动	12	14	-2	中势
政府公务员对经济的贡献	11	10	1	优势
政府消费对民间消费的拉动	29	29	0	劣势
财政投资对社会投资的拉动	4	28	-24	劣势
7.2　政府规调经济竞争力	2	3	-1	强势
物价调控	29	29	0	劣势
调控城乡消费差距	2	1	1	强势
统筹经济社会发展	3	3	0	强势
规范税收	2	2	0	强势
人口控制	5	5	0	优势
7.3　政府保障经济竞争力	4	3	1	强势
城市城镇社区服务设施数	6	7	-1	优势
医疗保险覆盖率	6	5	1	优势
养老保险覆盖率	10	6	4	优势
失业保险覆盖率	4	2	2	强势
下岗职工再就业率	6	6	0	优势
城镇登记失业率	1	1	0	强势

8. 北京市发展水平竞争力指标排名变化情况

表 1-12　2012~2013 年北京市发展水平竞争力指标组排位及变化趋势表

指　　标	2012 年	2013 年	排位升降	优劣势
8　发展水平竞争力	4	4	0	优势
8.1　工业化进程竞争力	1	2	-1	强势
工业增加值占 GDP 比重	3	3	0	强势
工业增加值增长率	15	15	0	中势
高技术产业规模以上企业产值	8	7	1	优势
高技术产业增加值占工业增加值比重	2	2	0	强势
高技术产品出口额占商品出口额比重	1	9	-8	优势
信息产业增加值占 GDP 比重	1	1	0	强势
8.2　城市化进程竞争力	2	2	0	强势
城镇化率	2	2	0	强势
城镇居民人均可支配收入	2	2	0	强势
城市平均建成区面积比重	2	2	0	强势

续表

指　　标	2012 年	2013 年	排位升降	优劣势
人均拥有道路面积	29	30	-1	劣势
人均日生活用水量	14	8	6	优势
人均居住面积	15	13	2	中势
人均公共绿地面积	13	9	4	优势
8.3　市场化进程竞争力	24	25	-1	劣势
非公有制经济产值占全社会总产值的比重	28	28	0	劣势
社会投资占投资总额比重	11	15	-4	中势
私有和个体企业从业人员比重	29	28	1	劣势
亿元以上商品市场成交额	9	8	1	优势
亿元以上商品市场成交额占全社会消费品零售总额比重	12	12	0	中势
居民消费支出占总消费支出比重	29	29	0	劣势

9. 北京市统筹协调竞争力指标排名变化情况

表 1-13　2012~2013 年北京市统筹协调竞争力指标组排位及变化趋势表

指　　标	2012 年	2013 年	排位升降	优劣势
9　统筹协调竞争力	2	3	-1	强势
9.1　统筹发展竞争力	2	2	0	强势
社会劳动生产率	2	3	-1	强势
社会劳动生产率增速	26	7	19	优势
万元 GDP 综合能耗	1	2	-1	强势
非农用地产出率	7	5	2	优势
生产税净额和营业盈余占 GDP 比重	24	25	-1	劣势
最终消费率	3	3	0	强势
固定资产投资额占 GDP 比重	3	2	1	强势
固定资产交付使用率	31	30	1	劣势
9.2　协调发展竞争力	19	25	-6	劣势
环境竞争力与宏观经济竞争力比差	7	10	-3	优势
资源竞争力与宏观经济竞争力比差	29	30	-1	劣势
人力资源竞争力与宏观经济竞争力比差	31	30	1	劣势
资源竞争力与工业竞争力比差	24	24	0	劣势
环境竞争力与工业竞争力比差	15	28	-13	劣势
城乡居民家庭人均收入比差	3	4	-1	优势
城乡居民人均现金消费支出比差	2	1	1	强势
全社会消费品零售总额与外贸出口总额比差	22	22	0	劣势

B.3
2
天津市经济综合竞争力评价分析报告

天津市简称津，位于华北平原东北部，与北京市、河北省相接，是中央四大直辖市之一，也是中国北方最大的沿海开放城市，素有“渤海明珠”之称。全市面积为11919.7平方公里。2013年全市常住人口为1472万人，地区生产总值为14370亿元，同比增长12.5%，人均GDP达99607元。本部分通过分析2012～2013年天津市经济综合竞争力以及各要素竞争力的排名变化，从中找出天津市经济综合竞争力的推动点及影响因素，为进一步提升天津市经济综合竞争力提供决策参考。

2.1 天津市经济综合竞争力总体分析

1. 天津市经济综合竞争力一级指标概要分析

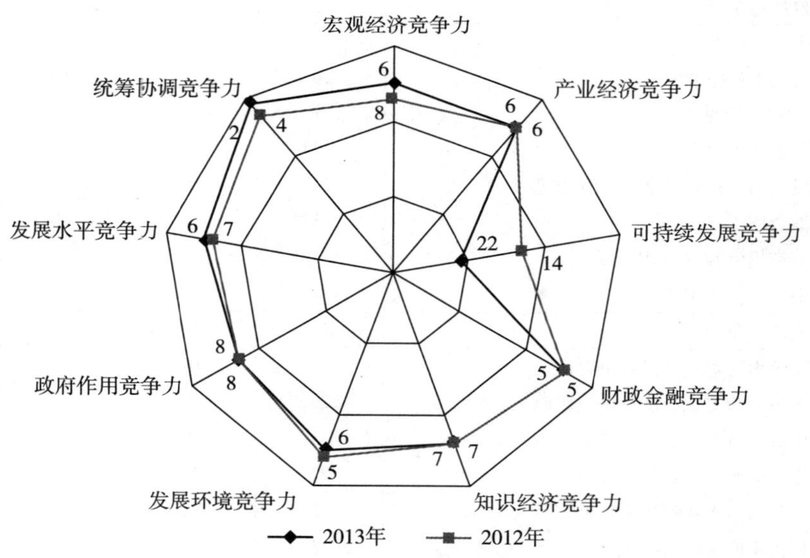

图2－1 2012～2013年天津市经济综合竞争力二级指标比较雷达图

（1）从综合排位看，2013年天津市经济综合竞争力综合排位在全国居第7位，这表明其在全国处于优势地位；与2012年相比，综合排位保持不变。

（2）从指标所处区位看，8个指标处于上游区，分别为宏观经济竞争力、产业经济竞争力、财政金融竞争力、知识经济竞争力、发展环境竞争力、政府作用竞争力、发展

表 2-1 2012~2013 年天津市经济综合竞争力二级指标比较表

项目 / 年份	宏观经济竞争力	产业经济竞争力	可持续发展竞争力	财政金融竞争力	知识经济竞争力	发展环境竞争力	政府作用竞争力	发展水平竞争力	统筹协调竞争力	综合排位
2012	8	6	14	5	7	5	8	7	4	7
2013	6	6	22	5	7	6	8	6	2	7
升降	2	0	-8	0	0	-1	0	1	2	0
优劣度	优势	优势	劣势	优势	优势	优势	优势	优势	强势	优势

水平竞争力、统筹协调竞争力；其中，统筹协调竞争力为天津市经济综合竞争力的强势指标。1 个指标处于下游区，为可持续发展竞争力。

（3）从指标变化趋势看，9 个二级指标中，有 3 个指标处于上升趋势，分别为宏观经济竞争力、发展水平竞争力和统筹协调竞争力，这些是天津市经济综合竞争力的上升动力所在；有 4 个指标排位没有发生变化，分别为产业经济竞争力、财政金融竞争力、知识经济竞争力和政府作用竞争力；有 2 个指标处于下降趋势，分别为可持续发展竞争力和发展环境竞争力，这些是天津市经济综合竞争力的下降拉力所在。

2. 天津市经济综合竞争力各级指标动态变化分析

表 2-2 2012~2013 年天津市经济综合竞争力各级指标排位变化态势比较表

二级指标	三级指标	四级指标数	上升		保持		下降		变化趋势
			指标数	比重（%）	指标数	比重（%）	指标数	比重（%）	
宏观经济竞争力	经济实力竞争力	12	6	50.0	5	41.7	1	8.3	上升
	经济结构竞争力	6	1	16.7	4	66.7	1	16.7	保持
	经济外向度竞争力	9	4	44.4	2	22.2	3	33.3	上升
	小 计	27	11	40.7	11	40.7	5	18.5	上升
产业经济竞争力	农业竞争力	10	4	40.0	4	40.0	2	20.0	下降
	工业竞争力	10	3	30.0	4	40.0	3	30.0	上升
	服务业竞争力	10	5	50.0	4	40.0	1	10.0	保持
	企业竞争力	10	5	50.0	2	20.0	3	30.0	上升
	小 计	40	17	42.5	14	35.0	9	22.5	保持
可持续发展竞争力	资源竞争力	9	0	0.0	7	77.8	2	22.2	保持
	环境竞争力	8	3	37.5	3	37.5	2	25.0	下降
	人力资源竞争力	8	2	25.0	5	62.5	1	12.5	下降
	小 计	25	5	20.0	15	60.0	5	20.0	下降
财政金融竞争力	财政竞争力	12	7	58.3	4	33.3	1	8.3	上升
	金融竞争力	10	2	20.0	4	40.0	4	40.0	保持
	小 计	22	9	40.9	8	36.4	5	22.7	保持
知识经济竞争力	科技竞争力	9	2	22.2	4	44.4	3	33.3	保持
	教育竞争力	10	4	40.0	5	50.0	1	10.0	上升
	文化竞争力	8	2	25.0	1	12.5	5	62.5	下降
	小 计	27	8	29.6	10	37.0	9	33.3	保持

续表

二级指标	三级指标	四级指标数	上升		保持		下降		变化趋势
			指标数	比重（%）	指标数	比重（%）	指标数	比重（%）	
发展环境竞争力	基础设施竞争力	9	2	22.2	4	44.4	3	33.3	下降
	软环境竞争力	9	2	22.2	3	33.3	4	44.4	下降
	小　计	18	4	22.2	7	38.9	7	38.9	下降
政府作用竞争力	政府发展经济竞争力	5	1	20.0	2	40.0	2	40.0	上升
	政府规调经济竞争力	5	1	20.0	3	60.0	1	20.0	上升
	政府保障经济竞争力	6	3	50.0	1	16.7	2	33.3	上升
	小　计	16	5	31.3	6	37.5	5	31.3	保持
发展水平竞争力	工业化进程竞争力	6	5	83.3	0	0.0	1	16.7	上升
	城市化进程竞争力	7	0	0.0	5	71.4	2	28.6	保持
	市场化进程竞争力	6	4	66.7	1	16.7	1	16.7	上升
	小　计	19	9	47.4	6	31.6	4	21.1	上升
统筹协调竞争力	统筹发展竞争力	8	4	50.0	2	25.0	2	25.0	保持
	协调发展竞争力	8	4	50.0	3	37.5	1	12.5	上升
	小　计	16	8	50.0	5	31.3	3	18.8	上升
合　计		210	76	36.2	82	39.0	52	24.8	保持

从表2－2可以看出，210个四级指标中，上升指标有76个，占指标总数的36.2%；下降指标有52个，占指标总数的24.8%；保持不变的指标有82个，占指标总数的39.0%。综上所述，天津市经济综合竞争力的上升动力大于下降拉力，但由于受到保持指标所占比重较大等因素的综合影响，2012～2013年天津市经济综合竞争力排位保持不变。

3. 天津市经济综合竞争力各级指标优劣势结构分析

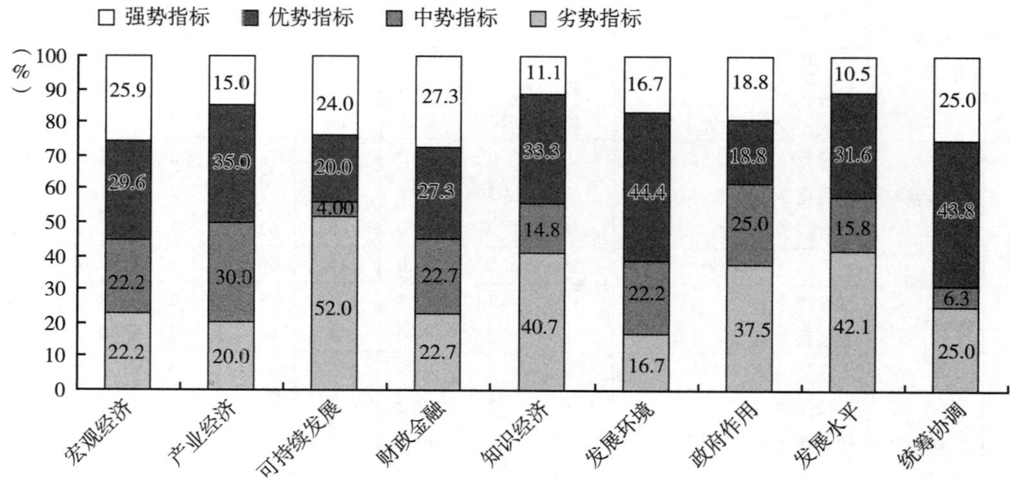

图2－2　2013年天津市经济综合竞争力各级指标优劣势比较图

表2-3 2013年天津市经济综合竞争力各级指标优劣势比较表

二级指标	三级指标	四级指标数	强势指标		优势指标		中势指标		劣势指标		优劣势
			个数	比重(%)	个数	比重(%)	个数	比重(%)	个数	比重(%)	
宏观经济竞争力	经济实力竞争力	12	5	41.7	1	8.3	3	25.0	3	25.0	优势
	经济结构竞争力	6	2	33.3	1	16.7	1	16.7	2	33.3	优势
	经济外向度竞争力	9	0	0.0	6	66.7	2	22.2	1	11.1	优势
	小计	27	7	25.9	8	29.6	6	22.2	6	22.2	优势
产业经济竞争力	农业竞争力	10	0	0.0	4	40.0	0	0.0	6	60.0	劣势
	工业竞争力	10	2	20.0	3	30.0	5	50.0	0	0.0	优势
	服务业竞争力	10	2	20.0	4	40.0	2	20.0	2	20.0	优势
	企业竞争力	10	2	20.0	3	30.0	5	50.0	0	0.0	强势
	小计	40	6	15.0	14	35.0	12	30.0	8	20.0	优势
可持续发展竞争力	资源竞争力	9	0	0.0	1	11.1	0	0.0	8	88.9	劣势
	环境竞争力	8	2	25.0	3	37.5	1	12.5	2	25.0	中势
	人力资源竞争力	8	4	50.0	1	12.5	0	0.0	3	37.5	优势
	小计	25	6	24.0	5	20.0	1	4.0	13	52.0	劣势
财政金融竞争力	财政竞争力	12	3	25.0	5	41.7	2	16.7	2	16.7	强势
	金融竞争力	10	3	30.0	1	10.0	3	30.0	3	30.0	优势
	小计	22	6	27.3	6	27.3	5	22.7	5	22.7	优势
知识经济竞争力	科技竞争力	9	1	11.1	7	77.8	1	11.1	0	0.0	优势
	教育竞争力	10	2	20.0	0	0.0	1	10.0	7	70.0	优势
	文化竞争力	8	0	0.0	2	25.0	2	25.0	4	50.0	中势
	小计	27	3	11.1	9	33.3	4	14.8	11	40.7	优势
发展环境竞争力	基础设施竞争力	9	1	11.1	4	44.4	2	22.2	2	22.2	优势
	软环境竞争力	9	2	22.2	4	44.4	2	22.2	1	11.1	优势
	小计	18	3	16.7	8	44.4	4	22.2	3	16.7	优势
政府作用竞争力	政府发展经济竞争力	5	2	40.0	1	20.0	0	0.0	2	40.0	强势
	政府规调经济竞争力	5	1	20.0	2	40.0	1	20.0	1	20.0	强势
	政府保障经济竞争力	6	0	0.0	0	0.0	3	50.0	3	50.0	劣势
	小计	16	3	18.8	3	18.8	4	25.0	6	37.5	优势
发展水平竞争力	工业化进程竞争力	6	0	0.0	3	50.0	0	0.0	3	50.0	优势
	城市化进程竞争力	7	2	28.6	2	28.6	0	0.0	3	42.9	优势
	市场化进程竞争力	6	0	0.0	1	16.7	3	50.0	2	33.3	中势
	小计	19	2	10.5	6	31.6	3	15.8	8	42.1	优势
统筹协调竞争力	统筹发展竞争力	8	3	37.5	3	37.5	1	12.5	1	12.5	强势
	协调发展竞争力	8	1	12.5	4	50.0	0	0.0	3	37.5	优势
	小计	16	4	25.0	7	43.8	1	6.3	4	25.0	强势
合计		210	40	19.0	66	31.4	40	19.0	64	30.5	优势

基于图2-2和表2-3，从四级指标来看，强势指标40个，占指标总数的19.0%；优势指标66个，占指标总数的31.4%；中势指标40个，占指标总数的19.0%；劣势指标64个，占指标总数的30.5%。从三级指标来看，强势指标5个，占三级指标总数的20%；优势指标14个，占三级指标总数的56%；中势指标3个，占三级指标总数的12%；劣势指标3个，占三级指标总数的12%。反映到二级指标上来，强势指标1个，占二级指标总数的11.1%；优势指标有7个，占二级指标总数的77.8%；没有中势指

标；劣势指标有 1 个，占二级指标总数的 11.1%。综合来看，由于优势指标在指标体系中居于主导地位，2013 年天津市经济综合竞争力处于优势地位。

4. 天津市经济综合竞争力四级指标优劣势对比分析

表 2－4　2013 年天津市经济综合竞争力各级指标优劣势比较表

二级指标	优劣势	四　级　指　标
宏观经济竞争力（27 个）	强势指标	地区生产总值增长率、人均地区生产总值、人均财政收入、人均固定资产投资额、人均全社会消费品零售总额、城乡经济结构优化度、就业结构优化度（7 个）
	优势指标	财政总收入增长率、产业结构优化度、进出口总额、出口总额、实际 FDI、外贸依存度、对外经济合作完成营业额、对外直接投资（8 个）
	劣势指标	固定资产投资额、固定资产投资额增长率、全社会消费品零售总额、资本形成结构优化度、贸易结构优化度、出口增长率（6 个）
产业经济竞争力（41 个）	强势指标	人均工业增加值、工业全员劳动生产率、服务业增加值增长率、人均服务业增加值、规模以上企业平均增加值、产品质量抽查合格率（6 个）
	优势指标	农民人均纯收入、农民人均纯收入增长率、农产品出口占农林牧渔总产值比重、农村人均用电量、工业增加值增长率、工业资产总贡献率、工业成本费用利润率、服务业从业人员数增长率、限额以上批发零售企业主营业务收入、限额以上餐饮企业利税率、旅游外汇收入、规模以上企业平均利润、新产品销售收入占主营业务收入比重、工业企业 R&D 经费投入强度（14 个）
	劣势指标	农业增加值、农业增加值增长率、人均农业增加值、人均主要农产品产量、农业机械化、财政支农资金比重、服务业从业人员数、限额以上批零企业利税率（8 个）
可持续发展竞争力（25 个）	强势指标	一般工业固体废物综合利用率、自然灾害直接经济损失、文盲率、大专以上教育程度人口比例、平均受教育程度、人口健康素质（6 个）
	优势指标	人均可使用海域和滩涂面积、人均工业固体废物排放量、人均治理工业污染投资额、生活垃圾无害化处理率、15～64 岁人口比例（5 个）
	劣势指标	人均国土面积、人均年水资源量、耕地面积、人均耕地面积、人均牧草地面积、主要能源矿产基础储量、人均主要能源矿产基础储量、人均森林储积量、森林覆盖率、人均废水排放量、人口自然增长率、人力资源利用率、职业学校毕业生数（13 个）
财政金融竞争力（22 个）	强势指标	人均地方财政收入、人均税收收入、地方财政支出增长率、人均存款余额、人均贷款余额、人均证券市场筹资额（6 个）
	优势指标	地方财政收入占 GDP 比重、税收收入占财政总收入比重、人均地方财政支出、地方财政收入增长率、税收收入增长率、保险密度（6 个）
	劣势指标	地方财政支出、地方财政支出占 GDP 比重、中长期贷款占贷款余额比重、保险费净收入、保险深度（5 个）
知识经济竞争力（26 个）	强势指标	R&D 经费投入强度、人均教育经费、万人高等学校在校学生数（3 个）
	优势指标	R&D 人员、R&D 经费、技术市场成交合同金额、财政科技支出占地方财政支出比重、高技术产业增加值、高技术产业增加值占工业增加值比重、高技术产品出口额占商品出口额比重、城镇居民人均文化娱乐支出、农村居民人均文化娱乐支出（9 个）
	劣势指标	教育经费、教育经费占 GDP 比重、人均文化教育支出占个人消费支出比重、万人中小学学校数、万人中小学专任教师数、高等学校数、高校专任教师数、文化产业增加值、图书和期刊出版数、出版印刷工业销售产值、城镇居民人均文化娱乐支出占消费性支出比重（11 个）

续表

二级指标	优劣势	四级指标
发展环境竞争力(18个)	强势指标	铁路网线密度、查处商标侵权假冒案件、罚没收入占财政收入比重(3个)
	优势指标	公路网线密度、人均邮电业务总量、万户上网用户数、人均耗电量、万人外资企业数、万人个体私营企业数、万人商标注册件数、食品安全事故数(8个)
	劣势指标	人均内河航道里程、全社会旅客周转量、每十万人交通事故发生数(3个)
政府作用竞争力(16个)	强势指标	政府公务员对经济的贡献、财政投资对社会投资的拉动、统筹经济社会发展(3个)
	优势指标	财政支出对GDP增长的拉动、调控城乡消费差距、人口控制(3个)
	劣势指标	财政支出用于基本建设投资比重、政府消费对民间消费的拉动、规范税收、城市城镇社区服务设施数、下岗职工再就业率、城镇登记失业率(6个)
发展水平竞争力(19个)	强势指标	城镇化率、城市平均建成区面积比重(2个)
	优势指标	高技术产业规模以上企业产值、高技术产业增加值占工业增加值比重、高技术产品出口额占商品出口额比重、城镇居民人均可支配收入、人均拥有道路面积、亿元以上商品市场成交额占全社会消费品零售总额比重(6个)
	劣势指标	工业增加值占GDP比重、工业增加值增长率、信息产业增加值占GDP比重、人均日生活用水量、人均居住面积、人均公共绿地面积、私有和个体企业从业人员比重、居民消费支出占总消费支出比重(8个)
统筹协调竞争力(16个)	强势指标	社会劳动生产率、非农用地产出率、生产税净额和营业盈余占GDP比重、城乡居民家庭人均收入比差(4个)
	优势指标	社会劳动生产率增速、万元GDP综合能耗、固定资产投资额占GDP比重、环境竞争力与宏观经济竞争力比差、人力资源竞争力与宏观经济竞争力比差、环境竞争力与工业竞争力比差、城乡居民人均现金消费支出比差(7个)
	劣势指标	最终消费率、资源竞争力与宏观经济竞争力比差、资源竞争力与工业竞争力比差、全社会消费品零售总额与外贸出口总额比差(4个)

2.2 天津市经济综合竞争力各级指标具体分析

1. 天津市宏观经济竞争力指标排名变化情况

表2-5 2012~2013年天津市宏观经济竞争力指标组排位及变化趋势表

指标	2012年	2013年	排位升降	优劣势
1 宏观经济竞争力	8	6	2	优势
1.1 经济实力竞争力	6	5	1	优势
地区生产总值	20	19	1	中势
地区生产总值增长率	1	1	0	强势
人均地区生产总值	1	1	0	强势
财政总收入	26	19	7	中势
财政总收入增长率	10	9	1	优势
人均财政收入	5	3	2	强势
固定资产投资额	21	22	-1	劣势

续表

指　　标	2012 年	2013 年	排位升降	优劣势
固定资产投资额增长率	28	27	1	劣势
人均固定资产投资额	1	1	0	强势
全社会消费品零售总额	23	23	0	劣势
全社会消费品零售总额增长率	15	11	4	中势
人均全社会消费品零售总额	3	3	0	强势
1.2　经济结构竞争力	6	6	0	优势
产业结构优化度	5	5	0	优势
所有制经济结构优化度	18	18	0	中势
城乡经济结构优化度	2	2	0	强势
就业结构优化度	3	3	0	强势
资本形成结构优化度	24	26	-2	劣势
贸易结构优化度	25	24	1	劣势
1.3　经济外向度竞争力	11	9	2	优势
进出口总额	8	8	0	优势
进出口增长率	12	13	-1	中势
出口总额	9	9	0	优势
出口增长率	18	28	-10	劣势
实际 FDI	5	4	1	优势
实际 FDI 增长率	15	14	1	中势
外贸依存度	6	5	1	优势
对外经济合作完成营业额	8	10	-2	优势
对外直接投资	12	9	3	优势

2. 天津市产业经济竞争力指标排名变化情况

表 2-6　2012～2013 年天津市产业经济竞争力指标组排位及变化趋势表

指　　标	2012 年	2013 年	排位升降	优劣势
2　产业经济竞争力	6	6	0	优势
2.1　农业竞争力	24	27	-3	劣势
农业增加值	28	28	0	劣势
农业增加值增长率	29	22	7	劣势
人均农业增加值	21	21	0	劣势
农民人均纯收入	4	4	0	优势
农民人均纯收入增长率	17	9	8	优势
农产品出口占农林牧渔总产值比重	3	4	-1	优势
人均主要农产品产量	29	29	0	劣势
农业机械化	12	26	-14	劣势
农村人均用电量	7	6	1	优势
财政支农资金比重	31	30	1	劣势

续表

指　　标	2012 年	2013 年	排位升降	优劣势
2.2　工业竞争力	7	6	1	优势
工业增加值	16	16	0	中势
工业增加值增长率	9	10	-1	优势
人均工业增加值	1	1	0	强势
工业资产总额	17	17	0	中势
工业资产总额增长率	21	20	1	中势
工业资产总贡献率	7	9	-2	优势
规模以上工业主营业务收入	14	14	0	中势
规模以上工业利润总额	10	11	-1	中势
工业全员劳动生产率	5	3	2	强势
工业成本费用利润率	8	6	2	优势
2.3　服务业竞争力	7	7	0	优势
服务业增加值	14	14	0	中势
服务业增加值增长率	1	2	-1	强势
人均服务业增加值	3	3	0	强势
服务业从业人员数	26	25	1	劣势
服务业从业人员数增长率	11	5	6	优势
限额以上批发零售企业主营业务收入	7	7	0	优势
限额以上批零企业利税率	30	29	1	劣势
限额以上餐饮企业利税率	9	6	3	优势
旅游外汇收入	9	8	1	优势
房地产经营总收入	17	17	0	中势
2.4　企业竞争力	3	2	1	强势
规模以上工业企业数	15	16	-1	中势
规模以上企业平均资产	12	12	0	中势
规模以上企业平均增加值	6	2	4	强势
流动资金周转次数	18	18	0	中势
规模以上企业平均利润	5	4	1	优势
规模以上企业销售利税率	10	11	-1	中势
新产品销售收入占主营业务收入比重	4	5	-1	优势
产品质量抽查合格率	5	1	4	强势
工业企业 R&D 经费投入强度	7	4	3	优势
中国驰名商标持有量	16	15	1	中势

3. 天津市可持续发展竞争力指标排名变化情况

表 2-7 2012~2013 年天津市可持续发展竞争力指标组排位及变化趋势表

指　　标	2012 年	2013 年	排位升降	优劣势
3　可持续发展竞争力	14	22	-8	劣势
3.1　资源竞争力	29	29	0	劣势
人均国土面积	29	29	0	劣势
人均可使用海域和滩涂面积	9	9	0	优势
人均年水资源量	28	31	-3	劣势
耕地面积	28	28	0	劣势
人均耕地面积	28	28	0	劣势
人均牧草地面积	28	28	0	劣势
主要能源矿产基础储量	27	27	0	劣势
人均主要能源矿产基础储量	16	22	-6	劣势
人均森林储积量	30	30	0	劣势
3.2　环境竞争力	8	16	-8	中势
森林覆盖率	29	29	0	劣势
人均废水排放量	24	24	0	劣势
人均工业废气排放量	20	19	1	中势
人均工业固体废物排放量	9	7	2	优势
人均治理工业污染投资额	3	7	-4	优势
一般工业固体废物综合利用率	1	1	0	强势
生活垃圾无害化处理率	2	9	-7	优势
自然灾害直接经济损失	7	1	6	强势
3.3　人力资源竞争力	5	6	-1	优势
人口自然增长率	27	28	-1	劣势
15~64 岁人口比例	8	8	0	优势
文盲率	4	3	1	强势
大专以上教育程度人口比例	3	3	0	强势
平均受教育程度	3	3	0	强势
人口健康素质	3	3	0	强势
人力资源利用率	22	21	1	劣势
职业学校毕业生数	28	28	0	劣势

4. 天津市财政金融竞争力指标排名变化情况

表 2-8 2012~2013 年天津市财政金融竞争力指标组排位及变化趋势表

指　　标	2012 年	2013 年	排位升降	优劣势
4　财政金融竞争力	5	5	0	优势
4.1　财政竞争力	4	3	1	强势
地方财政收入	15	13	2	中势
地方财政支出	26	26	0	劣势
地方财政收入占 GDP 比重	6	5	1	优势

续表

指　标	2012年	2013年	排位升降	优劣势
地方财政支出占GDP比重	25	23	2	劣势
税收收入占GDP比重	14	12	2	中势
税收收入占财政总收入比重	7	10	-3	优势
人均地方财政收入	3	3	0	强势
人均地方财政支出	5	5	0	优势
人均税收收入	3	3	0	强势
地方财政收入增长率	10	9	1	优势
地方财政支出增长率	7	1	6	强势
税收收入增长率	28	8	20	优势
4.2　金融竞争力	8	8	0	优势
存款余额	17	17	0	中势
人均存款余额	3	3	0	强势
贷款余额	13	13	0	中势
人均贷款余额	3	3	0	强势
货币市场融资额	18	20	-2	中势
中长期贷款占贷款余额比重	18	22	-4	劣势
保险费净收入	24	22	2	劣势
保险密度	4	5	-1	优势
保险深度	25	26	-1	劣势
人均证券市场筹资额	3	2	1	强势

5. 天津市知识经济竞争力指标排名变化情况

表2-9　2012~2013年天津市知识经济竞争力指标组排位及变化趋势表

指　标	2012年	2013年	排位升降	优劣势
5　知识经济竞争力	7	7	0	优势
5.1　科技竞争力	6	6	0	优势
R&D人员	7	7	0	优势
R&D经费	9	9	0	优势
R&D经费投入强度	3	3	0	强势
发明专利授权量	16	12	4	中势
技术市场成交合同金额	6	7	-1	优势
财政科技支出占地方财政支出比重	5	5	0	优势
高技术产业增加值	7	8	-1	优势
高技术产业增加值占工业增加值比重	4	5	-1	优势
高技术产品出口额占商品出口额比重	7	4	3	优势
5.2　教育竞争力	10	7	3	优势
教育经费	26	23	3	劣势
教育经费占GDP比重	23	21	2	劣势
人均教育经费	5	3	2	强势
公共教育经费占财政支出比重	14	12	2	中势

续表

指　　标	2012 年	2013 年	排位升降	优劣势
人均文化教育支出占个人消费支出比重	15	28	-13	劣势
万人中小学学校数	28	28	0	劣势
万人中小学专任教师数	29	29	0	劣势
高等学校数	23	23	0	劣势
高校专任教师数	23	23	0	劣势
万人高等学校在校学生数	2	2	0	强势
5.3　文化竞争力	16	20	-4	中势
文化产业增加值	25	26	-1	劣势
图书和期刊出版数	28	26	2	劣势
报纸出版数	17	18	-1	中势
出版印刷工业销售产值	23	21	2	劣势
城镇居民人均文化娱乐支出	6	7	-1	优势
农村居民人均文化娱乐支出	5	5	0	优势
城镇居民人均文化娱乐支出占消费性支出比重	14	28	-14	劣势
农村居民人均文化娱乐支出占消费性支出比重	5	14	-9	中势

6. 天津市发展环境竞争力指标排名变化情况

表 2-10　2012~2013 年天津市发展环境竞争力指标组排位及变化趋势表

指　　标	2012 年	2013 年	排位升降	优劣势
6　发展环境竞争力	5	6	-1	优势
6.1　基础设施竞争力	6	7	-1	优势
铁路网线密度	2	1	1	强势
公路网线密度	7	7	0	优势
人均内河航道里程	27	27	0	劣势
全社会旅客周转量	26	25	1	劣势
全社会货物周转量	10	18	-8	中势
人均邮电业务总量	7	7	0	优势
万户移动电话数	15	19	-4	中势
万户上网用户数	6	6	0	优势
人均耗电量	7	8	-1	优势
6.2　软环境竞争力	3	4	-1	优势
外资企业数增长率	17	14	3	中势
万人外资企业数	4	4	0	优势
个体私营企业数增长率	12	15	-3	中势
万人个体私营企业数	6	7	-1	优势
万人商标注册件数	6	8	-2	优势
查处商标侵权假冒案件	3	3	0	强势
每十万人交通事故发生数	24	30	-6	劣势
罚没收入占财政收入比重	2	2	0	强势
食品安全事故数	11	9	2	优势

7. 天津市政府作用竞争力指标排名变化情况

表 2－11　2012～2013 年天津市政府作用竞争力指标组排位及变化趋势表

指　　标	2012 年	2013 年	排位升降	优劣势
7　政府作用竞争力	8	8	0	优势
7.1　政府发展经济竞争力	4	3	1	强势
财政支出用于基本建设投资比重	30	31	－1	劣势
财政支出对 GDP 增长的拉动	7	9	－2	优势
政府公务员对经济的贡献	2	2	0	强势
政府消费对民间消费的拉动	25	23	2	劣势
财政投资对社会投资的拉动	1	1	0	强势
7.2　政府规调经济竞争力	4	2	2	强势
物价调控	16	16	0	中势
调控城乡消费差距	11	5	6	优势
统筹经济社会发展	1	1	0	强势
规范税收	27	29	－2	劣势
人口控制	4	4	0	优势
7.3　政府保障经济竞争力	28	26	2	劣势
城市城镇社区服务设施数	24	25	－1	劣势
医疗保险覆盖率	17	15	2	中势
养老保险覆盖率	20	18	2	中势
失业保险覆盖率	12	11	1	中势
下岗职工再就业率	31	31	0	劣势
城镇登记失业率	20	22	－2	劣势

8. 天津市发展水平竞争力指标排名变化情况

表 2－12　2012～2013 年天津市发展水平竞争力指标组排位及变化趋势表

指　　标	2012 年	2013 年	排位升降	优劣势
8　发展水平竞争力	7	6	1	优势
8.1　工业化进程竞争力	8	6	2	优势
工业增加值占 GDP 比重	28	24	4	劣势
工业增加值增长率	24	23	1	劣势
高技术产业规模以上企业产值	9	8	1	优势
高技术产业增加值占工业增加值比重	4	5	－1	优势
高技术产品出口额占商品出口额比重	7	4	3	优势
信息产业增加值占 GDP 比重	26	25	1	劣势
8.2　城市化进程竞争力	6	6	0	优势
城镇化率	3	3	0	强势
城镇居民人均可支配收入	6	6	0	优势
城市平均建成区面积比重	3	3	0	强势
人均拥有道路面积	5	6	－1	优势

续表

指　　标	2012 年	2013 年	排位升降	优劣势
人均日生活用水量	21	21	0	劣势
人均居住面积	29	29	0	劣势
人均公共绿地面积	21	23	-2	劣势
8.3　市场化进程竞争力	21	20	1	中势
非公有制经济产值占全社会总产值的比重	18	18	0	中势
社会投资占投资总额比重	18	17	1	中势
私有和个体企业从业人员比重	31	30	1	劣势
亿元以上商品市场成交额	13	12	1	中势
亿元以上商品市场成交额占全社会消费品零售总额比重	5	6	-1	优势
居民消费支出占总消费支出比重	25	23	2	劣势

9. 天津市统筹协调竞争力指标排名变化情况

表 2-13　2012～2013 年天津市统筹协调竞争力指标组排位及变化趋势表

指　　标	2012 年	2013 年	排位升降	优劣势
9　统筹协调竞争力	4	2	2	强势
9.1　统筹发展竞争力	3	3	0	强势
社会劳动生产率	3	2	1	强势
社会劳动生产率增速	18	4	14	优势
万元 GDP 综合能耗	9	10	-1	优势
非农用地产出率	2	2	0	强势
生产税净额和营业盈余占 GDP 比重	2	3	-1	强势
最终消费率	31	30	1	劣势
固定资产投资额占 GDP 比重	6	6	0	优势
固定资产交付使用率	20	18	2	中势
9.2　协调发展竞争力	18	9	9	优势
环境竞争力与宏观经济竞争力比差	13	9	4	优势
资源竞争力与宏观经济竞争力比差	27	28	-1	劣势
人力资源竞争力与宏观经济竞争力比差	12	7	5	优势
资源竞争力与工业竞争力比差	28	28	0	劣势
环境竞争力与工业竞争力比差	11	10	1	优势
城乡居民家庭人均收入比差	2	2	0	强势
城乡居民人均现金消费支出比差	11	6	5	优势
全社会消费品零售总额与外贸出口总额比差	25	25	0	劣势

B.4
3

河北省经济综合竞争力评价分析报告

河北省简称冀，位于黄河下游以北，东部濒临渤海，东南部和南部与山东、河南两省接壤，西部隔太行山与山西省为邻，西北部、北部和东北部同内蒙古自治区、辽宁省相接。河北省面积为18.77万平方公里，2013年全省常住人口为7333万人，地区生产总值为28301亿元，同比增长8.2%，人均GDP达38716元。本部分通过分析2012～2013年河北省经济综合竞争力以及各要素竞争力的排名变化，从中找出河北省经济综合竞争力的推动点及影响因素，为进一步提升河北省经济综合竞争力提供决策参考。

3.1 河北省经济综合竞争力总体分析

1. 河北省经济综合竞争力一级指标概要分析

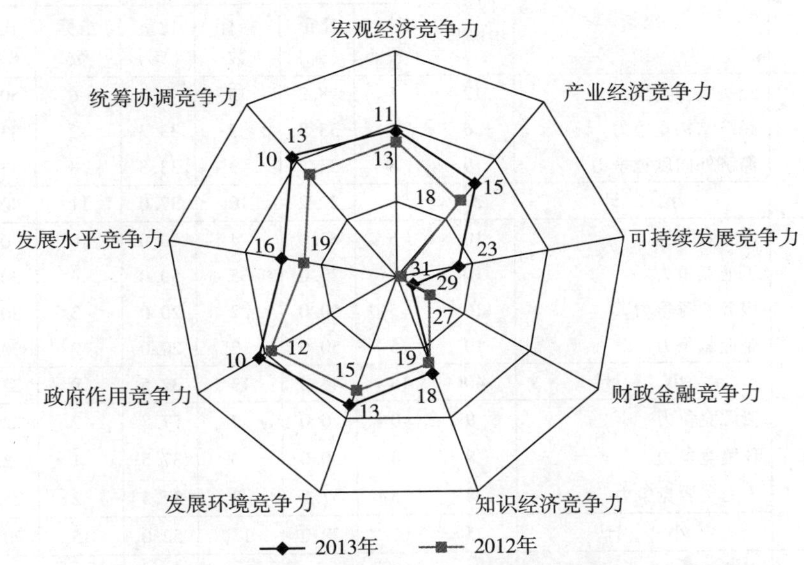

图3－1 2012～2013年河北省经济综合竞争力二级指标比较雷达图

（1）从综合排位看，2013年河北省经济综合竞争力综合排位在全国居第14位，这表明其在全国处于中势地位；与2012年相比，综合排位上升了3位。

（2）从指标所处区位看，上游区有2个指标，分别为政府作用竞争力和统筹协调竞争力，没有强势指标；下游区有2个指标，分别为可持续发展竞争力和财政金融竞争力；其他5个指标均处于中游区。

表 3-1　2012～2013 年河北省经济综合竞争力二级指标比较表

项目 年份	宏观经济竞争力	产业经济竞争力	可持续发展竞争力	财政金融竞争力	知识经济竞争力	发展环境竞争力	政府作用竞争力	发展水平竞争力	统筹协调竞争力	**综合排位**
2012	13	18	31	27	19	15	12	19	13	17
2013	11	15	23	29	18	13	10	16	10	14
升降	2	3	8	-2	1	2	2	3	3	3
优劣度	中势	中势	劣势	劣势	中势	中势	优势	中势	优势	中势

（3）从指标变化趋势看，9 个二级指标中，有 8 个指标处于上升趋势，分别为宏观经济竞争力、产业经济竞争力、可持续发展竞争力、知识经济竞争力、发展环境竞争力、政府作用竞争力、发展水平竞争力和统筹协调竞争力，这些是河北省经济综合竞争力的上升动力所在；有 1 个指标处于下降趋势，为财政金融竞争力，这是河北省经济综合竞争力的下降拉力所在。

2. 河北省经济综合竞争力各级指标动态变化分析

表 3-2　2012～2013 年河北省经济综合竞争力各级指标排位变化态势比较表

二级指标	三级指标	四级指标数	上升		保持		下降		变化趋势
			指标数	比重（%）	指标数	比重（%）	指标数	比重（%）	
宏观经济竞争力	经济实力竞争力	12	1	8.3	5	41.7	6	50.0	下降
	经济结构竞争力	6	2	33.3	2	33.3	2	33.3	上升
	经济外向度竞争力	9	3	33.3	3	33.3	3	33.3	保持
	小　计	27	6	22.2	10	37.0	11	40.7	上升
产业经济竞争力	农业竞争力	10	6	60.0	4	40.0	0	0.0	上升
	工业竞争力	10	2	20.0	5	50.0	3	30.0	下降
	服务业竞争力	10	5	50.0	2	20.0	3	30.0	上升
	企业竞争力	10	5	50.0	2	20.0	3	30.0	上升
	小　计	40	18	45.0	13	32.5	9	22.5	上升
可持续发展竞争力	资源竞争力	9	0	0.0	7	77.8	2	22.2	上升
	环境竞争力	8	4	50.0	3	37.5	1	12.5	上升
	人力资源竞争力	8	3	37.5	3	37.5	2	25.0	保持
	小　计	25	7	28.0	13	52.0	5	20.0	上升
财政金融竞争力	财政竞争力	12	1	8.3	7	58.3	4	33.3	下降
	金融竞争力	10	2	20.0	2	20.0	6	60.0	下降
	小　计	22	3	13.6	9	40.9	10	45.5	下降
知识经济竞争力	科技竞争力	9	5	55.6	1	11.1	3	33.3	上升
	教育竞争力	10	3	30.0	3	30.0	4	40.0	下降
	文化竞争力	8	5	62.5	2	25.0	1	12.5	上升
	小　计	27	13	48.1	6	22.2	8	29.6	上升

续表

二级指标	三级指标	四级指标数	上升		保持		下降		变化趋势
			指标数	比重（%）	指标数	比重（%）	指标数	比重（%）	
发展环境竞争力	基础设施竞争力	9	5	55.6	4	44.4	0	0.0	上升
	软环境竞争力	9	0	0.0	4	44.4	5	55.6	下降
	小　计	18	5	27.8	8	44.4	5	27.8	上升
政府作用竞争力	政府发展经济竞争力	5	2	40.0	1	20.0	2	40.0	上升
	政府规调经济竞争力	5	1	20.0	3	60.0	1	20.0	下降
	政府保障经济竞争力	6	4	66.7	0	0.0	2	33.3	上升
	小　计	16	7	43.8	4	25.0	5	31.3	上升
发展水平竞争力	工业化进程竞争力	6	3	50.0	1	16.7	2	33.3	保持
	城市化进程竞争力	7	0	0.0	4	57.1	3	42.9	下降
	市场化进程竞争力	6	2	33.3	3	50.0	1	16.7	上升
	小　计	19	5	26.3	8	42.1	6	31.6	上升
统筹协调竞争力	统筹发展竞争力	8	5	62.5	2	25.0	1	12.5	上升
	协调发展竞争力	8	2	25.0	2	25.0	4	50.0	下降
	小　计	16	7	43.8	4	25.0	5	31.3	上升
合　计		210	71	33.8	75	35.7	64	30.5	上升

从表3－2可以看出，210个四级指标中，上升指标有71个，占指标总数的33.8%；下降指标有64个，占指标总数的30.5%；保持不变的指标有75个，占指标总数的35.7%。综上所述，河北省经济综合竞争力的上升动力大于下降拉力，2012～2013年河北省经济综合竞争力排位处于上升趋势。

3. 河北省经济综合竞争力各级指标优劣势结构分析

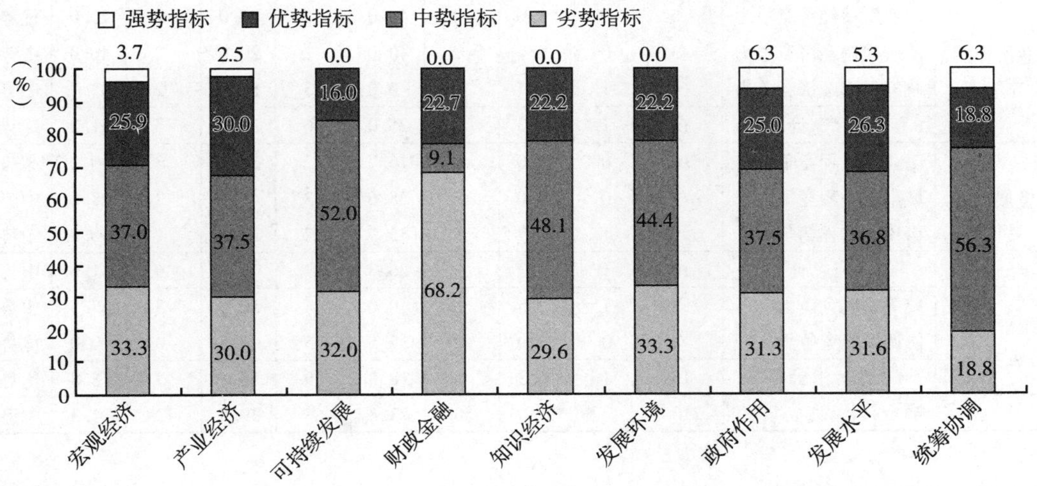

图3－2　2013年河北省经济综合竞争力各级指标优劣势比较图

表 3-3 2013 年河北省经济综合竞争力各级指标优劣势比较表

二级指标	三级指标	四级指标数	强势指标		优势指标		中势指标		劣势指标		优劣势
			个数	比重(%)	个数	比重(%)	个数	比重(%)	个数	比重(%)	
宏观经济竞争力	经济实力竞争力	12	0	0.0	3	25.0	4	33.3	5	41.7	中势
	经济结构竞争力	6	1	16.7	2	33.3	2	33.3	1	16.7	优势
	经济外向度竞争力	9	0	0.0	2	22.2	4	44.4	3	33.3	劣势
	小计	27	1	3.7	7	25.9	10	37.0	9	33.3	中势
产业经济竞争力	农业竞争力	10	1	10.0	2	20.0	6	60.0	1	10.0	优势
	工业竞争力	10	0	0.0	5	50.0	1	10.0	4	40.0	中势
	服务业竞争力	10	0	0.0	3	30.0	3	30.0	4	40.0	中势
	企业竞争力	10	0	0.0	2	20.0	5	50.0	3	30.0	劣势
	小计	40	1	2.5	12	30.0	15	37.5	12	30.0	中势
可持续发展竞争力	资源竞争力	9	0	0.0	2	22.2	4	44.4	3	33.3	中势
	环境竞争力	8	0	0.0	0	0.0	4	50.0	4	50.0	劣势
	人力资源竞争力	8	0	0.0	2	25.0	5	62.5	1	12.5	中势
	小计	25	0	0.0	4	16.0	13	52.0	8	32.0	劣势
财政金融竞争力	财政竞争力	12	0	0.0	2	16.7	1	8.3	9	75.0	劣势
	金融竞争力	10	0	0.0	3	30.0	1	10.0	6	60.0	劣势
	小计	22	0	0.0	5	22.7	2	9.1	15	68.2	劣势
知识经济竞争力	科技竞争力	9	0	0.0	0	0.0	7	77.8	2	22.2	中势
	教育竞争力	10	0	0.0	4	40.0	2	20.0	4	40.0	中势
	文化竞争力	8	0	0.0	2	25.0	4	50.0	2	25.0	中势
	小计	27	0	0.0	6	22.2	13	48.1	8	29.6	中势
发展环境竞争力	基础设施竞争力	9	0	0.0	3	33.3	4	44.4	2	22.2	优势
	软环境竞争力	9	0	0.0	1	11.1	4	44.4	4	44.4	劣势
	小计	18	0	0.0	4	22.2	8	44.4	6	33.3	中势
政府作用竞争力	政府发展经济竞争力	5	0	0.0	2	40.0	2	40.0	1	20.0	优势
	政府规调经济竞争力	5	0	0.0	2	40.0	1	20.0	2	40.0	中势
	政府保障经济竞争力	6	1	16.7	0	0.0	3	50.0	2	33.3	中势
	小计	16	1	6.3	4	25.0	6	37.5	5	31.3	优势
发展水平竞争力	工业化进程竞争力	6	0	0.0	1	16.7	2	33.3	3	50.0	劣势
	城市化进程竞争力	7	0	0.0	2	28.6	3	42.9	2	28.6	中势
	市场化进程竞争力	6	1	16.7	2	33.3	2	33.3	1	16.7	中势
	小计	19	1	5.3	5	26.3	7	36.8	6	31.6	中势
统筹协调竞争力	统筹发展竞争力	8	1	12.5	0	0.0	4	50.0	3	37.5	中势
	协调发展竞争力	8	0	0.0	3	37.5	5	62.5	0	0.0	优势
	小计	16	1	6.3	3	18.8	9	56.3	3	18.8	优势
合计		210	5	2.4	50	23.8	83	39.5	72	34.3	中势

基于图 3-2 和表 3-3，从四级指标来看，强势指标 5 个，占指标总数的 2.4%；优势指标 50 个，占指标总数的 23.8%；中势指标 83 个，占指标总数的 39.5%；劣势

指标72个，占指标总数的34.3%。从三级指标来看，没有强势指标；优势指标5个，占三级指标总数的20%；中势指标13个，占三级指标总数的52%；劣势指标7个，占三级指标总数的28%。反映到二级指标上来，没有强势指标；优势指标有2个，占二级指标总数的22.2%；中势指标有5个，占二级指标总数的55.6%；劣势指标有2个，占二级指标总数的22.2%。综合来看，由于中势指标在指标体系中居于主导地位，2013年河北省经济综合竞争力处于中势地位。

4. 河北省经济综合竞争力四级指标优劣势对比分析

表3-4 2013年河北省经济综合竞争力各级指标优劣势比较表

二级指标	优劣势	四级指标
宏观经济竞争力（27个）	强势指标	资本形成结构优化度(1个)
	优势指标	地区生产总值、固定资产投资额、全社会消费品零售总额、城乡经济结构优化度、贸易结构优化度、对外经济合作完成营业额、对外直接投资(7个)
	劣势指标	地区生产总值增长率、财政总收入增长率、人均财政收入、固定资产投资额增长率、全社会消费品零售总额增长率、产业结构优化度、出口增长率、实际FDI增长率、外贸依存度(9个)
产业经济竞争力（40个）	强势指标	农业机械化(1个)
	优势指标	农业增加值、农村人均用电量、工业增加值、工业资产总额、规模以上工业主营业务收入、规模以上工业利润总额、工业全员劳动生产率、服务业增加值、服务业从业人员数、服务业从业人员数增长率、流动资金周转次数、中国驰名商标持有量(12个)
	劣势指标	农业增加值增长率、工业增加值增长率、工业资产总额增长率、工业资产总贡献率、工业成本费用利润率、服务业增加值增长率、人均服务业增加值、限额以上批零企业利税率、旅游外汇收入、规模以上企业销售利税率、新产品销售收入占主营业务收入比重、产品质量抽查合格率(12个)
可持续发展竞争力（25个）	强势指标	(0个)
	优势指标	人均可使用海域和滩涂面积、耕地面积、文盲率、职业学校毕业生数(4个)
	劣势指标	人均国土面积、人均年水资源量、人均森林储积量、人均工业废气排放量、人均工业固体废物排放量、一般工业固体废物综合利用率、生活垃圾无害化处理率、大专以上教育程度人口比例(8个)
财政金融竞争力（22个）	强势指标	(0个)
	优势指标	地方财政收入、地方财政支出、存款余额、贷款余额、货币市场融资额(5个)
	劣势指标	地方财政收入占GDP比重、地方财政支出占GDP比重、税收收入占GDP比重、人均地方财政收入、人均地方财政支出、人均税收收入、地方财政收入增长率、地方财政支出增长率、税收收入增长率、人均存款余额、人均贷款余额、中长期贷款占贷款余额比重、保险密度、保险深度、人均证券市场筹资额(15个)
知识经济竞争力（27个）	强势指标	(0个)
	优势指标	教育经费、公共教育经费占财政支出比重、高等学校数、高校专任教师数、报纸出版数、出版印刷工业销售产值(6个)
	劣势指标	技术市场成交合同金额、高技术产业增加值占工业增加值比重、教育经费占GDP比重、人均教育经费、人均文化教育支出占个人消费支出比重、万人高等学校在校学生数、城镇居民人均文化娱乐支出、城镇居民人均文化娱乐支出占消费性支出比重(8个)

续表

二级指标	优劣势	四　级　指　标
发展环境竞争力（18个）	强势指标	（0个）
	优势指标	铁路网线密度、全社会旅客周转量、全社会货物周转量、每十万人交通事故发生数（4个）
	劣势指标	人均内河航道里程、人均邮电业务总量、外资企业数增长率、万人外资企业数、万人商标注册件数、罚没收入占财政收入比重（6个）
政府作用竞争力（16个）	强势指标	城市城镇社区服务设施数（1个）
	优势指标	财政支出对GDP增长的拉动、财政投资对社会投资的拉动、调控城乡消费差距、统筹经济社会发展（4个）
	劣势指标	财政支出用于基本建设投资比重、规范税收、人口控制、下岗职工再就业率、城镇登记失业率（5个）
发展水平竞争力（19个）	强势指标	社会投资占投资总额比重（1个）
	优势指标	工业增加值增长率、人均拥有道路面积、人均公共绿地面积、亿元以上商品市场成交额、亿元以上商品市场成交额占全社会消费品零售总额比重（5个）
	劣势指标	工业增加值占GDP比重、高技术产业增加值占工业增加值比重、信息产业增加值占GDP比重、城镇化率、人均日生活用水量、私有和个体企业从业人员比重（6个）
统筹协调竞争力（16个）	强势指标	固定资产交付使用率（1个）
	优势指标	环境竞争力与工业竞争力比差、城乡居民家庭人均收入比差、城乡居民人均现金消费支出比差（3个）
	劣势指标	万元GDP综合能耗、生产税净额和营业盈余占GDP比重、最终消费率（3个）

3.2 河北省经济综合竞争力各级指标具体分析

1. 河北省宏观经济竞争力指标排名变化情况

表3－5　2012～2013年河北省宏观经济竞争力指标组排位及变化趋势表

指　标	2012年	2013年	排位升降	优劣势
1　宏观经济竞争力	13	11	2	中势
1.1　经济实力竞争力	13	14	－1	中势
地区生产总值	6	6	0	优势
地区生产总值增长率	25	27	－2	劣势
人均地区生产总值	15	16	－1	中势
财政总收入	12	12	0	中势
财政总收入增长率	14	25	－11	劣势
人均财政收入	30	26	4	劣势
固定资产投资额	5	5	0	优势
固定资产投资额增长率	21	23	－2	劣势
人均固定资产投资额	15	16	－1	中势
全社会消费品零售总额	9	9	0	优势

续表

指 标	2012 年	2013 年	排位升降	优劣势
全社会消费品零售总额增长率	19	21	-2	劣势
人均全社会消费品零售总额	15	15	0	中势
1.2 经济结构竞争力	9	8	1	优势
产业结构优化度	24	25	-1	劣势
所有制经济结构优化度	11	11	0	中势
城乡经济结构优化度	10	9	1	优势
就业结构优化度	11	11	0	中势
资本形成结构优化度	4	3	1	强势
贸易结构优化度	7	8	-1	优势
1.3 经济外向度竞争力	22	22	0	劣势
进出口总额	13	13	0	中势
进出口增长率	31	19	12	中势
出口总额	13	13	0	中势
出口增长率	24	25	-1	劣势
实际 FDI	16	18	-2	中势
实际 FDI 增长率	16	21	-5	劣势
外贸依存度	21	21	0	劣势
对外经济合作完成营业额	10	8	2	优势
对外直接投资	18	10	8	优势

2. 河北省产业经济竞争力指标排名变化情况

表 3-6 2012~2013 年河北省产业经济竞争力指标组排位及变化趋势表

指 标	2012 年	2013 年	排位升降	优劣势
2 产业经济竞争力	18	15	3	中势
2.1 农业竞争力	12	6	6	优势
农业增加值	5	4	1	优势
农业增加值增长率	24	24	0	劣势
人均农业增加值	14	11	3	中势
农民人均纯收入	12	12	0	中势
农民人均纯收入增长率	21	16	5	中势
农产品出口占农林牧渔总产值比重	18	18	0	中势
人均主要农产品产量	12	11	1	中势
农业机械化	11	3	8	强势
农村人均用电量	9	9	0	优势
财政支农资金比重	20	14	6	中势

续表

指　　标	2012 年	2013 年	排位升降	优劣势
2.2　工业竞争力	10	11	-1	中势
工业增加值	6	6	0	优势
工业增加值增长率	24	26	-2	劣势
人均工业增加值	12	13	-1	中势
工业资产总额	7	7	0	优势
工业资产总额增长率	24	25	-1	劣势
工业资产总贡献率	22	22	0	劣势
规模以上工业主营业务收入	7	7	0	优势
规模以上工业利润总额	6	6	0	优势
工业全员劳动生产率	10	5	5	优势
工业成本费用利润率	24	22	2	劣势
2.3　服务业竞争力	20	19	1	中势
服务业增加值	8	9	-1	优势
服务业增加值增长率	30	27	3	劣势
人均服务业增加值	20	22	-2	劣势
服务业从业人员数	10	10	0	优势
服务业从业人员数增长率	15	10	5	优势
限额以上批发零售企业主营业务收入	13	12	1	中势
限额以上批零企业利税率	21	26	-5	劣势
限额以上餐饮企业利税率	23	16	7	中势
旅游外汇收入	23	22	1	劣势
房地产经营总收入	13	13	0	中势
2.4　企业竞争力	25	23	2	劣势
规模以上工业企业数	12	12	0	中势
规模以上企业平均资产	16	17	-1	中势
规模以上企业平均增加值	11	11	0	中势
流动资金周转次数	6	7	-1	优势
规模以上企业平均利润	16	14	2	中势
规模以上企业销售利税率	27	28	-1	劣势
新产品销售收入占主营业务收入比重	27	22	5	劣势
产品质量抽查合格率	27	24	3	劣势
工业企业 R&D 经费投入强度	24	19	5	中势
中国驰名商标持有量	9	8	1	优势

3. 河北省可持续发展竞争力指标排名变化情况

表 3-7 2012~2013 年河北省可持续发展竞争力指标组排位及变化趋势表

指　　标	2012 年	2013 年	排位升降	优劣势
3 可持续发展竞争力	31	23	8	劣势
3.1 资源竞争力	18	17	1	中势
人均国土面积	22	22	0	劣势
人均可使用海域和滩涂面积	8	8	0	优势
人均年水资源量	24	26	-2	劣势
耕地面积	5	5	0	优势
人均耕地面积	16	16	0	中势
人均牧草地面积	15	15	0	中势
主要能源矿产基础储量	12	12	0	中势
人均主要能源矿产基础储量	8	16	-8	中势
人均森林储积量	25	25	0	劣势
3.2 环境竞争力	31	25	6	劣势
森林覆盖率	19	19	0	中势
人均废水排放量	11	11	0	中势
人均工业废气排放量	25	25	0	劣势
人均工业固体废物排放量	28	27	1	劣势
人均治理工业污染投资额	17	12	5	中势
一般工业固体废物综合利用率	30	29	1	劣势
生活垃圾无害化处理率	22	25	-3	劣势
自然灾害直接经济损失	30	15	15	中势
3.3 人力资源竞争力	13	13	0	中势
人口自然增长率	12	11	1	中势
15~64 岁人口比例	18	18	0	中势
文盲率	12	9	3	优势
大专以上教育程度人口比例	30	29	1	劣势
平均受教育程度	19	19	0	中势
人口健康素质	16	16	0	中势
人力资源利用率	17	18	-1	中势
职业学校毕业生数	3	5	-2	优势

4. 河北省财政金融竞争力指标排名变化情况

表 3-8 2012~2013 年河北省财政金融竞争力指标组排位及变化趋势表

指　　标	2012 年	2013 年	排位升降	优劣势
4 财政金融竞争力	27	29	-2	劣势
4.1 财政竞争力	29	30	-1	劣势
地方财政收入	9	10	-1	优势
地方财政支出	10	10	0	优势
地方财政收入占 GDP 比重	30	30	0	劣势

续表

指　　标	2012 年	2013 年	排位升降	优劣势
地方财政支出占 GDP 比重	26	26	0	劣势
税收收入占 GDP 比重	28	28	0	劣势
税收收入占财政总收入比重	15	14	1	中势
人均地方财政收入	26	26	0	劣势
人均地方财政支出	30	30	0	劣势
人均税收收入	26	26	0	劣势
地方财政收入增长率	14	25	-11	劣势
地方财政支出增长率	21	25	-4	劣势
税收收入增长率	22	25	-3	劣势
4.2　金融竞争力	20	22	-2	劣势
存款余额	9	8	1	优势
人均存款余额	21	22	-1	劣势
贷款余额	10	10	0	优势
人均贷款余额	22	24	-2	劣势
货币市场融资额	12	7	5	优势
中长期贷款占贷款余额比重	25	26	-1	劣势
保险费净收入	14	16	-2	中势
保险密度	28	29	-1	劣势
保险深度	30	30	0	劣势
人均证券市场筹资额	25	27	-2	劣势

5. 河北省知识经济竞争力指标排名变化情况

表 3-9　2012～2013 年河北省知识经济竞争力指标组排位及变化趋势表

指　　标	2012 年	2013 年	排位升降	优劣势
5　知识经济竞争力	19	18	1	中势
5.1　科技竞争力	21	18	3	中势
R&D 人员	14	16	-2	中势
R&D 经费	16	16	0	中势
R&D 经费投入强度	22	20	2	中势
发明专利授权量	17	18	-1	中势
技术市场成交合同金额	22	24	-2	劣势
财政科技支出占地方财政支出比重	26	20	6	中势
高技术产业增加值	20	19	1	中势
高技术产业增加值占工业增加值比重	26	24	2	劣势
高技术产品出口额占商品出口额比重	20	13	7	中势
5.2　教育竞争力	14	18	-4	中势
教育经费	7	7	0	优势
教育经费占 GDP 比重	24	23	1	劣势
人均教育经费	29	31	-2	劣势
公共教育经费占财政支出比重	7	8	-1	优势

续表

指　　标	2012 年	2013 年	排位升降	优劣势
人均文化教育支出占个人消费支出比重	27	23	4	劣势
万人中小学学校数	16	16	0	中势
万人中小学专任教师数	19	19	0	中势
高等学校数	8	7	1	优势
高校专任教师数	7	8	-1	优势
万人高等学校在校学生数	22	24	-2	劣势
5.3 文化竞争力	18	17	1	中势
文化产业增加值	11	12	-1	中势
图书和期刊出版数	15	13	2	中势
报纸出版数	10	9	1	优势
出版印刷工业销售产值	8	8	0	优势
城镇居民人均文化娱乐支出	29	28	1	劣势
农村居民人均文化娱乐支出	20	20	0	中势
城镇居民人均文化娱乐支出占消费性支出比重	25	23	2	劣势
农村居民人均文化娱乐支出占消费性支出比重	21	20	1	中势

6. 河北省发展环境竞争力指标排名变化情况

表 3-10　2012~2013 年河北省发展环境竞争力指标组排位及变化趋势表

指　　标	2012 年	2013 年	排位升降	优劣势
6　发展环境竞争力	15	13	2	中势
6.1 基础设施竞争力	11	9	2	优势
铁路网线密度	5	5	0	优势
公路网线密度	16	14	2	中势
人均内河航道里程	28	28	0	劣势
全社会旅客周转量	7	6	1	优势
全社会货物周转量	4	4	0	优势
人均邮电业务总量	23	22	1	劣势
万户移动电话数	16	15	1	中势
万户上网用户数	14	12	2	中势
人均耗电量	13	13	0	中势
6.2 软环境竞争力	29	30	-1	劣势
外资企业数增长率	25	30	-5	劣势
万人外资企业数	20	21	-1	劣势
个体私营企业数增长率	15	16	-1	中势
万人个体私营企业数	13	14	-1	中势
万人商标注册件数	21	21	0	劣势
查处商标侵权假冒案件	15	15	0	中势
每十万人交通事故发生数	4	4	0	优势
罚没收入占财政收入比重	31	31	0	劣势
食品安全事故数	4	19	-15	中势

7. 河北省政府作用竞争力指标排名变化情况

表 3-11　2012～2013 年河北省政府作用竞争力指标组排位及变化趋势表

指　　标	2012 年	2013 年	排位升降	优劣势
7　政府作用竞争力	12	10	2	优势
7.1　政府发展经济竞争力	12	9	3	优势
财政支出用于基本建设投资比重	23	24	-1	劣势
财政支出对 GDP 增长的拉动	6	6	0	优势
政府公务员对经济的贡献	15	16	-1	中势
政府消费对民间消费的拉动	18	17	1	中势
财政投资对社会投资的拉动	6	5	1	优势
7.2　政府规调经济竞争力	10	12	-2	中势
物价调控	13	13	0	中势
调控城乡消费差距	9	7	2	优势
统筹经济社会发展	9	9	0	优势
规范税收	20	22	-2	劣势
人口控制	21	21	0	劣势
7.3　政府保障经济竞争力	21	13	8	中势
城市城镇社区服务设施数	9	2	7	强势
医疗保险覆盖率	19	17	2	中势
养老保险覆盖率	17	12	5	中势
失业保险覆盖率	22	16	6	中势
下岗职工再就业率	22	24	-2	劣势
城镇登记失业率	23	24	-1	劣势

8. 河北省发展水平竞争力指标排名变化情况

表 3-12　2012～2013 年河北省发展水平竞争力指标组排位及变化趋势表

指　　标	2012 年	2013 年	排位升降	优劣势
8　发展水平竞争力	19	16	3	中势
8.1　工业化进程竞争力	27	27	0	劣势
工业增加值占 GDP 比重	25	26	-1	劣势
工业增加值增长率	8	9	-1	优势
高技术产业规模以上企业产值	19	18	1	中势
高技术产业增加值占工业增加值比重	26	24	2	劣势
高技术产品出口额占商品出口额比重	20	13	7	中势
信息产业增加值占 GDP 比重	27	27	0	劣势
8.2　城市化进程竞争力	19	20	-1	中势
城镇化率	21	21	0	劣势
城镇居民人均可支配收入	19	19	0	中势
城市平均建成区面积比重	14	14	0	中势

续表

指　　标		2012 年	2013 年	排位升降	优劣势
	人均拥有道路面积	7	8	-1	优势
	人均日生活用水量	25	26	-1	劣势
	人均居住面积	11	15	-4	中势
	人均公共绿地面积	7	7	0	优势
8.3	市场化进程竞争力	12	11	1	中势
	非公有制经济产值占全社会总产值的比重	11	11	0	中势
	社会投资占投资总额比重	3	3	0	强势
	私有和个体企业从业人员比重	28	21	7	劣势
	亿元以上商品市场成交额	6	6	0	优势
	亿元以上商品市场成交额占全社会消费品零售总额比重	6	8	-2	优势
	居民消费支出占总消费支出比重	18	17	1	中势

9. 河北省统筹协调竞争力指标排名变化情况

表 3-13　2012~2013 年河北省统筹协调竞争力指标组排位及变化趋势表

指　　标		2012 年	2013 年	排位升降	优劣势
9	**统筹协调竞争力**	13	10	3	优势
9.1	统筹发展竞争力	24	18	6	中势
	社会劳动生产率	18	17	1	中势
	社会劳动生产率增速	28	12	16	中势
	万元 GDP 综合能耗	22	23	-1	劣势
	非农用地产出率	18	17	1	中势
	生产税净额和营业盈余占 GDP 比重	25	23	2	劣势
	最终消费率	25	25	0	劣势
	固定资产投资额占 GDP 比重	15	15	0	中势
	固定资产交付使用率	7	1	6	强势
9.2	协调发展竞争力	1	5	-4	优势
	环境竞争力与宏观经济竞争力比差	3	12	-9	中势
	资源竞争力与宏观经济竞争力比差	17	18	-1	中势
	人力资源竞争力与宏观经济竞争力比差	17	17	0	中势
	资源竞争力与工业竞争力比差	19	19	0	中势
	环境竞争力与工业竞争力比差	3	9	-6	优势
	城乡居民家庭人均收入比差	9	10	-1	优势
	城乡居民人均现金消费支出比差	9	8	1	优势
	全社会消费品零售总额与外贸出口总额比差	14	12	2	中势

B.5

4 山西省经济综合竞争力评价分析报告

山西省简称晋，地处黄河以东、太行山之西，基本地形是中间为盆地，东西侧为山岭，北与内蒙古自治区相接，东与河北省相接，南与河南省相连，西隔黄河与陕西省为邻，总面积为15.6万平方公里，2013年总人口为3630万人，地区生产总值为12602亿元，同比增长8.9%，人均GDP达34813元。本部分通过分析2012～2013年山西省经济综合竞争力以及各要素竞争力的排名变化，从中找出山西省经济综合竞争力的推动点及影响因素，为进一步提升山西省经济综合竞争力提供决策参考。

4.1 山西省经济综合竞争力总体分析

1. 山西省经济综合竞争力一级指标概要分析

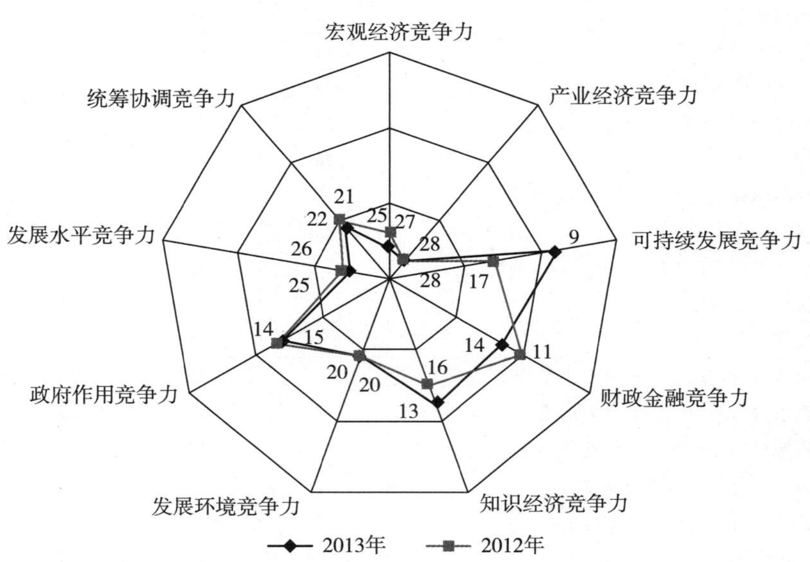

图4－1 2012～2013年山西省经济综合竞争力二级指标比较雷达图

（1）从综合排位看，2013年山西省经济综合竞争力综合排位在全国居第23位，这表明其在全国处于劣势地位；与2012年相比，综合排位保持不变。

（2）从指标所处区位看，1个指标处于上游区，为可持续发展竞争力；4个指标处于中游区，分别为财政金融竞争力、知识经济竞争力、发展环境竞争力和政府作用竞争

表 4－1 2012～2013 年山西省经济综合竞争力二级指标比较表

年份＼项目	宏观经济竞争力	产业经济竞争力	可持续发展竞争力	财政金融竞争力	知识经济竞争力	发展环境竞争力	政府作用竞争力	发展水平竞争力	统筹协调竞争力	综合排位
2012	25	28	17	11	16	20	14	25	21	23
2013	27	28	9	14	13	20	15	26	22	23
升降	－2	0	8	－3	3	0	－1	－1	－1	0
优劣度	劣势	劣势	优势	中势	中势	中势	中势	劣势	劣势	劣势

力；4 个指标处于下游区，分别为宏观经济竞争力、产业经济竞争力、发展水平竞争力和统筹协调竞争力。

（3）从指标变化趋势看，9 个二级指标中，有 2 个指标处于上升趋势，分别为可持续发展竞争力和知识经济竞争力，这些是山西省经济综合竞争力上升的动力所在；有 2 个指标排位没有发生变化，分别为产业经济竞争力和发展环境竞争力；有 5 个指标处于下降趋势，分别为宏观经济竞争力、财政金融竞争力、政府作用竞争力、发展水平竞争力和统筹协调竞争力，这些是山西省经济综合竞争力下降的拉力所在。

2. 山西省经济综合竞争力各级指标动态变化分析

表 4－2 2012～2013 年山西省经济综合竞争力各级指标排位变化态势比较表

二级指标	三级指标	四级指标数	上升		保持		下降		变化趋势
			指标数	比重（%）	指标数	比重（%）	指标数	比重（%）	
宏观经济竞争力	经济实力竞争力	12	6	50.0	2	16.7	4	33.3	下降
	经济结构竞争力	6	4	66.7	1	16.7	1	16.7	保持
	经济外向度竞争力	9	2	22.2	2	22.2	5	55.6	下降
	小　计	27	12	44.4	5	18.5	10	37.0	下降
产业经济竞争力	农业竞争力	10	4	40.0	4	40.0	2	20.0	下降
	工业竞争力	10	1	10.0	1	10.0	8	80.0	下降
	服务业竞争力	10	2	20.0	4	40.0	4	40.0	保持
	企业竞争力	10	2	20.0	3	30.0	5	50.0	下降
	小　计	40	9	22.5	12	30.0	19	47.5	保持
可持续发展竞争力	资源竞争力	9	2	22.2	7	77.8	0	0.0	上升
	环境竞争力	8	2	25.0	1	12.5	5	62.5	下降
	人力资源竞争力	8	6	75.0	1	12.5	1	12.5	上升
	小　计	25	10	40.0	9	36.0	6	24.0	上升
财政金融竞争力	财政竞争力	12	4	33.3	2	16.7	6	50.0	下降
	金融竞争力	10	1	10.0	6	60.0	3	30.0	保持
	小　计	22	5	22.7	8	36.4	9	40.9	下降
知识经济竞争力	科技竞争力	9	3	33.3	4	44.4	2	22.2	下降
	教育竞争力	10	4	40.0	4	40.0	2	20.0	上升
	文化竞争力	8	3	37.5	2	25.0	3	37.5	上升
	小　计	27	10	37.0	10	37.0	7	25.9	上升

续表

二级指标	三级指标	四级指标数	上升		保持		下降		变化趋势
			指标数	比重（%）	指标数	比重（%）	指标数	比重（%）	
发展环境竞争力	基础设施竞争力	9	3	33.3	3	33.3	3	33.3	保持
	软环境竞争力	9	4	44.4	2	22.2	3	33.3	上升
	小　计	18	7	38.9	5	27.8	6	33.3	保持
政府作用竞争力	政府发展经济竞争力	5	1	20.0	1	20.0	3	60.0	保持
	政府规调经济竞争力	5	1	20.0	3	60.0	1	20.0	下降
	政府保障经济竞争力	6	5	83.3	0	0.0	1	16.7	上升
	小　计	16	7	43.8	4	25.0	5	31.3	下降
发展水平竞争力	工业化进程竞争力	6	1	16.7	3	50.0	2	33.3	下降
	城市化进程竞争力	7	2	28.6	2	28.6	3	42.9	保持
	市场化进程竞争力	6	4	66.7	1	16.7	1	16.7	保持
	小　计	19	7	36.8	6	31.6	6	31.6	下降
统筹协调竞争力	统筹发展竞争力	8	3	37.5	1	12.5	4	50.0	上升
	协调发展竞争力	8	2	25.0	1	12.5	5	62.5	下降
	小　计	16	5	31.3	2	12.5	9	56.3	下降
合　计		210	72	34.3	61	29.0	77	36.7	保持

从表4－2可以看出，210个四级指标中，上升指标有72个，占指标总数的34.3%；下降指标有77个，占指标总数的36.7%；保持不变的指标有61个，占指标总数的29.0%。综上所述，山西省经济综合竞争力上升的动力小于下降的拉力，但受其他外部因素的综合影响，2012～2013年山西省经济综合竞争力排位仍保持不变。

3. 山西省经济综合竞争力各级指标优劣势结构分析

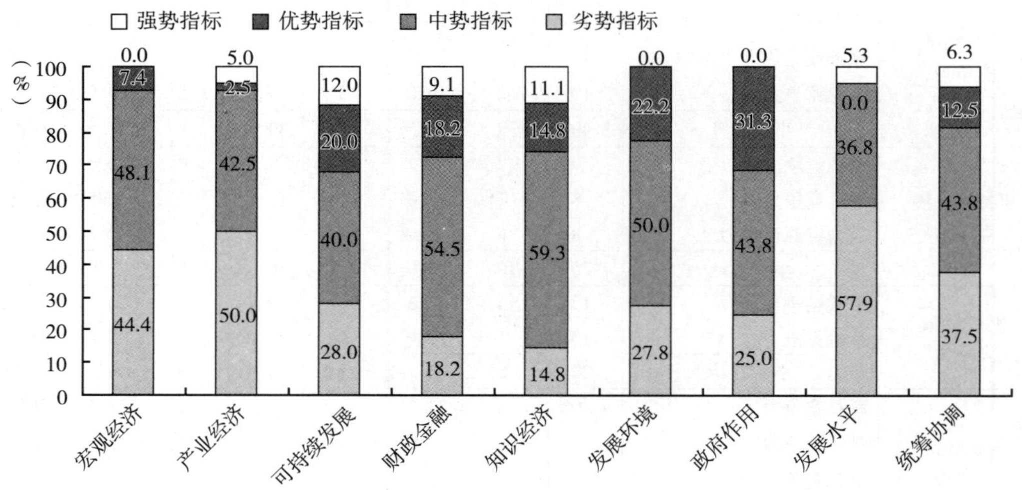

图4－2　2013年山西省经济综合竞争力各级指标优劣势比较图

表 4-3 2013 年山西省经济综合竞争力各级指标优劣势比较表

二级指标	三级指标	四级指标数	强势指标		优势指标		中势指标		劣势指标		优劣势
			个数	比重（%）	个数	比重（%）	个数	比重（%）	个数	比重（%）	
宏观经济竞争力	经济实力竞争力	12	0	0.0	2	16.7	7	58.3	3	25.0	劣势
	经济结构竞争力	6	0	0.0	0	0.0	2	33.3	4	66.7	劣势
	经济外向度竞争力	9	0	0.0	0	0.0	4	44.4	5	55.6	劣势
	小计	27	0	0.0	2	7.4	13	48.1	12	44.4	劣势
产业经济竞争力	农业竞争力	10	0	0.0	0	0.0	5	50.0	5	50.0	劣势
	工业竞争力	10	0	0.0	0	0.0	4	40.0	6	60.0	劣势
	服务业竞争力	10	0	0.0	0	0.0	6	60.0	4	40.0	劣势
	企业竞争力	10	2	20.0	1	10.0	2	20.0	5	50.0	中势
	小计	40	2	5.0	1	2.5	17	42.5	20	50.0	劣势
可持续发展竞争力	资源竞争力	9	2	22.2	1	11.1	4	44.4	2	22.2	优势
	环境竞争力	8	1	12.5	1	12.5	2	25.0	4	50.0	劣势
	人力资源竞争力	8	0	0.0	3	37.5	4	50.0	1	12.5	中势
	小计	25	3	12.0	5	20.0	10	40.0	7	28.0	优势
财政金融竞争力	财政竞争力	12	0	0.0	1	8.3	8	66.7	3	25.0	劣势
	金融竞争力	10	2	20.0	3	30.0	4	40.0	1	10.0	优势
	小计	22	2	9.1	4	18.2	12	54.5	4	18.2	中势
知识经济竞争力	科技竞争力	9	0	0.0	0	0.0	6	66.7	3	33.3	劣势
	教育竞争力	10	2	20.0	1	10.0	7	70.0	0	0.0	优势
	文化竞争力	8	1	12.5	3	37.5	3	37.5	1	12.5	优势
	小计	27	3	11.1	4	14.8	16	59.3	4	14.8	中势
发展环境竞争力	基础设施竞争力	9	0	0.0	2	22.2	5	55.6	2	22.2	中势
	软环境竞争力	9	0	0.0	2	22.2	4	44.4	3	33.3	劣势
	小计	18	0	0.0	4	22.2	9	50.0	5	27.8	中势
政府作用竞争力	政府发展经济竞争力	5	0	0.0	0	0.0	3	60.0	2	40.0	劣势
	政府规调经济竞争力	5	0	0.0	4	80.0	1	20.0	0	0.0	优势
	政府保障经济竞争力	6	0	0.0	1	16.7	3	50.0	2	33.3	中势
	小计	16	0	0.0	5	31.3	7	43.8	4	25.0	中势
发展水平竞争力	工业化进程竞争力	6	1	16.7	0	0.0	2	33.3	3	50.0	劣势
	城市化进程竞争力	7	0	0.0	0	0.0	4	57.1	3	42.9	劣势
	市场化进程竞争力	6	0	0.0	0	0.0	1	16.7	5	83.3	劣势
	小计	19	1	5.3	0	0.0	7	36.8	11	57.9	劣势
统筹协调竞争力	统筹发展竞争力	8	0	0.0	0	0.0	5	62.5	3	37.5	劣势
	协调发展竞争力	8	1	12.5	2	25.0	2	25.0	3	37.5	中势
	小计	16	1	6.3	2	12.5	7	43.8	6	37.5	劣势
合计		210	12	5.7	27	12.9	98	46.7	73	34.8	劣势

基于图 4-2 和表 4-3，从四级指标来看，强势指标 12 个，占指标总数的 5.7%；优势指标 27 个，占指标总数的 12.9%；中势指标 98 个，占指标总数的 46.7%；劣势

指标73个，占指标总数的34.8%。从三级指标来看，没有强势指标；优势指标5个，占三级指标总数的20%；中势指标5个，占三级指标总数的20%；劣势指标15个，占三级指标总数的60%。反映到二级指标上来，没有强势指标；优势指标只有1个，占二级指标总数的11.1%；中势指标4个，占二级指标总数的44.4%；劣势指标4个，占二级指标总数的44.4%。综合来看，由于劣势指标在指标体系中居于主导地位，2013年山西省经济综合竞争力处于劣势地位。

4. 山西省经济综合竞争力四级指标优劣势对比分析

表4-4　2013年山西省经济综合竞争力各级指标优劣势比较表

二级指标	优劣势	四　级　指　标
宏观经济竞争力（27个）	强势指标	（0个）
	优势指标	固定资产投资额增长率、全社会消费品零售总额增长率（2个）
	劣势指标	地区生产总值、地区生产总值增长率、人均地区生产总值、所有制经济结构优化度、城乡经济结构优化度、资本形成结构优化度、贸易结构优化度、进出口总额、进出口增长率、出口总额、实际FDI、外贸依存度（12个）
产业经济竞争力（40个）	强势指标	规模以上企业平均增加值、产品质量抽查合格率（2个）
	优势指标	规模以上企业平均资产（1个）
	劣势指标	农业增加值、人均农业增加值、农民人均纯收入、农产品出口占农林牧渔总产值比重、人均主要农产品产量、工业增加值增长率、工业资产总额增长率、工业资产总贡献率、规模以上工业利润总额、工业全员劳动生产率、工业成本费用利润率、服务业增加值、服务业增加值增长率、限额以上批零企业利税率、房地产经营总收入、规模以上工业企业数、流动资金周转次数、规模以上企业平均利润、规模以上企业销售利税率、新产品销售收入占主营业务收入比重（20个）
可持续发展竞争力（25个）	强势指标	主要能源矿产基础储量、人均主要能源矿产基础储量、人均治理工业污染投资额（3个）
	优势指标	人均耕地面积、人均废水排放量、15～64岁人口比例、文盲率、平均受教育程度（5个）
	劣势指标	人均年水资源量、人均森林储积量、森林覆盖率、人均工业废气排放量、人均工业固体废物排放量、自然灾害直接经济损失、人力资源利用率（7个）
财政金融竞争力（22个）	强势指标	保险密度、保险深度（2个）
	优势指标	地方财政收入占GDP比重、货币市场融资额、保险费净收入、人均证券市场筹资额（4个）
	劣势指标	地方财政支出、地方财政支出增长率、税收收入增长率、中长期贷款占贷款余额比重（4个）
知识经济竞争力（27个）	强势指标	人均文化教育支出占个人消费支出比重、万人中小学专任教师数、城镇居民人均文化娱乐支出占消费性支出比重（3个）
	优势指标	万人中小学学校数、文化产业增加值、报纸出版数、农村居民人均文化娱乐支出占消费性支出比重（4个）
	劣势指标	R&D人员、高技术产业增加值、高技术产业增加值占工业增加值比重、出版印刷工业销售产值（4个）

续表

二级指标	优劣势	四级指标
发展环境竞争力（18个）	强势指标	（0个）
	优势指标	万户上网用户数、人均耗电量、个体私营企业数增长率、食品安全事故数（4个）
	劣势指标	人均内河航道里程、全社会旅客周转量、万人商标注册件数、查处商标侵权假冒案件、罚没收入占财政收入比重（5个）
政府作用竞争力（16个）	强势指标	（0个）
	优势指标	物价调控、调控城乡消费差距、统筹经济社会发展、规范税收、城镇登记失业率（5个）
	劣势指标	财政支出对GDP增长的拉动、政府公务员对经济的贡献、养老保险覆盖率、下岗职工再就业率（4个）
发展水平竞争力（19个）	强势指标	工业增加值增长率（1个）
	优势指标	（0个）
	劣势指标	工业增加值占GDP比重、高技术产业规模以上企业产值、高技术产业增加值占工业增加值比重、人均拥有道路面积、人均日生活用水量、人均公共绿地面积、非公有制经济产值占全社会总产值的比重、社会投资占投资总额比重、私有和个体企业从业人员比重、亿元以上商品市场成交额、亿元以上商品市场成交额占全社会消费品零售总额比重（11个）
统筹协调竞争力（16个）	强势指标	全社会消费品零售总额与外贸出口总额比差（1个）
	优势指标	资源竞争力与宏观经济竞争力比差、城乡居民人均现金消费支出比差（2个）
	劣势指标	万元GDP综合能耗、非农用地产出率、固定资产投资额占GDP比重、人力资源竞争力与宏观经济竞争力比差、环境竞争力与工业竞争力比差、城乡居民家庭人均收入比差（6个）

4.2 山西省经济综合竞争力各级指标具体分析

1. 山西省宏观经济竞争力指标排名变化情况

表4-5 2012~2013年山西省宏观经济竞争力指标组排位及变化趋势表

指标	2012年	2013年	排位升降	优劣势
1 宏观经济竞争力	25	27	-2	劣势
1.1 经济实力竞争力	22	23	-1	劣势
地区生产总值	21	23	-2	劣势
地区生产总值增长率	21	23	-2	劣势
人均地区生产总值	19	22	-3	劣势
财政总收入	21	20	1	中势
财政总收入增长率	5	19	-14	中势
人均财政收入	18	18	0	中势
固定资产投资额	19	18	1	中势
固定资产投资额增长率	13	9	4	优势

续表

指　　标	2012 年	2013 年	排位升降	优劣势
人均固定资产投资额	19	18	1	中势
全社会消费品零售总额	19	17	2	中势
全社会消费品零售总额增长率	17	7	10	优势
人均全社会消费品零售总额	16	16	0	中势
1.2　经济结构竞争力	25	25	0	劣势
产业结构优化度	18	17	1	中势
所有制经济结构优化度	27	26	1	劣势
城乡经济结构优化度	25	24	1	劣势
就业结构优化度	12	12	0	中势
资本形成结构优化度	28	24	4	劣势
贸易结构优化度	23	25	-2	劣势
1.3　经济外向度竞争力	24	28	-4	劣势
进出口总额	23	24	-1	劣势
进出口增长率	21	26	-5	劣势
出口总额	23	23	0	劣势
出口增长率	8	14	-6	中势
实际 FDI	22	22	0	劣势
实际 FDI 增长率	9	13	-4	中势
外贸依存度	25	27	-2	劣势
对外经济合作完成营业额	24	20	4	中势
对外直接投资	24	20	4	中势

2. 山西省产业经济竞争力指标排名变化情况

表 4-6　2012～2013 年山西省产业经济竞争力指标组排位及变化趋势表

指　　标	2012 年	2013 年	排位升降	优劣势
2　产业经济竞争力	28	28	0	劣势
2.1　农业竞争力	30	31	-1	劣势
农业增加值	25	24	1	劣势
农业增加值增长率	6	14	-8	中势
人均农业增加值	30	30	0	劣势
农民人均纯收入	23	23	0	劣势
农民人均纯收入增长率	22	18	4	中势
农产品出口占农林牧渔总产值比重	31	31	0	劣势
人均主要农产品产量	23	22	1	劣势
农业机械化	26	12	14	中势
农村人均用电量	14	14	0	中势
财政支农资金比重	17	18	-1	中势

续表

指　标	2012 年	2013 年	排位升降	优劣势
2.2 工业竞争力	23	27	-4	劣势
工业增加值	17	19	-2	中势
工业增加值增长率	29	30	-1	劣势
人均工业增加值	15	18	-3	中势
工业资产总额	12	12	0	中势
工业资产总额增长率	23	21	2	劣势
工业资产总贡献率	27	30	-3	劣势
规模以上工业主营业务收入	18	19	-1	中势
规模以上工业利润总额	21	25	-4	劣势
工业全员劳动生产率	29	30	-1	劣势
工业成本费用利润率	26	31	-5	劣势
2.3 服务业竞争力	29	29	0	劣势
服务业增加值	19	21	-2	劣势
服务业增加值增长率	24	29	-5	劣势
人均服务业增加值	19	19	0	中势
服务业从业人员数	19	19	0	中势
服务业从业人员数增长率	13	20	-7	中势
限额以上批发零售企业主营业务收入	11	11	0	中势
限额以上批零企业利税率	31	30	1	劣势
限额以上餐饮企业利税率	14	17	-3	中势
旅游外汇收入	20	18	2	中势
房地产经营总收入	27	27	0	劣势
2.4 企业竞争力	18	19	-1	中势
规模以上工业企业数	22	22	0	劣势
规模以上企业平均资产	4	4	0	优势
规模以上企业平均增加值	1	3	-2	强势
流动资金周转次数	28	28	0	劣势
规模以上企业平均利润	9	26	-17	劣势
规模以上企业销售利税率	29	31	-2	劣势
新产品销售收入占主营业务收入比重	23	24	-1	劣势
产品质量抽查合格率	13	2	11	强势
工业企业 R&D 经费投入强度	20	15	5	中势
中国驰名商标持有量	16	18	-2	中势

3. 山西省可持续发展竞争力指标排名变化情况

表 4－7　2012～2013 年山西省可持续发展竞争力指标组排位及变化趋势表

指　　标	2012 年	2013 年	排位升降	优劣势
3　可持续发展竞争力	17	9	8	优势
3.1　资源竞争力	7	5	2	优势
人均国土面积	14	14	0	中势
人均可使用海域和滩涂面积	13	13	0	中势
人均年水资源量	25	24	1	劣势
耕地面积	17	17	0	中势
人均耕地面积	10	10	0	优势
人均牧草地面积	12	12	0	中势
主要能源矿产基础储量	1	1	0	强势
人均主要能源矿产基础储量	16	1	15	强势
人均森林储积量	23	23	0	劣势
3.2　环境竞争力	21	23	－2	劣势
森林覆盖率	23	22	1	劣势
人均废水排放量	7	8	－1	优势
人均工业废气排放量	28	28	0	劣势
人均工业固体废物排放量	29	30	－1	劣势
人均治理工业污染投资额	2	3	－1	强势
一般工业固体废物综合利用率	14	18	－4	中势
生活垃圾无害化处理率	23	20	3	中势
自然灾害直接经济损失	12	22	－10	劣势
3.3　人力资源竞争力	20	18	2	中势
人口自然增长率	19	17	2	中势
15～64 岁人口比例	11	9	2	优势
文盲率	6	4	2	优势
大专以上教育程度人口比例	19	14	5	中势
平均受教育程度	5	9	－4	优势
人口健康素质	17	17	0	中势
人力资源利用率	28	27	1	劣势
职业学校毕业生数	15	14	1	中势

4. 山西省财政金融竞争力指标排名变化情况

表 4－8　2012～2013 年山西省财政金融竞争力指标组排位及变化趋势表

指　　标	2012 年	2013 年	排位升降	优劣势
4　财政金融竞争力	11	14	－3	中势
4.1　财政竞争力	17	22	－5	劣势
地方财政收入	19	18	1	中势
地方财政支出	21	24	－3	劣势
地方财政收入占 GDP 比重	8	7	1	优势

续表

指　　标	2012 年	2013 年	排位升降	优劣势
地方财政支出占 GDP 比重	16	11	5	中势
税收收入占 GDP 比重	13	13	0	中势
税收收入占财政总收入比重	24	17	7	中势
人均地方财政收入	13	14	-1	中势
人均地方财政支出	19	20	-1	中势
人均税收收入	16	16	0	中势
地方财政收入增长率	5	19	-14	中势
地方财政支出增长率	18	23	-5	劣势
税收收入增长率	11	29	-18	劣势
4.2 金融竞争力	6	6	0	优势
存款余额	13	15	-2	中势
人均存款余额	8	11	-3	中势
贷款余额	19	19	0	中势
人均贷款余额	17	17	0	中势
货币市场融资额	3	4	-1	优势
中长期贷款占贷款余额比重	24	24	0	劣势
保险费净收入	8	8	0	优势
保险密度	3	3	0	强势
保险深度	1	1	0	强势
人均证券市场筹资额	10	4	6	优势

5. 山西省知识经济竞争力指标排名变化情况

表 4-9　2012～2013 年山西省知识经济竞争力指标组排位及变化趋势表

指　　标	2012 年	2013 年	排位升降	优劣势
5　知识经济竞争力	16	13	3	中势
5.1 科技竞争力	20	22	-2	劣势
R&D 人员	21	21	0	劣势
R&D 经费	19	19	0	中势
R&D 经费投入强度	17	16	1	中势
发明专利授权量	20	20	0	中势
技术市场成交合同金额	23	17	6	中势
财政科技支出占地方财政支出比重	17	15	2	中势
高技术产业增加值	23	24	-1	劣势
高技术产业增加值占工业增加值比重	27	27	0	劣势
高技术产品出口额占商品出口额比重	11	17	-6	中势
5.2 教育竞争力	12	9	3	优势
教育经费	20	20	0	中势
教育经费占 GDP 比重	12	11	1	中势
人均教育经费	18	18	0	中势
公共教育经费占财政支出比重	12	13	-1	中势

续表

指　　标	2012年	2013年	排位升降	优劣势
人均文化教育支出占个人消费支出比重	6	2	4	强势
万人中小学学校数	4	7	-3	优势
万人中小学专任教师数	5	3	2	强势
高等学校数	17	17	0	中势
高校专任教师数	18	17	1	中势
万人高等学校在校学生数	11	11	0	中势
5.3　文化竞争力	11	7	4	优势
文化产业增加值	10	10	0	优势
图书和期刊出版数	19	20	-1	中势
报纸出版数	6	5	1	优势
出版印刷工业销售产值	21	22	-1	劣势
城镇居民人均文化娱乐支出	20	13	7	中势
农村居民人均文化娱乐支出	12	13	-1	中势
城镇居民人均文化娱乐支出占消费性支出比重	8	2	6	强势
农村居民人均文化娱乐支出占消费性支出比重	7	7	0	优势

6. 山西省发展环境竞争力指标排名变化情况

表4-10　2012~2013年山西省发展环境竞争力指标组排位及变化趋势表

指　　标	2012年	2013年	排位升降	优劣势
6　发展环境竞争力	20	20	0	中势
6.1　基础设施竞争力	19	19	0	中势
铁路网线密度	9	11	-2	中势
公路网线密度	15	16	-1	中势
人均内河航道里程	24	24	0	劣势
全社会旅客周转量	24	23	1	劣势
全社会货物周转量	17	16	1	中势
人均邮电业务总量	18	18	0	中势
万户移动电话数	19	17	2	中势
万户上网用户数	9	9	0	优势
人均耗电量	8	9	-1	优势
6.2　软环境竞争力	24	23	1	劣势
外资企业数增长率	19	20	-1	中势
万人外资企业数	21	20	1	中势
个体私营企业数增长率	4	6	-2	优势
万人个体私营企业数	20	20	0	中势
万人商标注册件数	30	29	1	劣势
查处商标侵权假冒案件	22	22	0	劣势
每十万人交通事故发生数	17	18	-1	中势
罚没收入占财政收入比重	29	26	3	劣势
食品安全事故数	9	7	2	优势

7. 山西省政府作用竞争力指标排名变化情况

表 4-11 2012~2013 年山西省政府作用竞争力指标组排位及变化趋势表

指标	2012 年	2013 年	排位升降	优劣势
7 政府作用竞争力	14	15	-1	中势
7.1 政府发展经济竞争力	21	21	0	劣势
财政支出用于基本建设投资比重	17	14	3	中势
财政支出对 GDP 增长的拉动	16	21	-5	劣势
政府公务员对经济的贡献	27	27	0	劣势
政府消费对民间消费的拉动	17	19	-2	中势
财政投资对社会投资的拉动	17	19	-2	中势
7.2 政府规调经济竞争力	7	9	-2	优势
物价调控	8	8	0	优势
调控城乡消费差距	5	10	-5	优势
统筹经济社会发展	6	6	0	优势
规范税收	11	10	1	优势
人口控制	12	12	0	中势
7.3 政府保障经济竞争力	19	16	3	中势
城市城镇社区服务设施数	22	18	4	中势
医疗保险覆盖率	18	16	2	中势
养老保险覆盖率	23	22	1	劣势
失业保险覆盖率	16	13	3	中势
下岗职工再就业率	21	25	-4	劣势
城镇登记失业率	15	9	6	优势

8. 山西省发展水平竞争力指标排名变化情况

表 4-12 2012~2013 年山西省发展水平竞争力指标组排位及变化趋势表

指标	2012 年	2013 年	排位升降	优劣势
8 发展水平竞争力	25	26	-1	劣势
8.1 工业化进程竞争力	19	23	-4	劣势
工业增加值占 GDP 比重	30	30	0	劣势
工业增加值增长率	3	3	0	强势
高技术产业规模以上企业产值	24	21	3	劣势
高技术产业增加值占工业增加值比重	27	27	0	劣势
高技术产品出口额占商品出口额比重	11	17	-6	中势
信息产业增加值占 GDP 比重	12	16	-4	中势
8.2 城市化进程竞争力	22	22	0	劣势
城镇化率	16	16	0	中势
城镇居民人均可支配收入	21	20	1	中势
城市平均建成区面积比重	19	20	-1	中势

续表

指　　标	2012 年	2013 年	排位升降	优劣势
人均拥有道路面积	24	23	1	劣势
人均日生活用水量	29	29	0	劣势
人均居住面积	16	19	-3	中势
人均公共绿地面积	19	21	-2	劣势
8.3　市场化进程竞争力	26	26	0	劣势
非公有制经济产值占全社会总产值的比重	27	26	1	劣势
社会投资占投资总额比重	25	24	1	劣势
私有和个体企业从业人员比重	30	29	1	劣势
亿元以上商品市场成交额	24	24	0	劣势
亿元以上商品市场成交额占全社会消费品零售总额比重	28	27	1	劣势
居民消费支出占总消费支出比重	17	19	-2	中势

9. 山西省统筹协调竞争力指标排名变化情况

表 4-13　2012～2013 年山西省统筹协调竞争力指标组排位及变化趋势表

指　　标	2012 年	2013 年	排位升降	优劣势
9　统筹协调竞争力	21	22	-1	劣势
9.1　统筹发展竞争力	27	26	1	劣势
社会劳动生产率	16	16	0	中势
社会劳动生产率增速	29	15	14	中势
万元 GDP 综合能耗	27	28	-1	劣势
非农用地产出率	20	21	-1	劣势
生产税净额和营业盈余占 GDP 比重	12	11	1	中势
最终消费率	20	16	4	中势
固定资产投资额占 GDP 比重	14	21	-7	劣势
固定资产交付使用率	16	20	-4	中势
9.2　协调发展竞争力	8	15	-7	中势
环境竞争力与宏观经济竞争力比差	23	19	4	中势
资源竞争力与宏观经济竞争力比差	4	5	-1	优势
人力资源竞争力与宏观经济竞争力比差	27	29	-2	劣势
资源竞争力与工业竞争力比差	1	11	-10	中势
环境竞争力与工业竞争力比差	22	24	-2	劣势
城乡居民家庭人均收入比差	23	23	0	劣势
城乡居民人均现金消费支出比差	5	10	-5	优势
全社会消费品零售总额与外贸出口总额比差	4	3	1	强势

B.6
5 内蒙古自治区经济综合竞争力评价分析报告

内蒙古自治区位于我国北部边疆，地跨中国东北、西北、华北“三北”地区，北部紧邻蒙古和俄罗斯，内接黑龙江省、吉林省、辽宁省、河北省、山西省、宁夏回族自治区、甘肃省，全区总面积118.3万平方公里，2013年总人口为2498万人，地区生产总值为16832亿元，同比增长9.0%，人均GDP达67498元。本部分通过分析2012~2013年内蒙古自治区经济综合竞争力以及各要素竞争力的排名变化，从中找出内蒙古自治区经济综合竞争力的推动点及影响因素，为进一步提升内蒙古自治区经济综合竞争力提供决策参考。

5.1 内蒙古自治区经济综合竞争力总体分析

1. 内蒙古自治区经济综合竞争力一级指标概要分析

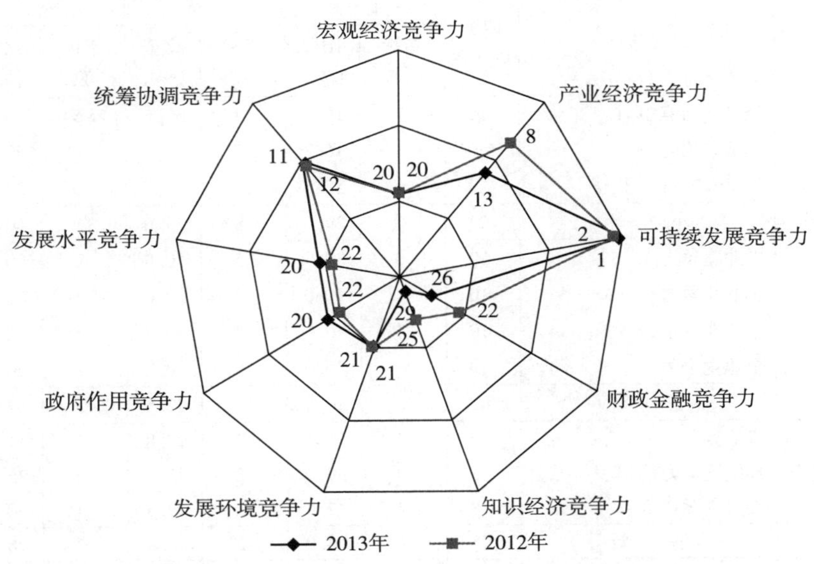

图5-1 2012~2013年内蒙古自治区经济综合竞争力二级指标比较雷达图

（1）从综合排位看，2013年内蒙古自治区经济综合竞争力综合排位在全国居第18位，这表明其在全国处于中势地位；与2012年相比，综合排位保持不变。

（2）从指标所处区位看，1个指标处于上游区，为可持续发展竞争力；5个指标处于中游区，分别为宏观经济竞争力、产业经济竞争力、政府作用竞争力、发展水平竞争

表 5－1　2012～2013 年内蒙古自治区经济综合竞争力二级指标比较表

项目 年份	宏观经济竞争力	产业经济竞争力	可持续发展竞争力	财政金融竞争力	知识经济竞争力	发展环境竞争力	政府作用竞争力	发展水平竞争力	统筹协调竞争力	**综合排位**
2012	20	8	2	22	25	21	22	22	12	18
2013	20	13	1	26	29	21	20	20	11	18
升降	0	－5	1	－4	－4	0	2	2	1	0
优劣度	中势	中势	强势	劣势	劣势	劣势	中势	中势	中势	中势

力和统筹协调竞争力；3 个指标处于下游区，分别为财政金融竞争力、知识经济竞争力和发展环境竞争力。

（3）从指标变化趋势看，9 个二级指标中，有 4 个指标处于上升趋势，分别为可持续发展竞争力、政府作用竞争力、发展水平竞争力和统筹协调竞争力，这些是内蒙古自治区经济综合竞争力上升的动力所在；有 2 个指标排位没有发生变化，分别为宏观经济竞争力和发展环境竞争力；有 3 个指标处于下降趋势，分别为产业经济竞争力、财政金融竞争力和知识经济竞争力，这些是内蒙古自治区经济综合竞争力下降的拉力所在。

2. 内蒙古自治区经济综合竞争力各级指标动态变化分析

表 5－2　2012～2013 年内蒙古自治区经济综合竞争力各级指标排位变化态势比较表

二级指标	三级指标	四级指标数	上升		保持		下降		变化趋势
			指标数	比重（%）	指标数	比重（%）	指标数	比重（%）	
宏观经济竞争力	经济实力竞争力	12	2	16.7	4	33.3	6	50.0	下降
	经济结构竞争力	6	1	16.7	2	33.3	3	50.0	上升
	经济外向度竞争力	9	5	55.6	2	22.2	2	22.2	保持
	小　计	27	8	29.6	8	29.6	11	40.7	保持
产业经济竞争力	农业竞争力	10	3	30.0	5	50.0	2	20.0	保持
	工业竞争力	10	1	10.0	3	30.0	6	60.0	下降
	服务业竞争力	10	1	10.0	4	40.0	5	50.0	下降
	企业竞争力	10	3	30.0	5	50.0	2	20.0	下降
	小　计	40	8	20.0	17	42.5	15	37.5	下降
可持续发展竞争力	资源竞争力	9	1	11.1	7	77.8	1	11.1	保持
	环境竞争力	8	4	50.0	2	25.0	2	25.0	上升
	人力资源竞争力	8	1	12.5	3	37.5	4	50.0	下降
	小　计	25	6	24.0	12	48.0	7	28.0	上升
财政金融竞争力	财政竞争力	12	3	25.0	6	50.0	3	25.0	下降
	金融竞争力	10	0	0.0	4	40.0	6	60.0	下降
	小　计	22	3	13.6	10	45.5	9	40.9	下降
知识经济竞争力	科技竞争力	9	3	33.3	3	33.3	3	33.3	上升
	教育竞争力	10	2	20.0	2	20.0	6	60.0	下降
	文化竞争力	8	1	12.5	3	37.5	4	50.0	下降
	小　计	27	6	22.2	8	29.6	13	48.1	下降

续表

二级指标	三级指标	四级指标数	上升		保持		下降		变化趋势
			指标数	比重（%）	指标数	比重（%）	指标数	比重（%）	
发展环境竞争力	基础设施竞争力	9	1	11.1	4	44.4	4	44.4	下降
	软环境竞争力	9	3	33.3	5	55.6	1	11.1	上升
	小　计	18	4	22.2	9	50.0	5	27.8	保持
政府作用竞争力	政府发展经济竞争力	5	1	20.0	1	20.0	3	60.0	上升
	政府规调经济竞争力	5	1	20.0	3	60.0	1	20.0	上升
	政府保障经济竞争力	6	2	33.3	1	16.7	3	50.0	下降
	小　计	16	4	25.0	5	31.3	7	43.8	上升
发展水平竞争力	工业化进程竞争力	6	2	33.3	3	50.0	1	16.7	保持
	城市化进程竞争力	7	3	42.9	4	57.1	0	0.0	上升
	市场化进程竞争力	6	1	16.7	2	33.3	3	50.0	保持
	小　计	19	6	31.6	9	47.4	4	21.1	上升
统筹协调竞争力	统筹发展竞争力	8	2	25.0	4	50.0	2	25.0	上升
	协调发展竞争力	8	2	25.0	2	25.0	4	50.0	下降
	小　计	16	4	25.0	6	37.5	6	37.5	上升
合　计		210	49	23.3	84	40.0	77	36.7	保持

从表5-2可以看出，210个四级指标中，上升指标有49个，占指标总数的23.3%；下降指标有77个，占指标总数的36.7%；保持不变的指标有84个，占指标总数的40.0%。综上所述，内蒙古自治区经济综合竞争力上升的动力小于下降的拉力，但受其他外部因素的综合影响，2012~2013年内蒙古自治区经济综合竞争力排位仍保持不变。

3. 内蒙古自治区经济综合竞争力各级指标优劣势结构分析

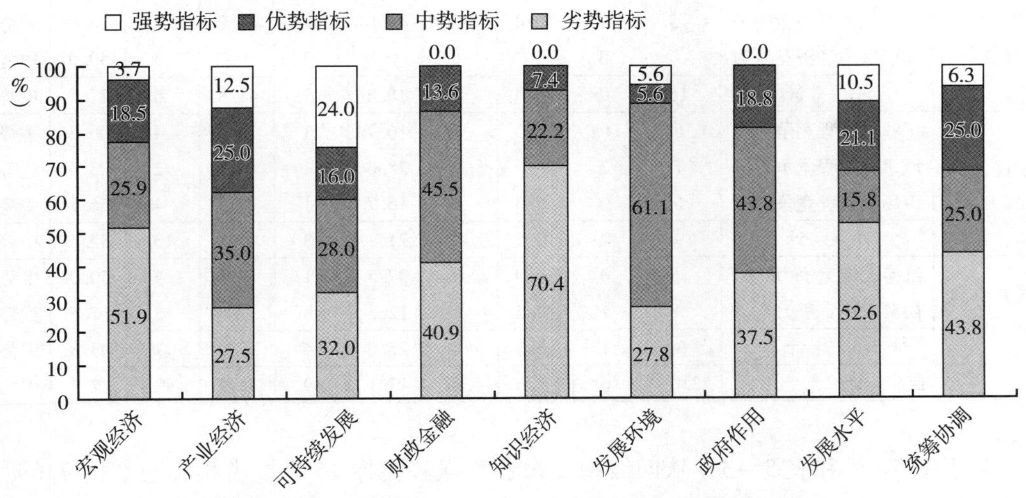

图5-2　2013年内蒙古自治区经济综合竞争力各级指标优劣势比较图

表 5－3 2013 年内蒙古自治区经济综合竞争力各级指标优劣势比较表

二级指标	三级指标	四级指标数	强势指标		优势指标		中势指标		劣势指标		优劣势
			个数	比重（%）	个数	比重（%）	个数	比重（%）	个数	比重（%）	
宏观经济竞争力	经济实力竞争力	12	1	8.3	3	25.0	5	41.7	3	25.0	中势
	经济结构竞争力	6	0	0.0	1	16.7	1	16.7	4	66.7	劣势
	经济外向度竞争力	9	0	0.0	1	11.1	1	11.1	7	77.8	劣势
	小　计	27	1	3.7	5	18.5	7	25.9	14	51.9	中势
产业经济竞争力	农业竞争力	10	2	20.0	4	40.0	3	30.0	1	10.0	强势
	工业竞争力	10	2	20.0	1	10.0	5	50.0	2	20.0	优势
	服务业竞争力	10	0	0.0	2	20.0	3	30.0	5	50.0	劣势
	企业竞争力	10	1	10.0	3	30.0	3	30.0	3	30.0	中势
	小　计	40	5	12.5	10	25.0	14	35.0	11	27.5	中势
可持续发展竞争力	资源竞争力	9	5	55.6	3	33.3	1	11.1	0	0.0	强势
	环境竞争力	8	1	12.5	0	0.0	3	37.5	4	50.0	劣势
	人力资源竞争力	8	0	0.0	1	12.5	3	37.5	4	50.0	劣势
	小　计	25	6	24.0	4	16.0	7	28.0	8	32.0	强势
财政金融竞争力	财政竞争力	12	0	0.0	3	25.0	4	33.3	5	41.7	劣势
	金融竞争力	10	0	0.0	0	0.0	6	60.0	4	40.0	劣势
	小　计	22	0	0.0	3	13.6	10	45.5	9	40.9	劣势
知识经济竞争力	科技竞争力	9	0	0.0	0	0.0	2	22.2	7	77.8	劣势
	教育竞争力	10	0	0.0	1	10.0	1	10.0	8	80.0	劣势
	文化竞争力	8	0	0.0	1	12.5	3	37.5	4	50.0	劣势
	小　计	27	0	0.0	2	7.4	6	22.2	19	70.4	劣势
发展环境竞争力	基础设施竞争力	9	1	11.1	0	0.0	5	55.6	3	33.3	中势
	软环境竞争力	9	0	0.0	1	11.1	6	66.7	2	22.2	劣势
	小　计	18	1	5.6	1	5.6	11	61.1	5	27.8	劣势
政府作用竞争力	政府发展经济竞争力	5	0	0.0	1	20.0	2	40.0	2	40.0	中势
	政府规调经济竞争力	5	0	0.0	2	40.0	2	40.0	1	20.0	中势
	政府保障经济竞争力	6	0	0.0	0	0.0	3	50.0	3	50.0	中势
	小　计	16	0	0.0	3	18.8	7	43.8	6	37.5	中势
发展水平竞争力	工业化进程竞争力	6	0	0.0	1	16.7	1	16.7	4	66.7	劣势
	城市化进程竞争力	7	2	28.6	2	28.6	1	14.3	2	28.6	优势
	市场化进程竞争力	6	0	0.0	1	16.7	1	16.7	4	66.7	中势
	小　计	19	2	10.5	4	21.1	3	15.8	10	52.6	中势
统筹协调竞争力	统筹发展竞争力	8	0	0.0	3	37.5	1	12.5	4	50.0	中势
	协调发展竞争力	8	1	12.5	1	12.5	3	37.5	3	37.5	优势
	小　计	16	1	6.3	4	25.0	4	25.0	7	43.8	中势
合　计		210	16	7.6	36	17.1	69	32.9	89	42.4	中势

基于图 5－2 和表 5－3，从四级指标来看，强势指标 16 个，占指标总数的 7.6%；优势指标 36 个，占指标总数的 17.1%；中势指标 69 个，占指标总数的 32.9%；劣势

指标89个，占指标总数的42.4%。从三级指标来看，强势指标2个，占三级指标总数的8.0%；优势指标3个，占三级指标总数的12.0%；中势指标8个，占三级指标总数的32.0%；劣势指标12个，占三级指标总数的48.0%。反映到二级指标上来，强势指标1个，占二级指标总数的11.1%；没有优势指标；中势指标5个，占二级指标总数的55.6%；劣势指标3个，占二级指标总数的33.3%。综合来看，由于中势指标在指标体系中居于主导地位，2013年内蒙古自治区经济综合竞争力处于中势地位。

4. 内蒙古自治区省经济综合竞争力四级指标优劣势对比分析

表5-4　2013年内蒙古自治区经济综合竞争力各级指标优劣势比较表

二级指标	优劣势	四　级　指　标
宏观经济竞争力（27个）	强势指标	人均固定资产投资额（1个）
	优势指标	人均地区生产总值、人均财政收入、人均全社会消费品零售总额、资本形成结构优化度、实际FDI增长率（5个）
	劣势指标	地区生产总值增长率、财政总收入增长率、全社会消费品零售总额增长率、产业结构优化度、城乡经济结构优化度、就业结构优化度、贸易结构优化度、进出口总额、进出口增长率、出口总额、出口增长率、外贸依存度、对外经济合作完成营业额、对外直接投资（14个）
产业经济竞争力（40个）	强势指标	人均农业增加值、人均主要农产品产量、人均工业增加值、工业全员劳动生产率、规模以上企业平均利润（5个）
	优势指标	农业增加值增长率、农民人均纯收入增长率、农业机械化、财政支农资金比重、工业成本费用利润率、人均服务业增加值、服务业从业人员数增长率、规模以上企业平均资产、规模以上企业平均增加值、规模以上企业销售利税率（10个）
	劣势指标	农产品出口占农林牧渔总产值比重、工业增加值增长率、工业资产总额增长率、服务业增加值增长率、服务业从业人员数、限额以上批发零售企业主营业务收入、限额以上餐饮企业利税率、房地产经营总收入、新产品销售收入占主营业务收入比重、产品质量抽查合格率、中国驰名商标持有量（11个）
可持续发展竞争力（25个）	强势指标	人均耕地面积、人均牧草地面积、主要能源矿产基础储量、人均主要能源矿产基础储量、人均森林储积量、人均治理工业污染投资额（6个）
	优势指标	人均国土面积、人均年水资源量、耕地面积、15~64岁人口比例（4个）
	劣势指标	森林覆盖率、人均工业废气排放量、人均工业固体废物排放量、一般工业固体废物综合利用率、人口自然增长率、人口健康素质、人力资源利用率、职业学校毕业生数（8个）
财政金融竞争力（22个）	强势指标	（0个）
	优势指标	人均地方财政收入、人均地方财政支出、人均税收收入（3个）
	劣势指标	税收收入占GDP比重、税收收入占财政总收入比重、地方财政收入增长率、地方财政支出增长率、税收收入增长率、存款余额、贷款余额、保险费净收入、保险深度（9个）
知识经济竞争力（27个）	强势指标	（0个）
	优势指标	人均教育经费、城镇居民人均文化娱乐支出、（2个）
	劣势指标	R&D经费、R&D经费投入强度、发明专利授权量、技术市场成交合同金额、财政科技支出占地方财政支出比重、高技术产业增加值、高技术产业增加值占工业增加值比重、教育经费、教育经费占GDP比重、公共教育经费占财政支出比重、人均文化教育支出占个人消费支出比重、万人中小学学校数、高等学校数、高校专任教师数、万人高等学校在校学生数、图书和期刊出版数、报纸出版数、出版印刷工业销售产值、城镇居民人均文化娱乐支出占消费性支出比重（19个）

续表

二级指标	优劣势	四级指标
发展环境竞争力（18个）	强势指标	人均耗电量（1个）
	优势指标	查处商标侵权假冒案件（1个）
	劣势指标	铁路网线密度、公路网线密度、全社会旅客周转量、外资企业数增长率、个体私营企业数增长率（5个）
政府作用竞争力（16个）	强势指标	（0个）
	优势指标	财政投资对社会投资的拉动、统筹经济社会发展、人口控制（3个）
	劣势指标	财政支出用于基本建设投资比重、政府消费对民间消费的拉动、物价调控、城市城镇社区服务设施数、养老保险覆盖率、城镇登记失业率（6个）
发展水平竞争力（19个）	强势指标	人均拥有道路面积、人均公共绿地面积（2个）
	优势指标	工业增加值增长率、城镇化率、城镇居民人均可支配收入、私有和个体企业从业人员比重（4个）
	劣势指标	工业增加值占GDP比重、高技术产业规模以上企业产值、高技术产业增加值占工业增加值比重、信息产业增加值占GDP比重、城市平均建成区面积比重、人均日生活用水量、社会投资占投资总额比重、亿元以上商品市场成交额、亿元以上商品市场成交额占全社会消费品零售总额比重、居民消费支出占总消费支出比重（10个）
统筹协调竞争力（16个）	强势指标	全社会消费品零售总额与外贸出口总额比差（1个）
	优势指标	社会劳动生产率、生产税净额和营业盈余占GDP比重、固定资产交付使用率、环境竞争力与工业竞争力比差（4个）
	劣势指标	社会劳动生产率增速、万元GDP综合能耗、非农用地产出率、最终消费率、资源竞争力与宏观经济竞争力比差、城乡居民家庭人均收入比差、城乡居民人均现金消费支出比差（7个）

5.2 内蒙古自治区经济综合竞争力各级指标具体分析

1. 内蒙古自治区宏观经济竞争力指标排名变化情况

表5-5 2012~2013年内蒙古自治区宏观经济竞争力指标组排位及变化趋势表

指标	2012年	2013年	排位升降	优劣势
1 宏观经济竞争力	20	20	0	中势
1.1 经济实力竞争力	10	11	-1	中势
地区生产总值	15	15	0	中势
地区生产总值增长率	14	21	-7	劣势
人均地区生产总值	5	6	-1	优势
财政总收入	15	16	-1	中势
财政总收入增长率	25	22	3	劣势
人均财政收入	6	7	-1	优势
固定资产投资额	14	14	0	中势
固定资产投资额增长率	27	17	10	中势

续表

指　　标	2012 年	2013 年	排位升降	优劣势
人均固定资产投资额	3	3	0	强势
全社会消费品零售总额	17	19	-2	中势
全社会消费品零售总额增长率	26	29	-3	劣势
人均全社会消费品零售总额	10	10	0	优势
1.2　经济结构竞争力	23	22	1	劣势
产业结构优化度	22	22	0	劣势
所有制经济结构优化度	16	17	-1	中势
城乡经济结构优化度	21	21	0	劣势
就业结构优化度	22	23	-1	劣势
资本形成结构优化度	15	9	6	优势
贸易结构优化度	28	30	-2	劣势
1.3　经济外向度竞争力	30	30	0	劣势
进出口总额	26	26	0	劣势
进出口增长率	30	23	7	劣势
出口总额	26	27	-1	劣势
出口增长率	30	27	3	劣势
实际 FDI	20	19	1	中势
实际 FDI 增长率	25	8	17	优势
外贸依存度	30	30	0	劣势
对外经济合作完成营业额	30	28	2	劣势
对外直接投资	19	22	-3	劣势

2. 内蒙古自治区产业经济竞争力指标排名变化情况

表 5-6　2012~2013 年内蒙古自治区产业经济竞争力指标组排位及变化趋势表

指　　标	2012 年	2013 年	排位升降	优劣势
2　产业经济竞争力	8	13	-5	中势
2.1　农业竞争力	3	3	0	强势
农业增加值	17	17	0	中势
农业增加值增长率	10	7	3	优势
人均农业增加值	3	3	0	强势
农民人均纯收入	15	15	0	中势
农民人均纯收入增长率	11	10	1	优势
农产品出口占农林牧渔总产值比重	25	28	-3	劣势
人均主要农产品产量	2	2	0	强势
农业机械化	10	10	0	优势
农村人均用电量	16	15	1	中势
财政支农资金比重	8	9	-1	优势

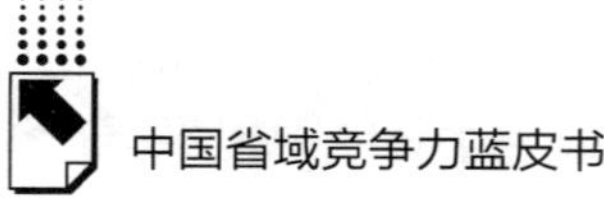

续表

指　　标	2012 年	2013 年	排位升降	优劣势
2.2　工业竞争力	5	8	-3	优势
工业增加值	13	13	0	中势
工业增加值增长率	15	28	-13	劣势
人均工业增加值	2	3	-1	强势
工业资产总额	14	15	-1	中势
工业资产总额增长率	12	22	-10	劣势
工业资产总贡献率	17	19	-2	中势
规模以上工业主营业务收入	17	17	0	中势
规模以上工业利润总额	14	16	-2	中势
工业全员劳动生产率	1	1	0	强势
工业成本费用利润率	5	4	1	优势
2.3　服务业竞争力	14	26	-12	劣势
服务业增加值	15	16	-1	中势
服务业增加值增长率	19	31	-12	劣势
人均服务业增加值	7	7	0	优势
服务业从业人员数	23	23	0	劣势
服务业从业人员数增长率	6	6	0	优势
限额以上批发零售企业主营业务收入	23	23	0	劣势
限额以上批零企业利税率	6	12	-6	中势
限额以上餐饮企业利税率	3	25	-22	劣势
旅游外汇收入	19	16	3	中势
房地产经营总收入	20	23	-3	劣势
2.4　企业竞争力	11	13	-2	中势
规模以上工业企业数	20	20	0	中势
规模以上企业平均资产	9	9	0	优势
规模以上企业平均增加值	7	5	2	优势
流动资金周转次数	17	16	1	中势
规模以上企业平均利润	2	2	0	强势
规模以上企业销售利税率	8	7	1	优势
新产品销售收入占主营业务收入比重	29	29	0	劣势
产品质量抽查合格率	17	23	-6	劣势
工业企业 R&D 经费投入强度	18	18	0	中势
中国驰名商标持有量	21	23	-2	劣势

3. 内蒙古自治区可持续发展竞争力指标排名变化情况

表 5 – 7　2012 ~ 2013 年内蒙古自治区可持续发展竞争力指标组排位及变化趋势表

指　　标	2012 年	2013 年	排位升降	优劣势
3　可持续发展竞争力	2	1	1	强势
3.1　资源竞争力	1	1	0	强势
人均国土面积	4	4	0	优势
人均可使用海域和滩涂面积	13	13	0	中势
人均年水资源量	14	6	8	优势
耕地面积	4	4	0	优势
人均耕地面积	2	2	0	强势
人均牧草地面积	3	3	0	强势
主要能源矿产基础储量	2	2	0	强势
人均主要能源矿产基础储量	1	2	-1	强势
人均森林储积量	2	2	0	强势
3.2　环境竞争力	28	22	6	劣势
森林覆盖率	21	21	0	劣势
人均废水排放量	9	13	-4	中势
人均工业废气排放量	30	30	0	劣势
人均工业固体废物排放量	30	29	1	劣势
人均治理工业污染投资额	5	2	3	强势
一般工业固体废物综合利用率	28	27	1	劣势
生活垃圾无害化处理率	12	14	-2	中势
自然灾害直接经济损失	24	18	6	中势
3.3　人力资源竞争力	21	23	-2	劣势
人口自然增长率	25	24	1	劣势
15 ~ 64 岁人口比例	7	7	0	优势
文盲率	13	15	-2	中势
大专以上教育程度人口比例	9	16	-7	中势
平均受教育程度	9	15	-6	中势
人口健康素质	23	23	0	劣势
人力资源利用率	25	25	0	劣势
职业学校毕业生数	19	21	-2	劣势

4. 内蒙古自治区财政金融竞争力指标排名变化情况

表 5 – 8　2012 ~ 2013 年内蒙古自治区财政金融竞争力指标组排位及变化趋势表

指　　标	2012 年	2013 年	排位升降	优劣势
4　财政金融竞争力	22	26	-4	劣势
4.1　财政竞争力	20	24	-4	劣势
地方财政收入	18	17	1	中势
地方财政支出	15	15	0	中势
地方财政收入占 GDP 比重	21	20	1	中势

续表

指　　标	2012 年	2013 年	排位升降	优劣势
地方财政支出占 GDP 比重	17	17	0	中势
税收收入占 GDP 比重	22	22	0	劣势
税收收入占财政总收入比重	16	23	-7	劣势
人均地方财政收入	7	7	0	优势
人均地方财政支出	6	6	0	优势
人均税收收入	8	8	0	优势
地方财政收入增长率	25	22	3	劣势
地方财政支出增长率	23	26	-3	劣势
税收收入增长率	24	30	-6	劣势
4.2　金融竞争力	23	24	-1	劣势
存款余额	23	23	0	劣势
人均存款余额	17	17	0	中势
贷款余额	21	22	-1	劣势
人均贷款余额	12	12	0	中势
货币市场融资额	14	15	-1	中势
中长期贷款占贷款余额比重	15	18	-3	中势
保险费净收入	22	23	-1	劣势
保险密度	13	16	-3	中势
保险深度	29	29	0	劣势
人均证券市场筹资额	9	12	-3	中势

5. 内蒙古自治区知识经济竞争力指标排名变化情况

表 5-9　2012～2013 年内蒙古自治区知识经济竞争力指标组排位及变化趋势表

指　　标	2012 年	2013 年	排位升降	优劣势
5　知识经济竞争力	25	29	-4	劣势
5.1　科技竞争力	27	25	2	劣势
R&D 人员	19	19	0	中势
R&D 经费	22	23	-1	劣势
R&D 经费投入强度	28	27	1	劣势
发明专利授权量	27	27	0	劣势
技术市场成交合同金额	11	22	-11	劣势
财政科技支出占地方财政支出比重	26	28	-2	劣势
高技术产业增加值	24	23	1	劣势
高技术产业增加值占工业增加值比重	28	28	0	劣势
高技术产品出口额占商品出口额比重	30	19	11	中势
5.2　教育竞争力	25	29	-4	劣势
教育经费	19	24	-5	劣势
教育经费占 GDP 比重	21	26	-5	劣势
人均教育经费	7	9	-2	优势
公共教育经费占财政支出比重	26	28	-2	劣势

续表

指　　标	2012 年	2013 年	排位升降	优劣势
人均文化教育支出占个人消费支出比重	16	26	-10	劣势
万人中小学学校数	26	26	0	劣势
万人中小学专任教师数	13	12	1	中势
高等学校数	25	25	0	劣势
高校专任教师数	24	25	-1	劣势
万人高等学校在校学生数	23	22	1	劣势
5.3　文化竞争力	19	23	-4	劣势
文化产业增加值	17	16	1	中势
图书和期刊出版数	25	25	0	劣势
报纸出版数	27	27	0	劣势
出版印刷工业销售产值	27	27	0	劣势
城镇居民人均文化娱乐支出	9	10	-1	优势
农村居民人均文化娱乐支出	10	12	-2	中势
城镇居民人均文化娱乐支出占消费性支出比重	16	26	-10	劣势
农村居民人均文化娱乐支出占消费性支出比重	10	12	-2	中势

6. 内蒙古自治区发展环境竞争力指标排名变化情况

表 5-10　2012~2013 年内蒙古自治区发展环境竞争力指标组排位及变化趋势表

指　　标	2012 年	2013 年	排位升降	优劣势
6　发展环境竞争力	21	21	0	劣势
6.1　基础设施竞争力	17	18	-1	中势
铁路网线密度	25	25	0	劣势
公路网线密度	28	28	0	劣势
人均内河航道里程	12	13	-1	中势
全社会旅客周转量	23	24	-1	劣势
全社会货物周转量	11	11	0	中势
人均邮电业务总量	12	13	-1	中势
万户移动电话数	10	12	-2	中势
万户上网用户数	19	16	3	中势
人均耗电量	3	3	0	强势
6.2　软环境竞争力	28	25	3	劣势
外资企业数增长率	24	26	-2	劣势
万人外资企业数	17	17	0	中势
个体私营企业数增长率	31	31	0	劣势
万人个体私营企业数	19	19	0	中势
万人商标注册件数	15	15	0	中势
查处商标侵权假冒案件	4	4	0	优势
每十万人交通事故发生数	18	17	1	中势
罚没收入占财政收入比重	21	19	2	中势
食品安全事故数	14	13	1	中势

7. 内蒙古自治区政府作用竞争力指标排名变化情况

表 5-11　2012~2013 年内蒙古自治区政府作用竞争力指标组排位及变化趋势表

指　　标	2012 年	2013 年	排位升降	优劣势
7　政府作用竞争力	22	20	2	中势
7.1　政府发展经济竞争力	22	20	2	中势
财政支出用于基本建设投资比重	20	21	-1	劣势
财政支出对 GDP 增长的拉动	15	15	0	中势
政府公务员对经济的贡献	9	12	-3	中势
政府消费对民间消费的拉动	27	28	-1	劣势
财政投资对社会投资的拉动	9	8	1	优势
7.2　政府规调经济竞争力	18	17	1	中势
物价调控	25	25	0	劣势
调控城乡消费差距	21	19	2	中势
统筹经济社会发展	8	8	0	优势
规范税收	18	20	-2	中势
人口控制	6	6	0	优势
7.3　政府保障经济竞争力	17	18	-1	中势
城市城镇社区服务设施数	23	24	-1	劣势
医疗保险覆盖率	11	13	-2	中势
养老保险覆盖率	19	21	-2	劣势
失业保险覆盖率	18	18	0	中势
下岗职工再就业率	19	17	2	中势
城镇登记失业率	25	23	2	劣势

8. 内蒙古自治区发展水平竞争力指标排名变化情况

表 5-12　2012~2013 年内蒙古自治区发展水平竞争力指标组排位及变化趋势表

指　　标	2012 年	2013 年	排位升降	优劣势
8　发展水平竞争力	22	20	2	中势
8.1　工业化进程竞争力	31	31	0	劣势
工业增加值占 GDP 比重	29	29	0	劣势
工业增加值增长率	18	6	12	优势
高技术产业规模以上企业产值	23	24	-1	劣势
高技术产业增加值占工业增加值比重	28	28	0	劣势
高技术产品出口额占商品出口额比重	30	19	11	中势
信息产业增加值占 GDP 比重	31	31	0	劣势
8.2　城市化进程竞争力	14	10	4	优势
城镇化率	9	9	0	优势
城镇居民人均可支配收入	10	10	0	优势
城市平均建成区面积比重	28	28	0	劣势
人均拥有道路面积	8	3	5	强势

续表

指 标	2012年	2013年	排位升降	优劣势
人均日生活用水量	31	31	0	劣势
人均居住面积	26	20	6	中势
人均公共绿地面积	5	3	2	强势
8.3 市场化进程竞争力	19	19	0	中势
非公有制经济产值占全社会总产值的比重	16	17	-1	中势
社会投资占投资总额比重	22	23	-1	劣势
私有和个体企业从业人员比重	8	4	4	优势
亿元以上商品市场成交额	22	22	0	劣势
亿元以上商品市场成交额占全社会消费品零售总额比重	25	25	0	劣势
居民消费支出占总消费支出比重	27	28	-1	劣势

9. 内蒙古自治区统筹协调竞争力指标排名变化情况

表5-13 2012~2013年内蒙古自治区统筹协调竞争力指标组排位及变化趋势表

指 标	2012年	2013年	排位升降	优劣势
9 统筹协调竞争力	12	11	1	中势
9.1 统筹发展竞争力	15	13	2	中势
社会劳动生产率	4	4	0	优势
社会劳动生产率增速	27	21	6	劣势
万元GDP综合能耗	23	24	-1	劣势
非农用地产出率	27	27	0	劣势
生产税净额和营业盈余占GDP比重	6	6	0	优势
最终消费率	29	28	1	劣势
固定资产投资额占GDP比重	16	18	-2	中势
固定资产交付使用率	6	6	0	优势
9.2 协调发展竞争力	9	10	-1	优势
环境竞争力与宏观经济竞争力比差	11	15	-4	中势
资源竞争力与宏观经济竞争力比差	22	23	-1	劣势
人力资源竞争力与宏观经济竞争力比差	18	12	6	中势
资源竞争力与工业竞争力比差	13	12	1	中势
环境竞争力与工业竞争力比差	4	6	-2	优势
城乡居民家庭人均收入比差	20	21	-1	劣势
城乡居民人均现金消费支出比差	21	21	0	劣势
全社会消费品零售总额与外贸出口总额比差	1	1	0	强势

B.7
6
辽宁省经济综合竞争力评价分析报告

辽宁省简称辽，位于中国东北地区的南部沿海，东隔鸭绿江与朝鲜为邻，内接吉林省、内蒙古自治区、河北省，是中国东北经济区和环渤海经济区的重要结合部。全省面积达14.59万平方公里，2013年总人口为4390万人，地区生产总值为27078亿元，同比增长8.7%，人均GDP达61686元。本部分通过分析2012～2013年辽宁省经济综合竞争力以及各要素竞争力的排名变化，从中找出辽宁省经济综合竞争力的推动点及影响因素，为进一步提升辽宁省经济综合竞争力提供决策参考。

6.1 辽宁省经济综合竞争力总体分析

1. 辽宁省经济综合竞争力一级指标概要分析

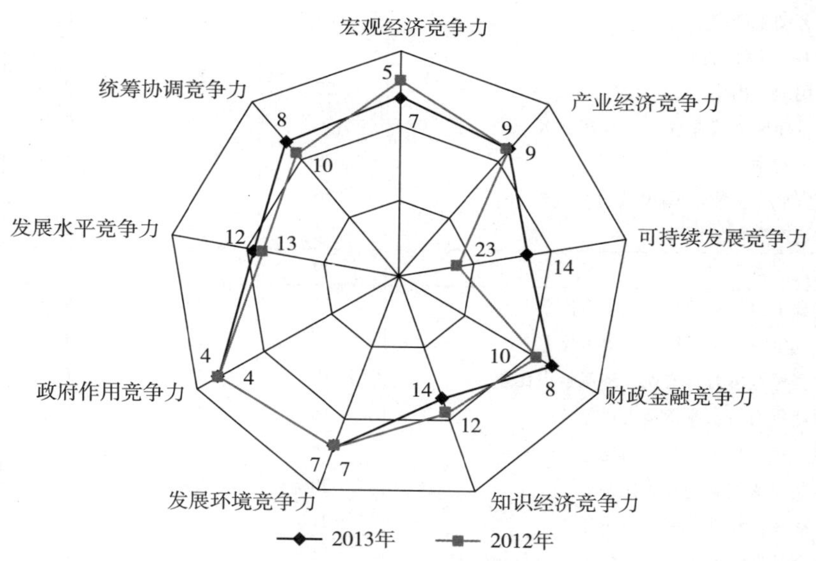

图6－1 2012～2013年辽宁省经济综合竞争力二级指标比较雷达图

（1）从综合排位看，2013年辽宁省经济综合竞争力综合排位在全国居第8位，这表明其在全国处于优势地位；与2012年相比，综合排位保持不变。

（2）从指标所处区位看，6个指标处于上游区，为宏观经济竞争力、产业经济竞争力、财政金融竞争力、发展环境竞争力、政府作用竞争力和统筹协调竞争力；3个指标

表 6-1 2012~2013 年辽宁省经济综合竞争力二级指标比较表

项目 / 年份	宏观经济竞争力	产业经济竞争力	可持续发展竞争力	财政金融竞争力	知识经济竞争力	发展环境竞争力	政府作用竞争力	发展水平竞争力	统筹协调竞争力	**综合排位**
2012	5	9	23	10	12	7	4	13	10	8
2013	7	9	14	8	14	7	4	12	8	8
升降	-2	0	9	2	-2	0	0	1	2	0
优劣度	优势	优势	中势	优势	中势	优势	优势	中势	优势	优势

处于中游区，分别为可持续发展竞争力、知识经济竞争力和发展水平竞争力；没有指标处于下游区。

（3）从指标变化趋势看，9 个二级指标中，有 4 个指标处于上升趋势，分别为可持续发展竞争力、财政金融竞争力、发展水平竞争力和统筹协调竞争力，这些是辽宁省经济综合竞争力上升的动力所在；有 3 个指标排位没有发生变化，分别为产业经济竞争力、发展环境竞争力和政府作用竞争力；有 2 个指标处于下降趋势，分别为宏观经济竞争力和知识经济竞争力，这些是辽宁省经济综合竞争力下降的拉力所在。

2. 辽宁省经济综合竞争力各级指标动态变化分析

表 6-2 2012~2013 年辽宁省经济综合竞争力各级指标排位变化态势比较表

二级指标	三级指标	四级指标数	上升		保持		下降		变化趋势
			指标数	比重(%)	指标数	比重(%)	指标数	比重(%)	
宏观经济竞争力	经济实力竞争力	12	5	41.7	4	33.3	3	25.0	下降
	经济结构竞争力	6	2	33.3	4	66.7	0	0.0	上升
	经济外向度竞争力	9	4	44.4	3	33.3	2	22.2	下降
	小　计	27	11	40.7	11	40.7	5	18.5	下降
产业经济竞争力	农业竞争力	10	2	20.0	5	50.0	3	30.0	下降
	工业竞争力	10	4	40.0	6	60.0	0	0.0	上升
	服务业竞争力	10	5	50.0	4	40.0	1	10.0	上升
	企业竞争力	10	5	50.0	3	30.0	2	20.0	上升
	小　计	40	16	40.0	18	45.0	6	15.0	保持
可持续发展竞争力	资源竞争力	9	2	22.2	6	66.7	1	11.1	上升
	环境竞争力	8	3	37.5	2	25.0	3	37.5	上升
	人力资源竞争力	8	2	25.0	6	75.0	0	0.0	保持
	小　计	25	7	28.0	14	56.0	4	16.0	上升
财政金融竞争力	财政竞争力	12	3	25.0	5	41.7	4	33.3	下降
	金融竞争力	10	3	30.0	1	10.0	6	60.0	上升
	小　计	22	6	27.3	6	27.3	10	45.5	上升
知识经济竞争力	科技竞争力	9	3	33.3	2	22.2	4	44.4	保持
	教育竞争力	10	1	10.0	3	30.0	6	60.0	下降
	文化竞争力	8	3	37.5	2	25.0	3	37.5	上升
	小　计	27	7	25.9	7	25.9	13	48.1	下降

续表

二级指标	三级指标	四级指标数	上升		保持		下降		变化趋势
			指标数	比重（%）	指标数	比重（%）	指标数	比重（%）	
发展环境竞争力	基础设施竞争力	9	2	22.2	5	55.6	2	22.2	上升
	软环境竞争力	9	2	22.2	5	55.6	2	22.2	保持
	小　　计	18	4	22.2	10	55.6	4	22.2	保持
政府作用竞争力	政府发展经济竞争力	5	1	20.0	2	40.0	2	40.0	保持
	政府规调经济竞争力	5	2	40.0	3	60.0	0	0.0	上升
	政府保障经济竞争力	6	1	16.7	2	33.3	3	50.0	保持
	小　　计	16	4	25.0	7	43.8	5	31.3	保持
发展水平竞争力	工业化进程竞争力	6	2	33.3	2	33.3	2	33.3	上升
	城市化进程竞争力	7	0	0.0	4	57.1	3	42.9	保持
	市场化进程竞争力	6	2	33.3	2	33.3	2	33.3	下降
	小　　计	19	4	21.1	8	42.1	7	36.8	上升
统筹协调竞争力	统筹发展竞争力	8	3	37.5	2	25.0	3	37.5	上升
	协调发展竞争力	8	4	50.0	0	0.0	4	50.0	上升
	小　　计	16	7	43.8	2	12.5	7	43.8	上升
合　　计		210	66	31.4	83	39.5	61	29.0	保持

从表 6－2 可以看出，210 个四级指标中，上升指标有 66 个，占指标总数的 31.4%；下降指标有 61 个，占指标总数的 29.0%；保持不变的指标有 83 个，占指标总数的 39.5%。综上所述，辽宁省经济综合竞争力上升的动力大于下降的拉力，但受其他外部因素的综合影响，2012～2013 年辽宁省经济综合竞争力排位仍保持不变。

3. 辽宁省经济综合竞争力各级指标优劣势结构分析

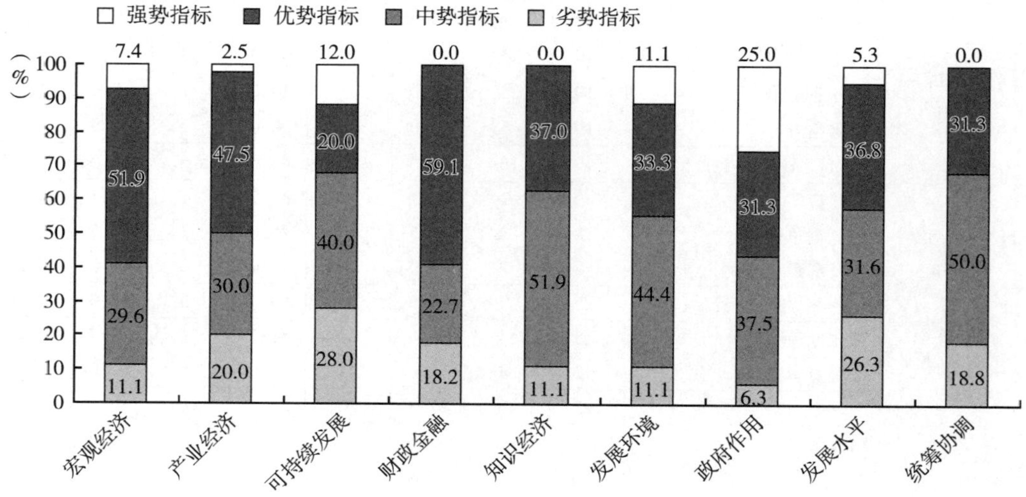

图 6－2　2013 年辽宁省经济综合竞争力各级指标优劣势比较图

表 6-3 2013 年辽宁省经济综合竞争力各级指标优劣势比较表

二级指标	三级指标	四级指标数	强势指标		优势指标		中势指标		劣势指标		优劣势
			个数	比重(%)	个数	比重(%)	个数	比重(%)	个数	比重(%)	
宏观经济竞争力	经济实力竞争力	12	1	8.3	7	58.3	1	8.3	3	25.0	优势
	经济结构竞争力	6	0	0.0	4	66.7	2	33.3	0	0.0	优势
	经济外向度竞争力	9	1	11.1	3	33.3	5	55.6	0	0.0	优势
	小　计	27	2	7.4	14	51.9	8	29.6	3	11.1	优势
产业经济竞争力	农业竞争力	10	1	10.0	5	50.0	2	20.0	2	20.0	优势
	工业竞争力	10	0	0.0	5	50.0	3	30.0	2	20.0	优势
	服务业竞争力	10	0	0.0	6	60.0	3	30.0	1	10.0	优势
	企业竞争力	10	0	0.0	3	30.0	4	40.0	3	30.0	中势
	小　计	40	1	2.5	19	47.5	12	30.0	8	20.0	优势
可持续发展竞争力	资源竞争力	9	1	11.1	2	22.2	6	66.7	0	0.0	中势
	环境竞争力	8	0	0.0	0	0.0	3	37.5	5	62.5	劣势
	人力资源竞争力	8	2	25.0	3	37.5	1	12.5	2	25.0	中势
	小　计	25	3	12.0	5	20.0	10	40.0	7	28.0	中势
财政金融竞争力	财政竞争力	12	0	0.0	8	66.7	1	8.3	3	25.0	优势
	金融竞争力	10	0	0.0	5	50.0	4	40.0	1	10.0	优势
	小　计	22	0	0.0	13	59.1	5	22.7	4	18.2	优势
知识经济竞争力	科技竞争力	9	0	0.0	4	44.4	5	55.6	0	0.0	中势
	教育竞争力	10	0	0.0	2	20.0	5	50.0	3	30.0	劣势
	文化竞争力	8	0	0.0	4	50.0	4	50.0	0	0.0	中势
	小　计	27	0	0.0	10	37.0	14	51.9	3	11.1	中势
发展环境竞争力	基础设施竞争力	9	1	11.1	4	44.4	3	33.3	1	11.1	优势
	软环境竞争力	9	1	11.1	2	22.2	5	55.6	1	11.1	优势
	小　计	18	2	11.1	6	33.3	8	44.4	2	11.1	优势
政府作用竞争力	政府发展经济竞争力	5	1	20.0	2	40.0	2	40.0	0	0.0	优势
	政府规调经济竞争力	5	1	20.0	1	20.0	2	40.0	1	20.0	优势
	政府保障经济竞争力	6	2	33.3	2	33.3	2	33.3	0	0.0	优势
	小　计	16	4	25.0	5	31.3	6	37.5	1	6.3	优势
发展水平竞争力	工业化进程竞争力	6	0	0.0	0	0.0	5	83.3	1	16.7	中势
	城市化进程竞争力	7	0	0.0	3	42.9	0	0.0	4	57.1	中势
	市场化进程竞争力	6	1	16.7	4	66.7	1	16.7	0	0.0	优势
	小　计	19	1	5.3	7	36.8	6	31.6	5	26.3	中势
统筹协调竞争力	统筹发展竞争力	8	0	0.0	1	12.5	5	62.5	2	25.0	中势
	协调发展竞争力	8	0	0.0	4	50.0	3	37.5	1	12.5	强势
	小　计	16	0	0.0	5	31.3	8	50.0	3	18.8	优势
合　计		210	13	6.2	84	40.0	77	36.7	36	17.1	优势

基于图 6-2 和表 6-3，从四级指标来看，强势指标 13 个，占指标总数的 6.2%；优势指标 84 个，占指标总数的 40.0%；中势指标 77 个，占指标总数的 36.7%；劣势

指标36个，占指标总数的17.1%。从三级指标来看，强势指标1个，占三级指标总数的4.0%；优势指标14个，占三级指标总数的56.0%；中势指标8个，占三级指标总数的32.0%；劣势指标2个，占三级指标总数的8.0%。反映到二级指标上来，没有强势指标；优势指标有6个，占二级指标总数，66.7%；中势指标3个，占二级指标总数的33.3%。综合来看，由于优势指标在指标体系中居于主导地位，2013年辽宁省经济综合竞争力处于优势地位。

4. 辽宁省经济综合竞争力四级指标优劣势对比分析

表6－4 2013年辽宁省经济综合竞争力各级指标优劣势比较表

二级指标	优劣势	四　级　指　标
宏观经济竞争力（27个）	强势指标	人均固定资产投资额、实际FDI(2个)
	优势指标	地区生产总值、人均地区生产总值、财政总收入、人均财政收入、固定资产投资额、全社会消费品零售总额、人均全社会消费品零售总额、所有制经济结构优化度、城乡经济结构优化度、就业结构优化度、资本形成结构优化度、进出口总额、出口总额、对外直接投资(14个)
	劣势指标	地区生产总值增长率、财政总收入增长率、固定资产投资额增长率(3个)
产业经济竞争力（40个）	强势指标	人均农业增加值(1个)
	优势指标	农业增加值增长率、农民人均纯收入、农产品出口占农林牧渔总产值比重、人均主要农产品产量、农村人均用电量、工业增加值、人均工业增加值、工业资产总额、规模以上工业主营业务收入、规模以上工业利润总额、服务业增加值、人均服务业增加值、服务业从业人员数增长率、限额以上批发零售企业主营业务收入、旅游外汇收入、房地产经营总收入、规模以上工业企业数、流动资金周转次数、中国驰名商标持有量(19个)
	劣势指标	农民人均纯收入增长率、财政支农资金比重、工业资产总额增长率、工业成本费用利润率、限额以上批零企业利税率、规模以上企业平均资产、规模以上企业平均利润、规模以上企业销售利税率(8个)
可持续发展竞争力（25个）	强势指标	人均可使用海域和滩涂面积、15～64岁人口比例、文盲率(3个)
	优势指标	主要能源矿产基础储量、人均主要能源矿产基础储量、大专以上教育程度人口比例、平均受教育程度、人口健康素质(5个)
	劣势指标	人均废水排放量、人均工业废气排放量、人均工业固体废物排放量、一般工业固体废物综合利用率、生活垃圾无害化处理率、人口自然增长率、人力资源利用率(7个)
财政金融竞争力（22个）	强势指标	(0个)
	优势指标	地方财政收入、地方财政支出、地方财政收入占GDP比重、税收收入占GDP比重、人均地方财政收入、人均地方财政支出、人均税收收入、地方财政支出增长率、存款余额、人均存款余额、贷款余额、人均贷款余额、保险密度(13个)
	劣势指标	地方财政支出占GDP比重、地方财政收入增长率、税收收入增长率、保险深度(4个)
知识经济竞争力（27个）	强势指标	(0个)
	优势指标	R&D人员、R&D经费、技术市场成交合同金额、财政科技支出占地方财政支出比重、高等学校数、万人高等学校在校学生数、报纸出版数、城镇居民人均文化娱乐支出、农村居民人均文化娱乐支出、农村居民人均文化娱乐支出占消费性支出比重(10个)
	劣势指标	教育经费占GDP比重、公共教育经费占财政支出比重、万人中小学专任教师数(3个)

续表

二级指标	优劣势	四级指标
发展环境竞争力（18个）	强势指标	全社会货物周转量、万人个体私营企业数(2个)
	优势指标	铁路网线密度、全社会旅客周转量、万户上网用户数、人均耗电量、万人外资企业数、食品安全事故数(6个)
	劣势指标	人均内河航道里程、个体私营企业数增长率(2个)
政府作用竞争力（16个）	强势指标	政府消费对民间消费的拉动、人口控制、医疗保险覆盖率、下岗职工再就业率(4个)
	优势指标	财政支出用于基本建设投资比重、政府公务员对经济的贡献、统筹经济社会发展、养老保险覆盖率、失业保险覆盖率(5个)
	劣势指标	物价调控(1个)
发展水平竞争力（19个）	强势指标	居民消费支出占总消费支出比重(1个)
	优势指标	城镇化率、城镇居民人均可支配收入、城市平均建成区面积比重、非公有制经济产值占全社会总产值的比重、社会投资占投资总额比重、亿元以上商品市场成交额、亿元以上商品市场成交额占全社会消费品零售总额比重(7个)
	劣势指标	工业增加值占GDP比重、人均拥有道路面积、人均日生活用水量、人均居住面积、人均公共绿地面积(5个)
统筹协调竞争力（16个）	强势指标	(0个)
	优势指标	社会劳动生产率、环境竞争力与宏观经济竞争力比差、人力资源竞争力与宏观经济竞争力比差、环境竞争力与工业竞争力比差、城乡居民家庭人均收入比差(5个)
	劣势指标	最终消费率、固定资产投资额占GDP比重、资源竞争力与宏观经济竞争力比差(3个)

6.2 辽宁省经济综合竞争力各级指标具体分析

1. 辽宁省宏观经济竞争力指标排名变化情况

表6-5 2012～2013年辽宁省宏观经济竞争力指标组排位及变化趋势表

指标	2012年	2013年	排位升降	优劣势
1 宏观经济竞争力	5	7	-2	优势
1.1 经济实力竞争力	4	6	-2	优势
地区生产总值	7	7	0	优势
地区生产总值增长率	26	24	2	劣势
人均地区生产总值	7	7	0	优势
财政总收入	6	5	1	优势
财政总收入增长率	19	30	-11	劣势
人均财政收入	10	8	2	优势
固定资产投资额	3	4	-1	优势
固定资产投资额增长率	17	28	-11	劣势

续表

指　　标	2012 年	2013 年	排位升降	优劣势
人均固定资产投资额	2	2	0	强势
全社会消费品零售总额	7	7	0	优势
全社会消费品零售总额增长率	22	18	4	中势
人均全社会消费品零售总额	7	6	1	优势
1.2　经济结构竞争力	8	7	1	优势
产业结构优化度	19	19	0	中势
所有制经济结构优化度	10	9	1	优势
城乡经济结构优化度	8	8	0	优势
就业结构优化度	8	8	0	优势
资本形成结构优化度	10	8	2	优势
贸易结构优化度	17	17	0	中势
1.3　经济外向度竞争力	6	7	-1	优势
进出口总额	9	9	0	优势
进出口增长率	16	15	1	中势
出口总额	8	7	1	优势
出口增长率	16	18	-2	中势
实际 FDI	2	2	0	强势
实际 FDI 增长率	22	19	3	中势
外贸依存度	12	11	1	中势
对外经济合作完成营业额	13	13	0	中势
对外直接投资	4	7	-3	优势

2. 辽宁省产业经济竞争力指标排名变化情况

表 5-6　2012~2013 年辽宁省产业经济竞争力指标组排位及变化趋势表

指　　标	2012 年	2013 年	排位升降	优劣势
2　产业经济竞争力	9	9	0	优势
2.1　农业竞争力	6	7	-1	优势
农业增加值	11	12	-1	中势
农业增加值增长率	16	9	7	优势
人均农业增加值	2	2	0	强势
农民人均纯收入	9	9	0	优势
农民人均纯收入增长率	26	24	2	劣势
农产品出口占农林牧渔总产值比重	8	8	0	优势
人均主要农产品产量	7	7	0	优势
农业机械化	3	15	-12	中势
农村人均用电量	5	5	0	优势
财政支农资金比重	26	27	-1	劣势

续表

指　标	2012年	2013年	排位升降	优劣势
2.2 工业竞争力	9	7	2	优势
工业增加值	7	7	0	优势
工业增加值增长率	17	15	2	中势
人均工业增加值	6	6	0	优势
工业资产总额	6	6	0	优势
工业资产总额增长率	28	26	2	劣势
工业资产总贡献率	19	16	3	中势
规模以上工业主营业务收入	6	6	0	优势
规模以上工业利润总额	7	7	0	优势
工业全员劳动生产率	14	11	3	中势
工业成本费用利润率	28	28	0	劣势
2.3 服务业竞争力	9	8	1	优势
服务业增加值	7	7	0	优势
服务业增加值增长率	18	19	-1	中势
人均服务业增加值	8	8	0	优势
服务业从业人员数	11	11	0	中势
服务业从业人员数增长率	10	7	3	优势
限额以上批发零售企业主营业务收入	8	8	0	优势
限额以上批零企业利税率	27	25	2	劣势
限额以上餐饮企业利税率	17	14	3	中势
旅游外汇收入	7	6	1	优势
房地产经营总收入	8	5	3	优势
2.4 企业竞争力	21	20	1	中势
规模以上工业企业数	6	6	0	优势
规模以上企业平均资产	22	22	0	劣势
规模以上企业平均增加值	19	19	0	中势
流动资金周转次数	7	6	1	优势
规模以上企业平均利润	26	25	1	劣势
规模以上企业销售利税率	26	29	-3	劣势
新产品销售收入占主营业务收入比重	19	18	1	中势
产品质量抽查合格率	19	16	3	中势
工业企业 R&D 经费投入强度	13	16	-3	中势
中国驰名商标持有量	11	7	4	优势

3. 辽宁省可持续发展竞争力指标排名变化情况

表 6－7　2012～2013 年辽宁省可持续发展竞争力指标组排位及变化趋势表

指　　标	2012 年	2013 年	排位升降	优劣势
3　可持续发展竞争力	23	14	9	中势
3.1　资源竞争力	13	11	2	中势
人均国土面积	17	17	0	中势
人均可使用海域和滩涂面积	3	3	0	强势
人均年水资源量	19	19	0	中势
耕地面积	16	16	0	中势
人均耕地面积	14	14	0	中势
人均牧草地面积	17	17	0	中势
主要能源矿产基础储量	5	6	－1	优势
人均主要能源矿产基础储量	16	8	8	优势
人均森林储积量	17	16	1	中势
3.2　环境竞争力	25	21	4	劣势
森林覆盖率	12	14	－2	中势
人均废水排放量	23	23	0	劣势
人均工业废气排放量	26	26	0	劣势
人均工业固体废物排放量	27	28	－1	劣势
人均治理工业污染投资额	18	14	4	中势
一般工业固体废物综合利用率	29	28	1	劣势
生活垃圾无害化处理率	18	22	－4	劣势
自然灾害直接经济损失	27	17	10	中势
3.3　人力资源竞争力	12	12	0	中势
人口自然增长率	31	31	0	劣势
15～64 岁人口比例	4	3	1	强势
文盲率	4	2	2	强势
大专以上教育程度人口比例	4	4	0	优势
平均受教育程度	4	4	0	优势
人口健康素质	8	8	0	优势
人力资源利用率	24	24	0	劣势
职业学校毕业生数	17	17	0	中势

4. 辽宁省财政金融竞争力指标排名变化情况

表 6－8　2012～2013 年辽宁省财政金融竞争力指标组排位及变化趋势表

指　　标	2012 年	2013 年	排位升降	优劣势
4　财政金融竞争力	10	8	2	优势
4.1　财政竞争力	8	9	－1	优势
地方财政收入	7	7	0	优势
地方财政支出	6	6	0	优势
地方财政收入占 GDP 比重	9	10	－1	优势

续表

指　标	2012 年	2013 年	排位升降	优劣势
地方财政支出占 GDP 比重	22	21	1	劣势
税收收入占 GDP 比重	7	8	-1	优势
税收收入占财政总收入比重	28	11	17	中势
人均地方财政收入	5	5	0	优势
人均地方财政支出	9	9	0	优势
人均税收收入	6	6	0	优势
地方财政收入增长率	19	30	-11	劣势
地方财政支出增长率	19	7	12	优势
税收收入增长率	17	28	-11	劣势
4.2 金融竞争力	11	10	1	优势
存款余额	8	9	-1	优势
人均存款余额	7	7	0	优势
贷款余额	7	8	-1	优势
人均贷款余额	7	8	-1	优势
货币市场融资额	8	14	-6	中势
中长期贷款占贷款余额比重	17	19	-2	中势
保险费净收入	13	12	1	中势
保险密度	17	9	8	优势
保险深度	28	21	7	劣势
人均证券市场筹资额	7	11	-4	中势

5. 辽宁省知识经济竞争力指标排名变化情况

表 6-9　2012~2013 年辽宁省知识经济竞争力指标组排位及变化趋势表

指　标	2012 年	2013 年	排位升降	优劣势
5 知识经济竞争力	12	14	-2	中势
5.1 科技竞争力	14	14	0	中势
R&D 人员	9	9	0	优势
R&D 经费	7	8	-1	优势
R&D 经费投入强度	10	11	-1	中势
发明专利授权量	13	15	-2	中势
技术市场成交合同金额	7	9	-2	优势
财政科技支出占地方财政支出比重	8	8	0	优势
高技术产业增加值	15	13	2	中势
高技术产业增加值占工业增加值比重	22	20	2	中势
高技术产品出口额占商品出口额比重	19	16	3	中势
5.2 教育竞争力	11	23	-12	劣势
教育经费	9	15	-6	中势
教育经费占 GDP 比重	25	30	-5	劣势
人均教育经费	12	16	-4	中势
公共教育经费占财政支出比重	24	27	-3	劣势

续表

指　标	2012 年	2013 年	排位升降	优劣势
人均文化教育支出占个人消费支出比重	10	13	-3	中势
万人中小学学校数	25	20	5	中势
万人中小学专任教师数	27	28	-1	劣势
高等学校数	9	9	0	优势
高校专任教师数	11	11	0	中势
万人高等学校在校学生数	7	7	0	优势
5.3　文化竞争力	14	12	2	中势
文化产业增加值	19	17	2	中势
图书和期刊出版数	16	17	-1	中势
报纸出版数	9	10	-1	优势
出版印刷工业销售产值	18	18	0	中势
城镇居民人均文化娱乐支出	11	8	3	优势
农村居民人均文化娱乐支出	8	8	0	优势
城镇居民人均文化娱乐支出占消费性支出比重	17	13	4	中势
农村居民人均文化娱乐支出占消费性支出比重	4	5	-1	优势

6. 辽宁省发展环境竞争力指标排名变化情况

表 6-10　2012~2013 年辽宁省发展环境竞争力指标组排位及变化趋势表

指　标	2012 年	2013 年	排位升降	优劣势
6　发展环境竞争力	7	7	0	优势
6.1　基础设施竞争力	8	6	2	优势
铁路网线密度	4	4	0	优势
公路网线密度	19	19	0	中势
人均内河航道里程	26	26	0	劣势
全社会旅客周转量	12	10	2	优势
全社会货物周转量	2	3	-1	强势
人均邮电业务总量	10	11	-1	中势
万户移动电话数	13	13	0	中势
万户上网用户数	7	7	0	优势
人均耗电量	11	10	1	优势
6.2　软环境竞争力	7	7	0	优势
外资企业数增长率	14	19	-5	中势
万人外资企业数	8	8	0	优势
个体私营企业数增长率	19	22	-3	劣势
万人个体私营企业数	3	3	0	强势
万人商标注册件数	13	13	0	中势
查处商标侵权假冒案件	16	16	0	中势
每十万人交通事故发生数	14	14	0	中势
罚没收入占财政收入比重	19	14	5	中势
食品安全事故数	14	9	5	优势

7. 辽宁省政府作用竞争力指标排名变化情况

表 6-11　2012~2013 年辽宁省政府作用竞争力指标组排位及变化趋势表

指　　标	2012 年	2013 年	排位升降	优劣势
7　政府作用竞争力	4	4	0	优势
7.1　政府发展经济竞争力	7	7	0	优势
财政支出用于基本建设投资比重	9	9	0	优势
财政支出对 GDP 增长的拉动	10	11	-1	中势
政府公务员对经济的贡献	7	7	0	优势
政府消费对民间消费的拉动	2	1	1	强势
财政投资对社会投资的拉动	11	12	-1	中势
7.2　政府规调经济竞争力	8	6	2	优势
物价调控	22	22	0	劣势
调控城乡消费差距	20	13	7	中势
统筹经济社会发展	7	7	0	优势
规范税收	12	11	1	中势
人口控制	2	2	0	强势
7.3　政府保障经济竞争力	5	5	0	优势
城市城镇社区服务设施数	12	13	-1	中势
医疗保险覆盖率	3	3	0	强势
养老保险覆盖率	3	4	-1	优势
失业保险覆盖率	6	9	-3	优势
下岗职工再就业率	2	2	0	强势
城镇登记失业率	19	16	3	中势

8. 辽宁省发展水平竞争力指标排名变化情况

表 6-12　2012~2013 年辽宁省发展水平竞争力指标组排位及变化趋势表

指　　标	2012 年	2013 年	排位升降	优劣势
8　发展水平竞争力	13	12	1	中势
8.1　工业化进程竞争力	22	20	2	中势
工业增加值占 GDP 比重	23	23	0	劣势
工业增加值增长率	16	17	-1	中势
高技术产业规模以上企业产值	11	11	0	中势
高技术产业增加值占工业增加值比重	22	20	2	中势
高技术产品出口额占商品出口额比重	19	16	3	中势
信息产业增加值占 GDP 比重	17	19	-2	中势
8.2　城市化进程竞争力	13	13	0	中势
城镇化率	5	5	0	优势
城镇居民人均可支配收入	9	9	0	优势
城市平均建成区面积比重	8	8	0	优势
人均拥有道路面积	25	25	0	劣势

续表

指　　标		2012 年	2013 年	排位升降	优劣势
	人均日生活用水量	23	25	-2	劣势
	人均居住面积	23	26	-3	劣势
	人均公共绿地面积	18	22	-4	劣势
8.3	市场化进程竞争力	4	5	-1	优势
	非公有制经济产值占全社会总产值的比重	10	9	1	优势
	社会投资占投资总额比重	5	5	0	优势
	私有和个体企业从业人员比重	11	12	-1	中势
	亿元以上商品市场成交额	7	7	0	优势
	亿元以上商品市场成交额占全社会消费品零售总额比重	8	10	-2	优势
	居民消费支出占总消费支出比重	2	1	1	强势

9. 辽宁省统筹协调竞争力指标排名变化情况

表 6-13　2012～2013 年辽宁省统筹协调竞争力指标组排位及变化趋势表

指　　标		2012 年	2013 年	排位升降	优劣势
9	**统筹协调竞争力**	10	8	2	优势
9.1	统筹发展竞争力	19	15	4	中势
	社会劳动生产率	6	6	0	优势
	社会劳动生产率增速	17	20	-3	中势
	万元 GDP 综合能耗	19	20	-1	中势
	非农用地产出率	12	12	0	中势
	生产税净额和营业盈余占 GDP 比重	20	17	3	中势
	最终消费率	27	26	1	劣势
	固定资产投资额占 GDP 比重	26	25	1	劣势
	固定资产交付使用率	15	19	-4	中势
9.2	协调发展竞争力	5	3	2	强势
	环境竞争力与宏观经济竞争力比差	2	5	-3	优势
	资源竞争力与宏观经济竞争力比差	23	22	1	劣势
	人力资源竞争力与宏观经济竞争力比差	4	6	-2	优势
	资源竞争力与工业竞争力比差	18	17	1	中势
	环境竞争力与工业竞争力比差	6	8	-2	优势
	城乡居民家庭人均收入比差	10	9	1	优势
	城乡居民人均现金消费支出比差	20	18	2	中势
	全社会消费品零售总额与外贸出口总额比差	19	20	-1	中势

B.8
7 吉林省经济综合竞争力评价分析报告

吉林省简称吉，位于我国东北地区中部，南隔图们江、鸭绿江与朝鲜为邻，东与俄罗斯接壤，内陆与黑龙江省、内蒙古自治区、辽宁省相接。全省总面积为18.74万平方公里，2013年总人口为2751万人，地区生产总值达12981亿元，同比增长8.3%，人均GDP达47191元。本部分通过分析2012～2013年吉林省经济综合竞争力以及各要素竞争力的排名变化，从中找出吉林省经济综合竞争力的推动点及影响因素，为进一步提升吉林省经济综合竞争力提供决策参考。

7.1 吉林省经济综合竞争力总体分析

1. 吉林省经济综合竞争力一级指标概要分析

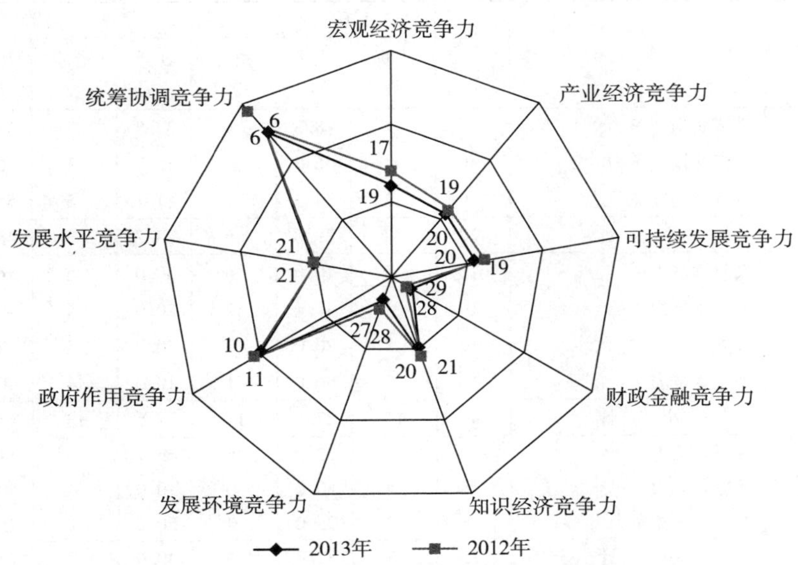

图7-1 2012～2013年吉林省经济综合竞争力二级指标比较雷达图

（1）从综合排位看，2013年吉林省经济综合竞争力居第17位，在全国处于中势地位；与2012年相比，综合排位下降了1位。

（2）从指标所处区位看，9个二级指标中，只有1个优势指标，即统筹协调竞争力；有4个中势指标，分别为宏观经济竞争力、产业经济竞争力、可持续发展竞争力和

表 7-1　2012～2013 年吉林省经济综合竞争力二级指标比较表

年份＼项目	宏观经济竞争力	产业经济竞争力	可持续发展竞争力	财政金融竞争力	知识经济竞争力	发展环境竞争力	政府作用竞争力	发展水平竞争力	统筹协调竞争力	**综合排位**
2012	17	19	19	29	20	27	10	21	6	16
2013	19	20	20	28	21	28	11	21	6	17
升降	-2	-1	-1	1	-1	-1	-1	0	0	-1
优劣度	中势	中势	中势	劣势	劣势	劣势	中势	劣势	优势	中势

政府作用竞争力；有 4 个劣势指标，分别为财政金融竞争力、知识经济竞争力、发展环境竞争力和发展水平竞争力。

（3）从指标变化趋势看，9 个二级指标中，只有 1 个指标处于上升趋势，即财政金融竞争力，这是吉林省经济综合竞争力排位上升的动力所在；有 2 个指标排位没有发生变化，分别为发展水平竞争力和统筹协调竞争力；有 6 个指标处于下降趋势，分别为宏观经济竞争力、产业经济竞争力、可持续发展竞争力、知识经济竞争力、发展环境竞争力和政府作用竞争力，这些是吉林省经济综合竞争力排位下降的拉力所在。

2. 吉林省经济综合竞争力各级指标动态变化分析

表 7-2　2012～2013 年吉林省经济综合竞争力各级指标排位变化态势比较表

二级指标	三级指标	四级指标数	上升		保持		下降		变化趋势
			指标数	比重（%）	指标数	比重（%）	指标数	比重（%）	
宏观经济竞争力	经济实力竞争力	12	1	8.3	4	33.3	7	58.3	下降
	经济结构竞争力	6	4	66.7	1	16.7	1	16.7	上升
	经济外向度竞争力	9	3	33.3	1	11.1	5	55.6	下降
	小　计	27	8	29.6	6	22.2	13	48.1	下降
产业经济竞争力	农业竞争力	10	0	0.0	5	50.0	5	50.0	下降
	工业竞争力	10	4	40.0	2	20.0	4	40.0	下降
	服务业竞争力	10	2	20.0	3	30.0	5	50.0	下降
	企业竞争力	10	5	50.0	1	10.0	4	40.0	上升
	小　计	40	11	27.5	11	27.5	18	45.0	下降
可持续发展竞争力	资源竞争力	9	2	22.2	6	66.7	1	11.1	保持
	环境竞争力	8	4	50.0	0	0.0	4	50.0	保持
	人力资源竞争力	8	2	25.0	4	50.0	2	25.0	保持
	小　计	25	8	32.0	10	40.0	7	28.0	下降
财政金融竞争力	财政竞争力	12	2	16.7	6	50.0	4	33.3	下降
	金融竞争力	10	3	30.0	5	50.0	2	20.0	保持
	小　计	22	5	22.7	11	50.0	6	27.3	上升
知识经济竞争力	科技竞争力	9	2	22.2	6	66.7	1	11.1	上升
	教育竞争力	10	1	10.0	5	50.0	4	40.0	下降
	文化竞争力	8	0	0.0	1	12.5	7	87.5	下降
	小　计	27	3	11.1	12	44.4	12	44.4	下降

续表

二级指标	三级指标	四级指标数	上升		保持		下降		变化趋势
			指标数	比重（%）	指标数	比重（%）	指标数	比重（%）	
发展环境竞争力	基础设施竞争力	9	0	0.0	4	44.4	5	55.6	下降
	软环境竞争力	9	3	33.3	5	55.6	1	11.1	上升
	小　计	18	3	16.7	9	50.0	6	33.3	下降
政府作用竞争力	政府发展经济竞争力	5	1	20.0	3	60.0	1	20.0	保持
	政府规调经济竞争力	5	2	40.0	3	60.0	0	0.0	保持
	政府保障经济竞争力	6	0.0	0.0	0	0.0	6	100.0	下降
	小　计	16	3	18.8	6	37.5	7	43.8	下降
发展水平竞争力	工业化进程竞争力	6	2	33.3	2	33.3	2	33.3	上升
	城市化进程竞争力	7	3	42.9	3	42.9	1	14.3	保持
	市场化进程竞争力	6	1	16.7	2	33.3	3	50.0	上升
	小　计	19	6	31.6	7	36.8	6	31.6	保持
统筹协调竞争力	统筹发展竞争力	8	4	50.0	1	12.5	3	37.5	下降
	协调发展竞争力	8	4	50.0	1	12.5	3	37.5	上升
	小　计	16	8	50.0	2	12.5	6	37.5	保持
合　计		210	55	26.2	74	35.2	81	38.6	下降

从表7－2可以看出，210个四级指标中，排位上升指标有55个，占指标总数的26.2%；排位下降指标有81个，占指标总数的38.6%；排位保持不变的指标有74个，占指标总数的35.2%。由此可见，吉林省经济综合竞争力排位上升的动力小于下降的拉力，2012～2013年吉林省经济综合竞争力排位处于下降趋势。

3. 吉林省经济综合竞争力各级指标优劣势结构分析

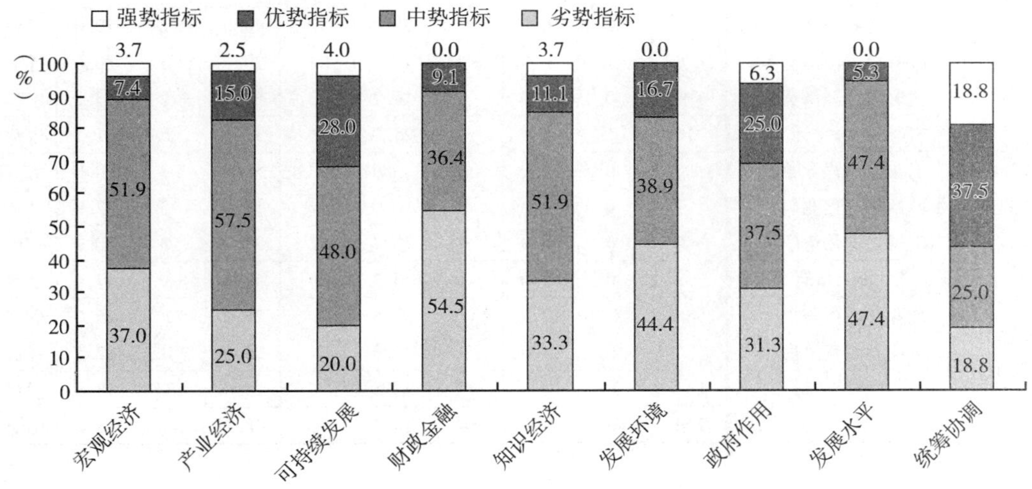

图7－2　2013年吉林省经济综合竞争力各级指标优劣势比较图

表 7－3　2013 年吉林省经济综合竞争力各级指标优劣势比较表

二级指标	三级指标	四级指标数	强势指标		优势指标		中势指标		劣势指标		优劣势
			个数	比重（%）	个数	比重（%）	个数	比重（%）	个数	比重（%）	
宏观经济竞争力	经济实力竞争力	12	0	0.0	0	0.0	6	50.0	6	50.0	劣势
	经济结构竞争力	6	1	16.7	1	16.7	3	50.0	1	16.7	优势
	经济外向度竞争力	9	0	0.0	1	11.1	5	55.6	3	33.3	劣势
	小　计	27	1	3.7	2	7.4	14	51.9	10	37.0	中势
产业经济竞争力	农业竞争力	10	1	10.0	1	10.0	6	60.0	2	20.0	中势
	工业竞争力	10	0	0.0	2	20.0	8	80.0	0	0.0	中势
	服务业竞争力	10	0	0.0	0	0.0	3	30.0	7	70.0	劣势
	企业竞争力	10	0	0.0	3	30.0	6	60.0	1	10.0	中势
	小　计	40	1	2.5	6	15.0	23	57.5	10	25.0	中势
可持续发展竞争力	资源竞争力	9	1	11.1	3	33.3	5	55.6	0	0.0	优势
	环境竞争力	8	0	0.0	0	0.0	6	75.0	2	25.0	中势
	人力资源竞争力	8	0	0.0	4	50.0	1	12.5	3	37.5	劣势
	小　计	25	1	4.0	7	28.0	12	48.0	5	20.0	中势
财政金融竞争力	财政竞争力	12	0	0.0	1	8.3	5	41.7	6	50.0	劣势
	金融竞争力	10	0	0.0	1	10.0	3	30.0	6	60.0	劣势
	小　计	22	0	0.0	2	9.1	8	36.4	12	54.5	劣势
知识经济竞争力	科技竞争力	9	0	0.0	0	0.0	4	44.4	5	55.6	中势
	教育竞争力	10	0	0.0	1	10.0	6	60.0	3	30.0	劣势
	文化竞争力	8	1	12.5	2	25.0	4	50.0	1	12.5	中势
	小　计	27	1	3.7	3	11.1	14	51.9	9	33.3	劣势
发展环境竞争力	基础设施竞争力	9	0	0.0	0	0.0	4	44.4	5	55.6	劣势
	软环境竞争力	9	0	0.0	3	33.3	3	33.3	3	33.3	中势
	小　计	18	0	0.0	3	16.7	7	38.9	8	44.4	劣势
政府作用竞争力	政府发展经济竞争力	5	0	0.0	1	20.0	2	40.0	2	40.0	中势
	政府规调经济竞争力	5	1	20.0	2	40.0	1	20.0	1	20.0	优势
	政府保障经济竞争力	6	0	0.0	1	16.7	3	50.0	2	33.3	中势
	小　计	16	1	6.3	4	25.0	6	37.5	5	31.3	中势
发展水平竞争力	工业化进程竞争力	6	0	0.0	0	0.0	3	50.0	3	50.0	劣势
	城市化进程竞争力	7	0	0.0	0	0.0	4	57.1	3	42.9	劣势
	市场化进程竞争力	6	0	0.0	1	16.7	2	33.3	3	50.0	中势
	小　计	19	0	0.0	1	5.3	9	47.4	9	47.4	劣势
统筹协调竞争力	统筹发展竞争力	8	1	12.5	3	37.5	2	25.0	2	25.0	优势
	协调发展竞争力	8	2	25.0	3	37.5	2	25.0	1	12.5	强势
	小　计	16	3	18.8	6	37.5	4	25.0	3	18.8	优势
合　计		210	8	3.8	34	16.2	97	46.2	71	33.8	中势

基于图 7－2 和表 7－3，从四级指标来看，强势指标有 8 个，占指标总数的 3.8%；优势指标有 34 个，占指标总数的 16.2%；中势指标有 97 个，占指标总数的 46.2%；

劣势指标有 71 个，占指标总数的 33.8%。从三级指标来看，强势指标有 1 个，占三级指标总数的 4%；优势指标有 4 个，占三级指标总数的 16%；中势指标有 10 个，占三级指标总数的 40%；劣势指标有 10 个，占三级指标总数的 40%。反映到二级指标上来，优势指标有 1 个，占二级指标总数的 11.1%；中势指标有 4 个，占二级指标总数的 44.4%；劣势指标有 4 个，占二级指标总数的 44.4%。中势指标和劣势指标在指标体系中居于主导地位，综合其他方面的影响因素，2013 年吉林省经济综合竞争力处于中势地位。

4. 吉林省经济综合竞争力四级指标优劣势对比分析

表 7－4　2013 年吉林省经济综合竞争力各级指标优劣势比较表

二级指标	优劣势	四　级　指　标
宏观经济竞争力（27 个）	强势指标	资本形成结构优化度（1 个）
	优势指标	城乡经济结构优化度、实际 FDI 增长率（2 个）
	劣势指标	地区生产总值、地区生产总值增长率、财政总收入、财政总收入增长率、人均财政收入、固定资产投资额增长率、产业结构优化度、进出口增长率、出口总额、对外经济合作完成营业额（10 个）
产业经济竞争力（40 个）	强势指标	人均主要农产品产量（1 个）
	优势指标	人均农业增加值、人均工业增加值、工业资产总贡献率、规模以上企业平均增加值、流动资金周转次数、产品质量抽查合格率（6 个）
	劣势指标	农民人均纯收入增长率、农村人均用电量、服务业增加值、服务业增加值增长率、服务业从业人员数、限额以上批发零售企业主营业务收入、限额以上餐饮企业利税率、旅游外汇收入、房地产经营总收入、工业企业 R&D 经费投入强度（10 个）
可持续发展竞争力（25 个）	强势指标	人均耕地面积（1 个）
	优势指标	人均国土面积、耕地面积、人均森林储积量、15～64 岁人口比例、文盲率、平均受教育程度、人口健康素质（7 个）
	劣势指标	人均治理工业污染投资额、生活垃圾无害化处理率、人口自然增长率、人力资源利用率、职业学校毕业生数（5 个）
财政金融竞争力（22 个）	强势指标	（0 个）
	优势指标	税收收入占财政总收入比重、货币市场融资额（2 个）
	劣势指标	地方财政收入、地方财政支出、地方财政收入占 GDP 比重、税收收入占 GDP 比重、地方财政收入增长率、税收收入增长率、存款余额、人均存款余额、贷款余额、保险费净收入、保险深度、人均证券市场筹资额（12 个）
知识经济竞争力（27 个）	强势指标	农村居民人均文化娱乐支出占消费性支出比重（1 个）
	优势指标	万人高等学校在校学生数、图书和期刊出版数、农村居民人均文化娱乐支出（3 个）
	劣势指标	R&D 经费、发明专利授权量、技术市场成交合同金额、财政科技支出占地方财政支出比重、高技术产品出口额占商品出口额比重、教育经费、公共教育经费占财政支出比重、高等学校数、文化产业增加值（9 个）
发展环境竞争力（18 个）	强势指标	（0 个）
	优势指标	查处商标侵权假冒案件、每十万人交通事故发生数、食品安全事故数（3 个）
	劣势指标	公路网线密度、全社会旅客周转量、全社会货物周转量、万户移动电话数、人均耗电量、个体私营企业数增长率、万人商标注册件数、罚没收入占财政收入比重（8 个）

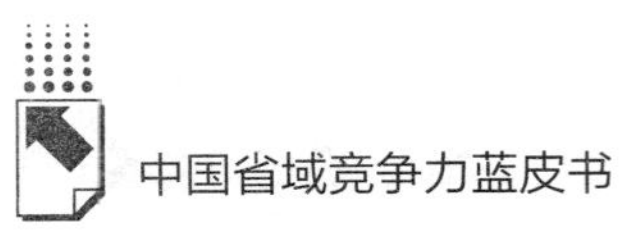

续表

二级指标	优劣势	四　级　指　标
政府作用竞争力（16个）	强势指标	人口控制（1个）
	优势指标	财政投资对社会投资的拉动、物价调控、调控城乡消费差距、医疗保险覆盖率（4个）
	劣势指标	财政支出用于基本建设投资比重、政府消费对民间消费的拉动、规范税收、城市城镇社区服务设施数、城镇登记失业率（5个）
发展水平竞争力（19个）	强势指标	（0个）
	优势指标	私有和个体企业从业人员比重（1个）
	劣势指标	工业增加值占GDP比重、工业增加值增长率、高技术产品出口额占商品出口额比重、城镇居民人均可支配收入、人均日生活用水量、人均居住面积、亿元以上商品市场成交额、亿元以上商品市场成交额占全社会消费品零售总额比重、居民消费支出占总消费支出比重（9个）
统筹协调竞争力（16个）	强势指标	固定资产交付使用率、城乡居民家庭人均收入比差、全社会消费品零售总额与外贸出口总额比差（3个）
	优势指标	社会劳动生产率、生产税净额和营业盈余占GDP比重、固定资产投资额占GDP比重、资源竞争力与宏观经济竞争力比差、资源竞争力与工业竞争力比差、城乡居民人均现金消费支出比差（6个）
	劣势指标	社会劳动生产率增速、最终消费率、环境竞争力与宏观经济竞争力比差（3个）

7.2　吉林省经济综合竞争力各级指标具体分析

1. 吉林省宏观经济竞争力指标排名变化情况

表7-5　2012～2013年吉林省宏观经济竞争力指标组排位及变化趋势表

指　标	2012年	2013年	排位升降	优劣势
1　宏观经济竞争力	17	19	-2	中势
1.1　经济实力竞争力	14	29	-15	劣势
地区生产总值	22	21	1	劣势
地区生产总值增长率	10	26	-16	劣势
人均地区生产总值	11	11	0	中势
财政总收入	25	25	0	劣势
财政总收入增长率	9	21	-12	劣势
人均财政收入	15	22	-7	劣势
固定资产投资额	18	20	-2	中势
固定资产投资额增长率	8	31	-23	劣势
人均固定资产投资额	5	11	-6	中势

续表

指　标	2012年	2013年	排位升降	优劣势
全社会消费品零售总额	16	16	0	中势
全社会消费品零售总额增长率	5	19	-14	中势
人均全社会消费品零售总额	11	11	0	中势
1.2 经济结构竞争力	13	10	3	优势
产业结构优化度	25	24	1	劣势
所有制经济结构优化度	20	19	1	中势
城乡经济结构优化度	5	5	0	优势
就业结构优化度	17	19	-2	中势
资本形成结构优化度	2	1	1	强势
贸易结构优化度	22	20	2	中势
1.3 经济外向度竞争力	21	24	-3	劣势
进出口总额	20	20	0	中势
进出口增长率	13	24	-11	劣势
出口总额	24	25	-1	劣势
出口增长率	13	15	-2	中势
实际 FDI	17	16	1	中势
实际 FDI 增长率	13	9	4	优势
外贸依存度	19	20	-1	中势
对外经济合作完成营业额	23	24	-1	劣势
对外直接投资	23	18	5	中势

2. 吉林省产业经济竞争力指标排名变化情况

表7-6　2012~2013年吉林省产业经济竞争力指标组排位及变化趋势表

指　标	2012年	2013年	排位升降	优劣势
2 产业经济竞争力	19	20	-1	中势
2.1 农业竞争力	8	12	-4	中势
农业增加值	18	19	-1	中势
农业增加值增长率	14	19	-5	中势
人均农业增加值	7	7	0	优势
农民人均纯收入	11	11	0	中势
农民人均纯收入增长率	12	26	-14	劣势
农产品出口占农林牧渔总产值比重	12	12	0	中势
人均主要农产品产量	3	3	0	强势
农业机械化	9	14	-5	中势
农村人均用电量	21	22	-1	劣势
财政支农资金比重	13	13	0	中势

续表

指　　标	2012 年	2013 年	排位升降	优劣势
2.2　工业竞争力	18	19	-1	中势
工业增加值	19	18	1	中势
工业增加值增长率	8	14	-6	中势
人均工业增加值	10	10	0	优势
工业资产总额	19	20	-1	中势
工业资产总额增长率	15	19	-4	中势
工业资产总贡献率	8	6	2	优势
规模以上工业主营业务收入	16	16	0	中势
规模以上工业利润总额	20	19	1	中势
工业全员劳动生产率	8	14	-6	中势
工业成本费用利润率	22	20	2	中势
2.3　服务业竞争力	23	27	-4	劣势
服务业增加值	24	24	0	劣势
服务业增加值增长率	10	24	-14	劣势
人均服务业增加值	14	13	1	中势
服务业从业人员数	22	22	0	劣势
服务业从业人员数增长率	16	12	4	中势
限额以上批发零售企业主营业务收入	24	25	-1	劣势
限额以上批零企业利税率	5	13	-8	中势
限额以上餐饮企业利税率	24	26	-2	劣势
旅游外汇收入	24	24	0	劣势
房地产经营总收入	23	25	-2	劣势
2.4　企业竞争力	20	17	3	中势
规模以上工业企业数	16	17	-1	中势
规模以上企业平均资产	17	16	1	中势
规模以上企业平均增加值	10	8	2	优势
流动资金周转次数	4	4	0	优势
规模以上企业平均利润	10	11	-1	中势
规模以上企业销售利税率	16	14	2	中势
新产品销售收入占主营业务收入比重	8	13	-5	中势
产品质量抽查合格率	20	7	13	优势
工业企业 R&D 经费投入强度	29	31	-2	劣势
中国驰名商标持有量	18	16	2	中势

3. 吉林省可持续发展竞争力指标排名变化情况

表 7－7　2012～2013 年吉林省可持续发展竞争力指标组排位及变化趋势表

指　　标	2012 年	2013 年	排位升降	优劣势
3　可持续发展竞争力	19	20	－1	中势
3.1　资源竞争力	9	9	0	优势
人均国土面积	9	9	0	优势
人均可使用海域和滩涂面积	13	13	0	中势
人均年水资源量	16	13	3	中势
耕地面积	9	9	0	优势
人均耕地面积	3	3	0	强势
人均牧草地面积	11	11	0	中势
主要能源矿产基础储量	19	18	1	中势
人均主要能源矿产基础储量	9	18	－9	中势
人均森林储积量	5	5	0	优势
3.2　环境竞争力	15	15	0	中势
森林覆盖率	10	11	－1	中势
人均废水排放量	16	12	4	中势
人均工业废气排放量	19	20	－1	中势
人均工业固体废物排放量	16	14	2	中势
人均治理工业污染投资额	23	25	－2	劣势
一般工业固体废物综合利用率	16	11	5	中势
生活垃圾无害化处理率	29	28	1	劣势
自然灾害直接经济损失	10	20	－10	中势
3.3　人力资源竞争力	24	24	0	劣势
人口自然增长率	30	30	0	劣势
15～64 岁人口比例	3	6	－3	优势
文盲率	2	6	－4	优势
大专以上教育程度人口比例	21	12	9	中势
平均受教育程度	8	7	1	优势
人口健康素质	10	10	0	优势
人力资源利用率	30	30	0	劣势
职业学校毕业生数	23	23	0	劣势

4. 吉林省财政金融竞争力指标排名变化情况

表 7－8　2012～2013 年吉林省财政金融竞争力指标组排位及变化趋势表

指　　标	2012 年	2013 年	排位升降	优劣势
4　财政金融竞争力	29	28	1	劣势
4.1　财政竞争力	25	27	－2	劣势
地方财政收入	24	25	－1	劣势
地方财政支出	25	25	0	劣势
地方财政收入占 GDP 比重	25	25	0	劣势

续表

指　　标	2012 年	2013 年	排位升降	优劣势
地方财政支出占 GDP 比重	19	19	0	中势
税收收入占 GDP 比重	23	24	-1	劣势
税收收入占财政总收入比重	10	8	2	优势
人均地方财政收入	17	17	0	中势
人均地方财政支出	12	12	0	中势
人均税收收入	17	17	0	中势
地方财政收入增长率	9	21	-12	劣势
地方财政支出增长率	28	18	10	中势
税收收入增长率	7	21	-14	劣势
4.2　金融竞争力	25	25	0	劣势
存款余额	24	24	0	劣势
人均存款余额	22	21	1	劣势
贷款余额	24	24	0	劣势
人均贷款余额	18	18	0	中势
货币市场融资额	5	5	0	优势
中长期贷款占贷款余额比重	14	12	2	中势
保险费净收入	23	25	-2	劣势
保险密度	20	20	0	中势
保险深度	23	25	-2	劣势
人均证券市场筹资额	29	28	1	劣势

5. 吉林省知识经济竞争力指标排名变化情况

表 7-9　2012~2013 年吉林省知识经济竞争力指标组排位及变化趋势表

指　　标	2012 年	2013 年	排位升降	优劣势
5　知识经济竞争力	20	21	-1	劣势
5.1　科技竞争力	22	19	3	中势
R&D 人员	18	18	0	中势
R&D 经费	21	21	0	劣势
R&D 经费投入强度	20	20	0	中势
发明专利授权量	22	24	-2	劣势
技术市场成交合同金额	24	23	1	劣势
财政科技支出占地方财政支出比重	24	24	0	劣势
高技术产业增加值	17	17	0	中势
高技术产业增加值占工业增加值比重	14	14	0	中势
高技术产品出口额占商品出口额比重	25	24	1	劣势
5.2　教育竞争力	20	26	-6	劣势
教育经费	25	26	-1	劣势
教育经费占 GDP 比重	18	20	-2	中势
人均教育经费	16	15	1	中势
公共教育经费占财政支出比重	20	23	-3	劣势

续表

指　　标	2012 年	2013 年	排位升降	优劣势
人均文化教育支出占个人消费支出比重	4	19	-15	中势
万人中小学学校数	14	14	0	中势
万人中小学专任教师数	20	20	0	中势
高等学校数	22	22	0	劣势
高校专任教师数	19	19	0	中势
万人高等学校在校学生数	6	6	0	优势
5.3　文化竞争力	10	13	-3	中势
文化产业增加值	23	25	-2	劣势
图书和期刊出版数	8	9	-1	优势
报纸出版数	16	17	-1	中势
出版印刷工业销售产值	13	14	-1	中势
城镇居民人均文化娱乐支出	15	16	-1	中势
农村居民人均文化娱乐支出	6	6	0	优势
城镇居民人均文化娱乐支出占消费性支出比重	15	19	-4	中势
农村居民人均文化娱乐支出占消费性支出比重	2	3	-1	强势

6. 吉林省发展环境竞争力指标排名变化情况

表 7-10　2012~2013 年吉林省发展环境竞争力指标组排位及变化趋势表

指　　标	2012 年	2013 年	排位升降	优劣势
6　发展环境竞争力	27	28	-1	劣势
6.1　基础设施竞争力	25	27	-2	劣势
铁路网线密度	11	12	-1	中势
公路网线密度	24	24	0	劣势
人均内河航道里程	18	18	0	中势
全社会旅客周转量	21	22	-1	劣势
全社会货物周转量	24	24	0	劣势
人均邮电业务总量	16	19	-3	中势
万户移动电话数	18	22	-4	劣势
万户上网用户数	20	20	0	中势
人均耗电量	25	27	-2	劣势
6.2　软环境竞争力	22	19	3	中势
外资企业数增长率	13	12	1	中势
万人外资企业数	13	13	0	中势
个体私营企业数增长率	24	24	0	劣势
万人个体私营企业数	15	15	0	中势
万人商标注册件数	24	23	1	劣势
查处商标侵权假冒案件	7	7	0	优势
每十万人交通事故发生数	9	9	0	优势
罚没收入占财政收入比重	30	27	3	劣势
食品安全事故数	4	9	-5	优势

7. 吉林省政府作用竞争力指标排名变化情况

表 7－11　2012～2013 年吉林省政府作用竞争力指标组排位及变化趋势表

指　　标	2012 年	2013 年	排位升降	优劣势
7　政府作用竞争力	10	11	－1	中势
7.1　政府发展经济竞争力	18	18	0	中势
财政支出用于基本建设投资比重	26	26	0	劣势
财政支出对 GDP 增长的拉动	13	13	0	中势
政府公务员对经济的贡献	14	14	0	中势
政府消费对民间消费的拉动	20	21	－1	劣势
财政投资对社会投资的拉动	7	6	1	优势
7.2　政府规调经济竞争力	5	5	0	优势
物价调控	7	7	0	优势
调控城乡消费差距	10	8	2	优势
统筹经济社会发展	18	18	0	中势
规范税收	22	21	1	劣势
人口控制	1	1	0	强势
7.3　政府保障经济竞争力	11	15	－4	中势
城市城镇社区服务设施数	28	29	－1	劣势
医疗保险覆盖率	8	10	－2	优势
养老保险覆盖率	9	16	－7	中势
失业保险覆盖率	17	20	－3	中势
下岗职工再就业率	10	13	－3	中势
城镇登记失业率	22	25	－3	劣势

8. 吉林省发展水平竞争力指标排名变化情况

表 7－12　2012～2013 年吉林省发展水平竞争力指标组排位及变化趋势表

指　　标	2012 年	2013 年	排位升降	优劣势
8　发展水平竞争力	21	21	0	劣势
8.1　工业化进程竞争力	26	22	4	劣势
工业增加值占 GDP 比重	24	25	－1	劣势
工业增加值增长率	25	22	3	劣势
高技术产业规模以上企业产值	18	19	－1	中势
高技术产业增加值占工业增加值比重	14	14	0	中势
高技术产品出口额占商品出口额比重	25	24	1	劣势
信息产业增加值占 GDP 比重	14	14	0	中势
8.2　城市化进程竞争力	23	23	0	劣势
城镇化率	12	13	－1	中势
城镇居民人均可支配收入	23	23	0	劣势
城市平均建成区面积比重	18	18	0	中势
人均拥有道路面积	20	17	3	中势

续表

指　标	2012 年	2013 年	排位升降	优劣势
人均日生活用水量	28	28	0	劣势
人均居住面积	28	25	3	劣势
人均公共绿地面积	17	15	2	中势
8.3 市场化进程竞争力	18	17	1	中势
非公有制经济产值占全社会总产值的比重	20	19	1	中势
社会投资占投资总额比重	8	13	-5	中势
私有和个体企业从业人员比重	7	7	0	优势
亿元以上商品市场成交额	21	23	-2	劣势
亿元以上商品市场成交额占全社会消费品零售总额比重	26	26	0	劣势
居民消费支出占总消费支出比重	20	21	-1	劣势

9. 吉林省统筹协调竞争力指标排名变化情况

表 7-13　2012~2013 年吉林省统筹协调竞争力指标组排位及变化趋势表

指　标	2012 年	2013 年	排位升降	优劣势
9 统筹协调竞争力	6	6	0	优势
9.1 统筹发展竞争力	8	9	-1	优势
社会劳动生产率	9	8	1	优势
社会劳动生产率增速	10	25	-15	劣势
万元 GDP 综合能耗	16	15	1	中势
非农用地产出率	16	18	-2	中势
生产税净额和营业盈余占 GDP 比重	8	8	0	优势
最终消费率	30	29	1	劣势
固定资产投资额占 GDP 比重	21	10	11	优势
固定资产交付使用率	1	2	-1	强势
9.2 协调发展竞争力	3	1	2	强势
环境竞争力与宏观经济竞争力比差	16	24	-8	劣势
资源竞争力与宏观经济竞争力比差	12	8	4	优势
人力资源竞争力与宏观经济竞争力比差	9	16	-7	中势
资源竞争力与工业竞争力比差	9	10	-1	优势
环境竞争力与工业竞争力比差	19	18	1	中势
城乡居民家庭人均收入比差	5	3	2	强势
城乡居民人均现金消费支出比差	10	7	3	优势
全社会消费品零售总额与外贸出口总额比差	2	2	0	强势

B.9
8
黑龙江省经济综合竞争力评价分析报告

黑龙江省简称黑，位于我国最东北部，与俄罗斯为邻，内接内蒙古自治区、吉林省。全省面积为46万多平方公里，2013年总人口为3835.02万人，地区生产总值达14383亿元，同比增长8.0%，人均GDP达37509元。本部分通过分析2012～2013年黑龙江省经济综合竞争力以及各要素竞争力的排名变化，从中找出黑龙江省经济综合竞争力的推动点及影响因素，为进一步提升黑龙江省经济综合竞争力提供决策参考。

8.1 黑龙江省经济综合竞争力总体分析

1. 黑龙江省经济综合竞争力一级指标概要分析

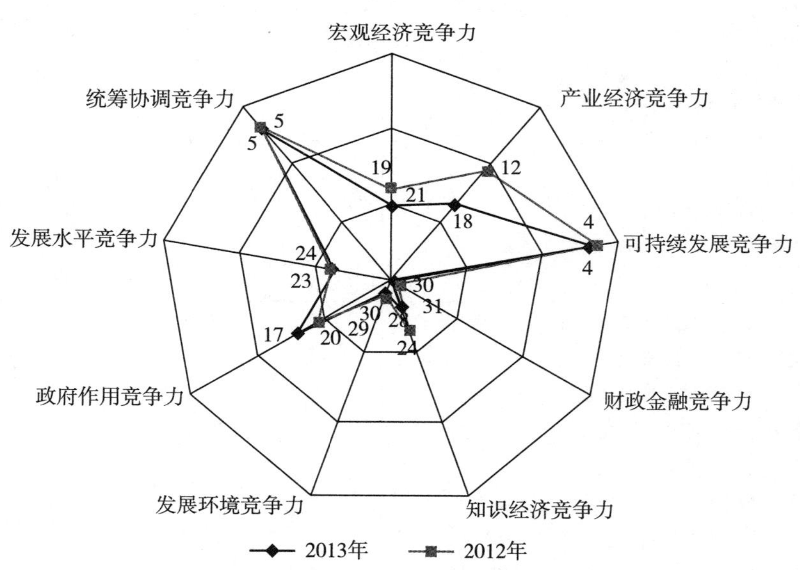

图8－1 2012～2013年黑龙江省经济综合竞争力二级指标比较雷达图

（1）从综合排位看，2013年黑龙江省经济综合竞争力居第22位，在全国处于劣势地位；与2012年相比，综合排位保持不变。

（2）从指标所处区位看，9个二级指标中，有2个优势指标，分别为可持续发展竞争力和统筹协调竞争力；有2个中势指标，分别为产业经济竞争力和政府作用竞争力；

表 8-1 2012~2013 年黑龙江省经济综合竞争力二级指标比较表

项目 / 年份	宏观经济竞争力	产业经济竞争力	可持续发展竞争力	财政金融竞争力	知识经济竞争力	发展环境竞争力	政府作用竞争力	发展水平竞争力	统筹协调竞争力	综合排位
2012	19	12	4	30	24	29	20	23	5	22
2013	21	18	4	31	28	30	17	24	5	22
升降	-2	-6	0	-1	-4	-1	3	-1	0	0
优劣度	劣势	中势	优势	劣势	劣势	劣势	中势	劣势	优势	劣势

有5个劣势指标，分别为宏观经济竞争力、财政金融竞争力、知识经济竞争力、发展环境竞争力和发展水平竞争力。

（3）从指标变化趋势看，9个二级指标中，有1个指标处于上升趋势，即政府作用竞争力，这是黑龙江省经济综合竞争力上升的动力所在；有2个指标排位没有发生变化，分别为可持续发展竞争力和统筹协调竞争力；有6个指标处于下降趋势，分别为宏观经济竞争力、产业经济竞争力、财政金融竞争力、知识经济竞争力、发展环境竞争力和发展水平竞争力，这些是黑龙江省经济综合竞争力下降的拉力所在。

2. 黑龙江省经济综合竞争力各级指标动态变化分析

表 8-2 2012~2013 年黑龙江经济综合竞争力各级指标排位变化态势比较表

二级指标	三级指标	四级指标数	上升		保持		下降		变化趋势
			指标数	比重（%）	指标数	比重（%）	指标数	比重（%）	
宏观经济竞争力	经济实力竞争力	12	0	0.0	5	41.7	7	58.3	下降
	经济结构竞争力	6	2	33.3	2	33.3	2	33.3	下降
	经济外向度竞争力	9	3	33.3	3	33.3	3	33.3	上升
	小　计	27	5	18.5	10	37.0	12	44.4	下降
产业经济竞争力	农业竞争力	10	2	20.0	5	50.0	3	30.0	保持
	工业竞争力	10	1	10.0	2	20.0	7	70.0	下降
	服务业竞争力	10	1	10.0	4	40.0	5	50.0	上升
	企业竞争力	10	0	0.0	5	50.0	5	50.0	下降
	小　计	40	4	10.0	16	40.0	20	50.0	下降
可持续发展竞争力	资源竞争力	9	2	22.2	7	77.8	0	0.0	上升
	环境竞争力	8	3	37.5	2	25.0	3	37.5	下降
	人力资源竞争力	8	4	50.0	3	37.5	1	12.5	上升
	小　计	25	9	36.0	12	48.0	4	16.0	保持
财政金融竞争力	财政竞争力	12	1	8.3	1	8.3	10	83.3	下降
	金融竞争力	10	1	10.0	4	40.0	5	50.0	下降
	小　计	22	2	9.1	5	22.7	15	68.2	下降
知识经济竞争力	科技竞争力	9	1	11.1	3	33.3	5	55.6	保持
	教育竞争力	10	4	40.0	3	30.0	3	30.0	保持
	文化竞争力	8	0	0.0	4	50.0	4	50.0	下降
	小　计	27	5	18.5	10	37.0	12	44.4	下降

续表

二级指标	三级指标	四级指标数	上升		保持		下降		变化趋势
			指标数	比重(%)	指标数	比重(%)	指标数	比重(%)	
发展环境竞争力	基础设施竞争力	9	0	0.0	8	88.9	1	11.1	保持
	软环境竞争力	9	0	0.0	4	44.4	5	55.6	下降
	小　计	18	0	0.0	12	66.7	6	33.3	下降
政府作用竞争力	政府发展经济竞争力	5	3	60.0	0	0.0	2	40.0	保持
	政府规调经济竞争力	5	1	20.0	4	80.0	0	0.0	上升
	政府保障经济竞争力	6	4	66.7	0	0.0	2	33.3	上升
	小　计	16	8	50.0	4	25.0	4	25.0	上升
发展水平竞争力	工业化进程竞争力	6	2	33.3	2	33.3	2	33.3	下降
	城市化进程竞争力	7	1	14.3	4	57.1	2	28.6	保持
	市场化进程竞争力	6	3	50.0	0	0.0	3	50.0	保持
	小　计	19	6	31.6	6	31.6	7	36.8	下降
统筹协调竞争力	统筹发展竞争力	8	5	62.5	0	0.0	3	37.5	上升
	协调发展竞争力	8	2	25.0	1	12.5	5	62.5	保持
	小　计	16	7	43.8	1	6.3	8	50.0	保持
合　计		210	46	21.9	76	36.2	88	41.9	保持

从表8-2可以看出，210个四级指标中，排位上升指标有46个，占指标总数的21.9%；排位下降指标有88个，占指标总数的41.9%；排位保持不变的指标有76个，占指标总数的36.2%。由此可见，黑龙江省经济综合竞争力排位上升的动力小于下降的拉力，但综合其他外部因素的影响，2012~2013年黑龙江省经济综合竞争力排位保持不变。

3. 黑龙江省经济综合竞争力各级指标优劣势结构分析

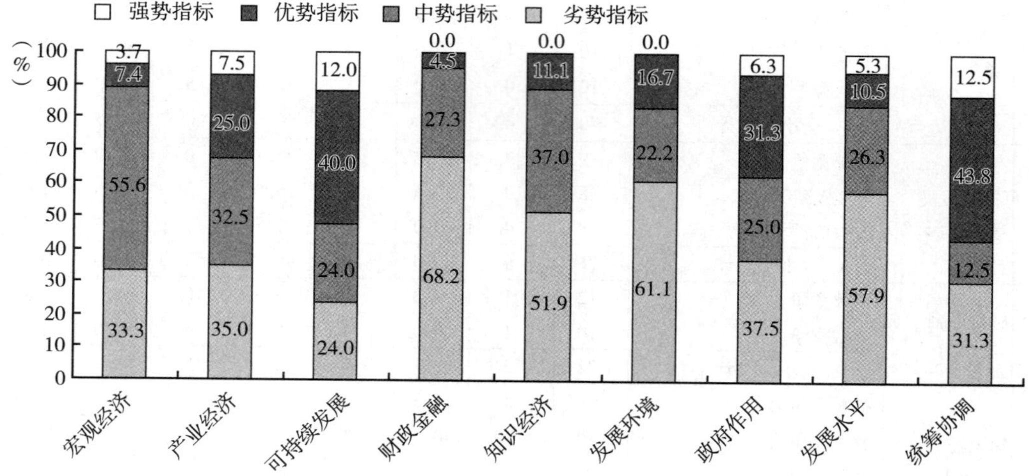

图8-2　2013年黑龙江省经济综合竞争力各级指标优劣势比较图

表 8-3 2013 年黑龙江省经济综合竞争力各级指标优劣势比较表

二级指标	三级指标	四级指标数	强势指标		优势指标		中势指标		劣势指标		优劣势
			个数	比重(%)	个数	比重(%)	个数	比重(%)	个数	比重(%)	
宏观经济竞争力	经济实力竞争力	12	0	0.0	0	0.0	7	58.3	5	41.7	劣势
	经济结构竞争力	6	1	16.7	1	16.7	2	33.3	2	33.3	中势
	经济外向度竞争力	9	0	0.0	1	11.1	6	66.7	2	22.2	劣势
	小　计	27	1	3.7	2	7.4	15	55.6	9	33.3	劣势
产业经济竞争力	农业竞争力	10	1	10.0	6	60.0	1	10.0	2	20.0	强势
	工业竞争力	10	1	10.0	1	10.0	2	20.0	6	60.0	劣势
	服务业竞争力	10	0	0.0	1	10.0	5	50.0	4	40.0	劣势
	企业竞争力	10	1	10.0	2	20.0	5	50.0	2	20.0	优势
	小　计	40	3	7.5	10	25.0	13	32.5	14	35.0	中势
可持续发展竞争力	资源竞争力	9	3	33.3	4	44.4	2	22.2	0	0.0	优势
	环境竞争力	8	0	0.0	2	25.0	3	37.5	3	37.5	中势
	人力资源竞争力	8	0	0.0	4	50.0	1	12.5	3	37.5	劣势
	小　计	25	3	12.0	10	40.0	6	24.0	6	24.0	优势
财政金融竞争力	财政竞争力	12	0	0.0	1	8.3	3	25.0	8	66.7	劣势
	金融竞争力	10	0	0.0	0	0.0	3	30.0	7	70.0	劣势
	小　计	22	0	0.0	1	4.5	6	27.3	15	68.2	劣势
知识经济竞争力	科技竞争力	9	0	0.0	0	0.0	6	66.7	3	33.3	劣势
	教育竞争力	10	0	0.0	1	10.0	3	30.0	6	60.0	劣势
	文化竞争力	8	0	0.0	2	25.0	1	12.5	5	62.5	劣势
	小　计	27	0	0.0	3	11.1	10	37.0	14	51.9	劣势
发展环境竞争力	基础设施竞争力	9	0	0.0	1	11.1	1	11.1	7	77.8	劣势
	软环境竞争力	9	0	0.0	2	22.2	3	33.3	4	44.4	劣势
	小　计	18	0	0.0	3	16.7	4	22.2	11	61.1	劣势
政府作用竞争力	政府发展经济竞争力	5	0	0.0	1	20.0	2	40.0	2	40.0	劣势
	政府规调经济竞争力	5	1	20.0	1	20.0	1	20.0	2	40.0	优势
	政府保障经济竞争力	6	0	0.0	3	50.0	1	16.7	2	33.3	中势
	小　计	16	1	6.3	5	31.3	4	25.0	6	37.5	中势
发展水平竞争力	工业化进程竞争力	6	1	16.7	2	33.3	0	0.0	3	50.0	中势
	城市化进程竞争力	7	0	0.0	0	0.0	2	28.6	5	71.4	劣势
	市场化进程竞争力	6	0	0.0	0	0.0	3	50.0	3	50.0	劣势
	小　计	19	1	5.3	2	10.5	5	26.3	11	57.9	劣势
统筹协调竞争力	统筹发展竞争力	8	1	12.5	3	37.5	2	25.0	2	25.0	优势
	协调发展竞争力	8	1	12.5	4	50.0	0	0.0	3	37.5	强势
	小　计	16	2	12.5	7	43.8	2	12.5	5	31.3	优势
合　计		210	11	5.2	43	20.5	65	31.0	91	43.3	劣势

基于图 8-2 和表 8-3，从四级指标来看，强势指标有 11 个，占指标总数的 5.2%；优势指标有 43 个，占指标总数的 20.5%；中势指标有 65 个，占指标总数的

31.0%；劣势指标有91个，占指标总数的43.3%。从三级指标来看，强势指标有2个，占三级指标总数的8%；优势指标有4个，占三级指标总数的16%；中势指标有4个，占三级指标总数的16%；劣势指标有15个，占三级指标总数的60%。反映到二级指标上来，优势指标有2个，占二级指标总数的22.2%；中势指标有2个，占二级指标总数的22.2%；劣势指标有5个，占二级指标总数的55.6%。综合来看，由于劣势指标在指标体系中居于主导地位，2013年黑龙江省经济综合竞争力处于劣势地位。

4. 黑龙江省经济综合竞争力四级指标优劣势对比分析

表8-4 2013年黑龙江省经济综合竞争力各级指标优劣势比较表

二级指标	优劣势	四级指标
宏观经济竞争力（27个）	强势指标	城乡经济结构优化度（1个）
	优势指标	资本形成结构优化度、实际FDI增长率（2个）
	劣势指标	地区生产总值增长率、财政总收入、财政总收入增长率、人均财政收入、固定资产投资额增长率、所有制经济结构优化度、贸易结构优化度、进出口增长率、对外经济合作完成营业额（9个）
产业经济竞争力（40个）	强势指标	人均主要农产品产量、工业成本费用利润率、规模以上企业销售利税率（3个）
	优势指标	农业增加值、农业增加值增长率、人均农业增加值、农民人均纯收入、农业机械化、财政支农资金比重、工业资产总贡献率、服务业增加值增长率、规模以上企业平均利润、产品质量抽查合格率（10个）
	劣势指标	农民人均纯收入增长率、农产品出口占农林牧渔总产值比重、工业增加值、工业增加值增长率、人均工业增加值、工业资产总额、工业资产总额增长率、规模以上工业主营业务收入、服务业从业人员数增长率、限额以上批发零售企业主营业务收入、限额以上餐饮企业利税率、旅游外汇收入、规模以上工业企业数、新产品销售收入占主营业务收入比重（14个）
可持续发展竞争力（25个）	强势指标	耕地面积、人均耕地面积、人均森林储积量（3个）
	优势指标	人均国土面积、人均年水资源量、人均牧草地面积、人均主要能源矿产基础储量、森林覆盖率、人均废水排放量、15～64岁人口比例、文盲率、大专以上教育程度人口比例、平均受教育程度（10个）
	劣势指标	人均工业废气排放量、生活垃圾无害化处理率、自然灾害直接经济损失、人口自然增长率、人力资源利用率、职业学校毕业生数（6个）
财政金融竞争力（22个）	强势指标	（0个）
	优势指标	税收收入占财政总收入比重（1个）
	劣势指标	地方财政收入、地方财政收入占GDP比重、税收收入占GDP比重、人均地方财政收入、人均税收收入、地方财政收入增长率、地方财政支出增长率、税收收入增长率、存款余额、人均存款余额、贷款余额、人均贷款余额、货币市场融资额、中长期贷款占贷款余额比重、人均证券市场筹资额（15个）
知识经济竞争力（27个）	强势指标	（0个）
	优势指标	万人高等学校在校学生数、农村居民人均文化娱乐支出、农村居民人均文化娱乐支出占消费性支出比重（3个）
	劣势指标	高技术产业增加值、高技术产业增加值占工业增加值比重、高技术产品出口额占商品出口额比重、教育经费、人均教育经费、公共教育经费占财政支出比重、人均文化教育支出占个人消费支出比重、万人中小学学校数、万人中小学专任教师数、文化产业增加值、图书和期刊出版数、出版印刷工业销售产值、城镇居民人均文化娱乐支出、城镇居民人均文化娱乐支出占消费性支出比重（14个）

续表

二级指标	优劣势	四级指标
发展环境竞争力（18个）	强势指标	（0个）
	优势指标	人均内河航道里程、个体私营企业数增长率、每十万人交通事故发生数（3个）
	劣势指标	铁路网线密度、公路网线密度、全社会货物周转量、人均邮电业务总量、万户移动电话数、万户上网用户数、人均耗电量、外资企业数增长率、万人个体私营企业数、万人商标注册件数、罚没收入占财政收入比重（11个）
政府作用竞争力（16个）	强势指标	人口控制（1个）
	优势指标	财政投资对社会投资的拉动、调控城乡消费差距、医疗保险覆盖率、养老保险覆盖率、失业保险覆盖率（5个）
	劣势指标	财政支出用于基本建设投资比重、政府消费对民间消费的拉动、物价调控、统筹经济社会发展、城市城镇社区服务设施数、城镇登记失业率（6个）
发展水平竞争力（19个）	强势指标	工业增加值增长率（1个）
	优势指标	工业增加值占GDP比重、信息产业增加值占GDP比重（2个）
	劣势指标	高技术产业规模以上企业产值、高技术产业增加值占工业增加值比重、高技术产品出口额占商品出口额比重、城镇居民人均可支配收入、城市平均建成区面积比重、人均拥有道路面积、人均日生活用水量、人均居住面积、非公有制经济产值占全社会总产值的比重、亿元以上商品市场成交额占全社会消费品零售总额比重、居民消费支出占总消费支出比重（11个）
统筹协调竞争力（16个）	强势指标	生产税净额和营业盈余占GDP比重、城乡居民家庭人均收入比差（2个）
	优势指标	社会劳动生产率增速、最终消费率、固定资产交付使用率、资源竞争力与宏观经济竞争力比差、资源竞争力与工业竞争力比差、城乡居民人均现金消费支出比差、全社会消费品零售总额与外贸出口总额比差（7个）
	劣势指标	万元GDP综合能耗、非农用地产出率、环境竞争力与宏观经济竞争力比差、人力资源竞争力与宏观经济竞争力比差、环境竞争力与工业竞争力比差（5个）

8.2 黑龙江省经济综合竞争力各级指标具体分析

1. 黑龙江省宏观经济竞争力指标排名变化情况

表8-5 2012～2013年黑龙江省宏观经济竞争力指标组排位及变化趋势表

指标	2012年	2013年	排位升降	优劣势
1 宏观经济竞争力	19	21	-2	劣势
1.1 经济实力竞争力	19	26	-7	劣势
地区生产总值	17	17	0	中势
地区生产总值增长率	23	29	-6	劣势
人均地区生产总值	17	17	0	中势
财政总收入	16	24	-8	劣势
财政总收入增长率	22	26	-4	劣势
人均财政收入	16	28	-12	劣势

续表

指　　标	2012 年	2013 年	排位升降	优劣势
固定资产投资额	17	17	0	中势
固定资产投资额增长率	6	22	-16	劣势
人均固定资产投资额	18	20	-2	中势
全社会消费品零售总额	15	15	0	中势
全社会消费品零售总额增长率	11	15	-4	中势
人均全社会消费品零售总额	13	13	0	中势
1.2　经济结构竞争力	14	15	-1	中势
产业结构优化度	12	13	-1	中势
所有制经济结构优化度	22	21	1	劣势
城乡经济结构优化度	1	1	0	强势
就业结构优化度	16	16	0	中势
资本形成结构优化度	18	10	8	优势
贸易结构优化度	24	26	-2	劣势
1.3　经济外向度竞争力	29	25	4	劣势
进出口总额	15	15	0	中势
进出口增长率	27	28	-1	劣势
出口总额	19	19	0	中势
出口增长率	31	16	15	中势
实际 FDI	19	20	-1	中势
实际 FDI 增长率	14	10	4	优势
外贸依存度	14	14	0	中势
对外经济合作完成营业额	19	23	-4	劣势
对外直接投资	21	15	6	中势

2. 黑龙江省产业经济竞争力指标排名变化情况

表 8-6　2012~2013 年黑龙江省产业经济竞争力指标组排位及变化趋势表

指　　标	2012 年	2013 年	排位升降	优劣势
2　产业经济竞争力	12	18	-6	中势
2.1　农业竞争力	2	2	0	强势
农业增加值	12	9	3	优势
农业增加值增长率	5	8	-3	优势
人均农业增加值	4	4	0	优势
农民人均纯收入	10	10	0	优势
农民人均纯收入增长率	23	25	-2	劣势
农产品出口占农林牧渔总产值比重	22	23	-1	劣势
人均主要农产品产量	1	1	0	强势
农业机械化	7	6	1	优势
农村人均用电量	20	20	0	中势
财政支农资金比重	5	5	0	优势

续表

指　标	2012 年	2013 年	排位升降	优劣势
2.2　工业竞争力	21	25	-4	劣势
工业增加值	21	22	-1	劣势
工业增加值增长率	31	31	0	劣势
人均工业增加值	20	25	-5	劣势
工业资产总额	20	22	-2	劣势
工业资产总额增长率	26	28	-2	劣势
工业资产总贡献率	3	4	-1	优势
规模以上工业主营业务收入	23	23	0	劣势
规模以上工业利润总额	18	20	-2	中势
工业全员劳动生产率	15	17	-2	中势
工业成本费用利润率	4	3	1	强势
2.3　服务业竞争力	25	23	2	劣势
服务业增加值	17	17	0	中势
服务业增加值增长率	15	8	7	优势
人均服务业增加值	15	16	-1	中势
服务业从业人员数	17	17	0	中势
服务业从业人员数增长率	31	31	0	劣势
限额以上批发零售企业主营业务收入	21	21	0	劣势
限额以上批零企业利税率	15	17	-2	中势
限额以上餐饮企业利税率	8	23	-15	劣势
旅游外汇收入	17	21	-4	劣势
房地产经营总收入	18	19	-1	中势
2.4　企业竞争力	7	9	-2	优势
规模以上工业企业数	21	21	0	劣势
规模以上企业平均资产	13	13	0	中势
规模以上企业平均增加值	14	16	-2	中势
流动资金周转次数	16	17	-1	中势
规模以上企业平均利润	8	8	0	优势
规模以上企业销售利税率	1	3	-2	强势
新产品销售收入占主营业务收入比重	26	27	-1	劣势
产品质量抽查合格率	3	4	-1	优势
工业企业 R&D 经费投入强度	14	14	0	中势
中国驰名商标持有量	20	20	0	中势

3. 黑龙江省可持续发展竞争力指标排名变化情况

表 8－7　2012～2013 年黑龙江省可持续发展竞争力指标组排位及变化趋势表

指　　标	2012 年	2013 年	排位升降	优劣势
3　可持续发展竞争力	4	4	0	优势
3.1　资源竞争力	5	4	1	优势
人均国土面积	6	6	0	优势
人均可使用海域和滩涂面积	13	13	0	中势
人均年水资源量	13	7	6	优势
耕地面积	1	1	0	强势
人均耕地面积	1	1	0	强势
人均牧草地面积	9	9	0	优势
主要能源矿产基础储量	13	13	0	中势
人均主要能源矿产基础储量	16	9	7	优势
人均森林储积量	3	3	0	强势
3.2　环境竞争力	16	20	－4	中势
森林覆盖率	9	9	0	优势
人均废水排放量	13	9	4	优势
人均工业废气排放量	22	22	0	劣势
人均工业固体废物排放量	14	12	2	中势
人均治理工业污染投资额	29	16	13	中势
一般工业固体废物综合利用率	13	16	－3	中势
生活垃圾无害化处理率	28	29	－1	劣势
自然灾害直接经济损失	14	27	－13	劣势
3.3　人力资源竞争力	22	21	1	劣势
人口自然增长率	29	29	0	劣势
15～64 岁人口比例	5	4	1	优势
文盲率	7	5	2	优势
大专以上教育程度人口比例	13	9	4	优势
平均受教育程度	11	5	6	优势
人口健康素质	11	11	0	中势
人力资源利用率	26	26	0	劣势
职业学校毕业生数	18	22	－4	劣势

4. 黑龙江省财政金融竞争力指标排名变化情况

表 8－8　2012～2013 年黑龙江省财政金融竞争力指标组排位及变化趋势表

指　　标	2012 年	2013 年	排位升降	优劣势
4　财政金融竞争力	30	31	－1	劣势
4.1　财政竞争力	30	31	－1	劣势
地方财政收入	23	23	0	劣势
地方财政支出	17	18	－1	中势
地方财政收入占 GDP 比重	26	27	－1	劣势

续表

指　　标	2012 年	2013 年	排位升降	优劣势
地方财政支出占 GDP 比重	11	13	-2	中势
税收收入占 GDP 比重	25	27	-2	劣势
税收收入占财政总收入比重	8	7	1	优势
人均地方财政收入	21	25	-4	劣势
人均地方财政支出	15	17	-2	中势
人均税收收入	23	25	-2	劣势
地方财政收入增长率	22	26	-4	劣势
地方财政支出增长率	25	29	-4	劣势
税收收入增长率	25	27	-2	劣势
4.2　金融竞争力	26	29	-3	劣势
存款余额	21	22	-1	劣势
人均存款余额	23	23	0	劣势
贷款余额	23	23	0	劣势
人均贷款余额	25	26	-1	劣势
货币市场融资额	16	30	-14	劣势
中长期贷款占贷款余额比重	26	25	1	劣势
保险费净收入	17	18	-1	中势
保险密度	18	18	0	中势
保险深度	13	13	0	中势
人均证券市场筹资额	24	30	-6	劣势

5. 黑龙江省知识经济竞争力指标排名变化情况

表 8-9　2012～2013 年黑龙江省知识经济竞争力指标组排位及变化趋势表

指　　标	2012 年	2013 年	排位升降	优劣势
5　知识经济竞争力	24	28	-4	劣势
5.1　科技竞争力	23	23	0	劣势
R&D 人员	16	17	-1	中势
R&D 经费	18	18	0	中势
R&D 经费投入强度	16	17	-1	中势
发明专利授权量	15	17	-2	中势
技术市场成交合同金额	12	12	0	中势
财政科技支出占地方财政支出比重	14	17	-3	中势
高技术产业增加值	21	22	-1	劣势
高技术产业增加值占工业增加值比重	23	23	0	劣势
高技术产品出口额占商品出口额比重	28	26	2	劣势
5.2　教育竞争力	28	28	0	劣势
教育经费	23	22	1	劣势
教育经费占 GDP 比重	20	17	3	中势
人均教育经费	26	24	2	劣势
公共教育经费占财政支出比重	30	25	5	劣势

续表

指　　标	2012 年	2013 年	排位升降	优劣势
人均文化教育支出占个人消费支出比重	11	30	-19	劣势
万人中小学学校数	20	25	-5	劣势
万人中小学专任教师数	22	23	-1	劣势
高等学校数	16	16	0	中势
高校专任教师数	15	15	0	中势
万人高等学校在校学生数	10	10	0	优势
5.3　文化竞争力	25	27	-2	劣势
文化产业增加值	27	27	0	劣势
图书和期刊出版数	24	24	0	劣势
报纸出版数	18	19	-1	中势
出版印刷工业销售产值	22	23	-1	劣势
城镇居民人均文化娱乐支出	28	31	-3	劣势
农村居民人均文化娱乐支出	9	9	0	优势
城镇居民人均文化娱乐支出占消费性支出比重	26	30	-4	劣势
农村居民人均文化娱乐支出占消费性支出比重	6	6	0	优势

6. 黑龙江省发展环境竞争力指标排名变化情况

表 8－10　2012～2013 年黑龙江省发展环境竞争力指标组排位及变化趋势表

指　　标	2012 年	2013 年	排位升降	优劣势
6　发展环境竞争力	29	30	-1	劣势
6.1　基础设施竞争力	28	28	0	劣势
铁路网线密度	23	23	0	劣势
公路网线密度	26	26	0	劣势
人均内河航道里程	6	6	0	优势
全社会旅客周转量	19	19	0	中势
全社会货物周转量	22	22	0	劣势
人均邮电业务总量	20	23	-3	劣势
万户移动电话数	29	29	0	劣势
万户上网用户数	21	21	0	劣势
人均耗电量	28	28	0	劣势
6.2　软环境竞争力	20	22	-2	劣势
外资企业数增长率	20	22	-2	劣势
万人外资企业数	16	16	0	中势
个体私营企业数增长率	7	8	-1	优势
万人个体私营企业数	23	23	0	劣势
万人商标注册件数	26	26	0	劣势
查处商标侵权假冒案件	14	14	0	中势
每十万人交通事故发生数	7	8	-1	优势
罚没收入占财政收入比重	26	29	-3	劣势
食品安全事故数	3	16	-13	中势

7. 黑龙江省政府作用竞争力指标排名变化情况

表 8-11 2012~2013 年黑龙江省政府作用竞争力指标组排位及变化趋势表

指　　标	2012 年	2013 年	排位升降	优劣势
7 政府作用竞争力	20	17	3	中势
7.1 政府发展经济竞争力	23	23	0	劣势
财政支出用于基本建设投资比重	18	25	-7	劣势
财政支出对 GDP 增长的拉动	21	19	2	中势
政府公务员对经济的贡献	16	15	1	中势
政府消费对民间消费的拉动	26	27	-1	劣势
财政投资对社会投资的拉动	15	7	8	优势
7.2 政府规调经济竞争力	11	10	1	优势
物价调控	26	26	0	劣势
调控城乡消费差距	6	6	0	优势
统筹经济社会发展	26	26	0	劣势
规范税收	21	17	4	中势
人口控制	3	3	0	强势
7.3 政府保障经济竞争力	14	11	3	中势
城市城镇社区服务设施数	20	22	-2	劣势
医疗保险覆盖率	12	7	5	优势
养老保险覆盖率	18	9	9	优势
失业保险覆盖率	8	5	3	优势
下岗职工再就业率	23	18	5	中势
城镇登记失业率	29	31	-2	劣势

8. 黑龙江省发展水平竞争力指标排名变化情况

表 8-12 2012~2013 年黑龙江省发展水平竞争力指标组排位及变化趋势表

指　　标	2012 年	2013 年	排位升降	优劣势
8 发展水平竞争力	23	24	-1	劣势
8.1 工业化进程竞争力	14	16	-2	中势
工业增加值占 GDP 比重	10	7	3	优势
工业增加值增长率	1	1	0	强势
高技术产业规模以上企业产值	21	22	-1	劣势
高技术产业增加值占工业增加值比重	23	23	0	劣势
高技术产品出口额占商品出口额比重	28	26	2	劣势
信息产业增加值占 GDP 比重	9	10	-1	优势
8.2 城市化进程竞争力	24	24	0	劣势
城镇化率	11	11	0	中势
城镇居民人均可支配收入	29	29	0	劣势
城市平均建成区面积比重	24	25	-1	劣势
人均拥有道路面积	23	21	2	劣势

续表

指　　标	2012 年	2013 年	排位升降	优劣势
人均日生活用水量	26	27	-1	劣势
人均居住面积	27	27	0	劣势
人均公共绿地面积	14	14	0	中势
8.3　市场化进程竞争力	23	23	0	劣势
非公有制经济产值占全社会总产值的比重	22	21	1	劣势
社会投资占投资总额比重	21	20	1	中势
私有和个体企业从业人员比重	17	14	3	中势
亿元以上商品市场成交额	19	20	-1	中势
亿元以上商品市场成交额占全社会消费品零售总额比重	22	23	-1	劣势
居民消费支出占总消费支出比重	26	27	-1	劣势

9. 黑龙江省统筹协调竞争力指标排名变化情况

表 8-13　2012~2013 年黑龙江省统筹协调竞争力指标组排位及变化趋势表

指　　标	2012 年	2013 年	排位升降	优劣势
9　统筹协调竞争力	5	5	0	优势
9.1　统筹发展竞争力	9	6	3	优势
社会劳动生产率	17	11	6	中势
社会劳动生产率增速	30	6	24	优势
万元 GDP 综合能耗	20	21	-1	劣势
非农用地产出率	24	25	-1	劣势
生产税净额和营业盈余占 GDP 比重	3	1	2	强势
最终消费率	8	7	1	优势
固定资产投资额占 GDP 比重	11	13	-2	中势
固定资产交付使用率	5	4	1	优势
9.2　协调发展竞争力	2	2	0	强势
环境竞争力与宏观经济竞争力比差	22	23	-1	劣势
资源竞争力与宏观经济竞争力比差	2	4	-2	优势
人力资源竞争力与宏观经济竞争力比差	16	24	-8	劣势
资源竞争力与工业竞争力比差	6	8	-2	优势
环境竞争力与工业竞争力比差	21	22	-1	劣势
城乡居民家庭人均收入比差	1	1	0	强势
城乡居民人均现金消费支出比差	6	5	1	优势
全社会消费品零售总额与外贸出口总额比差	10	9	1	优势

B.10
9
上海市经济综合竞争力评价分析报告

上海市简称沪，地处长江三角洲前缘，东濒东海，南临杭州湾，西接江苏、浙江两省，北接长江入海口，处于我国南北海岸线的中部，交通便利，腹地广阔，地理位置优越，是一个良好的江海港口城市。全市面积为6340.5平方公里，2013年总人口为2415万人，地区生产总值达21602亿元，同比增长7.7%，人均GDP达90092元。本部分通过分析2012~2013年上海市经济综合竞争力以及各要素竞争力的排名变化，从中找出上海市经济综合竞争力的推动点及影响因素，为进一步提升上海市经济综合竞争力提供决策参考。

9.1 上海市经济综合竞争力总体分析

1. 上海市经济综合竞争力一级指标概要分析

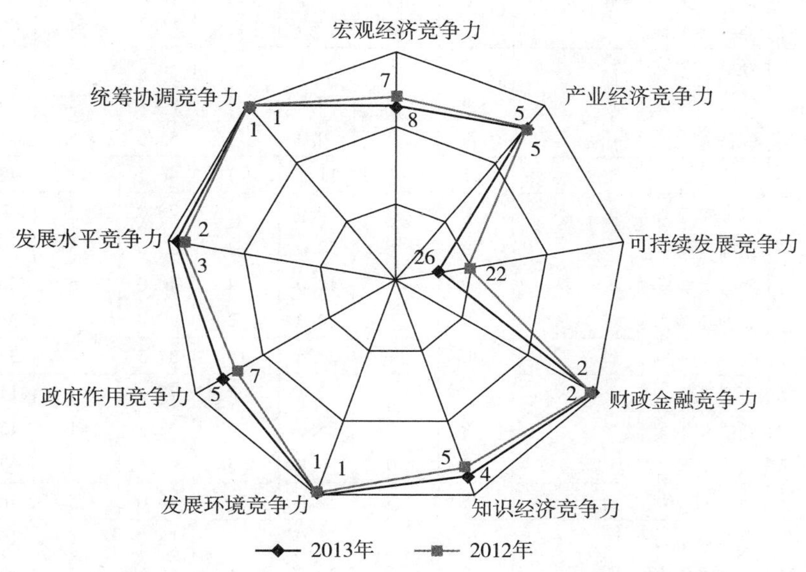

图9-1 2012~2013年上海市经济综合竞争力二级指标比较雷达图

（1）从综合排位看，2013年上海市经济综合竞争力居第4位，在全国处于优势地位；与2012年相比，综合排位保持不变。

（2）从指标所处区位看，9个指标中，有8个指标处于上游区，其中，财政金融竞

表 9-1　2012~2013 年上海市经济综合竞争力二级指标比较表

项目 年份	宏观经济竞争力	产业经济竞争力	可持续发展竞争力	财政金融竞争力	知识经济竞争力	发展环境竞争力	政府作用竞争力	发展水平竞争力	统筹协调竞争力	**综合排位**
2012	7	5	22	2	5	1	7	3	1	4
2013	8	5	26	2	4	1	5	2	1	4
升降	-1	0	-4	0	1	0	2	1	0	0
优劣度	优势	优势	劣势	强势	优势	强势	优势	强势	强势	优势

争力、发展环境竞争力、发展水平竞争力和统筹协调竞争力 4 个指标为强势指标；有 1 个劣势指标，即可持续发展竞争力。

（3）从指标变化趋势看，9 个二级指标中，有 3 个指标处于上升趋势，分别为知识经济竞争力、政府作用竞争力和发展水平竞争力，这些是上海市经济综合竞争力上升的动力所在；有 4 个指标排位没有发生变化，分别为产业经济竞争力、财政金融竞争力、发展环境竞争力和统筹协调竞争力；有 2 个指标处于下降趋势，分别为宏观经济竞争力和可持续发展竞争力，这些是上海市经济综合竞争力下降的拉力所在。

2. 上海市经济综合竞争力各级指标动态变化分析

表 9-2　2012~2013 年上海市经济综合竞争力各级指标排位变化态势比较表

二级指标	三级指标	四级指标数	上升		保持		下降		变化趋势
			指标数	比重(%)	指标数	比重(%)	指标数	比重(%)	
宏观经济竞争力	经济实力竞争力	12	3	25.0	4	33.3	5	41.7	上升
	经济结构竞争力	6	0	0.0	4	66.7	2	33.3	保持
	经济外向度竞争力	9	0	0.0	5	55.6	4	44.4	保持
	小　计	27	3	11.1	13	48.1	11	40.7	下降
产业经济竞争力	农业竞争力	10	0	0.0	7	70.0	3	30.0	下降
	工业竞争力	10	5	50.0	2	20.0	3	30.0	上升
	服务业竞争力	10	1	10.0	4	40.0	5	50.0	上升
	企业竞争力	10	5	50.0	2	20.0	3	30.0	上升
	小　计	40	11	27.5	15	37.5	14	35.0	保持
可持续发展竞争力	资源竞争力	9	1	11.1	7	77.8	1	11.1	上升
	环境竞争力	8	2	25.0	5	62.5	1	12.5	下降
	人力资源竞争力	8	0	0.0	5	62.5	3	37.5	下降
	小　计	25	3	12.0	17	68.0	5	20.0	下降
财政金融竞争力	财政竞争力	12	3	25.0	7	58.3	2	16.7	保持
	金融竞争力	10	2	20.0	6	60.0	2	20.0	保持
	小　计	22	5	22.7	13	59.1	4	18.2	保持
知识经济竞争力	科技竞争力	9	3	33.3	3	33.3	3	33.3	保持
	教育竞争力	10	1	10.0	5	50.0	4	40.0	上升
	文化竞争力	8	1	12.5	1	12.5	6	75.0	下降
	小　计	27	5	18.5	9	33.3	13	48.1	上升

续表

二级指标	三级指标	四级指标数	上升		保持		下降		变化趋势
			指标数	比重(%)	指标数	比重(%)	指标数	比重(%)	
发展环境竞争力	基础设施竞争力	9	1	11.1	6	66.7	2	22.2	下降
	软环境竞争力	9	2	22.2	5	55.6	2	22.2	保持
	小　计	18	3	16.7	11	61.1	4	22.2	保持
政府作用竞争力	政府发展经济竞争力	5	1	20.0	2	40.0	2	40.0	保持
	政府规调经济竞争力	5	2	40.0	3	60.0	0	0.0	下降
	政府保障经济竞争力	6	2	33.3	1	16.7	3	50.0	上升
	小　计	16	5	31.3	6	37.5	5	31.3	上升
发展水平竞争力	工业化进程竞争力	6	3	50.0	2	33.3	1	16.7	下降
	城市化进程竞争力	7	1	14.3	5	71.4	1	14.3	保持
	市场化进程竞争力	6	2	33.3	2	33.3	2	33.3	下降
	小　计	19	6	31.6	9	47.4	4	21.1	上升
统筹协调竞争力	统筹发展竞争力	8	2	25.0	4	50.0	2	25.0	保持
	协调发展竞争力	8	5	62.5	2	25.0	1	12.5	上升
	小　计	16	7	43.8	6	37.5	3	18.8	保持
合　计		210	48	22.9	99	47.1	63	30.0	保持

从表 9－2 可以看出，210 个四级指标中，排位上升指标有 48 个，占指标总数的 22.9%；排位下降指标有 63 个，占指标总数的 30%；排位保持不变的指标有 99 个，占指标总数的 47.1%。由此可见，上海市经济综合竞争力上升的动力小于下降的拉力，但受其他外部因素的综合影响，2012～2013 年上海市经济综合竞争力排位保持不变。

3. 上海市经济综合竞争力各级指标优劣势结构分析

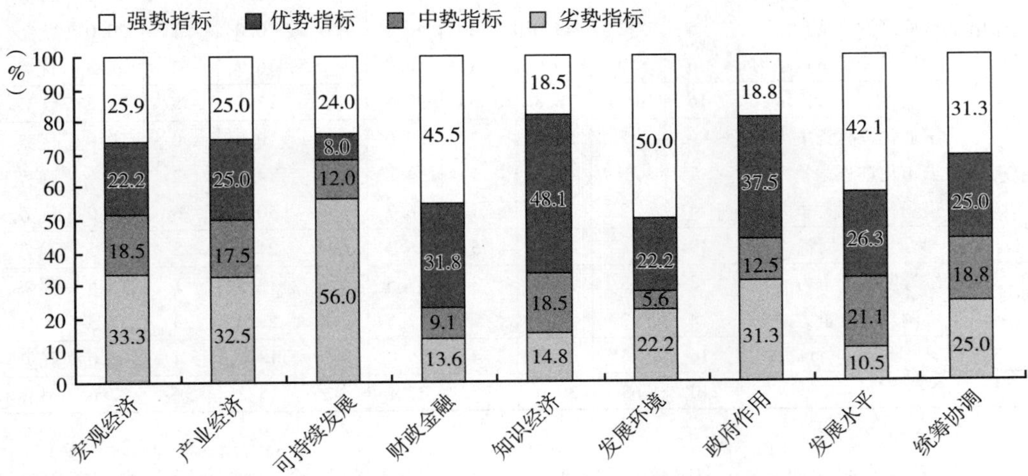

图 9－2　2013 年上海市经济综合竞争力各级指标优劣势比较图

表 9-3　2013 年上海市经济综合竞争力各级指标优劣势比较表

二级指标	三级指标	四级指标数	强势指标		优势指标		中势指标		劣势指标		优劣势
			个数	比重(%)	个数	比重(%)	个数	比重(%)	个数	比重(%)	
宏观经济竞争力	经济实力竞争力	12	2	16.7	1	8.3	3	25.0	6	50.0	中势
	经济结构竞争力	6	2	33.3	2	33.3	1	16.7	1	16.7	优势
	经济外向度竞争力	9	3	33.3	3	33.3	1	11.1	2	22.2	强势
	小　计	27	7	25.9	6	22.2	5	18.5	9	33.3	优势
产业经济竞争力	农业竞争力	10	3	30.0	0	0.0	0	0.0	7	70.0	中势
	工业竞争力	10	0	0.0	6	60.0	1	10.0	3	30.0	中势
	服务业竞争力	10	5	50.0	2	20.0	1	10.0	2	20.0	强势
	企业竞争力	10	2	20.0	2	20.0	5	50.0	1	10.0	优势
	小　计	40	10	25.0	10	25.0	7	17.5	13	32.5	优势
可持续发展竞争力	资源竞争力	9	0	0.0	0	0.0	1	11.1	8	88.9	劣势
	环境竞争力	8	2	25.0	2	25.0	1	12.5	3	37.5	劣势
	人力资源竞争力	8	4	50.0	0	0.0	1	12.5	3	37.5	优势
	小　计	25	6	24.0	2	8.0	3	12.0	14	56.0	劣势
财政金融竞争力	财政竞争力	12	5	41.7	3	25.0	1	8.3	3	25.0	强势
	金融竞争力	10	5	50.0	4	40.0	1	10.0	0	0.0	强势
	小　计	22	10	45.5	7	31.8	2	9.1	3	13.6	强势
知识经济竞争力	科技竞争力	9	4	44.4	5	55.6	0	0.0	0	0.0	优势
	教育竞争力	10	0	0.0	3	30.0	3	30.0	4	40.0	优势
	文化竞争力	8	1	12.5	5	62.5	2	25.0	0	0.0	优势
	小　计	27	5	18.5	13	48.1	5	18.5	4	14.8	优势
发展环境竞争力	基础设施竞争力	9	5	55.6	2	22.2	1	11.1	1	11.1	强势
	软环境竞争力	9	4	44.4	2	22.2	0	0.0	3	33.3	强势
	小　计	18	9	50.0	4	22.2	1	5.6	4	22.2	强势
政府作用竞争力	政府发展经济竞争力	5	1	20.0	1	20.0	1	20.0	2	40.0	优势
	政府规调经济竞争力	5	2	40.0	2	40.0	0	0.0	1	20.0	优势
	政府保障经济竞争力	6	0	0.0	3	50.0	1	16.7	2	33.3	优势
	小　计	16	3	18.8	6	37.5	2	12.5	5	31.3	优势
发展水平竞争力	工业化进程竞争力	6	3	50.0	3	50.0	0	0.0	0	0.0	优势
	城市化进程竞争力	7	3	42.9	1	14.3	1	14.3	2	28.6	强势
	市场化进程竞争力	6	2	33.3	1	16.7	3	50.0	0	0.0	优势
	小　计	19	8	42.1	5	26.3	4	21.1	2	10.5	强势
统筹协调竞争力	统筹发展竞争力	8	3	37.5	3	37.5	1	12.5	1	12.5	强势
	协调发展竞争力	8	2	25.0	1	12.5	2	25.0	3	37.5	劣势
	小　计	16	5	31.3	4	25.0	3	18.8	4	25.0	强势
合　计		210	63	30.0	57	27.1	32	15.2	58	27.6	强势

基于图 9-2 和表 9-3，从四级指标来看，强势指标有 63 个，占指标总数的 30%；优势指标有 57 个，占指标总数的 27.1%；中势指标有 32 个，占指标总数的 15.2%；

劣势指标有58个，占指标总数的27.6%。从三级指标来看，强势指标有8个，占三级指标总数的32%；优势指标有11个，占三级指标总数的44%；中势指标有3个，占三级指标总数的12%；劣势指标有3个，占三级指标总数的12%。反映到二级指标上来，强势指标有4个，占二级指标总数的44.4%；优势指标有4个，占二级指标总数的44.4%；劣势指标1个，占二级指标总数的11.1%。综合来看，由于强势和优势指标在指标体系中居于主导地位，2013年上海市经济综合竞争力处于强势地位。

4. 上海市经济综合竞争力四级指标优劣势对比分析

表9-4 2013年上海市经济综合竞争力各级指标优劣势比较表

二级指标	优劣势	四级指标
宏观经济竞争力（27个）	强势指标	人均地区生产总值、人均全社会消费品零售总额、产业结构优化度、就业结构优化度、进出口总额、外贸依存度、对外经济合作完成营业额（7个）
	优势指标	人均财政收入、城乡经济结构优化度、贸易结构优化度、出口总额、实际FDI、对外直接投资（6个）
	劣势指标	地区生产总值增长率、财政总收入增长率、固定资产投资额、固定资产投资额增长率、人均固定资产投资额、全社会消费品零售总额增长率、资本形成结构优化度、进出口增长率、出口增长率（9个）
产业经济竞争力（40个）	强势指标	农民人均纯收入、农产品出口占农林牧渔总产值比重、农村人均用电量、人均服务业增加值、服务业从业人员数增长率、限额以上批发零售企业主营业务收入、限额以上餐饮企业利税率、旅游外汇收入、新产品销售收入占主营业务收入比重、工业企业R&D经费投入强度（10个）
	优势指标	人均工业增加值、工业资产总额、规模以上工业主营业务收入、规模以上工业利润总额、工业全员劳动生产率、工业成本费用利润率、服务业增加值、房地产经营总收入、规模以上企业平均利润、规模以上企业销售利税率（10个）
	劣势指标	农业增加值、农业增加值增长率、人均农业增加值、农民人均纯收入增长率、人均主要农产品产量、农业机械化、财政支农资金比重、工业增加值增长率、工业资产总额增长率、工业资产总贡献率、服务业增加值增长率、服务业从业人员数、流动资金周转次数（13个）
可持续发展竞争力（25个）	强势指标	一般工业固体废物综合利用率、自然灾害直接经济损失、15~64岁人口比例、大专以上教育程度人口比例、平均受教育程度、人口健康素质（6个）
	优势指标	人均工业废气排放量、人均工业固体废物排放量（2个）
	劣势指标	人均国土面积、人均年水资源量、耕地面积、人均耕地面积、人均牧草地面积、主要能源矿产基础储量、人均主要能源矿产基础储量、人均森林储积量、森林覆盖率、人均废水排放量、人均治理工业污染投资额、人口自然增长率、人力资源利用率、职业学校毕业生数（14个）
财政金融竞争力（22个）	强势指标	地方财政收入占GDP比重、税收收入占GDP比重、税收收入占财政总收入比重、人均地方财政收入、人均税收收入、人均存款余额、人均贷款余额、货币市场融资额、保险密度、保险深度（10个）
	优势指标	地方财政收入、地方财政支出、人均地方财政支出、存款余额、贷款余额、保险费净收入、人均证券市场筹资额（7个）
	劣势指标	地方财政收入增长率、地方财政支出增长率、税收收入增长率（3个）

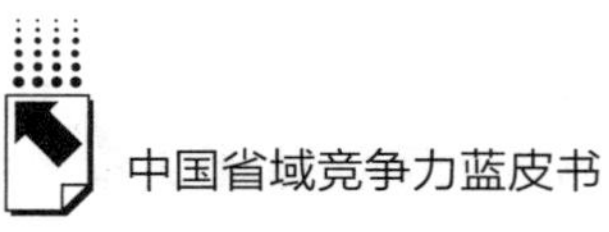

续表

三级指标	优劣势	四级指标
知识经济竞争力（27个）	强势指标	R&D经费投入强度、技术市场成交合同金额、财政科技支出占地方财政支出比重、高技术产品出口额占商品出口额比重、城镇居民人均文化娱乐支出（5个）
	优势指标	R&D人员、R&D经费、发明专利授权量、高技术产业增加值、高技术产业增加值占工业增加值比重、人均教育经费、人均文化教育支出占个人消费支出比重、万人高等学校在校学生数、文化产业增加值、图书和期刊出版数、出版印刷工业销售产值、农村居民人均文化娱乐支出、城镇居民人均文化娱乐支出占消费性支出比重（13个）
	劣势指标	教育经费占GDP比重、公共教育经费占财政支出比重、万人中小学学校数、万人中小学专任教师数（4个）
发展环境竞争力（18个）	强势指标	铁路网线密度、公路网线密度、全社会货物周转量、人均邮电业务总量、万户上网用户数、外资企业数增长率、万人外资企业数、万人商标注册件数、罚没收入占财政收入比重（9个）
	优势指标	万户移动电话数、人均耗电量、万人个体私营企业数、每十万人交通事故发生数（4个）
	劣势指标	全社会旅客周转量、个体私营企业数增长率、查处商标侵权假冒案件、食品安全事故数（4个）
政府作用竞争力（16个）	强势指标	政府公务员对经济的贡献、调控城乡消费差距、规范税收（3个）
	优势指标	政府消费对民间消费的拉动、统筹经济社会发展、人口控制、医疗保险覆盖率、养老保险覆盖率、失业保险覆盖率（6个）
	劣势指标	财政支出用于基本建设投资比重、财政投资对社会投资的拉动、物价调控、下岗职工再就业率、城镇登记失业率（5个）
发展水平竞争力（19个）	强势指标	工业增加值增长率、高技术产品出口额占商品出口额比重、信息产业增加值占GDP比重、城镇化率、城镇居民人均可支配收入、城市平均建成区面积比重、亿元以上商品市场成交额、亿元以上商品市场成交额占全社会消费品零售总额比重（8个）
	优势指标	工业增加值占GDP比重、高技术产业规模以上企业产值、高技术产业增加值占工业增加值比重、人均居住面积、居民消费支出占总消费支出比重（5个）
	劣势指标	人均拥有道路面积、人均公共绿地面积（2个）
统筹协调竞争力（16个）	强势指标	社会劳动生产率、非农用地产出率、固定资产投资额占GDP比重、环境竞争力与宏观经济竞争力比差、城乡居民人均现金消费支出比差（5个）
	优势指标	万元GDP综合能耗、生产税净额和营业盈余占GDP比重、最终消费率、城乡居民家庭人均收入比差（4个）
	劣势指标	固定资产交付使用率、资源竞争力与宏观经济竞争力比差、资源竞争力与工业竞争力比差、全社会消费品零售总额与外贸出口总额比差（4个）

9.2 上海市经济综合竞争力各级指标具体分析

1. 上海市宏观经济竞争力指标排名变化情况

表9-5　2012~2013年上海市宏观经济竞争力指标组排位及变化趋势表

指　　标	2012年	2013年	排位升降	优劣势
1　宏观经济竞争力	7	8	-1	优势
1.1　经济实力竞争力	20	18	2	中势
地区生产总值	11	12	-1	中势
地区生产总值增长率	31	30	1	劣势

续表

指　标	2012 年	2013 年	排位升降	优劣势
人均地区生产总值	3	3	0	强势
财政总收入	9	11	-2	中势
财政总收入增长率	30	27	3	劣势
人均财政收入	4	5	-1	优势
固定资产投资额	27	27	0	劣势
固定资产投资额增长率	31	30	1	劣势
人均固定资产投资额	25	28	-3	劣势
全社会消费品零售总额	12	13	-1	中势
全社会消费品零售总额增长率	31	31	0	劣势
人均全社会消费品零售总额	2	2	0	强势
1.2　经济结构竞争力	4	4	0	优势
产业结构优化度	2	2	0	强势
所有制经济结构优化度	19	20	-1	中势
城乡经济结构优化度	4	4	0	优势
就业结构优化度	1	1	0	强势
资本形成结构优化度	30	31	-1	劣势
贸易结构优化度	5	5	0	优势
1.3　经济外向度竞争力	3	3	0	强势
进出口总额	3	3	0	强势
进出口增长率	26	29	-3	劣势
出口总额	4	4	0	优势
出口增长率	29	30	-1	劣势
实际 FDI	4	5	-1	优势
实际 FDI 增长率	10	17	-7	中势
外贸依存度	2	2	0	强势
对外经济合作完成营业额	3	3	0	强势
对外直接投资	6	6	0	优势

2. 上海市产业经济竞争力指标排名变化情况

表 9-6　2012~2013 年上海市产业经济竞争力指标组排位及变化趋势表

指　标	2012 年	2013 年	排位升降	优劣势
2　产业经济竞争力	5	5	0	优势
2.1　农业竞争力	11	20	-9	中势
农业增加值	30	30	0	劣势
农业增加值增长率	31	31	0	劣势
人均农业增加值	27	28	-1	劣势
农民人均纯收入	1	1	0	强势
农民人均纯收入增长率	31	31	0	劣势
农产品出口占农林牧渔总产值比重	1	1	0	强势
人均主要农产品产量	31	31	0	劣势
农业机械化	5	31	-26	劣势
农村人均用电量	1	1	0	强势
财政支农资金比重	30	31	-1	劣势

续表

指　　标	2012 年	2013 年	排位升降	优劣势
2.2　工业竞争力	16	15	1	中势
工业增加值	14	15	-1	中势
工业增加值增长率	30	29	1	劣势
人均工业增加值	4	4	0	优势
工业资产总额	8	9	-1	优势
工业资产总额增长率	31	31	0	劣势
工业资产总贡献率	23	21	2	劣势
规模以上工业主营业务收入	8	10	-2	优势
规模以上工业利润总额	9	8	1	优势
工业全员劳动生产率	22	9	13	优势
工业成本费用利润率	20	9	11	优势
2.3　服务业竞争力	3	2	1	强势
服务业增加值	6	6	0	优势
服务业增加值增长率	16	22	-6	劣势
人均服务业增加值	2	2	0	强势
服务业从业人员数	20	21	-1	劣势
服务业从业人员数增长率	2	1	1	强势
限额以上批发零售企业主营业务收入	2	2	0	强势
限额以上批零企业利税率	14	16	-2	中势
限额以上餐饮企业利税率	2	3	-1	强势
旅游外汇收入	3	3	0	强势
房地产经营总收入	4	8	-4	优势
2.4　企业竞争力	10	6	4	优势
规模以上工业企业数	13	13	0	中势
规模以上企业平均资产	14	14	0	中势
规模以上企业平均增加值	12	13	-1	中势
流动资金周转次数	22	25	-3	劣势
规模以上企业平均利润	12	9	3	优势
规模以上企业销售利税率	15	8	7	优势
新产品销售收入占主营业务收入比重	2	1	1	强势
产品质量抽查合格率	16	15	1	中势
工业企业 R&D 经费投入强度	6	2	4	强势
中国驰名商标持有量	7	12	-5	中势

3. 上海市可持续发展竞争力指标排名变化情况

表 9－7 2012～2013 年上海市可持续发展竞争力指标组排位及变化趋势表

指 标	2012 年	2013 年	排位升降	优劣势
3 可持续发展竞争力	22	26	－4	劣势
3.1 资源竞争力	31	30	1	劣势
人均国土面积	31	31	0	劣势
人均可使用海域和滩涂面积	11	11	0	中势
人均年水资源量	31	30	1	劣势
耕地面积	30	30	0	劣势
人均耕地面积	31	31	0	劣势
人均牧草地面积	30	30	0	劣势
主要能源矿产基础储量	31	31	0	劣势
人均主要能源矿产基础储量	16	31	－15	劣势
人均森林储积量	31	31	0	劣势
3.2 环境竞争力	19	26	－7	劣势
森林覆盖率	28	28	0	劣势
人均废水排放量	31	31	0	劣势
人均工业废气排放量	10	9	1	优势
人均工业固体废物排放量	5	5	0	优势
人均治理工业污染投资额	12	30	－18	劣势
一般工业固体废物综合利用率	2	2	0	强势
生活垃圾无害化处理率	20	18	2	中势
自然灾害直接经济损失	2	2	0	强势
3.3 人力资源竞争力	2	5	－3	优势
人口自然增长率	22	26	－4	劣势
15～64 岁人口比例	1	2	－1	强势
文盲率	3	12	－9	中势
大专以上教育程度人口比例	2	2	0	强势
平均受教育程度	2	2	0	强势
人口健康素质	1	1	0	强势
人力资源利用率	31	31	0	劣势
职业学校毕业生数	26	26	0	劣势

4. 上海市财政金融竞争力指标排名变化情况

表 9－8 2012～2013 年上海市财政金融竞争力指标组排位及变化趋势表

指 标	2012 年	2013 年	排位升降	优劣势
4 财政金融竞争力	2	2	0	强势
4.1 财政竞争力	2	2	0	强势
地方财政收入	4	4	0	优势
地方财政支出	7	9	－2	优势
地方财政收入占 GDP 比重	1	1	0	强势

续表

指　　标	2012 年	2013 年	排位升降	优劣势
地方财政支出占 GDP 比重	18	20	-2	中势
税收收入占 GDP 比重	2	2	0	强势
税收收入占财政总收入比重	1	1	0	强势
人均地方财政收入	2	2	0	强势
人均地方财政支出	4	4	0	优势
人均税收收入	2	2	0	强势
地方财政收入增长率	30	27	3	劣势
地方财政支出增长率	31	24	7	劣势
税收收入增长率	31	24	7	劣势
4.2　金融竞争力	2	2	0	强势
存款余额	5	5	0	优势
人均存款余额	2	2	0	强势
贷款余额	6	6	0	优势
人均贷款余额	2	2	0	强势
货币市场融资额	22	3	19	强势
中长期贷款占贷款余额比重	20	15	5	中势
保险费净收入	7	9	-2	优势
保险密度	2	2	0	强势
保险深度	3	3	0	强势
人均证券市场筹资额	2	8	-6	优势

5. 上海市知识经济竞争力指标排名变化情况

表 9-9　2012～2013 年上海市知识经济竞争力指标组排位及变化趋势表

指　　标	2012 年	2013 年	排位升降	优劣势
5　知识经济竞争力	5	4	1	优势
5.1　科技竞争力	4	4	0	优势
R&D 人员	5	6	-1	优势
R&D 经费	6	6	0	优势
R&D 经费投入强度	2	2	0	强势
发明专利授权量	5	7	-2	优势
技术市场成交合同金额	2	3	-1	强势
财政科技支出占地方财政支出比重	2	1	1	强势
高技术产业增加值	6	6	0	优势
高技术产业增加值占工业增加值比重	5	4	1	优势
高技术产品出口额占商品出口额比重	5	1	4	强势
5.2　教育竞争力	9	8	1	优势
教育经费	12	14	-2	中势
教育经费占 GDP 比重	19	22	-3	劣势
人均教育经费	4	4	0	优势
公共教育经费占财政支出比重	23	24	-1	劣势

续表

指　　标	2012年	2013年	排位升降	优劣势
人均文化教育支出占个人消费支出比重	14	4	10	优势
万人中小学学校数	31	31	0	劣势
万人中小学专任教师数	31	31	0	劣势
高等学校数	19	19	0	中势
高校专任教师数	17	18	-1	中势
万人高等学校在校学生数	4	4	0	优势
5.3 文化竞争力	4	5	-1	优势
文化产业增加值	5	6	-1	优势
图书和期刊出版数	4	5	-1	优势
报纸出版数	11	12	-1	中势
出版印刷工业销售产值	5	4	1	优势
城镇居民人均文化娱乐支出	1	1	0	强势
农村居民人均文化娱乐支出	3	4	-1	优势
城镇居民人均文化娱乐支出占消费性支出比重	3	4	-1	优势
农村居民人均文化娱乐支出占消费性支出比重	11	18	-7	中势

6. 上海市发展环境竞争力指标排名变化情况

表9-10　2012~2013年上海市发展环境竞争力指标组排位及变化趋势表

指　　标	2012年	2013年	排位升降	优劣势
6　发展环境竞争力	1	1	0	强势
6.1 基础设施竞争力	1	2	-1	强势
铁路网线密度	3	3	0	强势
公路网线密度	2	2	0	强势
人均内河航道里程	13	14	-1	中势
全社会旅客周转量	27	27	0	劣势
全社会货物周转量	1	1	0	强势
人均邮电业务总量	2	2	0	强势
万户移动电话数	9	7	2	优势
万户上网用户数	2	2	0	强势
人均耗电量	6	7	-1	优势
6.2 软环境竞争力	1	1	0	强势
外资企业数增长率	6	3	3	强势
万人外资企业数	1	1	0	强势
个体私营企业数增长率	29	30	-1	劣势
万人个体私营企业数	7	8	-1	优势
万人商标注册件数	2	2	0	强势
查处商标侵权假冒案件	25	25	0	劣势
每十万人交通事故发生数	8	7	1	优势
罚没收入占财政收入比重	1	1	0	强势
食品安全事故数	26	26	0	劣势

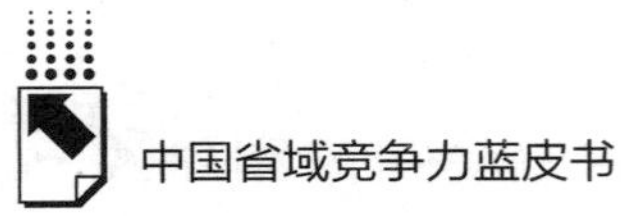

7. 上海市政府作用竞争力指标排名变化情况

表 9－11　2012～2013 年上海市政府作用竞争力指标组排位及变化趋势表

指　　标	2012 年	2013 年	排位升降	优劣势
7　政府作用竞争力	7	5	2	优势
7.1　政府发展经济竞争力	8	8	0	优势
财政支出用于基本建设投资比重	27	29	－2	劣势
财政支出对 GDP 增长的拉动	14	12	2	中势
政府公务员对经济的贡献	1	1	0	强势
政府消费对民间消费的拉动	8	10	－2	优势
财政投资对社会投资的拉动	21	21	0	劣势
7.2　政府规调经济竞争力	3	4	－1	优势
物价调控	21	21	0	劣势
调控城乡消费差距	4	3	1	强势
统筹经济社会发展	4	4	0	优势
规范税收	5	3	2	强势
人口控制	8	8	0	优势
7.3　政府保障经济竞争力	8	7	1	优势
城市城镇社区服务设施数	15	16	－1	中势
医疗保险覆盖率	5	4	1	优势
养老保险覆盖率	5	5	0	优势
失业保险覆盖率	5	6	－1	优势
下岗职工再就业率	30	26	4	劣势
城镇登记失业率	8	26	－18	劣势

8. 上海市发展水平竞争力指标排名变化情况

表 9－12　2012～2013 年上海市发展水平竞争力指标组排位及变化趋势表

指　　标	2012 年	2013 年	排位升降	优劣势
8　发展水平竞争力	3	2	1	强势
8.1　工业化进程竞争力	3	4	－1	优势
工业增加值占 GDP 比重	6	5	1	优势
工业增加值增长率	2	2	0	强势
高技术产业规模以上企业产值	3	4	－1	优势
高技术产业增加值占工业增加值比重	5	4	1	优势
高技术产品出口额占商品出口额比重	5	1	4	强势
信息产业增加值占 GDP 比重	2	2	0	强势
8.2　城市化进程竞争力	1	1	0	强势
城镇化率	1	1	0	强势
城镇居民人均可支配收入	1	1	0	强势
城市平均建成区面积比重	1	1	0	强势
人均拥有道路面积	31	31	0	劣势

续表

指 标		2012 年	2013 年	排位升降	优劣势
	人均日生活用水量	10	11	-1	中势
	人均居住面积	31	9	22	优势
	人均公共绿地面积	31	31	0	劣势
8.3	市场化进程竞争力	6	7	-1	优势
	非公有制经济产值占全社会总产值的比重	19	20	-1	中势
	社会投资占投资总额比重	19	14	5	中势
	私有和个体企业从业人员比重	21	20	1	中势
	亿元以上商品市场成交额	3	3	0	强势
	亿元以上商品市场成交额占全社会消费品零售总额比重	1	1	0	强势
	居民消费支出占总消费支出比重	8	10	-2	优势

9. 上海市统筹协调竞争力指标排名变化情况

表 9-13 2012~2013 年上海市统筹协调竞争力指标组排位及变化趋势表

指 标		2012 年	2013 年	排位升降	优劣势
9	**统筹协调竞争力**	1	1	0	强势
9.1	统筹发展竞争力	1	1	0	强势
	社会劳动生产率	1	1	0	强势
	社会劳动生产率增速	31	17	14	中势
	万元 GDP 综合能耗	4	5	-1	优势
	非农用地产出率	1	1	0	强势
	生产税净额和营业盈余占 GDP 比重	5	5	0	优势
	最终消费率	6	5	1	优势
	固定资产投资额占 GDP 比重	1	1	0	强势
	固定资产交付使用率	25	28	-3	劣势
9.2	协调发展竞争力	27	21	6	劣势
	环境竞争力与宏观经济竞争力比差	8	3	5	强势
	资源竞争力与宏观经济竞争力比差	28	26	2	劣势
	人力资源竞争力与宏观经济竞争力比差	15	14	1	中势
	资源竞争力与工业竞争力比差	25	25	0	劣势
	环境竞争力与工业竞争力比差	13	12	1	中势
	城乡居民家庭人均收入比差	4	5	-1	优势
	城乡居民人均现金消费支出比差	4	3	1	强势
	全社会消费品零售总额与外贸出口总额比差	31	31	0	劣势

B.11

10 江苏省经济综合竞争力评价分析报告

江苏省简称苏，位于我国大陆东部沿海中心，位居长江、淮河下游，东濒黄海，东南与浙江省和上海市毗邻，西连安徽省，北接山东省。全省面积为10.26万平方公里，2013年总人口为7939万人，地区生产总值达59162亿元，同比增长9.6%，人均GDP达74607元。本部分通过分析江苏省2012～2013年经济综合竞争力以及各要素竞争力的排名变化，从中找出江苏省经济综合竞争力的推动点及影响因素，为进一步提升江苏省经济综合竞争力提供决策参考。

10.1 江苏省经济综合竞争力总体分析

1. 江苏省经济综合竞争力一级指标概要分析

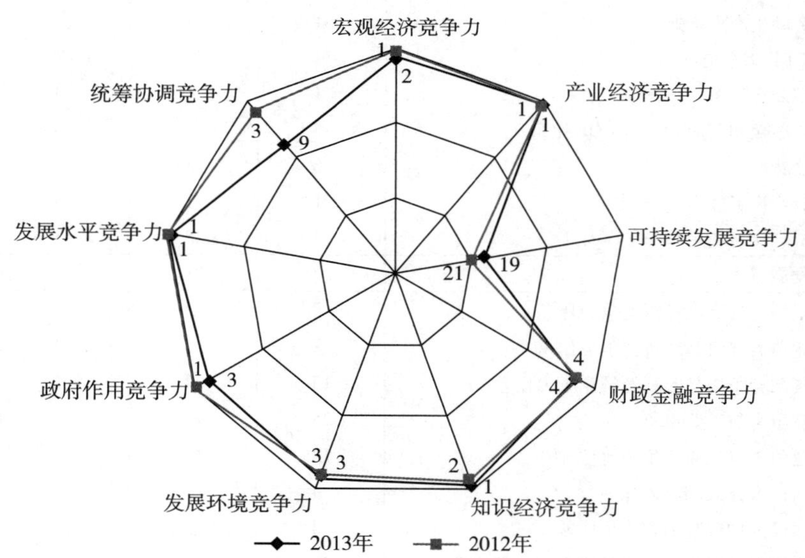

图10－1 2012～2013年江苏省经济综合竞争力二级指标比较雷达图

（1）从综合排位看，2013年江苏省经济综合竞争力居第1位，在全国处于强势地位；与2012年相比，综合排位保持不变。

（2）从指标所处区位看，只有1个指标处于中游区，即可持续发展竞争力；其余8个指标均处于上游区，其中，宏观经济竞争力、产业经济竞争力、知识经济竞争力、发

表 10－1 2012～2013 年江苏省经济综合竞争力二级指标比较表

项目/年份	宏观经济竞争力	产业经济竞争力	可持续发展竞争力	财政金融竞争力	知识经济竞争力	发展环境竞争力	政府作用竞争力	发展水平竞争力	统筹协调竞争力	**综合排位**
2012	1	1	21	4	2	3	1	1	3	1
2013	2	1	19	4	1	3	3	1	9	1
升降	－1	0	2	0	1	0	－2	0	－6	0
优劣度	强势	强势	中势	优势	强势	强势	强势	强势	优势	强势

展环境竞争力、政府作用竞争力和发展水平竞争力 6 个指标为强势指标。

（3）从指标变化趋势看，9 个二级指标中，有 2 个指标处于上升趋势，分别为可持续发展竞争力和知识经济竞争力，这些是江苏省经济综合竞争力上升的动力所在；有 4 个指标排位没有发生变化，分别为产业经济竞争力、财政金融竞争力、发展环境竞争力和发展水平竞争力；有 3 个指标处于下降趋势，分别为宏观经济竞争力、政府作用竞争力和统筹协调竞争力，这些是江苏省经济综合竞争力下降的拉力所在。

2. 江苏省经济综合竞争力各级指标动态变化分析

表 10－2 2012～2013 年江苏省经济综合竞争力各级指标排位变化态势比较表

二级指标	三级指标	四级指标数	上升		保持		下降		变化趋势
			指标数	比重（%）	指标数	比重（%）	指标数	比重（%）	
宏观经济竞争力	经济实力竞争力	12	4	33.3	7	58.3	1	8.3	保持
	经济结构竞争力	6	1	16.7	4	66.7	1	16.7	保持
	经济外向度竞争力	9	0	0.0	6	66.7	3	33.3	保持
	小　计	27	5	18.5	17	63.0	5	18.5	下降
产业经济竞争力	农业竞争力	10	1	10.0	7	70.0	2	20.0	下降
	工业竞争力	10	4	40.0	4	40.0	2	20.0	保持
	服务业竞争力	10	4	40.0	4	40.0	2	20.0	下降
	企业竞争力	10	3	30.0	2	20.0	5	50.0	保持
	小　计	40	12	30.0	17	42.5	11	27.5	保持
可持续发展竞争力	资源竞争力	9	1	11.1	7	77.8	1	11.1	保持
	环境竞争力	8	5	62.5	3	37.5	0	0.0	上升
	人力资源竞争力	8	5	62.5	2	25.0	1	12.5	上升
	小　计	25	11	44.0	12	48.0	2	8.0	上升
财政金融竞争力	财政竞争力	12	4	33.3	7	58.3	1	8.3	上升
	金融竞争力	10	1	10.0	6	60.0	3	30.0	保持
	小　计	22	5	22.7	13	59.1	4	18.2	保持
知识经济竞争力	科技竞争力	9	1	11.1	7	77.8	1	11.1	上升
	教育竞争力	10	2	20.0	5	50.0	3	30.0	保持
	文化竞争力	8	0	0.0	6	75.0	2	25.0	保持
	小　计	27	3	11.1	18	66.7	6	22.2	上升

续表

二级指标	三级指标	四级指标数	上升		保持		下降		变化趋势
			指标数	比重(%)	指标数	比重(%)	指标数	比重(%)	
发展环境竞争力	基础设施竞争力	9	2	22.2	5	55.6	2	22.2	上升
	软环境竞争力	9	2	22.2	5	55.6	2	22.2	下降
	小　计	18	4	22.2	10	55.6	4	22.2	保持
政府作用竞争力	政府发展经济竞争力	5	2	40.0	2	40.0	1	20.0	上升
	政府规调经济竞争力	5	1	20.0	3	60.0	1	20.0	下降
	政府保障经济竞争力	6	1	16.7	0	0.0	5	83.3	下降
	小　计	16	4	25.0	5	31.3	7	43.8	下降
发展水平竞争力	工业化进程竞争力	6	2	33.3	2	33.3	2	33.3	上升
	城市化进程竞争力	7	1	14.3	4	57.1	2	28.6	保持
	市场化进程竞争力	6	1	16.7	4	66.7	1	16.7	保持
	小　计	19	4	21.1	10	52.6	5	26.3	保持
统筹协调竞争力	统筹发展竞争力	8	1	12.5	2	25.0	5	62.5	下降
	协调发展竞争力	8	3	37.5	3	37.5	2	25.0	上升
	小　计	16	4	25.0	5	31.3	7	43.8	下降
合　计		210	52	24.8	107	51.0	51	24.3	保持

从表 10－2 可以看出，210 个四级指标中，排位上升的指标有 52 个，占指标总数的 24.8%；排位下降的指标有 51 个，占指标总数的 24.3%；排位保持不变的指标有 107 个，占指标总数的 51.0%。由此可见，江苏省经济综合竞争力排位上升的动力与下降的拉力基本相当，使得 2012～2013 年江苏省经济综合竞争力排位保持不变。

3. 江苏省经济综合竞争力各级指标优劣势结构分析

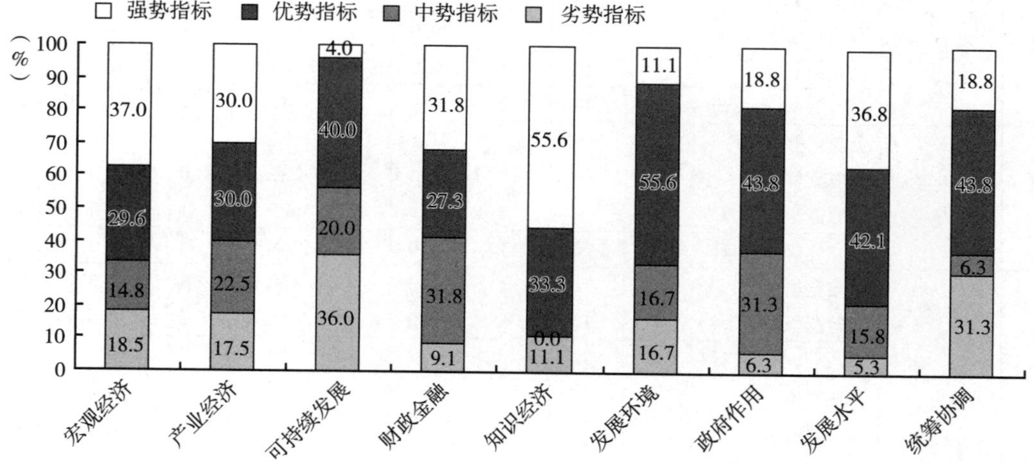

图 10－2　2013 年江苏省经济综合竞争力各级指标优劣势比较图

表 10－3 2013 年江苏省经济综合竞争力各级指标优劣势比较表

二级指标	三级指标	四级指标数	强势指标		优势指标		中势指标		劣势指标		优劣势
			个数	比重(%)	个数	比重(%)	个数	比重(%)	个数	比重(%)	
宏观经济竞争力	经济实力竞争力	12	4	33.3	3	25.0	3	25.0	2	16.7	强势
	经济结构竞争力	6	2	33.3	3	50.0	1	16.7	0	0.0	强势
	经济外向度竞争力	9	4	44.4	2	22.2	0	0.0	3	33.3	强势
	小计	27	10	37.0	8	29.6	4	14.8	5	18.5	强势
产业经济竞争力	农业竞争力	10	2	20.0	3	30.0	3	30.0	2	20.0	优势
	工业竞争力	10	5	50.0	2	20.0	2	20.0	1	10.0	强势
	服务业竞争力	10	2	20.0	5	50.0	2	20.0	1	10.0	强势
	企业竞争力	10	3	30.0	2	20.0	2	20.0	3	30.0	强势
	小计	40	12	30.0	12	30.0	9	22.5	7	17.5	强势
可持续发展竞争力	资源竞争力	9	0	0.0	2	22.2	1	11.1	6	66.7	中势
	环境竞争力	8	1	12.5	4	50.0	1	12.5	2	25.0	中势
	人力资源竞争力	8	0	0.0	4	50.0	3	37.5	1	12.5	优势
	小计	25	1	4.0	10	40.0	5	20.0	9	36.0	中势
财政金融竞争力	财政竞争力	12	2	16.7	3	25.0	6	50.0	1	8.3	优势
	金融竞争力	10	5	50.0	3	30.0	1	10.0	1	10.0	优势
	小计	22	7	31.8	6	27.3	7	31.8	2	9.1	优势
知识经济竞争力	科技竞争力	9	6	66.7	3	33.3	0	0.0	0	0.0	强势
	教育竞争力	10	4	40.0	3	30.0	0	0.0	3	30.0	强势
	文化竞争力	8	5	62.5	3	37.5	0	0.0	0	0.0	强势
	小计	27	15	55.6	9	33.3	0	0.0	3	11.1	强势
发展环境竞争力	基础设施竞争力	9	1	11.1	7	77.8	1	11.1	0	0.0	强势
	软环境竞争力	9	1	11.1	3	33.3	2	22.2	3	33.3	优势
	小计	18	2	11.1	10	55.6	3	16.7	3	16.7	强势
政府作用竞争力	政府发展经济竞争力	5	3	60.0	0	0.0	1	20.0	1	20.0	强势
	政府规调经济竞争力	5	0	0.0	2	40.0	3	60.0	0	0.0	优势
	政府保障经济竞争力	6	0	0.0	5	83.3	1	16.7	0	0.0	优势
	小计	16	3	18.8	7	43.8	5	31.3	1	6.3	强势
发展水平竞争力	工业化进程竞争力	6	3	50.0	0	0.0	2	33.3	1	16.7	强势
	城市化进程竞争力	7	1	14.3	6	85.7	0	0.0	0	0.0	优势
	市场化进程竞争力	6	3	50.0	2	33.3	1	16.7	0	0.0	强势
	小计	19	7	36.8	8	42.1	3	15.8	1	5.3	强势
统筹协调竞争力	统筹发展竞争力	8	1	12.5	4	50.0	1	12.5	2	25.0	优势
	协调发展竞争力	8	2	25.0	3	37.5	0	0.0	3	37.5	优势
	小计	16	3	18.8	7	43.8	1	6.3	5	31.3	优势
合计		210	60	28.6	77	36.7	37	17.6	36	17.1	强势

基于图 10－2 和表 10－3，从四级指标来看，强势指标有 60 个，占指标总数的 28.6%；优势指标有 77 个，占指标总数的 36.7%；中势指标有 37 个，占指标总数的 17.6%；劣势指标有 36 个，占指标总数的 17.1%。从三级指标来看，强势指标有 13 个，占三级指标总数的 52%；优势指标有 10 个，占三级指标总数的 40%；中势指标有 2 个，占三级指标总数的 8%；没有劣势指标。反映到二级指标上来，强势指标有 6 个，占二级指标总数的 66.7%；优势指标有 2 个，占二级指标总数的 22.2%；中势指标有 1

个，占二级指标总数的11.1%。综合来看，由于强势和优势指标在指标体系中居于主导地位，2013年江苏省经济综合竞争力处于强势地位。

4. 江苏省经济综合竞争力四级指标优劣势对比分析

表10-4　2013年江苏省经济综合竞争力各级指标优劣势比较表

二级指标	优劣势	四级指标
宏观经济竞争力（27个）	强势指标	地区生产总值、财政总收入、固定资产投资额、全社会消费品零售总额、所有制经济结构优化度、贸易结构优化度、进出口总额、出口总额、实际FDI、对外直接投资（10个）
	优势指标	人均地区生产总值、人均固定资产投资额、人均全社会消费品零售总额、产业结构优化度、城乡经济结构优化度、就业结构优化度、外贸依存度、对外经济合作完成营业额（8个）
	劣势指标	固定资产投资额增长率、全社会消费品零售总额增长率、进出口增长率、出口增长率、实际FDI增长率（5个）
产业经济竞争力（40个）	强势指标	农业增加值、农村人均用电量、工业增加值、人均工业增加值、工业资产总额、规模以上工业主营业务收入、规模以上工业利润总额、服务业增加值、房地产经营总收入、规模以上工业企业数、产品质量抽查合格率、中国驰名商标持有量（12个）
	优势指标	人均农业增加值、农民人均纯收入、农业机械化、工业资产总贡献率、工业全员劳动生产率、人均服务业增加值、服务业从业人员数、限额以上批发零售企业主营业务收入、限额以上餐饮企业利税率、旅游外汇收入、新产品销售收入占主营业务收入比重、工业企业R&D经费投入强度（12个）
	劣势指标	农业增加值增长率、农民人均纯收入增长率、工业资产总额增长率、服务业从业人员数增长率、规模以上企业平均资产、规模以上企业平均增加值、规模以上企业销售利税率（7个）
可持续发展竞争力（25个）	强势指标	一般工业固体废物综合利用率（1个）
	优势指标	人均可使用海域和滩涂面积、耕地面积、人均工业固体废物排放量、人均治理工业污染投资额、生活垃圾无害化处理率、自然灾害直接经济损失、大专以上教育程度人口比例、平均受教育程度、人口健康素质、职业学校毕业生数（10个）
	劣势指标	人均国土面积、人均年水资源量、人均耕地面积、人均牧草地面积、人均主要能源矿产基础储量、人均森林储积量、森林覆盖率、人均废水排放量、人口自然增长率（9个）
财政金融竞争力（22个）	强势指标	地方财政收入、地方财政支出、存款余额、贷款余额、货币市场融资额、保险费净收入、人均证券市场筹资额（7个）
	优势指标	税收收入占财政总收入比重、人均地方财政收入、人均税收收入、人均存款余额、人均贷款余额、保险密度（6个）
	劣势指标	地方财政支出占GDP比重、中长期贷款占贷款余额比重（2个）
知识经济竞争力（27个）	强势指标	R&D人员、R&D经费、发明专利授权量、高技术产业增加值、高技术产业增加值占工业增加值比重、高技术产品出口额占商品出口额比重、教育经费、人均文化教育支出占个人消费支出比重、高等学校数、高校专任教师数、图书和期刊出版数、城镇居民人均文化娱乐支出、农村居民人均文化娱乐支出、城镇居民人均文化娱乐支出占消费性支出比重、农村居民人均文化娱乐支出占消费性支出比重（15个）
	优势指标	R&D经费投入强度、技术市场成交合同金额、财政科技支出占地方财政支出比重、人均教育经费、公共教育经费占财政支出比重、万人高等学校在校学生数、文化产业增加值、报纸出版数、出版印刷工业销售产值（9个）
	劣势指标	教育经费占GDP比重、万人中小学学校数、万人中小学专任教师数（3个）

续表

二级指标	优劣势	四　级　指　标
发展环境竞争力（18个）	强势指标	人均内河航道里程、万人个体私营企业数（2个）
	优势指标	铁路网线密度、公路网线密度、全社会旅客周转量、全社会货物周转量、人均邮电业务总量、万户上网用户数、人均耗电量、万人外资企业数、万人商标注册件数、罚没收入占财政收入比重（10个）
	劣势指标	个体私营企业数增长率、查处商标侵权假冒案件、食品安全事故数（3个）
政府作用竞争力（16个）	强势指标	财政支出对GDP增长的拉动、政府公务员对经济的贡献、财政投资对社会投资的拉动（3个）
	优势指标	调控城乡消费差距、人口控制、城市城镇社区服务设施数、医疗保险覆盖率、失业保险覆盖率、下岗职工再就业率、城镇登记失业率（7个）
	劣势指标	财政支出用于基本建设投资比重（1个）
发展水平竞争力（19个）	强势指标	高技术产业规模以上企业产值、高技术产业增加值占工业增加值比重、高技术产品出口额占商品出口额比重、人均拥有道路面积、非公有制经济产值占全社会总产值的比重、亿元以上商品市场成交额、亿元以上商品市场成交额占全社会消费品零售总额比重（7个）
	优势指标	城镇化率、城镇居民人均可支配收入、城市平均建成区面积比重、人均日生活用水量、人均居住面积、人均公共绿地面积、社会投资占投资总额比重、私有和个体企业从业人员比重（8个）
	劣势指标	信息产业增加值占GDP比重（1个）
统筹协调竞争力（16个）	强势指标	固定资产交付使用率、环境竞争力与宏观经济竞争力比差、环境竞争力与工业竞争力比差（3个）
	优势指标	万元GDP综合能耗、非农用地产出率、生产税净额和营业盈余占GDP比重、固定资产投资额占GDP比重、人力资源竞争力与宏观经济竞争力比差、城乡居民家庭人均收入比差、城乡居民人均现金消费支出比差（7个）
	劣势指标	社会劳动生产率增速、最终消费率、资源竞争力与宏观经济竞争力比差、资源竞争力与工业竞争力比差、全社会消费品零售总额与外贸出口总额比差（5个）

10.2 江苏省经济综合竞争力各级指标具体分析

1. 江苏省宏观经济竞争力指标排名变化情况

表10－5　2012～2013年江苏省宏观经济竞争力指标组排位及变化趋势表

指　标	2012年	2013年	排位升降	优劣势
1　宏观经济竞争力	1	2	－1	强势
1.1　经济实力竞争力	1	1	0	强势
地区生产总值	2	2	0	强势
地区生产总值增长率	22	19	3	中势
人均地区生产总值	4	4	0	优势
财政总收入	2	2	0	强势

续表

指　　标	2012 年	2013 年	排位升降	优劣势
财政总收入增长率	26	20	6	中势
人均财政收入	13	11	2	中势
固定资产投资额	2	2	0	强势
固定资产投资额增长率	26	24	2	劣势
人均固定资产投资额	4	4	0	优势
全社会消费品零售总额	3	3	0	强势
全社会消费品零售总额增长率	23	24	-1	劣势
人均全社会消费品零售总额	5	5	0	优势
1.2　经济结构竞争力	2	2	0	强势
产业结构优化度	9	9	0	优势
所有制经济结构优化度	1	1	0	强势
城乡经济结构优化度	7	7	0	优势
就业结构优化度	5	5	0	优势
资本形成结构优化度	12	13	-1	中势
贸易结构优化度	2	1	1	强势
1.3　经济外向度竞争力	2	2	0	强势
进出口总额	2	2	0	强势
进出口增长率	23	30	-7	劣势
出口总额	2	2	0	强势
出口增长率	22	29	-7	劣势
实际 FDI	1	1	0	强势
实际 FDI 增长率	20	28	-8	劣势
外贸依存度	4	4	0	优势
对外经济合作完成营业额	4	4	0	优势
对外直接投资	3	3	0	强势

2. 江苏省产业经济竞争力指标排名变化情况

表 10-6　2012~2013 年江苏省产业经济竞争力指标组排位及变化趋势表

指　　标	2012 年	2013 年	排位升降	优劣势
2　产业经济竞争力	1	1	0	强势
2.1　农业竞争力	1	5	-4	优势
农业增加值	3	3	0	强势
农业增加值增长率	20	26	-6	劣势
人均农业增加值	6	6	0	优势
农民人均纯收入	5	5	0	优势
农民人均纯收入增长率	27	27	0	劣势
农产品出口占农林牧渔总产值比重	11	11	0	中势
人均主要农产品产量	14	14	0	中势
农业机械化	1	7	-6	优势
农村人均用电量	2	2	0	强势
财政支农资金比重	23	20	3	中势

续表

指　　标	2012 年	2013 年	排位升降	优劣势
2.2 工业竞争力	1	1	0	强势
工业增加值	2	2	0	强势
工业增加值增长率	22	19	3	中势
人均工业增加值	3	2	1	强势
工业资产总额	1	1	0	强势
工业资产总额增长率	27	27	0	劣势
工业资产总贡献率	13	8	5	优势
规模以上工业主营业务收入	1	2	-1	强势
规模以上工业利润总额	2	2	0	强势
工业全员劳动生产率	2	4	-2	优势
工业成本费用利润率	23	18	5	中势
2.3 服务业竞争力	2	3	-1	强势
服务业增加值	2	2	0	强势
服务业增加值增长率	23	14	9	中势
人均服务业增加值	4	4	0	优势
服务业从业人员数	4	4	0	优势
服务业从业人员数增长率	27	26	1	劣势
限额以上批发零售企业主营业务收入	4	4	0	优势
限额以上批零企业利税率	18	14	4	中势
限额以上餐饮企业利税率	13	8	5	优势
旅游外汇收入	2	10	-8	优势
房地产经营总收入	1	2	-1	强势
2.4 企业竞争力	1	1	0	强势
规模以上工业企业数	1	1	0	强势
规模以上企业平均资产	25	26	-1	劣势
规模以上企业平均增加值	21	22	-1	劣势
流动资金周转次数	11	12	-1	中势
规模以上企业平均利润	23	15	8	中势
规模以上企业销售利税率	25	23	2	劣势
新产品销售收入占主营业务收入比重	9	8	1	优势
产品质量抽查合格率	1	3	-2	强势
工业企业 R&D 经费投入强度	5	6	-1	优势
中国驰名商标持有量	3	3	0	强势

3. 江苏省可持续发展竞争力指标排名变化情况

表 10－7　2012～2013 年江苏省可持续发展竞争力指标组排位及变化趋势表

指　　标	2012 年	2013 年	排位升降	优劣势
3　可持续发展竞争力	21	19	2	中势
3.1　资源竞争力	20	20	0	中势
人均国土面积	28	28	0	劣势
人均可使用海域和滩涂面积	5	5	0	优势
人均年水资源量	23	23	0	劣势
耕地面积	10	10	0	优势
人均耕地面积	24	24	0	劣势
人均牧草地面积	29	29	0	劣势
主要能源矿产基础储量	20	20	0	中势
人均主要能源矿产基础储量	16	26	－10	劣势
人均森林储积量	29	28	1	劣势
3.2　环境竞争力	22	18	4	中势
森林覆盖率	25	24	1	劣势
人均废水排放量	28	28	0	劣势
人均工业废气排放量	15	15	0	中势
人均工业固体废物排放量	10	10	0	优势
人均治理工业污染投资额	11	10	1	优势
一般工业固体废物综合利用率	5	3	2	强势
生活垃圾无害化处理率	9	8	1	优势
自然灾害直接经济损失	19	6	13	优势
3.3　人力资源竞争力	11	9	2	优势
人口自然增长率	28	27	1	劣势
15～64 岁人口比例	12	14	－2	中势
文盲率	18	13	5	中势
大专以上教育程度人口比例	6	6	0	优势
平均受教育程度	7	6	1	优势
人口健康素质	5	5	0	优势
人力资源利用率	13	12	1	中势
职业学校毕业生数	9	7	2	优势

4. 江苏省财政金融竞争力指标排名变化情况

表 10－8　2012～2013 年江苏省财政金融竞争力指标组排位及变化趋势表

指　　标	2012 年	2013 年	排位升降	优劣势
4　财政金融竞争力	4	4	0	优势
4.1　财政竞争力	7	5	2	优势
地方财政收入	2	2	0	强势
地方财政支出	2	2	0	强势
地方财政收入占 GDP 比重	15	15	0	中势

续表

指　　标	2012 年	2013 年	排位升降	优劣势
地方财政支出占 GDP 比重	28	29	-1	劣势
税收收入占 GDP 比重	11	11	0	中势
税收收入占财政总收入比重	26	4	22	优势
人均地方财政收入	4	4	0	优势
人均地方财政支出	13	13	0	中势
人均税收收入	4	4	0	优势
地方财政收入增长率	26	20	6	中势
地方财政支出增长率	27	19	8	中势
税收收入增长率	21	20	1	中势
4.2　金融竞争力	4	4	0	优势
存款余额	3	3	0	强势
人均存款余额	6	6	0	优势
贷款余额	3	3	0	强势
人均贷款余额	5	5	0	优势
货币市场融资额	1	1	0	强势
中长期贷款占贷款余额比重	28	28	0	劣势
保险费净收入	1	2	-1	强势
保险密度	5	6	-1	优势
保险深度	14	17	-3	中势
人均证券市场筹资额	5	3	2	强势

5. 江苏省知识经济竞争力指标排名变化情况

表 10-9　2012~2013 年江苏省知识经济竞争力指标组排位及变化趋势表

指　　标	2012 年	2013 年	排位升降	优劣势
5　知识经济竞争力	2	1	1	强势
5.1　科技竞争力	2	1	1	强势
R&D 人员	1	1	0	强势
R&D 经费	1	1	0	强势
R&D 经费投入强度	4	4	0	优势
发明专利授权量	1	1	0	强势
技术市场成交合同金额	3	5	-2	优势
财政科技支出占地方财政支出比重	4	4	0	优势
高技术产业增加值	2	2	0	强势
高技术产业增加值占工业增加值比重	3	3	0	强势
高技术产品出口额占商品出口额比重	6	2	4	强势
5.2　教育竞争力	2	2	0	强势
教育经费	2	2	0	强势
教育经费占 GDP 比重	30	31	-1	劣势
人均教育经费	11	10	1	优势
公共教育经费占财政支出比重	8	10	-2	优势

续表

指　　标	2012 年	2013 年	排位升降	优劣势
人均文化教育支出占个人消费支出比重	5	1	4	强势
万人中小学学校数	29	29	0	劣势
万人中小学专任教师数	26	26	0	劣势
高等学校数	1	1	0	强势
高校专任教师数	1	1	0	强势
万人高等学校在校学生数	8	9	-1	优势
5.3　文化竞争力	1	1	0	强势
文化产业增加值	3	5	-2	优势
图书和期刊出版数	1	1	0	强势
报纸出版数	4	4	0	优势
出版印刷工业销售产值	6	6	0	优势
城镇居民人均文化娱乐支出	3	3	0	强势
农村居民人均文化娱乐支出	1	3	-2	强势
城镇居民人均文化娱乐支出占消费性支出比重	1	1	0	强势
农村居民人均文化娱乐支出占消费性支出比重	1	1	0	强势

6. 江苏省发展环境竞争力指标排名变化情况

表 10-10　2012~2013 年江苏省发展环境竞争力指标组排位及变化趋势表

指　　标	2012 年	2013 年	排位升降	优劣势
6　发展环境竞争力	3	3	0	强势
6.1　基础设施竞争力	4	3	1	强势
铁路网线密度	12	10	2	优势
公路网线密度	5	5	0	优势
人均内河航道里程	1	1	0	强势
全社会旅客周转量	3	4	-1	优势
全社会货物周转量	9	5	4	优势
人均邮电业务总量	6	6	0	优势
万户移动电话数	11	11	0	中势
万户上网用户数	8	8	0	优势
人均耗电量	5	6	-1	优势
6.2　软环境竞争力	4	6	-2	优势
外资企业数增长率	18	18	0	中势
万人外资企业数	5	5	0	优势
个体私营企业数增长率	22	23	-1	劣势
万人个体私营企业数	2	2	0	强势
万人商标注册件数	8	6	2	优势
查处商标侵权假冒案件	24	24	0	劣势
每十万人交通事故发生数	20	20	0	中势
罚没收入占财政收入比重	4	6	-2	优势
食品安全事故数	29	27	2	劣势

7. 江苏省政府作用竞争力指标排名变化情况

表 10 - 11 2012 ~ 2013 年江苏省政府作用竞争力指标组排位及变化趋势表

指 标	2012 年	2013 年	排位升降	优劣势
7 政府作用竞争力	1	3	-2	强势
7.1 政府发展经济竞争力	2	1	1	强势
财政支出用于基本建设投资比重	29	30	-1	劣势
财政支出对 GDP 增长的拉动	4	3	1	强势
政府公务员对经济的贡献	3	3	0	强势
政府消费对民间消费的拉动	21	18	3	中势
财政投资对社会投资的拉动	2	2	0	强势
7.2 政府规调经济竞争力	6	7	-1	优势
物价调控	11	11	0	中势
调控城乡消费差距	3	4	-1	优势
统筹经济社会发展	17	17	0	中势
规范税收	14	12	2	中势
人口控制	7	7	0	优势
7.3 政府保障经济竞争力	2	6	-4	优势
城市城镇社区服务设施数	4	5	-1	优势
医疗保险覆盖率	2	8	-6	优势
养老保险覆盖率	2	11	-9	中势
失业保险覆盖率	1	10	-9	优势
下岗职工再就业率	4	5	-1	优势
城镇登记失业率	8	7	1	优势

8. 江苏省发展水平竞争力指标排名变化情况

表 10 - 12 2012 ~ 2013 年江苏省发展水平竞争力指标组排位及变化趋势表

指 标	2012 年	2013 年	排位升降	优劣势
8 发展水平竞争力	1	1	0	强势
8.1 工业化进程竞争力	4	3	1	强势
工业增加值占 GDP 比重	17	15	2	中势
工业增加值增长率	10	12	-2	中势
高技术产业规模以上企业产值	2	2	0	强势
高技术产业增加值占工业增加值比重	3	3	0	强势
高技术产品出口额占商品出口额比重	6	2	4	强势
信息产业增加值占 GDP 比重	16	21	-5	劣势
8.2 城市化进程竞争力	4	4	0	优势
城镇化率	7	6	1	优势
城镇居民人均可支配收入	5	5	0	优势
城市平均建成区面积比重	4	4	0	优势
人均拥有道路面积	2	2	0	强势

续表

指　　标	2012 年	2013 年	排位升降	优劣势
人均日生活用水量	5	7	-2	优势
人均居住面积	5	6	-1	优势
人均公共绿地面积	8	8	0	优势
8.3　市场化进程竞争力	1	1	0	强势
非公有制经济产值占全社会总产值的比重	1	1	0	强势
社会投资占投资总额比重	4	4	0	优势
私有和个体企业从业人员比重	1	5	-4	优势
亿元以上商品市场成交额	1	1	0	强势
亿元以上商品市场成交额占全社会消费品零售总额比重	3	3	0	强势
居民消费支出占总消费支出比重	21	18	3	中势

9. 江苏省统筹协调竞争力指标排名变化情况

表 10-13　2012~2013 年江苏省统筹协调竞争力指标组排位及变化趋势表

指　　标	2012 年	2013 年	排位升降	优劣势
9　统筹协调竞争力	3	9	-6	优势
9.1　统筹发展竞争力	5	10	-5	优势
社会劳动生产率	5	14	-9	中势
社会劳动生产率增速	13	31	-18	劣势
万元 GDP 综合能耗	5	6	-1	优势
非农用地产出率	5	6	-1	优势
生产税净额和营业盈余占 GDP 比重	9	9	0	优势
最终消费率	24	22	2	劣势
固定资产投资额占 GDP 比重	5	5	0	优势
固定资产交付使用率	2	3	-1	强势
9.2　协调发展竞争力	10	8	2	优势
环境竞争力与宏观经济竞争力比差	1	2	-1	强势
资源竞争力与宏观经济竞争力比差	30	29	1	劣势
人力资源竞争力与宏观经济竞争力比差	8	5	3	优势
资源竞争力与工业竞争力比差	31	31	0	劣势
环境竞争力与工业竞争力比差	2	2	0	强势
城乡居民家庭人均收入比差	7	7	0	优势
城乡居民人均现金消费支出比差	3	4	-1	优势
全社会消费品零售总额与外贸出口总额比差	29	28	1	劣势

B.12 11 浙江省经济综合竞争力评价分析报告

浙江省简称浙，位于我国东南沿海，地处长江三角洲南翼，东临东海，南邻福建，西接安徽、江西，北连上海、江苏。浙江山清水秀，物产丰饶，人杰地灵，素有“鱼米之乡、丝茶之府、文物之邦、旅游胜地”的美誉。全省面积10.2万平方公里，2013年总人口为5498万人，地区生产总值达37568亿元，同比增长8.2%，人均GDP达68462元。本部分通过分析浙江省2012～2013年经济综合竞争力以及各要素竞争力的排名变化，从中找出浙江省经济综合竞争力的推动点及影响因素，为进一步提升浙江省经济综合竞争力提供决策参考。

11.1 浙江省经济综合竞争力总体分析

1. 浙江省经济综合竞争力一级指标概要分析

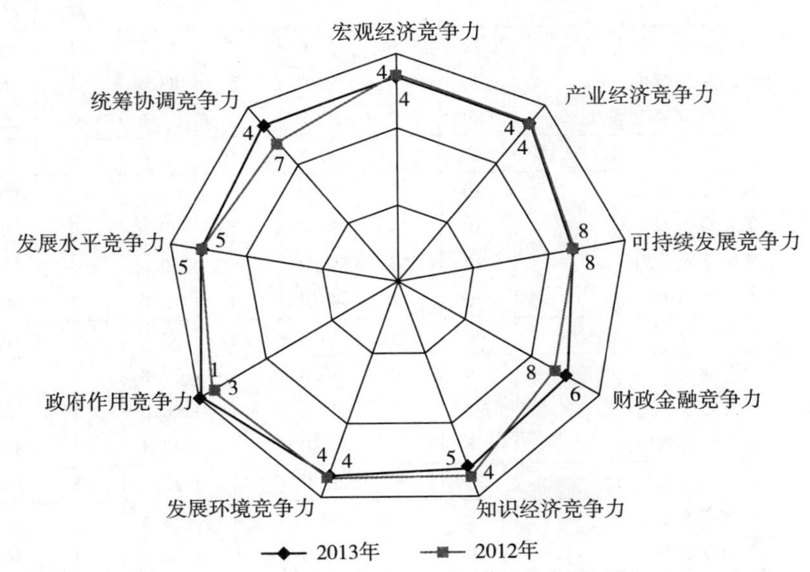

图11－1 2012～2013年浙江省经济综合竞争力二级指标比较雷达图

（1）从综合排位看，2013年浙江省经济综合竞争力综合排位在全国居第5位，在全国处于优势地位；与2012年相比，综合排位保持不变。

（2）从指标所处区位看，9个指标均处于上游区，其中，政府作用竞争力为浙江省

表 11－1　2012～2013 年浙江省经济综合竞争力二级指标比较表

项目 年份	宏观经济竞争力	产业经济竞争力	可持续发展竞争力	财政金融竞争力	知识经济竞争力	发展环境竞争力	政府作用竞争力	发展水平竞争力	统筹协调竞争力	**综合排位**
2012	4	4	8	8	4	4	3	5	7	5
2013	4	4	8	6	5	4	1	5	4	5
升降	0	0	0	2	－1	0	2	0	3	0
优劣度	优势	优势	优势	优势	优势	优势	强势	优势	优势	优势

经济综合竞争力的强势指标。

（3）从指标变化趋势看，9 个二级指标中，有 3 个指标处于上升趋势，分别为财政金融竞争力、政府作用竞争力和统筹协调竞争力，这些是浙江省经济综合竞争力提升的动力所在；有 5 个指标排位没有发生变化，分别为宏观经济竞争力、产业经济竞争力、可持续发展竞争力、发展环境竞争力和发展水平竞争力；有 1 个指标处于下降趋势，为知识经济竞争力，这是浙江省经济综合竞争力下降的拉力所在。

2. 浙江省经济综合竞争力各级指标动态变化分析

表 11－2　2012～2013 年浙江省经济综合竞争力各级指标排位变化态势比较表

二级指标	三级指标	四级指标数	上升		保持		下降		变化趋势
			指标数	比重（%）	指标数	比重（%）	指标数	比重（%）	
宏观经济竞争力	经济实力竞争力	12	6	50. 0	5	41. 7	1	8. 3	上升
	经济结构竞争力	6	0	0. 0	5	83. 3	1	16. 7	保持
	经济外向度竞争力	9	2	22. 2	5	55. 6	2	22. 2	下降
	小　计	27	8	29. 6	15	55. 6	4	14. 8	保持
产业经济竞争力	农业竞争力	10	2	20. 0	6	60. 0	2	20. 0	下降
	工业竞争力	10	3	30. 0	7	70. 0	0	0. 0	上升
	服务业竞争力	10	5	50. 0	5	50. 0	0	0. 0	保持
	企业竞争力	10	4	40. 0	4	40. 0	2	20. 0	下降
	小　计	40	14	35. 0	22	55. 0	4	10. 0	保持
可持续发展竞争力	资源竞争力	9	0	0. 0	7	77. 8	2	22. 2	下降
	环境竞争力	8	2	25. 0	4	50. 0	2	25. 0	上升
	人力资源竞争力	8	4	50. 0	3	37. 5	1	12. 5	上升
	小　计	25	6	24. 0	14	56. 0	5	20. 0	保持
财政金融竞争力	财政竞争力	12	6	50. 0	4	33. 3	2	16. 7	上升
	金融竞争力	10	4	40. 0	5	50. 0	1	10. 0	保持
	小　计	22	10	45. 5	9	40. 9	3	13. 6	上升
知识经济竞争力	科技竞争力	9	2	22. 2	6	66. 7	1	11. 1	保持
	教育竞争力	10	1	10. 0	3	30. 0	6	60. 0	下降
	文化竞争力	8	3	37. 5	3	37. 5	2	25. 0	下降
	小　计	27	6	22. 2	12	44. 4	9	33. 3	下降

续表

二级指标	三级指标	四级指标数	上升		保持		下降		变化趋势
			指标数	比重（%）	指标数	比重（%）	指标数	比重（%）	
发展环境竞争力	基础设施竞争力	9	2	22.2	5	55.6	2	22.2	保持
	软环境竞争力	9	1	11.1	5	55.6	3	33.3	下降
	小　计	18	3	16.7	10	55.6	5	27.8	保持
政府作用竞争力	政府发展经济竞争力	5	1	20.0	4	80.0	0	0.0	下降
	政府规调经济竞争力	5	0	0.0	4	80.0	1	20.0	保持
	政府保障经济竞争力	6	4	66.7	1	16.7	1	16.7	上升
	小　计	16	5	31.3	9	56.3	2	12.5	上升
发展水平竞争力	工业化进程竞争力	6	2	33.3	2	33.3	2	33.3	下降
	城市化进程竞争力	7	0	0.0	3	42.9	4	57.1	保持
	市场化进程竞争力	6	2	33.3	3	50.0	1	16.7	保持
	小　计	19	4	21.1	8	42.1	7	36.8	保持
统筹协调竞争力	统筹发展竞争力	8	3	37.5	2	25.0	3	37.5	上升
	协调发展竞争力	8	2	25.0	1	12.5	5	62.5	保持
	小　计	16	5	31.3	3	18.8	8	50.0	上升
合　计		210	61	29.0	102	48.6	47	22.4	保持

从表 11－2 可以看出，210 个四级指标中，上升的指标有 61 个，占指标总数的 29.0%；下降的指标有 47 个，占指标总数的 22.4%；保持不变的指标有 102 个，占指标总数的 48.6%。综上所述，浙江省经济综合竞争力上升的动力略大于下降的拉力，但受上升幅度及其他外部因素的综合影响，2012～2013 年浙江省经济综合竞争力排位保持不变。

3. 浙江省经济综合竞争力各级指标优劣势结构分析

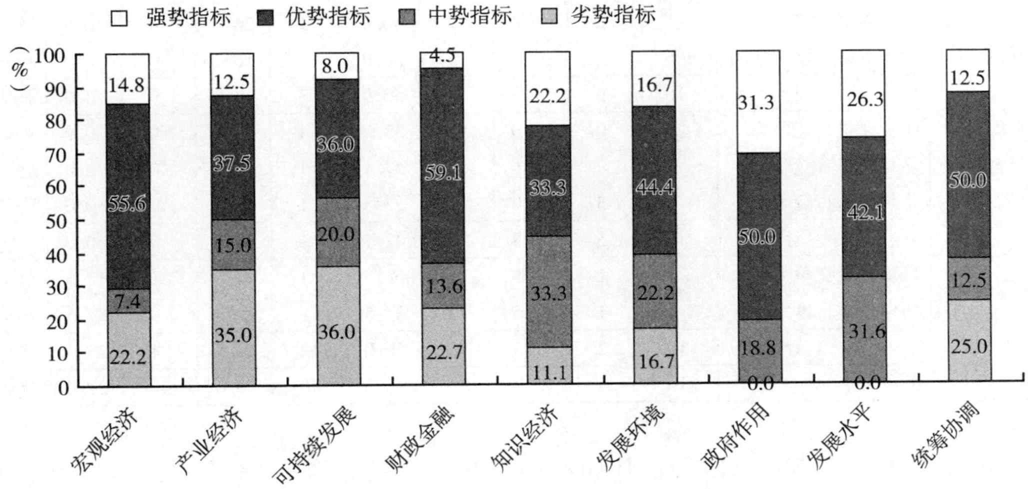

图 11－2　2013 年浙江省经济综合竞争力各级指标优劣势比较图

表 11－3　2013 年浙江省经济综合竞争力各级指标优劣势比较表

二级指标	三级指标	四级指标数	强势指标		优势指标		中势指标		劣势指标		优劣势
			个数	比重（%）	个数	比重（%）	个数	比重（%）	个数	比重（%）	
宏观经济竞争力	经济实力竞争力	12	1	8.3	7	58.3	0	0.0	4	33.3	优势
	经济结构竞争力	6	2	33.3	3	50.0	0	0.0	1	16.7	强势
	经济外向度竞争力	9	1	11.1	5	55.6	2	22.2	1	11.1	优势
	小　计	27	4	14.8	15	55.6	2	7.4	6	22.2	优势
产业经济竞争力	农业竞争力	10	2	20.0	1	10.0	3	30.0	4	40.0	中势
	工业竞争力	10	0	0.0	5	50.0	2	20.0	3	30.0	优势
	服务业竞争力	10	2	20.0	5	50.0	1	10.0	2	20.0	优势
	企业竞争力	10	1	10.0	4	40.0	0	0.0	5	50.0	优势
	小　计	40	5	12.5	15	37.5	6	15.0	14	35.0	优势
可持续发展竞争力	资源竞争力	9	0	0.0	1	11.1	2	22.2	6	66.7	劣势
	环境竞争力	8	2	25.0	3	37.5	1	12.5	2	25.0	优势
	人力资源竞争力	8	0	0.0	5	62.5	2	25.0	1	12.5	强势
	小　计	25	2	8.0	9	36.0	5	20.0	9	36.0	优势
财政金融竞争力	财政竞争力	12	0	0.0	6	50.0	2	16.7	4	33.3	中势
	金融竞争力	10	1	10.0	7	70.0	1	10.0	1	10.0	优势
	小　计	22	1	4.5	13	59.1	3	13.6	5	22.7	优势
知识经济竞争力	科技竞争力	9	2	22.2	4	44.4	3	33.3	0	0.0	优势
	教育竞争力	10	0	0.0	2	20.0	5	50.0	3	30.0	中势
	文化竞争力	8	4	50.0	3	37.5	1	12.5	0	0.0	强势
	小　计	27	6	22.2	9	33.3	9	33.3	3	11.1	优势
发展环境竞争力	基础设施竞争力	9	1	11.1	6	66.7	2	22.2	0	0.0	优势
	软环境竞争力	9	2	22.2	2	22.2	2	22.2	3	33.3	优势
	小　计	18	3	16.7	8	44.4	4	22.2	3	16.7	优势
政府作用竞争力	政府发展经济竞争力	5	1	20.0	3	60.0	1	20.0	0	0.0	优势
	政府规调经济竞争力	5	2	40.0	2	40.0	1	20.0	0	0.0	强势
	政府保障经济竞争力	6	2	33.3	3	50.0	1	16.7	0	0.0	优势
	小　计	16	5	31.3	8	50.0	3	18.8	0	0.0	强势
发展水平竞争力	工业化进程竞争力	6	0	0.0	2	33.3	4	66.7	0	0.0	中势
	城市化进程竞争力	7	2	28.6	4	57.1	1	14.3	0	0.0	强势
	市场化进程竞争力	6	3	50.0	2	33.3	1	16.7	0	0.0	强势
	小　计	19	5	26.3	8	42.1	6	31.6	0	0.0	优势
统筹协调竞争力	统筹发展竞争力	8	1	12.5	5	62.5	1	12.5	1	12.5	优势
	协调发展竞争力	8	1	12.5	3	37.5	1	12.5	3	37.5	中势
	小　计	16	2	12.5	8	50.0	2	12.5	4	25.0	优势
合　计		210	33	15.7	93	44.3	40	19.0	44	21.0	优势

基于图 11－2 和表 11－3，从四级指标来看，强势指标 33 个，占指标总数的 15.7%；优势指标 93 个，占指标总数的 44.3%；中势指标 40 个，占指标总数的

19.0%；劣势指标44个，占指标总数的21.0%。从三级指标来看，强势指标6个，占三级指标总数的24%；优势指标13个，占三级指标总数的52%；中势指标5个，占三级指标总数的20%；劣势指标1个，占三级指标总数的4%。反映到二级指标上来，强势指标1个，占二级指标总数的11.1%；优势指标有8个，占二级指标总数的88.9%。综合来看，由于优势指标在指标体系中居于主导地位，2013年浙江省经济综合竞争力处于优势地位。

4. 浙江省经济综合竞争力四级指标优劣势对比分析

表11-4 2013年浙江省经济综合竞争力各级指标优劣势比较表

二级指标	优劣势	四级指标
宏观经济竞争力（27个）	强势指标	财政总收入、所有制经济结构优化度、贸易结构优化度、出口总额（4个）
	优势指标	地区生产总值、人均地区生产总值、人均财政收入、固定资产投资额、人均固定资产投资额、全社会消费品零售总额、人均全社会消费品零售总额、产业结构优化度、城乡经济结构优化度、就业结构优化度、进出口总额、实际FDI、外贸依存度、对外经济合作完成营业额、对外直接投资（15个）
	劣势指标	地区生产总值增长率、财政总收入增长率、固定资产投资额增长率、全社会消费品零售总额增长率、资本形成结构优化度、进出口增长率（6个）
产业经济竞争力（40个）	强势指标	农民人均纯收入、农村人均用电量、旅游外汇收入、房地产经营总收入、新产品销售收入占主营业务收入比重（5个）
	优势指标	农产品出口占农林牧渔总产值比重、工业增加值、人均工业增加值、工业资产总额、规模以上工业主营业务收入、规模以上工业利润总额、服务业增加值、人均服务业增加值、服务业从业人员数、限额以上批发零售企业主营业务收入、限额以上餐饮企业利税率、规模以上工业企业数、产品质量抽查合格率、工业企业R&D经费投入强度、中国驰名商标持有量（15个）
	劣势指标	农业增加值增长率、农民人均纯收入增长率、人均主要农产品产量、财政支农资金比重、工业资产总额增长率、工业资产总贡献率、工业成本费用利润率、服务业增加值增长率、限额以上批零企业利税率、规模以上企业平均资产、规模以上企业平均增加值、流动资金周转次数、规模以上企业平均利润、规模以上企业销售利税率（14个）
可持续发展竞争力（25个）	强势指标	森林覆盖率、生活垃圾无害化处理率（2个）
	优势指标	人均可使用海域和滩涂面积、人均工业固体废物排放量、人均治理工业污染投资额、一般工业固体废物综合利用率、15~64岁人口比例、大专以上教育程度人口比例、平均受教育程度、人口健康素质、人力资源利用率（9个）
	劣势指标	人均国土面积、耕地面积、人均耕地面积、人均牧草地面积、主要能源矿产基础储量、人均主要能源矿产基础储量、人均废水排放量、自然灾害直接经济损失、文盲率（9个）
财政金融竞争力（22个）	强势指标	贷款余额（1个）
	优势指标	地方财政收入、地方财政支出、税收收入占GDP比重、人均地方财政收入、人均税收收入、地方财政支出增长率、存款余额、人均存款余额、人均贷款余额、保险费净收入、保险密度、保险深度、人均证券市场筹资额（13个）
	劣势指标	地方财政收入占GDP比重、地方财政支出占GDP比重、地方财政收入增长率、税收收入增长率、中长期贷款占贷款余额比重（5个）

续表

二级指标	优劣势	四级指标
知识经济竞争力（27个）	强势指标	发明专利授权量、财政科技支出占地方财政支出比重、文化产业增加值、报纸出版数、出版印刷工业销售产值、农村居民人均文化娱乐支出（6个）
	优势指标	R&D人员、R&D经费、R&D经费投入强度、高技术产业增加值、教育经费、公共教育经费占财政支出比重、图书和期刊出版数、城镇居民人均文化娱乐支出、农村居民人均文化娱乐支出占消费性支出比重（9个）
	劣势指标	教育经费占GDP比重、万人中小学学校数、万人中小学专任教师数（3个）
发展环境竞争力（18个）	强势指标	人均内河航道里程、万人个体私营企业数、万人商标注册件数（3个）
	优势指标	全社会旅客周转量、全社会货物周转量、人均邮电业务总量、万户移动电话数、万户上网用户数、人均耗电量、外资企业数增长率、万人外资企业数（8个）
	劣势指标	查处商标侵权假冒案件、每十万人交通事故发生数、食品安全事故数（3个）
政府作用竞争力（16个）	强势指标	财政支出对GDP增长的拉动、调控城乡消费差距、规范税收、城市城镇社区服务设施数、养老保险覆盖率（5个）
	优势指标	财政支出用于基本建设投资比重、政府公务员对经济的贡献、政府消费对民间消费的拉动、物价调控、人口控制、医疗保险覆盖率、失业保险覆盖率、城镇登记失业率（8个）
	劣势指标	（0个）
发展水平竞争力（19个）	强势指标	城镇居民人均可支配收入、人均居住面积、非公有制经济产值占全社会总产值的比重、亿元以上商品市场成交额、亿元以上商品市场成交额占全社会消费品零售总额比重（5个）
	优势指标	工业增加值增长率、高技术产业规模以上企业产值、城镇化率、城市平均建成区面积比重、人均拥有道路面积、人均日生活用水量、私有和个体企业从业人员比重、居民消费支出占总消费支出比重（8个）
	劣势指标	（0个）
统筹协调竞争力（16个）	强势指标	社会劳动生产率增速、城乡居民人均现金消费支出比差（2个）
	优势指标	社会劳动生产率、万元GDP综合能耗、非农用地产出率、生产税净额和营业盈余占GDP比重、固定资产投资额占GDP比重、环境竞争力与宏观经济竞争力比差、人力资源竞争力与宏观经济竞争力比差、城乡居民家庭人均收入比差（8个）
	劣势指标	固定资产交付使用率、资源竞争力与宏观经济竞争力比差、资源竞争力与工业竞争力比差、全社会消费品零售总额与外贸出口总额比差（4个）

11.2 浙江省经济综合竞争力各级指标具体分析

1. 浙江省宏观经济竞争力指标排名变化情况

表11－5 2012～2013年浙江省宏观经济竞争力指标组排位及变化趋势表

指标	2012年	2013年	排位升降	优劣势
1 宏观经济竞争力	4	4	0	优势
1.1 经济实力竞争力	5	4	1	优势
地区生产总值	4	4	0	优势
地区生产总值增长率	29	27	2	劣势

续表

指　　标	2012 年	2013 年	排位升降	优劣势
人均地区生产总值	6	5	1	优势
财政总收入	5	3	2	强势
财政总收入增长率	29	24	5	劣势
人均财政收入	12	6	6	优势
固定资产投资额	7	7	0	优势
固定资产投资额增长率	14	25	-11	劣势
人均固定资产投资额	10	9	1	优势
全社会消费品零售总额	4	4	0	优势
全社会消费品零售总额增长率	28	28	0	劣势
人均全社会消费品零售总额	4	4	0	优势
1.2　经济结构竞争力	3	3	0	强势
产业结构优化度	8	8	0	优势
所有制经济结构优化度	3	3	0	强势
城乡经济结构优化度	6	6	0	优势
就业结构优化度	4	4	0	优势
资本形成结构优化度	26	28	-2	劣势
贸易结构优化度	3	3	0	强势
1.3　经济外向度竞争力	5	6	-1	优势
进出口总额	5	5	0	优势
进出口增长率	25	22	3	劣势
出口总额	3	3	0	强势
出口增长率	23	20	3	中势
实际 FDI	6	6	0	优势
实际 FDI 增长率	19	20	-1	中势
外贸依存度	5	6	-1	优势
对外经济合作完成营业额	7	7	0	优势
对外直接投资	5	5	0	优势

2. 浙江省产业经济竞争力指标排名变化情况

表 11-6　2012~2013 年浙江省产业经济竞争力指标组排位及变化趋势表

指　　标	2012 年	2013 年	排位升降	优劣势
2　产业经济竞争力	4	4	0	优势
2.1　农业竞争力	10	18	-8	中势
农业增加值	14	15	-1	中势
农业增加值增长率	30	30	0	劣势
人均农业增加值	12	12	0	中势
农民人均纯收入	3	3	0	强势
农民人均纯收入增长率	30	30	0	劣势
农产品出口占农林牧渔总产值比重	6	5	1	优势
人均主要农产品产量	27	27	0	劣势
农业机械化	2	17	-15	中势
农村人均用电量	3	3	0	强势
财政支农资金比重	24	23	1	劣势

续表

指　　标	2012 年	2013 年	排位升降	优劣势
2.2　工业竞争力	6	5	1	优势
工业增加值	4	4	0	优势
工业增加值增长率	28	20	8	中势
人均工业增加值	5	5	0	优势
工业资产总额	4	4	0	优势
工业资产总额增长率	29	29	0	劣势
工业资产总贡献率	25	25	0	劣势
规模以上工业主营业务收入	4	4	0	优势
规模以上工业利润总额	5	5	0	优势
工业全员劳动生产率	24	18	6	中势
工业成本费用利润率	27	24	3	劣势
2.3　服务业竞争力	6	6	0	优势
服务业增加值	4	4	0	优势
服务业增加值增长率	28	24	4	劣势
人均服务业增加值	5	5	0	优势
服务业从业人员数	8	8	0	优势
服务业从业人员数增长率	26	11	15	中势
限额以上批发零售企业主营业务收入	5	5	0	优势
限额以上批零企业利税率	28	27	1	劣势
限额以上餐饮企业利税率	15	9	6	优势
旅游外汇收入	4	2	2	强势
房地产经营总收入	3	3	0	强势
2.4　企业竞争力	5	7	-2	优势
规模以上工业企业数	4	4	0	优势
规模以上企业平均资产	29	29	0	劣势
规模以上企业平均增加值	30	30	0	劣势
流动资金周转次数	26	24	2	劣势
规模以上企业平均利润	31	31	0	劣势
规模以上企业销售利税率	30	26	4	劣势
新产品销售收入占主营业务收入比重	5	3	2	强势
产品质量抽查合格率	12	9	3	优势
工业企业 R&D 经费投入强度	1	5	-4	优势
中国驰名商标持有量	1	4	-3	优势

3. 浙江省可持续发展竞争力指标排名变化情况

表 11-7 2012~2013 年浙江省可持续发展竞争力指标组排位及变化趋势表

指　　标	2012 年	2013 年	排位升降	优劣势
3 可持续发展竞争力	8	8	0	优势
3.1 资源竞争力	25	27	-2	劣势
人均国土面积	24	24	0	劣势
人均可使用海域和滩涂面积	7	7	0	优势
人均年水资源量	12	16	-4	中势
耕地面积	23	23	0	劣势
人均耕地面积	27	27	0	劣势
人均牧草地面积	30	30	0	劣势
主要能源矿产基础储量	29	29	0	劣势
人均主要能源矿产基础储量	15	30	-15	劣势
人均森林储积量	20	20	0	中势
3.2 环境竞争力	13	10	3	优势
森林覆盖率	3	3	0	强势
人均废水排放量	29	29	0	劣势
人均工业废气排放量	11	12	-1	中势
人均工业固体废物排放量	4	4	0	优势
人均治理工业污染投资额	10	5	5	优势
一般工业固体废物综合利用率	4	4	0	优势
生活垃圾无害化处理率	5	3	2	强势
自然灾害直接经济损失	29	30	-1	劣势
3.3 人力资源竞争力	3	2	1	强势
人口自然增长率	21	20	1	中势
15~64 岁人口比例	6	5	1	优势
文盲率	19	23	-4	劣势
大专以上教育程度人口比例	5	5	0	优势
平均受教育程度	10	8	2	优势
人口健康素质	4	4	0	优势
人力资源利用率	8	6	2	优势
职业学校毕业生数	11	11	0	中势

4. 浙江省财政金融竞争力指标排名变化情况

表 11-8 2012~2013 年浙江省财政金融竞争力指标组排位及变化趋势表

指　　标	2012 年	2013 年	排位升降	优劣势
4 财政金融竞争力	8	6	2	优势
4.1 财政竞争力	21	13	8	中势
地方财政收入	5	5	0	优势
地方财政支出	8	7	1	优势
地方财政收入占 GDP 比重	19	21	-2	劣势

续表

指　　标	2012 年	2013 年	排位升降	优劣势
地方财政支出占 GDP 比重	30	30	0	劣势
税收收入占 GDP 比重	9	7	2	优势
税收收入占财政总收入比重	11	15	-4	中势
人均地方财政收入	6	6	0	优势
人均地方财政支出	20	19	1	中势
人均税收收入	5	5	0	优势
地方财政收入增长率	29	24	5	劣势
地方财政支出增长率	30	10	20	优势
税收收入增长率	30	26	4	劣势
4.2　金融竞争力	5	5	0	优势
存款余额	4	4	0	优势
人均存款余额	4	4	0	优势
贷款余额	2	2	0	强势
人均贷款余额	4	4	0	优势
货币市场融资额	14	11	3	中势
中长期贷款占贷款余额比重	31	31	0	劣势
保险费净收入	9	5	4	优势
保险密度	6	4	2	优势
保险深度	16	7	9	优势
人均证券市场筹资额	6	7	-1	优势

5. 浙江省知识经济竞争力指标排名变化情况

表 11-9　2012~2013 年浙江省知识经济竞争力指标组排位及变化趋势表

指　　标	2012 年	2013 年	排位升降	优劣势
5　知识经济竞争力	4	5	-1	优势
5.1　科技竞争力	5	5	0	优势
R&D 人员	4	4	0	优势
R&D 经费	5	5	0	优势
R&D 经费投入强度	8	6	2	优势
发明专利授权量	2	2	0	强势
技术市场成交合同金额	14	15	-1	中势
财政科技支出占地方财政支出比重	3	3	0	强势
高技术产业增加值	5	5	0	优势
高技术产业增加值占工业增加值比重	12	12	0	中势
高技术产品出口额占商品出口额比重	23	20	3	中势
5.2　教育竞争力	6	12	-6	中势
教育经费	5	6	-1	优势
教育经费占 GDP 比重	26	29	-3	劣势
人均教育经费	9	11	-2	中势
公共教育经费占财政支出比重	1	4	-3	优势

续表

指　　标	2012 年	2013 年	排位升降	优劣势
人均文化教育支出占个人消费支出比重	1	15	-14	中势
万人中小学学校数	27	27	0	劣势
万人中小学专任教师数	28	27	1	劣势
高等学校数	10	11	-1	中势
高校专任教师数	12	12	0	中势
万人高等学校在校学生数	14	14	0	中势
5.3　文化竞争力	2	3	-1	强势
文化产业增加值	2	2	0	强势
图书和期刊出版数	7	7	0	优势
报纸出版数	2	2	0	强势
出版印刷工业销售产值	2	1	1	强势
城镇居民人均文化娱乐支出	4	5	-1	优势
农村居民人均文化娱乐支出	4	2	2	强势
城镇居民人均文化娱乐支出占消费性支出比重	4	15	-11	中势
农村居民人均文化娱乐支出占消费性支出比重	9	4	5	优势

6. 浙江省发展环境竞争力指标排名变化情况

表 11-10　2012～2013 年浙江省发展环境竞争力指标组排位及变化趋势表

指　　标	2012 年	2013 年	排位升降	优劣势
6　发展环境竞争力	4	4	0	优势
6.1　基础设施竞争力	5	5	0	优势
铁路网线密度	20	18	2	中势
公路网线密度	12	12	0	中势
人均内河航道里程	2	2	0	强势
全社会旅客周转量	9	9	0	优势
全社会货物周转量	8	7	1	优势
人均邮电业务总量	4	4	0	优势
万户移动电话数	4	5	-1	优势
万户上网用户数	5	5	0	优势
人均耗电量	4	5	-1	优势
6.2　软环境竞争力	5	9	-4	优势
外资企业数增长率	11	7	4	优势
万人外资企业数	7	7	0	优势
个体私营企业数增长率	17	20	-3	中势
万人个体私营企业数	1	1	0	强势
万人商标注册件数	3	3	0	强势
查处商标侵权假冒案件	30	30	0	劣势
每十万人交通事故发生数	31	31	0	劣势
罚没收入占财政收入比重	15	17	-2	中势
食品安全事故数	25	28	-3	劣势

7. 浙江省政府作用竞争力指标排名变化情况

表 11－11　2012～2013 年浙江省政府作用竞争力指标组排位及变化趋势表

指　　标	2012 年	2013 年	排位升降	优劣势
7　政府作用竞争力	3	1	2	强势
7.1　政府发展经济竞争力	3	4	－1	优势
财政支出用于基本建设投资比重	8	8	0	优势
财政支出对 GDP 增长的拉动	2	2	0	强势
政府公务员对经济的贡献	6	6	0	优势
政府消费对民间消费的拉动	7	4	3	优势
财政投资对社会投资的拉动	18	18	0	中势
7.2　政府规调经济竞争力	1	1	0	强势
物价调控	4	4	0	优势
调控城乡消费差距	1	2	－1	强势
统筹经济社会发展	16	16	0	中势
规范税收	1	1	0	强势
人口控制	10	10	0	优势
7.3　政府保障经济竞争力	6	4	2	优势
城市城镇社区服务设施数	2	3	－1	强势
医疗保险覆盖率	10	6	4	优势
养老保险覆盖率	6	2	4	强势
失业保险覆盖率	9	4	5	优势
下岗职工再就业率	20	19	1	中势
城镇登记失业率	6	6	0	优势

8. 浙江省发展水平竞争力指标排名变化情况

表 11－12　2012～2013 年浙江省发展水平竞争力指标组排位及变化趋势表

指　　标	2012 年	2013 年	排位升降	优劣势
8　发展水平竞争力	5	5	0	优势
8.1　工业化进程竞争力	12	14	－2	中势
工业增加值占 GDP 比重	18	17	1	中势
工业增加值增长率	4	5	－1	优势
高技术产业规模以上企业产值	5	5	0	优势
高技术产业增加值占工业增加值比重	12	12	0	中势
高技术产品出口额占商品出口额比重	23	20	3	中势
信息产业增加值占 GDP 比重	7	12	－5	中势
8.2　城市化进程竞争力	3	3	0	强势
城镇化率	6	7	－1	优势
城镇居民人均可支配收入	3	3	0	强势
城市平均建成区面积比重	7	7	0	优势

续表

指标		2012 年	2013 年	排位升降	优劣势
	人均拥有道路面积	5	9	-4	优势
	人均日生活用水量	7	10	-3	优势
	人均居住面积	1	1	0	强势
	人均公共绿地面积	9	13	-4	中势
8.3	市场化进程竞争力	2	2	0	强势
	非公有制经济产值占全社会总产值的比重	3	3	0	强势
	社会投资占投资总额比重	9	11	-2	中势
	私有和个体企业从业人员比重	15	9	6	优势
	亿元以上商品市场成交额	2	2	0	强势
	亿元以上商品市场成交额占全社会消费品零售总额比重	2	2	0	强势
	居民消费支出占总消费支出比重	7	4	3	优势

9. 浙江省统筹协调竞争力指标排名变化情况

表 11－13 2012～2013 年浙江省统筹协调竞争力指标组排位及变化趋势表

指标		2012 年	2013 年	排位升降	优劣势
9	**统筹协调竞争力**	7	4	3	优势
9.1	统筹发展竞争力	6	4	2	优势
	社会劳动生产率	8	5	3	优势
	社会劳动生产率增速	24	2	22	强势
	万元 GDP 综合能耗	3	4	-1	优势
	非农用地产出率	3	4	-1	优势
	生产税净额和营业盈余占 GDP 比重	7	7	0	优势
	最终消费率	17	20	-3	中势
	固定资产投资额占 GDP 比重	4	4	0	优势
	固定资产交付使用率	29	25	4	劣势
9.2	协调发展竞争力	12	12	0	中势
	环境竞争力与宏观经济竞争力比差	9	7	2	优势
	资源竞争力与宏观经济竞争力比差	26	27	-1	劣势
	人力资源竞争力与宏观经济竞争力比差	11	9	2	优势
	资源竞争力与工业竞争力比差	26	27	-1	劣势
	环境竞争力与工业竞争力比差	10	11	-1	中势
	城乡居民家庭人均收入比差	6	6	0	优势
	城乡居民人均现金消费支出比差	1	2	-1	强势
	全社会消费品零售总额与外贸出口总额比差	28	29	-1	劣势

B.13
12
安徽省经济综合竞争力评价分析报告

安徽省简称皖，位于华东腹地，地跨长江、淮河中下游，东连江苏、浙江，西接湖北、河南，南邻江西，北靠山东。全省总面积13.96万平方公里，2013年总人口为6030万人，地区生产总值达19039亿元，同比增长10.4%，人均GDP达31684元。本部分通过分析安徽省2012~2013年经济综合竞争力以及各要素竞争力的排名变化，从中找出安徽省经济综合竞争力的推动点及影响因素，为进一步提升安徽省经济综合竞争力提供决策参考。

12.1 安徽省经济综合竞争力总体分析

1. 安徽省经济综合竞争力一级指标概要分析

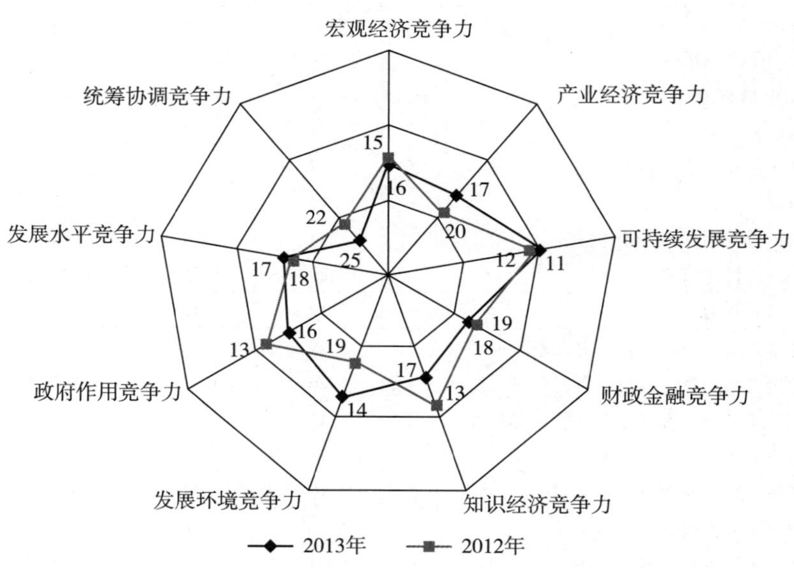

图12-1 2012~2013年安徽省经济综合竞争力二级指标比较雷达图

（1）从综合排位看，2013年安徽省经济综合竞争力综合排位在全国居第15位，在全国处于中势地位；与2012年相比，综合排位下降了1位。

（2）从指标所处区位看，1个指标处于下游区，为统筹协调竞争力，其余8个指标均处于中游区。

表 12－1 2012～2013 年安徽省经济综合竞争力二级指标比较表

项目 年份	宏观经济竞争力	产业经济竞争力	可持续发展竞争力	财政金融竞争力	知识经济竞争力	发展环境竞争力	政府作用竞争力	发展水平竞争力	统筹协调竞争力	**综合排位**
2012	15	20	12	18	13	19	13	18	22	14
2013	16	17	11	19	17	14	16	17	25	15
升降	－1	3	1	－1	－4	5	－3	1	－3	－1
优劣度	中势	中势	中势	中势	中势	中势	中势	中势	劣势	中势

（3）从指标变化趋势看，9 个二级指标中，有 4 个指标处于上升趋势，分别为产业经济竞争力、可持续发展竞争力、发展环境竞争力和发展水平竞争力，这些是安徽省经济综合竞争力上升的动力所在；有 5 个指标处于下降趋势，分别为宏观经济竞争力、财政金融竞争力、知识经济竞争力、政府作用竞争力和统筹协调竞争力，这些是安徽省经济综合竞争力下降的拉力所在。

2. 安徽省经济综合竞争力各级指标动态变化分析

表 12－2 2012～2013 年安徽省经济综合竞争力各级指标排位变化态势比较表

二级指标	三级指标	四级指标数	上升		保持		下降		变化趋势
			指标数	比重（%）	指标数	比重（%）	指标数	比重（%）	
宏观经济竞争力	经济实力竞争力	12	2	16.7	7	58.3	3	25.0	上升
	经济结构竞争力	6	2	33.3	4	66.7	0	0.0	保持
	经济外向度竞争力	9	2	22.2	3	33.3	4	44.4	下降
	小　计	27	6	22.2	14	51.9	7	25.9	下降
产业经济竞争力	农业竞争力	10	2	20.0	3	30.0	5	50.0	上升
	工业竞争力	10	4	40.0	2	20.0	4	40.0	上升
	服务业竞争力	10	3	30.0	3	30.0	4	40.0	下降
	企业竞争力	10	3	30.0	4	40.0	3	30.0	上升
	小　计	40	12	30.0	12	30.0	16	40.0	上升
可持续发展竞争力	资源竞争力	9	2	22.2	6	66.7	1	11.1	上升
	环境竞争力	8	5	62.5	1	12.5	2	25.0	保持
	人力资源竞争力	8	1	12.5	4	50.0	3	37.5	保持
	小　计	25	8	32.0	11	44.0	6	24.0	上升
财政金融竞争力	财政竞争力	12	5	41.7	1	8.3	6	50.0	保持
	金融竞争力	10	4	40.0	1	10.0	5	50.0	下降
	小　计	22	9	40.9	2	9.1	11	50.0	下降
知识经济竞争力	科技竞争力	9	5	55.6	3	33.3	1	11.1	保持
	教育竞争力	10	1	10.0	2	20.0	7	70.0	下降
	文化竞争力	8	2	25.0	1	12.5	5	62.5	下降
	小　计	27	8	29.6	6	22.2	13	48.1	下降

续表

二级指标	三级指标	四级指标数	上升		保持		下降		变化趋势
			指标数	比重（%）	指标数	比重（%）	指标数	比重（%）	
发展环境竞争力	基础设施竞争力	9	4	44.4	4	44.4	1	11.1	上升
	软环境竞争力	9	6	66.7	1	11.1	2	22.2	上升
	小　　计	18	10	55.6	5	27.8	3	16.7	上升
政府作用竞争力	政府发展经济竞争力	5	2	40.0	1	20.0	2	40.0	下降
	政府规调经济竞争力	5	1	20.0	3	60.0	1	20.0	下降
	政府保障经济竞争力	6	2	33.3	0	0.0	4	66.7	下降
	小　　计	16	5	31.3	4	25.0	7	43.8	下降
发展水平竞争力	工业化进程竞争力	6	1	16.7	2	33.3	3	50.0	保持
	城市化进程竞争力	7	1	14.3	4	57.1	2	28.6	上升
	市场化进程竞争力	6	2	33.3	2	33.3	2	33.3	下降
	小　　计	19	4	21.1	8	42.1	7	36.8	上升
统筹协调竞争力	统筹发展竞争力	8	3	37.5	1	12.5	4	50.0	上升
	协调发展竞争力	8	4	50.0	1	12.5	3	37.5	下降
	小　　计	16	7	43.8	2	12.5	7	43.8	下降
合　　计		210	69	32.9	64	30.5	77	36.7	下降

从表 12－2 可以看出，210 个四级指标中，上升的指标有 69 个，占指标总数的 32.9%；下降的指标有 77 个，占指标总数的 36.7%；保持不变的指标有 64 个，占指标总数的 30.5%。综上所述，安徽省经济综合竞争力上升的动力小于下降的拉力，使得 2012～2013 年安徽省经济综合竞争力排位处于下降趋势。

3. 安徽省经济综合竞争力各级指标优劣势结构分析

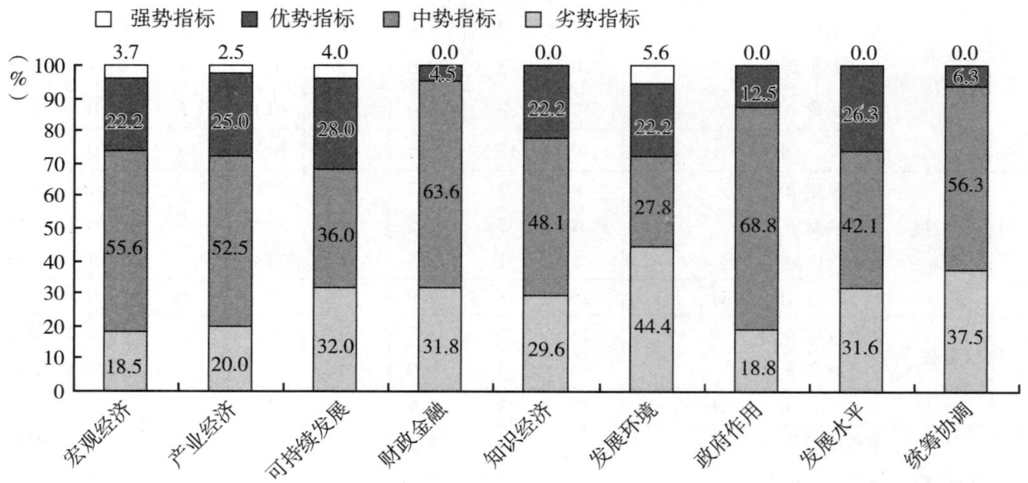

图 12－2　2013 年安徽省经济综合竞争力各级指标优劣势比较图

表 12-3 2013 年安徽省经济综合竞争力各级指标优劣势比较表

二级指标	三级指标	四级指标数	强势指标		优势指标		中势指标		劣势指标		优劣势
			个数	比重（%）	个数	比重（%）	个数	比重（%）	个数	比重（%）	
宏观经济竞争力	经济实力竞争力	12	1	8.3	1	8.3	7	58.3	3	25.0	中势
	经济结构竞争力	6	0	0.0	2	33.3	3	50.0	1	16.7	中势
	经济外向度竞争力	9	0	0.0	3	33.3	5	55.6	1	11.1	中势
	小　计	27	1	3.7	6	22.2	15	55.6	5	18.5	中势
产业经济竞争力	农业竞争力	10	0	0.0	4	40.0	4	40.0	2	20.0	中势
	工业竞争力	10	1	10.0	0	0.0	8	80.0	1	10.0	中势
	服务业竞争力	10	0	0.0	3	30.0	6	60.0	1	10.0	中势
	企业竞争力	10	0	0.0	3	30.0	3	30.0	4	40.0	劣势
	小　计	40	1	2.5	10	25.0	21	52.5	8	20.0	中势
可持续发展竞争力	资源竞争力	9	0	0.0	3	33.3	2	22.2	4	44.4	劣势
	环境竞争力	8	0	0.0	2	25.0	5	62.5	1	12.5	中势
	人力资源竞争力	8	1	12.5	2	25.0	2	25.0	3	37.5	优势
	小　计	25	1	4.0	7	28.0	9	36.0	8	32.0	中势
财政金融竞争力	财政竞争力	12	0	0.0	0	0.0	8	66.7	4	33.3	中势
	金融竞争力	10	0	0.0	1	10.0	6	60.0	3	30.0	中势
	小　计	22	0	0.0	1	4.5	14	63.6	7	31.8	中势
知识经济竞争力	科技竞争力	9	0	0.0	3	33.3	4	44.4	2	22.2	中势
	教育竞争力	10	0	0.0	2	20.0	6	60.0	2	20.0	中势
	文化竞争力	8	0	0.0	1	12.5	3	37.5	4	50.0	中势
	小　计	27	0	0.0	6	22.2	13	48.1	8	29.6	中势
发展环境竞争力	基础设施竞争力	9	1	11.1	3	33.3	1	11.1	4	44.4	中势
	软环境竞争力	9	0	0.0	1	11.1	4	44.4	4	44.4	劣势
	小　计	18	1	5.6	4	22.2	5	27.8	8	44.4	中势
政府作用竞争力	政府发展经济竞争力	5	0	0.0	1	20.0	4	80.0	0	0.0	中势
	政府规调经济竞争力	5	0	0.0	1	20.0	1	20.0	3	60.0	中势
	政府保障经济竞争力	6	0	0.0	0	0.0	6	100.0	0	0.0	中势
	小　计	16	0	0.0	2	12.5	11	68.8	3	18.8	中势
发展水平竞争力	工业化进程竞争力	6	0	0.0	0	0.0	1	16.7	5	83.3	劣势
	城市化进程竞争力	7	0	0.0	1	14.3	5	71.4	1	14.3	中势
	市场化进程竞争力	6	0	0.0	4	66.7	2	33.3	0	0.0	优势
	小　计	19	0	0.0	5	26.3	8	42.1	6	31.6	中势
统筹协调竞争力	统筹发展竞争力	8	0	0.0	1	12.5	4	50.0	3	37.5	中势
	协调发展竞争力	8	0	0.0	0	0.0	5	62.5	3	37.5	劣势
	小　计	16	0	0.0	1	6.3	9	56.3	6	37.5	劣势
合　计		210	4	1.9	42	20.0	105	50.0	59	28.1	中势

基于图 12-2 和表 12-3，从四级指标来看，强势指标 4 个，占指标总数的 1.9%；优势指标 42 个，占指标总数的 20.0%；中势指标 105 个，占指标总数的 50.0%；劣势

指标59个，占指标总数的28.1%。从三级指标来看，没有强势指标；优势指标2个，占三级指标总数的8%；中势指标18个，占三级指标总数的72%；劣势指标5个，占三级指标总数的20%。反映到二级指标上来，没有强势指标和优势指标；中势指标8个，占二级指标总数的88.9%；劣势指标有1个，占二级指标总数的11.1%。综合来看，由于中势指标在指标体系中居于主导地位，决定了2013年安徽省经济综合竞争力处于中势地位。

4. 安徽省经济综合竞争力四级指标优劣势对比分析

表12－4　2013年安徽省经济综合竞争力各级指标优劣势比较表

二级指标	优劣势	四　级　指　标
宏观经济竞争力（27个）	强势指标	全社会消费品零售总额增长率（1个）
	优势指标	固定资产投资额、资本形成结构优化度、贸易结构优化度、进出口增长率、实际FDI、实际FDI增长率（6个）
	劣势指标	人均地区生产总值、人均财政收入、人均全社会消费品零售总额、产业结构优化度、出口增长率（5个）
产业经济竞争力（40个）	强势指标	工业增加值增长率（1个）
	优势指标	农业增加值、农民人均纯收入增长率、人均主要农产品产量、农业机械化、服务业从业人员数、限额以上批零企业利税率、房地产经营总收入、规模以上工业企业数、流动资金周转次数、新产品销售收入占主营业务收入比重（10个）
	劣势指标	农业增加值增长率、财政支农资金比重、工业成本费用利润率、人均服务业增加值、规模以上企业平均资产、规模以上企业平均增加值、规模以上企业平均利润、规模以上企业销售利税率（8个）
可持续发展竞争力（25个）	强势指标	人力资源利用率（1个）
	优势指标	耕地面积、主要能源矿产基础储量、人均主要能源矿产基础储量、一般工业固体废物综合利用率、生活垃圾无害化处理率、人口自然增长率、职业学校毕业生数（7个）
	劣势指标	人均国土面积、人均年水资源量、人均牧草地面积、人均森林储积量、自然灾害直接经济损失、15～64岁人口比例、文盲率、平均受教育程度（8个）
财政金融竞争力（22个）	强势指标	（0个）
	优势指标	货币市场融资额（1个）
	劣势指标	人均地方财政收入、人均地方财政支出、人均税收收入、地方财政支出增长率、人均存款余额、人均贷款余额、保险密度（7个）
知识经济竞争力（27个）	强势指标	（0个）
	优势指标	R&D经费投入强度、发明专利授权量、财政科技支出占地方财政支出比重、教育经费、高等学校数、出版印刷工业销售产值（6个）
	劣势指标	高技术产业增加值占工业增加值比重、高技术产品出口额占商品出口额比重、人均教育经费、人均文化教育支出占个人消费支出比重、文化产业增加值、城镇居民人均文化娱乐支出、农村居民人均文化娱乐支出、城镇居民人均文化娱乐支出占消费性支出比重（8个）
发展环境竞争力（18个）	强势指标	全社会货物周转量（1个）
	优势指标	铁路网线密度、公路网线密度、全社会旅客周转量、万人个体私营企业数（4个）
	劣势指标	人均邮电业务总量、万户移动电话数、万户上网用户数、人均耗电量、外资企业数增长率、万人外资企业数、查处商标侵权假冒案件、每十万人交通事故发生数（8个）

续表

二级指标	优劣势	四 级 指 标
政府作用竞争力（16个）	强势指标	（0个）
	优势指标	政府消费对民间消费的拉动、物价调控（2个）
	劣势指标	调控城乡消费差距、规范税收、人口控制（3个）
发展水平竞争力（19个）	强势指标	（0个）
	优势指标	人均拥有道路面积、社会投资占投资总额比重、私有和个体企业从业人员比重、亿元以上商品市场成交额占全社会消费品零售总额比重、居民消费支出占总消费支出比重（5个）
	劣势指标	工业增加值占GDP比重、工业增加值增长率、高技术产业增加值占工业增加值比重、高技术产品出口额占商品出口额比重、信息产业增加值占GDP比重、城镇化率（6个）
统筹协调竞争力（16个）	强势指标	（0个）
	优势指标	最终消费率（1个）
	劣势指标	社会劳动生产率、社会劳动生产率增速、固定资产投资额占GDP比重、环境竞争力与宏观经济竞争力比差、人力资源竞争力与宏观经济竞争力比差、城乡居民人均现金消费支出比差（6个）

12.2 安徽省经济综合竞争力各级指标具体分析

1. 安徽省宏观经济竞争力指标排名变化情况

表12-5 2012~2013年安徽省宏观经济竞争力指标组排位及变化趋势表

指 标	2012年	2013年	排位升降	优劣势
1 宏观经济竞争力	15	16	-1	中势
1.1 经济实力竞争力	17	16	1	中势
地区生产总值	14	14	0	中势
地区生产总值增长率	9	11	-2	中势
人均地区生产总值	26	26	0	劣势
财政总收入	13	15	-2	中势
财政总收入增长率	8	13	-5	中势
人均财政收入	29	24	5	劣势
固定资产投资额	10	10	0	优势
固定资产投资额增长率	16	16	0	中势
人均固定资产投资额	17	17	0	中势
全社会消费品零售总额	14	14	0	中势
全社会消费品零售总额增长率	6	3	3	强势
人均全社会消费品零售总额	23	23	0	劣势

续表

指　　标	2012 年	2013 年	排位升降	优劣势
1.2　经济结构竞争力	17	17	0	中势
产业结构优化度	30	29	1	劣势
所有制经济结构优化度	14	14	0	中势
城乡经济结构优化度	20	20	0	中势
就业结构优化度	14	14	0	中势
资本形成结构优化度	6	4	2	优势
贸易结构优化度	10	10	0	优势
1.3　经济外向度竞争力	10	17	-7	中势
进出口总额	14	14	0	中势
进出口增长率	7	8	-1	优势
出口总额	14	14	0	中势
出口增长率	5	24	-19	劣势
实际 FDI	11	9	2	优势
实际 FDI 增长率	3	4	-1	优势
外贸依存度	17	17	0	中势
对外经济合作完成营业额	11	12	-1	中势
对外直接投资	15	13	2	中势

2. 安徽省产业经济竞争力指标排名变化情况

表 12-6　2012~2013 年安徽省产业经济竞争力指标组排位及变化趋势表

指　　标	2012 年	2013 年	排位升降	优劣势
2　产业经济竞争力	20	17	3	中势
2.1　农业竞争力	18	15	3	中势
农业增加值	9	10	-1	优势
农业增加值增长率	12	24	-12	劣势
人均农业增加值	20	20	0	中势
农民人均纯收入	20	20	0	中势
农民人均纯收入增长率	6	7	-1	优势
农产品出口占农林牧渔总产值比重	19	17	2	中势
人均主要农产品产量	8	9	-1	优势
农业机械化	24	4	20	优势
农村人均用电量	18	19	-1	中势
财政支农资金比重	22	22	0	劣势

续表

指　　标	2012 年	2013 年	排位升降	优劣势
2.2　工业竞争力	17	16	1	中势
工业增加值	12	12	0	中势
工业增加值增长率	7	2	5	强势
人均工业增加值	22	20	2	中势
工业资产总额	13	13	0	中势
工业资产总额增长率	9	14	-5	中势
工业资产总贡献率	14	15	-1	中势
规模以上工业主营业务收入	12	11	1	中势
规模以上工业利润总额	15	14	1	中势
工业全员劳动生产率	7	12	-5	中势
工业成本费用利润率	18	25	-7	劣势
2.3　服务业竞争力	10	13	-3	中势
服务业增加值	16	15	1	中势
服务业增加值增长率	12	17	-5	中势
人均服务业增加值	29	30	-1	劣势
服务业从业人员数	6	5	1	优势
服务业从业人员数增长率	9	14	-5	中势
限额以上批发零售企业主营业务收入	16	16	0	中势
限额以上批零企业利税率	7	10	-3	优势
限额以上餐饮企业利税率	16	15	1	中势
旅游外汇收入	12	12	0	中势
房地产经营总收入	10	10	0	优势
2.4　企业竞争力	26	22	4	劣势
规模以上工业企业数	8	8	0	优势
规模以上企业平均资产	28	28	0	劣势
规模以上企业平均增加值	28	28	0	劣势
流动资金周转次数	8	8	0	优势
规模以上企业平均利润	30	29	1	劣势
规模以上企业销售利税率	21	25	-4	劣势
新产品销售收入占主营业务收入比重	10	9	1	优势
产品质量抽查合格率	25	13	12	中势
工业企业 R&D 经费投入强度	12	13	-1	中势
中国驰名商标持有量	12	14	-2	中势

3. 安徽省可持续发展竞争力指标排名变化情况

表 12－7　2012～2013 年安徽省可持续发展竞争力指标组排位及变化趋势表

指　　标	2012 年	2013 年	排位升降	优劣势
3　可持续发展竞争力	12	11	1	中势
3.1　资源竞争力	22	21	1	劣势
人均国土面积	23	23	0	劣势
人均可使用海域和滩涂面积	13	13	0	中势
人均年水资源量	20	21	－1	劣势
耕地面积	8	8	0	优势
人均耕地面积	12	12	0	中势
人均牧草地面积	21	21	0	劣势
主要能源矿产基础储量	9	7	2	优势
人均主要能源矿产基础储量	16	10	6	优势
人均森林储积量	22	22	0	劣势
3.2　环境竞争力	12	12	0	中势
森林覆盖率	18	18	0	中势
人均废水排放量	14	15	－1	中势
人均工业废气排放量	12	11	1	中势
人均工业固体废物排放量	19	18	1	中势
人均治理工业污染投资额	22	13	9	中势
一般工业固体废物综合利用率	8	7	1	优势
生活垃圾无害化处理率	13	6	7	优势
自然灾害直接经济损失	17	24	－7	劣势
3.3　人力资源竞争力	8	8	0	优势
人口自然增长率	10	8	2	优势
15～64 岁人口比例	25	27	－2	劣势
文盲率	26	26	0	劣势
大专以上教育程度人口比例	11	20	－9	中势
平均受教育程度	23	25	－2	劣势
人口健康素质	15	15	0	中势
人力资源利用率	1	1	0	强势
职业学校毕业生数	6	6	0	优势

4. 安徽省财政金融竞争力指标排名变化情况

表 12－8　2012～2013 年安徽省财政金融竞争力指标组排位及变化趋势表

指　　标	2012 年	2013 年	排位升降	优劣势
4　财政金融竞争力	18	19	－1	中势
4.1　财政竞争力	19	19	0	中势
地方财政收入	12	14	－2	中势
地方财政支出	11	12	－1	中势
地方财政收入占 GDP 比重	17	16	1	中势

续表

指　　标	2012 年	2013 年	排位升降	优劣势
地方财政支出占 GDP 比重	12	14	-2	中势
税收收入占 GDP 比重	19	19	0	中势
税收收入占财政总收入比重	18	13	5	中势
人均地方财政收入	23	22	1	劣势
人均地方财政支出	25	26	-1	劣势
人均税收收入	24	23	1	劣势
地方财政收入增长率	8	13	-5	中势
地方财政支出增长率	4	22	-18	劣势
税收收入增长率	16	12	4	中势
4.2 金融竞争力	17	19	-2	中势
存款余额	14	13	1	中势
人均存款余额	26	25	1	劣势
贷款余额	14	14	0	中势
人均贷款余额	23	25	-2	劣势
货币市场融资额	12	9	3	优势
中长期贷款占贷款余额比重	21	20	1	中势
保险费净收入	12	15	-3	中势
保险密度	21	22	-1	劣势
保险深度	10	16	-6	中势
人均证券市场筹资额	17	20	-3	中势

5. 安徽省知识经济竞争力指标排名变化情况

表 12-9　2012~2013 年安徽省知识经济竞争力指标组排位及变化趋势表

指　　标	2012 年	2013 年	排位升降	优劣势
5　知识经济竞争力	13	17	-4	中势
5.1 科技竞争力	15	15	0	中势
R&D 人员	17	14	3	中势
R&D 经费	15	14	1	中势
R&D 经费投入强度	11	10	1	优势
发明专利授权量	7	6	1	优势
技术市场成交合同金额	13	11	2	中势
财政科技支出占地方财政支出比重	7	7	0	优势
高技术产业增加值	18	18	0	中势
高技术产业增加值占工业增加值比重	21	21	0	劣势
高技术产品出口额占商品出口额比重	21	23	-2	劣势
5.2 教育竞争力	8	19	-11	中势
教育经费	8	9	-1	优势
教育经费占 GDP 比重	11	14	-3	中势
人均教育经费	24	28	-4	劣势
公共教育经费占财政支出比重	11	17	-6	中势

续表

指　　标	2012 年	2013 年	排位升降	优劣势
人均文化教育支出占个人消费支出比重	2	21	-19	劣势
万人中小学学校数	13	13	0	中势
万人中小学专任教师数	17	18	-1	中势
高等学校数	7	8	-1	优势
高校专任教师数	13	13	0	中势
万人高等学校在校学生数	19	17	2	中势
5.3　文化竞争力	12	18	-6	中势
文化产业增加值	12	22	-10	劣势
图书和期刊出版数	12	11	1	中势
报纸出版数	14	14	0	中势
出版印刷工业销售产值	11	10	1	优势
城镇居民人均文化娱乐支出	10	21	-11	劣势
农村居民人均文化娱乐支出	18	22	-4	劣势
城镇居民人均文化娱乐支出占消费性支出比重	7	21	-14	劣势
农村居民人均文化娱乐支出占消费性支出比重	17	19	-2	中势

6. 安徽省发展环境竞争力指标排名变化情况

表 12-10　2012~2013 年安徽省发展环境竞争力指标组排位及变化趋势表

指　　标	2012 年	2013 年	排位升降	优劣势
6　发展环境竞争力	19	14	5	中势
6.1　基础设施竞争力	13	11	2	中势
铁路网线密度	10	8	2	优势
公路网线密度	8	8	0	优势
人均内河航道里程	14	15	-1	中势
全社会旅客周转量	5	5	0	优势
全社会货物周转量	5	2	3	强势
人均邮电业务总量	30	30	0	劣势
万户移动电话数	31	31	0	劣势
万户上网用户数	26	25	1	劣势
人均耗电量	26	25	1	劣势
6.2　软环境竞争力	30	29	1	劣势
外资企业数增长率	27	25	2	劣势
万人外资企业数	25	28	-3	劣势
个体私营企业数增长率	9	12	-3	中势
万人个体私营企业数	8	6	2	优势
万人商标注册件数	19	18	1	中势
查处商标侵权假冒案件	29	29	0	劣势
每十万人交通事故发生数	30	29	1	劣势
罚没收入占财政收入比重	16	15	1	中势
食品安全事故数	19	13	6	中势

7. 安徽省政府作用竞争力指标排名变化情况

表 12－11　2012～2013 年安徽省政府作用竞争力指标组排位及变化趋势表

指　　标	2012 年	2013 年	排位升降	优劣势
7　政府作用竞争力	13	16	－3	中势
7.1　政府发展经济竞争力	10	12	－2	中势
财政支出用于基本建设投资比重	11	13	－2	中势
财政支出对 GDP 增长的拉动	20	18	2	中势
政府公务员对经济的贡献	13	13	0	中势
政府消费对民间消费的拉动	3	8	－5	优势
财政投资对社会投资的拉动	19	13	6	中势
7.2　政府规调经济竞争力	17	19	－2	中势
物价调控	5	5	0	优势
调控城乡消费差距	18	22	－4	劣势
统筹经济社会发展	12	12	0	中势
规范税收	24	23	1	劣势
人口控制	22	22	0	劣势
7.3　政府保障经济竞争力	15	17	－2	中势
城市城镇社区服务设施数	10	12	－2	中势
医疗保险覆盖率	15	18	－3	中势
养老保险覆盖率	15	19	－4	中势
失业保险覆盖率	13	15	－2	中势
下岗职工再就业率	26	20	6	中势
城镇登记失业率	24	19	5	中势

8. 安徽省发展水平竞争力指标排名变化情况

表 12－12　2012～2013 年安徽省发展水平竞争力指标组排位及变化趋势表

指　　标	2012 年	2013 年	排位升降	优劣势
8　发展水平竞争力	18	17	1	中势
8.1　工业化进程竞争力	30	30	0	劣势
工业增加值占 GDP 比重	22	28	－6	劣势
工业增加值增长率	26	28	－2	劣势
高技术产业规模以上企业产值	16	16	0	中势
高技术产业增加值占工业增加值比重	21	21	0	劣势
高技术产品出口额占商品出口额比重	21	23	－2	劣势
信息产业增加值占 GDP 比重	29	28	1	劣势
8.2　城市化进程竞争力	18	16	2	中势
城镇化率	23	23	0	劣势
城镇居民人均可支配收入	15	15	0	中势
城市平均建成区面积比重	11	11	0	中势
人均拥有道路面积	4	4	0	优势
人均日生活用水量	16	17	－1	中势

续表

指　　标	2012 年	2013 年	排位升降	优劣势
人均居住面积	10	17	-7	中势
人均公共绿地面积	12	11	1	中势
8.3 市场化进程竞争力	7	9	-2	优势
非公有制经济产值占全社会总产值的比重	14	14	0	中势
社会投资占投资总额比重	10	9	1	优势
私有和个体企业从业人员比重	6	8	-2	优势
亿元以上商品市场成交额	12	11	1	中势
亿元以上商品市场成交额占全社会消费品零售总额比重	9	9	0	优势
居民消费支出占总消费支出比重	3	8	-5	优势

9. 安徽省统筹协调竞争力指标排名变化情况

表 12-13　2012～2013 年安徽省统筹协调竞争力指标组排位及变化趋势表

指　　标	2012 年	2013 年	排位升降	优劣势
9　统筹协调竞争力	22	25	-3	劣势
9.1 统筹发展竞争力	22	20	2	中势
社会劳动生产率	27	28	-1	劣势
社会劳动生产率增速	12	24	-12	劣势
万元 GDP 综合能耗	11	12	-1	中势
非农用地产出率	13	13	0	中势
生产税净额和营业盈余占 GDP 比重	18	19	-1	中势
最终消费率	14	9	5	优势
固定资产投资额占 GDP 比重	28	27	1	劣势
固定资产交付使用率	21	17	4	中势
9.2 协调发展竞争力	21	27	-6	劣势
环境竞争力与宏观经济竞争力比差	18	21	-3	劣势
资源竞争力与宏观经济竞争力比差	18	15	3	中势
人力资源竞争力与宏观经济竞争力比差	26	27	-1	劣势
资源竞争力与工业竞争力比差	17	16	1	中势
环境竞争力与工业竞争力比差	18	16	2	中势
城乡居民家庭人均收入比差	21	19	2	中势
城乡居民人均现金消费支出比差	18	22	-4	劣势
全社会消费品零售总额与外贸出口总额比差	18	18	0	中势

B.14
13
福建省经济综合竞争力评价分析报告

福建省简称闽，地处中国东南沿海，毗邻浙江、江西、广东，与台湾隔海相望。全省土地面积12.14万平方公里，2013年总人口为3774万人，地区生产总值达21760亿元，同比增长11.0%，人均GDP达57856元。本部分通过分析2012～2013年福建省经济综合竞争力以及各要素竞争力的排名变化，从中找出福建省经济综合竞争力的推动点及影响因素，为进一步提升福建省经济综合竞争力提供决策参考。

13.1 福建省经济综合竞争力总体分析

1. 福建省经济综合竞争力一级指标概要分析

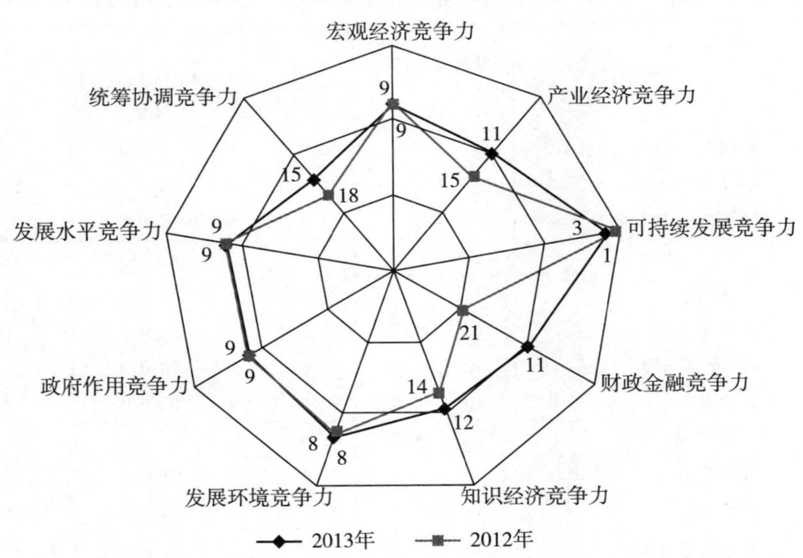

图13－1 2012～2013年福建省经济综合竞争力二级指标比较雷达图

（1）从综合排位看，2013年福建省经济综合竞争力综合排位在全国居第9位，在全国处于优势地位；与2012年相比，综合排位保持不变。

（2）从指标所处区位看，有5个指标处于上游区，为宏观经济竞争力、可持续发展竞争力、发展环境竞争力、政府作用竞争力和发展水平竞争力，其中，可持续发展竞争力指标为强势指标。其余4个指标处于中游区，分别为产业经济竞争力、财政金融竞

表 13-1　2012~2013 年福建省经济综合竞争力二级指标比较表

项目 年份	宏观经济竞争力	产业经济竞争力	可持续发展竞争力	财政金融竞争力	知识经济竞争力	发展环境竞争力	政府作用竞争力	发展水平竞争力	统筹协调竞争力	**综合排位**
2012	9	15	1	21	14	8	9	9	18	9
2013	9	11	3	11	12	8	9	9	15	9
升降	0	4	-2	10	2	0	0	0	3	0
优劣度	优势	中势	强势	中势	中势	优势	优势	优势	中势	优势

争力、知识经济竞争力和统筹协调竞争力。

（3）从指标变化趋势看，9 个二级指标中，有 4 个指标处于上升趋势，分别为产业经济竞争力、财政金融竞争力、知识经济竞争力和统筹协调竞争力，这些是福建省经济综合竞争力提升的动力所在；有 4 个指标排位没有发生变化，分别为宏观经济竞争力、发展环境竞争力、政府作用竞争力和发展水平竞争力；有 1 个指标处于下降趋势，为可持续发展竞争力，这是福建省经济综合竞争力下降的拉力所在。

2. 福建省经济综合竞争力各级指标动态变化分析

表 13-2　2012~2013 年福建省经济综合竞争力各级指标排位变化态势比较表

二级指标	三级指标	四级指标数	上升		保持		下降		变化趋势
			指标数	比重（%）	指标数	比重（%）	指标数	比重（%）	
宏观经济竞争力	经济实力竞争力	12	7	58.3	5	41.7	0	0.0	保持
	经济结构竞争力	6	1	16.7	3	50.0	2	33.3	下降
	经济外向度竞争力	9	1	11.1	5	55.6	3	33.3	上升
	小　计	27	9	33.3	13	48.1	5	18.5	保持
产业经济竞争力	农业竞争力	10	2	20.0	5	50.0	3	30.0	下降
	工业竞争力	10	5	50.0	2	20.0	3	30.0	上升
	服务业竞争力	10	4	40.0	3	30.0	3	30.0	上升
	企业竞争力	10	2	20.0	6	60.0	2	20.0	上升
	小　计	40	13	32.5	16	40.0	11	27.5	上升
可持续发展竞争力	资源竞争力	9	1	11.1	5	55.6	3	33.3	下降
	环境竞争力	8	2	25.0	4	50.0	2	25.0	上升
	人力资源竞争力	8	2	25.0	1	12.5	5	62.5	保持
	小　计	25	5	20.0	10	40.0	10	40.0	下降
财政金融竞争力	财政竞争力	12	8	66.7	3	25.0	1	8.3	上升
	金融竞争力	10	5	50.0	3	30.0	2	20.0	上升
	小　计	22	13	59.1	6	27.3	3	13.6	上升
知识经济竞争力	科技竞争力	9	3	33.3	4	44.4	2	22.2	上升
	教育竞争力	10	1	10.0	6	60.0	3	30.0	下降
	文化竞争力	8	3	37.5	2	25.0	3	37.5	上升
	小　计	27	7	25.9	12	44.4	8	29.6	上升

续表

二级指标	三级指标	四级指标数	上升		保持		下降		变化趋势
			指标数	比重(%)	指标数	比重(%)	指标数	比重(%)	
发展环境竞争力	基础设施竞争力	9	4	44.4	3	33.3	2	22.2	下降
	软环境竞争力	9	3	33.3	5	55.6	1	11.1	保持
	小　计	18	7	38.9	8	44.4	3	16.7	保持
政府作用竞争力	政府发展经济竞争力	5	2	40.0	1	20.0	2	40.0	下降
	政府规调经济竞争力	5	1	20.0	4	80.0	0	0.0	下降
	政府保障经济竞争力	6	3	50.0	0	0.0	3	50.0	上升
	小　计	16	6	37.5	5	31.3	5	31.3	保持
发展水平竞争力	工业化进程竞争力	6	2	33.3	1	16.7	3	50.0	上升
	城市化进程竞争力	7	0	0.0	5	71.4	2	28.6	下降
	市场化进程竞争力	6	2	33.3	3	50.0	1	16.7	下降
	小　计	19	4	21.1	9	47.4	6	31.6	保持
统筹协调竞争力	统筹发展竞争力	8	4	50.0	1	12.5	3	37.5	上升
	协调发展竞争力	8	4	50.0	1	12.5	3	37.5	上升
	小　计	16	8	50.0	2	12.5	6	37.5	上升
合　计		210	72	34.3	81	38.6	57	27.1	保持

从表13－2可以看出，210个四级指标中，上升的指标有72个，占指标总数的34.3%；下降的指标有57个，占指标总数的27.1%；保持不变的指标有81个，占指标总数的38.6%。综上所述，福建省经济综合竞争力上升的动力大于下降的拉力，但受其他外部因素的综合影响，2012～2013年福建省经济综合竞争力排位保持不变。

3. 福建省经济综合竞争力各级指标优劣势结构分析

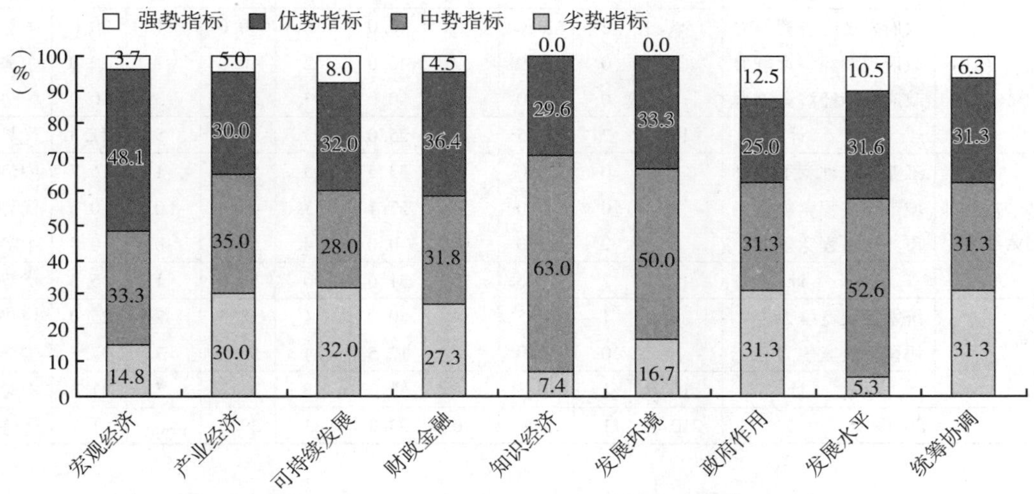

图13－2　2013年福建省经济综合竞争力各级指标优劣势比较图

表 13－3　2013 年福建省经济综合竞争力各级指标优劣势比较表

二级指标	三级指标	四级指标数	强势指标		优势指标		中势指标		劣势指标		优劣势
			个数	比重（%）	个数	比重（%）	个数	比重（%）	个数	比重（%）	
宏观经济竞争力	经济实力竞争力	12	0	0.0	8	66.7	4	33.3	0	0.0	优势
	经济结构竞争力	6	1	16.7	2	33.3	2	33.3	1	16.7	中势
	经济外向度竞争力	9	0	0.0	3	33.3	3	33.3	3	33.3	中势
	小　计	27	1	3.7	13	48.1	9	33.3	4	14.8	优势
产业经济竞争力	农业竞争力	10	1	10.0	3	30.0	2	20.0	4	40.0	优势
	工业竞争力	10	1	10.0	2	20.0	6	60.0	1	10.0	优势
	服务业竞争力	10	0	0.0	4	40.0	3	30.0	3	30.0	中势
	企业竞争力	10	0	0.0	3	30.0	3	30.0	4	40.0	中势
	小　计	40	2	5.0	12	30.0	14	35.0	12	30.0	中势
可持续发展竞争力	资源竞争力	9	1	11.1	2	22.2	1	11.1	5	55.6	中势
	环境竞争力	8	1	12.5	4	50.0	2	25.0	1	12.5	强势
	人力资源竞争力	8	0	0.0	2	25.0	4	50.0	2	25.0	优势
	小　计	25	2	8.0	8	32.0	7	28.0	8	32.0	强势
财政金融竞争力	财政竞争力	12	1	8.3	4	33.3	2	16.7	5	41.7	中势
	金融竞争力	10	0	0.0	4	40.0	5	50.0	1	10.0	中势
	小　计	22	1	4.5	8	36.4	7	31.8	6	27.3	中势
知识经济竞争力	科技竞争力	9	0	0.0	5	55.6	4	44.4	0	0.0	优势
	教育竞争力	10	0	0.0	1	10.0	8	80.0	1	10.0	劣势
	文化竞争力	8	0	0.0	2	25.0	5	62.5	1	12.5	中势
	小　计	27	0	0.0	8	29.6	17	63.0	2	7.4	中势
发展环境竞争力	基础设施竞争力	9	0	0.0	3	33.3	6	66.7	0	0.0	中势
	软环境竞争力	9	0	0.0	3	33.3	3	33.3	3	33.3	优势
	小　计	18	0	0.0	6	33.3	9	50.0	3	16.7	优势
政府作用竞争力	政府发展经济竞争力	5	2	40.0	2	40.0	0	0.0	1	20.0	强势
	政府规调经济竞争力	5	0	0.0	2	40.0	2	40.0	1	20.0	中势
	政府保障经济竞争力	6	0	0.0	0	0.0	3	50.0	3	50.0	中势
	小　计	16	2	12.5	4	25.0	5	31.3	5	31.3	优势
发展水平竞争力	工业化进程竞争力	6	0	0.0	2	33.3	3	50.0	1	16.7	中势
	城市化进程竞争力	7	0	0.0	4	57.1	3	42.9	0	0.0	优势
	市场化进程竞争力	6	2	33.3	0	0.0	4	66.7	0	0.0	中势
	小　计	19	2	10.5	6	31.6	10	52.6	1	5.3	优势
统筹协调竞争力	统筹发展竞争力	8	1	12.5	4	50.0	1	12.5	2	25.0	优势
	协调发展竞争力	8	0	0.0	1	12.5	4	50.0	3	37.5	劣势
	小　计	16	1	6.3	5	31.3	5	31.3	5	31.3	中势
合　计		210	11	5.2	70	33.3	83	39.5	46	21.9	优势

基于图 13－2 和表 13－3，从四级指标来看，强势指标 11 个，占指标总数的 5.2%；优势指标 70 个，占指标总数的 33.3%；中势指标 83 个，占指标总数的

39.5%；劣势指标46个，占指标总数的21.9%。从三级指标来看，强势指标2个，占三级指标总数的8%；优势指标8个，占三级指标总数的32%；中势指标13个，占三级指标总数的52%；劣势指标2个，占三级指标总数的8%。反映到二级指标上来，强势指标1个，占二级指标总数的11.1%；优势指标有4个，占二级指标总数的44.4%。综合来看，由于强势指标和优势指标在指标体系中居于主导地位，2013年福建省经济综合竞争力处于优势地位。

4. 福建省经济综合竞争力四级指标优劣势对比分析

表13-4 2013年福建省经济综合竞争力各级指标优劣势比较表

二级指标	优劣势	四 级 指 标
宏观经济竞争力（27个）	强势指标	所有制经济结构优化度（1个）
	优势指标	地区生产总值增长率、人均地区生产总值、财政总收入、财政总收入增长率、人均财政收入、人均固定资产投资额、全社会消费品零售总额增长率、人均全社会消费品零售总额、就业结构优化度、贸易结构优化度、进出口总额、出口总额、外贸依存度（13个）
	劣势指标	资本形成结构优化度、出口增长率、实际FDI增长率、对外经济合作完成营业额（4个）
产业经济竞争力（40个）	强势指标	农产品出口占农林牧渔总产值比重、工业增加值增长率（2个）
	优势指标	人均农业增加值、农民人均纯收入、农村人均用电量、人均工业增加值、工业资产总贡献率、人均服务业增加值、限额以上批发零售企业主营业务收入、旅游外汇收入、房地产经营总收入、规模以上工业企业数、工业企业R&D经费投入强度、中国驰名商标持有量（12个）
	劣势指标	农民人均纯收入增长率、人均主要农产品产量、农业机械化、财政支农资金比重、工业全员劳动生产率、服务业从业人员数增长率、限额以上批零企业利税率、限额以上餐饮企业利税率、规模以上企业平均资产、规模以上企业平均增加值、规模以上企业平均利润、规模以上企业销售利税率（12个）
可持续发展竞争力（25个）	强势指标	人均可使用海域和滩涂面积、森林覆盖率（2个）
	优势指标	人均年水资源量、人均森林储积量、人均工业废气排放量、人均治理工业污染投资额、一般工业固体废物综合利用率、生活垃圾无害化处理率、人口自然增长率、人力资源利用率（8个）
	劣势指标	耕地面积、人均耕地面积、人均牧草地面积、主要能源矿产基础储量、人均主要能源矿产基础储量、人均废水排放量、大专以上教育程度人口比例、平均受教育程度（8个）
财政金融竞争力（22个）	强势指标	地方财政支出增长率（1个）
	优势指标	人均地方财政收入、人均税收收入、地方财政收入增长率、税收收入增长率、人均存款余额、贷款余额、人均贷款余额、保险密度（8个）
	劣势指标	地方财政支出、地方财政收入占GDP比重、地方财政支出占GDP比重、税收收入占财政总收入比重、人均地方财政支出、中长期贷款占贷款余额比重（6个）
知识经济竞争力（27个）	强势指标	（0个）
	优势指标	R&D人员、发明专利授权量、财政科技支出占地方财政支出比重、高技术产业增加值、高技术产业增加值占工业增加值比重、公共教育经费占财政支出比重、城镇居民人均文化娱乐支出、农村居民人均文化娱乐支出（8个）
	劣势指标	教育经费占GDP比重、图书和期刊出版数（2个）

续表

二级指标	优劣势	四　级　指　标
发展环境竞争力（18个）	强势指标	（0个）
	优势指标	人均邮电业务总量、万户移动电话数、万户上网用户数、万人外资企业数、万人个体私营企业数、万人商标注册件数（6个）
	劣势指标	查处商标侵权假冒案件、每十万人交通事故发生数、食品安全事故数（3个）
政府作用竞争力（16个）	强势指标	财政支出用于基本建设投资比重、政府消费对民间消费的拉动（2个）
	优势指标	财政支出对GDP增长的拉动、政府公务员对经济的贡献、物价调控、规范税收（4个）
	劣势指标	财政投资对社会投资的拉动、统筹经济社会发展、医疗保险覆盖率、养老保险覆盖率、城镇登记失业率（5个）
发展水平竞争力（19个）	强势指标	非公有制经济产值占全社会总产值的比重、居民消费支出占总消费支出比重（2个）
	优势指标	高技术产业规模以上企业产值、高技术产业增加值占工业增加值比重、城镇化率、城镇居民人均可支配收入、人均居住面积、人均公共绿地面积（6个）
	劣势指标	工业增加值增长率（1个）
统筹协调竞争力（16个）	强势指标	社会劳动生产率增速（1个）
	优势指标	社会劳动生产率、万元GDP综合能耗、非农用地产出率、固定资产投资额占GDP比重、人力资源竞争力与宏观经济竞争力比差（5个）
	劣势指标	最终消费率、固定资产交付使用率、环境竞争力与宏观经济竞争力比差、环境竞争力与工业竞争力比差、全社会消费品零售总额与外贸出口总额比差（5个）

13.2　福建省经济综合竞争力各级指标具体分析

1. 福建省宏观经济竞争力指标排名变化情况

表13－5　2012～2013年福建省宏观经济竞争力指标组排位及变化趋势表

指　标	2012年	2013年	排位升降	优劣势
1　宏观经济竞争力	9	9	0	优势
1.1　经济实力竞争力	7	7	0	优势
地区生产总值	12	11	1	中势
地区生产总值增长率	15	6	9	优势
人均地区生产总值	9	9	0	优势
财政总收入	22	8	14	优势
财政总收入增长率	18	5	13	优势
人均财政收入	19	9	10	优势
固定资产投资额	12	12	0	中势
固定资产投资额增长率	12	12	0	中势
人均固定资产投资额	6	6	0	优势
全社会消费品零售总额	13	12	1	中势
全社会消费品零售总额增长率	10	5	5	优势
人均全社会消费品零售总额	9	9	0	优势

续表

指　　标	2012 年	2013 年	排位升降	优劣势
1.2　经济结构竞争力	10	13	-3	中势
产业结构优化度	16	18	-2	中势
所有制经济结构优化度	2	2	0	强势
城乡经济结构优化度	15	16	-1	中势
就业结构优化度	7	7	0	优势
资本形成结构优化度	31	30	1	劣势
贸易结构优化度	6	6	0	优势
1.3　经济外向度竞争力	15	14	1	中势
进出口总额	7	7	0	优势
进出口增长率	15	20	-5	中势
出口总额	6	6	0	优势
出口增长率	21	22	-1	劣势
实际 FDI	15	17	-2	中势
实际 FDI 增长率	26	24	2	劣势
外贸依存度	7	7	0	优势
对外经济合作完成营业额	21	21	0	劣势
对外直接投资	16	16	0	中势

2. 福建省产业经济竞争力指标排名变化情况

表 13-6　2012~2013 年福建省产业经济竞争力指标组排位及变化趋势表

指　　标	2012 年	2013 年	排位升降	优劣势
2　产业经济竞争力	15	11	4	中势
2.1　农业竞争力	9	10	-1	优势
农业增加值	13	13	0	中势
农业增加值增长率	23	16	7	中势
人均农业增加值	5	5	0	优势
农民人均纯收入	7	7	0	优势
农民人均纯收入增长率	20	21	-1	劣势
农产品出口占农林牧渔总产值比重	4	3	1	强势
人均主要农产品产量	24	24	0	劣势
农业机械化	6	23	-17	劣势
农村人均用电量	6	7	-1	优势
财政支农资金比重	25	25	0	劣势

续表

指　　标	2012年	2013年	排位升降	优劣势
2.2　工业竞争力	14	10	4	优势
工业增加值	11	11	0	中势
工业增加值增长率	11	3	8	强势
人均工业增加值	9	8	1	优势
工业资产总额	15	14	1	中势
工业资产总额增长率	20	12	8	中势
工业资产总贡献率	9	10	-1	优势
规模以上工业主营业务收入	11	12	-1	中势
规模以上工业利润总额	13	13	0	中势
工业全员劳动生产率	26	24	2	劣势
工业成本费用利润率	13	17	-4	中势
2.3　服务业竞争力	16	14	2	中势
服务业增加值	13	13	0	中势
服务业增加值增长率	29	16	13	中势
人均服务业增加值	10	10	0	优势
服务业从业人员数	12	13	-1	中势
服务业从业人员数增长率	12	27	-15	劣势
限额以上批发零售企业主营业务收入	9	9	0	优势
限额以上批零企业利税率	22	21	1	劣势
限额以上餐饮企业利税率	26	31	-5	劣势
旅游外汇收入	6	5	1	优势
房地产经营总收入	11	6	5	优势
2.4　企业竞争力	15	14	1	中势
规模以上工业企业数	7	7	0	优势
规模以上企业平均资产	30	30	0	劣势
规模以上企业平均增加值	29	29	0	劣势
流动资金周转次数	12	11	1	中势
规模以上企业平均利润	28	27	1	劣势
规模以上企业销售利税率	19	22	-3	劣势
新产品销售收入占主营业务收入比重	11	11	0	中势
产品质量抽查合格率	4	12	-8	中势
工业企业 R&D 经费投入强度	9	9	0	优势
中国驰名商标持有量	5	5	0	优势

3. 福建省可持续发展竞争力指标排名变化情况

表 13－7　2012～2013 年福建省可持续发展竞争力指标组排位及变化趋势表

指　　标	2012 年	2013 年	排位升降	优劣势
3　可持续发展竞争力	1	3	－2	强势
3.1　资源竞争力	10	14	－4	中势
人均国土面积	18	18	0	中势
人均可使用海域和滩涂面积	2	2	0	强势
人均年水资源量	7	10	－3	优势
耕地面积	24	24	0	劣势
人均耕地面积	26	26	0	劣势
人均牧草地面积	27	27	0	劣势
主要能源矿产基础储量	22	23	－1	劣势
人均主要能源矿产基础储量	13	24	－11	劣势
人均森林储积量	8	7	1	优势
3.2　环境竞争力	2	1	1	强势
森林覆盖率	1	1	0	强势
人均废水排放量	27	27	0	劣势
人均工业废气排放量	9	10	－1	优势
人均工业固体废物排放量	20	20	0	中势
人均治理工业污染投资额	8	6	2	优势
一般工业固体废物综合利用率	6	6	0	优势
生活垃圾无害化处理率	8	7	1	优势
自然灾害直接经济损失	9	16	－7	中势
3.3　人力资源竞争力	10	10	0	优势
人口自然增长率	8	10	－2	优势
15～64 岁人口比例	14	13	1	中势
文盲率	16	20	－4	中势
大专以上教育程度人口比例	24	23	1	劣势
平均受教育程度	22	23	－1	劣势
人口健康素质	12	12	0	中势
人力资源利用率	4	5	－1	优势
职业学校毕业生数	14	16	－2	中势

4. 福建省财政金融竞争力指标排名变化情况

表 13－8　2012～2013 年福建省财政金融竞争力指标组排位及变化趋势表

指　　标	2012 年	2013 年	排位升降	优劣势
4　财政金融竞争力	21	11	10	中势
4.1　财政竞争力	22	12	10	中势
地方财政收入	14	12	2	中势
地方财政支出	24	21	3	劣势
地方财政收入占 GDP 比重	23	22	1	劣势

续表

指　　标	2012 年	2013 年	排位升降	优劣势
地方财政支出占 GDP 比重	27	27	0	劣势
税收收入占 GDP 比重	21	20	1	中势
税收收入占财政总收入比重	13	21	-8	劣势
人均地方财政收入	10	10	0	优势
人均地方财政支出	22	21	1	劣势
人均税收收入	10	10	0	优势
地方财政收入增长率	18	5	13	优势
地方财政支出增长率	10	2	8	强势
税收收入增长率	23	6	17	优势
4.2　金融竞争力	15	12	3	中势
存款余额	12	12	0	中势
人均存款余额	9	10	-1	优势
贷款余额	9	9	0	优势
人均贷款余额	8	7	1	优势
货币市场融资额	10	12	-2	中势
中长期贷款占贷款余额比重	27	27	0	劣势
保险费净收入	15	11	4	中势
保险密度	10	8	2	优势
保险深度	22	14	8	中势
人均证券市场筹资额	16	15	1	中势

5. 福建省知识经济竞争力指标排名变化情况

表 13-9　2012~2013 年福建省知识经济竞争力指标组排位及变化趋势表

指　　标	2012 年	2013 年	排位升降	优劣势
5　知识经济竞争力	14	12	2	中势
5.1　科技竞争力	12	10	2	优势
R&D 人员	8	8	0	优势
R&D 经费	14	15	-1	中势
R&D 经费投入强度	14	14	0	中势
发明专利授权量	9	9	0	优势
技术市场成交合同金额	17	18	-1	中势
财政科技支出占地方财政支出比重	10	10	0	优势
高技术产业增加值	8	7	1	优势
高技术产业增加值占工业增加值比重	10	8	2	优势
高技术产品出口额占商品出口额比重	15	12	3	中势
5.2　教育竞争力	18	24	-6	劣势
教育经费	17	18	-1	中势
教育经费占 GDP 比重	27	27	0	劣势
人均教育经费	15	17	-2	中势
公共教育经费占财政支出比重	3	9	-6	优势

续表

指　　标	2012 年	2013 年	排位升降	优劣势
人均文化教育支出占个人消费支出比重	22	18	4	中势
万人中小学学校数	19	19	0	中势
万人中小学专任教师数	15	15	0	中势
高等学校数	15	15	0	中势
高校专任教师数	16	16	0	中势
万人高等学校在校学生数	12	12	0	中势
5.3　文化竞争力	17	14	3	中势
文化产业增加值	15	11	4	中势
图书和期刊出版数	23	23	0	劣势
报纸出版数	15	15	0	中势
出版印刷工业销售产值	14	13	1	中势
城镇居民人均文化娱乐支出	7	6	1	优势
农村居民人均文化娱乐支出	7	10	-3	优势
城镇居民人均文化娱乐支出占消费性支出比重	13	18	-5	中势
农村居民人均文化娱乐支出占消费性支出比重	14	15	-1	中势

6. 福建省发展环境竞争力指标排名变化情况

表 13-10　2012～2013 年福建省发展环境竞争力指标组排位及变化趋势表

指　　标	2012 年	2013 年	排位升降	优劣势
6　发展环境竞争力	8	8	0	优势
6.1　基础设施竞争力	9	12	-3	中势
铁路网线密度	16	13	3	中势
公路网线密度	18	18	0	中势
人均内河航道里程	15	16	-1	中势
全社会旅客周转量	20	18	2	中势
全社会货物周转量	15	12	3	中势
人均邮电业务总量	5	5	0	优势
万户移动电话数	7	8	-1	优势
万户上网用户数	4	4	0	优势
人均耗电量	14	12	2	中势
6.2　软环境竞争力	8	8	0	优势
外资企业数增长率	15	13	2	中势
万人外资企业数	6	6	0	优势
个体私营企业数增长率	11	14	-3	中势
万人个体私营企业数	5	5	0	优势
万人商标注册件数	5	5	0	优势
查处商标侵权假冒案件	27	27	0	劣势
每十万人交通事故发生数	28	25	3	劣势
罚没收入占财政收入比重	18	16	2	中势
食品安全事故数	23	23	0	劣势

7. 福建省政府作用竞争力指标排名变化情况

表 13－11　2012～2013 年福建省政府作用竞争力指标组排位及变化趋势表

指　　标	2012 年	2013 年	排位升降	优劣势
7　政府作用竞争力	9	9	0	优势
7.1　政府发展经济竞争力	1	2	－1	强势
财政支出用于基本建设投资比重	1	2	－1	强势
财政支出对 GDP 增长的拉动	5	5	0	优势
政府公务员对经济的贡献	4	5	－1	优势
政府消费对民间消费的拉动	4	3	1	强势
财政投资对社会投资的拉动	26	25	1	劣势
7.2　政府规调经济竞争力	12	16	－4	中势
物价调控	6	6	0	优势
调控城乡消费差距	14	14	0	中势
统筹经济社会发展	23	23	0	劣势
规范税收	9	8	1	优势
人口控制	20	20	0	中势
7.3　政府保障经济竞争力	25	20	5	中势
城市城镇社区服务设施数	19	20	－1	中势
医疗保险覆盖率	29	23	6	劣势
养老保险覆盖率	25	23	2	劣势
失业保险覆盖率	25	17	8	中势
下岗职工再就业率	9	11	－2	中势
城镇登记失业率	20	21	－1	劣势

8. 福建省发展水平竞争力指标排名变化情况

表 13－12　2012～2013 年福建省发展水平竞争力指标组排位及变化趋势表

指　　标	2012 年	2013 年	排位升降	优劣势
8　发展水平竞争力	9	9	0	优势
8.1　工业化进程竞争力	13	11	2	中势
工业增加值占 GDP 比重	13	16	－3	中势
工业增加值增长率	22	25	－3	劣势
高技术产业规模以上企业产值	7	10	－3	优势
高技术产业增加值占工业增加值比重	10	8	2	优势
高技术产品出口额占商品出口额比重	15	12	3	中势
信息产业增加值占 GDP 比重	15	15	0	中势
8.2　城市化进程竞争力	7	8	－1	优势
城镇化率	8	8	0	优势
城镇居民人均可支配收入	7	7	0	优势
城市平均建成区面积比重	13	13	0	中势
人均拥有道路面积	16	18	－2	中势
人均日生活用水量	11	12	－1	中势

续表

指　　标	2012 年	2013 年	排位升降	优劣势
人均居住面积	4	4	0	优势
人均公共绿地面积	10	10	0	优势
8.3　市场化进程竞争力	11	12	-1	中势
非公有制经济产值占全社会总产值的比重	2	2	0	强势
社会投资占投资总额比重	17	16	1	中势
私有和个体企业从业人员比重	16	18	-2	中势
亿元以上商品市场成交额	16	16	0	中势
亿元以上商品市场成交额占全社会消费品零售总额比重	19	19	0	中势
居民消费支出占总消费支出比重	4	3	1	强势

9. 福建省统筹协调竞争力指标排名变化情况

表 13-13　2012~2013 年福建省统筹协调竞争力指标组排位及变化趋势表

指　　标	2012 年	2013 年	排位升降	优劣势
9　统筹协调竞争力	18	15	3	中势
9.1　统筹发展竞争力	12	7	5	优势
社会劳动生产率	10	7	3	优势
社会劳动生产率增速	20	1	19	强势
万元 GDP 综合能耗	6	7	-1	优势
非农用地产出率	6	8	-2	优势
生产税净额和营业盈余占 GDP 比重	21	20	1	中势
最终消费率	28	31	-3	劣势
固定资产投资额占 GDP 比重	8	8	0	优势
固定资产交付使用率	26	23	3	劣势
9.2　协调发展竞争力	25	24	1	劣势
环境竞争力与宏观经济竞争力比差	27	25	2	劣势
资源竞争力与宏观经济竞争力比差	13	19	-6	中势
人力资源竞争力与宏观经济竞争力比差	19	10	9	优势
资源竞争力与工业竞争力比差	11	15	-4	中势
环境竞争力与工业竞争力比差	29	26	3	劣势
城乡居民家庭人均收入比差	16	15	1	中势
城乡居民人均现金消费支出比差	14	15	-1	中势
全社会消费品零售总额与外贸出口总额比差	27	27	0	劣势

B.15

14 江西省经济综合竞争力评价分析报告

江西省简称赣，地处中国东南偏中部长江中下游南岸，东邻浙江、福建，南连广东，西靠湖南，北毗湖北、安徽而共接长江。全省总面积16.69万平方公里，2013年总人口为4522万人，地区生产总值达14339亿元，同比增长10.1%，人均GDP达31771元。本部分通过分析2013～2013年江西省经济综合竞争力以及各要素竞争力的排名变化，从中找出江西省经济综合竞争力的推动点及影响因素，为进一步提升江西省经济综合竞争力提供决策参考。

14.1 江西省经济综合竞争力总体分析

1. 江西省经济综合竞争力一级指标概要分析

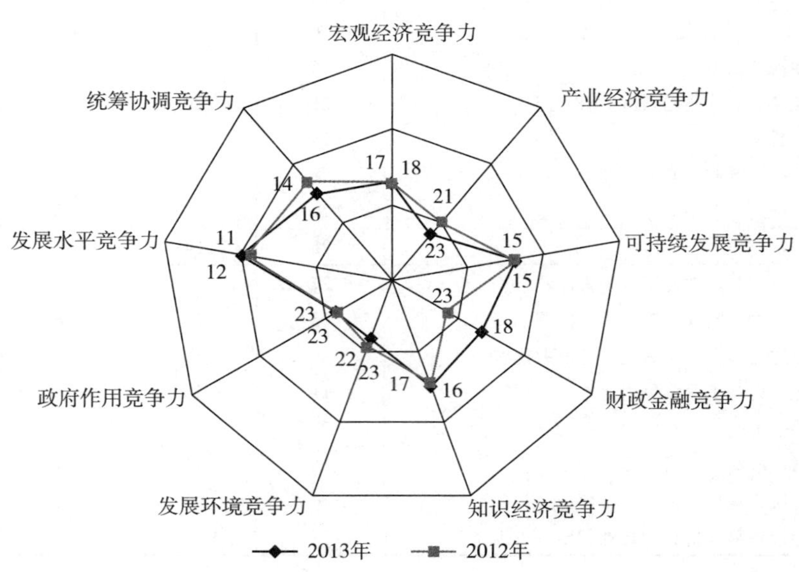

图14－1 2012～2013年江西省经济综合竞争力二级指标比较雷达图

（1）从综合排位看，2013年江西省经济综合竞争力综合排位在全国居第19位，在全国处于中势地位；与2012年相比，综合排位保持不变。

（2）从指标所处区位看，2013年，没有上游区指标；有6个指标排在中游区，分别为宏观经济竞争力、可持续发展竞争力、财政金融竞争力、知识经济竞争力、发展水平

表 14－1 2012～2013 年江西省经济综合竞争力二级指标比较表

年份＼项目	宏观经济竞争力	产业经济竞争力	可持续发展竞争力	财政金融竞争力	知识经济竞争力	发展环境竞争力	政府作用竞争力	发展水平竞争力	统筹协调竞争力	综合排位
2012	18	21	15	23	17	22	23	12	14	19
2013	17	23	15	18	16	23	23	11	16	19
升降	1	－2	0	5	1	－1	0	1	－2	0
优劣度	中势	劣势	中势	中势	中势	劣势	劣势	中势	中势	中势

竞争力和统筹协调竞争力；有 3 个指标排在下游区，分别为产业经济竞争力、发展环境竞争力和政府作用竞争力。

（3）从指标变化趋势看，9 个二级指标中，有 4 个指标处于上升趋势，分别为宏观经济竞争力、财政金融竞争力、知识经济竞争力和发展水平竞争力，这些是江西省经济综合竞争力上升的动力所在；有 2 个指标排位没有发生变化，分别为可持续发展竞争力和政府作用竞争力；有 3 个指标处于下降趋势，分别为产业经济竞争力、发展环境竞争力和统筹协调竞争力，这些是江西省经济综合竞争力下降的拉力所在。

2. 江西省经济综合竞争力各级指标动态变化分析

表 14－2 2012～2013 年江西省经济综合竞争力各级指标排位变化态势比较表

二级指标	三级指标	四级指标数	上升		保持		下降		变化趋势
			指标数	比重（%）	指标数	比重（%）	指标数	比重（%）	
宏观经济竞争力	经济实力竞争力	12	4	33.3	5	41.7	3	25.0	上升
	经济结构竞争力	6	2	33.3	1	16.7	3	50.0	保持
	经济外向度竞争力	9	3	33.3	5	55.6	1	11.1	下降
	小　计	27	9	33.3	11	40.7	7	25.9	上升
产业经济竞争力	农业竞争力	10	3	30.0	3	30.0	4	40.0	上升
	工业竞争力	10	8	80.0	1	10.0	1	10.0	上升
	服务业竞争力	10	3	30.0	4	40.0	3	30.0	上升
	企业竞争力	10	4	40.0	3	30.0	3	30.0	下降
	小　计	40	18	45.0	11	27.5	11	27.5	下降
可持续发展竞争力	资源竞争力	9	0	0.0	6	66.7	3	33.3	下降
	环境竞争力	8	3	37.5	4	50.0	1	12.5	上升
	人力资源竞争力	8	4	50.0	2	25.0	2	25.0	保持
	小　计	25	7	28.0	12	48.0	6	24.0	保持
财政金融竞争力	财政竞争力	12	7	58.3	3	25.0	2	16.7	上升
	金融竞争力	10	3	30.0	3	30.0	4	40.0	保持
	小　计	22	10	45.5	6	27.3	6	27.3	上升
知识经济竞争力	科技竞争力	9	3	33.3	5	55.6	1	11.1	保持
	教育竞争力	10	5	50.0	2	20.0	3	30.0	上升
	文化竞争力	8	3	37.5	1	12.5	4	50.0	下降
	小　计	27	11	40.7	8	29.6	8	29.6	上升

续表

二级指标	三级指标	四级指标数	上升		保持		下降		变化趋势
			指标数	比重(%)	指标数	比重(%)	指标数	比重(%)	
发展环境竞争力	基础设施竞争力	9	2	22.2	4	44.4	3	33.3	上升
	软环境竞争力	9	2	22.2	4	44.4	3	33.3	下降
	小　计	18	4	22.2	8	44.4	6	33.3	下降
政府作用竞争力	政府发展经济竞争力	5	3	60.0	0	0.0	2	40.0	保持
	政府规调经济竞争力	5	0	0.0	4	80.0	1	20.0	上升
	政府保障经济竞争力	6	1	16.7	1	16.7	4	66.7	下降
	小　计	16	4	25.0	5	31.3	7	43.8	保持
发展水平竞争力	工业化进程竞争力	6	1	16.7	1	16.7	4	66.7	保持
	城市化进程竞争力	7	1	14.3	3	42.9	3	42.9	保持
	市场化进程竞争力	6	4	66.7	1	16.7	1	16.7	下降
	小　计	19	6	31.6	5	26.3	8	42.1	上升
统筹协调竞争力	统筹发展竞争力	8	2	25.0	1	12.5	5	62.5	下降
	协调发展竞争力	8	1	12.5	1	12.5	6	75.0	下降
	小　计	16	3	18.8	2	12.5	11	68.8	下降
合　计		210	72	34.3	68	32.4	70	33.3	保持

从表 14－2 可以看出，210 个四级指标中，上升的指标有 72 个，占指标总数的 34.3%；下降的指标有 70 个，占指标总数的 33.3%；保持不变的指标有 68 个，占指标总数的 32.4%。尽管江西省经济综合竞争力中上升的动力略大于下降的拉力，但因上升幅度有限以及受其他外部因素的综合影响，2012～2013 年江西省经济综合竞争力排位保持不变。

3. 江西省经济综合竞争力各级指标优劣势结构分析

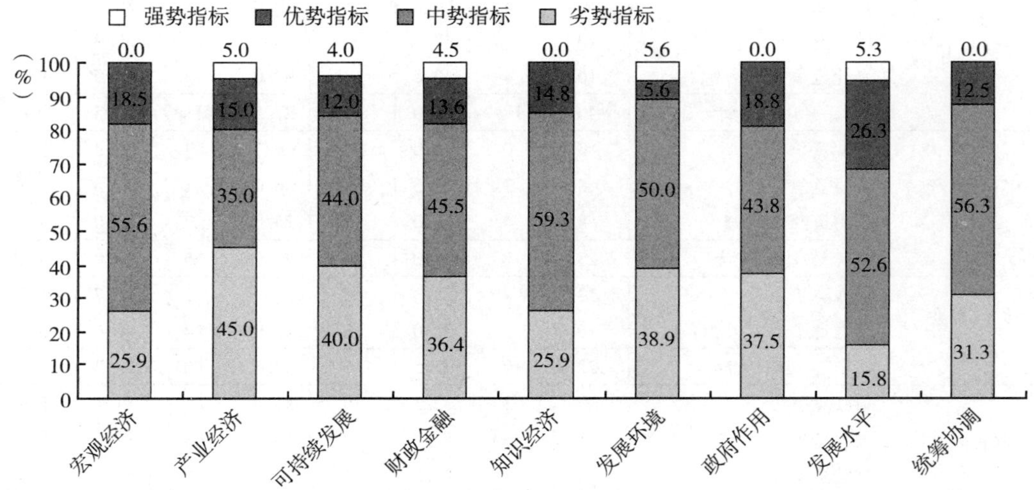

图 14－2　2013 年江西省经济综合竞争力各级指标优劣势比较图

表 14－3　2013 年江西省经济综合竞争力各级指标优劣势比较表

二级指标	三级指标	四级指标数	强势指标		优势指标		中势指标		劣势指标		优劣势
			个数	比重（%）	个数	比重（%）	个数	比重（%）	个数	比重（%）	
宏观经济竞争力	经济实力竞争力	12	0	0.0	1	8.3	6	50.0	5	41.7	劣势
	经济结构竞争力	6	0	0.0	4	66.7	0	0.0	2	33.3	中势
	经济外向度竞争力	9	0	0.0	0	0.0	9	100.0	0	0.0	劣势
	小　计	27	0	0.0	5	18.5	15	55.6	7	25.9	中势
产业经济竞争力	农业竞争力	10	0	0.0	1	10.0	4	40.0	5	50.0	中势
	工业竞争力	10	1	10.0	3	30.0	4	40.0	2	20.0	中势
	服务业竞争力	10	0	0.0	1	10.0	2	20.0	7	70.0	劣势
	企业竞争力	10	1	10.0	1	10.0	4	40.0	4	40.0	劣势
	小　计	40	2	5.0	6	15.0	14	35.0	18	45.0	劣势
可持续发展竞争力	资源竞争力	9	0	0.0	1	11.1	3	33.3	5	55.6	劣势
	环境竞争力	8	1	12.5	0	0.0	4	50.0	3	37.5	优势
	人力资源竞争力	8	0	0.0	2	25.0	4	50.0	2	25.0	中势
	小　计	25	1	4.0	3	12.0	11	44.0	10	40.0	中势
财政金融竞争力	财政竞争力	12	1	8.3	3	25.0	7	58.3	1	8.3	中势
	金融竞争力	10	0	0.0	0	0.0	3	30.0	7	70.0	劣势
	小　计	22	1	4.5	3	13.6	10	45.5	8	36.4	中势
知识经济竞争力	科技竞争力	9	0	0.0	1	11.1	5	55.6	3	33.3	中势
	教育竞争力	10	0	0.0	3	30.0	7	70.0	0	0.0	中势
	文化竞争力	8	0	0.0	0	0.0	4	50.0	4	50.0	劣势
	小　计	27	0	0.0	4	14.8	16	59.3	7	25.9	中势
发展环境竞争力	基础设施竞争力	9	0	0.0	1	11.1	3	33.3	5	55.6	劣势
	软环境竞争力	9	1	11.1	0	0.0	6	66.7	2	22.2	劣势
	小　计	18	1	5.6	1	5.6	9	50.0	7	38.9	劣势
政府作用竞争力	政府发展经济竞争力	5	0	0.0	2	40.0	2	40.0	1	20.0	中势
	政府规调经济竞争力	5	0	0.0	0	0.0	2	40.0	3	60.0	劣势
	政府保障经济竞争力	6	0	0.0	1	16.7	3	50.0	2	33.3	劣势
	小　计	16	0	0.0	3	18.8	7	43.8	6	37.5	劣势
发展水平竞争力	工业化进程竞争力	6	0	0.0	1	16.7	3	50.0	2	33.3	优势
	城市化进程竞争力	7	1	14.3	1	14.3	4	57.1	1	14.3	中势
	市场化进程竞争力	6	0	0.0	3	50.0	3	50.0	0	0.0	优势
	小　计	19	1	5.3	5	26.3	10	52.6	3	15.8	中势
统筹协调竞争力	统筹发展竞争力	8	0	0.0	1	12.5	5	62.5	2	25.0	中势
	协调发展竞争力	8	0	0.0	1	12.5	4	50.0	3	37.5	中势
	小　计	16	0	0.0	2	12.5	9	56.3	5	31.3	中势
合　计		210	6	2.9	32	15.2	101	48.1	71	33.8	中势

从四级指标来看，强势指标有 6 个，占指标总数的 2.9%；优势指标有 32 个，占指标总数的 15.2%；中势指标有 101 个，占指标总数的 48.1%；劣势指标 71 个，占指

标总数的33.8%。从三级指标来看，强势指标0个；优势指标3个，占三级指标总数的12%；中势指标11个，占三级指标总数的44%；劣势指标11个，占三级指标总数的44%。反映到二级指标上来，强势指标0个；中势指标有6个，占二级指标总数的66.7%；劣势指标有3个，占二级指标总数的33.3%。综合来看，由于中势指标在指标体系中居于主导地位，2013年江西省经济综合竞争力处于中势地位。

4. 江西省经济综合竞争力四级指标优劣势对比分析

表14-4　2013年江西省经济综合竞争力各级指标优劣势比较表

二级指标	优劣势	四　级　指　标
宏观经济竞争力（27个）	强势指标	（0个）
	优势指标	财政总收入增长率、所有制经济结构优化度、城乡经济结构优化度、就业结构优化度、贸易结构优化度（5个）
	劣势指标	人均地区生产总值、人均固定资产投资额、全社会消费品零售总额、全社会消费品零售总额增长率、人均全社会消费品零售总额、产业结构优化度、资本形成结构优化度（7个）
产业经济竞争力（40个）	强势指标	工业资产总贡献率、流动资金周转次数（2个）
	优势指标	财政支农资金比重、工业增加值增长率、工业资产总额增长率、工业全员劳动生产率、限额以上批零企业利税率、规模以上企业平均利润（6个）
	劣势指标	人均农业增加值、农民人均纯收入增长率、农产品出口占农林牧渔总产值比重、农业机械化、农村人均用电量、人均工业增加值、工业资产总额、服务业增加值、服务业增加值增长率、人均服务业增加值、服务业从业人员数增长率、限额以上批发零售企业主营业务收入、限额以上餐饮企业利税率、旅游外汇收入、规模以上企业平均资产、新产品销售收入占主营业务收入比重、产品质量抽查合格率、工业企业R&D经费投入强度（18个）
可持续发展竞争力（25个）	强势指标	森林覆盖率（1个）
	优势指标	人均年水资源量、人口自然增长率、文盲率（3个）
	劣势指标	耕地面积、人均耕地面积、人均牧草地面积、主要能源矿产基础储量、人均主要能源矿产基础储量、人均工业固体废物排放量、人均治理工业污染投资额、一般工业固体废物综合利用率、15~64岁人口比例、人口健康素质（10个）
财政金融竞争力（22个）	强势指标	税收收入增长率（1个）
	优势指标	地方财政支出占GDP比重、地方财政收入增长率、地方财政支出增长率（3个）
	劣势指标	人均地方财政支出、人均存款余额、贷款余额、人均贷款余额、中长期贷款占贷款余额比重、保险密度、保险深度、人均证券市场筹资额（8个）
知识经济竞争力（27个）	强势指标	（0个）
	优势指标	高技术产业增加值占工业增加值比重、教育经费占GDP比重、公共教育经费占财政支出比重、万人中小学学校数（4个）
	劣势指标	R&D人员、R&D经费投入强度、财政科技支出占地方财政支出比重、文化产业增加值、城镇居民人均文化娱乐支出、农村居民人均文化娱乐支出、农村居民人均文化娱乐支出占消费性支出比重（7个）
发展环境竞争力（18个）	强势指标	每十万人交通事故发生数（1个）
	优势指标	人均内河航道里程（1个）
	劣势指标	铁路网线密度、人均邮电业务总量、万户移动电话数、万户上网用户数、人均耗电量、万人商标注册件数、罚没收入占财政收入比重（7个）

续表

二级指标	优劣势	四　级　指　标
政府作用竞争力（16个）	强势指标	(0个)
	优势指标	政府消费对民间消费的拉动、财政投资对社会投资的拉动、城镇登记失业率(3个)
	劣势指标	财政支出对GDP增长的拉动、统筹经济社会发展、规范税收、人口控制、医疗保险覆盖率、失业保险覆盖率(6个)
发展水平竞争力（19个）	强势指标	人均居住面积(1个)
	优势指标	高技术产业增加值占工业增加值比重、人均公共绿地面积、非公有制经济产值占全社会总产值的比重、社会投资占投资总额比重、居民消费支出占总消费支出比重(5个)
	劣势指标	工业增加值占GDP比重、信息产业增加值占GDP比重、城镇居民人均可支配收入(3个)
统筹协调竞争力（16个）	强势指标	(0个)
	优势指标	万元GDP综合能耗、城乡居民家庭人均收入比差(2个)
	劣势指标	社会劳动生产率、固定资产投资额占GDP比重、环境竞争力与宏观经济竞争力比差、环境竞争力与工业竞争力比差、全社会消费品零售总额与外贸出口总额比差(5个)

14.2 江西省经济综合竞争力各级指标具体分析

1. 江西省宏观经济竞争力指标排名变化情况

表14-5 2012~2013年江西省宏观经济竞争力指标组排位及变化趋势表

指　标	2012年	2013年	排位升降	优劣势
1 宏观经济竞争力	18	17	1	中势
1.1 经济实力竞争力	25	22	3	劣势
地区生产总值	19	20	-1	中势
地区生产总值增长率	19	13	6	中势
人均地区生产总值	25	25	0	劣势
财政总收入	19	18	1	中势
财政总收入增长率	3	8	-5	优势
人均财政收入	23	20	3	中势
固定资产投资额	15	15	0	中势
固定资产投资额增长率	23	20	3	中势
人均固定资产投资额	21	21	0	劣势
全社会消费品零售总额	22	22	0	劣势
全社会消费品零售总额增长率	13	22	-9	劣势
人均全社会消费品零售总额	24	24	0	劣势

续表

指　　标	2012 年	2013 年	排位升降	优劣势
1.2　经济结构竞争力	11	11	0	中势
产业结构优化度	27	27	0	劣势
所有制经济结构优化度	8	7	1	优势
城乡经济结构优化度	9	10	-1	优势
就业结构优化度	9	10	-1	优势
资本形成结构优化度	14	25	-11	劣势
贸易结构优化度	9	7	2	优势
1.3　经济外向度竞争力	18	21	-3	劣势
进出口总额	16	16	0	中势
进出口增长率	18	16	2	中势
出口总额	15	15	0	中势
出口增长率	15	17	-2	中势
实际 FDI	14	14	0	中势
实际 FDI 增长率	18	16	2	中势
外贸依存度	15	15	0	中势
对外经济合作完成营业额	14	14	0	中势
对外直接投资	20	19	1	中势

2. 江西省产业经济竞争力指标排名变化情况

表 14-6　2012~2013 年江西省产业经济竞争力指标组排位及变化趋势表

指　　标	2012 年	2013 年	排位升降	优劣势
2　产业经济竞争力	21	23	-2	劣势
2.1　农业竞争力	21	19	2	中势
农业增加值	16	16	0	中势
农业增加值增长率	19	13	6	中势
人均农业增加值	22	23	-1	劣势
农民人均纯收入	14	14	0	中势
农民人均纯收入增长率	19	22	-3	劣势
农产品出口占农林牧渔总产值比重	26	25	1	劣势
人均主要农产品产量	11	12	-1	中势
农业机械化	15	22	-7	劣势
农村人均用电量	22	21	1	劣势
财政支农资金比重	10	10	0	优势

续表

指　　标	2012 年	2013 年	排位升降	优劣势
2.2　工业竞争力	19	14	5	中势
工业增加值	18	17	1	中势
工业增加值增长率	18	5	13	优势
人均工业增加值	24	23	1	劣势
工业资产总额	22	23	-1	劣势
工业资产总额增长率	13	9	4	优势
工业资产总贡献率	2	1	1	强势
规模以上工业主营业务收入	15	15	0	中势
规模以上工业利润总额	17	15	2	中势
工业全员劳动生产率	12	8	4	优势
工业成本费用利润率	15	12	3	中势
2.3　服务业竞争力	26	25	1	劣势
服务业增加值	22	22	0	劣势
服务业增加值增长率	26	21	5	劣势
人均服务业增加值	25	25	0	劣势
服务业从业人员数	13	12	1	中势
服务业从业人员数增长率	22	25	-3	劣势
限额以上批发零售企业主营业务收入	26	27	-1	劣势
限额以上批零企业利税率	4	4	0	优势
限额以上餐饮企业利税率	20	28	-8	劣势
旅游外汇收入	25	25	0	劣势
房地产经营总收入	19	16	3	中势
2.4　企业竞争力	24	25	-1	劣势
规模以上工业企业数	14	14	0	中势
规模以上企业平均资产	27	27	0	劣势
规模以上企业平均增加值	16	14	2	中势
流动资金周转次数	1	1	0	强势
规模以上企业平均利润	15	10	5	优势
规模以上企业销售利税率	22	17	5	中势
新产品销售收入占主营业务收入比重	24	21	3	劣势
产品质量抽查合格率	18	26	-8	劣势
工业企业 R&D 经费投入强度	23	29	-6	劣势
中国驰名商标持有量	15	19	-4	中势

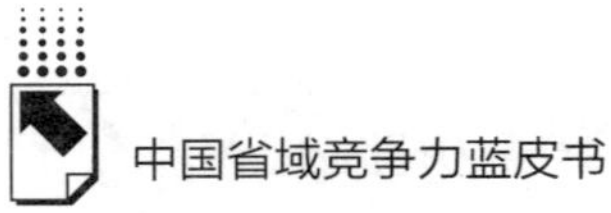

3. 江西省可持续发展竞争力指标排名变化情况

表 14－7　2012～2013 年江西省可持续发展竞争力指标组排位及变化趋势表

指　　标	2012 年	2013 年	排位升降	优劣势
3　可持续发展竞争力	15	15	0	中势
3.1　资源竞争力	19	23	－4	劣势
人均国土面积	16	16	0	中势
人均可使用海域和滩涂面积	13	13	0	中势
人均年水资源量	3	9	－6	优势
耕地面积	21	21	0	劣势
人均耕地面积	23	23	0	劣势
人均牧草地面积	26	26	0	劣势
主要能源矿产基础储量	24	24	0	劣势
人均主要能源矿产基础储量	16	25	－9	劣势
人均森林储积量	11	12	－1	中势
3.2　环境竞争力	5	4	1	优势
森林覆盖率	2	2	0	强势
人均废水排放量	17	17	0	中势
人均工业废气排放量	13	13	0	中势
人均工业固体废物排放量	22	23	－1	劣势
人均治理工业污染投资额	30	24	6	劣势
一般工业固体废物综合利用率	23	22	1	劣势
生活垃圾无害化处理率	15	15	0	中势
自然灾害直接经济损失	20	13	7	中势
3.3　人力资源竞争力	19	19	0	中势
人口自然增长率	7	7	0	优势
15～64 岁人口比例	28	24	4	劣势
文盲率	10	7	3	优势
大专以上教育程度人口比例	23	18	5	中势
平均受教育程度	16	12	4	中势
人口健康素质	24	24	0	劣势
人力资源利用率	12	13	－1	中势
职业学校毕业生数	13	15	－2	中势

4. 江西省财政金融竞争力指标排名变化情况

表 14－8　2012～2013 年江西省财政金融竞争力指标组排位及变化趋势表

指　　标	2012 年	2013 年	排位升降	优劣势
4　财政金融竞争力	23	18	5	中势
4.1　财政竞争力	16	15	1	中势
地方财政收入	20	20	0	中势
地方财政支出	19	17	2	中势
地方财政收入占 GDP 比重	16	14	2	中势

续表

指　标		2012 年	2013 年	排位升降	优劣势
	地方财政支出占 GDP 比重	10	9	1	优势
	税收收入占 GDP 比重	20	17	3	中势
	税收收入占财政总收入比重	14	20	-6	中势
	人均地方财政收入	20	20	0	中势
	人均地方财政支出	24	23	1	劣势
	人均税收收入	25	20	5	中势
	地方财政收入增长率	3	8	-5	优势
	地方财政支出增长率	8	4	4	优势
	税收收入增长率	3	3	0	强势
4.2	金融竞争力	30	30	0	劣势
	存款余额	20	20	0	中势
	人均存款余额	27	27	0	劣势
	贷款余额	22	21	1	劣势
	人均贷款余额	27	29	-2	劣势
	货币市场融资额	8	12	-4	中势
	中长期贷款占贷款余额比重	23	23	0	劣势
	保险费净收入	19	20	-1	中势
	保险密度	25	24	1	劣势
	保险深度	21	23	-2	劣势
	人均证券市场筹资额	26	24	2	劣势

5. 江西省知识经济竞争力指标排名变化情况

表 14-9　2012~2013 年江西省知识经济竞争力指标组排位及变化趋势表

指　标		2012 年	2013 年	排位升降	优劣势
5	**知识经济竞争力**	17	16	1	中势
5.1	科技竞争力	16	16	0	中势
	R&D 人员	23	23	0	劣势
	R&D 经费	20	20	0	中势
	R&D 经费投入强度	21	22	-1	劣势
	发明专利授权量	19	19	0	中势
	技术市场成交合同金额	21	19	2	中势
	财政科技支出占地方财政支出比重	28	26	2	劣势
	高技术产业增加值	11	11	0	中势
	高技术产业增加值占工业增加值比重	7	7	0	优势
	高技术产品出口额占商品出口额比重	14	11	3	中势
5.2	教育竞争力	15	11	4	中势
	教育经费	15	16	-1	中势
	教育经费占 GDP 比重	9	8	1	优势
	人均教育经费	22	20	2	中势
	公共教育经费占财政支出比重	9	6	3	优势
	人均文化教育支出占个人消费支出比重	19	20	-1	中势

续表

指　　标	2012 年	2013 年	排位升降	优劣势
万人中小学学校数	10	9	1	优势
万人中小学专任教师数	12	13	-1	中势
高等学校数	14	12	2	中势
高校专任教师数	14	14	0	中势
万人高等学校在校学生数	13	13	0	中势
5.3　文化竞争力	21	22	-1	劣势
文化产业增加值	26	24	2	劣势
图书和期刊出版数	14	14	0	中势
报纸出版数	19	13	6	中势
出版印刷工业销售产值	16	15	1	中势
城镇居民人均文化娱乐支出	21	25	-4	劣势
农村居民人均文化娱乐支出	22	24	-2	劣势
城镇居民人均文化娱乐支出占消费性支出比重	10	20	-10	中势
农村居民人均文化娱乐支出占消费性支出比重	22	25	-3	劣势

6. 江西省发展环境竞争力指标排名变化情况

表 14-10　2012~2013 年江西省发展环境竞争力指标组排位及变化趋势表

指　　标	2012 年	2013 年	排位升降	优劣势
6　发展环境竞争力	22	23	-1	劣势
6.1　基础设施竞争力	22	21	1	劣势
铁路网线密度	19	21	-2	劣势
公路网线密度	14	15	-1	中势
人均内河航道里程	8	8	0	优势
全社会旅客周转量	13	11	2	中势
全社会货物周转量	16	15	1	中势
人均邮电业务总量	31	31	0	劣势
万户移动电话数	27	28	-1	劣势
万户上网用户数	31	31	0	劣势
人均耗电量	30	30	0	劣势
6.2　软环境竞争力	15	21	-6	劣势
外资企业数增长率	3	15	-12	中势
万人外资企业数	11	14	-3	中势
个体私营企业数增长率	13	11	2	中势
万人个体私营企业数	18	18	0	中势
万人商标注册件数	22	22	0	劣势
查处商标侵权假冒案件	11	11	0	中势
每十万人交通事故发生数	2	2	0	强势
罚没收入占财政收入比重	28	30	-2	劣势
食品安全事故数	24	19	5	中势

7. 江西省政府作用竞争力指标排名变化情况

表 14－11　2012～2013 年江西省政府作用竞争力指标组排位及变化趋势表

指　　标	2012 年	2013 年	排位升降	优劣势
7　政府作用竞争力	23	23	0	劣势
7.1　政府发展经济竞争力	16	16	0	中势
财政支出用于基本建设投资比重	14	19	－5	中势
财政支出对 GDP 增长的拉动	22	23	－1	劣势
政府公务员对经济的贡献	21	20	1	中势
政府消费对民间消费的拉动	9	7	2	优势
财政投资对社会投资的拉动	13	10	3	优势
7.2　政府规调经济竞争力	25	24	1	劣势
物价调控	18	18	0	中势
调控城乡消费差距	13	18	－5	中势
统筹经济社会发展	28	28	0	劣势
规范税收	28	28	0	劣势
人口控制	25	25	0	劣势
7.3　政府保障经济竞争力	20	21	－1	劣势
城市城镇社区服务设施数	16	17	－1	中势
医疗保险覆盖率	24	24	0	劣势
养老保险覆盖率	13	15	－2	中势
失业保险覆盖率	26	28	－2	劣势
下岗职工再就业率	17	16	1	中势
城镇登记失业率	6	10	－4	优势

8. 江西省发展水平竞争力指标排名变化情况

表 14－12　2012～2013 年江西省发展水平竞争力指标组排位及变化趋势表

指　　标	2012 年	2013 年	排位升降	优劣势
8　发展水平竞争力	12	11	1	中势
8.1　工业化进程竞争力	10	10	0	优势
工业增加值占 GDP 比重	19	21	－2	劣势
工业增加值增长率	14	19	－5	中势
高技术产业规模以上企业产值	14	15	－1	中势
高技术产业增加值占工业增加值比重	7	7	0	优势
高技术产品出口额占商品出口额比重	14	11	3	中势
信息产业增加值占 GDP 比重	21	22	－1	劣势
8.2　城市化进程竞争力	12	12	0	中势
城镇化率	19	19	0	中势
城镇居民人均可支配收入	24	24	0	劣势
城市平均建成区面积比重	20	19	1	中势

续表

指　　标	2012 年	2013 年	排位升降	优劣势
人均拥有道路面积	11	13	-2	中势
人均日生活用水量	12	15	-3	中势
人均居住面积	2	3	-1	强势
人均公共绿地面积	6	6	0	优势
8.3　市场化进程竞争力	9	10	-1	优势
非公有制经济产值占全社会总产值的比重	8	7	1	优势
社会投资占投资总额比重	7	6	1	优势
私有和个体企业从业人员比重	14	15	-1	中势
亿元以上商品市场成交额	17	17	0	中势
亿元以上商品市场成交额占全社会消费品零售总额比重	14	13	1	中势
居民消费支出占总消费支出比重	9	6	3	优势

9. 江西省统筹协调竞争力指标排名变化情况

表 14-13　2012~2013 年江西省统筹协调竞争力指标组排位及变化趋势表

指　　标	2012 年	2013 年	排位升降	优劣势
9　统筹协调竞争力	14	16	-2	中势
9.1　统筹发展竞争力	10	14	-4	中势
社会劳动生产率	23	23	0	劣势
社会劳动生产率增速	15	18	-3	中势
万元 GDP 综合能耗	7	8	-1	优势
非农用地产出率	17	16	1	中势
生产税净额和营业盈余占 GDP 比重	11	12	-1	中势
最终消费率	15	16	-1	中势
固定资产投资额占 GDP 比重	23	22	1	劣势
固定资产交付使用率	3	12	-9	中势
9.2　协调发展竞争力	11	18	-7	中势
环境竞争力与宏观经济竞争力比差	25	28	-3	劣势
资源竞争力与宏观经济竞争力比差	14	17	-3	中势
人力资源竞争力与宏观经济竞争力比差	14	19	-5	中势
资源竞争力与工业竞争力比差	12	20	-8	中势
环境竞争力与工业竞争力比差	23	21	2	劣势
城乡居民家庭人均收入比差	8	8	0	优势
城乡居民人均现金消费支出比差	13	14	-1	中势
全社会消费品零售总额与外贸出口总额比差	20	21	-1	劣势

B.16

15 山东省经济综合竞争力评价分析报告

山东省简称鲁，地处中国东部、黄河下游，东临海洋，西部自北而南依次与河北、河南、安徽、江苏4省接壤，是中国主要沿海省份之一。全省总面积15.67万平方公里，2013年总人口为9733万人，地区生产总值达54684亿元，同比增长9.6%，人均GDP达56323元。本部分通过分析2012～2013年山东省经济综合竞争力以及各要素竞争力的排名变化，从中找出山东省经济综合竞争力的推动点及影响因素，为进一步提升山东省经济综合竞争力提供决策参考。

15.1 山东省经济综合竞争力总体分析

1. 山东省经济综合竞争力一级指标概要分析

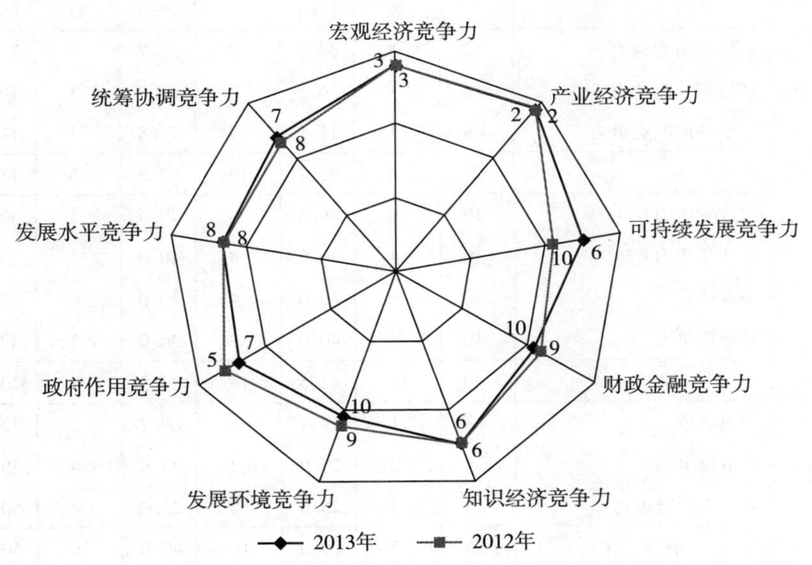

图15－1 2012～2013年山东省经济综合竞争力二级指标比较雷达图

（1）从综合排位看，2013年山东省经济综合竞争力综合排位在全国居第6位，这表明其在全国处于优势地位；与2012年相比，综合排位保持不变。

（2）从指标所处区位看，9个指标均处于上游区，其中，宏观经济竞争力和产业经济竞争力2个指标为山东省经济综合竞争力的强势指标。

表 15-1 2012～2013 年山东省经济综合竞争力二级指标比较表

项目/年份	宏观经济竞争力	产业经济竞争力	可持续发展竞争力	财政金融竞争力	知识经济竞争力	发展环境竞争力	政府作用竞争力	发展水平竞争力	统筹协调竞争力	**综合排位**
2012	3	2	10	9	6	9	5	8	8	6
2013	3	2	6	10	6	10	7	8	7	6
升降	0	0	4	-1	0	-1	-2	0	1	0
优劣度	强势	强势	优势	优势	优势	优势	优势	优势	优势	优势

（3）从指标变化趋势看，9 个二级指标中，有 2 个指标处于上升趋势，分别为可持续发展竞争力和统筹协调竞争力，这些是山东省经济综合竞争力上升的动力所在；有 4 个指标排位没有发生变化，分别为宏观经济竞争力、产业经济竞争力、知识经济竞争力和发展水平竞争力；有 3 个指标处于下降趋势，分别为财政金融竞争力、发展环境竞争力和政府作用竞争力，这些是山东省经济综合竞争力下降的拉力所在。

2. 山东省经济综合竞争力各级指标动态变化分析

表 15-2 2012～2013 年山东省经济综合竞争力各级指标排位变化态势比较表

二级指标	三级指标	四级指标数	上升		保持		下降		变化趋势
			指标数	比重（%）	指标数	比重（%）	指标数	比重（%）	
宏观经济竞争力	经济实力竞争力	12	4	33.3	5	41.7	3	25.0	保持
	经济结构竞争力	6	1	16.7	4	66.7	1	16.7	下降
	经济外向度竞争力	9	1	11.1	7	77.8	1	11.1	下降
	小　计	27	6	22.2	16	59.3	5	18.5	保持
产业经济竞争力	农业竞争力	10	3	30.0	4	40.0	3	30.0	上升
	工业竞争力	10	4	40.0	4	40.0	2	20.0	保持
	服务业竞争力	10	6	60.0	4	40.0	0	0.0	保持
	企业竞争力	10	4	40.0	3	30.0	3	30.0	保持
	小　计	40	17	42.5	15	37.5	8	20.0	保持
可持续发展竞争力	资源竞争力	9	1	11.1	6	66.7	2	22.2	下降
	环境竞争力	8	2	25.0	2	25.0	4	50.0	上升
	人力资源竞争力	8	2	25.0	2	25.0	4	50.0	上升
	小　计	25	5	20.0	10	40.0	10	40.0	上升
财政金融竞争力	财政竞争力	12	4	33.3	5	41.7	3	25.0	下降
	金融竞争力	10	3	30.0	4	40.0	3	30.0	保持
	小　计	22	7	31.8	9	40.9	6	27.3	下降
知识经济竞争力	科技竞争力	9	3	33.3	5	55.6	1	11.1	保持
	教育竞争力	10	4	40.0	4	40.0	2	20.0	下降
	文化竞争力	8	3	37.5	2	25.0	3	37.5	保持
	小　计	27	10	37.0	11	40.7	6	22.2	保持

续表

二级指标	三级指标	四级指标数	上升		保持		下降		变化趋势
			指标数	比重（%）	指标数	比重（%）	指标数	比重（%）	
发展环境竞争力	基础设施竞争力	9	2	22.2	5	55.6	2	22.2	下降
	软环境竞争力	9	1	11.1	6	66.7	2	22.2	下降
	小　计	18	3	16.7	11	61.1	4	22.2	下降
政府作用竞争力	政府发展经济竞争力	5	1	20.0	3	60.0	1	20.0	上升
	政府规调经济竞争力	5	1	20.0	3	60.0	1	20.0	上升
	政府保障经济竞争力	6	1	16.7	1	16.7	4	66.7	下降
	小　计	16	3	18.8	7	43.8	6	37.5	下降
发展水平竞争力	工业化进程竞争力	6	3	50.0	0	0.0	3	50.0	上升
	城市化进程竞争力	7	1	14.3	4	57.1	2	28.6	上升
	市场化进程竞争力	6	0	0.0	5	83.3	1	16.7	下降
	小　计	19	4	21.1	9	47.4	6	31.6	保持
统筹协调竞争力	统筹发展竞争力	8	3	37.5	3	37.5	2	25.0	下降
	协调发展竞争力	8	3	37.5	4	50.0	1	12.5	保持
	小　计	16	6	37.5	7	43.8	3	18.8	上升
合　计		210	61	29.0	95	45.2	54	25.7	保持

从表 15－2 可以看出，210 个四级指标中，上升的指标有 61 个，占指标总数的 29.0%；下降的指标有 54 个，占指标总数的 25.7%；保持不变的指标有 95 个，占指标总数的 45.2%。综上所述，山东省经济综合竞争力上升的动力大于下降的拉力，但受其他外部因素的综合影响，2012～2013 年山东省经济综合竞争力排位保持不变。

3. 山东省经济综合竞争力各级指标优劣势结构分析

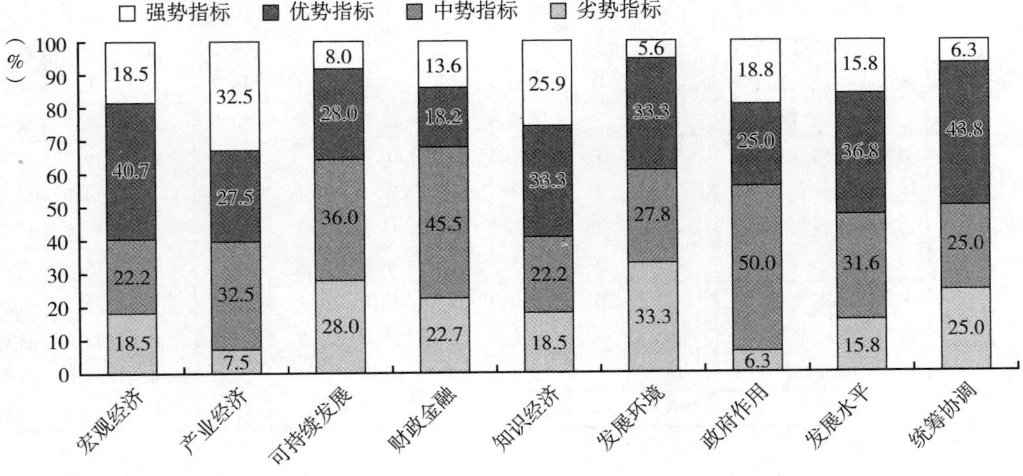

图 15－2　2013 年山东省经济综合竞争力各级指标优劣势比较图

表 15－3 2013 年山东省经济综合竞争力各级指标优劣势比较表

二级指标	三级指标	四级指标数	强势指标		优势指标		中势指标		劣势指标		优劣势
			个数	比重（%）	个数	比重（%）	个数	比重（%）	个数	比重（%）	
宏观经济竞争力	经济实力竞争力	12	3	25.0	4	33.3	3	25.0	2	16.7	强势
	经济结构竞争力	6	0	0.0	3	50.0	2	33.3	1	16.7	优势
	经济外向度竞争力	9	2	22.2	4	44.4	1	11.1	2	22.2	优势
	小　计	27	5	18.5	11	40.7	6	22.2	5	18.5	强势
产业经济竞争力	农业竞争力	10	2	20.0	5	50.0	3	30.0	0	0.0	强势
	工业竞争力	10	6	60.0	1	10.0	2	20.0	1	10.0	强势
	服务业竞争力	10	2	20.0	5	50.0	3	30.0	0	0.0	优势
	企业竞争力	10	3	30.0	0	0.0	5	50.0	2	20.0	优势
	小　计	40	13	32.5	11	27.5	13	32.5	3	7.5	强势
可持续发展竞争力	资源竞争力	9	1	11.1	2	22.2	2	22.2	4	44.4	中势
	环境竞争力	8	1	12.5	2	25.0	3	37.5	2	25.0	中势
	人力资源竞争力	8	0	0.0	3	37.5	4	50.0	1	12.5	优势
	小　计	25	2	8.0	7	28.0	9	36.0	7	28.0	优势
财政金融竞争力	财政竞争力	12	2	16.7	0	0.0	6	50.0	4	33.3	中势
	金融竞争力	10	1	10.0	4	40.0	4	40.0	1	10.0	优势
	小　计	22	3	13.6	4	18.2	10	45.5	5	22.7	优势
知识经济竞争力	科技竞争力	9	1	11.1	6	66.7	2	22.2	0	0.0	优势
	教育竞争力	10	4	40.0	0	0.0	2	20.0	4	40.0	优势
	文化竞争力	8	2	25.0	3	37.5	2	25.0	1	12.5	优势
	小　计	27	7	25.9	9	33.3	6	22.2	5	18.5	优势
发展环境竞争力	基础设施竞争力	9	1	11.1	3	33.3	4	44.4	1	11.1	优势
	软环境竞争力	9	0	0.0	3	33.3	1	11.1	5	55.6	劣势
	小　计	18	1	5.6	6	33.3	5	27.8	6	33.3	优势
政府作用竞争力	政府发展经济竞争力	5	2	40.0	1	20.0	1	20.0	1	20.0	优势
	政府规调经济竞争力	5	1	20.0	1	20.0	3	60.0	0	0.0	优势
	政府保障经济竞争力	6	0	0.0	2	33.3	4	66.7	0	0.0	优势
	小　计	16	3	18.8	4	25.0	8	50.0	1	6.3	优势
发展水平竞争力	工业化进程竞争力	6	1	16.7	1	16.7	3	50.0	1	16.7	中势
	城市化进程竞争力	7	1	14.3	4	57.1	1	14.3	1	14.3	优势
	市场化进程竞争力	6	1	16.7	2	33.3	2	33.3	1	16.7	优势
	小　计	19	3	15.8	7	36.8	6	31.6	3	15.8	优势
统筹协调竞争力	统筹发展竞争力	8	0	0.0	5	62.5	1	12.5	2	25.0	优势
	协调发展竞争力	8	1	12.5	2	25.0	3	37.5	2	25.0	优势
	小　计	16	1	6.3	7	43.8	4	25.0	4	25.0	优势
合　计		210	38	18.1	66	31.4	67	31.9	39	18.6	优势

基于图 15－2 和表 15－3，从四级指标来看，强势指标 38 个，占指标总数的 18.1%；优势指标 66 个，占指标总数的 31.4%；中势指标 67 个，占指标总数的

31.9%；劣势指标39个，占指标总数的18.6%。从三级指标来看，强势指标3个，占三级指标总数的12%；优势指标17个，占三级指标总数的0.68%；中势指标4个，占三级指标总数的16%；劣势指标1个，占三级指标总数的4%。反映到二级指标上来，强势指标2个，占二级指标总数的22.2%；优势指标有7个，占二级指标总数的77.8%。综合来看，由于优势指标在指标体系中居于主导地位，2013年山东省经济综合竞争力处于优势地位。

4. 山东省经济综合竞争力四级指标优劣势对比分析

表15－4　2013年山东省经济综合竞争力各级指标优劣势比较表

二级指标	优劣势	四级指标
宏观经济竞争力（27个）	强势指标	地区生产总值、固定资产投资额、全社会消费品零售总额、对外经济合作完成营业额、对外直接投资（5个）
	优势指标	人均地区生产总值、财政总收入、人均固定资产投资额、人均全社会消费品零售总额、所有制经济结构优化度、就业结构优化度、贸易结构优化度、进出口总额、出口总额、实际FDI、外贸依存度（11个）
	劣势指标	固定资产投资额增长率、全社会消费品零售总额增长率、资本形成结构优化度、进出口增长率、出口增长率（5个）
产业经济竞争力（40个）	强势指标	农业增加值、农业机械化、工业增加值、工业资产总额、工业资产总贡献率、规模以上工业主营业务收入、规模以上工业利润总额、工业全员劳动生产率、服务业增加值、服务业从业人员数、规模以上工业企业数、流动资金周转次数、中国驰名商标持有量（13个）
	优势指标	人均农业增加值、农民人均纯收入、农产品出口占农林牧渔总产值比重、人均主要农产品产量、农村人均用电量、人均工业增加值、人均服务业增加值、限额以上批发零售企业主营业务收入、限额以上批零企业利税率、旅游外汇收入、房地产经营总收入（11个）
	劣势指标	工业增加值增长率、规模以上企业平均资产、产品质量抽查合格率（3个）
可持续发展竞争力（25个）	强势指标	耕地面积、生活垃圾无害化处理率（2个）
	优势指标	人均可使用海域和滩涂面积、主要能源矿产基础储量、人均治理工业污染投资额、一般工业固体废物综合利用率、人口健康素质、人力资源利用率、职业学校毕业生数（7个）
	劣势指标	人均国土面积、人均年水资源量、人均牧草地面积、人均森林储积量、森林覆盖率、人均废水排放量、文盲率（7个）
财政金融竞争力（22个）	强势指标	地方财政收入、地方财政支出、保险费净收入（3个）
	优势指标	存款余额、贷款余额、货币市场融资额、保险密度（4个）
	劣势指标	地方财政收入占GDP比重、地方财政支出占GDP比重、税收收入占GDP比重、人均地方财政支出、中长期贷款占贷款余额比重（5个）
知识经济竞争力（27个）	强势指标	高技术产业增加值、教育经费、公共教育经费占财政支出比重、高等学校数、高校专任教师数、图书和期刊出版数、报纸出版数（7个）
	优势指标	R&D人员、R&D经费、R&D经费投入强度、发明专利授权量、技术市场成交合同金额、财政科技支出占地方财政支出比重、文化产业增加值、出版印刷工业销售产值、农村居民人均文化娱乐支出占消费性支出比重（9个）
	劣势指标	教育经费占GDP比重、人均教育经费、人均文化教育支出占个人消费支出比重、万人中小学学校数、城镇居民人均文化娱乐支出占消费性支出比重（5个）

续表

二级指标	优劣势	四　级　指　标
发展环境竞争力（18个）	强势指标	公路网线密度（1个）
	优势指标	铁路网线密度、全社会旅客周转量、全社会货物周转量、万人外资企业数、万人个体私营企业数、万人商标注册件数（6个）
	劣势指标	人均内河航道里程、外资企业数增长率、个体私营企业数增长率、查处商标侵权假冒案件、罚没收入占财政收入比重、食品安全事故数（6个）
政府作用竞争力（16个）	强势指标	财政支出对GDP增长的拉动、财政投资对社会投资的拉动、物价调控（3个）
	优势指标	政府公务员对经济的贡献、调控城乡消费差距、城市城镇社区服务设施数、养老保险覆盖率（4个）
	劣势指标	财政支出用于基本建设投资比重（1个）
发展水平竞争力（19个）	强势指标	高技术产业规模以上企业产值、人均拥有道路面积、社会投资占投资总额比重（3个）
	优势指标	工业增加值增长率、城镇居民人均可支配收入、城市平均建成区面积比重、人均居住面积、人均公共绿地面积、非公有制经济产值占全社会总产值的比重、亿元以上商品市场成交额（7个）
	劣势指标	信息产业增加值占GDP比重、人均日生活用水量、私有和个体企业从业人员比重（3个）
统筹协调竞争力（16个）	强势指标	环境竞争力与工业竞争力比差（1个）
	优势指标	社会劳动生产率、非农用地产出率、生产税净额和营业盈余占GDP比重、固定资产投资额占GDP比重、固定资产交付使用率、环境竞争力与宏观经济竞争力比差、人力资源竞争力与宏观经济竞争力比差（7个）
	劣势指标	社会劳动生产率增速、最终消费率、资源竞争力与宏观经济竞争力比差、资源竞争力与工业竞争力比差（4个）

15.2　山东省经济综合竞争力各级指标具体分析

1. 山东省宏观经济竞争力指标排名变化情况

表15-5　2012～2013年山东省宏观经济竞争力指标组排位及变化趋势表

指　标	2012年	2013年	排位升降	优劣势
1　宏观经济竞争力	3	3	0	强势
1.1　经济实力竞争力	2	2	0	强势
地区生产总值	3	3	0	强势
地区生产总值增长率	24	19	5	中势
人均地区生产总值	10	10	0	优势
财政总收入	3	4	-1	优势
财政总收入增长率	21	18	3	中势
人均财政收入	28	17	11	中势
固定资产投资额	1	1	0	强势
固定资产投资额增长率	25	26	-1	劣势
人均固定资产投资额	9	10	-1	优势
全社会消费品零售总额	2	2	0	强势
全社会消费品零售总额增长率	25	23	2	劣势
人均全社会消费品零售总额	8	8	0	优势

续表

指　　标	2012 年	2013 年	排位升降	优劣势
1.2　经济结构竞争力	7	9	-2	优势
产业结构优化度	14	14	0	中势
所有制经济结构优化度	5	5	0	优势
城乡经济结构优化度	13	13	0	中势
就业结构优化度	10	9	1	优势
资本形成结构优化度	9	27	-18	劣势
贸易结构优化度	4	4	0	优势
1.3　经济外向度竞争力	4	5	-1	优势
进出口总额	6	6	0	优势
进出口增长率	20	21	-1	劣势
出口总额	5	5	0	优势
出口增长率	26	26	0	劣势
实际 FDI	7	7	0	优势
实际 FDI 增长率	21	12	9	中势
外贸依存度	9	9	0	优势
对外经济合作完成营业额	2	2	0	强势
对外直接投资	2	2	0	强势

2. 山东省产业经济竞争力指标排名变化情况

表 15-6　2012~2013 年山东省产业经济竞争力指标组排位及变化趋势表

指　　标	2012 年	2013 年	排位升降	优劣势
2　产业经济竞争力	2	2	0	强势
2.1　农业竞争力	5	1	4	强势
农业增加值	1	1	0	强势
农业增加值增长率	18	20	-2	中势
人均农业增加值	10	10	0	优势
农民人均纯收入	8	8	0	优势
农民人均纯收入增长率	25	20	5	中势
农产品出口占农林牧渔总产值比重	5	6	-1	优势
人均主要农产品产量	9	8	1	优势
农业机械化	14	1	13	强势
农村人均用电量	10	10	0	优势
财政支农资金比重	15	19	-4	中势

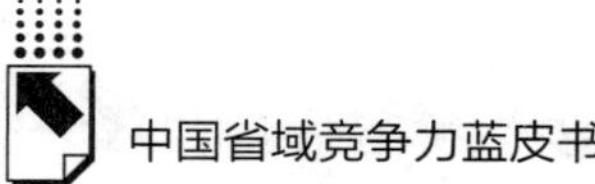

续表

指　　标	2012年	2013年	排位升降	优劣势
2.2　工业竞争力	2	2	0	强势
工业增加值	3	3	0	强势
工业增加值增长率	23	23	0	劣势
人均工业增加值	8	9	-1	优势
工业资产总额	3	2	1	强势
工业资产总额增长率	14	17	-3	中势
工业资产总贡献率	4	3	1	强势
规模以上工业主营业务收入	2	1	1	强势
规模以上工业利润总额	1	1	0	强势
工业全员劳动生产率	4	2	2	强势
工业成本费用利润率	14	14	0	中势
2.3　服务业竞争力	5	5	0	优势
服务业增加值	3	3	0	强势
服务业增加值增长率	20	19	1	中势
人均服务业增加值	9	9	0	优势
服务业从业人员数	1	1	0	强势
服务业从业人员数增长率	23	17	6	中势
限额以上批发零售企业主营业务收入	6	6	0	优势
限额以上批零企业利税率	9	5	4	优势
限额以上餐饮企业利税率	27	20	7	中势
旅游外汇收入	8	7	1	优势
房地产经营总收入	5	4	1	优势
2.4　企业竞争力	4	4	0	优势
规模以上工业企业数	3	2	1	强势
规模以上企业平均资产	23	25	-2	劣势
规模以上企业平均增加值	15	15	0	中势
流动资金周转次数	3	3	0	强势
规模以上企业平均利润	13	13	0	中势
规模以上企业销售利税率	20	18	2	中势
新产品销售收入占主营业务收入比重	13	12	1	中势
产品质量抽查合格率	23	29	-6	劣势
工业企业R&D经费投入强度	8	11	-3	中势
中国驰名商标持有量	4	2	2	强势

3. 山东省可持续发展竞争力指标排名变化情况

表 15－7　2012～2013 年山东省可持续发展竞争力指标组排位及变化趋势表

指　标	2012 年	2013 年	排位升降	优劣势
3　可持续发展竞争力	10	6	4	优势
3.1　资源竞争力	11	12	－1	中势
人均国土面积	27	27	0	劣势
人均可使用海域和滩涂面积	4	4	0	优势
人均年水资源量	26	25	1	劣势
耕地面积	3	3	0	强势
人均耕地面积	20	20	0	中势
人均牧草地面积	22	22	0	劣势
主要能源矿产基础储量	8	9	－1	优势
人均主要能源矿产基础储量	7	15	－8	中势
人均森林储积量	27	27	0	劣势
3.2　环境竞争力	20	14	6	中势
森林覆盖率	22	23	－1	劣势
人均废水排放量	20	22	－2	劣势
人均工业废气排放量	18	18	0	中势
人均工业固体废物排放量	17	17	0	中势
人均治理工业污染投资额	7	9	－2	优势
一般工业固体废物综合利用率	3	5	－2	优势
生活垃圾无害化处理率	6	2	4	强势
自然灾害直接经济损失	28	12	16	中势
3.3　人力资源竞争力	6	4	2	优势
人口自然增长率	17	18	－1	中势
15～64 岁人口比例	17	16	1	中势
文盲率	23	22	1	劣势
大专以上教育程度人口比例	16	17	－1	中势
平均受教育程度	17	18	－1	中势
人口健康素质	7	7	0	优势
人力资源利用率	3	4	－1	优势
职业学校毕业生数	4	4	0	优势

4. 山东省财政金融竞争力指标排名变化情况

表 15－8　2012～2013 年山东省财政金融竞争力指标组排位及变化趋势表

指　标	2012 年	2013 年	排位升降	优劣势
4　财政金融竞争力	9	10	－1	优势
4.1　财政竞争力	12	16	－4	中势
地方财政收入	3	3	0	强势
地方财政支出	3	3	0	强势
地方财政收入占 GDP 比重	28	28	0	劣势

续表

指　　标	2012 年	2013 年	排位升降	优劣势
地方财政支出占 GDP 比重	31	31	0	劣势
税收收入占 GDP 比重	26	26	0	劣势
税收收入占财政总收入比重	5	12	-7	中势
人均地方财政收入	14	15	-1	中势
人均地方财政支出	29	28	1	劣势
人均税收收入	13	14	-1	中势
地方财政收入增长率	21	18	3	中势
地方财政支出增长率	12	11	1	中势
税收收入增长率	18	13	5	中势
4.2　金融竞争力	9	9	0	优势
存款余额	6	6	0	优势
人均存款余额	15	15	0	中势
贷款余额	5	4	1	优势
人均贷款余额	13	14	-1	中势
货币市场融资额	3	8	-5	优势
中长期贷款占贷款余额比重	30	30	0	劣势
保险费净收入	3	3	0	强势
保险密度	12	10	2	优势
保险深度	24	19	5	中势
人均证券市场筹资额	14	16	-2	中势

5. 山东省知识经济竞争力指标排名变化情况

表 15-9　2012~2013 年山东省知识经济竞争力指标组排位及变化趋势表

指　　标	2012 年	2013 年	排位升降	优劣势
5　知识经济竞争力	6	6	0	优势
5.1　科技竞争力	7	7	0	优势
R&D 人员	6	5	1	优势
R&D 经费	4	4	0	优势
R&D 经费投入强度	7	7	0	优势
发明专利授权量	4	4	0	优势
技术市场成交合同金额	9	8	1	优势
财政科技支出占地方财政支出比重	9	9	0	优势
高技术产业增加值	3	3	0	强势
高技术产业增加值占工业增加值比重	16	17	-1	中势
高技术产品出口额占商品出口额比重	17	14	3	中势
5.2　教育竞争力	4	6	-2	优势
教育经费	3	3	0	强势
教育经费占 GDP 比重	29	28	1	劣势
人均教育经费	21	23	-2	劣势
公共教育经费占财政支出比重	2	2	0	强势
人均文化教育支出占个人消费支出比重	17	24	-7	劣势

续表

指　　标	2012 年	2013 年	排位升降	优劣势
万人中小学学校数	24	22	2	劣势
万人中小学专任教师数	18	17	1	中势
高等学校数	3	2	1	强势
高校专任教师数	2	2	0	强势
万人高等学校在校学生数	15	15	0	中势
5.3 文化竞争力	6	6	0	优势
文化产业增加值	9	7	2	优势
图书和期刊出版数	3	2	1	强势
报纸出版数	3	3	0	强势
出版印刷工业销售产值	4	5	-1	优势
城镇居民人均文化娱乐支出	13	20	-7	中势
农村居民人均文化娱乐支出	11	11	0	中势
城镇居民人均文化娱乐支出占消费性支出比重	23	24	-1	劣势
农村居民人均文化娱乐支出占消费性支出比重	15	10	5	优势

6. 山东省发展环境竞争力指标排名变化情况

表 15-10　2012～2013 年山东省发展环境竞争力指标组排位及变化趋势表

指　　标	2012 年	2013 年	排位升降	优劣势
6 发展环境竞争力	9	10	-1	优势
6.1 基础设施竞争力	7	8	-1	优势
铁路网线密度	7	7	0	优势
公路网线密度	1	1	0	强势
人均内河航道里程	25	25	0	劣势
全社会旅客周转量	4	7	-3	优势
全社会货物周转量	3	8	-5	优势
人均邮电业务总量	19	17	2	中势
万户移动电话数	20	20	0	中势
万户上网用户数	17	15	2	中势
人均耗电量	15	15	0	中势
6.2 软环境竞争力	19	26	-7	劣势
外资企业数增长率	23	23	0	劣势
万人外资企业数	10	10	0	优势
个体私营企业数增长率	23	21	2	劣势
万人个体私营企业数	4	4	0	优势
万人商标注册件数	10	10	0	优势
查处商标侵权假冒案件	26	26	0	劣势
每十万人交通事故发生数	15	15	0	中势
罚没收入占财政收入比重	20	21	-1	劣势
食品安全事故数	28	29	-1	劣势

7. 山东省政府作用竞争力指标排名变化情况

表 15-11　2012～2013 年山东省政府作用竞争力指标组排位及变化趋势表

指　　标	2012 年	2013 年	排位升降	优劣势
7　政府作用竞争力	5	7	-2	优势
7.1　政府发展经济竞争力	6	5	1	优势
财政支出用于基本建设投资比重	25	27	-2	劣势
财政支出对 GDP 增长的拉动	1	1	0	强势
政府公务员对经济的贡献	8	8	0	优势
政府消费对民间消费的拉动	15	15	0	中势
财政投资对社会投资的拉动	5	3	2	强势
7.2　政府规调经济竞争力	9	8	1	优势
物价调控	3	3	0	强势
调控城乡消费差距	8	9	-1	优势
统筹经济社会发展	13	13	0	中势
规范税收	19	13	6	中势
人口控制	17	17	0	中势
7.3　政府保障经济竞争力	7	8	-1	优势
城市城镇社区服务设施数	3	4	-1	优势
医疗保险覆盖率	9	11	-2	中势
养老保险覆盖率	8	8	0	优势
失业保险覆盖率	10	14	-4	中势
下岗职工再就业率	8	15	-7	中势
城镇登记失业率	13	11	2	中势

8. 山东省发展水平竞争力指标排名变化情况

表 15-12　2012～2013 年山东省发展水平竞争力指标组排位及变化趋势表

指　　标	2012 年	2013 年	排位升降	优劣势
8　发展水平竞争力	8	8	0	优势
8.1　工业化进程竞争力	16	13	3	中势
工业增加值占 GDP 比重	21	20	1	中势
工业增加值增长率	9	10	-1	优势
高技术产业规模以上企业产值	4	3	1	强势
高技术产业增加值占工业增加值比重	16	17	-1	中势
高技术产品出口额占商品出口额比重	17	14	3	中势
信息产业增加值占 GDP 比重	29	30	-1	劣势
8.2　城市化进程竞争力	8	7	1	优势
城镇化率	14	14	0	中势
城镇居民人均可支配收入	8	8	0	优势
城市平均建成区面积比重	6	6	0	优势
人均拥有道路面积	1	1	0	强势

续表

指　　标	2012 年	2013 年	排位升降	优劣势
人均日生活用水量	22	23	-1	劣势
人均居住面积	13	7	6	优势
人均公共绿地面积	2	4	-2	优势
8.3 市场化进程竞争力	5	6	-1	优势
非公有制经济产值占全社会总产值的比重	5	5	0	优势
社会投资占投资总额比重	1	1	0	强势
私有和个体企业从业人员比重	23	25	-2	劣势
亿元以上商品市场成交额	4	4	0	优势
亿元以上商品市场成交额占全社会消费品零售总额比重	11	11	0	中势
居民消费支出占总消费支出比重	15	15	0	中势

9. 山东省统筹协调竞争力指标排名变化情况

表 15-13　2012～2013 年山东省统筹协调竞争力指标组排位及变化趋势表

指　　标	2012 年	2013 年	排位升降	优劣势
9　统筹协调竞争力	8	7	1	优势
9.1　统筹发展竞争力	7	8	-1	优势
社会劳动生产率	11	10	1	优势
社会劳动生产率增速	16	22	-6	劣势
万元 GDP 综合能耗	13	13	0	中势
非农用地产出率	8	7	1	优势
生产税净额和营业盈余占 GDP 比重	4	4	0	优势
最终消费率	26	27	-1	劣势
固定资产投资额占 GDP 比重	7	7	0	优势
固定资产交付使用率	10	9	1	优势
9.2　协调发展竞争力	7	7	0	优势
环境竞争力与宏观经济竞争力比差	5	4	1	优势
资源竞争力与宏观经济竞争力比差	25	25	0	劣势
人力资源竞争力与宏观经济竞争力比差	7	4	3	优势
资源竞争力与工业竞争力比差	30	30	0	劣势
环境竞争力与工业竞争力比差	1	1	0	强势
城乡居民家庭人均收入比差	13	13	0	中势
城乡居民人均现金消费支出比差	8	11	-3	中势
全社会消费品零售总额与外贸出口总额比差	21	19	2	中势

B.17

16 河南省经济综合竞争力评价分析报告

河南省简称豫，位于中国中东部，黄河中下游，黄淮海平原西南部，大部分地区在黄河以南，北承河北省、山西省，东接山东省、安徽省，南连湖北省，西邻陕西省。全省总面积16.7万平方公里，2013年总人口为9413万人，地区生产总值达32156亿元，同比增长9.0%，人均GDP达34174元。本部分通过分析2012～2013年河南省经济综合竞争力以及各要素竞争力的排名变化，从中找出河南省经济综合竞争力的推动点及影响因素，为进一步提升河南省经济综合竞争力提供决策参考。

16.1 河南省经济综合竞争力总体分析

1. 河南省经济综合竞争力一级指标概要分析

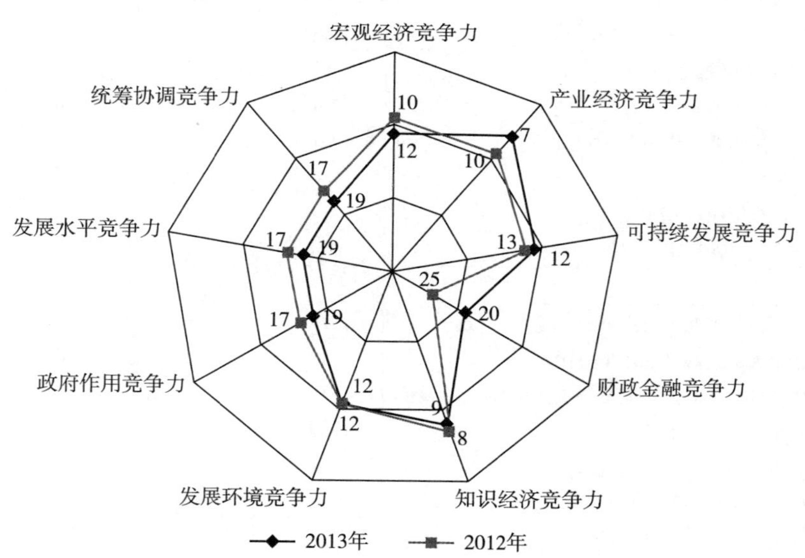

图16－1 2012～2013年河南省经济综合竞争力二级指标比较雷达图

（1）从综合排位的变化比较看，2013年河南省经济综合竞争力综合排位在全国处于第11位，表明其在全国处于居中偏上地位；与2012年相比，综合排位保持不变。

（2）从指标所处区位看，处于上游区的指标有2个，分别为产业经济竞争力和知识经济竞争力，没有强势指标，其他指标均处于中游区。

表 16-1 2012~2013 年河南省经济综合竞争力二级指标比较表

年份＼项目	宏观经济竞争力	产业经济竞争力	可持续发展竞争力	财政金融竞争力	知识经济竞争力	发展环境竞争力	政府作用竞争力	发展水平竞争力	统筹协调竞争力	综合排位
2012	10	10	13	25	8	12	17	17	17	11
2013	12	7	12	20	9	12	19	19	19	11
升降	-2	3	1	5	-1	0	-2	-2	-2	0
优劣度	中势	优势	中势	中势	优势	中势	中势	中势	中势	中势

（3）从指标变化趋势看，9 个二级指标中，有 3 个指标处于上升趋势，为产业经济竞争力、可持续发展竞争力和财政金融竞争力，这些是河南省经济综合竞争力中的上升动力所在；有 1 个指标排位没有发生变化，为发展环境竞争力；有 5 个指标处于下降趋势，为宏观经济竞争力、知识经济竞争力、政府作用竞争力、发展水平竞争力和统筹协调竞争力，这些是河南省经济综合竞争力中下降的拉力所在。

2. 河南省经济综合竞争力各级指标动态变化分析

表 16-2 2012~2013 年河南省经济综合竞争力各级指标排位变化态势比较表

二级指标	三级指标	四级指标数	上升		保持		下降		变化趋势
			指标数	比重（%）	指标数	比重（%）	指标数	比重（%）	
宏观经济竞争力	经济实力竞争力	12	4	33.3	5	41.7	3	25.0	上升
	经济结构竞争力	6	1	16.7	5	83.3	0	0.0	上升
	经济外向度竞争力	9	2	22.2	5	55.6	2	22.2	下降
	小　计	27	7	25.9	15	55.6	5	18.5	下降
产业经济竞争力	农业竞争力	10	5	50.0	4	40.0	1	10.0	上升
	工业竞争力	10	2	20.0	6	60.0	2	20.0	保持
	服务业竞争力	10	5	50.0	3	30.0	2	20.0	上升
	企业竞争力	10	5	50.0	3	30.0	2	20.0	上升
	小　计	40	17	42.5	16	40.0	7	17.5	上升
可持续发展竞争力	资源竞争力	9	1	11.1	7	77.8	1	11.1	下降
	环境竞争力	8	2	25.0	3	37.5	3	37.5	下降
	人力资源竞争力	8	1	12.5	6	75.0	1	12.5	保持
	小　计	25	4	16.0	16	64.0	5	20.0	上升
财政金融竞争力	财政竞争力	12	5	41.7	4	33.3	3	25.0	上升
	金融竞争力	10	2	20.0	5	50.0	3	30.0	下降
	小　计	22	7	31.8	9	40.9	6	27.3	上升
知识经济竞争力	科技竞争力	9	0	0.0	3	33.3	6	66.7	下降
	教育竞争力	10	6	60.0	4	40.0	0	0.0	上升
	文化竞争力	8	4	50.0	1	12.5	3	37.5	上升
	小　计	27	10	37.0	8	29.6	9	33.3	下降

续表

二级指标	三级指标	四级指标数	上升		保持		下降		变化趋势
			指标数	比重(%)	指标数	比重(%)	指标数	比重(%)	
发展环境竞争力	基础设施竞争力	9	3	33.3	4	44.4	2	22.2	保持
	软环境竞争力	9	2	22.2	4	44.4	3	33.3	下降
	小　计	18	5	27.8	8	44.4	5	27.8	保持
政府作用竞争力	政府发展经济竞争力	5	1	20.0	2	40.0	2	40.0	下降
	政府规调经济竞争力	5	1	20.0	3	60.0	1	20.0	上升
	政府保障经济竞争力	6	1	16.7	1	16.7	4	66.7	下降
	小　计	16	3	18.8	6	37.5	7	43.8	下降
发展水平竞争力	工业化进程竞争力	6	2	33.3	1	16.7	3	50.0	下降
	城市化进程竞争力	7	2	28.6	3	42.9	2	28.6	上升
	市场化进程竞争力	6	1	16.7	3	50.0	2	33.3	下降
	小　计	19	5	26.3	7	36.8	7	36.8	下降
统筹协调竞争力	统筹发展竞争力	8	3	37.5	1	12.5	4	50.0	下降
	协调发展竞争力	8	5	62.5	1	12.5	2	25.0	下降
	小　计	16	8	50.0	2	12.5	6	37.5	下降
合　计		210	66	31.4	87	41.4	57	27.1	保持

从表16－2可以看出，210个四级指标中，上升的指标有66个，占指标总数的31.4%；下降的指标有57个，占指标总数的27.1%；保持指标有87个，占指标总数的41.4%。综上所述，上升的动力大于下降的拉力，但受其他外部因素的综合影响，使得2012～2013年河南省经济综合竞争力排位保持不变，在全国处于第11位。

3. 河南省经济综合竞争力各级指标优劣势结构分析

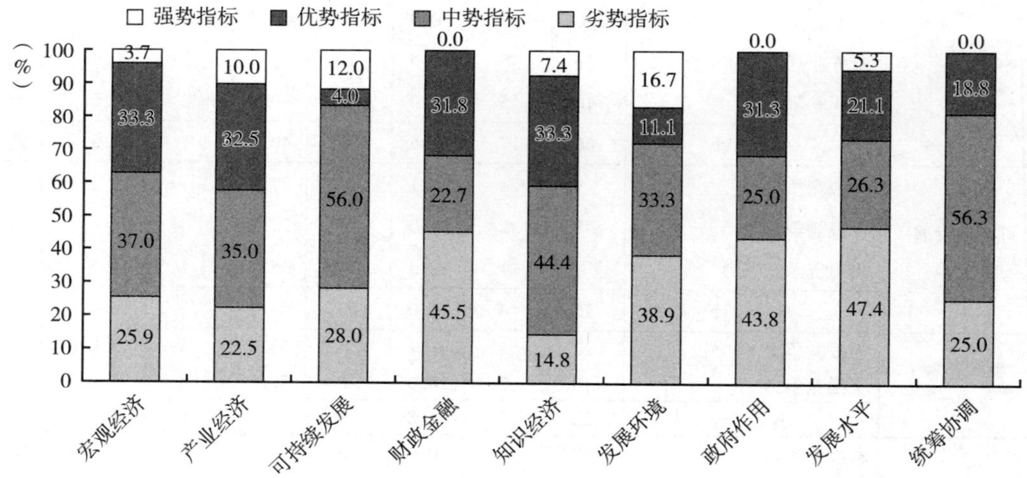

图16－2　2013年河南省经济综合竞争力各级指标优劣势比较图

表 16－3 2013 年河南省经济综合竞争力各级指标优劣势比较表

二级指标	三级指标	四级指标数	强势指标		优势指标		中势指标		劣势指标		优劣势
			个数	比重（%）	个数	比重（%）	个数	比重（%）	个数	比重（%）	
宏观经济竞争力	经济实力竞争力	12	1	8.3	4	33.3	3	25.0	4	33.3	优势
	经济结构竞争力	6	0	0.0	2	33.3	2	33.3	2	33.3	劣势
	经济外向度竞争力	9	0	0.0	3	33.3	5	55.6	1	11.1	中势
	小　计	27	1	3.7	9	33.3	10	37.0	7	25.9	中势
产业经济竞争力	农业竞争力	10	2	20.0	1	10.0	6	60.0	1	10.0	优势
	工业竞争力	10	1	10.0	7	70.0	1	10.0	1	10.0	优势
	服务业竞争力	10	1	10.0	2	20.0	3	30.0	4	40.0	中势
	企业竞争力	10	0	0.0	3	30.0	4	40.0	3	30.0	中势
	小　计	40	4	10.0	13	32.5	14	35.0	9	22.5	优势
可持续发展竞争力	资源竞争力	9	1	11.1	1	11.1	3	33.3	4	44.4	劣势
	环境竞争力	8	0	0.0	0	0.0	8	100.0	0	0.0	中势
	人力资源竞争力	8	2	25.0	0	0.0	3	37.5	3	37.5	优势
	小　计	25	3	12.0	1	4.0	14	56.0	7	28.0	中势
财政金融竞争力	财政竞争力	12	0	0.0	4	33.3	2	16.7	6	50.0	中势
	金融竞争力	10	0	0.0	3	30.0	3	30.0	4	40.0	中势
	小　计	22	0	0.0	7	31.8	5	22.7	10	45.5	中势
知识经济竞争力	科技竞争力	9	0	0.0	2	22.2	5	55.6	2	22.2	中势
	教育竞争力	10	2	20.0	4	40.0	2	20.0	2	20.0	优势
	文化竞争力	8	0	0.0	3	37.5	5	62.5	0	0.0	优势
	小　计	27	2	7.4	9	33.3	12	44.4	4	14.8	优势
发展环境竞争力	基础设施竞争力	9	2	22.2	2	22.2	2	22.2	3	33.3	优势
	软环境竞争力	9	1	11.1	0	0.0	4	44.4	4	44.4	劣势
	小　计	18	3	16.7	2	11.1	6	33.3	7	38.9	中势
政府作用竞争力	政府发展经济竞争力	5	0	0.0	2	40.0	1	20.0	2	40.0	优势
	政府规调经济竞争力	5	0	0.0	2	40.0	2	40.0	1	20.0	中势
	政府保障经济竞争力	6	0	0.0	1	16.7	1	16.7	4	66.7	劣势
	小　计	16	0	0.0	5	31.3	4	25.0	7	43.8	中势
发展水平竞争力	工业化进程竞争力	6	0	0.0	2	33.3	1	16.7	3	50.0	中势
	城市化进程竞争力	7	0	0.0	1	14.3	1	14.3	5	71.4	劣势
	市场化进程竞争力	6	1	16.7	1	16.7	3	50.0	1	16.7	中势
	小　计	19	1	5.3	4	21.1	5	26.3	9	47.4	中势
统筹协调竞争力	统筹发展竞争力	8	0	0.0	1	12.5	5	62.5	2	25.0	劣势
	协调发展竞争力	8	0	0.0	2	25.0	4	50.0	2	25.0	中势
	小　计	16	0	0.0	3	18.8	9	56.3	4	25.0	中势
合　计		210	14	6.7	53	25.2	79	37.6	64	30.5	中势

基于图 16－2 和表 16－3，从四级指标来看，强势指标 14 个，占指标总数的 6.7%；优势指标 53 个，占指标总数的 25.2%；中势指标 79 个，占指标总数的

37.6%；劣势指标64个，占指标总数的30.5%。从三级指标来看，没有强势指标；优势指标8个，占三级指标总数的32%；中势指标11个，占三级指标总数的44%；劣势指标6个，占三级指标总数的24%。反映到二级指标上来，没有强势指标；优势指标有2个，占二级指标总数的22.2%。综合来看，由于中势指标在指标体系中居于主导地位，使得2013年河南省经济综合竞争力处于中势地位。

4. 河南省经济综合竞争力四级指标优劣势对比分析

表16－4　2013年河南省经济综合竞争力各级指标优劣势比较表

二级指标	优劣势	四　级　指　标
宏观经济竞争力（27个）	强势指标	固定资产投资额(1个)
	优势指标	地区生产总值、财政总收入、财政总收入增长率、全社会消费品零售总额、所有制经济结构优化度、资本形成结构优化度、进出口增长率、出口增长率、实际FDI(9个)
	劣势指标	地区生产总值增长率、人均地区生产总值、人均财政收入、人均固定资产投资额、产业结构优化度、贸易结构优化度、外贸依存度(7个)
产业经济竞争力（40个）	强势指标	农业增加值、农业机械化、工业资产总额增长率、服务业从业人员数(4个)
	优势指标	人均主要农产品产量、工业增加值、工业资产总额、工业资产总贡献率、规模以上工业主营业务收入、规模以上工业利润总额、工业全员劳动生产率、工业成本费用利润率、服务业增加值、限额以上批零企业利税率、规模以上工业企业数、流动资金周转次数、产品质量抽查合格率(13个)
	劣势指标	农产品出口占农林牧渔总产值比重、工业增加值增长率、服务业增加值增长率、人均服务业增加值、服务业从业人员数增长率、限额以上餐饮企业利税率、规模以上企业平均资产、新产品销售收入占主营业务收入比重、工业企业R&D经费投入强度(9个)
可持续发展竞争力（25个）	强势指标	耕地面积、人力资源利用率、职业学校毕业生数(3个)
	优势指标	主要能源矿产基础储量(1个)
	劣势指标	人均国土面积、人均年水资源量、人均牧草地面积、人均森林储积量、15～64岁人口比例、大专以上教育程度人口比例、人口健康素质(7个)
财政金融竞争力（22个）	强势指标	(0个)
	优势指标	地方财政收入、地方财政支出、地方财政收入增长率、税收收入增长率、存款余额、保险费净收入、保险深度(7个)
	劣势指标	地方财政收入占GDP比重、地方财政支出占GDP比重、税收收入占GDP比重、人均地方财政收入、人均地方财政支出、人均税收收入、人均存款余额、人均贷款余额、中长期贷款占贷款余额比重、人均证券市场筹资额(10个)
知识经济竞争力（27个）	强势指标	公共教育经费占财政支出比重、万人中小学学校数(2个)
	优势指标	发明专利授权量、高技术产品出口额占商品出口额比重、教育经费、万人中小学专任教师数、高等学校数、高校专任教师数、文化产业增加值、图书和期刊出版数、报纸出版数(9个)
	劣势指标	技术市场成交合同金额、高技术产业增加值占工业增加值比重、人均教育经费、万人高等学校在校学生数(4个)
发展环境竞争力（18个）	强势指标	公路网线密度、全社会旅客周转量、每十万人交通事故发生数(3个)
	优势指标	铁路网线密度、全社会货物周转量(2个)
	劣势指标	人均内河航道里程、人均邮电业务总量、万户上网用户数、个体私营企业数增长率、查处商标侵权假冒案件、罚没收入占财政收入比重、食品安全事故数(7个)

续表

二级指标	优劣势	四 级 指 标
政府作用竞争力（16个）	强势指标	（0个）
	优势指标	财政支出对GDP增长的拉动、财政投资对社会投资的拉动、物价调控、统筹经济社会发展、城镇登记失业率（5个）
	劣势指标	财政支出用于基本建设投资比重、政府公务员对经济的贡献、规范税收、医疗保险覆盖率、养老保险覆盖率、失业保险覆盖率、下岗职工再就业率（7个）
发展水平竞争力（19个）	强势指标	社会投资占投资总额比重（1个）
	优势指标	高技术产业规模以上企业产值、高技术产品出口额占商品出口额比重、城市平均建成区面积比重、非公有制经济产值占全社会总产值的比重（4个）
	劣势指标	工业增加值占GDP比重、高技术产业增加值占工业增加值比重、信息产业增加值占GDP比重、城镇化率、城镇居民人均可支配收入、人均拥有道路面积、人均日生活用水量、人均公共绿地面积、私有和个体企业从业人员比重（9个）
统筹协调竞争力（16个）	强势指标	（0个）
	优势指标	非农用地产出率、环境竞争力与工业竞争力比差、全社会消费品零售总额与外贸出口总额比差（3个）
	劣势指标	社会劳动生产率、社会劳动生产率增速、人力资源竞争力与宏观经济竞争力比差、资源竞争力与工业竞争力比差（4个）

16.2 河南省经济综合竞争力各级指标具体分析

1. 河南省宏观经济竞争力指标排名变化情况

表 16－5 2012～2013 年河南省宏观经济竞争力指标组排位及变化趋势表

指 标	2012 年	2013 年	排位升降	优劣势
1 宏观经济竞争力	10	12	－2	中势
1.1 经济实力竞争力	9	8	1	优势
地区生产总值	5	5	0	优势
地区生产总值增长率	20	21	－1	劣势
人均地区生产总值	23	23	0	劣势
财政总收入	7	10	－3	优势
财政总收入增长率	16	7	9	优势
人均财政收入	31	29	2	劣势
固定资产投资额	4	3	1	强势
固定资产投资额增长率	20	14	6	中势
人均固定资产投资额	22	23	－1	劣势
全社会消费品零售总额	5	5	0	优势
全社会消费品零售总额增长率	16	16	0	中势
人均全社会消费品零售总额	19	19	0	中势

续表

指　　标	2012 年	2013 年	排位升降	优劣势
1.2　经济结构竞争力	22	21	1	劣势
产业结构优化度	31	31	0	劣势
所有制经济结构优化度	6	6	0	优势
城乡经济结构优化度	12	12	0	中势
就业结构优化度	20	17	3	中势
资本形成结构优化度	5	5	0	优势
贸易结构优化度	31	31	0	劣势
1.3　经济外向度竞争力	9	13	-4	中势
进出口总额	12	12	0	中势
进出口增长率	3	7	-4	优势
出口总额	12	12	0	中势
出口增长率	6	6	0	优势
实际 FDI	8	8	0	优势
实际 FDI 增长率	11	15	-4	中势
外贸依存度	22	22	0	劣势
对外经济合作完成营业额	12	11	1	中势
对外直接投资	25	14	11	中势

2. 河南省产业经济竞争力指标排名变化情况

表 16-6　2012~2013 年河南省产业经济竞争力指标组排位及变化趋势表

指　　标	2012 年	2013 年	排位升降	优劣势
2　产业经济竞争力	10	7	3	优势
2.1　农业竞争力	14	4	10	优势
农业增加值	2	2	0	强势
农业增加值增长率	22	17	5	中势
人均农业增加值	19	18	1	中势
农民人均纯收入	16	16	0	中势
农民人均纯收入增长率	15	15	0	中势
农产品出口占农林牧渔总产值比重	27	24	3	劣势
人均主要农产品产量	6	6	0	优势
农业机械化	23	2	21	强势
农村人均用电量	15	16	-1	中势
财政支农资金比重	19	17	2	中势

续表

指　　标	2012 年	2013 年	排位升降	优劣势
2.2 工业竞争力	4	4	0	优势
工业增加值	5	5	0	优势
工业增加值增长率	19	21	-2	劣势
人均工业增加值	16	15	1	中势
工业资产总额	5	5	0	优势
工业资产总额增长率	3	3	0	强势
工业资产总贡献率	5	5	0	优势
规模以上工业主营业务收入	5	5	0	优势
规模以上工业利润总额	4	4	0	优势
工业全员劳动生产率	9	10	-1	优势
工业成本费用利润率	10	5	5	优势
2.3 服务业竞争力	19	15	4	中势
服务业增加值	9	8	1	优势
服务业增加值增长率	17	22	-5	劣势
人均服务业增加值	27	27	0	劣势
服务业从业人员数	3	3	0	强势
服务业从业人员数增长率	18	23	-5	劣势
限额以上批发零售企业主营业务收入	14	14	0	中势
限额以上批零企业利税率	13	8	5	优势
限额以上餐饮企业利税率	31	21	10	劣势
旅游外汇收入	21	20	1	中势
房地产经营总收入	14	11	3	中势
2.4 企业竞争力	17	15	2	中势
规模以上工业企业数	5	5	0	优势
规模以上企业平均资产	26	23	3	劣势
规模以上企业平均增加值	20	18	2	中势
流动资金周转次数	5	5	0	优势
规模以上企业平均利润	14	12	2	中势
规模以上企业销售利税率	14	12	2	中势
新产品销售收入占主营业务收入比重	22	26	-4	劣势
产品质量抽查合格率	6	5	1	优势
工业企业 R&D 经费投入强度	19	21	-2	劣势
中国驰名商标持有量	13	13	0	中势

3. 河南省可持续发展竞争力指标排名变化情况

表 16－7　2012～2013 年河南省可持续发展竞争力指标组排位及变化趋势表

指　　标	2012 年	2013 年	排位升降	优劣势
3　可持续发展竞争力	13	12	1	中势
3.1　资源竞争力	21	22	－1	劣势
人均国土面积	25	25	0	劣势
人均可使用海域和滩涂面积	13	13	0	中势
人均年水资源量	27	27	0	劣势
耕地面积	2	2	0	强势
人均耕地面积	17	17	0	中势
人均牧草地面积	24	24	0	劣势
主要能源矿产基础储量	6	8	－2	优势
人均主要能源矿产基础储量	16	14	2	中势
人均森林储积量	24	24	0	劣势
3.2　环境竞争力	14	17	－3	中势
森林覆盖率	20	20	0	中势
人均废水排放量	15	14	1	中势
人均工业废气排放量	16	16	0	中势
人均工业固体废物排放量	12	16	－4	中势
人均治理工业污染投资额	26	19	7	中势
一般工业固体废物综合利用率	11	12	－1	中势
生活垃圾无害化处理率	19	19	0	中势
自然灾害直接经济损失	6	14	－8	中势
3.3　人力资源竞争力	7	7	0	优势
人口自然增长率	16	16	0	中势
15～64 岁人口比例	27	29	－2	劣势
文盲率	21	19	2	中势
大专以上教育程度人口比例	27	27	0	劣势
平均受教育程度	20	20	0	中势
人口健康素质	22	22	0	劣势
人力资源利用率	2	2	0	强势
职业学校毕业生数	1	1	0	强势

4. 河南省财政金融竞争力指标排名变化情况

表 16－8　2012～2013 年河南省财政金融竞争力指标组排位及变化趋势表

指　　标	2012 年	2013 年	排位升降	优劣势
4　财政金融竞争力	25	20	5	中势
4.1　财政竞争力	27	20	7	中势
地方财政收入	10	9	1	优势
地方财政支出	5	5	0	优势
地方财政收入占 GDP 比重	31	31	0	劣势

续表

指　标	2012 年	2013 年	排位升降	优劣势
地方财政支出占 GDP 比重	23	25	-2	劣势
税收收入占 GDP 比重	31	30	1	劣势
税收收入占财政总收入比重	17	18	-1	中势
人均地方财政收入	30	30	0	劣势
人均地方财政支出	31	31	0	劣势
人均税收收入	30	29	1	劣势
地方财政收入增长率	16	7	9	优势
地方财政支出增长率	13	17	-4	中势
税收收入增长率	20	5	15	优势
4.2 金融竞争力	14	15	-1	中势
存款余额	10	10	0	优势
人均存款余额	30	29	1	劣势
贷款余额	11	11	0	中势
人均贷款余额	31	31	0	劣势
货币市场融资额	17	20	-3	中势
中长期贷款占贷款余额比重	29	29	0	劣势
保险费净收入	4	6	-2	优势
保险密度	19	19	0	中势
保险深度	7	9	-2	优势
人均证券市场筹资额	23	21	2	劣势

5. 河南省知识经济竞争力指标排名变化情况

表 16-9　2012~2013 年河南省知识经济竞争力指标组排位及变化趋势表

指　标	2012 年	2013 年	排位升降	优劣势
5　知识经济竞争力	8	9	-1	优势
5.1　科技竞争力	9	12	-3	中势
R&D 人员	11	11	0	中势
R&D 经费	11	11	0	中势
R&D 经费投入强度	18	19	-1	中势
发明专利授权量	10	10	0	优势
技术市场成交合同金额	20	21	-1	劣势
财政科技支出占地方财政支出比重	12	13	-1	中势
高技术产业增加值	9	12	-3	中势
高技术产业增加值占工业增加值比重	20	22	-2	劣势
高技术产品出口额占商品出口额比重	3	6	-3	优势
5.2　教育竞争力	5	4	1	优势
教育经费	4	4	0	优势
教育经费占 GDP 比重	17	15	2	中势
人均教育经费	28	27	1	劣势
公共教育经费占财政支出比重	4	1	3	强势
人均文化教育支出占个人消费支出比重	24	11	13	中势

续表

指　　标	2012 年	2013 年	排位升降	优劣势
万人中小学学校数	3	3	0	强势
万人中小学专任教师数	8	8	0	优势
高等学校数	6	4	2	优势
高校专任教师数	4	4	0	优势
万人高等学校在校学生数	25	23	2	劣势
5.3　文化竞争力	13	9	4	优势
文化产业增加值	7	9	-2	优势
图书和期刊出版数	11	10	1	优势
报纸出版数	5	6	-1	优势
出版印刷工业销售产值	12	12	0	中势
城镇居民人均文化娱乐支出	18	19	-1	中势
农村居民人均文化娱乐支出	21	18	3	中势
城镇居民人均文化娱乐支出占消费性支出比重	18	11	7	中势
农村居民人均文化娱乐支出占消费性支出比重	19	16	3	中势

6. 河南省发展环境竞争力指标排名变化情况

表 16－10　2012～2013 年河南省发展环境竞争力指标组排位及变化趋势表

指　　标	2012 年	2013 年	排位升降	优劣势
6　发展环境竞争力	12	12	0	中势
6.1　基础设施竞争力	10	10	0	优势
铁路网线密度	6	6	0	优势
公路网线密度	3	3	0	强势
人均内河航道里程	23	23	0	劣势
全社会旅客周转量	2	2	0	强势
全社会货物周转量	7	9	-2	优势
人均邮电业务总量	29	28	1	劣势
万户移动电话数	22	18	4	中势
万户上网用户数	28	27	1	劣势
人均耗电量	18	19	-1	中势
6.2　软环境竞争力	26	28	-2	劣势
外资企业数增长率	16	17	-1	中势
万人外资企业数	19	19	0	中势
个体私营企业数增长率	26	25	1	劣势
万人个体私营企业数	11	12	-1	中势
万人商标注册件数	20	20	0	中势
查处商标侵权假冒案件	28	28	0	劣势
每十万人交通事故发生数	3	3	0	强势
罚没收入占财政收入比重	27	25	2	劣势
食品安全事故数	22	23	-1	劣势

7. 河南省政府作用竞争力指标排名变化情况

表 16-11　2012~2013 年河南省政府作用竞争力指标组排位及变化趋势表

指　标	2012 年	2013 年	排位升降	优劣势
7　政府作用竞争力	17	19	-2	中势
7.1　政府发展经济竞争力	9	10	-1	优势
财政支出用于基本建设投资比重	28	28	0	劣势
财政支出对 GDP 增长的拉动	9	7	2	优势
政府公务员对经济的贡献	20	21	-1	劣势
政府消费对民间消费的拉动	13	13	0	中势
财政投资对社会投资的拉动	3	4	-1	优势
7.2　政府规调经济竞争力	20	15	5	中势
物价调控	10	10	0	优势
调控城乡消费差距	19	17	2	中势
统筹经济社会发展	5	5	0	优势
规范税收	25	27	-2	劣势
人口控制	16	16	0	中势
7.3　政府保障经济竞争力	24	28	-4	劣势
城市城镇社区服务设施数	17	19	-2	中势
医疗保险覆盖率	27	29	-2	劣势
养老保险覆盖率	24	26	-2	劣势
失业保险覆盖率	21	23	-2	劣势
下岗职工再就业率	29	27	2	劣势
城镇登记失业率	8	8	0	优势

8. 河南省发展水平竞争力指标排名变化情况

表 16-12　2012~2013 年河南省发展水平竞争力指标组排位及变化趋势表

指　标	2012 年	2013 年	排位升降	优劣势
8　发展水平竞争力	17	19	-2	中势
8.1　工业化进程竞争力	11	17	-6	中势
工业增加值占 GDP 比重	31	31	0	劣势
工业增加值增长率	13	11	2	中势
高技术产业规模以上企业产值	10	9	1	优势
高技术产业增加值占工业增加值比重	20	22	-2	劣势
高技术产品出口额占商品出口额比重	3	6	-3	优势
信息产业增加值占 GDP 比重	28	29	-1	劣势
8.2　城市化进程竞争力	26	25	1	劣势
城镇化率	27	27	0	劣势
城镇居民人均可支配收入	20	21	-1	劣势
城市平均建成区面积比重	9	9	0	优势
人均拥有道路面积	27	26	1	劣势

续表

指　　标	2012 年	2013 年	排位升降	优劣势
人均日生活用水量	30	30	0	劣势
人均居住面积	7	12	-5	中势
人均公共绿地面积	29	28	1	劣势
8.3　市场化进程竞争力	13	15	-2	中势
非公有制经济产值占全社会总产值的比重	6	6	0	优势
社会投资占投资总额比重	2	2	0	强势
私有和个体企业从业人员比重	26	31	-5	劣势
亿元以上商品市场成交额	11	13	-2	中势
亿元以上商品市场成交额占全社会消费品零售总额比重	18	17	1	中势
居民消费支出占总消费支出比重	13	13	0	中势

9. 河南省统筹协调竞争力指标排名变化情况

表 16-13　2012～2013 年河南省统筹协调竞争力指标组排位及变化趋势表

指　　标	2012 年	2013 年	排位升降	优劣势
9　统筹协调竞争力	17	19	-2	中势
9.1　统筹发展竞争力	20	21	-1	劣势
社会劳动生产率	26	25	1	劣势
社会劳动生产率增速	19	28	-9	劣势
万元 GDP 综合能耗	14	17	-3	中势
非农用地产出率	10	10	0	优势
生产税净额和营业盈余占 GDP 比重	22	15	7	中势
最终消费率	21	18	3	中势
固定资产投资额占 GDP 比重	13	14	-1	中势
固定资产交付使用率	11	15	-4	中势
9.2　协调发展竞争力	17	20	-3	中势
环境竞争力与宏观经济竞争力比差	17	16	1	中势
资源竞争力与宏观经济竞争力比差	19	16	3	中势
人力资源竞争力与宏观经济竞争力比差	25	28	-3	劣势
资源竞争力与工业竞争力比差	27	26	1	劣势
环境竞争力与工业竞争力比差	8	5	3	优势
城乡居民家庭人均收入比差	11	11	0	中势
城乡居民人均现金消费支出比差	19	20	-1	中势
全社会消费品零售总额与外贸出口总额比差	11	10	1	优势

B.18

17 湖北省经济综合竞争力评价分析报告

湖北省简称鄂，位于长江中游，周边分别与河南省、安徽省、江西省、湖南省、重庆市、陕西省为邻。省域内多湖泊，有“千湖之省”之称。全省面积18万平方公里，2013年总人口为5799万人，地区生产总值达24668亿元，同比增长10.1%，人均GDP达42613元。本部分通过分析2012～2013年湖北省经济综合竞争力以及各要素竞争力的排名变化，从中找出湖北省经济综合竞争力的推动点及影响因素，为进一步提升湖北省经济综合竞争力提供决策参考。

17.1 湖北省经济综合竞争力总体分析

1. 湖北省经济综合竞争力一级指标概要分析

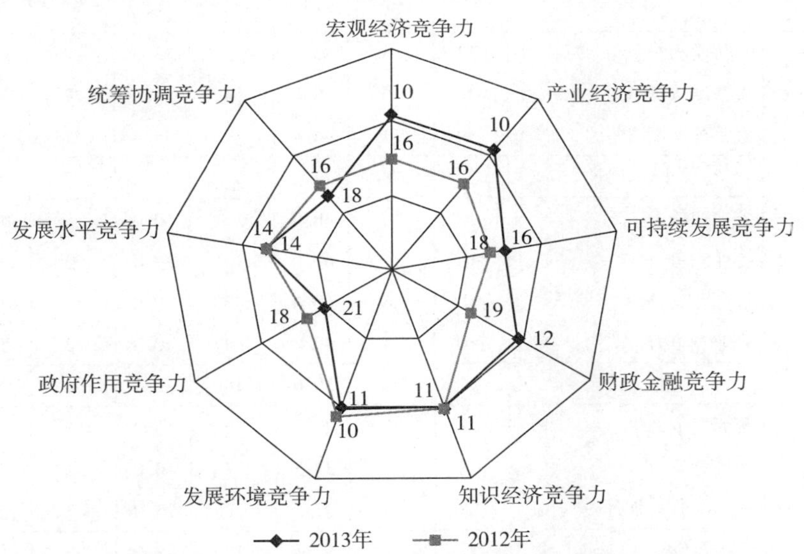

图17－1　2012～2013年湖北省经济综合竞争力二级指标比较雷达图

（1）从综合排位的变化比较看，2013年湖北省经济综合竞争力综合排位在全国处于第10位，表明其在全国处于优势地位；与2012年相比，综合排位上升了2位。

（2）从指标所处区位看，处于上游区的指标有2个，为宏观经济竞争力和产业经济竞争力，没有强势指标；处于下游区的指标有1个，为政府作用竞争力，其他6个指标均处于中游区。

表 17－1　2012～2013 年湖北省经济综合竞争力二级指标比较表

项目 年份	宏观经济竞争力	产业经济竞争力	可持续发展竞争力	财政金融竞争力	知识经济竞争力	发展环境竞争力	政府作用竞争力	发展水平竞争力	统筹协调竞争力	**综合排位**
2012	16	16	18	19	11	10	18	14	16	12
2013	10	10	16	12	11	11	21	14	18	10
升降	6	6	2	7	0	－1	－3	0	－2	2
优劣度	优势	优势	中势	中势	中势	中势	劣势	中势	中势	优势

（3）从指标变化趋势看，9 个二级指标中，有 4 个指标处于上升趋势，为宏观经济竞争力、产业经济竞争力、可持续发展竞争力和财政金融竞争力，这些是湖北省经济综合竞争力中的上升动力所在；有 2 个指标排位没有发生变化，为知识经济竞争力和发展水平竞争力；有 3 个指标处于下降趋势，为发展环境竞争力、政府作用竞争力和统筹协调竞争力，这些是湖北省经济综合竞争力中的下降拉力所在。

2. 湖北省经济综合竞争力各级指标动态变化分析

表 17－2　2012～2013 年湖北省经济综合竞争力各级指标排位变化态势比较表

二级指标	三级指标	四级指标数	上升		保持		下降		变化趋势
			指标数	比重（%）	指标数	比重（%）	指标数	比重（%）	
宏观经济竞争力	经济实力竞争力	12	4	33.3	4	33.3	4	33.3	下降
	经济结构竞争力	6	0	0.0	4	66.7	2	33.3	保持
	经济外向度竞争力	9	4	44.4	4	44.4	1	11.1	上升
	小　计	27	8	29.6	12	44.4	7	25.9	上升
产业经济竞争力	农业竞争力	10	4	40.0	5	50.0	1	10.0	上升
	工业竞争力	10	6	60.0	2	20.0	2	20.0	下降
	服务业竞争力	10	6	60.0	3	30.0	1	10.0	上升
	企业竞争力	10	4	40.0	4	40.0	2	20.0	上升
	小　计	40	20	50.0	14	35.0	6	15.0	上升
可持续发展竞争力	资源竞争力	9	2	22.2	6	66.7	1	11.1	上升
	环境竞争力	8	3	37.5	4	50.0	1	12.5	上升
	人力资源竞争力	8	3	37.5	2	25.0	3	37.5	下降
	小　计	25	8	32.0	12	48.0	5	20.0	上升
财政金融竞争力	财政竞争力	12	8	66.7	4	33.3	0	0.0	上升
	金融竞争力	10	0	0.0	7	70.0	3	30.0	下降
	小　计	22	8	36.4	11	50.0	3	13.6	上升
知识经济竞争力	科技竞争力	9	3	33.3	5	55.6	1	11.1	上升
	教育竞争力	10	4	40.0	3	30.0	3	30.0	上升
	文化竞争力	8	1	12.5	1	12.5	6	75.0	下降
	小　计	27	8	29.6	9	33.3	10	37.0	保持

续表

二级指标	三级指标	四级指标数	上升		保持		下降		变化趋势
			指标数	比重（%）	指标数	比重（%）	指标数	比重（%）	
发展环境竞争力	基础设施竞争力	9	2	22.2	4	44.4	3	33.3	下降
	软环境竞争力	9	2	22.2	4	44.4	3	33.3	下降
	小　计	18	4	22.2	8	44.4	6	33.3	下降
政府作用竞争力	政府发展经济竞争力	5	2	40.0	1	20.0	2	40.0	上升
	政府规调经济竞争力	5	0	0.0	4	80.0	1	20.0	保持
	政府保障经济竞争力	6	1	16.7	0	0.0	5	83.3	下降
	小　计	16	3	18.8	5	31.3	8	50.0	下降
发展水平竞争力	工业化进程竞争力	6	3	50.0	2	33.3	1	16.7	上升
	城市化进程竞争力	7	2	28.6	3	42.9	2	28.6	下降
	市场化进程竞争力	6	2	33.3	0	0.0	4	66.7	保持
	小　计	19	7	36.8	5	26.3	7	36.8	保持
统筹协调竞争力	统筹发展竞争力	8	0	0.0	1	12.5	7	87.5	下降
	协调发展竞争力	8	1	12.5	4	50.0	3	37.5	下降
	小　计	16	1	6.3	5	31.3	10	62.5	下降
合　计		210	67	31.9	81	38.6	62	29.5	上升

从表 17－2 可以看出，210 个四级指标中，上升的指标有 67 个，占指标总数的 31.9%；下降的指标有 62 个，占指标总数的 29.5%；保持指标有 81 个，占指标总数的 38.6%。综上所述，上升的动力大于下降的拉力，使得 2012～2013 年湖北省经济综合竞争力排位上升 2 位，在全国处于第 10 位。

3. 湖北省经济综合竞争力各级指标优劣势结构分析

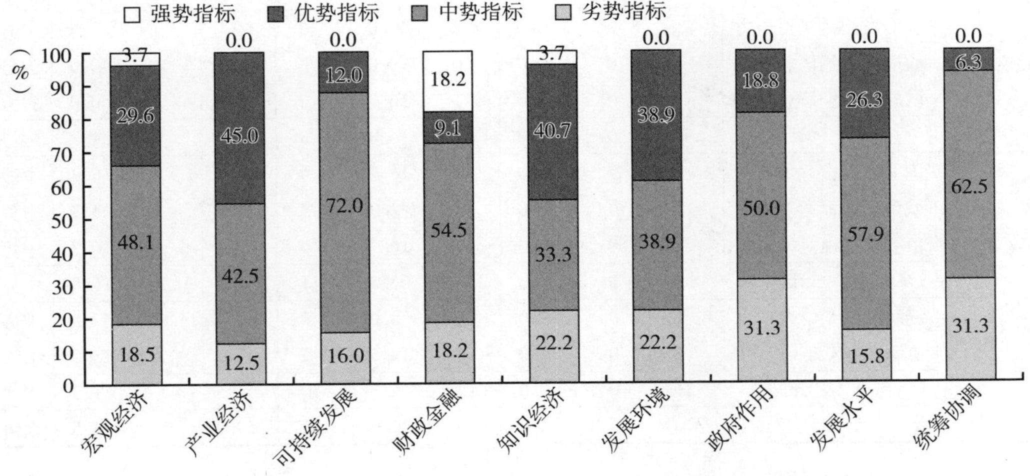

图 17－2　2013 年湖北省经济综合竞争力各级指标优劣势比较图

表 17－3　2013 年湖北省经济综合竞争力各级指标优劣势比较表

二级指标	三级指标	四级指标数	强势指标		优势指标		中势指标		劣势指标		优劣势
			个数	比重（%）	个数	比重（%）	个数	比重（%）	个数	比重（%）	
宏观经济竞争力	经济实力竞争力	12	1	8.3	4	33.3	5	41.7	2	16.7	优势
	经济结构竞争力	6	0	0.0	1	16.7	4	66.7	1	16.7	中势
	经济外向度竞争力	9	0	0.0	3	33.3	4	44.4	2	22.2	中势
	小　计	27	1	3.7	8	29.6	13	48.1	5	18.5	优势
产业经济竞争力	农业竞争力	10	0	0.0	5	50.0	4	40.0	1	10.0	优势
	工业竞争力	10	0	0.0	3	30.0	6	60.0	1	10.0	中势
	服务业竞争力	10	0	0.0	4	40.0	6	60.0	0	0.0	中势
	企业竞争力	10	0	0.0	6	60.0	1	10.0	3	30.0	中势
	小　计	40	0	0.0	18	45.0	17	42.5	5	12.5	优势
可持续发展竞争力	资源竞争力	9	0	0.0	0	0.0	9	100.0	0	0.0	劣势
	环境竞争力	8	0	0.0	1	12.5	4	50.0	3	37.5	中势
	人力资源竞争力	8	0	0.0	2	25.0	5	62.5	1	12.5	中势
	小　计	25	0	0.0	3	12.0	18	72.0	4	16.0	中势
财政金融竞争力	财政竞争力	12	4	33.3	0	0.0	4	33.3	4	33.3	优势
	金融竞争力	10	0	0.0	2	20.0	8	80.0	0	0.0	中势
	小　计	22	4	18.2	2	9.1	12	54.5	4	18.2	中势
知识经济竞争力	科技竞争力	9	0	0.0	6	66.7	3	33.3	0	0.0	优势
	教育竞争力	10	0	0.0	3	30.0	2	20.0	5	50.0	中势
	文化竞争力	8	1	12.5	2	25.0	4	50.0	1	12.5	中势
	小　计	27	1	3.7	11	40.7	9	33.3	6	22.2	中势
发展环境竞争力	基础设施竞争力	9	0	0.0	4	44.4	3	33.3	2	22.2	中势
	软环境竞争力	9	0	0.0	3	33.3	4	44.4	2	22.2	中势
	小　计	18	0	0.0	7	38.9	7	38.9	4	22.2	中势
政府作用竞争力	政府发展经济竞争力	5	0	0.0	2	40.0	3	60.0	0	0.0	中势
	政府规调经济竞争力	5	0	0.0	0	0.0	3	60.0	2	40.0	劣势
	政府保障经济竞争力	6	0	0.0	1	16.7	2	33.3	3	50.0	劣势
	小　计	16	0	0.0	3	18.8	8	50.0	5	31.3	劣势
发展水平竞争力	工业化进程竞争力	6	0	0.0	1	16.7	4	66.7	1	16.7	中势
	城市化进程竞争力	7	0	0.0	3	42.9	3	42.9	1	14.3	中势
	市场化进程竞争力	6	0	0.0	1	16.7	4	66.7	1	16.7	中势
	小　计	19	0	0.0	5	26.3	11	57.9	3	15.8	中势
统筹协调竞争力	统筹发展竞争力	8	0	0.0	0	0.0	5	62.5	3	37.5	劣势
	协调发展竞争力	8	0	0.0	1	12.5	5	62.5	2	25.0	中势
	小　计	16	0	0.0	1	6.3	10	62.5	5	31.3	中势
合　计		210	6	2.9	58	27.6	105	50.0	41	19.5	优势

基于图 17－2 和表 17－3，从四级指标来看，强势指标 6 个，占指标总数的 2.9%；优势指标 58 个，占指标总数的 27.6%；中势指标 105 个，占指标总数的 50%；劣势指

标 41 个，占指标总数的 19.5%。从三级指标来看，没有强势指标；优势指标 4 个，占三级指标总数的 16%；中势指标 17 个，占三级指标总数的 68%；劣势指标 4 个，占三级指标总数的 16%。反映到二级指标上来，没有强势指标；优势指标有 2 个，占二级指标总数的 22.2%。综合来看，由于中势指标在指标体系中居于主导地位，优势指标略多于劣势指标，使得 2013 年湖北省经济综合竞争力处于优势地位。

4. 湖北省经济综合竞争力四级指标优劣势对比分析

表 17－4　2013 年湖北省经济综合竞争力各级指标优劣势比较表

二级指标	优劣势	四　级　指　标
宏观经济竞争力（27 个）	强势指标	财政总收入增长率(1 个)
	优势指标	地区生产总值、固定资产投资额、固定资产投资额增长率、全社会消费品零售总额、贸易结构优化度、出口增长率、实际 FDI 增长率、对外经济合作完成营业额(8 个)
	劣势指标	财政总收入、人均财政收入、就业结构优化度、外贸依存度、对外直接投资(5 个)
产业经济竞争力（40 个）	强势指标	(0 个)
	优势指标	农业增加值、农业增加值增长率、人均农业增加值、人均主要农产品产量、农业机械化、工业增加值、规模以上工业主营业务收入、规模以上工业利润总额、服务业增加值增长率、服务业从业人员数、限额以上批发零售企业主营业务收入、限额以上批零企业利税率、规模以上工业企业数、流动资金周转次数、新产品销售收入占主营业务收入比重、产品质量抽查合格率、工业企业 R&D 经费投入强度、中国驰名商标持有量(18 个)
	劣势指标	财政支农资金比重、工业成本费用利润率、规模以上企业平均资产、规模以上企业平均增加值、规模以上企业平均利润(5 个)
可持续发展竞争力（25 个）	强势指标	(0 个)
	优势指标	人均工业废气排放量、平均受教育程度、人力资源利用率(3 个)
	劣势指标	人均废水排放量、生活垃圾无害化处理率、自然灾害直接经济损失、文盲率(4 个)
财政金融竞争力（22 个）	强势指标	税收收入占财政总收入比重、地方财政收入增长率、地方财政支出增长率、税收收入增长率(4 个)
	优势指标	货币市场融资额、保险费净收入(2 个)
	劣势指标	地方财政收入占 GDP 比重、地方财政支出占 GDP 比重、税收收入占 GDP 比重、人均地方财政支出(4 个)
知识经济竞争力（27 个）	强势指标	图书和期刊出版数(1 个)
	优势指标	R&D 人员、R&D 经费、R&D 经费投入强度、技术市场成交合同金额、高技术产业增加值、高技术产品出口额占商品出口额比重、高等学校数、高校专任教师数、万人高等学校在校学生数、报纸出版数、出版印刷工业销售产值(11 个)
	劣势指标	教育经费占 GDP 比重、人均教育经费、公共教育经费占财政支出比重、万人中小学学校数、万人中小学专任教师数、农村居民人均文化娱乐支出占消费性支出比重(6 个)
发展环境竞争力（18 个）	强势指标	(0 个)
	优势指标	公路网线密度、人均内河航道里程、全社会旅客周转量、全社会货物周转量、外资企业数增长率、个体私营企业数增长率、每十万人交通事故发生数(7 个)
	劣势指标	万户移动电话数、人均耗电量、查处商标侵权假冒案件、罚没收入占财政收入比重(4 个)

续表

二级指标	优劣势	四　级　指　标
政府作用竞争力（16个）	强势指标	（0个）
	优势指标	财政支出对GDP增长的拉动、财政投资对社会投资的拉动、城市城镇社区服务设施数（3个）
	劣势指标	物价调控、规范税收、医疗保险覆盖率、失业保险覆盖率、下岗职工再就业率（5个）
发展水平竞争力（19个）	强势指标	（0个）
	优势指标	高技术产品出口额占商品出口额比重、人均拥有道路面积、人均日生活用水量、人均居住面积、社会投资占投资总额比重（5个）
	劣势指标	工业增加值增长率、人均公共绿地面积、亿元以上商品市场成交额占全社会消费品零售总额比重（3个）
统筹协调竞争力（16个）	强势指标	（0个）
	优势指标	全社会消费品零售总额与外贸出口总额比差（1个）
	劣势指标	社会劳动生产率、最终消费率、固定资产交付使用率、人力资源竞争力与宏观经济竞争力比差、资源竞争力与工业竞争力比差（5个）

17.2　湖北省经济综合竞争力各级指标具体分析

1. 湖北省宏观经济竞争力指标排名变化情况

表17－5　2012～2013年湖北省宏观经济竞争力指标组排位及变化趋势表

指　标	2012年	2013年	排位升降	优劣势
1　宏观经济竞争力	16	10	6	优势
1.1　经济实力竞争力	8	9	－1	优势
地区生产总值	9	9	0	优势
地区生产总值增长率	18	13	5	中势
人均地区生产总值	13	14	－1	中势
财政总收入	11	22	－11	劣势
财政总收入增长率	15	3	12	强势
人均财政收入	22	30	－8	劣势
固定资产投资额	9	9	0	优势
固定资产投资额增长率	15	10	5	优势
人均固定资产投资额	16	14	2	中势
全社会消费品零售总额	6	6	0	优势
全社会消费品零售总额增长率	14	17	－3	中势
人均全社会消费品零售总额	12	12	0	中势

续表

指　　标	2012 年	2013 年	排位升降	优劣势
1.2 经济结构竞争力	16	16	0	中势
产业结构优化度	20	20	0	中势
所有制经济结构优化度	15	16	-1	中势
城乡经济结构优化度	11	11	0	中势
就业结构优化度	21	21	0	劣势
资本形成结构优化度	17	17	0	中势
贸易结构优化度	8	9	-1	优势
1.3 经济外向度竞争力	20	19	1	中势
进出口总额	17	17	0	中势
进出口增长率	29	11	18	中势
出口总额	16	16	0	中势
出口增长率	28	10	18	优势
实际 FDI	18	15	3	中势
实际 FDI 增长率	8	5	3	优势
外贸依存度	24	24	0	劣势
对外经济合作完成营业额	6	6	0	优势
对外直接投资	17	21	-4	劣势

2. 湖北省产业经济竞争力指标排名变化情况

表 17-6　2012~2013 年湖北省产业经济竞争力指标组排位及变化趋势表

指　　标	2012 年	2013 年	排位升降	优劣势
2　产业经济竞争力	16	10	6	优势
2.1 农业竞争力	13	9	4	优势
农业增加值	7	7	0	优势
农业增加值增长率	17	10	7	优势
人均农业增加值	8	8	0	优势
农民人均纯收入	13	13	0	中势
农民人均纯收入增长率	18	11	7	中势
农产品出口占农林牧渔总产值比重	20	15	5	中势
人均主要农产品产量	10	10	0	优势
农业机械化	17	8	9	优势
农村人均用电量	17	17	0	中势
财政支农资金比重	18	24	-6	劣势

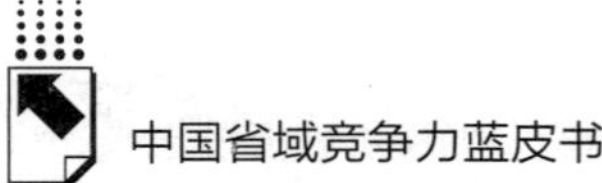

续表

指　　标	2012 年	2013 年	排位升降	优劣势
2.2　工业竞争力	12	13	-1	中势
工业增加值	9	9	0	优势
工业增加值增长率	6	13	-7	中势
人均工业增加值	14	12	2	中势
工业资产总额	11	11	0	中势
工业资产总额增长率	17	16	1	中势
工业资产总贡献率	18	13	5	中势
规模以上工业主营业务收入	9	8	1	优势
规模以上工业利润总额	12	10	2	优势
工业全员劳动生产率	16	15	1	中势
工业成本费用利润率	21	23	-2	劣势
2.3　服务业竞争力	12	11	1	中势
服务业增加值	12	11	1	中势
服务业增加值增长率	14	10	4	优势
人均服务业增加值	16	15	1	中势
服务业从业人员数	9	9	0	优势
服务业从业人员数增长率	19	16	3	中势
限额以上批发零售企业主营业务收入	10	10	0	优势
限额以上批零企业利税率	20	6	14	优势
限额以上餐饮企业利税率	22	18	4	中势
旅游外汇收入	14	15	-1	中势
房地产经营总收入	12	12	0	中势
2.4　企业竞争力	16	11	5	中势
规模以上工业企业数	11	9	2	优势
规模以上企业平均资产	21	21	0	劣势
规模以上企业平均增加值	22	23	-1	劣势
流动资金周转次数	10	9	1	优势
规模以上企业平均利润	21	21	0	劣势
规模以上企业销售利税率	18	19	-1	中势
新产品销售收入占主营业务收入比重	12	10	2	优势
产品质量抽查合格率	8	8	0	优势
工业企业 R&D 经费投入强度	10	10	0	优势
中国驰名商标持有量	14	8	6	优势

3. 湖北省可持续发展竞争力指标排名变化情况

表 17－7 2012～2013 年湖北省可持续发展竞争力指标组排位及变化趋势表

指　　标	2012 年	2013 年	排位升降	优劣势
3 可持续发展竞争力	18	16	2	中势
3.1 资源竞争力	26	25	1	劣势
人均国土面积	19	19	0	中势
人均可使用海域和滩涂面积	13	13	0	中势
人均年水资源量	18	18	0	中势
耕地面积	11	11	0	中势
人均耕地面积	19	19	0	中势
人均牧草地面积	20	20	0	中势
主要能源矿产基础储量	18	17	1	中势
人均主要能源矿产基础储量	10	19	-9	中势
人均森林储积量	19	18	1	中势
3.2 环境竞争力	17	11	6	中势
森林覆盖率	17	13	4	中势
人均废水排放量	21	21	0	劣势
人均工业废气排放量	8	8	0	优势
人均工业固体废物排放量	11	11	0	中势
人均治理工业污染投资额	21	20	1	中势
一般工业固体废物综合利用率	12	13	-1	中势
生活垃圾无害化处理率	26	23	3	劣势
自然灾害直接经济损失	21	21	0	劣势
3.3 人力资源竞争力	9	11	-2	中势
人口自然增长率	18	19	-1	中势
15～64 岁人口比例	13	11	2	中势
文盲率	22	21	1	劣势
大专以上教育程度人口比例	8	11	-3	中势
平均受教育程度	12	10	2	优势
人口健康素质	18	18	0	中势
人力资源利用率	10	10	0	优势
职业学校毕业生数	7	12	-5	中势

4. 湖北省财政金融竞争力指标排名变化情况

表 17－8 2012～2013 年湖北省财政金融竞争力指标组排位及变化趋势表

指　　标	2012 年	2013 年	排位升降	优劣势
4 财政金融竞争力	19	12	7	中势
4.1 财政竞争力	24	10	14	优势
地方财政收入	11	11	0	中势
地方财政支出	12	11	1	中势
地方财政收入占 GDP 比重	27	26	1	劣势

续表

指　　标	2012 年	2013 年	排位升降	优劣势
地方财政支出占 GDP 比重	24	24	0	劣势
税收收入占 GDP 比重	27	25	2	劣势
税收收入占财政总收入比重	19	3	16	强势
人均地方财政收入	19	19	0	中势
人均地方财政支出	26	25	1	劣势
人均税收收入	19	19	0	中势
地方财政收入增长率	15	3	12	强势
地方财政支出增长率	17	3	14	强势
税收收入增长率	4	2	2	强势
4.2　金融竞争力	12	14	-2	中势
存款余额	11	11	0	中势
人均存款余额	20	20	0	中势
贷款余额	12	12	0	中势
人均贷款余额	19	19	0	中势
货币市场融资额	6	6	0	优势
中长期贷款占贷款余额比重	11	13	-2	中势
保险费净收入	10	10	0	优势
保险密度	16	17	-1	中势
保险深度	15	18	-3	中势
人均证券市场筹资额	18	18	0	中势

5. 湖北省知识经济竞争力指标排名变化情况

表 17-9　2012~2013 年湖北省知识经济竞争力指标组排位及变化趋势表

指　　标	2012 年	2013 年	排位升降	优劣势
5　知识经济竞争力	11	11	0	中势
5.1　科技竞争力	11	9	2	优势
R&D 人员	10	10	0	优势
R&D 经费	8	7	1	优势
R&D 经费投入强度	9	9	0	优势
发明专利授权量	11	11	0	中势
技术市场成交合同金额	8	6	2	优势
财政科技支出占地方财政支出比重	11	11	0	中势
高技术产业增加值	10	9	1	优势
高技术产业增加值占工业增加值比重	11	13	-2	中势
高技术产品出口额占商品出口额比重	10	10	0	优势
5.2　教育竞争力	16	15	1	中势
教育经费	18	11	7	中势
教育经费占 GDP 比重	31	25	6	劣势
人均教育经费	31	30	1	劣势
公共教育经费占财政支出比重	27	22	5	劣势

续表

指　　标	2012年	2013年	排位升降	优劣势
人均文化教育支出占个人消费支出比重	9	16	-7	中势
万人中小学学校数	23	24	-1	劣势
万人中小学专任教师数	25	25	0	劣势
高等学校数	4	5	-1	优势
高校专任教师数	5	5	0	优势
万人高等学校在校学生数	5	5	0	优势
5.3 文化竞争力	8	11	-3	中势
文化产业增加值	13	15	-2	中势
图书和期刊出版数	2	3	-1	强势
报纸出版数	7	7	0	优势
出版印刷工业销售产值	10	9	1	优势
城镇居民人均文化娱乐支出	14	18	-4	中势
农村居民人均文化娱乐支出	16	19	-3	中势
城镇居民人均文化娱乐支出占消费性支出比重	12	16	-4	中势
农村居民人均文化娱乐支出占消费性支出比重	18	21	-3	劣势

6. 湖北省发展环境竞争力指标排名变化情况

表17-10　2012~2013年湖北省发展环境竞争力指标组排位及变化趋势表

指　　标	2012年	2013年	排位升降	优劣势
6 发展环境竞争力	10	11	-1	中势
6.1 基础设施竞争力	12	13	-1	中势
铁路网线密度	13	15	-2	中势
公路网线密度	9	9	0	优势
人均内河航道里程	5	5	0	优势
全社会旅客周转量	8	8	0	优势
全社会货物周转量	12	10	2	优势
人均邮电业务总量	22	20	2	中势
万户移动电话数	17	25	-8	劣势
万户上网用户数	16	19	-3	中势
人均耗电量	21	21	0	劣势
6.2 软环境竞争力	12	14	-2	中势
外资企业数增长率	2	10	-8	优势
万人外资企业数	15	15	0	中势
个体私营企业数增长率	8	4	4	优势
万人个体私营企业数	14	11	3	中势
万人商标注册件数	17	17	0	中势
查处商标侵权假冒案件	23	23	0	劣势
每十万人交通事故发生数	10	10	0	优势
罚没收入占财政收入比重	22	23	-1	劣势
食品安全事故数	14	19	-5	中势

7. 湖北省政府作用竞争力指标排名变化情况

表 17－11 2012～2013 年湖北省政府作用竞争力指标组排位及变化趋势表

指 标	2012 年	2013 年	排位升降	优劣势
7 政府作用竞争力	18	21	－3	劣势
7.1 政府发展经济竞争力	14	11	3	中势
财政支出用于基本建设投资比重	16	18	－2	中势
财政支出对 GDP 增长的拉动	8	8	0	优势
政府公务员对经济的贡献	12	11	1	中势
政府消费对民间消费的拉动	16	14	2	中势
财政投资对社会投资的拉动	8	9	－1	优势
7.2 政府规调经济竞争力	21	21	0	劣势
物价调控	23	23	0	劣势
调控城乡消费差距	15	20	－5	中势
统筹经济社会发展	14	14	0	中势
规范税收	30	30	0	劣势
人口控制	14	14	0	中势
7.3 政府保障经济竞争力	16	23	－7	劣势
城市城镇社区服务设施数	8	9	－1	优势
医疗保险覆盖率	16	21	－5	劣势
养老保险覆盖率	12	17	－5	中势
失业保险覆盖率	19	21	－2	劣势
下岗职工再就业率	25	30	－5	劣势
城镇登记失业率	26	20	6	中势

8. 湖北省发展水平竞争力指标排名变化情况

表 17－12 2012～2013 年湖北省发展水平竞争力指标组排位及变化趋势表

指 标	2012 年	2013 年	排位升降	优劣势
8 发展水平竞争力	14	14	0	中势
8.1 工业化进程竞争力	15	12	3	中势
工业增加值占 GDP 比重	15	14	1	中势
工业增加值增长率	27	26	1	劣势
高技术产业规模以上企业产值	12	12	0	中势
高技术产业增加值占工业增加值比重	11	13	－2	中势
高技术产品出口额占商品出口额比重	10	10	0	优势
信息产业增加值占 GDP 比重	23	19	4	中势
8.2 城市化进程竞争力	10	11	－1	中势
城镇化率	13	12	1	中势
城镇居民人均可支配收入	17	17	0	中势
城市平均建成区面积	12	12	0	中势
人均拥有道路面积	10	10	0	优势

续表

指　　标	2012 年	2013 年	排位升降	优劣势
人均日生活用水量	4	6	-2	优势
人均居住面积	6	5	1	优势
人均公共绿地面积	22	24	-2	劣势
8.3 市场化进程竞争力	14	14	0	中势
非公有制经济产值占全社会总产值的比重	15	16	-1	中势
社会投资占投资总额比重	12	10	2	优势
私有和个体企业从业人员比重	9	11	-2	中势
亿元以上商品市场成交额	14	15	-1	中势
亿元以上商品市场成交额占全社会消费品零售总额比重	23	24	-1	劣势
居民消费支出占总消费支出比重	16	14	2	中势

9. 湖北省统筹协调竞争力指标排名变化情况

表 17-13　2012~2013 年湖北省统筹协调竞争力指标组排位及变化趋势表

指　　标	2012 年	2013 年	排位升降	优劣势
9 统筹协调竞争力	16	18	-2	中势
9.1 统筹发展竞争力	18	22	-4	劣势
社会劳动生产率	20	22	-2	劣势
社会劳动生产率增速	7	19	-12	中势
万元 GDP 综合能耗	17	18	-1	中势
非农用地产出率	15	15	0	中势
生产税净额和营业盈余占 GDP 比重	17	18	-1	中势
最终消费率	23	24	-1	劣势
固定资产投资额占 GDP 比重	10	12	-2	中势
固定资产交付使用率	18	24	-6	劣势
9.2 协调发展竞争力	15	16	-1	中势
环境竞争力与宏观经济竞争力比差	15	18	-3	中势
资源竞争力与宏观经济竞争力比差	20	20	0	中势
人力资源竞争力与宏观经济竞争力比差	23	23	0	劣势
资源竞争力与工业竞争力比差	21	21	0	劣势
环境竞争力与工业竞争力比差	14	15	-1	中势
城乡居民家庭人均收入比差	12	12	0	中势
城乡居民人均现金消费支出比差	15	17	-2	中势
全社会消费品零售总额与外贸出口总额比差	8	7	1	优势

B.19
18 湖南省经济综合竞争力评价分析报告

湖南省简称湘，位于长江中下游南岸，东与江西为邻，北和湖北接壤，西连四川、贵州，南接广东、广西，是我国东南部地区腹地。全省面积21万平方公里，2013年总人口为6691万人，地区生产总值达24502亿元，同比增长10.1%，人均GDP达36763元。本部分通过分析2012～2013年湖南省经济综合竞争力以及各要素竞争力的排名变化，从中找出湖南省经济综合竞争力的推动点及影响因素，为进一步提升湖南省经济综合竞争力提供决策参考。

18.1 湖南省经济综合竞争力总体分析

1. 湖南省经济综合竞争力一级指标概要分析

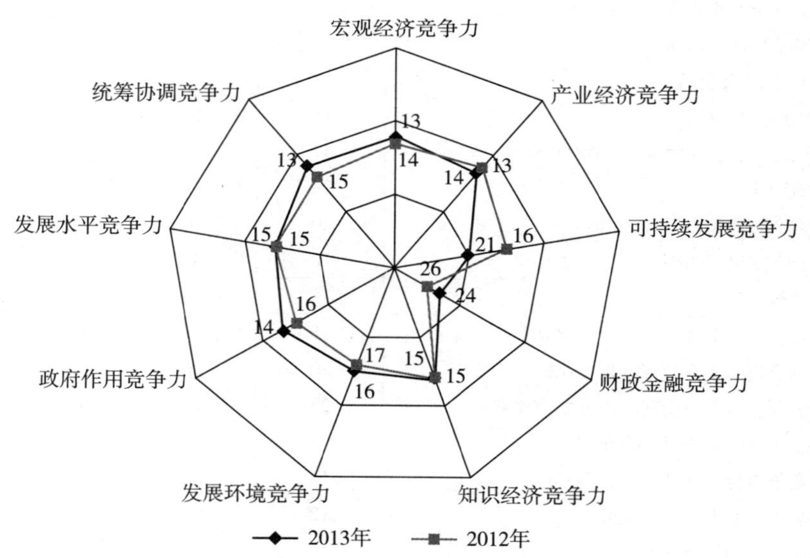

图18－1 2012～2013年湖南省经济综合竞争力二级指标比较雷达图

（1）从综合排位的变化比较看，2013年湖南省经济综合竞争力综合排位在全国处于第13位，表明其在全国处于居中偏上地位；与2012年相比，综合排位保持不变。

（2）从指标所处区位看，没有处于上游区的指标，有2个处于下游区的指标，为可持续发展竞争力和财政金融竞争力，其他指标均处于中游区。

表 18-1 2012~2013 年湖南省经济综合竞争力二级指标比较表

项目 年份	宏观经济竞争力	产业经济竞争力	可持续发展竞争力	财政金融竞争力	知识经济竞争力	发展环境竞争力	政府作用竞争力	发展水平竞争力	统筹协调竞争力	综合排位
2012	14	13	16	26	15	17	16	15	15	13
2013	13	14	21	24	15	16	14	15	13	13
升降	1	-1	-5	2	0	1	2	0	2	0
优劣度	中势	中势	劣势	劣势	中势	中势	中势	中势	中势	中势

（3）从指标变化趋势看，9 个二级指标中，有 5 个指标处于上升趋势，为宏观经济竞争力、财政金融竞争力、发展环境竞争力、政府作用竞争力和统筹协调竞争力，这些是湖南省经济综合竞争力中的上升动力所在；有 2 个指标排位没有发生变化，为知识经济竞争力和发展水平竞争力；有 2 个指标处于下降趋势，为产业经济竞争力和可持续发展竞争力，这些是湖南省经济综合竞争力中的下降拉力所在。

2. 湖南省经济综合竞争力各级指标动态变化分析

表 18-2 2012~2013 年湖南省经济综合竞争力各级指标排位变化态势比较表

二级指标	三级指标	四级指标数	上升		保持		下降		变化趋势
			指标数	比重（%）	指标数	比重（%）	指标数	比重（%）	
宏观经济竞争力	经济实力竞争力	12	7	58.3	4	33.3	1	8.3	上升
	经济结构竞争力	6	4	66.7	1	16.7	1	16.7	上升
	经济外向度竞争力	9	2	22.2	2	22.2	5	55.6	下降
	小　计	27	13	48.1	7	25.9	7	25.9	上升
产业经济竞争力	农业竞争力	10	3	30.0	6	60.0	1	10.0	上升
	工业竞争力	10	1	10.0	4	40.0	5	50.0	下降
	服务业竞争力	10	1	10.0	5	50.0	4	40.0	下降
	企业竞争力	10	2	20.0	3	30.0	5	50.0	上升
	小　计	40	7	17.5	18	45.0	15	37.5	下降
可持续发展竞争力	资源竞争力	9	1	11.1	5	55.6	3	33.3	下降
	环境竞争力	8	1	12.5	2	25.0	5	62.5	上升
	人力资源竞争力	8	4	50.0	2	25.0	2	25.0	上升
	小　计	25	6	24.0	9	36.0	10	40.0	下降
财政金融竞争力	财政竞争力	12	4	33.3	3	25.0	5	41.7	上升
	金融竞争力	10	2	20.0	2	20.0	6	60.0	下降
	小　计	22	6	27.3	5	22.7	11	50.0	上升
知识经济竞争力	科技竞争力	9	1	11.1	5	55.6	3	33.3	保持
	教育竞争力	10	4	40.0	1	10.0	5	50.0	保持
	文化竞争力	8	1	12.5	2	25.0	5	62.5	上升
	小　计	27	6	22.2	8	29.6	13	48.1	保持

续表

二级指标	三级指标	四级指标数	上升		保持		下降		变化趋势
			指标数	比重（%）	指标数	比重（%）	指标数	比重（%）	
发展环境竞争力	基础设施竞争力	9	2	22.2	3	33.3	4	44.4	上升
	软环境竞争力	9	4	44.4	3	33.3	2	22.2	下降
	小　计	18	6	33.3	6	33.3	6	33.3	上升
政府作用竞争力	政府发展经济竞争力	5	2	40.0	1	20.0	2	40.0	保持
	政府规调经济竞争力	5	1	20.0	3	60.0	1	20.0	上升
	政府保障经济竞争力	6	3	50.0	2	33.3	1	16.7	上升
	小　计	16	6	37.5	6	37.5	4	25.0	上升
发展水平竞争力	工业化进程竞争力	6	1	16.7	2	33.3	3	50.0	上升
	城市化进程竞争力	7	3	42.9	4	57.1	0	0.0	上升
	市场化进程竞争力	6	2	33.3	1	16.7	3	50.0	上升
	小　计	19	6	31.6	7	36.8	6	31.6	保持
统筹协调竞争力	统筹发展竞争力	8	2	25.0	4	50.0	2	25.0	上升
	协调发展竞争力	8	2	25.0	4	50.0	2	25.0	保持
	小　计	16	4	25.0	8	50.0	4	25.0	上升
合　计		210	60	28.6	74	35.2	76	36.2	保持

从表 18－2 可以看出，210 个四级指标中，上升的指标有 60 个，占指标总数的 28.6%；下降的指标有 76 个，占指标总数的 36.2%；保持的指标有 74 个，占指标总数的 35.2%。综上所述，下降的动力大于上升的拉力，但受其他外部因素的综合影响，使得 2012～2013 年湖南省经济综合竞争力排位保持不变，在全国排名第 13 位。

3. 湖南省经济综合竞争力各级指标优劣势结构分析

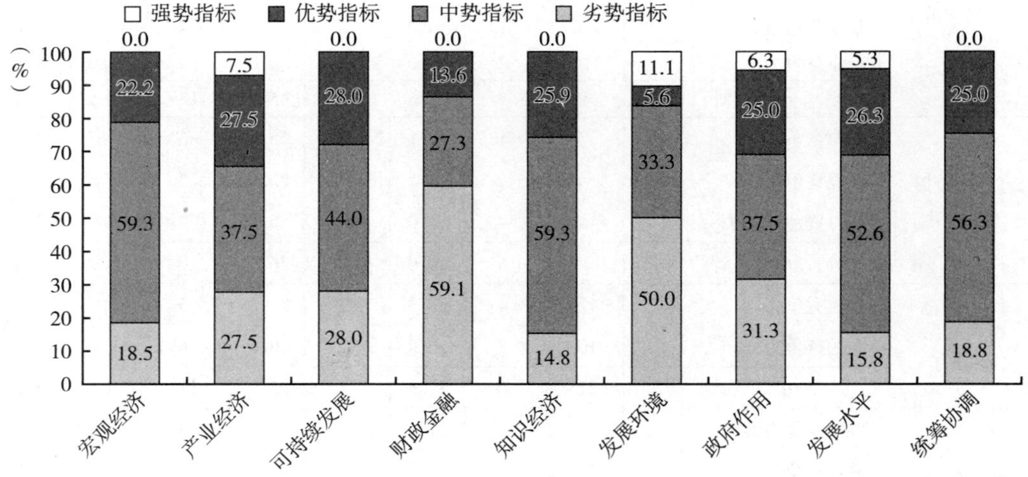

图 18－2　2013 年湖南省经济综合竞争力各级指标优劣势比较图

表 18－3 2013 年湖南省经济综合竞争力各级指标优劣势比较表

二级指标	三级指标	四级指标数	强势指标		优势指标		中势指标		劣势指标		优劣势
			个数	比重（%）	个数	比重（%）	个数	比重（%）	个数	比重（%）	
宏观经济竞争力	经济实力竞争力	12	0	0.0	3	25.0	7	58.3	2	16.7	中势
	经济结构竞争力	6	0	0.0	1	16.7	5	83.3	0	0.0	中势
	经济外向度竞争力	9	0	0.0	2	22.2	4	44.4	3	33.3	中势
	小　计	27	0	0.0	6	22.2	16	59.3	5	18.5	中势
产业经济竞争力	农业竞争力	10	0	0.0	2	20.0	4	40.0	4	40.0	中势
	工业竞争力	10	1	10.0	2	20.0	5	50.0	2	20.0	中势
	服务业竞争力	10	1	10.0	3	30.0	4	40.0	2	20.0	中势
	企业竞争力	10	1	10.0	4	40.0	2	20.0	3	30.0	优势
	小　计	40	3	7.5	11	27.5	15	37.5	11	27.5	中势
可持续发展竞争力	资源竞争力	9	0	0.0	0	0.0	6	66.7	3	33.3	劣势
	环境竞争力	8	0	0.0	3	37.5	3	37.5	2	25.0	优势
	人力资源竞争力	8	0	0.0	4	50.0	2	25.0	2	25.0	中势
	小　计	25	0	0.0	7	28.0	11	44.0	7	28.0	劣势
财政金融竞争力	财政竞争力	12	0	0.0	2	16.7	3	25.0	7	58.3	劣势
	金融竞争力	10	0	0.0	1	10.0	3	30.0	6	60.0	中势
	小　计	22	0	0.0	3	13.6	6	27.3	13	59.1	劣势
知识经济竞争力	科技竞争力	9	0	0.0	0	0.0	9	100.0	0	0.0	中势
	教育竞争力	10	0	0.0	4	40.0	3	30.0	3	30.0	中势
	文化竞争力	8	0	0.0	3	37.5	4	50.0	1	12.5	优势
	小　计	27	0	0.0	7	25.9	16	59.3	4	14.8	中势
发展环境竞争力	基础设施竞争力	9	2	22.2	0	0.0	3	33.3	4	44.4	中势
	软环境竞争力	9	0	0.0	1	11.1	3	33.3	5	55.6	劣势
	小　计	18	2	11.1	1	5.6	6	33.3	9	50.0	中势
政府作用竞争力	政府发展经济竞争力	5	0	0.0	2	40.0	3	60.0	0	0.0	中势
	政府规调经济竞争力	5	1	20.0	1	20.0	1	20.0	2	40.0	中势
	政府保障经济竞争力	6	0	0.0	1	16.7	2	33.3	3	50.0	劣势
	小　计	16	1	6.3	4	25.0	6	37.5	5	31.3	中势
发展水平竞争力	工业化进程竞争力	6	0	0.0	0	0.0	5	83.3	1	16.7	中势
	城市化进程竞争力	7	1	14.3	1	14.3	3	42.9	2	28.6	中势
	市场化进程竞争力	6	0	0.0	4	66.7	2	33.3	0	0.0	优势
	小　计	19	1	5.3	5	26.3	10	52.6	3	15.8	中势
统筹协调竞争力	统筹发展竞争力	8	0	0.0	3	37.5	3	37.5	2	25.0	中势
	协调发展竞争力	8	0	0.0	1	12.5	6	75.0	1	12.5	中势
	小　计	16	0	0.0	4	25.0	9	56.3	3	18.8	中势
合　计		210	7	3.3	48	22.9	95	45.2	60	28.6	中势

基于图 18－2 和表 18－3，从四级指标来看，强势指标 7 个，占指标总数的 3.3%；优势指标 48 个，占指标总数的 22.9%；中势指标 95 个，占指标总数的 45.2%；劣势

指标60个，占指标总数的28.6%。从三级指标来看，没有强势指标；优势指标4个，占三级指标总数的16%；中势指标17个，占三级指标总数的68%；劣势指标4个，占三级指标总数的16%。反映到二级指标上来，没有强势指标和优势指标。综合来看，由于中势指标在指标体系中居于主导地位，使得2013年湖南省经济综合竞争力处于中势地位。

4. 湖南省经济综合竞争力四级指标优劣势对比分析

表18－4　2013年湖南省经济综合竞争力各级指标优劣势比较表

二级指标	优劣势	四级指标
宏观经济竞争力（27个）	强势指标	（0个）
	优势指标	地区生产总值、财政总收入、全社会消费品零售总额、所有制经济结构优化度、进出口增长率、实际FDI增长率（6个）
	劣势指标	人均财政收入、人均固定资产投资额、进出口总额、出口总额、外贸依存度（5个）
产业经济竞争力（40个）	强势指标	工业资产总贡献率、限额以上批零企业利税率、流动资金周转次数（3个）
	优势指标	农业增加值、农业机械化、工业增加值、工业增加值增长率、服务业增加值、服务业增加值增长率、服务业从业人员数、规模以上工业企业数、新产品销售收入占主营业务收入比重、工业企业R&D经费投入强度、中国驰名商标持有量（11个）
	劣势指标	农业增加值增长率、农产品出口占农林牧渔总产值比重、农村人均用电量、财政支农资金比重、工业资产总额增长率、工业成本费用利润率、服务业从业人员数增长率、限额以上餐饮企业利税率、规模以上企业平均资产、规模以上企业平均增加值、规模以上企业平均利润（11个）
可持续发展竞争力（25个）	强势指标	（0个）
	优势指标	森林覆盖率、人均工业废气排放量、人均工业固体废物排放量、人口自然增长率、文盲率、人力资源利用率、职业学校毕业生数（7个）
	劣势指标	人均耕地面积、主要能源矿产基础储量、人均主要能源矿产基础储量、人均治理工业污染投资额、自然灾害直接经济损失、15～64岁人口比例、大专以上教育程度人口比例（7个）
财政金融竞争力（22个）	强势指标	（0个）
	优势指标	地方财政支出、地方财政支出增长率、中长期贷款占贷款余额比重（3个）
	劣势指标	地方财政收入占GDP比重、地方财政支出占GDP比重、税收收入占GDP比重、税收收入占财政总收入比重、人均地方财政收入、人均地方财政支出、人均税收收入、人均存款余额、人均贷款余额、货币市场融资额、保险密度、保险深度、人均证券市场筹资额（13个）
知识经济竞争力（27个）	强势指标	（0个）
	优势指标	教育经费、人均文化教育支出占个人消费支出比重、高等学校数、高校专任教师数、图书和期刊出版数、出版印刷工业销售产值、城镇居民人均文化娱乐支出占消费性支出比重（7个）
	劣势指标	人均教育经费、万人中小学专任教师数、万人高等学校在校学生数、农村居民人均文化娱乐支出占消费性支出比重（4个）

续表

二级指标	优劣势	四 级 指 标
发展环境竞争力（18个）	强势指标	人均内河航道里程、全社会旅客周转量(2个)
	优势指标	万人个体私营企业数(1个)
	劣势指标	人均邮电业务总量、万户移动电话数、万户上网用户数、人均耗电量、万人外资企业数、万人商标注册件数、查处商标侵权假冒案件、罚没收入占财政收入比重、食品安全事故数(9个)
政府作用竞争力（16个）	强势指标	物价调控(1个)
	优势指标	财政支出对GDP增长的拉动、政府消费对民间消费的拉动、统筹经济社会发展、城市城镇社区服务设施数(4个)
	劣势指标	规范税收、人口控制、医疗保险覆盖率、下岗职工再就业率、城镇登记失业率(5个)
发展水平竞争力（19个）	强势指标	人均居住面积(1个)
	优势指标	人均日生活用水量、非公有制经济产值占全社会总产值的比重、私有和个体企业从业人员比重、亿元以上商品市场成交额、居民消费支出占总消费支出比重(5个)
	劣势指标	工业增加值增长率、城镇化率、人均公共绿地面积(3个)
统筹协调竞争力（16个）	强势指标	(0个)
	优势指标	社会劳动生产率增速、固定资产投资额占GDP比重、固定资产交付使用率、全社会消费品零售总额与外贸出口总额比差(4个)
	劣势指标	社会劳动生产率、最终消费率、资源竞争力与宏观经济竞争力比差(3个)

18.2 湖南省经济综合竞争力各级指标具体分析

1. 湖南省宏观经济竞争力指标排名变化情况

表18-5 2012～2013年湖南省宏观经济竞争力指标组排位及变化趋势表

指 标	2012年	2013年	排位升降	优劣势
1 宏观经济竞争力	14	13	1	中势
1.1 经济实力竞争力	15	12	3	中势
地区生产总值	10	10	0	优势
地区生产总值增长率	17	13	4	中势
人均地区生产总值	20	19	1	中势
财政总收入	10	9	1	优势
财政总收入增长率	20	15	5	中势
人均财政收入	26	21	5	劣势
固定资产投资额	11	11	0	中势
固定资产投资额增长率	19	13	6	中势
人均固定资产投资额	23	24	-1	劣势
全社会消费品零售总额	10	10	0	优势
全社会消费品零售总额增长率	20	14	6	中势
人均全社会消费品零售总额	17	17	0	中势

续表

指　　标	2012 年	2013 年	排位升降	优劣势
1.2　经济结构竞争力	15	14	1	中势
产业结构优化度	17	16	1	中势
所有制经济结构优化度	9	8	1	优势
城乡经济结构优化度	17	17	0	中势
就业结构优化度	19	18	1	中势
资本形成结构优化度	19	11	8	中势
贸易结构优化度	14	16	-2	中势
1.3　经济外向度竞争力	13	20	-7	中势
进出口总额	21	22	-1	劣势
进出口增长率	10	10	0	优势
出口总额	20	21	-1	劣势
出口增长率	9	11	-2	中势
实际 FDI	13	12	1	中势
实际 FDI 增长率	12	6	6	优势
外贸依存度	27	29	-2	劣势
对外经济合作完成营业额	15	15	0	中势
对外直接投资	7	12	-5	中势

2. 湖南省产业经济竞争力指标排名变化情况

表 18-6　2012～2013 年湖南省产业经济竞争力指标组排位及变化趋势表

指　　标	2012 年	2013 年	排位升降	优劣势
2　产业经济竞争力	13	14	-1	中势
2.1　农业竞争力	20	14	6	中势
农业增加值	6	6	0	优势
农业增加值增长率	28	28	0	劣势
人均农业增加值	11	14	-3	中势
农民人均纯收入	17	17	0	中势
农民人均纯收入增长率	24	19	5	中势
农产品出口占农林牧渔总产值比重	29	26	3	劣势
人均主要农产品产量	13	13	0	中势
农业机械化	16	5	11	优势
农村人均用电量	24	24	0	劣势
财政支农资金比重	21	21	0	劣势

续表

指　　标	2012 年	2013 年	排位升降	优劣势
2.2　工业竞争力	13	17	-4	中势
工业增加值	10	10	0	优势
工业增加值增长率	10	8	2	优势
人均工业增加值	19	19	0	中势
工业资产总额	18	18	0	中势
工业资产总额增长率	22	24	-2	劣势
工业资产总贡献率	1	2	-1	强势
规模以上工业主营业务收入	13	13	0	中势
规模以上工业利润总额	16	17	-1	中势
工业全员劳动生产率	13	16	-3	中势
工业成本费用利润率	17	27	-10	劣势
2.3　服务业竞争力	11	12	-1	中势
服务业增加值	10	10	0	优势
服务业增加值增长率	4	7	-3	优势
人均服务业增加值	18	18	0	中势
服务业从业人员数	7	7	0	优势
服务业从业人员数增长率	28	29	-1	劣势
限额以上批发零售企业主营业务收入	20	19	1	中势
限额以上批零企业利税率	3	3	0	强势
限额以上餐饮企业利税率	28	30	-2	劣势
旅游外汇收入	16	17	-1	中势
房地产经营总收入	15	15	0	中势
2.4　企业竞争力	12	10	2	优势
规模以上工业企业数	9	10	-1	优势
规模以上企业平均资产	31	31	0	劣势
规模以上企业平均增加值	26	26	0	劣势
流动资金周转次数	2	2	0	强势
规模以上企业平均利润	27	28	-1	劣势
规模以上企业销售利税率	11	16	-5	中势
新产品销售收入占主营业务收入比重	7	6	1	优势
产品质量抽查合格率	15	20	-5	中势
工业企业 R&D 经费投入强度	2	8	-6	优势
中国驰名商标持有量	10	6	4	优势

3. 湖南省可持续发展竞争力指标排名变化情况

表 18－7　2012～2013 年湖南省可持续发展竞争力指标组排位及变化趋势表

指　　标	2012 年	2013 年	排位升降	优劣势
3　可持续发展竞争力	16	21	－5	劣势
3.1　资源竞争力	24	26	－2	劣势
人均国土面积	20	20	0	中势
人均可使用海域和滩涂面积	13	13	0	中势
人均年水资源量	10	12	－2	中势
耕地面积	19	19	0	中势
人均耕地面积	25	25	0	劣势
人均牧草地面积	19	19	0	中势
主要能源矿产基础储量	23	22	1	劣势
人均主要能源矿产基础储量	16	27	－11	劣势
人均森林储积量	16	17	－1	中势
3.2　环境竞争力	10	9	1	优势
森林覆盖率	8	8	0	优势
人均废水排放量	19	18	1	中势
人均工业废气排放量	6	6	0	优势
人均工业固体废物排放量	8	9	－1	优势
人均治理工业污染投资额	19	23	－4	劣势
一般工业固体废物综合利用率	18	19	－1	中势
生活垃圾无害化处理率	10	12	－2	中势
自然灾害直接经济损失	23	26	－3	劣势
3.3　人力资源竞争力	15	14	1	中势
人口自然增长率	11	9	2	优势
15～64 岁人口比例	29	25	4	劣势
文盲率	14	9	5	优势
大专以上教育程度人口比例	25	25	0	劣势
平均受教育程度	18	17	1	中势
人口健康素质	20	20	0	中势
人力资源利用率	7	9	－2	优势
职业学校毕业生数	8	9	－1	优势

4. 湖南省财政金融竞争力指标排名变化情况

表 18－8　2012～2013 年湖南省财政金融竞争力指标组排位及变化趋势表

指　　标	2012 年	2013 年	排位升降	优劣势
4　财政金融竞争力	26	24	2	劣势
4.1　财政竞争力	28	26	2	劣势
地方财政收入	13	15	－2	中势
地方财政支出	9	8	1	优势
地方财政收入占 GDP 比重	29	29	0	劣势

续表

指 标	2012 年	2013 年	排位升降	优劣势
地方财政支出占 GDP 比重	21	22	-1	劣势
税收收入占 GDP 比重	30	31	-1	劣势
税收收入占财政总收入比重	25	28	-3	劣势
人均地方财政收入	28	28	0	劣势
人均地方财政支出	28	27	1	劣势
人均税收收入	28	28	0	劣势
地方财政收入增长率	20	15	5	中势
地方财政支出增长率	16	8	8	优势
税收收入增长率	8	11	-3	中势
4.2 金融竞争力	16	17	-1	中势
存款余额	15	14	1	中势
人均存款余额	28	28	0	劣势
贷款余额	15	15	0	中势
人均贷款余额	29	30	-1	劣势
货币市场融资额	18	23	-5	劣势
中长期贷款占贷款余额比重	9	6	3	优势
保险费净收入	11	13	-2	中势
保险密度	22	23	-1	劣势
保险深度	20	24	-4	劣势
人均证券市场筹资额	21	22	-1	劣势

5. 湖南省知识经济竞争力指标排名变化情况

表 18-9 2012~2013 年湖南省知识经济竞争力指标组排位及变化趋势表

指 标	2012 年	2013 年	排位升降	优劣势
5 知识经济竞争力	15	15	0	中势
5.1 科技竞争力	17	17	0	中势
R&D 人员	12	12	0	中势
R&D 经费	13	13	0	中势
R&D 经费投入强度	15	15	0	中势
发明专利授权量	12	14	-2	中势
技术市场成交合同金额	19	16	3	中势
财政科技支出占地方财政支出比重	14	18	-4	中势
高技术产业增加值	14	14	0	中势
高技术产业增加值占工业增加值比重	19	19	0	中势
高技术产品出口额占商品出口额比重	16	18	-2	中势
5.2 教育竞争力	17	17	0	中势
教育经费	11	8	3	优势
教育经费占 GDP 比重	22	19	3	中势
人均教育经费	30	29	1	劣势
公共教育经费占财政支出比重	21	16	5	中势
人均文化教育支出占个人消费支出比重	7	10	-3	优势

续表

指　　标	2012 年	2013 年	排位升降	优劣势
万人中小学学校数	17	18	-1	中势
万人中小学专任教师数	24	24	0	劣势
高等学校数	5	6	-1	优势
高校专任教师数	8	10	-2	优势
万人高等学校在校学生数	20	25	-5	劣势
5.3　文化竞争力	9	8	1	优势
文化产业增加值	18	19	-1	中势
图书和期刊出版数	5	6	-1	优势
报纸出版数	12	11	1	中势
出版印刷工业销售产值	7	7	0	优势
城镇居民人均文化娱乐支出	12	12	0	中势
农村居民人均文化娱乐支出	15	17	-2	中势
城镇居民人均文化娱乐支出占消费性支出比重	9	10	-1	优势
农村居民人均文化娱乐支出占消费性支出比重	20	23	-3	劣势

6. 湖南省发展环境竞争力指标排名变化情况

表 18-10　2012~2013 年湖南省发展环境竞争力指标组排位及变化趋势表

指　　标	2012 年	2013 年	排位升降	优劣势
6　发展环境竞争力	17	16	1	中势
6.1　基础设施竞争力	15	14	1	中势
铁路网线密度	17	20	-3	中势
公路网线密度	10	11	-1	中势
人均内河航道里程	3	3	0	强势
全社会旅客周转量	6	3	3	强势
全社会货物周转量	14	14	0	中势
人均邮电业务总量	27	29	-2	劣势
万户移动电话数	28	26	2	劣势
万户上网用户数	23	24	-1	劣势
人均耗电量	29	29	0	劣势
6.2　软环境竞争力	25	27	-2	劣势
外资企业数增长率	21	16	5	中势
万人外资企业数	27	26	1	劣势
个体私营企业数增长率	20	17	3	中势
万人个体私营企业数	10	10	0	优势
万人商标注册件数	23	24	-1	劣势
查处商标侵权假冒案件	21	21	0	劣势
每十万人交通事故发生数	13	13	0	中势
罚没收入占财政收入比重	25	28	-3	劣势
食品安全事故数	27	25	2	劣势

7. 湖南省政府作用竞争力指标排名变化情况

表 18－11 2012～2013 年湖南省政府作用竞争力指标组排位及变化趋势表

指　　标	2012 年	2013 年	排位升降	优劣势
7 政府作用竞争力	16	14	2	中势
7.1 政府发展经济竞争力	13	13	0	中势
财政支出用于基本建设投资比重	10	16	－6	中势
财政支出对 GDP 增长的拉动	11	10	1	优势
政府公务员对经济的贡献	19	19	0	中势
政府消费对民间消费的拉动	5	6	－1	优势
财政投资对社会投资的拉动	20	14	6	中势
7.2 政府规调经济竞争力	13	11	2	中势
物价调控	1	1	0	强势
调控城乡消费差距	12	15	－3	中势
统筹经济社会发展	10	10	0	优势
规范税收	29	25	4	劣势
人口控制	26	26	0	劣势
7.3 政府保障经济竞争力	23	22	1	劣势
城市城镇社区服务设施数	7	8	－1	优势
医疗保险覆盖率	22	22	0	劣势
养老保险覆盖率	16	13	3	中势
失业保险覆盖率	23	19	4	中势
下岗职工再就业率	28	23	5	劣势
城镇登记失业率	30	30	0	劣势

8. 湖南省发展水平竞争力指标排名变化情况

表 18－12 2012～2013 年湖南省发展水平竞争力指标组排位及变化趋势表

指　　标	2012 年	2013 年	排位升降	优劣势
8 发展水平竞争力	15	15	0	中势
8.1 工业化进程竞争力	20	18	2	中势
工业增加值占 GDP 比重	12	12	0	中势
工业增加值增长率	23	24	－1	劣势
高技术产业规模以上企业产值	13	14	－1	中势
高技术产业增加值占工业增加值比重	19	19	0	中势
高技术产品出口额占商品出口额比重	16	18	－2	中势
信息产业增加值占 GDP 比重	19	17	2	中势
8.2 城市化进程竞争力	16	14	2	中势
城镇化率	22	22	0	劣势
城镇居民人均可支配收入	12	12	0	中势
城市平均建成区面积	17	17	0	中势
人均拥有道路面积	17	16	1	中势

续表

指　　标	2012 年	2013 年	排位升降	优劣势
人均日生活用水量	6	5	1	优势
人均居住面积	3	2	1	强势
人均公共绿地面积	30	30	0	劣势
8.3　市场化进程竞争力	10	8	2	优势
非公有制经济产值占全社会总产值的比重	9	8	1	优势
社会投资占投资总额比重	16	19	-3	中势
私有和个体企业从业人员比重	13	6	7	优势
亿元以上商品市场成交额	10	10	0	优势
亿元以上商品市场成交额占全社会消费品零售总额比重	13	14	-1	中势
居民消费支出占总消费支出比重	5	6	-1	优势

9. 湖南省统筹协调竞争力指标排名变化情况

表 18-13　2012～2013 年湖南省统筹协调竞争力指标组排位及变化趋势表

指　　标	2012 年	2013 年	排位升降	优劣势
9　统筹协调竞争力	15	13	2	中势
9.1　统筹发展竞争力	13	11	2	中势
社会劳动生产率	22	21	1	劣势
社会劳动生产率增速	9	8	1	优势
万元 GDP 综合能耗	15	16	-1	中势
非农用地产出率	14	14	0	中势
生产税净额和营业盈余占 GDP 比重	13	13	0	中势
最终消费率	19	21	-2	劣势
固定资产投资额占 GDP 比重	9	9	0	优势
固定资产交付使用率	8	8	0	优势
9.2　协调发展竞争力	14	14	0	中势
环境竞争力与宏观经济竞争力比差	21	20	1	中势
资源竞争力与宏观经济竞争力比差	21	21	0	劣势
人力资源竞争力与宏观经济竞争力比差	13	15	-2	中势
资源竞争力与工业竞争力比差	20	18	2	中势
环境竞争力与工业竞争力比差	20	20	0	中势
城乡居民家庭人均收入比差	14	14	0	中势
城乡居民人均现金消费支出比差	12	13	-1	中势
全社会消费品零售总额与外贸出口总额比差	5	5	0	优势

B.20

19 广东省经济综合竞争力评价分析报告

广东省简称粤，北接湖南省、江西省，东连福建省，西邻广西壮族自治区，南与香港、澳门接壤，隔琼州海峡与海南省相望。全省土地总面积17.8万平方公里，2013年总人口为10644万人，地区生产总值达62164亿元，同比增长8.5%，人均GDP达58540元。本部分通过分析2012～2013年广东省经济综合竞争力以及各要素竞争力的排名变化，从中找出广东省经济综合竞争力的推动点及影响因素，为进一步提升广东省经济综合竞争力提供决策参考。

19.1 广东省经济综合竞争力总体分析

1. 广东省经济综合竞争力一级指标概要分析

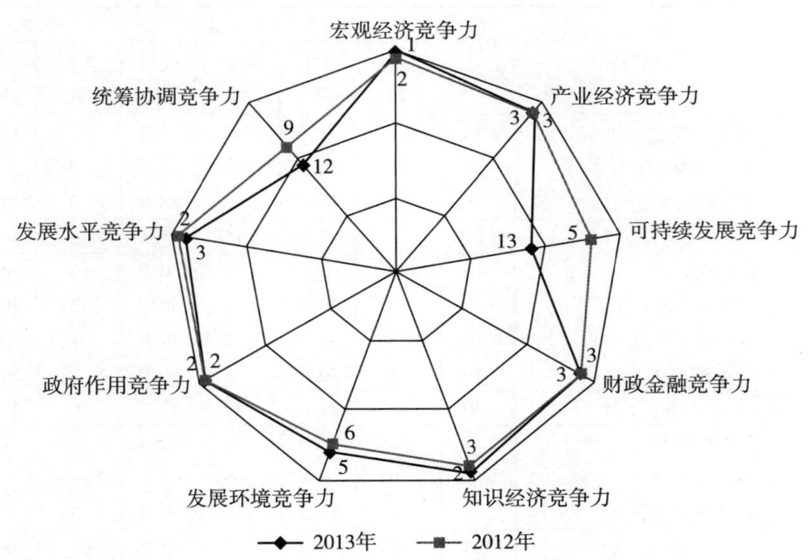

图19－1 2012～2013年广东省经济综合竞争力二级指标比较雷达图

（1）从综合排位的变化比较看，2013年广东省经济综合竞争力综合排位在全国处于第2位，表明其在全国处于强势地位；与2012年相比，综合排位没有变化。

（2）从指标所处区位看，处于上游区的指标有7个，为宏观经济竞争力、产业经济竞争力、财政金融竞争力、知识经济竞争力、发展环境竞争力、政府作用竞争力和发

表 19－1　2012～2013 年广东省经济综合竞争力二级指标比较表

项目 / 年份	宏观经济竞争力	产业经济竞争力	可持续发展竞争力	财政金融竞争力	知识经济竞争力	发展环境竞争力	政府作用竞争力	发展水平竞争力	统筹协调竞争力	**综合排位**
2012	2	3	5	3	3	6	2	2	9	2
2013	1	3	13	3	2	5	2	3	12	2
升降	1	0	－8	0	1	1	0	－1	－3	0
优劣度	强势	强势	中势	强势	强势	优势	强势	强势	中势	强势

展水平竞争力。其中，宏观经济竞争力、产业经济竞争力、财政金融竞争力、知识经济竞争力、政府作用竞争力和发展水平竞争力等6个指标为广东省经济综合竞争力中的强势指标。

（3）从指标变化趋势看，9 个二级指标中，有 3 个指标处于上升趋势，为宏观经济竞争力、知识经济竞争力和发展环境竞争力，这些是广东省经济综合竞争力中的上升动力所在；有 3 个指标排位没有发生变化，为产业经济竞争力、财政金融竞争力和政府作用竞争力；有 3 个指标处于下降趋势，为可持续发展竞争力、发展水平竞争力和统筹协调竞争力，这些是广东省经济综合竞争力中的下降拉力所在。

2. 广东省经济综合竞争力各级指标动态变化分析

表 19－2　2012～2013 年广东省经济综合竞争力各级指标排位变化态势比较表

二级指标	三级指标	四级指标数	上升		保持		下降		变化趋势
			指标数	比重（%）	指标数	比重（%）	指标数	比重（%）	
宏观经济竞争力	经济实力竞争力	12	5	41.7	5	41.7	2	16.7	保持
	经济结构竞争力	6	1	16.7	2	33.3	3	50.0	保持
	经济外向度竞争力	9	1	11.1	8	88.9	0	0.0	保持
	小　计	27	7	25.9	15	55.6	5	18.5	上升
产业经济竞争力	农业竞争力	10	0	0.0	5	50.0	5	50.0	下降
	工业竞争力	10	3	30.0	5	50.0	2	20.0	保持
	服务业竞争力	10	5	50.0	4	40.0	1	10.0	保持
	企业竞争力	10	3	30.0	5	50.0	2	20.0	上升
	小　计	40	11	27.5	19	47.5	10	25.0	保持
可持续发展竞争力	资源竞争力	9	0	0.0	8	88.9	1	11.1	上升
	环境竞争力	8	0	0.0	5	62.5	3	37.5	下降
	人力资源竞争力	8	1	12.5	4	50.0	3	37.5	上升
	小　计	25	1	4.0	17	68.0	7	28.0	下降
财政金融竞争力	财政竞争力	12	6	50.0	4	33.3	2	16.7	上升
	金融竞争力	10	4	40.0	6	60.0	0	0.0	保持
	小　计	22	10	45.5	10	45.5	2	9.1	保持
知识经济竞争力	科技竞争力	9	2	22.2	7	77.8	0	0.0	上升
	教育竞争力	10	6	60.0	3	30.0	1	10.0	保持
	文化竞争力	8	4	50.0	2	25.0	2	25.0	上升
	小　计	27	12	44.4	12	44.4	3	11.1	上升

续表

二级指标	三级指标	四级指标数	上升		保持		下降		变化趋势
			指标数	比重(%)	指标数	比重(%)	指标数	比重(%)	
发展环境竞争力	基础设施竞争力	9	2	22.2	6	66.7	1	11.1	上升
	软环境竞争力	9	2	22.2	6	66.7	1	11.1	保持
	小　计	18	4	22.2	12	66.7	2	11.1	上升
政府作用竞争力	政府发展经济竞争力	5	2	40.0	0	0.0	3	60.0	下降
	政府规调经济竞争力	5	1	20.0	3	60.0	1	20.0	上升
	政府保障经济竞争力	6	1	16.7	3	50.0	2	33.3	保持
	小　计	16	4	25.0	6	37.5	6	37.5	保持
发展水平竞争力	工业化进程竞争力	6	3	50.0	3	50.0	0	0.0	上升
	城市化进程竞争力	7	0	0.0	4	57.1	3	42.9	保持
	市场化进程竞争力	6	0	0.0	2	33.3	4	66.7	下降
	小　计	19	3	15.8	9	47.4	7	36.8	下降
统筹协调竞争力	统筹发展竞争力	8	2	25.0	1	12.5	5	62.5	下降
	协调发展竞争力	8	2	25.0	4	50.0	2	25.0	上升
	小　计	16	4	25.0	5	31.3	7	43.8	下降
合　计		210	56	26.7	105	50.0	49	23.3	保持

从表19－2可以看出，210个四级指标中，上升指标有56个，占指标总数的26.7%；下降指标有49个，占指标总数的23.3%；保持指标有105个，占指标总数的50.0%。综上所述，广东省经济综合竞争力上升的动力大于下降的拉力，但受其他外部因素的综合影响，2012～2013年广东省经济综合竞争力排位保持不变。

3. 广东省经济综合竞争力各级指标优劣势结构分析

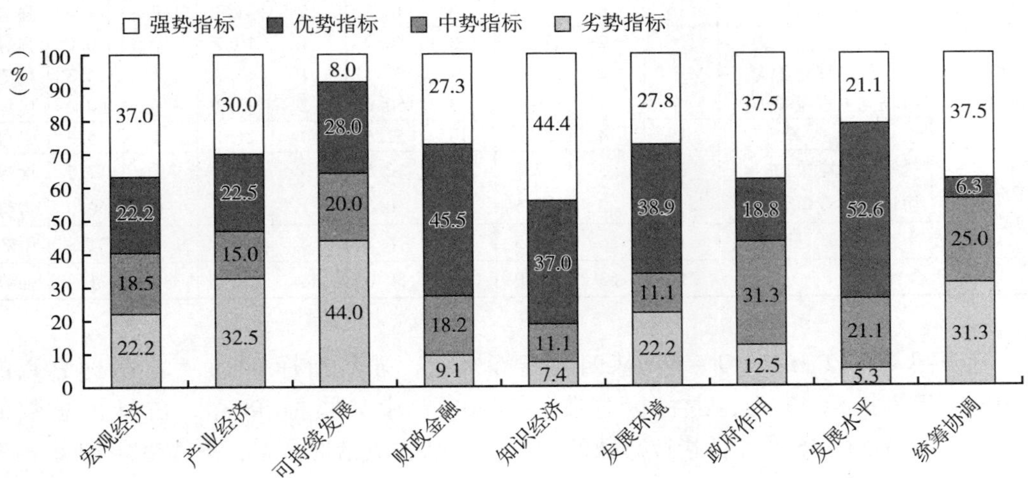

图19－2　2013年广东省经济综合竞争力各级指标优劣势比较图

表 19 - 3　2013 年广东省经济综合竞争力各级指标优劣势比较表

二级指标	三级指标	四级指标数	强势指标		优势指标		中势指标		劣势指标		优劣势
			个数	比重（%）	个数	比重（%）	个数	比重（%）	个数	比重（%）	
宏观经济竞争力	经济实力竞争力	12	3	25.0	3	25.0	2	16.7	4	33.3	强势
	经济结构竞争力	6	1	16.7	3	50.0	1	16.7	1	16.7	优势
	经济外向度竞争力	9	6	66.7	0	0.0	2	22.2	1	11.1	强势
	小　计	27	10	37.0	6	22.2	5	18.5	6	22.2	强势
产业经济竞争力	农业竞争力	10	0	0.0	4	40.0	2	20.0	4	40.0	劣势
	工业竞争力	10	4	40.0	1	10.0	1	10.0	4	40.0	强势
	服务业竞争力	10	5	50.0	3	30.0	2	20.0	0	0.0	强势
	企业竞争力	10	3	30.0	1	10.0	1	10.0	5	50.0	优势
	小　计	40	12	30.0	9	22.5	6	15.0	13	32.5	强势
可持续发展竞争力	资源竞争力	9	0	0.0	1	11.1	2	22.2	6	66.7	劣势
	环境竞争力	8	1	12.5	3	37.5	0	0.0	4	50.0	中势
	人力资源竞争力	8	1	12.5	3	37.5	3	37.5	1	12.5	强势
	小　计	25	2	8.0	7	28.0	5	20.0	11	44.0	中势
财政金融竞争力	财政竞争力	12	2	16.7	5	41.7	3	25.0	2	16.7	优势
	金融竞争力	10	4	40.0	5	50.0	1	10.0	0	0.0	强势
	小　计	22	6	27.3	10	45.5	4	18.2	2	9.1	强势
知识经济竞争力	科技竞争力	9	5	55.6	4	44.4	0	0.0	0	0.0	强势
	教育竞争力	10	4	40.0	1	10.0	3	30.0	2	20.0	强势
	文化竞争力	8	3	37.5	5	62.5	0	0.0	0	0.0	强势
	小　计	27	12	44.4	10	37.0	3	11.1	2	7.4	强势
发展环境竞争力	基础设施竞争力	9	4	44.4	3	33.3	2	22.2	0	0.0	强势
	软环境竞争力	9	1	11.1	4	44.4	0	0.0	4	44.4	劣势
	小　计	18	5	27.8	7	38.9	2	11.1	4	22.2	优势
政府作用竞争力	政府发展经济竞争力	5	1	20.0	2	40.0	1	20.0	1	20.0	优势
	政府规调经济竞争力	5	1	20.0	0	0.0	3	60.0	1	20.0	中势
	政府保障经济竞争力	6	4	66.7	1	16.7	1	16.7	0	0.0	强势
	小　计	16	6	37.5	3	18.8	5	31.3	2	12.5	强势
发展水平竞争力	工业化进程竞争力	6	2	33.3	3	50.0	1	16.7	0	0.0	强势
	城市化进程竞争力	7	1	14.3	4	57.1	1	14.3	1	14.3	优势
	市场化进程竞争力	6	1	16.7	3	50.0	2	33.3	0	0.0	优势
	小　计	19	4	21.1	10	52.6	4	21.1	1	5.3	强势
统筹协调竞争力	统筹发展竞争力	8	3	37.5	1	12.5	3	37.5	1	12.5	优势
	协调发展竞争力	8	3	37.5	0	0.0	1	12.5	4	50.0	劣势
	小　计	16	6	37.5	1	6.3	4	25.0	5	31.3	中势
合　计		210	63	30.0	63	30.0	38	18.1	46	21.9	强势

基于图 19 - 2 和表 19 - 3，从四级指标来看，强势指标 63 个，占指标总数的 30.0%；优势指标 63 个，占指标总数的 30.0%；中势指标 38 个，占指标总数的 18.1%；劣势指标 46 个，占指标总数的 21.9%。从三级指标来看，强势指标 12 个，占三级指标总数的 48%；优势指标 7 个，占三级指标总数的 28%；中势指标 2 个，占三级指标总数的 8%；劣势指标 4 个，占三级指标总数的 16%。反映到二级指标上来，强势指标 6 个，占二级指标总数的 66.7%；优势指标 1 个，占二级指标总数的 11.1%。

综合来看，由于强势和优势指标在指标体系中居于主导地位，2013 年广东省经济综合竞争力处于强势地位。

4. 广东省经济综合竞争力四级指标优劣势对比分析

表 19－4 2013 年广东省经济综合竞争力各级指标优劣势比较表

二级指标	优劣势	四 级 指 标
宏观经济竞争力（27 个）	强势指标	地区生产总值、财政总收入、全社会消费品零售总额、贸易结构优化度、进出口总额、出口总额、实际 FDI、外贸依存度、对外经济合作完成营业额、对外直接投资（10 个）
	优势指标	人均地区生产总值、固定资产投资额、人均全社会消费品零售总额、产业结构优化度、所有制经济结构优化度、就业结构优化度（6 个）
	劣势指标	地区生产总值增长率、固定资产投资额增长率、人均固定资产投资额、全社会消费品零售总额增长率、资本形成结构优化度、实际 FDI 增长率（6 个）
产业经济竞争力（40 个）	强势指标	工业增加值、工业资产总额、规模以上工业主营业务收入、规模以上工业利润总额、服务业增加值、服务业从业人员数、限额以上批发零售企业主营业务收入、旅游外汇收入、房地产经营总收入、规模以上工业企业数、工业企业 R&D 经费投入强度、中国驰名商标持有量（12 个）
	优势指标	农业增加值、农民人均纯收入、农产品出口占农林牧渔总产值比重、农村人均用电量、人均工业增加值、人均服务业增加值、服务业从业人员数增长率、限额以上餐饮企业利税率、新产品销售收入占主营业务收入比重（9 个）
	劣势指标	农业增加值增长率、农民人均纯收入增长率、人均主要农产品产量、财政支农资金比重、工业增加值增长率、工业资产总额增长率、工业全员劳动生产率、工业成本费用利润率、规模以上企业平均资产、规模以上企业平均增加值、规模以上企业平均利润、规模以上企业销售利税率、产品质量抽查合格率（13 个）
可持续发展竞争力（25 个）	强势指标	人均工业固体废物排放量、职业学校毕业生数（2 个）
	优势指标	人均可使用海域和滩涂面积、森林覆盖率、人均工业废气排放量、一般工业固体废物综合利用率、15～64 岁人口比例、文盲率、人口健康素质（7 个）
	劣势指标	人均国土面积、人均耕地面积、人均牧草地面积、主要能源矿产基础储量、人均主要能源矿产基础储量、人均森林储积量、人均废水排放量、人均治理工业污染投资额、生活垃圾无害化处理率、自然灾害直接经济损失、大专以上教育程度人口比例（11 个）
财政金融竞争力（22 个）	强势指标	地方财政收入、地方财政支出、存款余额、贷款余额、货币市场融资额、保险费净收入（6 个）
	优势指标	税收收入占 GDP 比重、税收收入占财政总收入比重、人均地方财政收入、人均税收收入、地方财政支出增长率、人均存款余额、人均贷款余额、保险密度、保险深度、人均证券市场筹资额（10 个）
	劣势指标	地方财政支出占 GDP 比重、人均地方财政支出（2 个）
知识经济竞争力（27 个）	强势指标	R&D 人员、R&D 经费、发明专利授权量、高技术产业增加值、高技术产业增加值占工业增加值比重、教育经费、公共教育经费占财政支出比重、高等学校数、高校专任教师数、文化产业增加值、报纸出版数、出版印刷工业销售产值（12 个）
	优势指标	R&D 经费投入强度、技术市场成交合同金额、财政科技支出占地方财政支出比重、高技术产品出口额占商品出口额比重、人均文化教育支出占个人消费支出比重、图书和期刊出版数、城镇居民人均文化娱乐支出、农村居民人均文化娱乐支出、城镇居民人均文化娱乐支出占消费性支出比重、农村居民人均文化娱乐支出占消费性支出比重（10 个）
	劣势指标	教育经费占 GDP 比重、万人中小学学校数（2 个）

续表

二级指标	优劣势	四　级　指　标
发展环境竞争力（18个）	强势指标	全社会旅客周转量、人均邮电业务总量、万户移动电话数、万户上网用户数、万人外资企业数（5个）
	优势指标	公路网线密度、人均内河航道里程、全社会货物周转量、外资企业数增长率、万人个体私营企业数、万人商标注册件数、罚没收入占财政收入比重（7个）
	劣势指标	个体私营企业数增长率、查处商标侵权假冒案件、每十万人交通事故发生数、食品安全事故数（4个）
政府作用竞争力（16个）	强势指标	政府消费对民间消费的拉动、统筹经济社会发展、城市城镇社区服务设施数、医疗保险覆盖率、养老保险覆盖率、失业保险覆盖率（6个）
	优势指标	财政支出对GDP增长的拉动、政府公务员对经济的贡献、城镇登记失业率（3个）
	劣势指标	财政支出用于基本建设投资比重、调控城乡消费差距（2个）
发展水平竞争力（19个）	强势指标	高技术产业规模以上企业产值、高技术产业增加值占工业增加值比重、人均日生活用水量、居民消费支出占总消费支出比重（4个）
	优势指标	工业增加值增长率、高技术产品出口额占商品出口额比重、信息产业增加值占GDP比重、城镇化率、城镇居民人均可支配收入、城市平均建成区面积比重、人均公共绿地面积、非公有制经济产值占全社会总产值的比重、社会投资占投资总额比重、亿元以上商品市场成交额（10个）
	劣势指标	人均拥有道路面积（1个）
统筹协调竞争力（16个）	强势指标	万元GDP综合能耗、非农用地产出率、固定资产投资额占GDP比重、环境竞争力与宏观经济竞争力比差、人力资源竞争力与宏观经济竞争力比差、环境竞争力与工业竞争力比差（6个）
	优势指标	固定资产交付使用率（1个）
	劣势指标	社会劳动生产率增速、资源竞争力与宏观经济竞争力比差、资源竞争力与工业竞争力比差、城乡居民人均现金消费支出比差、全社会消费品零售总额与外贸出口总额比差（5个）

19.2　广东省经济综合竞争力各级指标具体分析

1. 广东省宏观经济竞争力指标排名变化情况

表19－5　2012～2013年广东省宏观经济竞争力指标组排位及变化趋势表

指　标	2012年	2013年	排位升降	优劣势
1　宏观经济竞争力	2	1	1	强势
1.1　经济实力竞争力	3	3	0	强势
地区生产总值	1	1	0	强势
地区生产总值增长率	28	25	3	劣势
人均地区生产总值	8	8	0	优势
财政总收入	1	1	0	强势
财政总收入增长率	27	16	11	中势
人均财政收入	17	14	3	中势

续表

指　　标	2012 年	2013 年	排位升降	优劣势
固定资产投资额	6	6	0	优势
固定资产投资额增长率	29	21	8	劣势
人均固定资产投资额	29	31	-2	劣势
全社会消费品零售总额	1	1	0	强势
全社会消费品零售总额增长率	29	27	2	劣势
人均全社会消费品零售总额	6	7	-1	优势
1.2 经济结构竞争力	5	5	0	优势
产业结构优化度	7	6	1	优势
所有制经济结构优化度	4	4	0	优势
城乡经济结构优化度	18	19	-1	中势
就业结构优化度	6	6	0	优势
资本形成结构优化度	16	21	-5	劣势
贸易结构优化度	1	2	-1	强势
1.3 经济外向度竞争力	1	1	0	强势
进出口总额	1	1	0	强势
进出口增长率	17	14	3	中势
出口总额	1	1	0	强势
出口增长率	19	19	0	中势
实际 FDI	3	3	0	强势
实际 FDI 增长率	23	23	0	劣势
外贸依存度	3	3	0	强势
对外经济合作完成营业额	1	1	0	强势
对外直接投资	1	1	0	强势

2. 广东省产业经济竞争力指标排名变化情况

表 19-6　2012~2013 年广东省产业经济竞争力指标组排位及变化趋势表

指　　标	2012 年	2013 年	排位升降	优劣势
2 产业经济竞争力	3	3	0	强势
2.1 农业竞争力	15	21	-6	劣势
农业增加值	8	8	0	优势
农业增加值增长率	25	29	-4	劣势
人均农业增加值	13	15	-2	中势
农民人均纯收入	6	6	0	优势
农民人均纯收入增长率	28	29	-1	劣势
农产品出口占农林牧渔总产值比重	7	7	0	优势
人均主要农产品产量	28	28	0	劣势
农业机械化	13	16	-3	中势
农村人均用电量	4	4	0	优势
财政支农资金比重	28	29	-1	劣势

续表

指　　标	2012 年	2013 年	排位升降	优劣势
2.2　工业竞争力	3	3	0	强势
工业增加值	1	1	0	强势
工业增加值增长率	27	22	5	劣势
人均工业增加值	7	7	0	优势
工业资产总额	2	3	-1	强势
工业资产总额增长率	30	30	0	劣势
工业资产总贡献率	21	20	1	中势
规模以上工业主营业务收入	3	3	0	强势
规模以上工业利润总额	3	3	0	强势
工业全员劳动生产率	21	27	-6	劣势
工业成本费用利润率	25	21	4	劣势
2.3　服务业竞争力	1	1	0	强势
服务业增加值	1	1	0	强势
服务业增加值增长率	25	11	14	中势
人均服务业增加值	6	6	0	优势
服务业从业人员数	2	2	0	强势
服务业从业人员数增长率	25	8	17	优势
限额以上批发零售企业主营业务收入	3	1	2	强势
限额以上批零企业利税率	17	18	-1	中势
限额以上餐饮企业利税率	6	5	1	优势
旅游外汇收入	1	1	0	强势
房地产经营总收入	2	1	1	强势
2.4　企业竞争力	8	5	3	优势
规模以上工业企业数	2	3	-1	强势
规模以上企业平均资产	24	24	0	劣势
规模以上企业平均增加值	24	24	0	劣势
流动资金周转次数	15	15	0	中势
规模以上企业平均利润	25	22	3	劣势
规模以上企业销售利税率	24	24	0	劣势
新产品销售收入占主营业务收入比重	6	7	-1	优势
产品质量抽查合格率	31	31	0	劣势
工业企业 R&D 经费投入强度	3	1	2	强势
中国驰名商标持有量	2	1	1	强势

3. 广东省可持续发展竞争力指标排名变化情况

表 19－7 2012～2013 年广东省可持续发展竞争力指标组排位及变化趋势表

指 标	2012 年	2013 年	排位升降	优劣势
3 可持续发展竞争力	5	13	－8	中势
3.1 资源竞争力	27	24	3	劣势
人均国土面积	26	26	0	劣势
人均可使用海域和滩涂面积	6	6	0	优势
人均年水资源量	15	15	0	中势
耕地面积	20	20	0	中势
人均耕地面积	29	29	0	劣势
人均牧草地面积	23	23	0	劣势
主要能源矿产基础储量	26	26	0	劣势
人均主要能源矿产基础储量	14	29	－15	劣势
人均森林储积量	21	21	0	劣势
3.2 环境竞争力	7	19	－12	中势
森林覆盖率	6	6	0	优势
人均废水排放量	30	30	0	劣势
人均工业废气排放量	5	5	0	优势
人均工业固体废物排放量	3	3	0	强势
人均治理工业污染投资额	20	27	－7	劣势
一般工业固体废物综合利用率	7	10	－3	优势
生活垃圾无害化处理率	24	24	0	劣势
自然灾害直接经济损失	15	28	－13	劣势
3.3 人力资源竞争力	4	3	1	强势
人口自然增长率	9	14	－5	中势
15～64 岁人口比例	10	10	0	优势
文盲率	8	8	0	优势
大专以上教育程度人口比例	17	26	－9	劣势
平均受教育程度	6	13	－7	中势
人口健康素质	6	6	0	优势
人力资源利用率	21	19	2	中势
职业学校毕业生数	2	2	0	强势

4. 广东省财政金融竞争力指标排名变化情况

表 19－8 2012～2013 年广东省财政金融竞争力指标组排位及变化趋势表

指 标	2012 年	2013 年	排位升降	优劣势
4 财政金融竞争力	3	3	0	强势
4.1 财政竞争力	5	4	1	优势
地方财政收入	1	1	0	强势
地方财政支出	1	1	0	强势
地方财政收入占 GDP 比重	14	13	1	中势

续表

指　　标	2012 年	2013 年	排位升降	优劣势
地方财政支出占 GDP 比重	29	28	1	劣势
税收收入占 GDP 比重	10	9	1	优势
税收收入占财政总收入比重	2	5	-3	优势
人均地方财政收入	8	8	0	优势
人均地方财政支出	21	22	-1	劣势
人均税收收入	7	7	0	优势
地方财政收入增长率	27	16	11	中势
地方财政支出增长率	29	9	20	优势
税收收入增长率	26	19	7	中势
4.2　金融竞争力	3	3	0	强势
存款余额	1	1	0	强势
人均存款余额	5	5	0	优势
贷款余额	1	1	0	强势
人均贷款余额	6	6	0	优势
货币市场融资额	2	2	0	强势
中长期贷款占贷款余额比重	12	11	1	中势
保险费净收入	2	1	1	强势
保险密度	7	7	0	优势
保险深度	17	6	11	优势
人均证券市场筹资额	12	6	6	优势

5. 广东省知识经济竞争力指标排名变化情况

表 19-9　2012~2013 年广东省知识经济竞争力指标组排位及变化趋势表

指　　标	2012 年	2013 年	排位升降	优劣势
5　知识经济竞争力	3	2	1	强势
5.1　科技竞争力	3	2	1	强势
R&D 人员	2	2	0	强势
R&D 经费	2	2	0	强势
R&D 经费投入强度	6	5	1	优势
发明专利授权量	3	3	0	强势
技术市场成交合同金额	4	4	0	优势
财政科技支出占地方财政支出比重	6	6	0	优势
高技术产业增加值	1	1	0	强势
高技术产业增加值占工业增加值比重	1	1	0	强势
高技术产品出口额占商品出口额比重	8	5	3	优势
5.2　教育竞争力	3	3	0	强势
教育经费	1	1	0	强势
教育经费占 GDP 比重	28	24	4	劣势
人均教育经费	17	13	4	中势

续表

指　　标	2012 年	2013 年	排位升降	优劣势
公共教育经费占财政支出比重	5	3	2	强势
人均文化教育支出占个人消费支出比重	12	8	4	优势
万人中小学学校数	21	21	0	劣势
万人中小学专任教师数	16	14	2	中势
高等学校数	2	3	-1	强势
高校专任教师数	3	3	0	强势
万人高等学校在校学生数	21	18	3	中势
5.3 文化竞争力	3	2	1	强势
文化产业增加值	1	1	0	强势
图书和期刊出版数	6	4	2	优势
报纸出版数	1	1	0	强势
出版印刷工业销售产值	1	2	-1	强势
城镇居民人均文化娱乐支出	5	4	1	优势
农村居民人均文化娱乐支出	13	7	6	优势
城镇居民人均文化娱乐支出占消费性支出比重	6	8	-2	优势
农村居民人均文化娱乐支出占消费性支出比重	24	8	16	优势

6. 广东省发展环境竞争力指标排名变化情况

表 19-10　2012～2013 年广东省发展环境竞争力指标组排位及变化趋势表

指　　标	2012 年	2013 年	排位升降	优劣势
6 发展环境竞争力	6	5	1	优势
6.1 基础设施竞争力	2	1	1	强势
铁路网线密度	21	19	2	中势
公路网线密度	11	10	1	优势
人均内河航道里程	10	10	0	优势
全社会旅客周转量	1	1	0	强势
全社会货物周转量	6	6	0	优势
人均邮电业务总量	3	3	0	强势
万户移动电话数	2	2	0	强势
万户上网用户数	3	3	0	强势
人均耗电量	10	11	-1	中势
6.2 软环境竞争力	31	31	0	劣势
外资企业数增长率	10	9	1	优势
万人外资企业数	3	3	0	强势
个体私营企业数增长率	27	29	-2	劣势
万人个体私营企业数	9	9	0	优势
万人商标注册件数	4	4	0	优势
查处商标侵权假冒案件	31	31	0	劣势
每十万人交通事故发生数	27	27	0	劣势
罚没收入占财政收入比重	13	7	6	优势
食品安全事故数	31	31	0	劣势

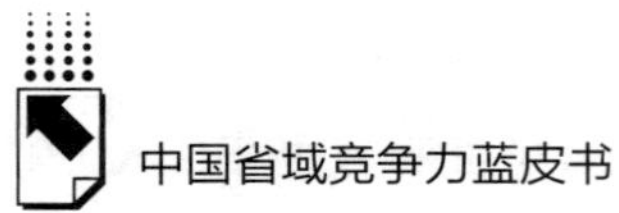

7. 广东省政府作用竞争力指标排名变化情况

表 19－11 2012～2013 年广东省政府作用竞争力指标组排位及变化趋势表

指　　标	2012 年	2013 年	排位升降	优劣势
7　政府作用竞争力	2	2	0	强势
7.1　政府发展经济竞争力	5	6	－1	优势
财政支出用于基本建设投资比重	22	23	－1	劣势
财政支出对 GDP 增长的拉动	3	4	－1	优势
政府公务员对经济的贡献	5	4	1	优势
政府消费对民间消费的拉动	1	2	－1	强势
财政投资对社会投资的拉动	16	11	5	中势
7.2　政府规调经济竞争力	14	13	1	中势
物价调控	20	20	0	中势
调控城乡消费差距	25	23	2	劣势
统筹经济社会发展	2	2	0	强势
规范税收	13	14	－1	中势
人口控制	15	15	0	中势
7.3　政府保障经济竞争力	1	1	0	强势
城市城镇社区服务设施数	1	1	0	强势
医疗保险覆盖率	1	2	－1	强势
养老保险覆盖率	1	1	0	强势
失业保险覆盖率	3	3	0	强势
下岗职工再就业率	15	14	1	中势
城镇登记失业率	3	4	－1	优势

8. 广东省发展水平竞争力指标排名变化情况

表 19－12 2012～2013 年广东省发展水平竞争力指标组排位及变化趋势表

指　　标	2012 年	2013 年	排位升降	优劣势
8　发展水平竞争力	2	3	－1	强势
8.1　工业化进程竞争力	2	1	1	强势
工业增加值占 GDP 比重	20	19	1	中势
工业增加值增长率	5	4	1	优势
高技术产业规模以上企业产值	1	1	0	强势
高技术产业增加值占工业增加值比重	1	1	0	强势
高技术产品出口额占商品出口额比重	8	5	3	优势
信息产业增加值占 GDP 比重	5	5	0	优势
8.2　城市化进程竞争力	5	5	0	优势
城镇化率	4	4	0	优势
城镇居民人均可支配收入	4	4	0	优势
城市平均建成区面积比重	5	5	0	优势
人均拥有道路面积	18	22	－4	劣势

续表

指　标		2012 年	2013 年	排位升降	优劣势
	人均日生活用水量	2	2	0	强势
	人均居住面积	12	14	-2	中势
	人均公共绿地面积	3	5	-2	优势
8.3	市场化进程竞争力	3	4	-1	优势
	非公有制经济产值占全社会总产值的比重	4	4	0	优势
	社会投资占投资总额比重	6	7	-1	优势
	私有和个体企业从业人员比重	4	13	-9	中势
	亿元以上商品市场成交额	5	5	0	优势
	亿元以上商品市场成交额占全社会消费品零售总额比重	16	18	-2	中势
	居民消费支出占总消费支出比重	1	2	-1	强势

9. 广东省统筹协调竞争力指标排名变化情况

表 19-13　2012~2013 年广东省统筹协调竞争力指标组排位及变化趋势表

指　标		2012 年	2013 年	排位升降	优劣势
9	**统筹协调竞争力**	9	12	-3	中势
9.1	统筹发展竞争力	4	5	-1	优势
	社会劳动生产率	7	13	-6	中势
	社会劳动生产率增速	22	30	-8	劣势
	万元 GDP 综合能耗	2	3	-1	强势
	非农用地产出率	4	3	1	强势
	生产税净额和营业盈余占 GDP 比重	15	14	1	中势
	最终消费率	10	11	-1	中势
	固定资产投资额占 GDP 比重	2	3	-1	强势
	固定资产交付使用率	9	9	0	优势
9.2	协调发展竞争力	30	28	2	劣势
	环境竞争力与宏观经济竞争力比差	4	1	3	强势
	资源竞争力与宏观经济竞争力比差	31	31	0	劣势
	人力资源竞争力与宏观经济竞争力比差	1	1	0	强势
	资源竞争力与工业竞争力比差	29	29	0	劣势
	环境竞争力与工业竞争力比差	5	3	2	强势
	城乡居民家庭人均收入比差	19	20	-1	中势
	城乡居民人均现金消费支出比差	25	26	-1	劣势
	全社会消费品零售总额与外贸出口总额比差	30	30	0	劣势

B. 21
20 广西壮族自治区经济综合竞争力评价分析报告

广西壮族自治区简称桂，地处华南地区西部，北靠贵州省、湖南省，东接广东省，西连云南省并与越南交界，南濒南海。全区土地面积23.67万平方公里，北部湾海域面积12.93万平方公里，2013年总人口为4719万人，全区地区生产总值达14378亿元，同比增长10.2%，人均GDP达30588元。本部分通过分析2012～2013年广西壮族自治区经济综合竞争力以及各要素竞争力的排名变化，从中找出广西壮族自治区经济综合竞争力的推动点及影响因素，为进一步提升广西壮族自治区经济综合竞争力提供决策参考。

20.1 广西壮族自治区经济综合竞争力总体分析

1. 广西壮族自治区经济综合竞争力一级指标概要分析

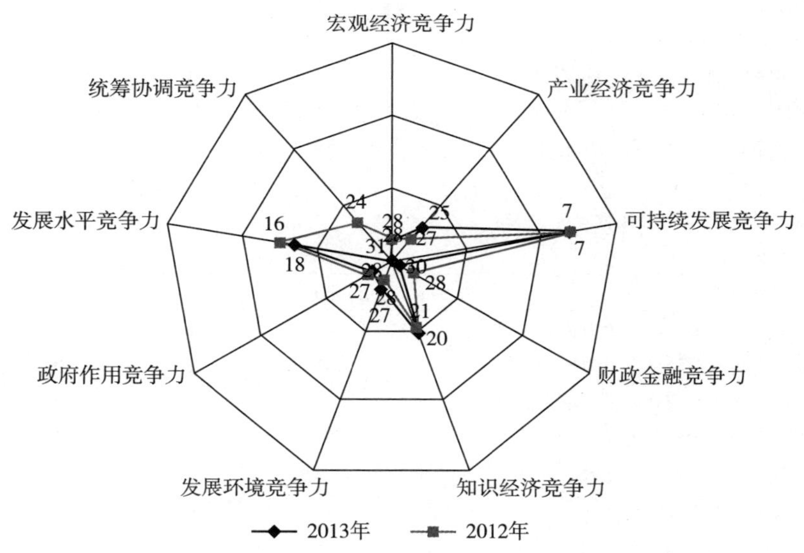

图20－1 2012～2013年广西壮族自治区经济综合竞争力二级指标比较雷达图

（1）从综合排位看，2013年广西壮族自治区经济综合竞争力综合排位在全国居第25位，这表明其在全国处于劣势地位；与2012年相比，综合排位保持不变。

（2）从指标所处区位看，只有可持续发展竞争力1个二级指标处于上游区，知识经济竞争力和发展水平竞争力2个二级指标处于中游区，其他6个二级指标都处于下游区。

表 20－1　2012～2013 年广西壮族自治区经济综合竞争力二级指标比较表

年份＼项目	宏观经济竞争力	产业经济竞争力	可持续发展竞争力	财政金融竞争力	知识经济竞争力	发展环境竞争力	政府作用竞争力	发展水平竞争力	统筹协调竞争力	**综合排位**
2012	28	27	7	28	21	28	27	16	24	25
2013	28	25	7	30	20	27	28	18	31	25
升降	0	2	0	－2	1	1	－1	－2	－7	0
优劣度	劣势	劣势	优势	劣势	中势	劣势	劣势	中势	劣势	劣势

（3）从指标变化趋势看，9 个二级指标中，有 3 个指标处于上升趋势，为产业经济竞争力、知识经济竞争力和发展环境竞争力，这些是广西壮族自治区经济综合竞争力中的上升动力所在；有 2 个指标排位没有发生变化，为宏观经济经济竞争力和可持续发展竞争力；有 4 个指标处于下降趋势，为财政金融竞争力、政府作用竞争力、发展水平竞争力和统筹协调竞争力，这些是广西壮族自治区经济综合竞争力中的下降拉力所在。

2. 广西壮族自治区经济综合竞争力各级指标动态变化分析

表 20－2　2012～2013 年广西壮族自治区经济综合竞争力各级指标排位变化态势比较表

二级指标	三级指标	四级指标数	上升		保持		下降		变化趋势
			指标数	比重（%）	指标数	比重（%）	指标数	比重（%）	
宏观经济竞争力	经济实力竞争力	12	3	25.0	6	50.0	3	25.0	上升
	经济结构竞争力	6	3	50.0	3	50.0	0	0.0	保持
	经济外向度竞争力	9	3	33.3	4	44.4	2	22.2	上升
	小　计	27	9	33.3	13	48.1	5	18.5	保持
产业经济竞争力	农业竞争力	10	2	20.0	4	40.0	4	40.0	保持
	工业竞争力	10	2	20.0	4	40.0	4	40.0	下降
	服务业竞争力	10	4	40.0	6	60.0	0	0.0	上升
	企业竞争力	10	3	30.0	2	20.0	5	50.0	上升
	小　计	40	11	27.5	16	40.0	13	32.5	上升
可持续发展竞争力	资源竞争力	9	0	0.0	8	88.9	1	11.1	上升
	环境竞争力	8	4	50.0	2	25.0	2	25.0	保持
	人力资源竞争力	8	2	25.0	4	50.0	2	25.0	上升
	小　计	25	6	24.0	14	56.0	5	20.0	保持
财政金融竞争力	财政竞争力	12	1	8.3	4	33.3	7	58.3	下降
	金融竞争力	10	4	40.0	2	20.0	4	40.0	上升
	小　计	22	5	22.7	6	27.3	11	50.0	下降
知识经济竞争力	科技竞争力	9	5	55.6	2	22.2	2	22.2	下降
	教育竞争力	10	3	30.0	4	40.0	3	30.0	上升
	文化竞争力	8	5	62.5	1	12.5	2	25.0	上升
	小　计	27	13	48.1	7	25.9	7	25.9	上升

续表

二级指标	三级指标	四级指标数	上升		保持		下降		变化趋势
			指标数	比重（%）	指标数	比重（%）	指标数	比重（%）	
发展环境竞争力	基础设施竞争力	9	1	11.1	5	55.6	3	33.3	下降
	软环境竞争力	9	3	33.3	5	55.6	1	11.1	上升
	小　计	18	4	22.2	10	55.6	4	22.2	上升
政府作用竞争力	政府发展经济竞争力	5	2	40.0	1	20.0	2	40.0	下降
	政府规调经济竞争力	5	0	0.0	4	80.0	1	20.0	保持
	政府保障经济竞争力	6	4	66.7	1	16.7	1	16.7	上升
	小　计	16	6	37.5	6	37.5	4	25.0	下降
发展水平竞争力	工业化进程竞争力	6	1	16.7	3	50.0	2	33.3	下降
	城市化进程竞争力	7	0	0.0	4	57.1	3	42.9	下降
	市场化进程竞争力	6	2	33.3	2	33.3	2	33.3	保持
	小　计	19	3	15.8	9	47.4	7	36.8	下降
统筹协调竞争力	统筹发展竞争力	8	4	50.0	2	25.0	2	25.0	下降
	协调发展竞争力	8	2	25.0	3	37.5	3	37.5	下降
	小　计	16	6	37.5	5	31.3	5	31.3	下降
合　计		210	63	30.0	86	41.0	61	29.0	保持

从表20－2可以看出，210个四级指标中，上升指标有63个，占指标总数的30.0%；下降指标有61个，占指标总数的29.0%；保持不变的指标有86个，占指标总数的41.0%。综上所述，广西壮族自治区经济综合竞争力上升的动力大于下降的拉力，但受其他外部因素的综合影响，2012～2013年广西壮族自治区经济综合竞争力排位仍旧保持不变。

3. 广西壮族自治区经济综合竞争力各级指标优劣势结构分析

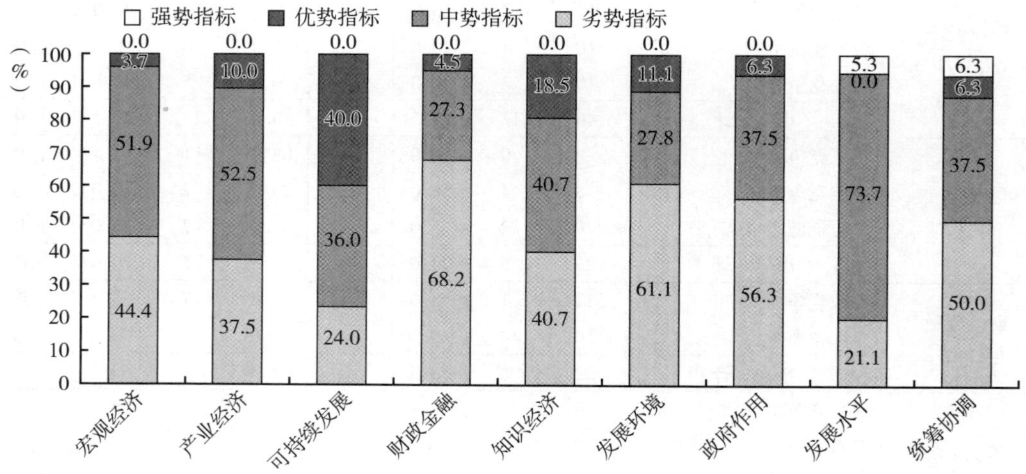

图20－2　2013年广西壮族自治区经济综合竞争力各级指标优劣势比较图

表 20－3 2013 年广西壮族自治区经济综合竞争力各级指标优劣势比较表

二级指标	三级指标	四级指标数	强势指标		优势指标		中势指标		劣势指标		优劣势
			个数	比重（%）	个数	比重（%）	个数	比重（%）	个数	比重（%）	
宏观经济竞争力	经济实力竞争力	12	0	0.0	0	0.0	7	58.3	5	41.7	劣势
	经济结构竞争力	6	0	0.0	0	0.0	2	33.3	4	66.7	劣势
	经济外向度竞争力	9	0	0.0	1	11.1	5	55.6	3	33.3	劣势
	小　计	27	0	0.0	1	3.7	14	51.9	12	44.4	劣势
产业经济竞争力	农业竞争力	10	0	0.0	1	10.0	6	60.0	3	30.0	中势
	工业竞争力	10	0	0.0	0	0.0	5	50.0	5	50.0	劣势
	服务业竞争力	10	0	0.0	2	20.0	4	40.0	4	40.0	劣势
	企业竞争力	10	0	0.0	1	10.0	6	60.0	3	30.0	劣势
	小　计	40	0	0.0	4	10.0	21	52.5	15	37.5	劣势
可持续发展竞争力	资源竞争力	9	0	0.0	3	33.3	4	44.4	2	22.2	中势
	环境竞争力	8	0	0.0	4	50.0	3	37.5	1	12.5	强势
	人力资源竞争力	8	0	0.0	3	37.5	2	25.0	3	37.5	中势
	小　计	25	0	0.0	10	40.0	9	36.0	6	24.0	优势
财政金融竞争力	财政竞争力	12	0	0.0	0	0.0	4	33.3	8	66.7	劣势
	金融竞争力	10	0	0.0	1	10.0	2	20.0	7	70.0	劣势
	小　计	22	0	0.0	1	4.5	6	27.3	15	68.2	劣势
知识经济竞争力	科技竞争力	9	0	0.0	0	0.0	3	33.3	6	66.7	劣势
	教育竞争力	10	0	0.0	3	30.0	4	40.0	3	30.0	中势
	文化竞争力	8	0	0.0	2	25.0	4	50.0	2	25.0	中势
	小　计	27	0	0.0	5	18.5	11	40.7	11	40.7	中势
发展环境竞争力	基础设施竞争力	9	0	0.0	1	11.1	2	22.2	6	66.7	劣势
	软环境竞争力	9	0	0.0	1	11.1	3	33.3	5	55.6	劣势
	小　计	18	0	0.0	2	11.1	5	27.8	11	61.1	劣势
政府作用竞争力	政府发展经济竞争力	5	0	0.0	0	0.0	5	100.0	0	0.0	中势
	政府规调经济竞争力	5	0	0.0	0	0.0	0	0.0	5	100.0	劣势
	政府保障经济竞争力	6	0	0.0	1	16.7	1	16.7	4	66.7	劣势
	小　计	16	0	0.0	1	6.3	6	37.5	9	56.3	劣势
发展水平竞争力	工业化进程竞争力	6	0	0.0	0	0.0	4	66.7	2	33.3	劣势
	城市化进程竞争力	7	1	14.3	0	0.0	4	57.1	2	28.6	中势
	市场化进程竞争力	6	0	0.0	0	0.0	6	100.0	0	0.0	中势
	小　计	19	1	5.3	0	0.0	14	73.7	4	21.1	中势
统筹协调竞争力	统筹发展竞争力	8	0	0.0	0	0.0	5	62.5	3	37.5	中势
	协调发展竞争力	8	1	12.5	1	12.5	1	12.5	5	62.5	劣势
	小　计	16	1	6.3	1	6.3	6	37.5	8	50.0	劣势
合　计		210	2	1.0	25	11.9	92	43.8	91	43.3	劣势

基于图 20－2 和表 20－3，从四级指标来看，强势指标 2 个，占指标总数的 1.0%；优势指标 25 个，占指标总数的 11.9%；中势指标 92 个，占指标总数的 43.8%；劣势

指标91个，占指标总数的43.3%。从三级指标来看，强势指标1个，占三级指标总数的4%；中势指标9个，占三级指标总数的36%；劣势指标15个，占三级指标总数的60%。反映到二级指标上，没有强势指标。综合来看，由于劣势和中势指标在指标体系中居于主导地位，2013年广西壮族自治区经济综合竞争力处于劣势地位。

4. 广西壮族自治区经济综合竞争力四级指标优劣势对比分析

表20-4　2013年广西壮族自治区经济综合竞争力各级指标优劣势比较表

二级指标	优劣势	四　级　指　标
宏观经济竞争力（27个）	强势指标	（0个）
	优势指标	出口增长率（1个）
	劣势指标	人均地区生产总值、财政总收入、人均财政收入、人均固定资产投资额、人均全社会消费品零售总额、产业结构优化度、城乡经济结构优化度、就业结构优化度、贸易结构优化度、实际FDI、实际FDI增长率、对外直接投资（12个）
产业经济竞争力（40个）	强势指标	（0个）
	优势指标	农民人均纯收入增长率、服务业增加值增长率、限额以上餐饮企业利税率、流动资金周转次数（4个）
	劣势指标	农民人均纯收入、人均主要农产品产量、农村人均用电量、人均工业增加值、工业资产总额、规模以上工业主营业务收入、规模以上工业利润总额、工业成本费用利润率、人均服务业增加值、服务业从业人员数增长率、限额以上批发零售企业主营业务收入、房地产经营总收入、规模以上企业销售利税率、工业企业R&D经费投入强度、中国驰名商标持有量（15个）
可持续发展竞争力（25个）	强势指标	（0个）
	优势指标	人均可使用海域和滩涂面积、人均年水资源量、人均森林储积量、森林覆盖率、人均工业废气排放量、生活垃圾无害化处理率、自然灾害直接经济损失、人口自然增长率、人力资源利用率、职业学校毕业生数（10个）
	劣势指标	主要能源矿产基础储量、人均主要能源矿产基础储量、人均治理工业污染投资额、15~64岁人口比例、大专以上教育程度人口比例、平均受教育程度（6个）
财政金融竞争力（22个）	强势指标	（0个）
	优势指标	中长期贷款占贷款余额比重（1个）
	劣势指标	地方财政收入、地方财政收入占GDP比重、税收收入占GDP比重、税收收入占财政总收入比重、人均地方财政收入、人均地方财政支出、人均税收收入、地方财政支出增长率、存款余额、人均存款余额、人均贷款余额、保险费净收入、保险密度、保险深度、人均证券市场筹资额（15个）
知识经济竞争力（27个）	强势指标	（0个）
	优势指标	公共教育经费占财政支出比重、人均文化教育支出占个人消费支出比重、万人中小学学校数、图书和期刊出版数、城镇居民人均文化娱乐支出占消费性支出比重（5个）
	劣势指标	R&D人员、R&D经费、R&D经费投入强度、发明专利授权量、技术市场成交合同金额、高技术产品出口额占商品出口额比重、人均教育经费、高校专任教师数、万人高等学校在校学生数、农村居民人均文化娱乐支出、农村居民人均文化娱乐支出占消费性支出比重（11个）

续表

二级指标	优劣势	四 级 指 标
发展环境竞争力（18个）	强势指标	（0个）
	优势指标	人均内河航道里程、每十万人交通事故发生数（2个）
	劣势指标	铁路网线密度、公路网线密度、人均邮电业务总量、万户移动电话数、万户上网用户数、人均耗电量、外资企业数增长率、万人外资企业数、万人个体私营企业数、万人商标注册件数、罚没收入占财政收入比重（11个）
政府作用竞争力（16个）	强势指标	（0个）
	优势指标	城市城镇社区服务设施数（1个）
	劣势指标	物价调控、调控城乡消费差距、统筹经济社会发展、规范税收、人口控制、医疗保险覆盖率、养老保险覆盖率、失业保险覆盖率、下岗职工再就业率（9个）
发展水平竞争力（19个）	强势指标	人均日生活用水量（1个）
	优势指标	（0个）
	劣势指标	高技术产品出口额占商品出口额比重、信息产业增加值占GDP比重、城镇化率、城市平均建成区面积比重（4个）
统筹协调竞争力（16个）	强势指标	资源竞争力与宏观经济竞争力比差（1个）
	优势指标	资源竞争力与工业竞争力比差（1个）
	劣势指标	社会劳动生产率、非农用地产出率、生产税净额和营业盈余占GDP比重、环境竞争力与宏观经济竞争力比差、人力资源竞争力与宏观经济竞争力比差、环境竞争力与工业竞争力比差、城乡居民家庭人均收入比差、城乡居民人均现金消费支出比差（8个）

20.2 广西壮族自治区经济综合竞争力各级指标具体分析

1. 广西壮族自治区宏观经济竞争力指标排名变化情况

表20-5 2012~2013年广西壮族自治区宏观经济竞争力指标组排位及变化趋势表

指 标	2012年	2013年	排位升降	优劣势
1 宏观经济竞争力	28	28	0	劣势
1.1 经济实力竞争力	26	25	1	劣势
地区生产总值	18	18	0	中势
地区生产总值增长率	16	12	4	中势
人均地区生产总值	27	27	0	劣势
财政总收入	20	23	-3	劣势
财政总收入增长率	6	17	-11	中势
人均财政收入	27	27	0	劣势
固定资产投资额	16	16	0	中势
固定资产投资额增长率	18	15	3	中势
人均固定资产投资额	27	26	1	劣势
全社会消费品零售总额	18	18	0	中势
全社会消费品零售总额增长率	12	20	-8	中势
人均全社会消费品零售总额	22	22	0	劣势

续表

指　　标	2012 年	2013 年	排位升降	优劣势
1.2　经济结构竞争力	27	27	0	劣势
产业结构优化度	23	23	0	劣势
所有制经济结构优化度	17	15	2	中势
城乡经济结构优化度	27	27	0	劣势
就业结构优化度	27	27	0	劣势
资本形成结构优化度	20	18	2	中势
贸易结构优化度	29	27	2	劣势
1.3　经济外向度竞争力	28	27	1	劣势
进出口总额	18	18	0	中势
进出口增长率	6	12	-6	中势
出口总额	18	18	0	中势
出口增长率	10	7	3	优势
实际 FDI	26	26	0	劣势
实际 FDI 增长率	30	27	3	劣势
外贸依存度	18	18	0	中势
对外经济合作完成营业额	20	19	1	中势
对外直接投资	26	28	-2	劣势

2. 广西壮族自治区产业经济竞争力指标排名变化情况

表 20-6　2012～2013 年广西壮族自治区产业经济竞争力指标组排位及变化趋势表

指　　标	2012 年	2013 年	排位升降	优劣势
2　产业经济竞争力	27	25	2	劣势
2.1　农业竞争力	17	17	0	中势
农业增加值	10	11	-1	中势
农业增加值增长率	11	17	-6	中势
人均农业增加值	15	13	2	中势
农民人均纯收入	25	25	0	劣势
农民人均纯收入增长率	7	8	-1	优势
农产品出口占农林牧渔总产值比重	13	13	0	中势
人均主要农产品产量	21	21	0	劣势
农业机械化	22	11	11	中势
农村人均用电量	28	28	0	劣势
财政支农资金比重	11	15	-4	中势

续表

指　标	2012 年	2013 年	排位升降	优劣势
2.2 工业竞争力	22	23	-1	劣势
工业增加值	20	20	0	中势
工业增加值增长率	16	11	5	中势
人均工业增加值	26	26	0	劣势
工业资产总额	23	25	-2	劣势
工业资产总额增长率	19	18	1	中势
工业资产总贡献率	10	11	-1	中势
规模以上工业主营业务收入	21	21	0	劣势
规模以上工业利润总额	22	22	0	劣势
工业全员劳动生产率	17	19	-2	中势
工业成本费用利润率	19	26	-7	劣势
2.3 服务业竞争力	27	22	5	劣势
服务业增加值	20	20	0	中势
服务业增加值增长率	21	9	12	优势
人均服务业增加值	26	26	0	劣势
服务业从业人员数	16	16	0	中势
服务业从业人员数增长率	29	28	1	劣势
限额以上批发零售企业主营业务收入	22	22	0	劣势
限额以上批零企业利税率	19	19	0	中势
限额以上餐饮企业利税率	18	10	8	优势
旅游外汇收入	13	13	0	中势
房地产经营总收入	22	21	1	劣势
2.4 企业竞争力	31	29	2	劣势
规模以上工业企业数	17	15	2	中势
规模以上企业平均资产	19	20	-1	中势
规模以上企业平均增加值	17	17	0	中势
流动资金周转次数	9	10	-1	优势
规模以上企业平均利润	20	19	1	中势
规模以上企业销售利税率	17	21	-4	劣势
新产品销售收入占主营业务收入比重	14	14	0	中势
产品质量抽查合格率	28	17	11	中势
工业企业 R&D 经费投入强度	22	24	-2	劣势
中国驰名商标持有量	23	30	-7	劣势

3. 广西壮族自治区可持续发展竞争力指标排名变化情况

表 20 －7　2012 ~ 2013 年广西壮族自治区可持续发展竞争力指标组排位及变化趋势表

指　　标	2012 年	2013 年	排位升降	优劣势
3　可持续发展竞争力	7	7	0	优势
3.1　资源竞争力	15	13	2	中势
人均国土面积	12	12	0	中势
人均可使用海域和滩涂面积	10	10	0	优势
人均年水资源量	4	4	0	优势
耕地面积	14	14	0	中势
人均耕地面积	15	15	0	中势
人均牧草地面积	14	14	0	中势
主要能源矿产基础储量	21	21	0	劣势
人均主要能源矿产基础储量	16	23	－7	劣势
人均森林储积量	9	9	0	优势
3.2　环境竞争力	3	3	0	强势
森林覆盖率	4	4	0	优势
人均废水排放量	22	19	3	中势
人均工业废气排放量	7	7	0	优势
人均工业固体废物排放量	15	13	2	中势
人均治理工业污染投资额	24	22	2	劣势
一般工业固体废物综合利用率	17	15	2	中势
生活垃圾无害化处理率	7	10	－3	优势
自然灾害直接经济损失	8	10	－2	优势
3.3　人力资源竞争力	18	15	3	中势
人口自然增长率	6	6	0	优势
15 ~64 岁人口比例	30	30	0	劣势
文盲率	11	11	0	中势
大专以上教育程度人口比例	29	30	－1	劣势
平均受教育程度	25	24	1	劣势
人口健康素质	14	14	0	中势
人力资源利用率	6	8	－2	优势
职业学校毕业生数	10	8	2	优势

4. 广西壮族自治区财政金融竞争力指标排名变化情况

表 20 －8　2012 ~ 2013 年广西壮族自治区财政金融竞争力指标组排位及变化趋势表

指　　标	2012 年	2013 年	排位升降	优劣势
4　财政金融竞争力	28	30	－2	劣势
4.1　财政竞争力	26	29	－3	劣势
地方财政收入	22	22	0	劣势
地方财政支出	20	19	1	中势
地方财政收入占 GDP 比重	24	24	0	劣势

续表

指　标	2012 年	2013 年	排位升降	优劣势
地方财政支出占 GDP 比重	14	16	-2	中势
税收收入占 GDP 比重	29	29	0	劣势
税收收入占财政总收入比重	20	24	-4	劣势
人均地方财政收入	29	29	0	劣势
人均地方财政支出	27	29	-2	劣势
人均税收收入	29	30	-1	劣势
地方财政收入增长率	6	17	-11	中势
地方财政支出增长率	14	27	-13	劣势
税收收入增长率	14	15	-1	中势
4.2 金融竞争力	24	23	1	劣势
存款余额	22	21	1	劣势
人均存款余额	29	30	-1	劣势
贷款余额	20	20	0	中势
人均贷款余额	26	27	-1	劣势
货币市场融资额	30	15	15	中势
中长期贷款占贷款余额比重	6	8	-2	优势
保险费净收入	21	21	0	劣势
保险密度	29	28	1	劣势
保险深度	26	27	-1	劣势
人均证券市场筹资额	27	25	2	劣势

5. 广西壮族自治区知识经济竞争力指标排名变化情况

表 20-9　2012~2013 年广西壮族自治区知识经济竞争力指标组排位及变化趋势表

指　标	2012 年	2013 年	排位升降	优劣势
5 知识经济竞争力	21	20	1	中势
5.1 科技竞争力	18	21	-3	劣势
R&D 人员	22	22	0	劣势
R&D 经费	23	22	1	劣势
R&D 经费投入强度	25	24	1	劣势
发明专利授权量	23	22	1	劣势
技术市场成交合同金额	29	27	2	劣势
财政科技支出占地方财政支出比重	18	12	6	中势
高技术产业增加值	19	20	-1	中势
高技术产业增加值占工业增加值比重	18	18	0	中势
高技术产品出口额占商品出口额比重	13	21	-8	劣势
5.2 教育竞争力	22	20	2	中势
教育经费	16	17	-1	中势
教育经费占 GDP 比重	10	12	-2	中势
人均教育经费	25	25	0	劣势
公共教育经费占财政支出比重	10	7	3	优势

续表

指　　标	2012年	2013年	排位升降	优劣势
人均文化教育支出占个人消费支出比重	13	6	7	优势
万人中小学学校数	6	4	2	优势
万人中小学专任教师数	14	16	-2	中势
高等学校数	18	18	0	中势
高校专任教师数	21	21	0	劣势
万人高等学校在校学生数	26	26	0	劣势
5.3　文化竞争力	20	16	4	中势
文化产业增加值	21	18	3	中势
图书和期刊出版数	9	8	1	优势
报纸出版数	21	20	1	中势
出版印刷工业销售产值	19	20	-1	中势
城镇居民人均文化娱乐支出	16	11	5	中势
农村居民人均文化娱乐支出	27	28	-1	劣势
城镇居民人均文化娱乐支出占消费性支出比重	11	6	5	优势
农村居民人均文化娱乐支出占消费性支出比重	27	27	0	劣势

6. 广西壮族自治区发展环境竞争力指标排名变化情况

表20－10　2012～2013年广西壮族自治区发展环境竞争力指标组排位及变化趋势表

指　　标	2012年	2013年	排位升降	优劣势
6　发展环境竞争力	28	27	1	劣势
6.1　基础设施竞争力	24	26	-2	劣势
铁路网线密度	22	22	0	劣势
公路网线密度	25	25	0	劣势
人均内河航道里程	9	9	0	优势
全社会旅客周转量	11	14	-3	中势
全社会货物周转量	13	13	0	中势
人均邮电业务总量	24	27	-3	劣势
万户移动电话数	25	24	1	劣势
万户上网用户数	22	22	0	劣势
人均耗电量	22	23	-1	劣势
6.2　软环境竞争力	27	24	3	劣势
外资企业数增长率	29	27	2	劣势
万人外资企业数	24	24	0	劣势
个体私营企业数增长率	18	18	0	中势
万人个体私营企业数	21	21	0	劣势
万人商标注册件数	29	30	-1	劣势
查处商标侵权假冒案件	12	12	0	中势
每十万人交通事故发生数	6	6	0	优势
罚没收入占财政收入比重	23	22	1	劣势
食品安全事故数	19	16	3	中势

7. 广西壮族自治区政府作用竞争力指标排名变化情况

表 20－11 2012～2013 年广西壮族自治区政府作用竞争力指标组排位及变化趋势表

指 标	2012 年	2013 年	排位升降	优劣势
7 政府作用竞争力	27	28	－1	劣势
7.1 政府发展经济竞争力	15	17	－2	中势
财政支出用于基本建设投资比重	19	12	7	中势
财政支出对 GDP 增长的拉动	18	16	2	中势
政府公务员对经济的贡献	17	17	0	中势
政府消费对民间消费的拉动	10	11	－1	中势
财政投资对社会投资的拉动	10	20	－10	中势
7.2 政府规调经济竞争力	30	30	0	劣势
物价调控	28	28	0	劣势
调控城乡消费差距	23	27	－4	劣势
统筹经济社会发展	21	21	0	劣势
规范税收	26	26	0	劣势
人口控制	27	27	0	劣势
7.3 政府保障经济竞争力	29	27	2	劣势
城市城镇社区服务设施数	27	10	17	优势
医疗保险覆盖率	26	26	0	劣势
养老保险覆盖率	26	27	－1	劣势
失业保险覆盖率	27	26	1	劣势
下岗职工再就业率	24	22	2	劣势
城镇登记失业率	16	13	3	中势

8. 广西壮族自治区发展水平竞争力指标排名变化情况

表 20－12 2012～2013 年广西壮族自治区发展水平竞争力指标组排位及变化趋势表

指 标	2012 年	2013 年	排位升降	优劣势
8 发展水平竞争力	16	18	－2	中势
8.1 工业化进程竞争力	17	21	－4	劣势
工业增加值占 GDP 比重	11	11	0	中势
工业增加值增长率	17	18	－1	中势
高技术产业规模以上企业产值	20	20	0	中势
高技术产业增加值占工业增加值比重	18	18	0	中势
高技术产品出口额占商品出口额比重	13	21	－8	劣势
信息产业增加值占 GDP 比重	25	24	1	劣势
8.2 城市化进程竞争力	15	18	－3	中势
城镇化率	25	25	0	劣势
城镇居民人均可支配收入	13	13	0	中势
城市平均建成区面积比重	21	21	0	劣势
人均拥有道路面积	12	12	0	中势

续表

指　　标	2012 年	2013 年	排位升降	优劣势
人均日生活用水量	1	3	-2	强势
人均居住面积	14	16	-2	中势
人均公共绿地面积	16	18	-2	中势
8.3　市场化进程竞争力	16	16	0	中势
非公有制经济产值占全社会总产值的比重	17	15	2	中势
社会投资占投资总额比重	13	12	1	中势
私有和个体企业从业人员比重	19	19	0	中势
亿元以上商品市场成交额	18	19	-1	中势
亿元以上商品市场成交额占全社会消费品零售总额比重	15	15	0	中势
居民消费支出占总消费支出比重	10	11	-1	中势

9. 广西壮族自治区统筹协调竞争力指标排名变化情况

表 20－13　2012～2013 年广西壮族自治区统筹协调竞争力指标组排位及变化趋势表

指　　标	2012 年	2013 年	排位升降	优劣势
9　统筹协调竞争力	24	31	-7	劣势
9.1　统筹发展竞争力	17	19	-2	中势
社会劳动生产率	25	24	1	劣势
社会劳动生产率增速	2	14	-12	中势
万元 GDP 综合能耗	10	11	-1	中势
非农用地产出率	22	22	0	劣势
生产税净额和营业盈余占 GDP 比重	29	28	1	劣势
最终消费率	12	12	0	中势
固定资产投资额占 GDP 比重	18	17	1	中势
固定资产交付使用率	19	14	5	中势
9.2　协调发展竞争力	29	31	-2	劣势
环境竞争力与宏观经济竞争力比差	30	31	-1	劣势
资源竞争力与宏观经济竞争力比差	7	3	4	强势
人力资源竞争力与宏观经济竞争力比差	30	31	-1	劣势
资源竞争力与工业竞争力比差	5	5	0	优势
环境竞争力与工业竞争力比差	30	30	0	劣势
城乡居民家庭人均收入比差	27	27	0	劣势
城乡居民人均现金消费支出比差	23	28	-5	劣势
全社会消费品零售总额与外贸出口总额比差	15	13	2	中势

B.22 21

海南省经济综合竞争力评价分析报告

海南省简称琼，位于中国南部海域，北隔琼州海峡与广东省相望，东濒南海，与台湾省对望。全省陆地（主要包括海南岛和西沙群岛、中沙群岛、南沙群岛和南海诸岛）总面积3.5万平方公里，海域面积约200万平方公里，2013年总人口为895万人，全省地区生产总值达3146亿元，同比增长9.9%，人均GDP达35317元。本部分通过分析2012~2013年海南省经济综合竞争力以及各要素竞争力的排名变化，从中找出海南省经济综合竞争力的推动点及影响因素，为进一步提升海南省经济综合竞争力提供决策参考。

21.1 海南省经济综合竞争力总体分析

1. 海南省经济综合竞争力一级指标概要分析

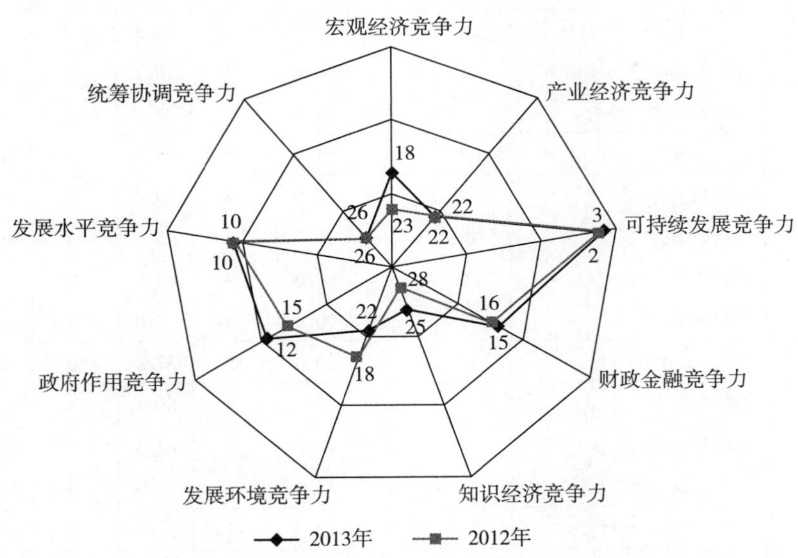

图21-1 2012~2013年海南省经济综合竞争力二级指标比较雷达图

（1）从综合排位的变化比较看，2013年海南省经济综合竞争力综合排位在全国处于第21位，表明其在全国处于劣势地位；与2012年相比，综合排位保持不变。

（2）从指标所处区位看，处于上游区的指标有2个，为可持续发展竞争力、发展水平竞争力；处于下游区的指标有4个，为产业经济竞争力、知识经济竞争力、发展环境竞争力、统筹协调竞争力；其余3个指标处于中游区。

表 21－1　2012～2013 年海南省经济综合竞争力二级指标比较表

项目 年份	宏观经济竞争力	产业经济竞争力	可持续发展竞争力	财政金融竞争力	知识经济竞争力	发展环境竞争力	政府作用竞争力	发展水平竞争力	统筹协调竞争力	综合排位
2012	23	22	3	16	28	18	15	10	26	21
2013	18	22	2	15	25	22	12	10	26	21
升降	5	0	1	1	3	－4	3	0	0	0
优劣度	中势	劣势	强势	中势	劣势	劣势	中势	优势	劣势	劣势

（3）从指标变化趋势看，9 个二级指标中，有 5 个指标处于上升趋势，为宏观经济竞争力、可持续发展竞争力、财政金融竞争力、知识经济竞争力、政府作用竞争力，这些是海南省经济综合竞争力中的上升动力所在；有 1 个指标处于下降趋势，为发展环境竞争力，这是海南省经济综合竞争力中的下降拉力所在。

2. 海南省经济综合竞争力各级指标动态变化分析

表 21－2　2012～2013 年海南省经济综合竞争力各级指标排位变化态势比较表

二级指标	三级指标	四级指标数	上升		保持		下降		变化趋势
			指标数	比重（%）	指标数	比重（%）	指标数	比重（%）	
宏观经济竞争力	经济实力竞争力	12	8	66.7	4	33.3	0	0.0	上升
	经济结构竞争力	6	3	50.0	1	16.7	2	33.3	保持
	经济外向度竞争力	9	4	44.4	2	22.2	3	33.3	上升
	小　计	27	15	55.6	7	25.9	5	18.5	上升
产业经济竞争力	农业竞争力	10	2	20.0	4	40.0	4	40.0	下降
	工业竞争力	10	2	20.0	4	40.0	4	40.0	保持
	服务业竞争力	10	6	60.0	4	40.0	0	0.0	上升
	企业竞争力	10	2	20.0	3	30.0	5	50.0	下降
	小　计	40	12	30.0	15	37.5	13	32.5	保持
可持续发展竞争力	资源竞争力	9	2	22.2	6	66.7	1	11.1	下降
	环境竞争力	8	1	12.5	5	62.5	2	25.0	下降
	人力资源竞争力	8	2	25.0	2	25.0	4	50.0	下降
	小　计	25	5	20.0	13	52.0	7	28.0	上升
财政金融竞争力	财政竞争力	12	4	33.3	5	41.7	3	25.0	上升
	金融竞争力	10	4	40.0	4	40.0	2	20.0	上升
	小　计	22	8	36.4	9	40.9	5	22.7	上升
知识经济竞争力	科技竞争力	9	2	22.2	3	33.3	4	44.4	下降
	教育竞争力	10	5	50.0	4	40.0	1	10.0	上升
	文化竞争力	8	4	50.0	2	25.0	2	25.0	上升
	小　计	27	11	40.7	9	33.3	7	25.9	上升

续表

二级指标	三级指标	四级指标数	上升		保持		下降		变化趋势
			指标数	比重（%）	指标数	比重（%）	指标数	比重（%）	
发展环境竞争力	基础设施竞争力	9	0	0.0	5	55.6	4	44.4	下降
	软环境竞争力	9	2	22.2	5	55.6	2	22.2	下降
	小　计	18	2	11.1	10	55.6	6	33.3	下降
政府作用竞争力	政府发展经济竞争力	5	1	20.0	2	40.0	2	40.0	下降
	政府规调经济竞争力	5	1	20.0	3	60.0	1	20.0	保持
	政府保障经济竞争力	6	4	66.7	1	16.7	1	16.7	上升
	小　计	16	6	37.5	6	37.5	4	25.0	上升
发展水平竞争力	工业化进程竞争力	6	2	33.3	2	33.3	2	33.3	保持
	城市化进程竞争力	7	2	28.6	2	28.6	3	42.9	下降
	市场化进程竞争力	6	2	33.3	2	33.3	2	33.3	上升
	小　计	19	6	31.6	6	31.6	7	36.8	保持
统筹协调竞争力	统筹发展竞争力	8	3	37.5	1	12.5	4	50.0	下降
	协调发展竞争力	8	5	62.5	1	12.5	2	25.0	上升
	小　计	16	8	50.0	2	12.5	6	37.5	保持
合　计		210	73	34.8	77	36.7	60	28.6	保持

从表21－2可以看出，210个四级指标中，上升指标有73个，占指标总数的34.8%；下降指标有60个，占指标总数的28.6%；保持不变的指标有77个，占指标总数的36.7%。综上所述，海南省经济综合竞争力上升的动力大于下降的拉力，但受其他外部因素的综合影响，2012～2013年海南省经济综合竞争力排位仍保持不变。

3. 海南省经济综合竞争力各级指标优劣势结构分析

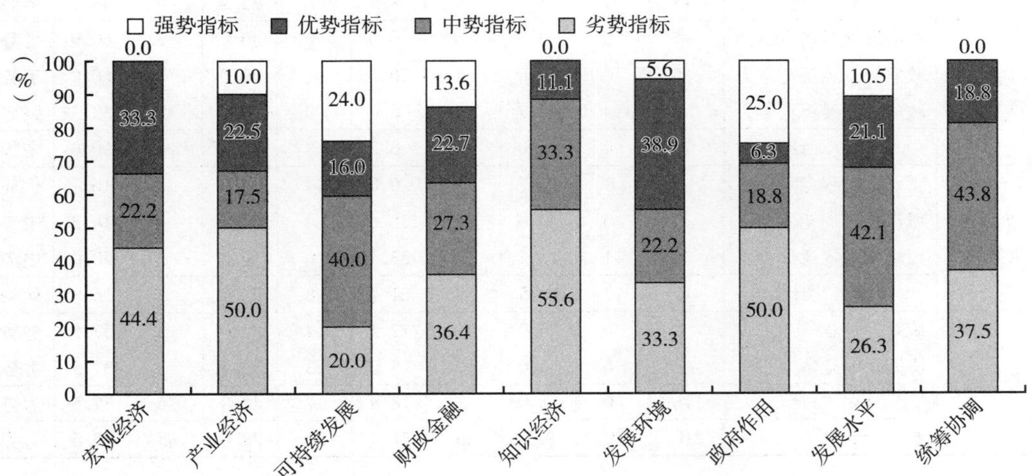

图21－2　2013年海南省经济综合竞争力各级指标优劣势比较图

表 21－3　2013 年海南省经济综合竞争力各级指标优劣势比较表

二级指标	三级指标	四级指标数	强势指标		优势指标		中势指标		劣势指标		优劣势
			个数	比重（%）	个数	比重（%）	个数	比重（%）	个数	比重（%）	
宏观经济竞争力	经济实力竞争力	12	0	0.0	4	33.3	2	16.7	6	50.0	劣势
	经济结构竞争力	6	0	0.0	2	33.3	3	50.0	1	16.7	中势
	经济外向度竞争力	9	0	0.0	3	33.3	1	11.1	5	55.6	劣势
	小　计	27	0	0.0	9	33.3	6	22.2	12	44.4	中势
产业经济竞争力	农业竞争力	10	2	20.0	2	20.0	3	30.0	3	30.0	中势
	工业竞争力	10	0	0.0	2	20.0	0	0.0	8	80.0	劣势
	服务业竞争力	10	2	20.0	1	10.0	2	20.0	5	50.0	优势
	企业竞争力	10	0	0.0	4	40.0	2	20.0	4	40.0	劣势
	小　计	40	4	10.0	9	22.5	7	17.5	20	50.0	劣势
可持续发展竞争力	资源竞争力	9	2	22.2	0	0.0	5	55.6	2	22.2	优势
	环境竞争力	8	3	37.5	3	37.5	1	12.5	1	12.5	强势
	人力资源竞争力	8	1	12.5	1	12.5	4	50.0	2	25.0	中势
	小　计	25	6	24.0	4	16.0	10	40.0	5	20.0	强势
财政金融竞争力	财政竞争力	12	2	16.7	5	41.7	2	16.7	3	25.0	中势
	金融竞争力	10	1	10.0	0	0.0	4	40.0	5	50.0	中势
	小　计	22	3	13.6	5	22.7	6	27.3	8	36.4	中势
知识经济竞争力	科技竞争力	9	0	0.0	0	0.0	3	33.3	6	66.7	中势
	教育竞争力	10	0	0.0	3	30.0	4	40.0	3	30.0	劣势
	文化竞争力	8	0	0.0	0	0.0	2	25.0	6	75.0	劣势
	小　计	27	0	0.0	3	11.1	9	33.3	15	55.6	劣势
发展环境竞争力	基础设施竞争力	9	0	0.0	2	22.2	4	44.4	3	33.3	劣势
	软环境竞争力	9	1	11.1	5	55.6	0	0.0	3	33.3	中势
	小　计	18	1	5.6	7	38.9	4	22.2	6	33.3	劣势
政府作用竞争力	政府发展经济竞争力	5	0	0.0	0	0.0	2	40.0	3	60.0	劣势
	政府规调经济竞争力	5	0	0.0	1	20.0	1	20.0	3	60.0	劣势
	政府保障经济竞争力	6	4	66.7	0	0.0	0	0.0	2	33.3	强势
	小　计	16	4	25.0	1	6.3	3	18.8	8	50.0	中势
发展水平竞争力	工业化进程竞争力	6	1	16.7	0	0.0	4	66.7	1	16.7	优势
	城市化进程竞争力	7	0	0.0	2	28.6	4	57.1	1	14.3	中势
	市场化进程竞争力	6	1	16.7	2	33.3	0	0.0	3	50.0	中势
	小　计	19	2	10.5	4	21.1	8	42.1	5	26.3	优势
统筹协调竞争力	统筹发展竞争力	8	0	0.0	1	12.5	4	50.0	3	37.5	劣势
	协调发展竞争力	8	0	0.0	2	25.0	3	37.5	3	37.5	劣势
	小　计	16	0	0.0	3	18.8	7	43.8	6	37.5	劣势
合　计		210	20	9.5	45	21.4	60	28.6	85	40.5	劣势

基于图 21－2 和表 21－3，从四级指标来看，强势指标 20 个，占指标总数的 9.5%；优势指标 45 个，占指标总数的 21.4%；中势指标 60 个，占指标总数的 28.6%；劣势指标

85个，占指标总数的40.5%。从三级指标来看，强势指标2个，占三级指标总数的8%；优势指标3个，占三级指标总数的12%；中势指标9个，占三级指标总数的36%；劣势指标11个，占三级指标总数的44%。反映到二级指标上来，强势指标1个，占二级指标总数的11.1%；优势指标1个，占二级指标总数的11.1%。综合来看，由于劣势指标在指标体系中居于主导地位，2013年海南省经济综合竞争力处于劣势地位。

4. 海南省经济综合竞争力四级指标优劣势对比分析

表21-4 2013年海南省经济综合竞争力各级指标优劣势比较表

二级指标	优劣势	四级指标
宏观经济竞争力（27个）	强势指标	（0个）
	优势指标	财政总收入增长率、人均财政收入、固定资产投资额增长率、全社会消费品零售总额增长率、产业结构优化度、所有制经济结构优化度、出口增长率、外贸依存度、对外直接投资（9个）
	劣势指标	地区生产总值、人均地区生产总值、财政总收入、固定资产投资额、全社会消费品零售总额、人均全社会消费品零售总额、就业结构优化度、进出口总额、进出口增长率、出口总额、实际FDI、对外经济合作完成营业额（12个）
产业经济竞争力（40个）	强势指标	农业增加值增长率、人均农业增加值、服务业从业人员数增长率、限额以上餐饮企业利税率（4个）
	优势指标	农产品出口占农林牧渔总产值比重、财政支农资金比重、工业资产总额增长率、工业成本费用利润率、服务业增加值增长率、规模以上企业平均资产、规模以上企业平均增加值、规模以上企业平均利润、规模以上企业销售利税率（9个）
	劣势指标	农业增加值、农业机械化、农村人均用电量、工业增加值、工业增加值增长率、人均工业增加值、工业资产总额、工业资产总贡献率、规模以上工业主营业务收入、规模以上工业利润总额、工业全员劳动生产率、服务业增加值、服务业从业人员数、限额以上批发零售企业主营业务收入、旅游外汇收入、房地产经营总收入、规模以上工业企业数、流动资金周转次数、产品质量抽查合格率、中国驰名商标持有量（20个）
可持续发展竞争力（25个）	强势指标	人均可使用海域和滩涂面积、人均年水资源量、人均工业废气排放量、人均工业固体废物排放量、生活垃圾无害化处理率、人口自然增长率（6个）
	优势指标	森林覆盖率、人均废水排放量、自然灾害直接经济损失、人口健康素质（4个）
	劣势指标	耕地面积、主要能源矿产基础储量、人均治理工业污染投资额、大专以上教育程度人口比例、职业学校毕业生数（5个）
财政金融竞争力（22个）	强势指标	地方财政收入占GDP比重、税收收入占GDP比重、中长期贷款占贷款余额比重（3个）
	优势指标	地方财政支出占GDP比重、人均地方财政支出、人均税收收入、地方财政收入增长率、税收收入增长率（5个）
	劣势指标	地方财政收入、地方财政支出、税收收入占财政总收入比重、存款余额、贷款余额、货币市场融资额、保险费净收入、保险密度（8个）
知识经济竞争力（27个）	强势指标	（0个）
	优势指标	教育经费占GDP比重、人均教育经费、万人中小学专任教师数（3个）
	劣势指标	R&D人员、R&D经费、R&D经费投入强度、发明专利授权量、技术市场成交合同金额、高技术产业增加值、教育经费、高等学校数、高校专任教师数、文化产业增加值、图书和期刊出版数、报纸出版数、出版印刷工业销售产值、农村居民人均文化娱乐支出、农村居民人均文化娱乐支出占消费性支出比重（15个）

续表

二级指标	优劣势	四 级 指 标
发展环境竞争力（18 个）	强势指标	食品安全事故数(1 个)
	优势指标	人均邮电业务总量、万户移动电话数、外资企业数增长率、万人外资企业数、万人商标注册件数、查处商标侵权假冒案件、罚没收入占财政收入比重(7 个)
	劣势指标	全社会旅客周转量、全社会货物周转量、人均耗电量、个体私营企业数增长率、万人个体私营企业数、每十万人交通事故发生数(6 个)
政府作用竞争力（16 个）	强势指标	医疗保险覆盖率、养老保险覆盖率、失业保险覆盖率、城镇登记失业率(4 个)
	优势指标	规范税收(1 个)
	劣势指标	财政支出对 GDP 增长的拉动、政府公务员对经济的贡献、政府消费对民间消费的拉动、物价调控、调控城乡消费差距、人口控制、城市城镇社区服务设施数、下岗职工再就业率(8 个)
发展水平竞争力（19 个）	强势指标	工业增加值占 GDP 比重、私有和个体企业从业人员比重(2 个)
	优势指标	人均拥有道路面积、人均日生活用水量、非公有制经济产值占全社会总产值的比重、社会投资占投资总额比重(4 个)
	劣势指标	高技术产业规模以上企业产值、人均居住面积、亿元以上商品市场成交额、亿元以上商品市场成交额占全社会消费品零售总额比重、居民消费支出占总消费支出比重(5 个)
统筹协调竞争力（16 个）	强势指标	(0 个)
	优势指标	万元 GDP 综合能耗、资源竞争力与宏观经济竞争力比差、资源竞争力与工业竞争力比差(3 个)
	劣势指标	非农用地产出率、生产税净额和营业盈余占 GDP 比重、固定资产交付使用率、环境竞争力与宏观经济竞争力比差、环境竞争力与工业竞争力比差、城乡居民人均现金消费支出比差(6 个)

21.2 海南省经济综合竞争力各级指标具体分析

1. 海南省宏观经济竞争力指标排名变化情况

表 21－5 2012～2013 年海南省宏观经济竞争力指标组排位及变化趋势表

指 标	2012 年	2013 年	排位升降	优劣势
1 宏观经济竞争力	23	18	5	中势
1.1 经济实力竞争力	31	28	3	劣势
地区生产总值	28	28	0	劣势
地区生产总值增长率	27	17	10	中势
人均地区生产总值	22	21	1	劣势
财政总收入	30	26	4	劣势
财政总收入增长率	12	10	2	优势
人均财政收入	11	4	7	优势
固定资产投资额	28	28	0	劣势
固定资产投资额增长率	7	6	1	优势
人均固定资产投资额	20	19	1	中势
全社会消费品零售总额	28	28	0	劣势
全社会消费品零售总额增长率	24	10	14	优势
人均全社会消费品零售总额	21	21	0	劣势

续表

指 标	2012 年	2013 年	排位升降	优劣势
1.2 经济结构竞争力	12	12	0	中势
产业结构优化度	6	4	2	优势
所有制经济结构优化度	7	10	-3	优势
城乡经济结构优化度	16	15	1	中势
就业结构优化度	24	22	2	劣势
资本形成结构优化度	11	20	-9	中势
贸易结构优化度	15	15	0	中势
1.3 经济外向度竞争力	25	23	2	劣势
进出口总额	25	25	0	劣势
进出口增长率	11	27	-16	劣势
出口总额	29	28	1	劣势
出口增长率	11	8	3	优势
实际 FDI	24	24	0	劣势
实际 FDI 增长率	24	18	6	中势
外贸依存度	8	10	-2	优势
对外经济合作完成营业额	29	30	-1	劣势
对外直接投资	22	8	14	优势

2. 海南省产业经济竞争力指标排名变化情况

表 21-6 2012~2013 年海南省产业经济竞争力指标组排位及变化趋势表

指 标	2012 年	2013 年	排位升降	优劣势
2 产业经济竞争力	22	22	0	劣势
2.1 农业竞争力	7	11	-4	中势
农业增加值	24	25	-1	劣势
农业增加值增长率	7	3	4	强势
人均农业增加值	1	1	0	强势
农民人均纯收入	18	18	0	中势
农民人均纯收入增长率	5	17	-12	中势
农产品出口占农林牧渔总产值比重	10	10	0	优势
人均主要农产品产量	18	19	-1	中势
农业机械化	4	28	-24	劣势
农村人均用电量	29	29	0	劣势
财政支农资金比重	6	4	2	优势

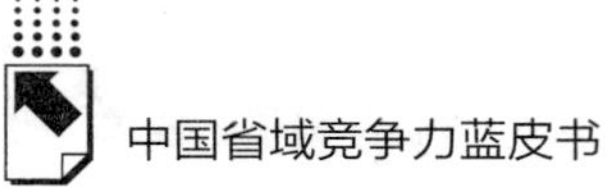

续表

指　　标	2012 年	2013 年	排位升降	优劣势
2.2　工业竞争力	29	29	0	劣势
工业增加值	30	30	0	劣势
工业增加值增长率	14	25	-11	劣势
人均工业增加值	30	30	0	劣势
工业资产总额	30	30	0	劣势
工业资产总额增长率	18	10	8	优势
工业资产总贡献率	11	23	-12	劣势
规模以上工业主营业务收入	30	30	0	劣势
规模以上工业利润总额	29	30	-1	劣势
工业全员劳动生产率	18	22	-4	劣势
工业成本费用利润率	9	8	1	优势
2.3　服务业竞争力	31	10	21	优势
服务业增加值	28	28	0	劣势
服务业增加值增长率	27	4	23	优势
人均服务业增加值	13	12	1	中势
服务业从业人员数	28	28	0	劣势
服务业从业人员数增长率	4	2	2	强势
限额以上批发零售企业主营业务收入	28	28	0	劣势
限额以上批零企业利税率	25	20	5	中势
限额以上餐饮企业利税率	21	1	20	强势
旅游外汇收入	26	26	0	劣势
房地产经营总收入	26	24	2	劣势
2.4　企业竞争力	13	21	-8	劣势
规模以上工业企业数	30	30	0	劣势
规模以上企业平均资产	7	7	0	优势
规模以上企业平均增加值	3	7	-4	优势
流动资金周转次数	20	23	-3	劣势
规模以上企业平均利润	6	7	-1	优势
规模以上企业销售利税率	7	5	2	优势
新产品销售收入占主营业务收入比重	15	15	0	中势
产品质量抽查合格率	26	28	-2	劣势
工业企业 R&D 经费投入强度	28	17	11	中势
中国驰名商标持有量	25	29	-4	劣势

3. 海南省可持续发展竞争力指标排名变化情况

表 21－7　2012～2013 年海南省可持续发展竞争力指标组排位及变化趋势表

指　　标	2012 年	2013 年	排位升降	优劣势
3　可持续发展竞争力	3	2	1	强势
3.1　资源竞争力	6	7	－1	优势
人均国土面积	15	15	0	中势
人均可使用海域和滩涂面积	1	1	0	强势
人均年水资源量	5	3	2	强势
耕地面积	26	26	0	劣势
人均耕地面积	18	18	0	中势
人均牧草地面积	18	18	0	中势
主要能源矿产基础储量	28	28	0	劣势
人均主要能源矿产基础储量	11	20	－9	中势
人均森林储积量	12	11	1	中势
3.2　环境竞争力	1	2	－1	强势
森林覆盖率	5	5	0	优势
人均废水排放量	10	10	0	优势
人均工业废气排放量	2	2	0	强势
人均工业固体废物排放量	1	1	0	强势
人均治理工业污染投资额	9	21	－12	劣势
一般工业固体废物综合利用率	20	17	3	中势
生活垃圾无害化处理率	1	1	0	强势
自然灾害直接经济损失	5	7	－2	优势
3.3　人力资源竞争力	14	16	－2	中势
人口自然增长率	4	3	1	强势
15～64 岁人口比例	16	17	－1	中势
文盲率	15	17	－2	中势
大专以上教育程度人口比例	12	24	－12	劣势
平均受教育程度	13	14	－1	中势
人口健康素质	9	9	0	优势
人力资源利用率	19	14	5	中势
职业学校毕业生数	27	27	0	劣势

4. 海南省财政金融竞争力指标排名变化情况

表 21－8　2012～2013 年海南省财政金融竞争力指标组排位及变化趋势表

指　　标	2012 年	2013 年	排位升降	优劣势
4　财政金融竞争力	16	15	1	中势
4.1　财政竞争力	14	11	3	中势
地方财政收入	28	28	0	劣势
地方财政支出	29	30	－1	劣势
地方财政收入占 GDP 比重	5	3	2	强势

续表

指　　标	2012 年	2013 年	排位升降	优劣势
地方财政支出占 GDP 比重	8	8	0	优势
税收收入占 GDP 比重	3	3	0	强势
税收收入占财政总收入比重	12	29	-17	劣势
人均地方财政收入	11	11	0	中势
人均地方财政支出	11	10	1	优势
人均税收收入	9	9	0	优势
地方财政收入增长率	12	10	2	优势
地方财政支出增长率	15	20	-5	中势
税收收入增长率	13	10	3	优势
4.2　金融竞争力	19	16	3	中势
存款余额	28	28	0	劣势
人均存款余额	14	14	0	中势
贷款余额	28	28	0	劣势
人均贷款余额	14	13	1	中势
货币市场融资额	25	23	2	劣势
中长期贷款占贷款余额比重	1	1	0	强势
保险费净收入	29	28	1	劣势
保险密度	23	21	2	劣势
保险深度	19	20	-1	中势
人均证券市场筹资额	11	17	-6	中势

5. 海南省知识经济竞争力指标排名变化情况

表 21-9　2012～2013 年海南省知识经济竞争力指标组排位及变化趋势表

指　　标	2012 年	2013 年	排位升降	优劣势
5　知识经济竞争力	28	25	3	劣势
5.1　科技竞争力	19	20	-1	中势
R&D 人员	29	29	0	劣势
R&D 经费	30	29	1	劣势
R&D 经费投入强度	30	30	0	劣势
发明专利授权量	28	28	0	劣势
技术市场成交合同金额	30	28	2	劣势
财政科技支出占地方财政支出比重	13	14	-1	中势
高技术产业增加值	26	27	-1	劣势
高技术产业增加值占工业增加值比重	9	11	-2	中势
高技术产品出口额占商品出口额比重	12	15	-3	中势
5.2　教育竞争力	31	25	6	劣势
教育经费	29	28	1	劣势
教育经费占 GDP 比重	8	7	1	优势
人均教育经费	10	7	3	优势
公共教育经费占财政支出比重	18	15	3	中势
人均文化教育支出占个人消费支出比重	26	14	12	中势
万人中小学学校数	11	12	-1	中势

续表

指　　标	2012 年	2013 年	排位升降	优劣势
万人中小学专任教师数	6	6	0	优势
高等学校数	28	28	0	劣势
高校专任教师数	28	28	0	劣势
万人高等学校在校学生数	16	16	0	中势
5.3 文化竞争力	29	26	3	劣势
文化产业增加值	28	28	0	劣势
图书和期刊出版数	27	28	-1	劣势
报纸出版数	28	28	0	劣势
出版印刷工业销售产值	30	31	-1	劣势
城镇居民人均文化娱乐支出	26	17	9	中势
农村居民人均文化娱乐支出	29	25	4	劣势
城镇居民人均文化娱乐支出占消费性支出比重	28	14	14	中势
农村居民人均文化娱乐支出占消费性支出比重	28	22	6	劣势

6. 海南省发展环境竞争力指标排名变化情况

表 21-10　2012～2013 年海南省发展环境竞争力指标组排位及变化趋势表

指　　标	2012 年	2013 年	排位升降	优劣势
6　发展环境竞争力	18	22	-4	劣势
6.1 基础设施竞争力	21	22	-1	劣势
铁路网线密度	15	17	-2	中势
公路网线密度	20	20	0	中势
人均内河航道里程	19	19	0	中势
全社会旅客周转量	28	28	0	劣势
全社会货物周转量	25	29	-4	劣势
人均邮电业务总量	8	8	0	优势
万户移动电话数	3	4	-1	优势
万户上网用户数	10	13	-3	中势
人均耗电量	24	24	0	劣势
6.2 软环境竞争力	14	16	-2	中势
外资企业数增长率	5	6	-1	优势
万人外资企业数	9	9	0	优势
个体私营企业数增长率	30	27	3	劣势
万人个体私营企业数	30	30	0	劣势
万人商标注册件数	9	9	0	优势
查处商标侵权假冒案件	9	9	0	优势
每十万人交通事故发生数	23	24	-1	劣势
罚没收入占财政收入比重	9	9	0	优势
食品安全事故数	4	1	3	强势

7. 海南省政府作用竞争力指标排名变化情况

表 21 - 11　2012 ~ 2013 年海南省政府作用竞争力指标组排位及变化趋势表

指　　标	2012 年	2013 年	排位升降	优劣势
7　政府作用竞争力	15	12	3	中势
7.1　政府发展经济竞争力	27	28	-1	劣势
财政支出用于基本建设投资比重	24	20	4	中势
财政支出对 GDP 增长的拉动	24	24	0	劣势
政府公务员对经济的贡献	23	23	0	劣势
政府消费对民间消费的拉动	22	26	-4	劣势
财政投资对社会投资的拉动	14	16	-2	中势
7.2　政府规调经济竞争力	27	27	0	劣势
物价调控	27	27	0	劣势
调控城乡消费差距	26	24	2	劣势
统筹经济社会发展	20	20	0	中势
规范税收	4	5	-1	优势
人口控制	29	29	0	劣势
7.3　政府保障经济竞争力	3	2	1	强势
城市城镇社区服务设施数	30	26	4	劣势
医疗保险覆盖率	4	1	3	强势
养老保险覆盖率	4	3	1	强势
失业保险覆盖率	2	1	1	强势
下岗职工再就业率	3	21	-18	劣势
城镇登记失业率	2	2	0	强势

8. 海南省发展水平竞争力指标排名变化情况

表 21 - 12　2012 ~ 2013 年海南省发展水平竞争力指标组排位及变化趋势表

指　　标	2012 年	2013 年	排位升降	优劣势
8　发展水平竞争力	10	10	0	优势
8.1　工业化进程竞争力	7	7	0	优势
工业增加值占 GDP 比重	2	2	0	强势
工业增加值增长率	19	16	3	中势
高技术产业规模以上企业产值	26	26	0	劣势
高技术产业增加值占工业增加值比重	9	11	-2	中势
高技术产品出口额占商品出口额比重	12	15	-3	中势
信息产业增加值占 GDP 比重	13	11	2	中势
8.2　城市化进程竞争力	11	15	-4	中势
城镇化率	15	15	0	中势
城镇居民人均可支配收入	16	16	0	中势
城市平均建成区面积比重	16	15	1	中势
人均拥有道路面积	3	7	-4	优势

续表

指　　标	2012 年	2013 年	排位升降	优劣势
人均日生活用水量	3	4	-1	优势
人均居住面积	25	23	2	劣势
人均公共绿地面积	11	12	-1	中势
8.3 市场化进程竞争力	15	13	2	中势
非公有制经济产值占全社会总产值的比重	7	10	-3	优势
社会投资占投资总额比重	14	8	6	优势
私有和个体企业从业人员比重	5	3	2	强势
亿元以上商品市场成交额	30	30	0	劣势
亿元以上商品市场成交额占全社会消费品零售总额比重	31	31	0	劣势
居民消费支出占总消费支出比重	22	26	-4	劣势

9. 海南省统筹协调竞争力指标排名变化情况

表 21-13　2012~2013 年海南省统筹协调竞争力指标组排位及变化趋势表

指　　标	2012 年	2013 年	排位升降	优劣势
9　统筹协调竞争力	26	26	0	劣势
9.1 统筹发展竞争力	21	24	-3	劣势
社会劳动生产率	21	20	1	中势
社会劳动生产率增速	21	13	8	中势
万元 GDP 综合能耗	8	9	-1	优势
非农用地产出率	23	24	-1	劣势
生产税净额和营业盈余占 GDP 比重	26	26	0	劣势
最终消费率	16	13	3	中势
固定资产投资额占 GDP 比重	17	20	-3	中势
固定资产交付使用率	23	31	-8	劣势
9.2 协调发展竞争力	28	22	6	劣势
环境竞争力与宏观经济竞争力比差	31	29	2	劣势
资源竞争力与宏观经济竞争力比差	6	9	-3	优势
人力资源竞争力与宏观经济竞争力比差	29	20	9	中势
资源竞争力与工业竞争力比差	7	4	3	优势
环境竞争力与工业竞争力比差	31	31	0	劣势
城乡居民家庭人均收入比差	15	16	-1	中势
城乡居民人均现金消费支出比差	26	23	3	劣势
全社会消费品零售总额与外贸出口总额比差	16	14	2	中势

B.23

22 重庆市经济综合竞争力评价分析报告

重庆市简称渝，位于青藏高原与长江中下游平原的过渡地带，北与四川省、陕西省相连，东与湖北省、湖南省相接，南与贵州省相邻。全市面积 8.5 万平方公里，2013 年全市常住人口为 2970 万人，地区生产总值为 12657 亿元，同比增长 12.3%，人均 GDP 达 42795 元。本部分通过分析 2012～2013 年重庆市经济综合竞争力以及各要素竞争力的排名变化，从中找出重庆市经济综合竞争力的推动点及影响因素，为进一步提升重庆市经济综合竞争力提供决策参考。

22.1 重庆市经济综合竞争力总体分析

1. 重庆市经济综合竞争力一级指标概要分析

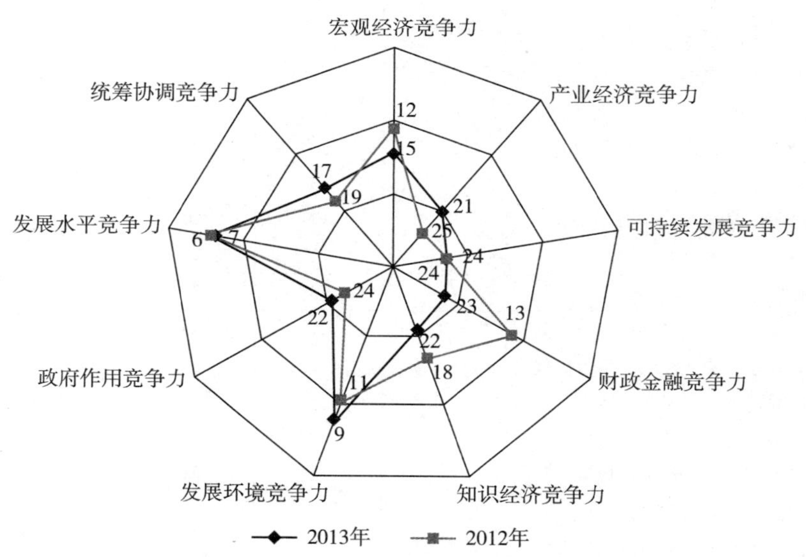

图 22－1 2012～2013 年重庆市经济综合竞争力二级指标比较雷达图

（1）从综合排位看，2013 年重庆市经济综合竞争力综合排位在全国居第 16 位，这表明其在全国处于中势地位；与 2012 年相比，综合排位下降了 1 位。

（2）从指标所处区位看，重庆市经济综合竞争力中没有强势指标，处于上游区的指标有 2 个，为发展环境竞争力和发展水平竞争力；处于中游区的指标 2 个，为宏观经

表 22-1 2012～2013 年重庆市经济综合竞争力二级指标比较表

年份 \ 项目	宏观经济竞争力	产业经济竞争力	可持续发展竞争力	财政金融竞争力	知识经济竞争力	发展环境竞争力	政府作用竞争力	发展水平竞争力	统筹协调竞争力	**综合排位**
2012	12	25	24	13	18	11	24	6	19	15
2013	15	21	24	23	22	9	22	7	17	16
升降	-3	4	0	-10	-4	2	2	-1	2	-1
优劣度	中势	劣势	劣势	劣势	劣势	优势	劣势	优势	中势	中势

济竞争力和统筹协调竞争力；处于下游区的指标有 5 个，为产业经济竞争力、可持续发展竞争力、财政金融竞争力、知识经济竞争力、政府作用竞争力。

（3）从指标变化趋势看，9 个二级指标中，有 4 个指标处于上升趋势，为产业经济竞争力、发展环境竞争力、政府作用竞争力、统筹协调竞争力，这些是重庆市经济综合竞争力中的上升动力所在；有 4 个指标处于下降趋势，为宏观经济竞争力、财政金融竞争力、知识经济竞争力、发展水平竞争力，这些是重庆市经济综合竞争力中的下降拉力所在；可持续发展竞争力排位没有变化。

2. 重庆市经济综合竞争力各级指标动态变化分析

表 22-2 2012～2013 年重庆市经济综合竞争力各级指标排位变化态势比较表

二级指标	三级指标	四级指标数	上升		保持		下降		变化趋势
			指标数	比重（%）	指标数	比重（%）	指标数	比重（%）	
宏观经济竞争力	经济实力竞争力	12	4	33.3	6	50.0	2	16.7	上升
	经济结构竞争力	6	2	33.3	3	50.0	1	16.7	下降
	经济外向度竞争力	9	3	33.3	2	22.2	4	44.4	下降
	小　计	27	9	33.3	11	40.7	7	25.9	下降
产业经济竞争力	农业竞争力	10	4	40.0	3	30.0	3	30.0	下降
	工业竞争力	10	7	70.0	1	10.0	2	20.0	上升
	服务业竞争力	10	7	70.0	2	20.0	1	10.0	上升
	企业竞争力	10	6	60.0	2	20.0	2	20.0	上升
	小　计	40	24	60.0	8	20.0	8	20.0	上升
可持续发展竞争力	资源竞争力	9	0	0.0	7	77.8	2	22.2	保持
	环境竞争力	8	2	25.0	4	50.0	2	25.0	上升
	人力资源竞争力	8	2	25.0	3	37.5	3	37.5	下降
	小　计	25	4	16.0	14	56.0	7	28.0	保持
财政金融竞争力	财政竞争力	12	2	16.7	3	25.0	7	58.3	下降
	金融竞争力	10	4	40.0	2	20.0	4	40.0	下降
	小　计	22	6	27.3	5	22.7	11	50.0	下降
知识经济竞争力	科技竞争力	9	2	22.2	3	33.3	4	44.4	下降
	教育竞争力	10	3	30.0	3	30.0	4	40.0	上升
	文化竞争力	8	3	37.5	2	25.0	3	37.5	下降
	小　计	27	8	29.6	8	29.6	11	40.7	下降

续表

二级指标	三级指标	四级指标数	上升		保持		下降		变化趋势
			指标数	比重（%）	指标数	比重（%）	指标数	比重（%）	
发展环境竞争力	基础设施竞争力	9	4	44.4	2	22.2	3	33.3	上升
	软环境竞争力	9	4	44.4	4	44.4	1	11.1	上升
	小　计	18	8	44.4	6	33.3	4	22.2	上升
政府作用竞争力	政府发展经济竞争力	5	4	80.0	0	0.0	1	20.0	上升
	政府规调经济竞争力	5	1	20.0	4	80.0	0	0.0	保持
	政府保障经济竞争力	6	2	33.3	2	33.3	2	33.3	上升
	小　计	16	7	43.8	6	37.5	3	18.8	上升
发展水平竞争力	工业化进程竞争力	6	2	33.3	1	16.7	3	50.0	下降
	城市化进程竞争力	7	1	14.3	6	85.7	0	0.0	保持
	市场化进程竞争力	6	3	50.0	2	33.3	1	16.7	上升
	小　计	19	6	31.6	9	47.4	4	21.1	下降
统筹协调竞争力	统筹发展竞争力	8	2	25.0	1	12.5	5	62.5	上升
	协调发展竞争力	8	3	37.5	3	37.5	2	25.0	保持
	小　计	16	5	31.3	4	25.0	7	43.8	上升
合　计		210	77	36.7	71	33.8	62	29.5	下降

从表 22－2 可以看出，210 个四级指标中，上升指标有 77 个，占指标总数的 36.7%；下降指标有 62 个，占指标总数的 29.5%；保持不变的指标有 71 个，占指标总数的 33.8%。尽管排位上升的指标数量大于排位下降的指标数量，但指标排位下降的幅度更大，2012～2013 年重庆市经济综合竞争力排位下降了 1 位。

3. 重庆市经济综合竞争力各级指标优劣势结构分析

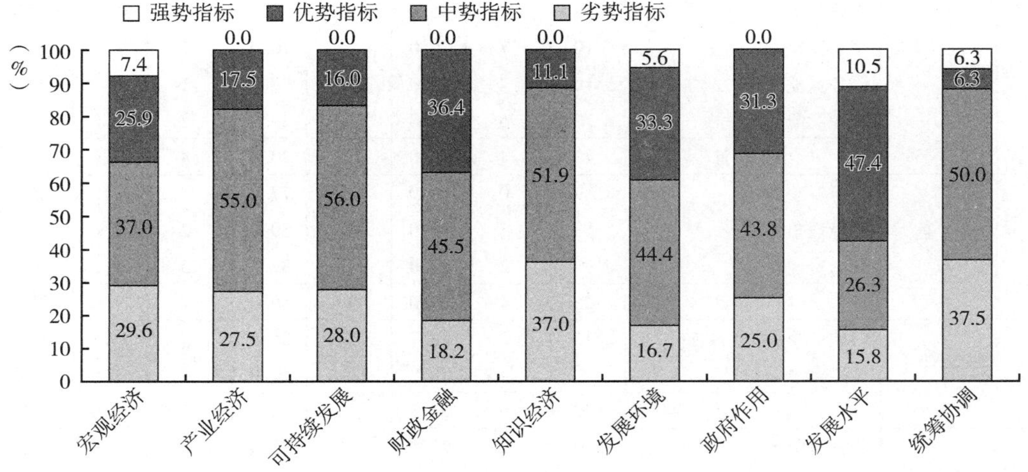

图 22－2　2013 年重庆市经济综合竞争力各级指标优劣势比较图

表 22－3 2013 年重庆市经济综合竞争力各级指标优劣势比较表

二级指标	三级指标	四级指标数	强势指标		优势指标		中势指标		劣势指标		优劣势
			个数	比重（%）	个数	比重（%）	个数	比重（%）	个数	比重（%）	
宏观经济竞争力	经济实力竞争力	12	1	8.3	2	16.7	6	50.0	3	25.0	中势
	经济结构竞争力	6	0	0.0	0	0.0	4	66.7	2	33.3	中势
	经济外向度竞争力	9	1	11.1	5	55.6	0	0.0	3	33.3	中势
	小　计	27	2	7.4	7	25.9	10	37.0	8	29.6	中势
产业经济竞争力	农业竞争力	10	0	0.0	1	10.0	5	50.0	4	40.0	劣势
	工业竞争力	10	0	0.0	1	10.0	3	30.0	6	60.0	中势
	服务业竞争力	10	0	0.0	3	30.0	6	60.0	1	10.0	中势
	企业竞争力	10	0	0.0	2	20.0	8	80.0	0	0.0	中势
	小　计	40	0	0.0	7	17.5	22	55.0	11	27.5	劣势
可持续发展竞争力	资源竞争力	9	0	0.0	0	0.0	6	66.7	3	33.3	劣势
	环境竞争力	8	0	0.0	4	50.0	3	37.5	1	12.5	优势
	人力资源竞争力	8	0	0.0	0	0.0	5	62.5	3	37.5	劣势
	小　计	25	0	0.0	4	16.0	14	56.0	7	28.0	劣势
财政金融竞争力	财政竞争力	12	0	0.0	3	25.0	5	41.7	4	33.3	劣势
	金融竞争力	10	0	0.0	5	50.0	5	50.0	0	0.0	中势
	小　计	22	0	0.0	8	36.4	10	45.5	4	18.2	劣势
知识经济竞争力	科技竞争力	9	0	0.0	2	22.2	6	66.7	1	11.1	中势
	教育竞争力	10	0	0.0	1	10.0	4	40.0	5	50.0	劣势
	文化竞争力	8	0	0.0	0	0.0	4	50.0	4	50.0	劣势
	小　计	27	0	0.0	3	11.1	14	51.9	10	37.0	劣势
发展环境竞争力	基础设施竞争力	9	0	0.0	2	22.2	5	55.6	2	22.2	中势
	软环境竞争力	9	1	11.1	4	44.4	3	33.3	1	11.1	强势
	小　计	18	1	5.6	6	33.3	8	44.4	3	16.7	优势
政府作用竞争力	政府发展经济竞争力	5	0	0.0	3	60.0	0	0.0	2	40.0	中势
	政府规调经济竞争力	5	0	0.0	0	0.0	3	60.0	2	40.0	劣势
	政府保障经济竞争力	6	0	0.0	2	33.3	4	66.7	0	0.0	中势
	小　计	16	0	0.0	5	31.3	7	43.8	4	25.0	劣势
发展水平竞争力	工业化进程竞争力	6	0	0.0	3	50.0	2	33.3	1	16.7	优势
	城市化进程竞争力	7	1	14.3	3	42.9	2	28.6	1	14.3	优势
	市场化进程竞争力	6	1	16.7	3	50.0	1	16.7	1	16.7	强势
	小　计	19	2	10.5	9	47.4	5	26.3	3	15.8	优势
统筹协调竞争力	统筹发展竞争力	8	0	0.0	1	12.5	7	87.5	0	0.0	中势
	协调发展竞争力	8	1	12.5	0	0.0	1	12.5	6	75.0	劣势
	小　计	16	1	6.3	1	6.3	8	50.0	6	37.5	中势
合　计		210	6	2.9	50	23.8	98	46.7	56	26.7	中势

基于图 22－2 和表 22－3，从四级指标来看，强势指标 6 个，占指标总数的 2.9%；优势指标 50 个，占指标总数的 23.8%；中势指标 98 个，占指标总数的 46.7%；劣势

指标56个，占指标总数的26.7%。从三级指标来看，强势指标2个，占三级指标总数的8%；优势指标3个，占三级指标总数的12%；中势指标12个，占三级指标总数的48%；劣势指标8个，占三级指标总数的32%。反映到二级指标上来，优势指标有2个，占二级指标总数的22.2%；中势指标有2个，占二级指标总数的22.2%；劣势指标有5个，占二级指标总数的55.6%。综合来看，由于中势指标在指标体系中居于主导地位，2013年重庆市经济综合竞争力处于中势地位。

4. 重庆市经济综合竞争力四级指标优劣势对比分析

表22－4　2013年重庆市经济综合竞争力各级指标优劣势比较表

二级指标	优劣势	四级指标
宏观经济竞争力（27个）	强势指标	地区生产总值增长率、进出口增长率（2个）
	优势指标	人均财政收入、全社会消费品零售总额增长率、进出口总额、出口总额、出口增长率、实际FDI、外贸依存度（7个）
	劣势指标	地区生产总值、财政总收入增长率、全社会消费品零售总额、城乡经济结构优化度、资本形成结构优化度、实际FDI增长率、对外经济合作完成营业额、对外直接投资（8个）
产业经济竞争力（40个）	强势指标	（0个）
	优势指标	农业增加值增长率、工业资产总额增长率、服务业增加值增长率、服务业从业人员数增长率、限额以上批零企业利税率、新产品销售收入占主营业务收入比重、工业企业R&D经费投入强度（7个）
	劣势指标	农业增加值、农产品出口占农林牧渔总产值比重、农业机械化、财政支农资金比重、工业增加值、工业增加值增长率、工业资产总额、规模以上工业主营业务收入、规模以上工业利润总额、工业全员劳动生产率、限额以上餐饮企业利税率（11个）
可持续发展竞争力（25个）	强势指标	（0个）
	优势指标	人均工业固体废物排放量、一般工业固体废物综合利用率、生活垃圾无害化处理率、自然灾害直接经济损失（4个）
	劣势指标	人均国土面积、耕地面积、人均耕地面积、人均治理工业污染投资额、人口自然增长率、15～64岁人口比例、平均受教育程度（7个）
财政金融竞争力（22个）	强势指标	（0个）
	优势指标	地方财政收入占GDP比重、地方财政支出占GDP比重、人均地方财政收入、人均存款余额、人均贷款余额、中长期贷款占贷款余额比重、保险深度、人均证券市场筹资额（8个）
	劣势指标	地方财政支出、税收收入占财政总收入比重、地方财政收入增长率、地方财政支出增长率（4个）
知识经济竞争力（27个）	强势指标	（0个）
	优势指标	高技术产业增加值占工业增加值比重、高技术产品出口额占商品出口额比重、万人高等学校在校学生数（3个）
	劣势指标	财政科技支出占地方财政支出比重、教育经费、公共教育经费占财政支出比重、人均文化教育支出占个人消费支出比重、万人中小学专任教师数、高等学校数、文化产业增加值、报纸出版数、城镇居民人均文化娱乐支出、城镇居民人均文化娱乐支出占消费性支出比重（10个）

续表

二级指标	优劣势	四级指标
发展环境竞争力（18个）	强势指标	外资企业数增长率（1个）
	优势指标	公路网线密度、人均内河航道里程、万人商标注册件数、查处商标侵权假冒案件、罚没收入占财政收入比重、食品安全事故数（6个）
	劣势指标	万户移动电话数、人均耗电量、每十万人交通事故发生数（3个）
政府作用竞争力（16个）	强势指标	（0个）
	优势指标	财政支出用于基本建设投资比重、政府公务员对经济的贡献、政府消费对民间消费的拉动、失业保险覆盖率、下岗职工再就业率（5个）
	劣势指标	财政支出对GDP增长的拉动、财政投资对社会投资的拉动、调控城乡消费差距、规范税收（4个）
发展水平竞争力（19个）	强势指标	人均公共绿地面积、私有和个体企业从业人员比重（2个）
	优势指标	工业增加值增长率、高技术产业增加值占工业增加值比重、高技术产品出口额占商品出口额比重、城镇化率、城市平均建成区面积比重、人均居住面积、亿元以上商品市场成交额、亿元以上商品市场成交额占全社会消费品零售总额比重、居民消费支出占总消费支出比重（9个）
	劣势指标	信息产业增加值占GDP比重、人均拥有道路面积、社会投资占投资总额比重（3个）
统筹协调竞争力（16个）	强势指标	人力资源竞争力与宏观经济竞争力比差（1个）
	优势指标	非农用地产出率（1个）
	劣势指标	环境竞争力与宏观经济竞争力比差、资源竞争力与宏观经济竞争力比差、环境竞争力与工业竞争力比差、城乡居民家庭人均收入比差、城乡居民人均现金消费支出比差、全社会消费品零售总额与外贸出口总额比差（6个）

22.2 重庆市经济综合竞争力各级指标具体分析

1. 重庆市宏观经济竞争力指标排名变化情况

表22－5 2012～2013年重庆市宏观经济竞争力指标组排位及变化趋势表

指标	2012年	2013年	排位升降	优劣势
1 宏观经济竞争力	12	15	－3	中势
1.1 经济实力竞争力	18	17	1	中势
地区生产总值	23	22	1	劣势
地区生产总值增长率	3	3	0	强势
人均地区生产总值	12	12	0	中势
财政总收入	17	17	0	中势
财政总收入增长率	24	31	－7	劣势
人均财政收入	9	10	－1	优势
固定资产投资额	20	19	1	中势
固定资产投资额增长率	24	18	6	中势
人均固定资产投资额	12	12	0	中势
全社会消费品零售总额	21	21	0	劣势
全社会消费品零售总额增长率	9	8	1	优势
人均全社会消费品零售总额	14	14	0	中势

续表

指　　标	2012 年	2013 年	排位升降	优劣势
1.2　经济结构竞争力	19	20	-1	中势
产业结构优化度	15	12	3	中势
所有制经济结构优化度	13	13	0	中势
城乡经济结构优化度	22	22	0	劣势
就业结构优化度	13	13	0	中势
资本形成结构优化度	21	23	-2	劣势
贸易结构优化度	12	11	1	中势
1.3　经济外向度竞争力	8	11	-3	中势
进出口总额	11	10	1	优势
进出口增长率	2	3	-1	强势
出口总额	10	10	0	优势
出口增长率	2	5	-3	优势
实际 FDI	9	10	-1	优势
实际 FDI 增长率	27	26	1	劣势
外贸依存度	11	8	3	优势
对外经济合作完成营业额	22	22	0	劣势
对外直接投资	13	23	-10	劣势

2. 重庆市产业经济竞争力指标排名变化情况

表 22-6　2012~2013 年重庆市产业经济竞争力指标组排位及变化趋势表

指　　标	2012 年	2013 年	排位升降	优劣势
2　产业经济竞争力	25	21	4	劣势
2.1　农业竞争力	27	29	-2	劣势
农业增加值	21	22	-1	劣势
农业增加值增长率	13	10	3	优势
人均农业增加值	16	17	-1	中势
农民人均纯收入	19	19	0	中势
农民人均纯收入增长率	16	12	4	中势
农产品出口占农林牧渔总产值比重	24	21	3	劣势
人均主要农产品产量	20	20	0	中势
农业机械化	20	24	-4	劣势
农村人均用电量	13	13	0	中势
财政支农资金比重	27	26	1	劣势

续表

指　　标	2012 年	2013 年	排位升降	优劣势
2.2　工业竞争力	25	20	5	中势
工业增加值	22	21	1	劣势
工业增加值增长率	25	27	-2	劣势
人均工业增加值	13	14	-1	中势
工业资产总额	25	24	1	劣势
工业资产总额增长率	8	4	4	优势
工业资产总贡献率	24	12	12	中势
规模以上工业主营业务收入	22	22	0	劣势
规模以上工业利润总额	24	21	3	劣势
工业全员劳动生产率	27	21	6	劣势
工业成本费用利润率	29	19	10	中势
2.3　服务业竞争力	22	16	6	中势
服务业增加值	21	19	2	中势
服务业增加值增长率	7	5	2	优势
人均服务业增加值	11	11	0	中势
服务业从业人员数	21	20	1	中势
服务业从业人员数增长率	14	9	5	优势
限额以上批发零售企业主营业务收入	15	15	0	中势
限额以上批零企业利税率	12	9	3	优势
限额以上餐饮企业利税率	30	29	1	劣势
旅游外汇收入	15	14	1	中势
房地产经营总收入	9	14	-5	中势
2.4　企业竞争力	19	16	3	中势
规模以上工业企业数	18	18	0	中势
规模以上企业平均资产	20	19	1	中势
规模以上企业平均增加值	23	20	3	中势
流动资金周转次数	13	13	0	中势
规模以上企业平均利润	29	16	13	中势
规模以上企业销售利税率	31	20	11	中势
新产品销售收入占主营业务收入比重	1	4	-3	优势
产品质量抽查合格率	11	14	-3	中势
工业企业 R&D 经费投入强度	11	7	4	优势
中国驰名商标持有量	18	17	1	中势

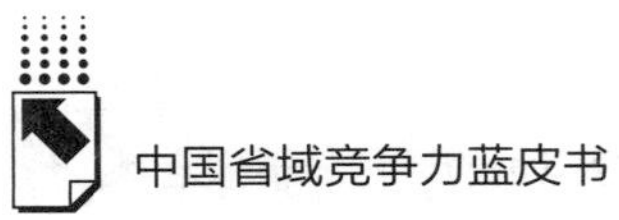

3. 重庆市可持续发展竞争力指标排名变化情况

表 22－7　2012～2013 年重庆市可持续发展竞争力指标组排位及变化趋势表

指　　标	2012 年	2013 年	排位升降	优劣势
3　可持续发展竞争力	24	24	0	劣势
3.1　资源竞争力	28	28	0	劣势
人均国土面积	21	21	0	劣势
人均可使用海域和滩涂面积	13	13	0	中势
人均年水资源量	17	17	0	中势
耕地面积	22	22	0	劣势
人均耕地面积	21	21	0	劣势
人均牧草地面积	16	16	0	中势
主要能源矿产基础储量	16	16	0	中势
人均主要能源矿产基础储量	16	17	－1	中势
人均森林储积量	18	19	－1	中势
3.2　环境竞争力	6	5	1	优势
森林覆盖率	13	12	1	中势
人均废水排放量	18	20	－2	中势
人均工业废气排放量	17	17	0	中势
人均工业固体废物排放量	6	6	0	优势
人均治理工业污染投资额	28	28	0	劣势
一般工业固体废物综合利用率	9	9	0	优势
生活垃圾无害化处理率	3	4	－1	优势
自然灾害直接经济损失	11	9	2	优势
3.3　人力资源竞争力	25	27	－2	劣势
人口自然增长率	23	23	0	劣势
15～64 岁人口比例	26	26	0	劣势
文盲率	20	18	2	中势
大专以上教育程度人口比例	14	19	－5	中势
平均受教育程度	21	22	－1	劣势
人口健康素质	13	13	0	中势
人力资源利用率	14	17	－3	中势
职业学校毕业生数	20	19	1	中势

4. 重庆市财政金融竞争力指标排名变化情况

表 22－8　2012～2013 年重庆市财政金融竞争力指标组排位及变化趋势表

指　　标	2012 年	2013 年	排位升降	优劣势
4　财政金融竞争力	13	23	－10	劣势
4.1　财政竞争力	15	28	－13	劣势
地方财政收入	16	19	－3	中势
地方财政支出	18	23	－5	劣势
地方财政收入占 GDP 比重	3	9	－6	优势

续表

指　　标	2012 年	2013 年	排位升降	优劣势
地方财政支出占 GDP 比重	9	10	-1	优势
税收收入占 GDP 比重	15	15	0	中势
税收收入占财政总收入比重	29	26	3	劣势
人均地方财政收入	9	9	0	优势
人均地方财政支出	10	11	-1	中势
人均税收收入	11	11	0	中势
地方财政收入增长率	24	31	-7	劣势
地方财政支出增长率	11	31	-20	劣势
税收收入增长率	27	17	10	中势
4.2　金融竞争力	10	11	-1	中势
存款余额	18	18	0	中势
人均存款余额	11	9	2	优势
贷款余额	16	16	0	中势
人均贷款余额	9	10	-1	优势
货币市场融资额	21	15	6	中势
中长期贷款占贷款余额比重	3	7	-4	优势
保险费净收入	18	17	1	中势
保险密度	8	11	-3	中势
保险深度	6	10	-4	优势
人均证券市场筹资额	13	10	3	优势

5. 重庆市知识经济竞争力指标排名变化情况

表 22-9　2012~2013 年重庆市知识经济竞争力指标组排位及变化趋势表

指　　标	2012 年	2013 年	排位升降	优劣势
5　知识经济竞争力	18	22	-4	劣势
5.1　科技竞争力	10	13	-3	中势
R&D 人员	20	20	0	中势
R&D 经费	17	17	0	中势
R&D 经费投入强度	13	13	0	中势
发明专利授权量	14	13	1	中势
技术市场成交合同金额	16	14	2	中势
财政科技支出占地方财政支出比重	22	25	-3	劣势
高技术产业增加值	13	16	-3	中势
高技术产业增加值占工业增加值比重	8	10	-2	优势
高技术产品出口额占商品出口额比重	4	8	-4	优势
5.2　教育竞争力	29	27	2	劣势
教育经费	24	25	-1	劣势
教育经费占 GDP 比重	15	18	-3	中势
人均教育经费	14	19	-5	中势
公共教育经费占财政支出比重	29	26	3	劣势

续表

指　　标	2012 年	2013 年	排位升降	优劣势
人均文化教育支出占个人消费支出比重	30	31	-1	劣势
万人中小学学校数	18	17	1	中势
万人中小学专任教师数	21	21	0	劣势
高等学校数	21	21	0	劣势
高校专任教师数	20	20	0	中势
万人高等学校在校学生数	9	8	1	优势
5.3　文化竞争力	24	25	-1	劣势
文化产业增加值	22	21	1	劣势
图书和期刊出版数	18	18	0	中势
报纸出版数	22	23	-1	劣势
出版印刷工业销售产值	17	17	0	中势
城镇居民人均文化娱乐支出	22	24	-2	劣势
农村居民人均文化娱乐支出	17	15	2	中势
城镇居民人均文化娱乐支出占消费性支出比重	30	31	-1	劣势
农村居民人均文化娱乐支出占消费性支出比重	13	11	2	中势

6. 重庆市发展环境竞争力指标排名变化情况

表 22-10　2012～2013 年重庆市发展环境竞争力指标组排位及变化趋势表

指　　标	2012 年	2013 年	排位升降	优劣势
6　发展环境竞争力	11	9	2	优势
6.1　基础设施竞争力	16	15	1	中势
铁路网线密度	18	16	2	中势
公路网线密度	4	4	0	优势
人均内河航道里程	4	4	0	优势
全社会旅客周转量	17	20	-3	中势
全社会货物周转量	19	20	-1	中势
人均邮电业务总量	17	15	2	中势
万户移动电话数	30	27	3	劣势
万户上网用户数	15	17	-2	中势
人均耗电量	23	22	1	劣势
6.2　软环境竞争力	6	3	3	强势
外资企业数增长率	1	1	0	强势
万人外资企业数	14	11	3	中势
个体私营企业数增长率	21	19	2	中势
万人个体私营企业数	12	13	-1	中势
万人商标注册件数	7	7	0	优势
查处商标侵权假冒案件	5	5	0	优势
每十万人交通事故发生数	22	22	0	劣势
罚没收入占财政收入比重	5	4	1	优势
食品安全事故数	14	5	9	优势

7. 重庆市政府作用竞争力指标排名变化情况

表 22 – 11　2012 ~ 2013 年重庆市政府作用竞争力指标组排位及变化趋势表

指　标	2012 年	2013 年	排位升降	优劣势
7　政府作用竞争力	24	22	2	劣势
7.1　政府发展经济竞争力	19	14	5	中势
财政支出用于基本建设投资比重	21	10	11	优势
财政支出对 GDP 增长的拉动	23	22	1	劣势
政府公务员对经济的贡献	10	9	1	优势
政府消费对民间消费的拉动	11	9	2	优势
财政投资对社会投资的拉动	12	22	-10	劣势
7.2　政府规调经济竞争力	28	28	0	劣势
物价调控	12	12	0	中势
调控城乡消费差距	30	28	2	劣势
统筹经济社会发展	11	11	0	中势
规范税收	31	31	0	劣势
人口控制	13	13	0	中势
7.3　政府保障经济竞争力	13	12	1	中势
城市城镇社区服务设施数	14	15	-1	中势
医疗保险覆盖率	20	20	0	中势
养老保险覆盖率	14	14	0	中势
失业保险覆盖率	14	8	6	优势
下岗职工再就业率	11	8	3	优势
城镇登记失业率	13	18	-5	中势

8. 重庆市发展水平竞争力指标排名变化情况

表 22 – 12　2012 ~ 2013 年重庆市发展水平竞争力指标组排位及变化趋势表

指　标	2012 年	2013 年	排位升降	优劣势
8　发展水平竞争力	6	7	-1	优势
8.1　工业化进程竞争力	6	8	-2	优势
工业增加值占 GDP 比重	14	13	1	中势
工业增加值增长率	7	7	0	优势
高技术产业规模以上企业产值	15	13	2	中势
高技术产业增加值占工业增加值比重	8	10	-2	优势
高技术产品出口额占商品出口额比重	4	8	-4	优势
信息产业增加值占 GDP 比重	22	23	-1	劣势
8.2　城市化进程竞争力	9	9	0	优势
城镇化率	10	10	0	优势
城镇居民人均可支配收入	11	11	0	中势
城市平均建成区面积比重	10	10	0	优势
人均拥有道路面积	28	27	1	劣势

续表

指　标	2012 年	2013 年	排位升降	优劣势
人均日生活用水量	18	18	0	中势
人均居住面积	8	8	0	优势
人均公共绿地面积	1	1	0	强势
8.3　市场化进程竞争力	8	3	5	强势
非公有制经济产值占全社会总产值的比重	13	13	0	中势
社会投资占投资总额比重	23	21	2	劣势
私有和个体企业从业人员比重	3	2	1	强势
亿元以上商品市场成交额	8	9	-1	优势
亿元以上商品市场成交额占全社会消费品零售总额比重	4	4	0	优势
居民消费支出占总消费支出比重	11	9	2	优势

9. 重庆市统筹协调竞争力指标排名变化情况

表 22－13　2012～2013 年重庆市统筹协调竞争力指标组排位及变化趋势表

指　标	2012 年	2013 年	排位升降	优劣势
9　统筹协调竞争力	19	17	2	中势
9.1　统筹发展竞争力	14	12	2	中势
社会劳动生产率	14	15	-1	中势
社会劳动生产率增速	11	16	-5	中势
万元 GDP 综合能耗	18	19	-1	中势
非农用地产出率	9	9	0	优势
生产税净额和营业盈余占 GDP 比重	14	16	-2	中势
最终消费率	18	19	-1	中势
固定资产投资额占 GDP 比重	20	16	4	中势
固定资产交付使用率	12	11	1	中势
9.2　协调发展竞争力	26	26	0	劣势
环境竞争力与宏观经济竞争力比差	20	22	-2	劣势
资源竞争力与宏观经济竞争力比差	24	24	0	劣势
人力资源竞争力与宏观经济竞争力比差	6	3	3	强势
资源竞争力与工业竞争力比差	10	13	-3	中势
环境竞争力与工业竞争力比差	28	27	1	劣势
城乡居民家庭人均收入比差	22	22	0	劣势
城乡居民人均现金消费支出比差	30	29	1	劣势
全社会消费品零售总额与外贸出口总额比差	23	23	0	劣势

B.24
23
四川省经济综合竞争力评价分析报告

四川省简称川或蜀，地处长江上游，北与青海省、甘肃省、陕西省相接，东与重庆市相连，南与贵州省、云南省为邻，西与西藏自治区交界。全省面积为48.5万平方公里，省内物产丰富，素有“天府之国”美称。2013年全省常住人口为8107万人，地区生产总值为26261亿元，同比增长10.0%，人均GDP达32454元。本部分通过分析2012～2013年四川省经济综合竞争力以及各要素竞争力的排名变化，从中找出四川省经济综合竞争力的推动点及其影响因素，为进一步提升四川省经济综合竞争力提供决策参考。

23.1 四川省经济综合竞争力总体分析

1. 四川省经济综合竞争力一级指标概要分析

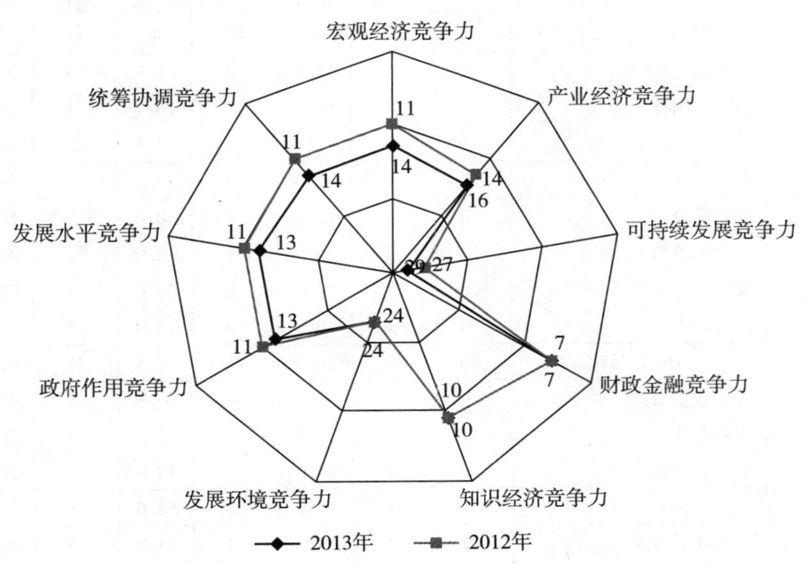

图23－1 2012～2013年四川省经济综合竞争力二级指标比较雷达图

（1）从综合排位看，2013年四川省经济综合竞争力综合排位在全国居第12位，这表明其在全国处于中势地位；与2012年相比，综合排位下降了2位。

（2）从指标所处区位看，处于上游区的指标有2个，分别为财政金融竞争力和知识

表 23－1　2012～2013 年四川省经济综合竞争力二级指标比较表

年份＼项目	宏观经济竞争力	产业经济竞争力	可持续发展竞争力	财政金融竞争力	知识经济竞争力	发展环境竞争力	政府作用竞争力	发展水平竞争力	统筹协调竞争力	**综合排位**
2012	11	14	27	7	10	24	11	11	11	10
2013	14	16	29	7	10	24	13	13	14	12
升降	－3	－2	－2	0	0	0	－2	－2	－3	－2
优劣度	中势	中势	劣势	优势	优势	劣势	中势	中势	中势	中势

经济竞争力，均是优势指标；处于中游区的指标有 5 个，分别为宏观经济竞争力、产业经济竞争力、政府作用竞争力、发展水平竞争力、统筹协调竞争力；劣势指标 2 个，分别为可持续发展竞争力和发展环境竞争力。

（3）从指标变化趋势看，9 个二级指标中，有 3 个指标没有发生变化，分别为财政金融竞争力、知识经济竞争力和发展环境竞争力；其余 6 个指标都出现了下降，即宏观经济竞争力、产业经济竞争力、可持续发展竞争力、政府作用竞争力、发展水平竞争力和统筹协调竞争力，这是四川省经济综合竞争力的下降拉力所在。

2. 四川省经济综合竞争力各级指标动态变化分析

表 23－2　2012～2013 年四川省经济综合竞争力各级指标排位变化态势比较表

二级指标	三级指标	四级指标数	上升		保持		下降		变化趋势
			指标数	比重（%）	指标数	比重（%）	指标数	比重（%）	
宏观经济竞争力	经济实力竞争力	12	4	33.3	5	41.7	3	25.0	上升
	经济结构竞争力	6	4	66.7	1	16.7	1	16.7	下降
	经济外向度竞争力	9	1	11.1	3	33.3	5	55.6	下降
	小　计	27	9	33.3	9	33.3	9	33.3	下降
产业经济竞争力	农业竞争力	10	1	10.0	4	40.0	5	50.0	上升
	工业竞争力	10	5	50.0	1	10.0	4	40.0	下降
	服务业竞争力	10	1	10.0	2	20.0	7	70.0	下降
	企业竞争力	10	1	10.0	4	40.0	5	50.0	下降
	小　计	40	8	20.0	11	27.5	21	52.5	下降
可持续发展竞争力	资源竞争力	9	1	11.1	6	66.7	2	22.2	下降
	环境竞争力	8	1	12.5	3	37.5	4	50.0	下降
	人力资源竞争力	8	2	25.0	4	50.0	2	25.0	保持
	小　计	25	4	16.0	13	52.0	8	32.0	下降
财政金融竞争力	财政竞争力	12	4	33.3	3	25.0	5	41.7	下降
	金融竞争力	10	2	20.0	4	40.0	4	40.0	保持
	小　计	22	6	27.3	7	31.8	9	40.9	保持
知识经济竞争力	科技竞争力	9	0	0.0	7	77.8	2	22.2	保持
	教育竞争力	10	6	60.0	2	20.0	2	20.0	保持
	文化竞争力	8	2	25.0	2	25.0	4	50.0	保持
	小　计	27	8	29.6	11	40.7	8	29.6	保持

续表

二级指标	三级指标	四级指标数	上升		保持		下降		变化趋势
			指标数	比重（%）	指标数	比重（%）	指标数	比重（%）	
发展环境竞争力	基础设施竞争力	9	1	11.1	5	55.6	3	33.3	下降
	软环境竞争力	9	3	33.3	4	44.4	2	22.2	保持
	小　计	18	4	22.2	9	50.0	5	27.8	保持
政府作用竞争力	政府发展经济竞争力	5	2	40.0	1	20.0	2	40.0	下降
	政府规调经济竞争力	5	1	20.0	4	80.0	0	0.0	下降
	政府保障经济竞争力	6	1	16.7	1	16.7	4	66.7	下降
	小　计	16	4	25.0	6	37.5	6	37.5	下降
发展水平竞争力	工业化进程竞争力	6	1	16.7	3	50.0	2	33.3	保持
	城市化进程竞争力	7	1	14.3	4	57.1	2	28.6	保持
	市场化进程竞争力	6	3	50.0	1	16.7	2	33.3	下降
	小　计	19	5	26.3	8	42.1	6	31.6	下降
统筹协调竞争力	统筹发展竞争力	8	1	12.5	2	25.0	5	62.5	下降
	协调发展竞争力	8	5	62.5	2	25.0	1	12.5	保持
	小　计	16	6	37.5	4	25.0	6	37.5	下降
合　计		210	54	25.7	78	37.1	78	37.1	下降

从表23－2可以看出，210个四级指标中，上升指标有54个，占指标总数的25.7%；下降指标有78个，占指标总数的37.1%；保持不变的指标有78个，占指标总数的37.1%。综上所述，四川省经济综合竞争力上升的动力小于下降的拉力，使得2012～2013年四川省经济综合竞争力排位处于下降趋势。

3. 四川省经济综合竞争力各级指标优劣势结构分析

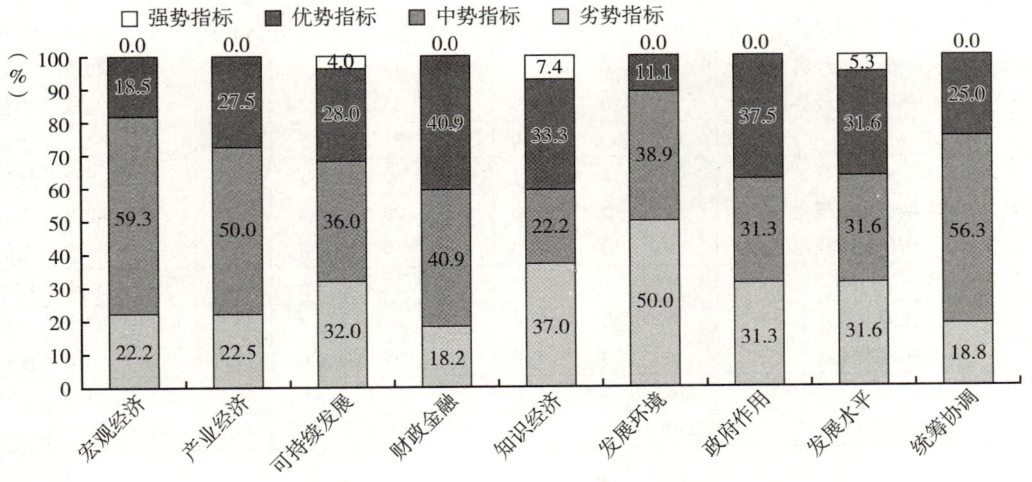

图23－2　2013年四川省经济综合竞争力各级指标优劣势比较图

表 23－3　2013 年四川省经济综合竞争力各级指标优劣势比较表

二级指标	三级指标	四级指标数	强势指标		优势指标		中势指标		劣势指标		优劣势
			个数	比重（%）	个数	比重（%）	个数	比重（%）	个数	比重（%）	
宏观经济竞争力	经济实力竞争力	12	0	0.0	4	33.3	5	41.7	3	25.0	优势
	经济结构竞争力	6	0	0.0	0	0.0	5	83.3	1	16.7	中势
	经济外向度竞争力	9	0	0.0	1	11.1	6	66.7	2	22.2	中势
	小　计	27	0	0.0	5	18.5	16	59.3	6	22.2	中势
产业经济竞争力	农业竞争力	10	0	0.0	2	20.0	4	40.0	4	40.0	中势
	工业竞争力	10	0	0.0	5	50.0	4	40.0	1	10.0	中势
	服务业竞争力	10	0	0.0	3	30.0	5	50.0	2	20.0	优势
	企业竞争力	10	0	0.0	1	10.0	7	70.0	2	20.0	劣势
	小　计	40	0	0.0	11	27.5	20	50.0	9	22.5	中势
可持续发展竞争力	资源竞争力	9	0	0.0	5	55.6	3	33.3	1	11.1	中势
	环境竞争力	8	0	0.0	2	25.0	3	37.5	3	37.5	劣势
	人力资源竞争力	8	1	12.5	0	0.0	3	37.5	4	50.0	中势
	小　计	25	1	4.0	7	28.0	9	36.0	8	32.0	劣势
财政金融竞争力	财政竞争力	12	0	0.0	3	25.0	6	50.0	3	25.0	中势
	金融竞争力	10	0	0.0	6	60.0	3	30.0	1	10.0	优势
	小　计	22	0	0.0	9	40.9	9	40.9	4	18.2	优势
知识经济竞争力	科技竞争力	9	1	11.1	5	55.6	2	22.2	1	11.1	优势
	教育竞争力	10	0	0.0	3	30.0	2	20.0	5	50.0	中势
	文化竞争力	8	1	12.5	1	12.5	2	25.0	4	50.0	中势
	小　计	27	2	7.4	9	33.3	6	22.2	10	37.0	优势
发展环境竞争力	基础设施竞争力	9	0	0.0	1	11.1	1	11.1	7	77.8	劣势
	软环境竞争力	9	0	0.0	1	11.1	6	66.7	2	22.2	中势
	小　计	18	0	0.0	2	11.1	7	38.9	9	50.0	劣势
政府作用竞争力	政府发展经济竞争力	5	0	0.0	2	40.0	2	40.0	1	20.0	中势
	政府规调经济竞争力	5	0	0.0	2	40.0	1	20.0	2	40.0	中势
	政府保障经济竞争力	6	0	0.0	2	33.3	2	33.3	2	33.3	中势
	小　计	16	0	0.0	6	37.5	5	31.3	5	31.3	中势
发展水平竞争力	工业化进程竞争力	6	1	16.7	3	50.0	1	16.7	1	16.7	优势
	城市化进程竞争力	7	0	0.0	2	28.6	2	28.6	3	42.9	劣势
	市场化进程竞争力	6	0	0.0	1	16.7	3	50.0	2	33.3	中势
	小　计	19	1	5.3	6	31.6	6	31.6	6	31.6	中势
统筹协调竞争力	统筹发展竞争力	8	0	0.0	2	25.0	3	37.5	3	37.5	劣势
	协调发展竞争力	8	0	0.0	2	25.0	6	75.0	0	0.0	优势
	小　计	16	0	0.0	4	25.0	9	56.3	3	18.8	中势
合　计		210	4	1.9	59	28.1	87	41.4	60	28.6	中势

基于图 23－2 和表 23－3，从四级指标来看，强势指标 4 个，占指标总数的 2.9%；优势指标 59 个，占指标总数的 28.1%；中势指标 87 个，占指标总数的 41.4%；劣势

指标60个，占指标总数的28.6%。从三级指标来看，强势指标0个；优势指标6个，占三级指标总数的24%；中势指标14个，占三级指标总数的56%；劣势指标5个，占三级指标总数的20%。反映到二级指标上来，强势指标0个；优势指标有2个，占二级指标总数的22.2%，中势指标有5个，占二级指标总数的55.6%；劣势指标有2个，占二级指标总数的22.2%。综合来看，由于中势指标在指标体系中居于主导地位，2013年四川省经济综合竞争力处于中势地位。

4. 四川省经济综合竞争力四级指标优劣势对比分析

表23－4 2013年四川省经济综合竞争力各级指标优劣势比较表

二级指标	优劣势	四级指标
宏观经济竞争力（27个）	强势指标	（0个）
	优势指标	地区生产总值、财政总收入、固定资产投资额、全社会消费品零售总额、对外经济合作完成营业额（5个）
	劣势指标	人均地区生产总值、人均财政收入、人均固定资产投资额、产业结构优化度、出口增长率、实际FDI增长率（6个）
产业经济竞争力（40个）	强势指标	（0个）
	优势指标	农业增加值、农业机械化、工业增加值、工业增加值增长率、工业资产总额、规模以上工业主营业务收入、规模以上工业利润总额、服务业从业人员数、限额以上餐饮企业利税率、房地产经营总收入、中国驰名商标持有量（11个）
	劣势指标	农业增加值增长率、农民人均纯收入、农产品出口占农林牧渔总产值比重、农村人均用电量、人均工业增加值、人均服务业增加值、服务业从业人员数增长率、规模以上企业平均增加值、工业企业R&D经费投入强度（9个）
可持续发展竞争力（25个）	强势指标	职业学校毕业生数（1个）
	优势指标	人均国土面积、耕地面积、人均牧草地面积、主要能源矿产基础储量、人均森林储积量、人均废水排放量、人均工业废气排放量（7个）
	劣势指标	人均耕地面积、人均治理工业污染投资额、一般工业固体废物综合利用率、自然灾害直接经济损失、人口自然增长率、15~64岁人口比例、文盲率、平均受教育程度（8个）
财政金融竞争力（22个）	强势指标	（0个）
	优势指标	地方财政收入、地方财政支出、地方财政支出增长率、存款余额、贷款余额、货币市场融资额、中长期贷款占贷款余额比重、保险费净收入、保险深度（9个）
	劣势指标	人均地方财政收入、人均地方财政支出、人均税收收入、人均证券市场筹资额（4个）
知识经济竞争力（27个）	强势指标	高技术产品出口额占商品出口额比重、文化产业增加值（2个）
	优势指标	R&D经费、发明专利授权量、技术市场成交合同金额、高技术产业增加值、高技术产业增加值占工业增加值比重、教育经费、高等学校数、高校专任教师数、报纸出版数（9个）
	劣势指标	财政科技支出占地方财政支出比重、人均教育经费、人均文化教育支出占个人消费支出比重、万人中小学学校数、万人中小学专任教师数、万人高等学校在校学生数、城镇居民人均文化娱乐支出、农村居民人均文化娱乐支出、城镇居民人均文化娱乐支出占消费性支出比重、农村居民人均文化娱乐支出占消费性支出比重（10个）

续表

二级指标	优劣势	四　级　指　标
发展环境竞争力（18个）	强势指标	（0个）
	优势指标	人均内河航道里程、罚没收入占财政收入比重（2个）
	劣势指标	铁路网线密度、公路网线密度、全社会货物周转量、人均邮电业务总量、万户移动电话数、万户上网用户数、人均耗电量、外资企业数增长率、个体私营企业数增长率（9个）
政府作用竞争力（16个）	强势指标	（0个）
	优势指标	财政支出用于基本建设投资比重、政府消费对民间消费的拉动、物价调控、人口控制、养老保险覆盖率、下岗职工再就业率（6个）
	劣势指标	财政投资对社会投资的拉动、调控城乡消费差距、统筹经济社会发展、失业保险覆盖率、城镇登记失业率（5个）
发展水平竞争力（19个）	强势指标	高技术产品出口额占商品出口额比重（1个）
	优势指标	高技术产业规模以上企业产值、高技术产业增加值占工业增加值比重、信息产业增加值占GDP比重、人均日生活用水量、人均居住面积、居民消费支出占总消费支出比重（6个）
	劣势指标	工业增加值增长率、城镇化率、城镇居民人均可支配收入、城市平均建成区面积比重、社会投资占投资总额比重、私有和个体企业从业人员比重（6个）
统筹协调竞争力（16个）	强势指标	（0个）
	优势指标	生产税净额和营业盈余占GDP比重、固定资产交付使用率、环境竞争力与宏观经济竞争力比差、环境竞争力与工业竞争力比差（4个）
	劣势指标	社会劳动生产率、社会劳动生产率增速、万元GDP综合能耗（3个）

23.2　四川省经济综合竞争力各级指标具体分析

1. 四川省宏观经济竞争力指标排名变化情况

表23-5　2012～2013年四川省宏观经济竞争力指标组排位及变化趋势表

指　标	2012年	2013年	排位升降	优劣势
1　宏观经济竞争力	11	14	-3	中势
1.1　经济实力竞争力	11	10	1	优势
地区生产总值	8	8	0	优势
地区生产总值增长率	7	16	-9	中势
人均地区生产总值	24	24	0	劣势
财政总收入	4	7	-3	优势
财政总收入增长率	17	14	3	中势
人均财政收入	24	23	1	劣势
固定资产投资额	8	8	0	优势
固定资产投资额增长率	22	19	3	中势
人均固定资产投资额	26	27	-1	劣势
全社会消费品零售总额	8	8	0	优势
全社会消费品零售总额增长率	18	13	5	中势
人均全社会消费品零售总额	20	20	0	中势

续表

指　　标	2012 年	2013 年	排位升降	优劣势
1.2　经济结构竞争力	18	19	-1	中势
产业结构优化度	28	26	2	劣势
所有制经济结构优化度	12	12	0	中势
城乡经济结构优化度	19	18	1	中势
就业结构优化度	18	20	-2	中势
资本形成结构优化度	13	12	1	中势
贸易结构优化度	16	13	3	中势
1.3　经济外向度竞争力	12	18	-6	中势
进出口总额	10	11	-1	中势
进出口增长率	9	18	-9	中势
出口总额	11	11	0	中势
出口增长率	7	21	-14	劣势
实际 FDI	10	11	-1	中势
实际 FDI 增长率	28	25	3	劣势
外贸依存度	16	16	0	中势
对外经济合作完成营业额	5	5	0	优势
对外直接投资	10	17	-7	中势

2. 四川省产业经济竞争力指标排名变化情况

表 23-6　2012~2013 年四川省产业经济竞争力指标组排位及变化趋势表

指　　标	2012 年	2013 年	排位升降	优劣势
2　产业经济竞争力	14	16	-2	中势
2.1　农业竞争力	16	13	3	中势
农业增加值	4	5	-1	优势
农业增加值增长率	21	23	-2	劣势
人均农业增加值	18	19	-1	中势
农民人均纯收入	21	21	0	劣势
农民人均纯收入增长率	13	14	-1	中势
农产品出口占农林牧渔总产值比重	28	29	-1	劣势
人均主要农产品产量	15	15	0	中势
农业机械化	19	9	10	优势
农村人均用电量	23	23	0	劣势
财政支农资金比重	12	12	0	中势

续表

指　　标	2012 年	2013 年	排位升降	优劣势
2.2　工业竞争力	11	12	-1	中势
工业增加值	8	8	0	优势
工业增加值增长率	12	6	6	优势
人均工业增加值	23	22	1	劣势
工业资产总额	9	8	1	优势
工业资产总额增长率	16	11	5	中势
工业资产总贡献率	15	17	-2	中势
规模以上工业主营业务收入	10	9	1	优势
规模以上工业利润总额	8	9	-1	优势
工业全员劳动生产率	11	20	-9	中势
工业成本费用利润率	11	15	-4	中势
2.3　服务业竞争力	8	9	-1	优势
服务业增加值	11	12	-1	中势
服务业增加值增长率	8	11	-3	中势
人均服务业增加值	24	24	0	劣势
服务业从业人员数	5	6	-1	优势
服务业从业人员数增长率	21	24	-3	劣势
限额以上批发零售企业主营业务收入	12	13	-1	中势
限额以上批零企业利税率	8	11	-3	中势
限额以上餐饮企业利税率	11	7	4	优势
旅游外汇收入	18	19	-1	中势
房地产经营总收入	7	7	0	优势
2.4　企业竞争力	22	24	-2	劣势
规模以上工业企业数	10	11	-1	中势
规模以上企业平均资产	18	18	0	中势
规模以上企业平均增加值	25	25	0	劣势
流动资金周转次数	14	14	0	中势
规模以上企业平均利润	18	17	1	中势
规模以上企业销售利税率	12	15	-3	中势
新产品销售收入占主营业务收入比重	17	17	0	中势
产品质量抽查合格率	7	11	-4	中势
工业企业 R&D 经费投入强度	21	25	-4	劣势
中国驰名商标持有量	8	10	-2	优势

3. 四川省可持续发展竞争力指标排名变化情况

表 23-7　2012~2013 年四川省可持续发展竞争力指标组排位及变化趋势表

指　　标	2012 年	2013 年	排位升降	优劣势
3　可持续发展竞争力	27	29	-2	劣势
3.1　资源竞争力	14	15	-1	中势
人均国土面积	10	10	0	优势
人均可使用海域和滩涂面积	13	13	0	中势
人均年水资源量	9	11	-2	中势
耕地面积	7	7	0	优势
人均耕地面积	22	22	0	劣势
人均牧草地面积	7	7	0	优势
主要能源矿产基础储量	7	5	2	优势
人均主要能源矿产基础储量	6	13	-7	中势
人均森林储积量	6	6	0	优势
3.2　环境竞争力	27	30	-3	劣势
森林覆盖率	14	17	-3	中势
人均废水排放量	6	6	0	优势
人均工业废气排放量	4	4	0	优势
人均工业固体废物排放量	13	15	-2	中势
人均治理工业污染投资额	27	29	-2	劣势
一般工业固体废物综合利用率	27	30	-3	劣势
生活垃圾无害化处理率	17	13	4	中势
自然灾害直接经济损失	31	31	0	劣势
3.3　人力资源竞争力	17	17	0	中势
人口自然增长率	26	25	1	劣势
15~64 岁人口比例	24	28	-4	劣势
文盲率	24	24	0	劣势
大专以上教育程度人口比例	15	15	0	中势
平均受教育程度	24	26	-2	劣势
人口健康素质	19	19	0	中势
人力资源利用率	11	11	0	中势
职业学校毕业生数	5	3	2	强势

4. 四川省财政金融竞争力指标排名变化情况

表 23-8　2012~2013 年四川省财政金融竞争力指标组排位及变化趋势表

指　　标	2012 年	2013 年	排位升降	优劣势
4　财政金融竞争力	7	7	0	优势
4.1　财政竞争力	13	14	-1	中势
地方财政收入	8	8	0	优势
地方财政支出	4	4	0	优势
地方财政收入占 GDP 比重	18	19	-1	中势

续表

指　标	2012 年	2013 年	排位升降	优劣势
地方财政支出占 GDP 比重	15	12	3	中势
税收收入占 GDP 比重	18	18	0	中势
税收收入占财政总收入比重	4	19	-15	中势
人均地方财政收入	22	24	-2	劣势
人均地方财政支出	23	24	-1	劣势
人均税收收入	22	21	1	劣势
地方财政收入增长率	17	14	3	中势
地方财政支出增长率	20	6	14	优势
税收收入增长率	12	14	-2	中势
4.2　金融竞争力	7	7	0	优势
存款余额	7	7	0	优势
人均存款余额	19	18	1	中势
贷款余额	8	7	1	优势
人均贷款余额	20	20	0	中势
货币市场融资额	7	10	-3	优势
中长期贷款占贷款余额比重	10	10	0	优势
保险费净收入	6	7	-1	优势
保险密度	11	13	-2	中势
保险深度	4	4	0	优势
人均证券市场筹资额	19	23	-4	劣势

5. 四川省知识经济竞争力指标排名变化情况

表 23-9　2012~2013 年四川省知识经济竞争力指标组排位及变化趋势表

指　标	2012 年	2013 年	排位升降	优劣势
5　知识经济竞争力	10	10	0	优势
5.1　科技竞争力	8	8	0	优势
R&D 人员	15	15	0	中势
R&D 经费	10	10	0	优势
R&D 经费投入强度	11	12	-1	中势
发明专利授权量	8	8	0	优势
技术市场成交合同金额	10	10	0	优势
财政科技支出占地方财政支出比重	21	21	0	劣势
高技术产业增加值	4	4	0	优势
高技术产业增加值占工业增加值比重	6	6	0	优势
高技术产品出口额占商品出口额比重	2	3	-1	强势
5.2　教育竞争力	13	13	0	中势
教育经费	6	5	1	优势
教育经费占 GDP 比重	16	13	3	中势
人均教育经费	27	26	1	劣势
公共教育经费占财政支出比重	19	19	0	中势
人均文化教育支出占个人消费支出比重	20	22	-2	劣势

续表

指　　标	2012 年	2013 年	排位升降	优劣势
万人中小学学校数	22	23	-1	劣势
万人中小学专任教师数	23	22	1	劣势
高等学校数	11	10	1	优势
高校专任教师数	6	6	0	优势
万人高等学校在校学生数	24	21	3	劣势
5.3　文化竞争力	15	15	0	中势
文化产业增加值	4	3	1	强势
图书和期刊出版数	10	12	-2	中势
报纸出版数	8	8	0	优势
出版印刷工业销售产值	15	16	-1	中势
城镇居民人均文化娱乐支出	17	22	-5	劣势
农村居民人均文化娱乐支出	23	21	2	劣势
城镇居民人均文化娱乐支出占消费性支出比重	22	22	0	劣势
农村居民人均文化娱乐支出占消费性支出比重	25	26	-1	劣势

6. 四川省发展环境竞争力指标排名变化情况

表 23－10　2012～2013 年四川省发展环境竞争力指标组排位及变化趋势表

指　　标	2012 年	2013 年	排位升降	优劣势
6　发展环境竞争力	24	24	0	劣势
6.1　基础设施竞争力	23	25	-2	劣势
铁路网线密度	26	26	0	劣势
公路网线密度	21	21	0	劣势
人均内河航道里程	7	7	0	优势
全社会旅客周转量	10	12	-2	中势
全社会货物周转量	21	21	0	劣势
人均邮电业务总量	21	21	0	劣势
万户移动电话数	26	30	-4	劣势
万户上网用户数	25	26	-1	劣势
人均耗电量	27	26	1	劣势
6.2　软环境竞争力	17	17	0	中势
外资企业数增长率	22	21	1	劣势
万人外资企业数	18	18	0	中势
个体私营企业数增长率	28	26	2	劣势
万人个体私营企业数	16	17	-1	中势
万人商标注册件数	12	12	0	中势
查处商标侵权假冒案件	20	20	0	中势
每十万人交通事故发生数	12	12	0	中势
罚没收入占财政收入比重	12	10	2	优势
食品安全事故数	13	16	-3	中势

7. 四川省政府作用竞争力指标排名变化情况

表 23－11　2012～2013 年四川省政府作用竞争力指标组排位及变化趋势表

指　　标	2012 年	2013 年	排位升降	优劣势
7　政府作用竞争力	11	13	－2	中势
7.1　政府发展经济竞争力	11	15	－4	中势
财政支出用于基本建设投资比重	5	6	－1	优势
财政支出对 GDP 增长的拉动	17	20	－3	中势
政府公务员对经济的贡献	18	18	0	中势
政府消费对民间消费的拉动	6	5	1	优势
财政投资对社会投资的拉动	27	24	3	劣势
7.2　政府规调经济竞争力	16	18	－2	中势
物价调控	9	9	0	优势
调控城乡消费差距	22	21	1	劣势
统筹经济社会发展	25	25	0	劣势
规范税收	16	16	0	中势
人口控制	9	9	0	优势
7.3　政府保障经济竞争力	10	14	－4	中势
城市城镇社区服务设施数	11	11	0	中势
医疗保险覆盖率	7	14	－7	中势
养老保险覆盖率	7	10	－3	优势
失业保险覆盖率	15	22	－7	劣势
下岗职工再就业率	14	7	7	优势
城镇登记失业率	27	29	－2	劣势

8. 四川省发展水平竞争力指标排名变化情况

表 23－12　2012～2013 年四川省发展水平竞争力指标组排位及变化趋势表

指　　标	2012 年	2013 年	排位升降	优劣势
8　发展水平竞争力	11	13	－2	中势
8.1　工业化进程竞争力	5	5	0	优势
工业增加值占 GDP 比重	16	18	－2	中势
工业增加值增长率	21	21	0	劣势
高技术产业规模以上企业产值	6	6	0	优势
高技术产业增加值占工业增加值比重	6	6	0	优势
高技术产品出口额占商品出口额比重	2	3	－1	强势
信息产业增加值占 GDP 比重	10	9	1	优势
8.2　城市化进程竞争力	21	21	0	劣势
城镇化率	25	24	1	劣势
城镇居民人均可支配收入	22	22	0	劣势
城市平均建成区面积比重	23	23	0	劣势
人均拥有道路面积	19	19	0	中势

续表

指　　标	2012 年	2013 年	排位升降	优劣势
人均日生活用水量	8	9	-1	优势
人均居住面积	9	10	-1	优势
人均公共绿地面积	20	20	0	中势
8.3 市场化进程竞争力	17	18	-1	中势
非公有制经济产值占全社会总产值的比重	12	12	0	中势
社会投资占投资总额比重	20	22	-2	劣势
私有和个体企业从业人员比重	18	23	-5	劣势
亿元以上商品市场成交额	15	14	1	中势
亿元以上商品市场成交额占全社会消费品零售总额比重	24	20	4	中势
居民消费支出占总消费支出比重	6	5	1	优势

9. 四川省统筹协调竞争力指标排名变化情况

表 23 - 13　2012 ~ 2013 年四川省统筹协调竞争力指标组排位及变化趋势表

指　　标	2012 年	2013 年	排位升降	优劣势
9 统筹协调竞争力	11	14	-3	中势
9.1 统筹发展竞争力	16	23	-7	劣势
社会劳动生产率	24	26	-2	劣势
社会劳动生产率增速	5	29	-24	劣势
万元 GDP 综合能耗	21	22	-1	劣势
非农用地产出率	19	19	0	中势
生产税净额和营业盈余占 GDP 比重	10	10	0	优势
最终消费率	13	14	-1	中势
固定资产投资额占 GDP 比重	12	11	1	中势
固定资产交付使用率	3	7	-4	优势
9.2 协调发展竞争力	6	6	0	优势
环境竞争力与宏观经济竞争力比差	6	6	0	优势
资源竞争力与宏观经济竞争力比差	15	13	2	中势
人力资源竞争力与宏观经济竞争力比差	10	13	-3	中势
资源竞争力与工业竞争力比差	14	14	0	中势
环境竞争力与工业竞争力比差	7	4	3	优势
城乡居民家庭人均收入比差	18	17	1	中势
城乡居民人均现金消费支出比差	22	19	3	中势
全社会消费品零售总额与外贸出口总额比差	17	16	1	中势

B.25

24 贵州省经济综合竞争力评价分析报告

贵州省简称黔，地处我国西南地区云贵高原，东靠湖南，南邻广西，西毗云南，北连四川和贵州省。全省国土总面积17.6万平方公里，山地面积占80%以上。2013年全省常住人口为3502万人，地区生产总值为8007亿元，同比增长12.5%，人均GDP达22922元。本部分通过分析2012～2013年贵州省经济综合竞争力以及各要素竞争力的排名变化，从中找出贵州省经济综合竞争力的推动点及影响因素，为进一步提升贵州省经济综合竞争力提供决策参考。

24.1 贵州省经济综合竞争力总体分析

1. 贵州省经济综合竞争力一级指标概要分析

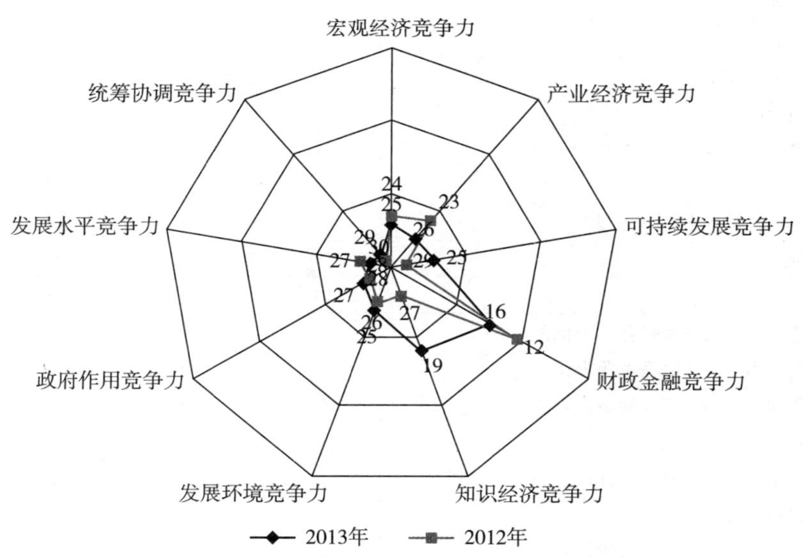

图24－1 2012～2013年贵州省经济综合竞争力二级指标比较雷达图

（1）从综合排位看，2013年贵州省经济综合竞争力综合排位在全国居第26位，这表明其在全国处于劣势地位；与2012年相比，综合排位上升了2位。

（2）从指标所处区位看，没有优势指标，仅有2个中势指标，分别为财政金融竞争力和知识经济竞争力，其余7个二级指标均为劣势指标。

表 24－1 2012～2013 年贵州省经济综合竞争力二级指标比较表

年份＼项目	宏观经济竞争力	产业经济竞争力	可持续发展竞争力	财政金融竞争力	知识经济竞争力	发展环境竞争力	政府作用竞争力	发展水平竞争力	统筹协调竞争力	综合排位
2012	24	23	29	12	27	26	28	27	30	28
2013	25	26	25	16	19	25	27	28	29	26
升降	－1	－3	4	－4	8	1	1	－1	1	2
优劣度	劣势	劣势	劣势	中势	中势	劣势	劣势	劣势	劣势	劣势

（3）从指标变化趋势看，9 个二级指标中，有 5 个指标处于上升趋势，分别为可持续发展竞争力、知识经济竞争力、发展环境竞争力，政府作用竞争力、统筹协调竞争力，这些是贵州省经济综合竞争力的上升动力所在；有 4 个指标排位出现下降，分别为宏观经济竞争力、产业经济竞争力、财政金融竞争力、发展水平竞争力，这些是贵州省经济综合竞争力的下降拉力所在。

2. 贵州省经济综合竞争力各级指标动态变化分析

表 24－2 2012～2013 年贵州省经济综合竞争力各级指标排位变化态势比较表

二级指标	三级指标	四级指标数	上升		保持		下降		变化趋势
			指标数	比重(%)	指标数	比重(%)	指标数	比重(%)	
宏观经济竞争力	经济实力竞争力	12	5	41.7	4	33.3	3	25.0	上升
	经济结构竞争力	6	2	33.3	2	33.3	2	33.3	保持
	经济外向度竞争力	9	2	22.2	7	77.8	0	0.0	下降
	小　计	27	9	33.3	13	48.1	5	18.5	下降
产业经济竞争力	农业竞争力	10	4	40.0	4	40.0	2	20.0	保持
	工业竞争力	10	2	20.0	4	40.0	4	40.0	上升
	服务业竞争力	10	4	40.0	4	40.0	2	20.0	下降
	企业竞争力	10	2	20.0	4	40.0	4	40.0	下降
	小　计	40	12	30.0	16	40.0	12	30.0	下降
可持续发展竞争力	资源竞争力	9	2	22.2	6	66.7	1	11.1	保持
	环境竞争力	8	1	12.5	3	37.5	4	50.0	下降
	人力资源竞争力	8	3	37.5	4	50.0	1	12.5	保持
	小　计	25	6	24.0	13	52.0	6	24.0	上升
财政金融竞争力	财政竞争力	12	7	58.3	2	16.7	3	25.0	下降
	金融竞争力	10	0	0.0	7	70.0	3	30.0	上升
	小　计	22	7	31.8	9	40.9	6	27.3	下降
知识经济竞争力	科技竞争力	9	2	22.2	5	55.6	2	22.2	保持
	教育竞争力	10	7	70.0	3	30.0	0	0.0	上升
	文化竞争力	8	5	62.5	2	25.0	1	12.5	上升
	小　计	27	14	51.9	10	37.0	3	11.1	上升

续表

二级指标	三级指标	四级指标数	上升		保持		下降		变化趋势
			指标数	比重（%）	指标数	比重（%）	指标数	比重（%）	
发展环境竞争力	基础设施竞争力	9	1	11.1	7	77.8	1	11.1	上升
	软环境竞争力	9	2	22.2	5	55.6	2	22.2	下降
	小　计	18	3	16.7	12	66.7	3	16.7	上升
政府作用竞争力	政府发展经济竞争力	5	1	20.0	3	60.0	1	20.0	下降
	政府规调经济竞争力	5	0	0.0	5	100.0	0	0.0	保持
	政府保障经济竞争力	6	4	66.7	1	16.7	1	16.7	上升
	小　计	16	5	31.3	9	56.3	2	12.5	上升
发展水平竞争力	工业化进程竞争力	6	1	16.7	2	33.3	3	50.0	下降
	城市化进程竞争力	7	3	42.9	3	42.9	1	14.3	保持
	市场化进程竞争力	6	2	33.3	2	33.3	2	33.3	上升
	小　计	19	6	31.6	7	36.8	6	31.6	下降
统筹协调竞争力	统筹发展竞争力	8	4	50.0	0	0.0	4	50.0	下降
	协调发展竞争力	8	4	50.0	1	12.5	3	37.5	上升
	小　计	16	8	50.0	1	6.3	7	43.8	上升
合　计		210	70	33.3	90	42.9	50	23.8	上升

从表24－2可以看出，210个四级指标中，上升指标有70个，占指标总数的33.3%；下降指标有50个，占指标总数的23.8%；保持不变的指标有90个，占指标总数的42.9%。综上所述，贵州省经济综合竞争力上升的动力大于下降的拉力，使得2013年贵州省经济综合竞争力排名上升了2位。

3. 贵州省经济综合竞争力各级指标优劣势结构分析

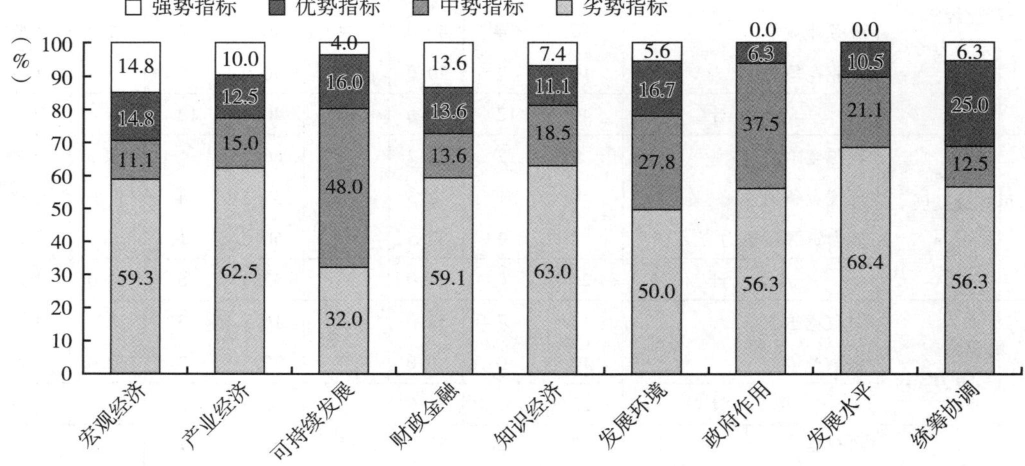

图24－2　2013年贵州省经济综合竞争力各级指标优劣势比较图

表 24－3　2013 年贵州省经济综合竞争力各级指标优劣势比较表

二级指标	三级指标	四级指标数	强势指标		优势指标		中势指标		劣势指标		优劣势
			个数	比重（%）	个数	比重（%）	个数	比重（%）	个数	比重（%）	
宏观经济竞争力	经济实力竞争力	12	2	16.7	1	8.3	3	25.0	6	50.0	中势
	经济结构竞争力	6	0	0.0	2	33.3	0	0.0	4	66.7	劣势
	经济外向度竞争力	9	2	22.2	1	11.1	0	0.0	6	66.7	中势
	小　计	27	4	14.8	4	14.8	3	11.1	16	59.3	劣势
产业经济竞争力	农业竞争力	10	1	10.0	2	20.0	1	10.0	6	60.0	劣势
	工业竞争力	10	1	10.0	2	20.0	1	10.0	6	60.0	劣势
	服务业竞争力	10	2	20.0	0	0.0	1	10.0	7	70.0	中势
	企业竞争力	10	0	0.0	1	10.0	3	30.0	6	60.0	劣势
	小　计	40	4	10.0	5	12.5	6	15.0	25	62.5	劣势
可持续发展竞争力	资源竞争力	9	0	0.0	4	44.4	5	55.6	0	0.0	中势
	环境竞争力	8	1	12.5	0	0.0	4	50.0	3	37.5	中势
	人力资源竞争力	8	0	0.0	0	0.0	3	37.5	5	62.5	劣势
	小　计	25	1	4.0	4	16.0	12	48.0	8	32.0	劣势
财政金融竞争力	财政竞争力	12	2	16.7	3	25.0	3	25.0	4	33.3	优势
	金融竞争力	10	1	10.0	0	0.0	0	0.0	9	90.0	中势
	小　计	22	3	13.6	3	13.6	3	13.6	13	59.1	中势
知识经济竞争力	科技竞争力	9	0	0.0	0	0.0	1	11.1	8	88.9	劣势
	教育竞争力	10	2	20.0	2	20.0	3	30.0	3	30.0	优势
	文化竞争力	8	0	0.0	1	12.5	1	12.5	6	75.0	劣势
	小　计	27	2	7.4	3	11.1	5	18.5	17	63.0	中势
发展环境竞争力	基础设施竞争力	9	0	0.0	0	0.0	4	44.4	5	55.6	劣势
	软环境竞争力	9	1	11.1	3	33.3	1	11.1	4	44.4	中势
	小　计	18	1	5.6	3	16.7	5	27.8	9	50.0	劣势
政府作用竞争力	政府发展经济竞争力	5	0	0.0	0	0.0	2	40.0	3	60.0	劣势
	政府规调经济竞争力	5	0	0.0	0	0.0	2	40.0	3	60.0	劣势
	政府保障经济竞争力	6	0	0.0	1	16.7	2	33.3	3	50.0	劣势
	小　计	16	0	0.0	1	6.3	6	37.5	9	56.3	劣势
发展水平竞争力	工业化进程竞争力	6	0	0.0	2	33.3	1	16.7	3	50.0	劣势
	城市化进程竞争力	7	0	0.0	0	0.0	2	28.6	5	71.4	劣势
	市场化进程竞争力	6	0	0.0	0	0.0	1	16.7	5	83.3	劣势
	小　计	19	0	0.0	2	10.5	4	21.1	13	68.4	劣势
统筹协调竞争力	统筹发展竞争力	8	0	0.0	2	25.0	1	12.5	5	62.5	劣势
	协调发展竞争力	8	1	12.5	2	25.0	1	12.5	4	50.0	中势
	小　计	16	1	6.3	4	25.0	2	12.5	9	56.3	劣势
合　计		210	16	7.6	29	13.8	46	21.9	119	56.7	劣势

基于图 24－2 和表 24－3，从四级指标来看，强势指标 16 个，占指标总数的 7.6%；优势指标 29 个，占指标总数的 13.8%；中势指标 46 个，占指标总数的 21.9%；劣势指标 119 个，占指标总数的 56.7%。从三级指标来看，强势指标 0 个；优势指标 2 个，占三级指标总数的 8%；中势指标 8 个，占三级指标总数的 32%；劣势指标 15 个，占三级指标总数的 60%。反映到二级指标上来，没有强势指标和优势指标；中势指标有 2 个，占二级指标总数的 22.2%；劣势指标有 7 个，占二级指标总数的

77.8%。综合来看，由于劣势指标在指标体系中居于主导地位，2013 年贵州省经济综合竞争力处于劣势地位。

4. 贵州省经济综合竞争力四级指标优劣势对比分析

表 24-4 2013 年贵州省经济综合竞争力各级指标优劣势比较表

二级指标	优劣势	四级指标
宏观经济竞争力（27 个）	强势指标	地区生产总值增长率、固定资产投资额增长率、出口增长率、实际 FDI 增长率（4 个）
	优势指标	财政总收入增长率、产业结构优化度、资本形成结构优化度、进出口增长率（4 个）
	劣势指标	地区生产总值、人均地区生产总值、固定资产投资额、人均固定资产投资额、全社会消费品零售总额、人均全社会消费品零售总额、所有制经济结构优化度、城乡经济结构优化度、就业结构优化度、贸易结构优化度、进出口总额、出口总额、实际 FDI、外贸依存度、对外经济合作完成营业额、对外直接投资（16 个）
产业经济竞争力（40 个）	强势指标	农民人均纯收入增长率、工业增加值增长率、服务业增加值增长率、限额以上批零企业利税率（4 个）
	优势指标	农业增加值增长率、财政支农资金比重、工业资产总额增长率、工业成本费用利润率、规模以上企业销售利税率（5 个）
	劣势指标	农业增加值、人均农业增加值、农民人均纯收入、农产品出口占农林牧渔总产值比重、人均主要农产品产量、农村人均用电量、工业增加值、人均工业增加值、工业资产总额、规模以上工业主营业务收入、规模以上工业利润总额、工业全员劳动生产率、服务业增加值、人均服务业增加值、服务业从业人员数、限额以上批发零售企业主营业务收入、限额以上餐饮企业利税率、旅游外汇收入、房地产经营总收入、规模以上工业企业数、规模以上企业平均增加值、流动资金周转次数、规模以上企业平均利润、产品质量抽查合格率、中国驰名商标持有量（25 个）
可持续发展竞争力（25 个）	强势指标	人均废水排放量（1 个）
	优势指标	人均耕地面积、人均牧草地面积、主要能源矿产基础储量、人均主要能源矿产基础储量（4 个）
	劣势指标	人均工业废气排放量、人均工业固体废物排放量、一般工业固体废物综合利用率、15~64 岁人口比例、文盲率、大专以上教育程度人口比例、平均受教育程度、人口健康素质（8 个）
财政金融竞争力（22 个）	强势指标	地方财政支出占 GDP 比重、税收收入增长率、中长期贷款占贷款余额比重（3 个）
	优势指标	地方财政收入占 GDP 比重、税收收入占 GDP 比重、地方财政收入增长率（3 个）
	劣势指标	地方财政收入、税收收入占财政总收入比重、人均地方财政收入、人均税收收入、存款余额、人均存款余额、贷款余额、人均贷款余额、货币市场融资额、保险费净收入、保险密度、保险深度、人均证券市场筹资额（13 个）
知识经济竞争力（27 个）	强势指标	教育经费占 GDP 比重、万人中小学学校数（2 个）
	优势指标	人均文化教育支出占个人消费支出比重、万人中小学专任教师数、城镇居民人均文化娱乐支出占消费性支出比重（3 个）
	劣势指标	R&D 人员、R&D 经费、R&D 经费投入强度、发明专利授权量、技术市场成交合同金额、财政科技支出占地方财政支出比重、高技术产业增加值、高技术产品出口额占商品出口额比重、高等学校数、高校专任教师数、万人高等学校在校学生数、文化产业增加值、图书和期刊出版数、报纸出版数、出版印刷工业销售产值、农村居民人均文化娱乐支出、农村居民人均文化娱乐支出占消费性支出比重（17 个）

续表

二级指标	优劣势	四级指标
发展环境竞争力（18个）	强势指标	每十万人交通事故发生数(1个)
	优势指标	个体私营企业数增长率、查处商标侵权假冒案件、食品安全事故数(3个)
	劣势指标	铁路网线密度、全社会货物周转量、人均邮电业务总量、万户移动电话数、万户上网用户数、外资企业数增长率、万人外资企业数、万人个体私营企业数、万人商标注册件数(9个)
政府作用竞争力（16个）	强势指标	(0个)
	优势指标	城市城镇社区服务设施数(1个)
	劣势指标	财政支出用于基本建设投资比重、财政支出对GDP增长的拉动、政府公务员对经济的贡献、调控城乡消费差距、统筹经济社会发展、人口控制、医疗保险覆盖率、养老保险覆盖率、失业保险覆盖率(9个)
发展水平竞争力（19个）	强势指标	(0个)
	优势指标	工业增加值占GDP比重、信息产业增加值占GDP比重(2个)
	劣势指标	工业增加值增长率、高技术产业规模以上企业产值、高技术产品出口额占商品出口额比重、城镇化率、城镇居民人均可支配收入、城市平均建成区面积比重、人均拥有道路面积、人均居住面积、非公有制经济产值占全社会总产值的比重、社会投资占投资总额比重、私有和个体企业从业人员比重、亿元以上商品市场成交额、亿元以上商品市场成交额占全社会消费品零售总额比重(13个)
统筹协调竞争力（16个）	强势指标	人力资源竞争力与宏观经济竞争力比差(1个)
	优势指标	社会劳动生产率增速、最终消费率、资源竞争力与宏观经济竞争力比差、资源竞争力与工业竞争力比差(4个)
	劣势指标	社会劳动生产率、万元GDP综合能耗、生产税净额和营业盈余占GDP比重、固定资产投资额占GDP比重、固定资产交付使用率、环境竞争力与宏观经济竞争力比差、环境竞争力与工业竞争力比差、城乡居民家庭人均收入比差、城乡居民人均现金消费支出比差(9个)

24.2 贵州省经济综合竞争力各级指标具体分析

1. 贵州省宏观经济竞争力指标排名变化情况

表24-5 2012~2013年贵州省宏观经济竞争力指标组排位及变化趋势表

指标	2012年	2013年	排位升降	优劣势
1 宏观经济竞争力	24	25	-1	劣势
1.1 经济实力竞争力	21	20	1	中势
地区生产总值	26	26	0	劣势
地区生产总值增长率	2	1	1	强势
人均地区生产总值	31	31	0	劣势
财政总收入	23	14	9	中势
财政总收入增长率	2	6	-4	优势
人均财政收入	21	12	9	中势
固定资产投资额	25	24	1	劣势

续表

指　　标	2012 年	2013 年	排位升降	优劣势
固定资产投资额增长率	1	2	-1	强势
人均固定资产投资额	31	30	1	劣势
全社会消费品零售总额	25	25	0	劣势
全社会消费品零售总额增长率	1	12	-11	中势
人均全社会消费品零售总额	31	31	0	劣势
1.2　经济结构竞争力	28	28	0	劣势
产业结构优化度	4	7	-3	优势
所有制经济结构优化度	24	23	1	劣势
城乡经济结构优化度	31	31	0	劣势
就业结构优化度	31	31	0	劣势
资本形成结构优化度	8	6	2	优势
贸易结构优化度	21	22	-1	劣势
1.3　经济外向度竞争力	14	16	-2	中势
进出口总额	28	28	0	劣势
进出口增长率	4	4	0	优势
出口总额	25	24	1	劣势
出口增长率	3	3	0	强势
实际 FDI	25	25	0	劣势
实际 FDI 增长率	2	2	0	强势
外贸依存度	28	28	0	劣势
对外经济合作完成营业额	25	25	0	劣势
对外直接投资	30	27	3	劣势

2. 贵州省产业经济竞争力指标排名变化情况

表 24-6　2012～2013 年贵州省产业经济竞争力指标组排位及变化趋势表

指　　标	2012 年	2013 年	排位升降	优劣势
2　产业经济竞争力	23	26	-3	劣势
2.1　农业竞争力	26	26	0	劣势
农业增加值	22	21	1	劣势
农业增加值增长率	1	4	-3	优势
人均农业增加值	29	29	0	劣势
农民人均纯收入	30	30	0	劣势
农民人均纯收入增长率	9	3	6	强势
农产品出口占农林牧渔总产值比重	23	27	-4	劣势
人均主要农产品产量	25	25	0	劣势
农业机械化	30	20	10	中势
农村人均用电量	27	27	0	劣势
财政支农资金比重	9	8	1	优势

续表

指 标	2012 年	2013 年	排位升降	优劣势
2.2 工业竞争力	24	21	3	劣势
工业增加值	26	26	0	劣势
工业增加值增长率	2	1	1	强势
人均工业增加值	29	29	0	劣势
工业资产总额	27	27	0	劣势
工业资产总额增长率	10	6	4	优势
工业资产总贡献率	12	18	-6	中势
规模以上工业主营业务收入	27	27	0	劣势
规模以上工业利润总额	25	26	-1	劣势
工业全员劳动生产率	23	26	-3	劣势
工业成本费用利润率	6	7	-1	优势
2.3 服务业竞争力	13	18	-5	中势
服务业增加值	25	25	0	劣势
服务业增加值增长率	5	1	4	强势
人均服务业增加值	28	28	0	劣势
服务业从业人员数	25	27	-2	劣势
服务业从业人员数增长率	17	15	2	中势
限额以上批发零售企业主营业务收入	27	26	1	劣势
限额以上批零企业利税率	2	2	0	强势
限额以上餐饮企业利税率	10	24	-14	劣势
旅游外汇收入	27	27	0	劣势
房地产经营总收入	24	22	2	劣势
2.4 企业竞争力	23	30	-7	劣势
规模以上工业企业数	25	25	0	劣势
规模以上企业平均资产	15	15	0	中势
规模以上企业平均增加值	27	27	0	劣势
流动资金周转次数	24	22	2	劣势
规模以上企业平均利润	11	23	-12	劣势
规模以上企业销售利税率	6	6	0	优势
新产品销售收入占主营业务收入比重	20	19	1	中势
产品质量抽查合格率	10	25	-15	劣势
工业企业 R&D 经费投入强度	17	20	-3	中势
中国驰名商标持有量	26	28	-2	劣势

3. 贵州省可持续发展竞争力指标排名变化情况

表 24－7　2012～2013 年贵州省可持续发展竞争力指标组排位及变化趋势表

指　　标	2012 年	2013 年	排位升降	优劣势
3　可持续发展竞争力	29	25	4	劣势
3.1　资源竞争力	16	16	0	中势
人均国土面积	13	13	0	中势
人均可使用海域和滩涂面积	13	13	0	中势
人均年水资源量	11	14	－3	中势
耕地面积	13	13	0	中势
人均耕地面积	8	8	0	优势
人均牧草地面积	10	10	0	优势
主要能源矿产基础储量	10	10	0	优势
人均主要能源矿产基础储量	16	6	10	优势
人均森林储积量	14	13	1	中势
3.2　环境竞争力	9	13	－4	中势
森林覆盖率	16	15	1	中势
人均废水排放量	3	3	0	强势
人均工业废气排放量	23	23	0	劣势
人均工业固体废物排放量	21	22	－1	劣势
人均治理工业污染投资额	15	15	0	中势
一般工业固体废物综合利用率	19	26	－7	劣势
生活垃圾无害化处理率	11	17	－6	中势
自然灾害直接经济损失	13	19	－6	中势
3.3　人力资源竞争力	30	30	0	劣势
人口自然增长率	13	15	－2	中势
15～64 岁人口比例	31	31	0	劣势
文盲率	29	29	0	劣势
大专以上教育程度人口比例	28	21	7	劣势
平均受教育程度	29	28	1	劣势
人口健康素质	28	28	0	劣势
人力资源利用率	16	16	0	中势
职业学校毕业生数	22	20	2	中势

4. 贵州省财政金融竞争力指标排名变化情况

表 24－8　2012～2013 年贵州省财政金融竞争力指标组排位及变化趋势表

指　　标	2012 年	2013 年	排位升降	优劣势
4　财政金融竞争力	12	16	－4	中势
4.1　财政竞争力	6	8	－2	优势
地方财政收入	25	24	1	劣势
地方财政支出	22	20	2	中势
地方财政收入占 GDP 比重	4	4	0	优势

续表

指　标	2012 年	2013 年	排位升降	优劣势
地方财政支出占 GDP 比重	3	3	0	强势
税收收入占 GDP 比重	6	4	2	优势
税收收入占财政总收入比重	21	30	-9	劣势
人均地方财政收入	24	21	3	劣势
人均地方财政支出	17	16	1	中势
人均税收收入	27	24	3	劣势
地方财政收入增长率	2	6	-4	优势
地方财政支出增长率	1	16	-15	中势
税收收入增长率	2	1	1	强势
4.2 金融竞争力	22	20	2	中势
存款余额	26	26	0	劣势
人均存款余额	31	31	0	劣势
贷款余额	26	26	0	劣势
人均贷款余额	28	28	0	劣势
货币市场融资额	23	28	-5	劣势
中长期贷款占贷款余额比重	2	2	0	强势
保险费净收入	27	27	0	劣势
保险密度	30	30	0	劣势
保险深度	18	22	-4	劣势
人均证券市场筹资额	22	29	-7	劣势

5. 贵州省知识经济竞争力指标排名变化情况

表 24-9　2012～2013 年贵州省知识经济竞争力指标组排位及变化趋势表

指　标	2012 年	2013 年	排位升降	优劣势
5 知识经济竞争力	27	19	8	中势
5.1 科技竞争力	24	24	0	劣势
R&D 人员	27	27	0	劣势
R&D 经费	26	26	0	劣势
R&D 经费投入强度	26	28	-2	劣势
发明专利授权量	21	21	0	劣势
技术市场成交合同金额	26	26	0	劣势
财政科技支出占地方财政支出比重	24	22	2	劣势
高技术产业增加值	22	21	1	劣势
高技术产业增加值占工业增加值比重	15	15	0	中势
高技术产品出口额占商品出口额比重	26	27	-1	劣势
5.2 教育竞争力	27	10	17	优势
教育经费	22	19	3	中势
教育经费占 GDP 比重	3	2	1	强势
人均教育经费	23	14	9	中势
公共教育经费占财政支出比重	22	11	11	中势
人均文化教育支出占个人消费支出比重	25	5	20	优势

续表

指　　标	2012 年	2013 年	排位升降	优劣势
万人中小学学校数	2	2	0	强势
万人中小学专任教师数	4	4	0	优势
高等学校数	24	24	0	劣势
高校专任教师数	26	24	2	劣势
万人高等学校在校学生数	30	29	1	劣势
5.3　文化竞争力	26	21	5	劣势
文化产业增加值	24	23	1	劣势
图书和期刊出版数	26	27	-1	劣势
报纸出版数	26	26	0	劣势
出版印刷工业销售产值	25	25	0	劣势
城镇居民人均文化娱乐支出	24	15	9	中势
农村居民人均文化娱乐支出	30	26	4	劣势
城镇居民人均文化娱乐支出占消费性支出比重	19	5	14	优势
农村居民人均文化娱乐支出占消费性支出比重	26	24	2	劣势

6. 贵州省发展环境竞争力指标排名变化情况

表 24-10　2012~2013 年贵州省发展环境竞争力指标组排位及变化趋势表

指　　标	2012 年	2013 年	排位升降	优劣势
6　发展环境竞争力	26	25	1	劣势
6.1　基础设施竞争力	26	24	2	劣势
铁路网线密度	24	24	0	劣势
公路网线密度	13	13	0	中势
人均内河航道里程	11	12	-1	中势
全社会旅客周转量	16	16	0	中势
全社会货物周转量	26	26	0	劣势
人均邮电业务总量	26	25	1	劣势
万户移动电话数	23	23	0	劣势
万户上网用户数	29	29	0	劣势
人均耗电量	17	17	0	中势
6.2　软环境竞争力	18	20	-2	中势
外资企业数增长率	26	31	-5	劣势
万人外资企业数	31	31	0	劣势
个体私营企业数增长率	16	9	7	优势
万人个体私营企业数	24	24	0	劣势
万人商标注册件数	27	27	0	劣势
查处商标侵权假冒案件	10	10	0	优势
每十万人交通事故发生数	1	1	0	强势
罚没收入占财政收入比重	17	18	-1	中势
食品安全事故数	9	7	2	优势

7. 贵州省政府作用竞争力指标排名变化情况

表 24－11 2012～2013 年贵州省政府作用竞争力指标组排位及变化趋势表

指　标		2012 年	2013 年	排位升降	优劣势
7	**政府作用竞争力**	28	27	1	劣势
7.1	政府发展经济竞争力	26	27	－1	劣势
	财政支出用于基本建设投资比重	15	22	－7	劣势
	财政支出对 GDP 增长的拉动	29	29	0	劣势
	政府公务员对经济的贡献	29	29	0	劣势
	政府消费对民间消费的拉动	12	12	0	中势
	财政投资对社会投资的拉动	23	15	8	中势
7.2	政府规调经济竞争力	26	26	0	劣势
	物价调控	15	15	0	中势
	调控城乡消费差距	29	29	0	劣势
	统筹经济社会发展	27	27	0	劣势
	规范税收	15	15	0	中势
	人口控制	24	24	0	劣势
7.3	政府保障经济竞争力	26	24	2	劣势
	城市城镇社区服务设施数	5	6	－1	优势
	医疗保险覆盖率	28	25	3	劣势
	养老保险覆盖率	29	28	1	劣势
	失业保险覆盖率	28	27	1	劣势
	下岗职工再就业率	18	12	6	中势
	城镇登记失业率	12	12	0	中势

8. 贵州省发展水平竞争力指标排名变化情况

表 24－12 2012～2013 年贵州省发展水平竞争力指标组排位及变化趋势表

指　标		2012 年	2013 年	排位升降	优劣势
8	**发展水平竞争力**	27	28	－1	劣势
8.1	工业化进程竞争力	23	25	－2	劣势
	工业增加值占 GDP 比重	4	6	－2	优势
	工业增加值增长率	31	31	0	劣势
	高技术产业规模以上企业产值	22	23	－1	劣势
	高技术产业增加值占工业增加值比重	15	15	0	中势
	高技术产品出口额占商品出口额比重	26	27	－1	劣势
	信息产业增加值占 GDP 比重	11	8	3	优势
8.2	城市化进程竞争力	30	30	0	劣势
	城镇化率	30	30	0	劣势
	城镇居民人均可支配收入	26	26	0	劣势
	城市平均建成区面积比重	25	24	1	劣势
	人均拥有道路面积	30	29	1	劣势

续表

指　　标	2012 年	2013 年	排位升降	优劣势
人均日生活用水量	19	19	0	中势
人均居住面积	19	21	-2	劣势
人均公共绿地面积	28	19	9	中势
8.3　市场化进程竞争力	25	24	1	劣势
非公有制经济产值占全社会总产值的比重	24	23	1	劣势
社会投资占投资总额比重	26	28	-2	劣势
私有和个体企业从业人员比重	27	26	1	劣势
亿元以上商品市场成交额	26	26	0	劣势
亿元以上商品市场成交额占全社会消费品零售总额比重	20	21	-1	劣势
居民消费支出占总消费支出比重	12	12	0	中势

9. 贵州省统筹协调竞争力指标排名变化情况

表 24-13　2012～2013 年贵州省统筹协调竞争力指标组排位及变化趋势表

指　　标	2012 年	2013 年	排位升降	优劣势
9　统筹协调竞争力	30	29	1	劣势
9.1　统筹发展竞争力	28	29	-1	劣势
社会劳动生产率	29	27	2	劣势
社会劳动生产率增速	1	5	-4	优势
万元 GDP 综合能耗	26	27	-1	劣势
非农用地产出率	21	20	1	中势
生产税净额和营业盈余占 GDP 比重	28	30	-2	劣势
最终消费率	5	6	-1	优势
固定资产投资额占 GDP 比重	25	23	2	劣势
固定资产交付使用率	30	29	1	劣势
9.2　协调发展竞争力	20	17	3	中势
环境竞争力与宏观经济竞争力比差	26	26	0	劣势
资源竞争力与宏观经济竞争力比差	8	10	-2	优势
人力资源竞争力与宏观经济竞争力比差	3	2	1	强势
资源竞争力与工业竞争力比差	4	9	-5	优势
环境竞争力与工业竞争力比差	26	23	3	劣势
城乡居民家庭人均收入比差	30	29	1	劣势
城乡居民人均现金消费支出比差	29	24	5	劣势
全社会消费品零售总额与外贸出口总额比差	9	11	-2	中势

B.26
25
云南省经济综合竞争力评价分析报告

云南省简称滇，位于中国西南地区云贵高原，东部与广西、贵州相连，北部与四川为邻，西北紧靠西藏，西部与缅甸接壤，南与老挝、越南毗邻，是中国通往东南亚、南亚的门户。全省面积39.4万平方公里，国境线长4060公里。2013年总人口为4687万人，全省地区生产总值达11721亿元，同比增长12.1%，人均GDP达25083元。本部分通过分析2012~2013年云南省经济综合竞争力以及各要素竞争力的排名变化分析，从中找出云南省经济综合竞争力的推动点及影响因素，为进一步提升云南省经济综合竞争力提供决策参考。

25.1 云南省经济综合竞争力总体分析

1. 云南省经济综合竞争力一级指标概要分析

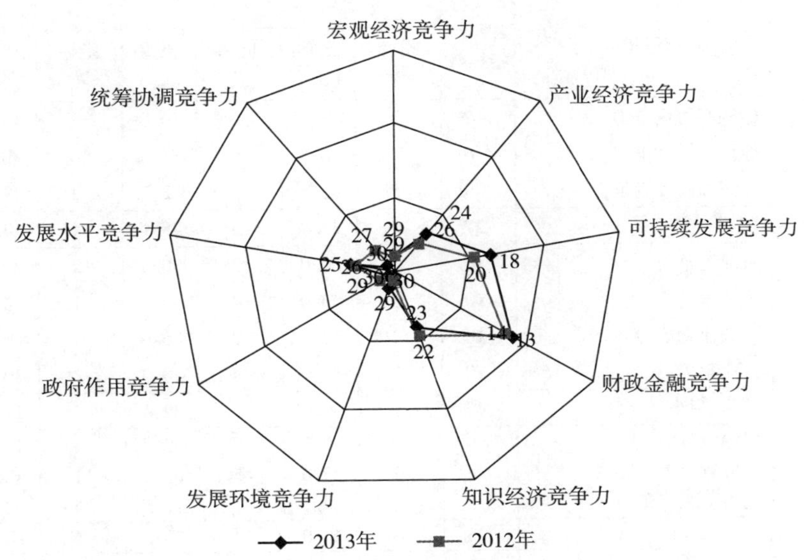

图25-1 2012~2013年云南省经济综合竞争力二级指标比较雷达图

（1）从综合排位看，2013年云南省经济综合竞争力综合排位在全国居第28位，这表明其在全国处于劣势地位；与2012年相比，综合排位下降了1位。

（2）从指标所处区位看，没有指标处于上游区；处于中游区的指标有2个，分别

表 25－1　2012～2013 年云南省经济综合竞争力二级指标比较表

项目／年份	宏观经济竞争力	产业经济竞争力	可持续发展竞争力	财政金融竞争力	知识经济竞争力	发展环境竞争力	政府作用竞争力	发展水平竞争力	统筹协调竞争力	**综合排位**
2012	29	26	20	14	22	30	29	26	27	27
2013	29	24	18	13	23	29	30	25	30	28
升降	0	2	2	1	－1	1	－1	1	－3	－1
优劣度	劣势	劣势	中势	中势	劣势	劣势	劣势	劣势	劣势	劣势

为可持续发展竞争力和财政金融竞争力；处于下游区的指标有 7 个，分别为宏观经济竞争力、产业经济竞争力、知识经济竞争力、发展环境竞争力、政府作用竞争力、发展水平竞争力和统筹协调竞争力。

（3）从指标变化趋势看，9 个二级指标中，有 5 个指标处于上升趋势，分别为产业经济竞争力、可持续发展竞争力、财政金融竞争力、发展环境竞争力和发展水平竞争力，这些是云南省经济综合竞争力的上升动力所在；有 1 个指标排位没有发生变化，为宏观经济竞争力；有 3 个指标处于下降趋势，分别为知识经济竞争力、政府作用竞争力和统筹协调竞争力，这些是云南省经济综合竞争力的下降拉力所在。

2. 云南省经济综合竞争力各级指标动态变化分析

表 25－2　2012～2013 年云南省经济综合竞争力各级指标排位变化态势比较表

二级指标	三级指标	四级指标数	上升		保持		下降		变化趋势
			指标数	比重（%）	指标数	比重（%）	指标数	比重（%）	
宏观经济竞争力	经济实力竞争力	12	4	33.3	6	50.0	2	16.7	上升
	经济结构竞争力	6	1	16.7	5	83.3	0	0.0	保持
	经济外向度竞争力	9	5	55.6	2	22.2	2	22.2	上升
	小　计	27	10	37.0	13	48.1	4	14.8	保持
产业经济竞争力	农业竞争力	10	5	50.0	3	30.0	2	20.0	上升
	工业竞争力	10	5	50.0	4	40.0	1	10.0	上升
	服务业竞争力	10	7	70.0	2	20.0	1	10.0	上升
	企业竞争力	10	3	30.0	4	40.0	3	30.0	保持
	小　计	40	20	50.0	13	32.5	7	17.5	上升
可持续发展竞争力	资源竞争力	9	0	0.0	8	88.9	1	11.1	保持
	环境竞争力	8	2	25.0	5	62.5	1	12.5	上升
	人力资源竞争力	8	3	37.5	1	12.5	4	50.0	保持
	小　计	25	5	20.0	14	56.0	6	24.0	上升
财政金融竞争力	财政竞争力	12	4	33.3	4	33.3	4	33.3	上升
	金融竞争力	10	3	30.0	2	20.0	5	50.0	保持
	小　计	22	7	31.8	6	27.3	9	40.9	上升
知识经济竞争力	科技竞争力	9	2	22.2	3	33.3	4	44.4	下降
	教育竞争力	10	4	40.0	3	30.0	3	30.0	上升
	文化竞争力	8	5	62.5	1	12.5	2	25.0	上升
	小　计	27	11	40.7	7	25.9	9	33.3	下降

续表

二级指标	三级指标	四级指标数	上升		保持		下降		变化趋势
			指标数	比重（%）	指标数	比重（%）	指标数	比重（%）	
发展环境竞争力	基础设施竞争力	9	4	44.4	4	44.4	1	11.1	保持
	软环境竞争力	9	3	33.3	6	66.7	0	0.0	上升
	小　计	18	7	38.9	10	55.6	1	5.6	上升
政府作用竞争力	政府发展经济竞争力	5	1	20.0	2	40.0	2	40.0	保持
	政府规调经济竞争力	5	0	0.0	3	60.0	2	40.0	下降
	政府保障经济竞争力	6	2	33.3	3	50.0	1	16.7	上升
	小　计	16	3	18.8	8	50.0	5	31.3	下降
发展水平竞争力	工业化进程竞争力	6	3	50.0	1	16.7	2	33.3	下降
	城市化进程竞争力	7	1	14.3	3	42.9	3	42.9	上升
	市场化进程竞争力	6	2	33.3	1	16.7	3	50.0	保持
	小　计	19	6	31.6	5	26.3	8	42.1	上升
统筹协调竞争力	统筹发展竞争力	8	2	25.0	2	25.0	4	50.0	下降
	协调发展竞争力	8	1	12.5	1	12.5	6	75.0	下降
	小　计	16	3	18.8	3	18.8	10	62.5	下降
合　计		210	72	34.3	79	37.6	59	28.1	下降

从表 25－2 可以看出，210 个四级指标中，上升指标有 72 个，占指标总数的 34.3%；下降指标有 59 个，占指标总数的 28.1%；保持不变的指标有 79 个，占指标总数的 37.6%。综上所述，上升和保持指标的比重大于下降指标的比重，但受其他外部因素的综合影响，2012～2013 年云南省经济综合竞争力排位下降 1 位。

3. 云南省经济综合竞争力各级指标优劣势结构分析

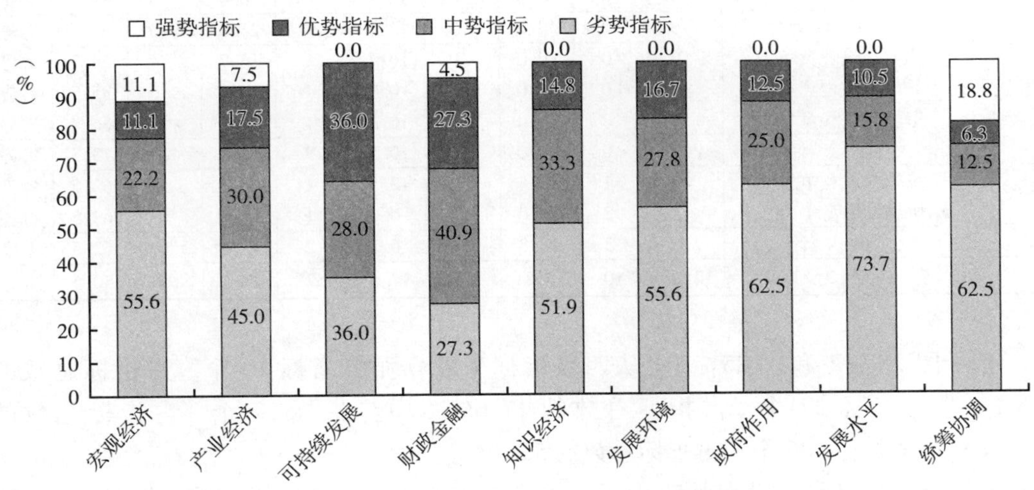

图 25－2　2013 年云南省经济综合竞争力各级指标优劣势比较图

表 25 - 3 2013 年云南省经济综合竞争力各级指标优劣势比较表

二级指标	三级指标	四级指标数	强势指标		优势指标		中势指标		劣势指标		优劣势
			个数	比重(%)	个数	比重(%)	个数	比重(%)	个数	比重(%)	
宏观经济竞争力	经济实力竞争力	12	2	16.7	2	16.7	0	0.0	8	66.7	中势
	经济结构竞争力	6	0	0.0	0	0.0	1	16.7	5	83.3	劣势
	经济外向度竞争力	9	1	11.1	1	11.1	5	55.6	2	22.2	优势
	小　计	27	3	11.1	3	11.1	6	22.2	15	55.6	劣势
产业经济竞争力	农业竞争力	10	1	10.0	3	30.0	3	30.0	3	30.0	中势
	工业竞争力	10	0	0.0	2	20.0	3	30.0	5	50.0	劣势
	服务业竞争力	10	1	10.0	2	20.0	4	40.0	3	30.0	中势
	企业竞争力	10	1	10.0	0	0.0	2	20.0	7	70.0	劣势
	小　计	40	3	7.5	7	17.5	12	30.0	18	45.0	劣势
可持续发展竞争力	资源竞争力	9	0	0.0	5	55.6	4	44.4	0	0.0	优势
	环境竞争力	8	0	0.0	2	25.0	2	25.0	4	50.0	优势
	人力资源竞争力	8	0	0.0	2	25.0	1	12.5	5	62.5	劣势
	小　计	25	0	0.0	9	36.0	7	28.0	9	36.0	中势
财政金融竞争力	财政竞争力	12	1	8.3	5	41.7	3	25.0	3	25.0	优势
	金融竞争力	10	0	0.0	1	10.0	6	60.0	3	30.0	中势
	小　计	22	1	4.5	6	27.3	9	40.9	6	27.3	中势
知识经济竞争力	科技竞争力	9	0	0.0	0	0.0	1	11.1	8	88.9	劣势
	教育竞争力	10	0	0.0	3	30.0	4	40.0	3	30.0	中势
	文化竞争力	8	0	0.0	1	12.5	4	50.0	3	37.5	中势
	小　计	27	0	0.0	4	14.8	9	33.3	14	51.9	劣势
发展环境竞争力	基础设施竞争力	9	0	0.0	0	0.0	2	22.2	7	77.8	劣势
	软环境竞争力	9	0	0.0	3	33.3	3	33.3	3	33.3	中势
	小　计	18	0	0.0	3	16.7	5	27.8	10	55.6	劣势
政府作用竞争力	政府发展经济竞争力	5	0	0.0	0	0.0	2	40.0	3	60.0	劣势
	政府规调经济竞争力	5	0	0.0	1	20.0	2	40.0	2	40.0	劣势
	政府保障经济竞争力	6	0	0.0	1	16.7	0	0.0	5	83.3	劣势
	小　计	16	0	0.0	2	12.5	4	25.0	10	62.5	劣势
发展水平竞争力	工业化进程竞争力	6	0	0.0	1	16.7	1	16.7	4	66.7	劣势
	城市化进程竞争力	7	0	0.0	0	0.0	1	14.3	6	85.7	劣势
	市场化进程竞争力	6	0	0.0	1	16.7	1	16.7	4	66.7	劣势
	小　计	19	0	0.0	2	10.5	3	15.8	14	73.7	劣势
统筹协调竞争力	统筹发展竞争力	8	1	12.5	1	12.5	1	12.5	5	62.5	劣势
	协调发展竞争力	8	2	25.0	0	0.0	1	12.5	5	62.5	劣势
	小　计	16	3	18.8	1	6.3	2	12.5	10	62.5	劣势
合　计		210	10	4.8	37	17.6	57	27.1	106	50.5	劣势

基于图 25 - 2 和表 25 - 3，从四级指标来看，强势指标 10 个，占指标总数的 4.8%；优势指标 37 个，占指标总数的 17.6%；中势指标 57 个，占指标总数的 27.1%；劣势指标 106 个，占指标总数的 50.5%。

从三级指标来看，没有强势指标；优势指标有 4 个，占三级指标总数的 16.0%；中势指标有 7 个，占三级指标总数的 28.0%；劣势指标有 14 个，占三级指标总数的 56.0%。反映到二级指标上，没有强势指标和优势指标；中势指标 2 个，占二级指标总数的22.22%；劣势指标有7个，占二级指标总数的77.78%。综合来看，由于劣势指标居于主导地位，2013年云南省经济综合竞争力处于劣势地位。

4. 云南省经济综合竞争力四级指标优劣势对比分析

表25-4 2013年云南省经济综合竞争力各级指标优劣势比较表

二级指标	优劣势	四级指标
宏观经济竞争力（27个）	强势指标	财政总收入增长率、固定资产投资额增长率、出口增长率(3个)
	优势指标	地区生产总值增长率、全社会消费品零售总额增长率、进出口增长率(3个)
	劣势指标	地区生产总值、人均地区生产总值、财政总收入、人均财政收入、固定资产投资额、人均固定资产投资额、全社会消费品零售总额、人均全社会消费品零售总额、所有制经济结构优化度、城乡经济结构优化度、就业结构优化度、资本形成结构优化度、贸易结构优化度、进出口总额、实际FDI(15个)
产业经济竞争力（40个）	强势指标	农业增加值增长率、服务业增加值增长率、规模以上企业销售利税率(3个)
	优势指标	农民人均纯收入增长率、农产品出口占农林牧渔总产值比重、财政支农资金比重、工业增加值增长率、工业资产总额增长率、限额以上批零企业利税率、旅游外汇收入(7个)
	劣势指标	人均农业增加值、农民人均纯收入、农村人均用电量、工业增加值、人均工业增加值、规模以上工业主营业务收入、规模以上工业利润总额、工业全员劳动生产率、服务业增加值、人均服务业增加值、限额以上餐饮企业利税率、规模以上工业企业数、规模以上企业平均增加值、流动资金周转次数、新产品销售收入占主营业务收入比重、产品质量抽查合格率、工业企业R&D经费投入强度、中国驰名商标持有量(18个)
可持续发展竞争力（25个）	强势指标	(0个)
	优势指标	人均国土面积、人均年水资源量、耕地面积、人均耕地面积、人均森林储积量、森林覆盖率、人均废水排放量、人力资源利用率、职业学校毕业生数(9个)
	劣势指标	人均工业固体废物排放量、一般工业固体废物综合利用率、生活垃圾无害化处理率、自然灾害直接经济损失、15~64岁人口比例、文盲率、大专以上教育程度人口比例、平均受教育程度、人口健康素质(9个)
财政金融竞争力（22个）	强势指标	地方财政收入增长率(1个)
	优势指标	地方财政收入占GDP比重、地方财政支出占GDP比重、税收收入占GDP比重、税收收入占财政总收入比重、地方财政支出增长率、中长期贷款占贷款余额比重(6个)
	劣势指标	地方财政收入、人均地方财政收入、人均税收收入、人均存款余额、人均贷款余额、保险密度(6个)
知识经济竞争力（27个）	强势指标	(0个)
	优势指标	教育经费占GDP比重、人均文化教育支出占个人消费支出比重、万人中小学学校数、城镇居民人均文化娱乐支出占消费性支出比重(4个)
	劣势指标	R&D人员、R&D经费、R&D经费投入强度、发明专利授权量、财政科技支出占地方财政支出比重、高技术产业增加值、高技术产业增加值占工业增加值比重、高技术产品出口额占商品出口额比重、人均教育经费、高校专任教师数、万人高等学校在校学生数、报纸出版数、农村居民人均文化娱乐支出、农村居民人均文化娱乐支出占消费性支出比重(14个)
发展环境竞争力（18个）	强势指标	(0个)
	优势指标	外资企业数增长率、个体私营企业数增长率、每十万人交通事故发生数(3个)
	劣势指标	铁路网线密度、公路网线密度、全社会旅客周转量、全社会货物周转量、人均邮电业务总量、万户移动电话数、万户上网用户数、万人外资企业数、万人个体私营企业数、罚没收入占财政收入比重(10个)

续表

二级指标	优劣势	四　级　指　标
政府作用竞争力(16个)	强势指标	(0个)
	优势指标	规范税收、下岗职工再就业率(2个)
	劣势指标	财政支出对GDP增长的拉动、政府公务员对经济的贡献、财政投资对社会投资的拉动、调控城乡消费差距、统筹经济社会发展、城市城镇社区服务设施数、医疗保险覆盖率、养老保险覆盖率、失业保险覆盖率、城镇登记失业率(10个)
发展水平竞争力(19个)	强势指标	(0个)
	优势指标	工业增加值占GDP比重、私有和个体企业从业人员比重(2个)
	劣势指标	工业增加值增长率、高技术产业规模以上企业产值、高技术产业增加值占工业增加值比重、高技术产品出口额占商品出口额比重、城镇化率、城市平均建成区面积比重、人均拥有道路面积、人均日生活用水量、人均居住面积、人均公共绿地面积、非公有制经济产值占全社会总产值的比重、社会投资占投资总额比重、亿元以上商品市场成交额、亿元以上商品市场成交额占全社会消费品零售总额比重(14个)
统筹协调竞争力(16个)	强势指标	最终消费率、资源竞争力与宏观经济竞争力比差、资源竞争力与工业竞争力比差(3个)
	优势指标	社会劳动生产率增速(1个)
	劣势指标	社会劳动生产率、万元GDP综合能耗、非农用地产出率、生产税净额和营业盈余占GDP比重、固定资产交付使用率、环境竞争力与宏观经济竞争力比差、人力资源竞争力与宏观经济竞争力比差、环境竞争力与工业竞争力比差、城乡居民家庭人均收入比差、城乡居民人均现金消费支出比差(10个)

25.2　云南省经济综合竞争力各级指标具体分析

1. 云南省宏观经济竞争力指标排名变化情况

表25-5　2012~2013年云南省宏观经济竞争力指标组排位及变化趋势表

指　　标	2012年	2013年	排位升降	优劣势
1　宏观经济竞争力	29	29	0	劣势
1.1　经济实力竞争力	24	19	5	中势
地区生产总值	24	24	0	劣势
地区生产总值增长率	4	4	0	优势
人均地区生产总值	29	29	0	劣势
财政总收入	18	21	-3	劣势
财政总收入增长率	11	2	9	强势
人均财政收入	25	25	0	劣势
固定资产投资额	22	21	1	劣势
固定资产投资额增长率	11	3	8	强势
人均固定资产投资额	30	29	1	劣势
全社会消费品零售总额	24	24	0	劣势
全社会消费品零售总额增长率	2	6	-4	优势
人均全社会消费品零售总额	29	29	0	劣势

续表

指　　标	2012 年	2013 年	排位升降	优劣势
1.2 经济结构竞争力	31	31	0	劣势
产业结构优化度	11	11	0	中势
所有制经济结构优化度	25	25	0	劣势
城乡经济结构优化度	30	30	0	劣势
就业结构优化度	29	29	0	劣势
资本形成结构优化度	29	29	0	劣势
贸易结构优化度	30	29	1	劣势
1.3 经济外向度竞争力	16	8	8	优势
进出口总额	22	21	1	劣势
进出口增长率	5	6	-1	优势
出口总额	21	20	1	中势
出口增长率	20	1	19	强势
实际 FDI	23	23	0	劣势
实际 FDI 增长率	4	11	-7	中势
外贸依存度	20	19	1	中势
对外经济合作完成营业额	17	16	1	中势
对外直接投资	11	11	0	中势

2. 云南省产业经济竞争力指标排名变化情况

表 25-6　2012~2013 年云南省产业经济竞争力指标组排位及变化趋势表

指　　标	2012 年	2013 年	排位升降	优劣势
2 产业经济竞争力	26	24	2	劣势
2.1 农业竞争力	19	16	3	中势
农业增加值	15	14	1	中势
农业增加值增长率	4	2	2	强势
人均农业增加值	25	25	0	劣势
农民人均纯收入	28	29	-1	劣势
农民人均纯收入增长率	8	5	3	优势
农产品出口占农林牧渔总产值比重	9	9	0	优势
人均主要农产品产量	19	18	1	中势
农业机械化	27	13	14	中势
农村人均用电量	26	26	0	劣势
财政支农资金比重	4	6	-2	优势

续表

指　　标	2012 年	2013 年	排位升降	优劣势
2.2　工业竞争力	26	24	2	劣势
工业增加值	23	23	0	劣势
工业增加值增长率	4	9	-5	优势
人均工业增加值	28	28	0	劣势
工业资产总额	21	19	2	中势
工业资产总额增长率	11	5	6	优势
工业资产总贡献率	16	14	2	中势
规模以上工业主营业务收入	24	24	0	劣势
规模以上工业利润总额	26	24	2	劣势
工业全员劳动生产率	30	28	2	劣势
工业成本费用利润率	16	16	0	中势
2.3　服务业竞争力	21	17	4	中势
服务业增加值	23	23	0	劣势
服务业增加值增长率	13	3	10	强势
人均服务业增加值	30	29	1	劣势
服务业从业人员数	15	15	0	中势
服务业从业人员数增长率	20	19	1	中势
限额以上批发零售企业主营业务收入	17	20	-3	中势
限额以上批零企业利税率	10	7	3	优势
限额以上餐饮企业利税率	25	22	3	劣势
旅游外汇收入	10	9	1	优势
房地产经营总收入	21	20	1	中势
2.4　企业竞争力	28	28	0	劣势
规模以上工业企业数	24	24	0	劣势
规模以上企业平均资产	11	11	0	中势
规模以上企业平均增加值	18	21	-3	劣势
流动资金周转次数	25	26	-1	劣势
规模以上企业平均利润	19	18	1	中势
规模以上企业销售利税率	5	2	3	强势
新产品销售收入占主营业务收入比重	25	25	0	劣势
产品质量抽查合格率	22	27	-5	劣势
工业企业 R&D 经费投入强度	27	27	0	劣势
中国驰名商标持有量	24	21	3	劣势

3. 云南省可持续发展竞争力指标排名变化情况

表 25－7　2012～2013 年云南省可持续发展竞争力指标组排位及变化趋势表

指　　标	2012 年	2013 年	排位升降	优劣势
3　可持续发展竞争力	20	18	2	中势
3.1　资源竞争力	8	8	0	优势
人均国土面积	7	7	0	优势
人均可使用海域和滩涂面积	13	13	0	中势
人均年水资源量	8	8	0	优势
耕地面积	6	6	0	优势
人均耕地面积	7	7	0	优势
人均牧草地面积	13	13	0	中势
主要能源矿产基础储量	11	11	0	中势
人均主要能源矿产基础储量	5	11	－6	中势
人均森林储积量	4	4	0	优势
3.2　环境竞争力	11	6	5	优势
森林覆盖率	7	7	0	优势
人均废水排放量	4	4	0	优势
人均工业废气排放量	14	14	0	中势
人均工业固体废物排放量	24	24	0	劣势
人均治理工业污染投资额	13	18	－5	中势
一般工业固体废物综合利用率	26	24	2	劣势
生活垃圾无害化处理率	21	21	0	劣势
自然灾害直接经济损失	25	23	2	劣势
3.3　人力资源竞争力	28	28	0	劣势
人口自然增长率	14	11	3	中势
15～64 岁人口比例	20	22	－2	劣势
文盲率	27	28	－1	劣势
大专以上教育程度人口比例	26	28	－2	劣势
平均受教育程度	28	30	－2	劣势
人口健康素质	30	30	0	劣势
人力资源利用率	9	7	2	优势
职业学校毕业生数	16	10	6	优势

4. 云南省财政金融竞争力指标排名变化情况

表 25－8　2012～2013 年云南省财政金融竞争力指标组排位及变化趋势表

指　　标	2012 年	2013 年	排位升降	优劣势
4　财政金融竞争力	14	13	1	中势
4.1　财政竞争力	10	7	3	优势
地方财政收入	21	21	0	劣势
地方财政支出	14	14	0	中势
地方财政收入占 GDP 比重	7	6	1	优势

续表

指　标	2012 年	2013 年	排位升降	优劣势
地方财政支出占 GDP 比重	7	7	0	优势
税收收入占 GDP 比重	4	5	-1	优势
税收收入占财政总收入比重	22	9	13	优势
人均地方财政收入	25	23	2	劣势
人均地方财政支出	18	18	0	中势
人均税收收入	20	22	-2	劣势
地方财政收入增长率	11	2	9	强势
地方财政支出增长率	3	5	-2	优势
税收收入增长率	10	18	-8	中势
4.2　金融竞争力	18	18	0	中势
存款余额	19	19	0	中势
人均存款余额	25	26	-1	劣势
贷款余额	17	18	-1	中势
人均贷款余额	21	22	-1	劣势
货币市场融资额	28	20	8	中势
中长期贷款占贷款余额比重	7	9	-2	优势
保险费净收入	20	19	1	中势
保险密度	26	26	0	劣势
保险深度	11	12	-1	中势
人均证券市场筹资额	28	19	9	中势

5. 云南省知识经济竞争力指标排名变化情况

表 25-9　2012~2013 年云南省知识经济竞争力指标组排位及变化趋势表

指　标	2012 年	2013 年	排位升降	优劣势
5　知识经济竞争力	22	23	-1	劣势
5.1　科技竞争力	25	28	-3	劣势
R&D 人员	24	24	0	劣势
R&D 经费	24	24	0	劣势
R&D 经费投入强度	27	26	1	劣势
发明专利授权量	24	23	1	劣势
技术市场成交合同金额	18	20	-2	中势
财政科技支出占地方财政支出比重	22	26	-4	劣势
高技术产业增加值	25	25	0	劣势
高技术产业增加值占工业增加值比重	24	25	-1	劣势
高技术产品出口额占商品出口额比重	18	28	-10	劣势
5.2　教育竞争力	21	16	5	中势
教育经费	13	12	1	中势
教育经费占 GDP 比重	6	5	1	优势
人均教育经费	20	21	-1	劣势
公共教育经费占财政支出比重	13	18	-5	中势

续表

指　　标	2012年	2013年	排位升降	优劣势
人均文化教育支出占个人消费支出比重	28	7	21	优势
万人中小学学校数	7	6	1	优势
万人中小学专任教师数	10	11	-1	中势
高等学校数	20	20	0	中势
高校专任教师数	22	22	0	劣势
万人高等学校在校学生数	28	28	0	劣势
5.3 文化竞争力	23	19	4	中势
文化产业增加值	14	14	0	中势
图书和期刊出版数	17	16	1	中势
报纸出版数	23	22	1	劣势
出版印刷工业销售产值	20	19	1	中势
城镇居民人均文化娱乐支出	23	14	9	中势
农村居民人均文化娱乐支出	25	30	-5	劣势
城镇居民人均文化娱乐支出占消费性支出比重	24	7	17	优势
农村居民人均文化娱乐支出占消费性支出比重	23	28	-5	劣势

6. 云南省发展环境竞争力指标排名变化情况

表 25-10　2012~2013 年云南省发展环境竞争力指标组排位及变化趋势表

指　　标	2012年	2013年	排位升降	优劣势
6　发展环境竞争力	30	29	1	劣势
6.1 基础设施竞争力	30	30	0	劣势
铁路网线密度	27	27	0	劣势
公路网线密度	22	22	0	劣势
人均内河航道里程	17	17	0	中势
全社会旅客周转量	18	21	-3	劣势
全社会货物周转量	27	25	2	劣势
人均邮电业务总量	25	24	1	劣势
万户移动电话数	24	21	3	劣势
万户上网用户数	30	30	0	劣势
人均耗电量	20	18	2	中势
6.2 软环境竞争力	16	15	1	中势
外资企业数增长率	12	4	8	优势
万人外资企业数	23	22	1	劣势
个体私营企业数增长率	10	10	0	优势
万人个体私营企业数	28	28	0	劣势
万人商标注册件数	14	14	0	中势
查处商标侵权假冒案件	17	17	0	中势
每十万人交通事故发生数	5	5	0	优势
罚没收入占财政收入比重	24	24	0	劣势
食品安全事故数	14	13	1	中势

7. 云南省政府作用竞争力指标排名变化情况

表 25－11　2012～2013 年云南省政府作用竞争力指标组排位及变化趋势表

指　　标	2012 年	2013 年	排位升降	优劣势
7　政府作用竞争力	29	30	－1	劣势
7.1　政府发展经济竞争力	25	25	0	劣势
财政支出用于基本建设投资比重	13	17	－4	中势
财政支出对 GDP 增长的拉动	25	25	0	劣势
政府公务员对经济的贡献	25	25	0	劣势
政府消费对民间消费的拉动	14	16	－2	中势
财政投资对社会投资的拉动	25	23	2	劣势
7.2　政府规调经济竞争力	22	25	－3	劣势
物价调控	17	17	0	中势
调控城乡消费差距	27	30	－3	劣势
统筹经济社会发展	24	24	0	劣势
规范税收	8	9	－1	优势
人口控制	19	19	0	中势
7.3　政府保障经济竞争力	31	30	1	劣势
城市城镇社区服务设施数	26	27	－1	劣势
医疗保险覆盖率	30	30	0	劣势
养老保险覆盖率	30	30	0	劣势
失业保险覆盖率	30	30	0	劣势
下岗职工再就业率	13	9	4	优势
城镇登记失业率	28	26	2	劣势

8. 云南省发展水平竞争力指标排名变化情况

表 25－12　2012～2013 年云南省发展水平竞争力指标组排位及变化趋势表

指　　标	2012 年	2013 年	排位升降	优劣势
8　发展水平竞争力	26	25	1	劣势
8.1　工业化进程竞争力	25	26	－1	劣势
工业增加值占 GDP 比重	5	4	1	优势
工业增加值增长率	29	27	2	劣势
高技术产业规模以上企业产值	25	25	0	劣势
高技术产业增加值占工业增加值比重	24	25	－1	劣势
高技术产品出口额占商品出口额比重	18	28	－10	劣势
信息产业增加值占 GDP 比重	20	13	7	中势
8.2　城市化进程竞争力	28	26	2	劣势
城镇化率	28	28	0	劣势
城镇居民人均可支配收入	14	14	0	中势
城市平均建成区面积比重	26	26	0	劣势
人均拥有道路面积	22	24	－2	劣势

续表

指　　标	2012 年	2013 年	排位升降	优劣势
人均日生活用水量	27	24	3	劣势
人均居住面积	19	21	-2	劣势
人均公共绿地面积	23	25	-2	劣势
8.3　市场化进程竞争力	22	22	0	劣势
非公有制经济产值占全社会总产值的比重	25	25	0	劣势
社会投资占投资总额比重	24	25	-1	劣势
私有和个体企业从业人员比重	12	10	2	优势
亿元以上商品市场成交额	23	21	2	劣势
亿元以上商品市场成交额占全社会消费品零售总额比重	21	22	-1	劣势
居民消费支出占总消费支出比重	14	16	-2	中势

9. 云南省统筹协调竞争力指标排名变化情况

表 25-13　2012~2013 年云南省统筹协调竞争力指标组排位及变化趋势表

指　　标	2012 年	2013 年	排位升降	优劣势
9　统筹协调竞争力	27	30	-3	劣势
9.1　统筹发展竞争力	23	25	-2	劣势
社会劳动生产率	30	29	1	劣势
社会劳动生产率增速	4	9	-5	优势
万元 GDP 综合能耗	25	26	-1	劣势
非农用地产出率	25	26	-1	劣势
生产税净额和营业盈余占 GDP 比重	16	22	-6	劣势
最终消费率	2	2	0	强势
固定资产投资额占 GDP 比重	19	19	0	中势
固定资产交付使用率	28	27	1	劣势
9.2　协调发展竞争力	23	30	-7	劣势
环境竞争力与宏观经济竞争力比差	28	30	-2	劣势
资源竞争力与宏观经济竞争力比差	1	2	-1	强势
人力资源竞争力与宏观经济竞争力比差	20	21	-1	劣势
资源竞争力与工业竞争力比差	3	2	1	强势
环境竞争力与工业竞争力比差	27	29	-2	劣势
城乡居民家庭人均收入比差	31	31	0	劣势
城乡居民人均现金消费支出比差	27	30	-3	劣势
全社会消费品零售总额与外贸出口总额比差	12	15	-3	中势

B.27

26 西藏自治区经济综合竞争力评价分析报告

西藏自治区简称藏，位于我国西南边疆，东靠四川省，北连新疆维吾尔自治区、青海省，东南与云南省相连；南部和西部与缅甸、印度、不丹、尼泊尔等国接壤。西藏自治区地处青藏高原，素有“世界屋脊”之称。全区土地面积为122万多平方公里，是中国五大牧区之一。2013年总人口为312万人，全区地区生产总值达808亿元，同比增长12.1%，人均GDP达26068元。本部分通过分析2012~2013年西藏自治区经济综合竞争力以及各要素竞争力的排名变化分析，从中找出西藏自治区经济综合竞争力的推动点及影响因素，为进一步提升西藏自治区经济综合竞争力提供决策参考。

26.1 西藏自治区经济综合竞争力总体分析

1. 西藏自治区经济综合竞争力一级指标概要分析

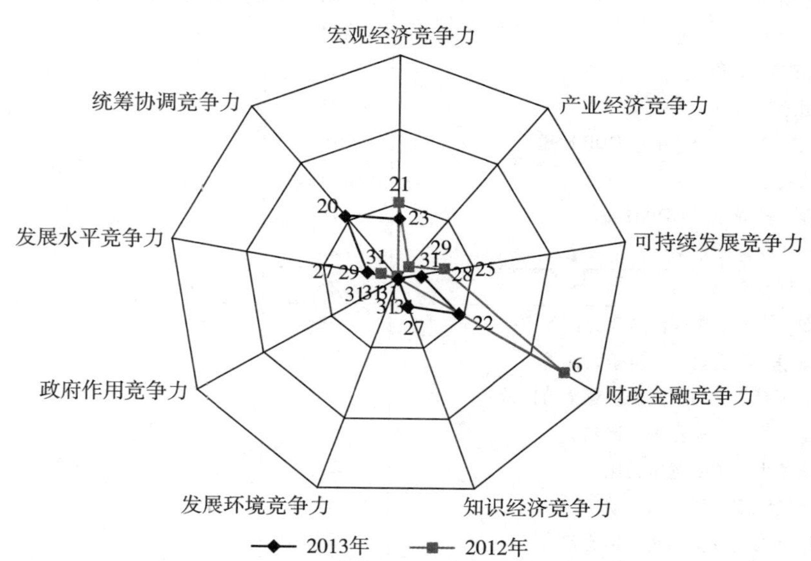

图26-1 2012~2013年西藏自治区经济综合竞争力二级指标比较雷达图

（1）从综合排位看，2013年西藏自治区经济综合竞争力综合排位在全国处于第31位，表明其在全国处于劣势地位；与2012年相比，综合排位保持不变。

（2）从指标所处区位看，处于中游区的指标有1个，为统筹协调竞争力；处于下游区的指标有8个，分别为宏观经济竞争力、产业经济竞争力、可持续发展竞争力、知识

表 26－1 2012～2013 年西藏自治区经济综合竞争力二级指标比较表

项目 年份	宏观经济竞争力	产业经济竞争力	可持续发展竞争力	财政金融竞争力	知识经济竞争力	发展环境竞争力	政府作用竞争力	发展水平竞争力	统筹协调竞争力	综合排位
2012	21	29	25	6	31	31	31	29	31	31
2013	23	31	28	22	27	31	31	27	20	31
升降	－2	－2	－3	－16	4	0	0	2	11	0
优劣度	劣势	劣势	劣势	劣势	劣势	劣势	劣势	劣势	中势	劣势

经济竞争力、发展环境竞争力、政府作用竞争力、发展水平竞争力、财政金融竞争力。

（3）从指标变化趋势看，9 个二级指标中，有 3 个指标处于上升趋势，分别为知识经济竞争力、发展环境竞争力和统筹协调竞争力，这些是西藏自治区经济综合竞争力的上升动力所在；有 2 个指标排位没有发生变化，分别为政府作用竞争力和发展水平竞争力；有 4 个指标处于下降趋势，分别为宏观经济竞争力、财政金融竞争力、产业经济竞争力和可持续发展竞争力，这些是西藏自治区经济综合竞争力的下降拉力所在。

2. 西藏自治区经济综合竞争力各级指标动态变化分析

表 26－2 2012～2013 年西藏自治区经济综合竞争力各级指标排位变化态势比较表

二级指标	三级指标	四级指标数	上升		保持		下降		变化趋势
			指标数	比重（%）	指标数	比重（%）	指标数	比重（%）	
宏观经济竞争力	经济实力竞争力	12	6	50.0	5	41.7	1	8.3	上升
	经济结构竞争力	6	1	16.7	2	33.3	3	50.0	上升
	经济外向度竞争力	9	0	0.0	4	44.4	5	55.6	下降
	小　计	27	7	25.9	11	40.7	9	33.3	下降
产业经济竞争力	农业竞争力	10	4	40.0	5	50.0	1	10.0	上升
	工业竞争力	10	1	10.0	7	70.0	2	20.0	下降
	服务业竞争力	10	1	10.0	8	80.0	1	10.0	上升
	企业竞争力	10	1	10.0	5	50.0	4	40.0	下降
	小　计	40	7	17.5	25	62.5	8	20.0	下降
可持续发展竞争力	资源竞争力	9	0	0.0	8	88.9	1	11.1	保持
	环境竞争力	8	1	12.5	4	50.0	3	37.5	下降
	人力资源竞争力	8	1	12.5	6	75.0	1	12.5	保持
	小　计	25	2	8.0	18	72.0	5	20.0	下降
财政金融竞争力	财政竞争力	12	1	8.3	5	41.7	6	50.0	下降
	金融竞争力	10	5	50.0	5	50.0	0	0.0	保持
	小　计	22	6	27.3	10	45.5	6	27.3	下降
知识经济竞争力	科技竞争力	9	1	11.1	5	55.6	3	33.3	上升
	教育竞争力	10	3	30.0	5	50.0	2	20.0	上升
	文化竞争力	8	4	50.0	3	37.5	1	12.5	保持
	小　计	27	8	29.6	13	48.1	6	22.2	上升

续表

二级指标	三级指标	四级指标数	上升		保持		下降		变化趋势
			指标数	比重（%）	指标数	比重（%）	指标数	比重（%）	
发展环境竞争力	基础设施竞争力	9	3	33.3	6	66.7	0	0.0	保持
	软环境竞争力	9	2	22.2	6	66.7	1	11.1	上升
	小　计	18	5	27.8	12	66.7	1	5.6	保持
政府作用竞争力	政府发展经济竞争力	5	1	20.0	4	80.0	0	0.0	保持
	政府规调经济竞争力	5	0	0.0	4	80.0	1	20.0	保持
	政府保障经济竞争力	6	0	0.0	4	66.7	2	33.3	下降
	小　计	16	1	6.3	12	75.0	3	18.8	保持
发展水平竞争力	工业化进程竞争力	6	1	16.7	3	50.0	2	33.3	保持
	城市化进程竞争力	7	1	14.3	3	42.9	3	42.9	上升
	市场化进程竞争力	6	1	16.7	4	66.7	1	16.7	保持
	小　计	19	3	15.8	10	52.6	6	31.6	上升
统筹协调竞争力	统筹发展竞争力	8	3	37.5	5	62.5	0	0.0	上升
	协调发展竞争力	8	2	25.0	3	37.5	3	37.5	上升
	小　计	16	5	31.3	8	50.0	3	18.8	上升
合　计		210	44	21.0	119	56.7	47	22.4	保持

从表 26－2 可以看出，210 个四级指标中，上升指标有 44 个，占指标总数的 21.0%；下降指标有 47 个，占指标总数的 22.4%；保持不变的指标有 119 个，占指标总数的 56.7%。综上所述，由于保持指标在指标体系中占据主导地位，2013 年西藏自治区经济综合竞争力排位保持不变。

3. 西藏自治区经济综合竞争力各级指标优劣势结构分析

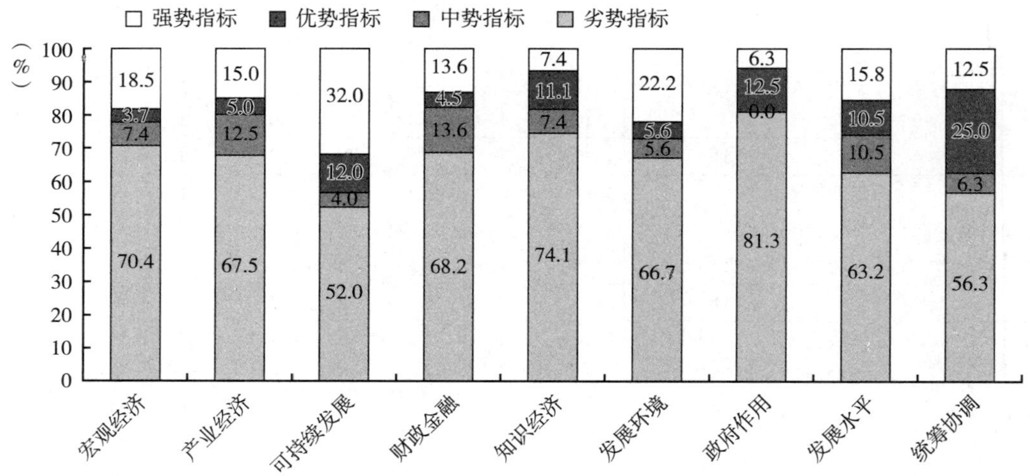

图 26－2　2013 年西藏自治区经济综合竞争力各级指标优劣势比较图

表 26－3 2013 年西藏自治区经济综合竞争力各级指标优劣势比较表

二级指标	三级指标	四级指标数	强势指标		优势指标		中势指标		劣势指标		优劣势
			个数	比重（%）	个数	比重（%）	个数	比重（%）	个数	比重（%）	
宏观经济竞争力	经济实力竞争力	12	3	25.0	1	8.3	0	0.0	8	66.7	劣势
	经济结构竞争力	6	2	33.3	0	0.0	1	16.7	3	50.0	中势
	经济外向度竞争力	9	0	0.0	0	0.0	1	11.1	8	88.9	劣势
	小　计	27	5	18.5	1	3.7	2	7.4	19	70.4	劣势
产业经济竞争力	农业竞争力	10	2	20.0	0	0.0	3	30.0	5	50.0	劣势
	工业竞争力	10	1	10.0	1	10.0	1	10.0	7	70.0	劣势
	服务业竞争力	10	2	20.0	0	0.0	1	10.0	7	70.0	劣势
	企业竞争力	10	1	10.0	1	10.0	0	0.0	8	80.0	劣势
	小　计	40	6	15.0	2	5.0	5	12.5	27	67.5	劣势
可持续发展竞争力	资源竞争力	9	4	44.4	1	11.1	1	11.1	3	33.3	强势
	环境竞争力	8	2	25.0	2	25.0	0	0.0	4	50.0	劣势
	人力资源竞争力	8	2	25.0	0	0.0	0	0.0	6	75.0	劣势
	小　计	25	8	32.0	3	12.0	1	4.0	13	52.0	劣势
财政金融竞争力	财政竞争力	12	2	16.7	0	0.0	3	25.0	7	58.3	中势
	金融竞争力	10	1	10.0	1	10.0	0	0.0	8	80.0	劣势
	小　计	22	3	13.6	1	4.5	3	13.6	15	68.2	劣势
知识经济竞争力	科技竞争力	9	0	0.0	1	11.1	0	0.0	8	88.9	劣势
	教育竞争力	10	2	20.0	2	20.0	1	10.0	5	50.0	劣势
	文化竞争力	8	0	0.0	0	0.0	1	12.5	7	87.5	劣势
	小　计	27	2	7.4	3	11.1	2	7.4	20	74.1	劣势
发展环境竞争力	基础设施竞争力	9	1	11.1	1	11.1	0	0.0	7	77.8	劣势
	软环境竞争力	9	3	33.3	0	0.0	1	11.1	5	55.6	优势
	小　计	18	4	22.2	1	5.6	1	5.6	12	66.7	劣势
政府作用竞争力	政府发展经济竞争力	5	1	20.0	0	0.0	0	0.0	4	80.0	劣势
	政府规调经济竞争力	5	0	0.0	1	20.0	0	0.0	4	80.0	劣势
	政府保障经济竞争力	6	0	0.0	1	16.7	0	0.0	5	83.3	劣势
	小　计	16	1	6.3	2	12.5	0	0.0	13	81.3	劣势
发展水平竞争力	工业化进程竞争力	6	1	16.7	2	33.3	0	0.0	3	50.0	优势
	城市化进程竞争力	7	1	14.3	0	0.0	2	28.6	4	57.1	劣势
	市场化进程竞争力	6	1	16.7	0	0.0	0	0.0	5	83.3	劣势
	小　计	19	3	15.8	2	10.5	2	10.5	12	63.2	劣势
统筹协调竞争力	统筹发展竞争力	8	2	25.0	1	12.5	0	0.0	5	62.5	中势
	协调发展竞争力	8	0	0.0	3	37.5	1	12.5	4	50.0	劣势
	小　计	16	2	12.5	4	25.0	1	6.3	9	56.3	中势
合　计		210	34	16.2	19	9.0	17	8.1	140	66.7	劣势

基于图 26－2 和表 26－3，从四级指标来看，强势指标 34 个，占指标总数的 16.2%；优势指标 19 个，占指标总数的 9.0%；中势指标 17 个，占指标总数的 8.1%；劣势指标 140 个，占指标总数的 66.7%。从三级指标来看，强势指标 1 个，占三级指标总数的 4%；优势指标 2 个，占三级指标总数的 8%；中势指标 3 个，占三级指标总数的 12%；劣势指标 19 个，占三级指标总数的 76%。反映到二级指标上来，中势指标 1 个，占二级指标总数的 11.11%；劣势指标有 8 个，占二级指标总数的

88.89%。综合来看，由于劣势指标居于主导地位，2013 年西藏自治区经济综合竞争力处于劣势地位。

4. 西藏自治区经济综合竞争力四级指标优劣势对比分析

表 26－4　2013 年西藏自治区经济综合竞争力各级指标优劣势比较表

二级指标	优劣势	四　级　指　标
宏观经济竞争力（27 个）	强势指标	人均财政收入、固定资产投资额增长率、全社会消费品零售总额增长率、产业结构优化度、资本形成结构优化度（5 个）
	优势指标	地区生产总值增长率（1 个）
	劣势指标	地区生产总值、人均地区生产总值、财政总收入、财政总收入增长率、固定资产投资额、人均固定资产投资额、全社会消费品零售总额、人均全社会消费品零售总额、所有制经济结构优化度、城乡经济结构优化度、就业结构优化度、进出口总额、进出口增长率、出口总额、出口增长率、实际 FDI、实际 FDI 增长率、对外经济合作完成营业额、对外直接投资（19 个）
产业经济竞争力（40 个）	强势指标	农民人均纯收入增长率、财政支农资金比重、工业资产总额增长率、服务业从业人员数增长率、限额以上批零企业利税率、规模以上企业平均资产（6 个）
	优势指标	工业增加值增长率、规模以上企业销售利税率（2 个）
	劣势指标	农业增加值、人均农业增加值、农民人均纯收入、农业机械化、农村人均用电量、工业增加值、人均工业增加值、工业资产总额、工业资产总贡献率、规模以上工业主营业务收入、规模以上工业利润总额、工业全员劳动生产率、服务业增加值、服务业增加值增长率、人均服务业增加值、服务业从业人员数、限额以上批发零售企业主营业务收入、旅游外汇收入、房地产经营总收入、规模以上工业企业数、规模以上企业平均增加值、流动资金周转次数、规模以上企业平均利润、新产品销售收入占主营业务收入比重、产品质量抽查合格率、工业企业 R&D 经费投入强度、中国驰名商标持有量（27 个）
可持续发展竞争力（25 个）	强势指标	人均国土面积、人均年水资源量、人均牧草地面积、人均森林储积量、人均废水排放量、人均工业废气排放量、人口自然增长率、人力资源利用率（8 个）
	优势指标	人均耕地面积、人均工业固体废物排放量、自然灾害直接经济损失（3 个）
	劣势指标	耕地面积、主要能源矿产基础储量、人均主要能源矿产基础储量、森林覆盖率、人均治理工业污染投资额、一般工业固体废物综合利用率、生活垃圾无害化处理率、15～64 岁人口比例、文盲率、大专以上教育程度人口比例、平均受教育程度、人口健康素质、职业学校毕业生数（13 个）
财政金融竞争力（22 个）	强势指标	地方财政支出占 GDP 比重、人均地方财政支出、中长期贷款占贷款余额比重（3 个）
	优势指标	人均存款余额（1 个）
	劣势指标	地方财政收入、地方财政支出、税收收入占财政总收入比重、人均地方财政收入、人均税收收入、地方财政收入增长率、税收收入增长率、存款余额、贷款余额、人均贷款余额、货币市场融资额、保险费净收入、保险密度、保险深度、人均证券市场筹资额（15 个）
知识经济竞争力（27 个）	强势指标	教育经费占 GDP 比重、人均教育经费（2 个）
	优势指标	高技术产业增加值占工业增加值比重、万人中小学学校数、万人中小学专任教师数（3 个）
	劣势指标	R&D 人员、R&D 经费、R&D 经费投入强度、发明专利授权量、技术市场成交合同金额、财政科技支出占地方财政支出比重、高技术产业增加值、高技术产品出口额占商品出口额比重、教育经费、公共教育经费占财政支出比重、高等学校数、高校专任教师数、万人高等学校在校学生数、文化产业增加值、图书和期刊出版数、报纸出版数、出版印刷工业销售产值、城镇居民人均文化娱乐支出、农村居民人均文化娱乐支出、农村居民人均文化娱乐支出占消费性支出比重（20 个）

续表

二级指标	优劣势	四 级 指 标
发展环境竞争力（18个）	强势指标	万户移动电话数、个体私营企业数增长率、查处商标侵权假冒案件、食品安全事故数（4个）
	优势指标	人均邮电业务总量（1个）
	劣势指标	铁路网线密度、公路网线密度、人均内河航道里程、全社会旅客周转量、全社会货物周转量、万户上网用户数、人均耗电量、外资企业数增长率、万人外资企业数、万人个体私营企业数、万人商标注册件数、每十万人交通事故发生数（12个）
政府作用竞争力（16个）	强势指标	财政支出用于基本建设投资比重（1个）
	优势指标	规范税收、城镇登记失业率（2个）
	劣势指标	财政支出对GDP增长的拉动、政府公务员对经济的贡献、政府消费对民间消费的拉动、财政投资对社会投资的拉动、物价调控、调控城乡消费差距、统筹经济社会发展、人口控制、城市城镇社区服务设施数、医疗保险覆盖率、养老保险覆盖率、失业保险覆盖率、下岗职工再就业率（13个）
发展水平竞争力（19个）	强势指标	工业增加值占GDP比重、人均日生活用水量、私有和个体企业从业人员比重（3个）
	优势指标	高技术产业增加值占工业增加值比重、信息产业增加值占GDP比重（2个）
	劣势指标	工业增加值增长率、高技术产业规模以上企业产值、高技术产品出口额占商品出口额比重、城镇化率、城镇居民人均可支配收入、城市平均建成区面积比重、人均公共绿地面积、非公有制经济产值占全社会总产值的比重、社会投资占投资总额比重、亿元以上商品市场成交额、亿元以上商品市场成交额占全社会消费品零售总额比重、居民消费支出占总消费支出比重（12个）
统筹协调竞争力（16个）	强势指标	万元GDP综合能耗、最终消费率（2个）
	优势指标	固定资产交付使用率、环境竞争力与宏观经济竞争力比差、资源竞争力与宏观经济竞争力比差、人力资源竞争力与宏观经济竞争力比差（4个）
	劣势指标	社会劳动生产率、社会劳动生产率增速、非农用地产出率、生产税净额和营业盈余占GDP比重、固定资产投资额占GDP比重、资源竞争力与工业竞争力比差、城乡居民家庭人均收入比差、城乡居民人均现金消费支出比差、全社会消费品零售总额与外贸出口总额比差（9个）

26.2 西藏自治区经济综合竞争力各级指标具体分析

1. 西藏自治区宏观经济竞争力指标排名变化情况

表 26－5 2012～2013 年西藏自治区宏观经济竞争力指标组排位及变化趋势表

指 标	2012年	2013年	排位升降	优劣势
1 宏观经济竞争力	21	23	－2	劣势
1.1 经济实力竞争力	27	24	3	劣势
地区生产总值	31	31	0	劣势
地区生产总值增长率	12	4	8	优势
人均地区生产总值	28	28	0	劣势
财政总收入	29	28	1	劣势
财政总收入增长率	1	28	－27	劣势
人均财政收入	1	1	0	强势

续表

指　　标	2012 年	2013 年	排位升降	优劣势
固定资产投资额	31	31	0	劣势
固定资产投资额增长率	4	1	3	强势
人均固定资产投资额	24	22	2	劣势
全社会消费品零售总额	31	31	0	劣势
全社会消费品零售总额增长率	3	1	2	强势
人均全社会消费品零售总额	28	26	2	劣势
1.2　经济结构竞争力	20	18	2	中势
产业结构优化度	3	3	0	强势
所有制经济结构优化度	26	27	-1	劣势
城乡经济结构优化度	23	23	0	劣势
就业结构优化度	23	24	-1	劣势
资本形成结构优化度	3	2	1	强势
贸易结构优化度	13	14	-1	中势
1.3　经济外向度竞争力	27	31	-4	劣势
进出口总额	29	29	0	劣势
进出口增长率	1	31	-30	劣势
出口总额	28	29	-1	劣势
出口增长率	1	31	-30	劣势
实际 FDI	30	30	0	劣势
实际 FDI 增长率	1	30	-29	劣势
外贸依存度	10	12	-2	中势
对外经济合作完成营业额	31	31	0	劣势
对外直接投资	31	31	0	劣势

2. 西藏自治区产业经济竞争力指标排名变化情况

表 26-6　2012~2013 年西藏自治区产业经济竞争力指标组排位及变化趋势表

指　　标	2012 年	2013 年	排位升降	优劣势
2　产业经济竞争力	29	31	-2	劣势
2.1　农业竞争力	29	28	1	劣势
农业增加值	31	31	0	劣势
农业增加值增长率	26	20	6	中势
人均农业增加值	31	31	0	劣势
农民人均纯收入	27	26	1	劣势
农民人均纯收入增长率	2	2	0	强势
农产品出口占农林牧渔总产值比重	15	14	1	中势
人均主要农产品产量	17	17	0	中势
农业机械化	29	27	2	劣势
农村人均用电量	31	31	0	劣势
财政支农资金比重	2	3	-1	强势

续表

指　标	2012 年	2013 年	排位升降	优劣势
2.2　工业竞争力	28	31	-3	劣势
工业增加值	31	31	0	劣势
工业增加值增长率	5	4	1	优势
人均工业增加值	31	31	0	劣势
工业资产总额	31	31	0	劣势
工业资产总额增长率	1	1	0	强势
工业资产总贡献率	31	31	0	劣势
规模以上工业主营业务收入	31	31	0	劣势
规模以上工业利润总额	31	31	0	劣势
工业全员劳动生产率	25	31	-6	劣势
工业成本费用利润率	2	11	-9	中势
2.3　服务业竞争力	24	21	3	劣势
服务业增加值	31	31	0	劣势
服务业增加值增长率	6	24	-18	劣势
人均服务业增加值	21	21	0	劣势
服务业从业人员数	31	31	0	劣势
服务业从业人员数增长率	3	3	0	强势
限额以上批发零售企业主营业务收入	31	31	0	劣势
限额以上批零企业利税率	1	1	0	强势
限额以上餐饮企业利税率	29	19	10	中势
旅游外汇收入	28	28	0	劣势
房地产经营总收入	31	31	0	劣势
2.4　企业竞争力	27	31	-4	劣势
规模以上工业企业数	31	31	0	劣势
规模以上企业平均资产	2	3	-1	强势
规模以上企业平均增加值	31	31	0	劣势
流动资金周转次数	31	31	0	劣势
规模以上企业平均利润	17	30	-13	劣势
规模以上企业销售利税率	3	9	-6	优势
新产品销售收入占主营业务收入比重	30	30	0	劣势
产品质量抽查合格率	24	22	2	劣势
工业企业 R&D 经费投入强度	15	23	-8	劣势
中国驰名商标持有量	31	31	0	劣势

3. 西藏自治区可持续发展竞争力指标排名变化情况

表 26－7　2012～2013 年西藏自治区可持续发展竞争力指标组排位及变化趋势表

指　　标	2012 年	2013 年	排位升降	优劣势
3　可持续发展竞争力	25	28	－3	劣势
3.1　资源竞争力	3	3	0	强势
人均国土面积	2	2	0	强势
人均可使用海域和滩涂面积	13	13	0	中势
人均年水资源量	1	1	0	强势
耕地面积	29	29	0	劣势
人均耕地面积	9	9	0	优势
人均牧草地面积	1	1	0	强势
主要能源矿产基础储量	30	30	0	劣势
人均主要能源矿产基础储量	16	28	－12	劣势
人均森林储积量	1	1	0	强势
3.2　环境竞争力	26	28	－2	劣势
森林覆盖率	24	25	－1	劣势
人均废水排放量	1	1	0	强势
人均工业废气排放量	3	3	0	强势
人均工业固体废物排放量	7	8	－1	优势
人均治理工业污染投资额	31	26	5	劣势
一般工业固体废物综合利用率	31	31	0	劣势
生活垃圾无害化处理率	31	31	0	劣势
自然灾害直接经济损失	1	8	－7	优势
3.3　人力资源竞争力	31	31	0	劣势
人口自然增长率	2	2	0	强势
15～64 岁人口比例	21	23	－2	劣势
文盲率	31	31	0	劣势
大专以上教育程度人口比例	31	31	0	劣势
平均受教育程度	31	31	0	劣势
人口健康素质	31	31	0	劣势
人力资源利用率	5	3	2	强势
职业学校毕业生数	31	31	0	劣势

4. 西藏自治区财政金融竞争力指标排名变化情况

表 26－8　2012～2013 年西藏自治区财政金融竞争力指标组排位及变化趋势表

指　　标	2012 年	2013 年	排位升降	优劣势
4　财政金融竞争力	6	22	－16	劣势
4.1　财政竞争力	3	18	－15	中势
地方财政收入	31	31	0	劣势
地方财政支出	30	29	1	劣势
地方财政收入占 GDP 比重	10	12	－2	中势

续表

指　　标	2012 年	2013 年	排位升降	优劣势
地方财政支出占 GDP 比重	1	1	0	强势
税收收入占 GDP 比重	5	14	-9	中势
税收收入占财政总收入比重	31	31	0	劣势
人均地方财政收入	27	27	0	劣势
人均地方财政支出	1	1	0	强势
人均税收收入	21	27	-6	劣势
地方财政收入增长率	1	28	-27	劣势
地方财政支出增长率	6	15	-9	中势
税收收入增长率	1	31	-30	劣势
4.2　金融竞争力	31	31	0	劣势
存款余额	31	31	0	劣势
人均存款余额	10	8	2	优势
贷款余额	31	31	0	劣势
人均贷款余额	30	21	9	劣势
货币市场融资额	25	23	2	劣势
中长期贷款占贷款余额比重	4	3	1	强势
保险费净收入	31	31	0	劣势
保险密度	31	31	0	劣势
保险深度	31	31	0	劣势
人均证券市场筹资额	31	26	5	劣势

5. 西藏自治区知识经济竞争力指标排名变化情况

表 26-9　2012~2013 年西藏自治区知识经济竞争力指标组排位及变化趋势表

指　　标	2012 年	2013 年	排位升降	优劣势
5　知识经济竞争力	31	27	4	劣势
5.1　科技竞争力	28	27	1	劣势
R&D 人员	31	31	0	劣势
R&D 经费	31	31	0	劣势
R&D 经费投入强度	31	31	0	劣势
发明专利授权量	31	31	0	劣势
技术市场成交合同金额	31	31	0	劣势
财政科技支出占地方财政支出比重	30	31	-1	劣势
高技术产业增加值	30	31	-1	劣势
高技术产业增加值占工业增加值比重	13	9	4	优势
高技术产品出口额占商品出口额比重	29	30	-1	劣势
5.2　教育竞争力	24	21	3	劣势
教育经费	31	31	0	劣势
教育经费占 GDP 比重	1	1	0	强势
人均教育经费	2	1	1	强势
公共教育经费占财政支出比重	31	30	1	劣势

续表

指　　标	2012 年	2013 年	排位升降	优劣势
人均文化教育支出占个人消费支出比重	31	12	19	中势
万人中小学学校数	8	8	0	优势
万人中小学专任教师数	3	5	-2	优势
高等学校数	31	31	0	劣势
高校专任教师数	31	31	0	劣势
万人高等学校在校学生数	29	30	-1	劣势
5.3　文化竞争力	31	31	0	劣势
文化产业增加值	31	29	2	劣势
图书和期刊出版数	30	31	-1	劣势
报纸出版数	31	31	0	劣势
出版印刷工业销售产值	31	30	1	劣势
城镇居民人均文化娱乐支出	31	27	4	劣势
农村居民人均文化娱乐支出	31	31	0	劣势
城镇居民人均文化娱乐支出占消费性支出比重	31	12	19	中势
农村居民人均文化娱乐支出占消费性支出比重	31	31	0	劣势

6. 西藏自治区发展环境竞争力指标排名变化情况

表 26－10　2012～2013 年西藏自治区发展环境竞争力指标组排位及变化趋势表

指　　标	2012 年	2013 年	排位升降	优劣势
6　发展环境竞争力	31	31	0	劣势
6.1　基础设施竞争力	31	31	0	劣势
铁路网线密度	31	31	0	劣势
公路网线密度	31	31	0	劣势
人均内河航道里程	28	28	0	劣势
全社会旅客周转量	31	31	0	劣势
全社会货物周转量	31	31	0	劣势
人均邮电业务总量	11	10	1	优势
万户移动电话数	6	3	3	强势
万户上网用户数	24	23	1	劣势
人均耗电量	31	31	0	劣势
6.2　软环境竞争力	21	10	11	优势
外资企业数增长率	31	28	3	劣势
万人外资企业数	28	25	3	劣势
个体私营企业数增长率	2	2	0	强势
万人个体私营企业数	31	31	0	劣势
万人商标注册件数	28	28	0	劣势
查处商标侵权假冒案件	1	1	0	强势
每十万人交通事故发生数	26	26	0	劣势
罚没收入占财政收入比重	11	13	-2	中势
食品安全事故数	1	1	0	强势

7. 西藏自治区政府作用竞争力指标排名变化情况

表 26－11 2012～2013 年西藏自治区政府作用竞争力指标组排位及变化趋势表

指 标	2012 年	2013 年	排位升降	优劣势
7 政府作用竞争力	31	31	0	劣势
7.1 政府发展经济竞争力	31	31	0	劣势
财政支出用于基本建设投资比重	2	1	1	强势
财政支出对 GDP 增长的拉动	31	31	0	劣势
政府公务员对经济的贡献	31	31	0	劣势
政府消费对民间消费的拉动	31	31	0	劣势
财政投资对社会投资的拉动	31	31	0	劣势
7.2 政府规调经济竞争力	31	31	0	劣势
物价调控	30	30	0	劣势
调控城乡消费差距	31	31	0	劣势
统筹经济社会发展	31	31	0	劣势
规范税收	3	4	－1	优势
人口控制	31	31	0	劣势
7.3 政府保障经济竞争力	30	31	－1	劣势
城市城镇社区服务设施数	31	31	0	劣势
医疗保险覆盖率	31	31	0	劣势
养老保险覆盖率	31	31	0	劣势
失业保险覆盖率	31	31	0	劣势
下岗职工再就业率	7	29	－22	劣势
城镇登记失业率	4	5	－1	优势

8. 西藏自治区发展水平竞争力指标排名变化情况

表 26－12 2012～2013 年西藏自治区发展水平竞争力指标组排位及变化趋势表

指 标	2012 年	2013 年	排位升降	优劣势
8 发展水平竞争力	29	27	2	劣势
8.1 工业化进程竞争力	9	9	0	优势
工业增加值占 GDP 比重	1	1	0	强势
工业增加值增长率	28	29	－1	劣势
高技术产业规模以上企业产值	31	31	0	劣势
高技术产业增加值占工业增加值比重	13	9	4	优势
高技术产品出口额占商品出口额比重	29	30	－1	劣势
信息产业增加值占 GDP 比重	6	6	0	优势
8.2 城市化进程竞争力	31	29	2	劣势
城镇化率	31	31	0	劣势
城镇居民人均可支配收入	27	27	0	劣势
城市平均建成区面积比重	31	31	0	劣势
人均拥有道路面积	14	20	－6	中势

续表

指　　标	2012 年	2013 年	排位升降	优劣势
人均日生活用水量	24	1	23	强势
人均居住面积	17	18	-1	中势
人均公共绿地面积	27	29	-2	劣势
8.3　市场化进程竞争力	31	31	0	劣势
非公有制经济产值占全社会总产值的比重	26	27	-1	劣势
社会投资占投资总额比重	31	31	0	劣势
私有和个体企业从业人员比重	2	1	1	强势
亿元以上商品市场成交额	31	31	0	劣势
亿元以上商品市场成交额占全社会消费品零售总额比重	30	30	0	劣势
居民消费支出占总消费支出比重	31	31	0	劣势

9. 西藏自治区统筹协调竞争力指标排名变化情况

表 26-13　2012～2013 年西藏自治区统筹协调竞争力指标组排位及变化趋势表

指　　标	2012 年	2013 年	排位升降	优劣势
9　统筹协调竞争力	31	20	11	中势
9.1　统筹发展竞争力	31	17	14	中势
社会劳动生产率	31	31	0	劣势
社会劳动生产率增速	25	23	2	劣势
万元 GDP 综合能耗	29	1	28	强势
非农用地产出率	31	31	0	劣势
生产税净额和营业盈余占 GDP 比重	31	31	0	劣势
最终消费率	1	1	0	强势
固定资产投资额占 GDP 比重	30	30	0	劣势
固定资产交付使用率	24	5	19	优势
9.2　协调发展竞争力	24	23	1	劣势
环境竞争力与宏观经济竞争力比差	12	8	4	优势
资源竞争力与宏观经济竞争力比差	11	7	4	优势
人力资源竞争力与宏观经济竞争力比差	2	8	-6	优势
资源竞争力与工业竞争力比差	23	23	0	劣势
环境竞争力与工业竞争力比差	17	19	-2	中势
城乡居民家庭人均收入比差	24	25	-1	劣势
城乡居民人均现金消费支出比差	31	31	0	劣势
全社会消费品零售总额与外贸出口总额比差	26	26	0	劣势

B.28
27 陕西省经济综合竞争力评价分析报告

陕西省简称陕，东隔黄河与山西相望，西连甘肃省、宁夏回族自治区，北邻内蒙古自治区，南连四川、重庆，东南与河南、湖北接壤。全省土地面积为20.6万平方公里，2013年总人口为3764万人，全省地区生产总值达16045亿元，同比增长11.0%，人均GDP达42692元。本部分通过分析2012～2013年陕西省经济综合竞争力以及各要素竞争力的排名变化，从中找出陕西省经济综合竞争力的推动点及影响因素，为进一步提升陕西省经济综合竞争力提供决策参考。

27.1 陕西省经济综合竞争力总体分析

1. 陕西省经济综合竞争力一级指标概要分析

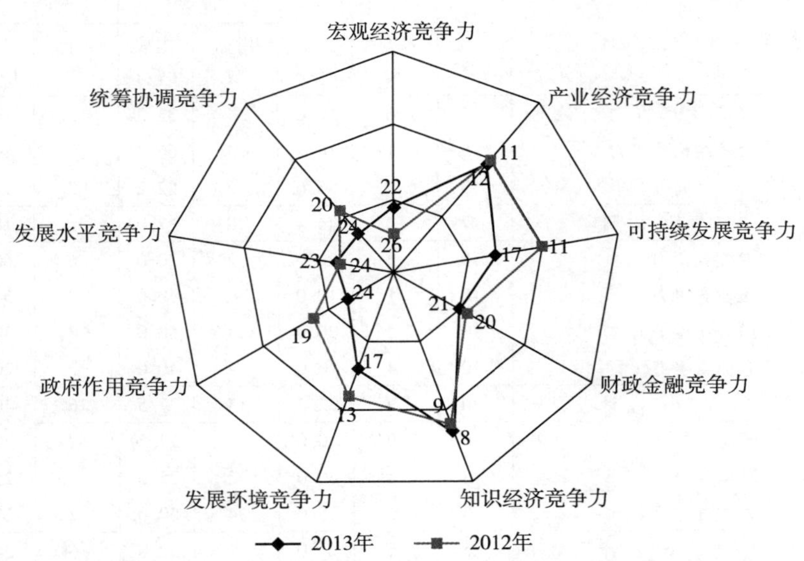

图27－1 2012～2013年陕西省经济综合竞争力二级指标比较雷达图

（1）从综合排位的变化来看，2013年陕西省经济综合竞争力综合排位在全国处于第20位，表明其在全国处于中势地位，与2012年相比，综合排位保持不变。

（2）从指标所处区位看，处于上游区的指标有1个，为知识经济竞争力；处于中游区的指标有3个，为产业经济竞争力、可持续发展竞争力、发展环境竞争力；处于下

表 27－1　2012～2013 年陕西省经济综合竞争力二级指标比较表

项目 年份	宏观经济竞争力	产业经济竞争力	可持续发展竞争力	财政金融竞争力	知识经济竞争力	发展环境竞争力	政府作用竞争力	发展水平竞争力	统筹协调竞争力	**综合排位**
2012	26	11	11	20	9	13	19	24	20	20
2013	22	12	17	21	8	17	24	23	24	20
升降	4	－1	－6	－1	1	－4	－5	1	－4	0
优劣度	劣势	中势	中势	劣势	优势	中势	劣势	劣势	劣势	中势

游区的指标有 5 个，为宏观经济竞争力、发展水平竞争力、统筹协调竞争力、政府作用竞争力、财政金融竞争力。

（3）从指标变化趋势看，9 个二级指标中，有 3 个指标处于上升趋势，为宏观经济竞争力、知识经济竞争力、发展水平竞争力，这些是陕西省经济综合竞争力的上升动力所在；有 6 个指标处于下降趋势，为产业经济竞争力、可持续发展竞争力、发展环境竞争力、政府作用竞争力、统筹协调竞争力、财政金融竞争力，这些是陕西省经济综合竞争力的下降拉力所在。

2. 陕西省经济综合竞争力各级指标动态变化分析

表 27－2　2012～2013 年陕西省经济综合竞争力各级指标排位变化态势比较表

二级指标	三级指标	四级指标数	上升 指标数	上升 比重（%）	保持 指标数	保持 比重（%）	下降 指标数	下降 比重（%）	变化趋势
宏观经济竞争力	经济实力竞争力	12	6	50.0	4	33.3	2	16.7	上升
	经济结构竞争力	6	1	16.7	4	66.7	1	16.7	保持
	经济外向度竞争力	9	5	55.6	2	22.2	2	22.2	上升
	小　计	27	12	44.4	10	37.0	5	18.5	上升
产业经济竞争力	农业竞争力	10	2	20.0	2	20.0	6	60.0	保持
	工业竞争力	10	1	10.0	4	40.0	5	50.0	下降
	服务业竞争力	10	2	20.0	5	50.0	3	30.0	下降
	企业竞争力	10	4	40.0	4	40.0	2	20.0	下降
	小　计	40	9	22.5	15	37.5	16	40.0	下降
可持续发展竞争力	资源竞争力	9	0	0.0	7	77.8	2	22.2	下降
	环境竞争力	8	4	50.0	2	25.0	2	25.0	下降
	人力资源竞争力	8	2	25.0	4	50.0	2	25.0	下降
	小　计	25	6	24.0	13	52.0	6	24.0	下降
财政金融竞争力	财政竞争力	12	3	25.0	3	25.0	6	50.0	下降
	金融竞争力	10	5	50.0	2	20.0	3	30.0	保持
	小　计	22	8	36.4	5	22.7	9	40.9	下降
知识经济竞争力	科技竞争力	9	5	55.6	2	22.2	2	22.2	上升
	教育竞争力	10	5	50.0	4	40.0	1	10.0	上升
	文化竞争力	8	0	0.0	2	25.0	6	75.0	下降
	小　计	27	10	37.0	8	29.6	9	33.3	上升

续表

二级指标	三级指标	四级指标数	上升		保持		下降		变化趋势
			指标数	比重（%）	指标数	比重（%）	指标数	比重（%）	
发展环境竞争力	基础设施竞争力	9	3	33.3	4	44.4	2	22.2	上升
	软环境竞争力	9	3	33.3	4	44.4	2	22.2	下降
	小　计	18	6	33.3	8	44.4	4	22.2	下降
政府作用竞争力	政府发展经济竞争力	5	2	40.0	1	20.0	2	40.0	下降
	政府规调经济竞争力	5	0	0.0	3	60.0	2	40.0	下降
	政府保障经济竞争力	6	0	0.0	0	0.0	6	100.0	下降
	小　计	16	2	12.5	4	25.0	10	62.5	下降
发展水平竞争力	工业化进程竞争力	6	2	33.3	4	66.7	0	0.0	上升
	城市化进程竞争力	7	1	14.3	3	42.9	3	42.9	上升
	市场化进程竞争力	6	2	33.3	3	50.0	1	16.7	下降
	小　计	19	5	26.3	10	52.6	4	21.1	上升
统筹协调竞争力	统筹发展竞争力	8	0	0.0	2	25.0	6	75.0	下降
	协调发展竞争力	8	4	50.0	2	25.0	2	25.0	上升
	小　计	16	4	25.0	4	25.0	8	50.0	下降
合　计		210	62	29.5	77	36.7	71	33.8	保持

从表 27－2 可以看出，210 个四级指标中，上升指标有 62 个，占指标总数的 29.5%；下降指标有 71 个，占指标总数的 33.8%；保持不变的指标有 77 个，占指标总数的 36.7%。综上所述，陕西省经济综合竞争力下降的拉力大于上升的动力，但受其他外部因素的综合影响，2012～2013 年陕西省经济综合竞争力排位保持不变。

3. 陕西省经济综合竞争力各级指标优劣势结构分析

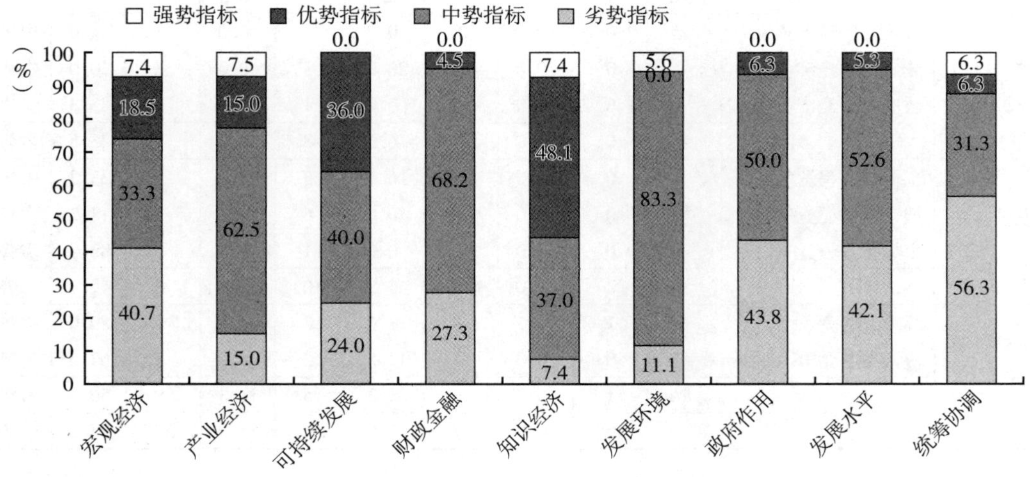

图 27－2　2013 年陕西省经济综合竞争力各级指标优劣势比较图

表 27－3　2013 年陕西省经济综合竞争力各级指标优劣势比较表

二级指标	三级指标	四级指标数	强势指标		优势指标		中势指标		劣势指标		优劣势
			个数	比重（%）	个数	比重（%）	个数	比重（%）	个数	比重（%）	
宏观经济竞争力	经济实力竞争力	12	0	0.0	3	25.0	8	66.7	1	8.3	中势
	经济结构竞争力	6	0	0.0	1	16.7	0	0.0	5	83.3	劣势
	经济外向度竞争力	9	2	22.2	1	11.1	1	11.1	5	55.6	中势
	小　计	27	2	7.4	5	18.5	9	33.3	11	40.7	劣势
产业经济竞争力	农业竞争力	10	0	0.0	1	10.0	7	70.0	2	20.0	劣势
	工业竞争力	10	1	10.0	3	30.0	6	60.0	0	0.0	优势
	服务业竞争力	10	0	0.0	0	0.0	9	90.0	1	10.0	中势
	企业竞争力	10	2	20.0	2	20.0	3	30.0	3	30.0	优势
	小　计	40	3	7.5	6	15.0	25	62.5	6	15.0	中势
可持续发展竞争力	资源竞争力	9	0	0.0	4	44.4	4	44.4	1	11.1	中势
	环境竞争力	8	0	0.0	4	50.0	2	25.0	2	25.0	优势
	人力资源竞争力	8	0	0.0	1	12.5	4	50.0	3	37.5	中势
	小　计	25	0	0.0	9	36.0	10	40.0	6	24.0	中势
财政金融竞争力	财政竞争力	12	0	0.0	0	0.0	7	58.3	5	41.7	劣势
	金融竞争力	10	0	0.0	1	10.0	8	80.0	1	10.0	中势
	小　计	22	0	0.0	1	4.5	15	68.2	6	27.3	劣势
知识经济竞争力	科技竞争力	9	1	11.1	2	22.2	5	55.6	1	11.1	中势
	教育竞争力	10	1	10.0	7	70.0	2	20.0	0	0.0	优势
	文化竞争力	8	0	0.0	4	50.0	3	37.5	1	12.5	优势
	小　计	27	2	7.4	13	48.1	10	37.0	2	7.4	优势
发展环境竞争力	基础设施竞争力	9	0	0.0	0	0.0	8	88.9	1	11.1	中势
	软环境竞争力	9	1	11.1	0	0.0	7	77.8	1	11.1	中势
	小　计	18	1	5.6	0	0.0	15	83.3	2	11.1	中势
政府作用竞争力	政府发展经济竞争力	5	0	0.0	0	0.0	4	80.0	1	20.0	中势
	政府规调经济竞争力	5	0	0.0	1	20.0	3	60.0	1	20.0	中势
	政府保障经济竞争力	6	0	0.0	0	0.0	1	16.7	5	83.3	劣势
	小　计	16	0	0.0	1	6.3	8	50.0	7	43.8	劣势
发展水平竞争力	工业化进程竞争力	6	0	0.0	1	16.7	3	50.0	2	33.3	中势
	城市化进程竞争力	7	0	0.0	0	0.0	6	85.7	1	14.3	中势
	市场化进程竞争力	6	0	0.0	0	0.0	1	16.7	5	83.3	劣势
	小　计	19	0	0.0	1	5.3	10	52.6	8	42.1	劣势
统筹协调竞争力	统筹发展竞争力	8	1	12.5	0	0.0	3	37.5	4	50.0	中势
	协调发展竞争力	8	0	0.0	1	12.5	2	25.0	5	62.5	劣势
	小　计	16	1	6.3	1	6.3	5	31.3	9	56.3	劣势
合　计		210	9	4.3	37	17.6	107	51.0	57	27.1	中势

基于图 27－2 和表 27－3，从四级指标来看，强势指标 9 个，占指标总数的 4.3%；优势指标 37 个，占指标总数的 17.6%；中势指标 107 个，占指标总数的 51.0%；劣势

指标 57 个，占指标总数的 27.1%。从三级指标来看，优势指标 5 个，占三级指标总数的 20%；中势指标 14 个，占三级指标总数的 56%；劣势指标 6 个，占三级指标总数的 24%。反映到二级指标上来，优势指标 1 个，占二级指标总数的 11.11%；中势指标有 3 个，占二级指标总数的 33.33%；劣势指标 5 个，占二级指标总数的 55.56%。综合来看，由于中势指标在指标体系中居于主导地位，2013 年陕西省经济综合竞争力处于中势地位。

4. 陕西省经济综合竞争力四级指标优劣势对比分析

表 27-4　2013 年陕西省经济综合竞争力各级指标优劣势比较表

二级指标	优劣势	四　级　指　标
宏观经济竞争力（27 个）	强势指标	进出口增长率、实际 FDI 增长率（2 个）
	优势指标	地区生产总值增长率、人均固定资产投资额、全社会消费品零售总额增长率、资本形成结构优化度、出口增长率（5 个）
	劣势指标	财政总收入增长率、产业结构优化度、所有制经济结构优化度、城乡经济结构优化度、就业结构优化度、贸易结构优化度、进出口总额、出口总额、实际 FDI、外贸依存度、对外直接投资（11 个）
产业经济竞争力（40 个）	强势指标	工业成本费用利润率、规模以上企业平均利润、规模以上企业销售利税率（3 个）
	优势指标	农业增加值增长率、工业增加值增长率、工业资产总贡献率、工业全员劳动生产率、规模以上企业平均资产、规模以上企业平均增加值（6 个）
	劣势指标	农民人均纯收入、人均主要农产品产量、服务业从业人员数、流动资金周转次数、新产品销售收入占主营业务收入比重、中国驰名商标持有量（6 个）
可持续发展竞争力（25 个）	强势指标	（0 个）
	优势指标	人均牧草地面积、主要能源矿产基础储量、人均主要能源矿产基础储量、人均森林储积量、森林覆盖率、人均废水排放量、人均治理工业污染投资额、生活垃圾无害化处理率、大专以上教育程度人口比例（9 个）
	劣势指标	人均年水资源量、人均工业废气排放量、自然灾害直接经济损失、人口自然增长率、人口健康素质、人力资源利用率（6 个）
财政金融竞争力（22 个）	强势指标	（0 个）
	优势指标	中长期贷款占贷款余额比重（1 个）
	劣势指标	税收收入占 GDP 比重、税收收入占财政总收入比重、地方财政收入增长率、地方财政支出增长率、税收收入增长率、货币市场融资额（6 个）
知识经济竞争力（27 个）	强势指标	技术市场成交合同金额、万人高等学校在校学生数（2 个）
	优势指标	R&D 经费投入强度、高技术产品出口额占商品出口额比重、教育经费、教育经费占 GDP 比重、人均教育经费、公共教育经费占财政支出比重、人均文化教育支出占个人消费支出比重、万人中小学专任教师数、高校专任教师数、文化产业增加值、城镇居民人均文化娱乐支出、城镇居民人均文化娱乐支出占消费性支出比重、农村居民人均文化娱乐支出占消费性支出比重（13 个）
	劣势指标	财政科技支出占地方财政支出比重、报纸出版数（2 个）
发展环境竞争力（18 个）	强势指标	外资企业数增长率（1 个）
	优势指标	（0 个）
	劣势指标	人均内河航道里程、万人个体私营企业数（2 个）

续表

二级指标	优劣势	四级指标
政府作用竞争力(16个)	强势指标	(0个)
	优势指标	人口控制(1个)
	劣势指标	政府公务员对经济的贡献、调控城乡消费差距、城市城镇社区服务设施数、医疗保险覆盖率、养老保险覆盖率、失业保险覆盖率、下岗职工再就业率(7个)
发展水平竞争力(19个)	强势指标	(0个)
	优势指标	高技术产品出口额占商品出口额比重(1个)
	劣势指标	工业增加值占GDP比重、工业增加值增长率、城市平均建成区面积比重、非公有制经济产值占全社会总产值的比重、社会投资占投资总额比重、私有和个体企业从业人员比重、亿元以上商品市场成交额、亿元以上商品市场成交额占全社会消费品零售总额比重(8个)
统筹协调竞争力(16个)	强势指标	生产税净额和营业盈余占GDP比重(1个)
	优势指标	全社会消费品零售总额与外贸出口总额比差(1个)
	劣势指标	社会劳动生产率增速、最终消费率、固定资产投资额占GDP比重、固定资产交付使用率、环境竞争力与宏观经济竞争力比差、人力资源竞争力与宏观经济竞争力比差、资源竞争力与工业竞争力比差、城乡居民家庭人均收入比差、城乡居民人均现金消费支出比差(9个)

27.2 陕西省经济综合竞争力各级指标具体分析

1. 陕西省宏观经济竞争力指标排名变化情况

表27-5 2012~2013年陕西省宏观经济竞争力指标组排位及变化趋势表

指标	2012年	2013年	排位升降	优劣势
1 宏观经济竞争力	26	22	4	劣势
1.1 经济实力竞争力	16	15	1	中势
地区生产总值	16	16	0	中势
地区生产总值增长率	5	6	-1	优势
人均地区生产总值	14	13	1	中势
财政总收入	14	13	1	中势
财政总收入增长率	31	29	2	劣势
人均财政收入	14	13	1	中势
固定资产投资额	13	13	0	中势
固定资产投资额增长率	9	11	-2	中势
人均固定资产投资额	11	8	3	优势
全社会消费品零售总额	20	20	0	中势
全社会消费品零售总额增长率	8	4	4	优势
人均全社会消费品零售总额	18	18	0	中势

续表

指　　标	2012 年	2013 年	排位升降	优劣势
1.2　经济结构竞争力	29	29	0	劣势
产业结构优化度	26	28	-2	劣势
所有制经济结构优化度	29	29	0	劣势
城乡经济结构优化度	28	28	0	劣势
就业结构优化度	30	30	0	劣势
资本形成结构优化度	7	7	0	优势
贸易结构优化度	26	23	3	劣势
1.3　经济外向度竞争力	19	15	4	中势
进出口总额	24	23	1	劣势
进出口增长率	24	2	22	强势
出口总额	22	22	0	劣势
出口增长率	12	9	3	优势
实际 FDI	21	21	0	劣势
实际 FDI 增长率	5	3	2	强势
外贸依存度	26	25	1	劣势
对外经济合作完成营业额	16	17	-1	中势
对外直接投资	14	25	-11	劣势

2. 陕西省产业经济竞争力指标排名变化情况

表 27-6　2012~2013 年陕西省产业经济竞争力指标组排位及变化趋势表

指　　标	2012 年	2013 年	排位升降	优劣势
2　产业经济竞争力	11	12	-1	中势
2.1　农业竞争力	23	23	0	劣势
农业增加值	19	18	1	中势
农业增加值增长率	8	10	-2	优势
人均农业增加值	17	16	1	中势
农民人均纯收入	26	27	-1	劣势
农民人均纯收入增长率	10	13	-3	中势
农产品出口占农林牧渔总产值比重	16	19	-3	中势
人均主要农产品产量	22	23	-1	劣势
农业机械化	18	18	0	中势
农村人均用电量	11	12	-1	中势
财政支农资金比重	16	16	0	中势

续表

指 标	2012 年	2013 年	排位升降	优劣势
2.2 工业竞争力	8	9	-1	优势
工业增加值	15	14	1	中势
工业增加值增长率	3	7	-4	优势
人均工业增加值	11	11	0	中势
工业资产总额	16	16	0	中势
工业资产总额增长率	5	15	-10	中势
工业资产总贡献率	6	7	-1	优势
规模以上工业主营业务收入	20	20	0	中势
规模以上工业利润总额	11	12	-1	中势
工业全员劳动生产率	3	7	-4	优势
工业成本费用利润率	1	1	0	强势
2.3 服务业竞争力	18	20	-2	中势
服务业增加值	18	18	0	中势
服务业增加值增长率	9	11	-2	中势
人均服务业增加值	17	17	0	中势
服务业从业人员数	24	24	0	劣势
服务业从业人员数增长率	30	18	12	中势
限额以上批发零售企业主营业务收入	18	18	0	中势
限额以上批零企业利税率	11	15	-4	中势
限额以上餐饮企业利税率	12	11	1	中势
旅游外汇收入	11	11	0	中势
房地产经营总收入	16	18	-2	中势
2.4 企业竞争力	6	8	-2	优势
规模以上工业企业数	19	19	0	中势
规模以上企业平均资产	10	10	0	优势
规模以上企业平均增加值	9	10	-1	优势
流动资金周转次数	23	21	2	劣势
规模以上企业平均利润	1	1	0	强势
规模以上企业销售利税率	4	1	3	强势
新产品销售收入占主营业务收入比重	18	23	-5	劣势
产品质量抽查合格率	21	18	3	中势
工业企业 R&D 经费投入强度	16	12	4	中势
中国驰名商标持有量	22	22	0	劣势

3. 陕西省可持续发展竞争力指标排名变化情况

表 27－7 2012～2013 年陕西省可持续发展竞争力指标组排位及变化趋势表

指　　标	2012 年	2013 年	排位升降	优劣势
3 可持续发展竞争力	11	17	－6	中势
3.1 资源竞争力	17	19	－2	中势
人均国土面积	11	11	0	中势
人均可使用海域和滩涂面积	13	13	0	中势
人均年水资源量	21	22	－1	劣势
耕地面积	18	18	0	中势
人均耕地面积	11	11	0	中势
人均牧草地面积	8	8	0	优势
主要能源矿产基础储量	4	4	0	优势
人均主要能源矿产基础储量	3	5	－2	优势
人均森林储积量	10	10	0	优势
3.2 环境竞争力	4	7	－3	优势
森林覆盖率	11	10	1	优势
人均废水排放量	5	5	0	优势
人均工业废气排放量	24	24	0	劣势
人均工业固体废物排放量	18	19	－1	中势
人均治理工业污染投资额	6	4	2	优势
一般工业固体废物综合利用率	21	20	1	中势
生活垃圾无害化处理率	16	10	6	优势
自然灾害直接经济损失	16	25	－9	劣势
3.3 人力资源竞争力	16	20	－4	中势
人口自然增长率	24	22	2	劣势
15～64 岁人口比例	9	12	－3	中势
文盲率	16	16	0	中势
大专以上教育程度人口比例	10	10	0	优势
平均受教育程度	14	11	3	中势
人口健康素质	21	21	0	劣势
人力资源利用率	23	23	0	劣势
职业学校毕业生数	12	13	－1	中势

4. 陕西省财政金融竞争力指标排名变化情况

表 27－8 2012～2013 年陕西省财政金融竞争力指标组排位及变化趋势表

指　　标	2012 年	2013 年	排位升降	优劣势
4 财政金融竞争力	20	21	－1	劣势
4.1 财政竞争力	23	25	－2	劣势
地方财政收入	17	16	1	中势
地方财政支出	16	16	0	中势
地方财政收入占 GDP 比重	13	17	－4	中势

续表

指　　标	2012 年	2013 年	排位升降	优劣势
地方财政支出占 GDP 比重	13	15	-2	中势
税收收入占 GDP 比重	16	21	-5	劣势
税收收入占财政总收入比重	23	27	-4	劣势
人均地方财政收入	12	16	-4	中势
人均地方财政支出	14	14	0	中势
人均税收收入	15	15	0	中势
地方财政收入增长率	31	29	2	劣势
地方财政支出增长率	26	21	5	劣势
税收收入增长率	9	23	-14	劣势
4.2　金融竞争力	13	13	0	中势
存款余额	16	16	0	中势
人均存款余额	13	13	0	中势
贷款余额	18	17	1	中势
人均贷款余额	15	16	-1	中势
货币市场融资额	24	23	1	劣势
中长期贷款占贷款余额比重	8	5	3	优势
保险费净收入	16	14	2	中势
保险密度	14	15	-1	中势
保险深度	12	15	-3	中势
人均证券市场筹资额	15	14	1	中势

5. 陕西省知识经济竞争力指标排名变化情况

表 27-9　2012~2013 年陕西省知识经济竞争力指标组排位及变化趋势表

指　　标	2012 年	2013 年	排位升降	优劣势
5　知识经济竞争力	9	8	1	优势
5.1　科技竞争力	13	11	2	中势
R&D 人员	13	13	0	中势
R&D 经费	12	12	0	中势
R&D 经费投入强度	5	8	-3	优势
发明专利授权量	18	16	2	中势
技术市场成交合同金额	5	2	3	强势
财政科技支出占地方财政支出比重	20	22	-2	劣势
高技术产业增加值	16	15	1	中势
高技术产业增加值占工业增加值比重	17	16	1	中势
高技术产品出口额占商品出口额比重	9	7	2	优势
5.2　教育竞争力	7	5	2	优势
教育经费	14	10	4	优势
教育经费占 GDP 比重	13	9	4	优势
人均教育经费	13	8	5	优势
公共教育经费占财政支出比重	15	5	10	优势

续表

指　　标	2012 年	2013 年	排位升降	优劣势
人均文化教育支出占个人消费支出比重	3	9	-6	优势
万人中小学学校数	12	11	1	中势
万人中小学专任教师数	9	9	0	优势
高等学校数	12	12	0	中势
高校专任教师数	9	9	0	优势
万人高等学校在校学生数	3	3	0	强势
5.3 文化竞争力	7	10	-3	优势
文化产业增加值	8	8	0	优势
图书和期刊出版数	13	15	-2	中势
报纸出版数	20	21	-1	劣势
出版印刷工业销售产值	9	11	-2	中势
城镇居民人均文化娱乐支出	8	9	-1	优势
农村居民人均文化娱乐支出	14	14	0	中势
城镇居民人均文化娱乐支出占消费性支出比重	5	9	-4	优势
农村居民人均文化娱乐支出占消费性支出比重	8	9	-1	优势

6. 陕西省发展环境竞争力指标排名变化情况

表 27-10　2012~2013 年陕西省发展环境竞争力指标组排位及变化趋势表

指　　标	2012 年	2013 年	排位升降	优劣势
6 发展环境竞争力	13	17	-4	中势
6.1 基础设施竞争力	18	17	1	中势
铁路网线密度	14	14	0	中势
公路网线密度	17	17	0	中势
人均内河航道里程	21	21	0	劣势
全社会旅客周转量	14	13	1	中势
全社会货物周转量	18	17	1	中势
人均邮电业务总量	13	12	1	中势
万户移动电话数	14	14	0	中势
万户上网用户数	13	14	-1	中势
人均耗电量	19	20	-1	中势
6.2 软环境竞争力	11	13	-2	中势
外资企业数增长率	8	2	6	强势
万人外资企业数	12	12	0	中势
个体私营企业数增长率	14	13	1	中势
万人个体私营企业数	25	26	-1	劣势
万人商标注册件数	11	11	0	中势
查处商标侵权假冒案件	18	18	0	中势
每十万人交通事故发生数	19	19	0	中势
罚没收入占财政收入比重	7	11	-4	中势
食品安全事故数	21	19	2	中势

7. 陕西省政府作用竞争力指标排名变化情况

表 27－11　2012～2013 年陕西省政府作用竞争力指标组排位及变化趋势表

指　标	2012 年	2013 年	排位升降	优劣势
7　政府作用竞争力	19	24	－5	劣势
7.1　政府发展经济竞争力	17	19	－2	中势
财政支出用于基本建设投资比重	7	11	－4	中势
财政支出对 GDP 增长的拉动	19	17	2	中势
政府公务员对经济的贡献	22	22	0	劣势
政府消费对民间消费的拉动	19	20	－1	中势
财政投资对社会投资的拉动	22	17	5	中势
7.2　政府规调经济竞争力	19	20	－1	中势
物价调控	19	19	0	中势
调控城乡消费差距	24	25	－1	劣势
统筹经济社会发展	15	15	0	中势
规范税收	10	19	－9	中势
人口控制	10	10	0	优势
7.3　政府保障经济竞争力	22	29	－7	劣势
城市城镇社区服务设施数	18	21	－3	劣势
医疗保险覆盖率	25	28	－3	劣势
养老保险覆盖率	21	25	－4	劣势
失业保险覆盖率	20	24	－4	劣势
下岗职工再就业率	27	28	－1	劣势
城镇登记失业率	11	15	－4	中势

8. 陕西省发展水平竞争力指标排名变化情况

表 27－12　2012～2013 年陕西省发展水平竞争力指标组排位及变化趋势表

指　标	2012 年	2013 年	排位升降	优劣势
8　发展水平竞争力	24	23	1	劣势
8.1　工业化进程竞争力	18	15	3	中势
工业增加值占 GDP 比重	27	27	0	劣势
工业增加值增长率	30	30	0	劣势
高技术产业规模以上企业产值	17	17	0	中势
高技术产业增加值占工业增加值比重	17	16	1	中势
高技术产品出口额占商品出口额比重	9	7	2	优势
信息产业增加值占 GDP 比重	18	18	0	中势
8.2　城市化进程竞争力	20	19	1	中势
城镇化率	18	18	0	中势
城镇居民人均可支配收入	18	18	0	中势
城市平均建成区面积比重	22	22	0	劣势
人均拥有道路面积	13	14	－1	中势

续表

指　　标	2012 年	2013 年	排位升降	优劣势
人均日生活用水量	13	14	-1	中势
人均居住面积	18	11	7	中势
人均公共绿地面积	15	16	-1	中势
8.3 市场化进程竞争力	27	28	-1	劣势
非公有制经济产值占全社会总产值的比重	29	29	0	劣势
社会投资占投资总额比重	28	26	2	劣势
私有和个体企业从业人员比重	24	24	0	劣势
亿元以上商品市场成交额	27	27	0	劣势
亿元以上商品市场成交额占全社会消费品零售总额比重	29	28	1	劣势
居民消费支出占总消费支出比重	19	20	-1	中势

9. 陕西省统筹协调竞争力指标排名变化情况

表 27-13　2012~2013 年陕西省统筹协调竞争力指标组排位及变化趋势表

指　　标	2012 年	2013 年	排位升降	优劣势
9 统筹协调竞争力	20	24	-4	劣势
9.1 统筹发展竞争力	11	16	-5	中势
社会劳动生产率	13	19	-6	中势
社会劳动生产率增速	3	27	-24	劣势
万元 GDP 综合能耗	12	14	-2	中势
非农用地产出率	11	11	0	中势
生产税净额和营业盈余占 GDP 比重	1	2	-1	强势
最终消费率	22	23	-1	劣势
固定资产投资额占 GDP 比重	24	26	-2	劣势
固定资产交付使用率	22	22	0	劣势
9.2 协调发展竞争力	31	29	2	劣势
环境竞争力与宏观经济竞争力比差	29	27	2	劣势
资源竞争力与宏观经济竞争力比差	9	12	-3	中势
人力资源竞争力与宏观经济竞争力比差	28	22	6	劣势
资源竞争力与工业竞争力比差	22	22	0	劣势
环境竞争力与工业竞争力比差	16	14	2	中势
城乡居民家庭人均收入比差	28	28	0	劣势
城乡居民人均现金消费支出比差	24	27	-3	劣势
全社会消费品零售总额与外贸出口总额比差	7	6	1	优势

B.29
28
甘肃省经济综合竞争力评价分析报告

甘肃省简称甘，地处黄河上游的青藏高原、蒙新高原、黄土高原交汇地带，位于我国地理中心。甘肃省东接陕西省，东北与宁夏回族自治区相邻，南靠四川省，西连青海省、新疆维吾尔自治区，北与内蒙古自治区交界，并与蒙古人民共和国接壤，总面积45.4万平方公里，2013年全省常住人口为2582万人，地区生产总值为6268亿元，同比增长10.8%，人均GDP达24296元。本部分通过分析2012～2013年甘肃省经济综合竞争力以及各要素竞争力的排名变化，从中找出甘肃省经济综合竞争力的推动点及影响因素，为进一步提升甘肃省经济综合竞争力提供决策参考。

28.1 甘肃省经济综合竞争力总体分析

1. 甘肃省经济综合竞争力一级指标概要分析

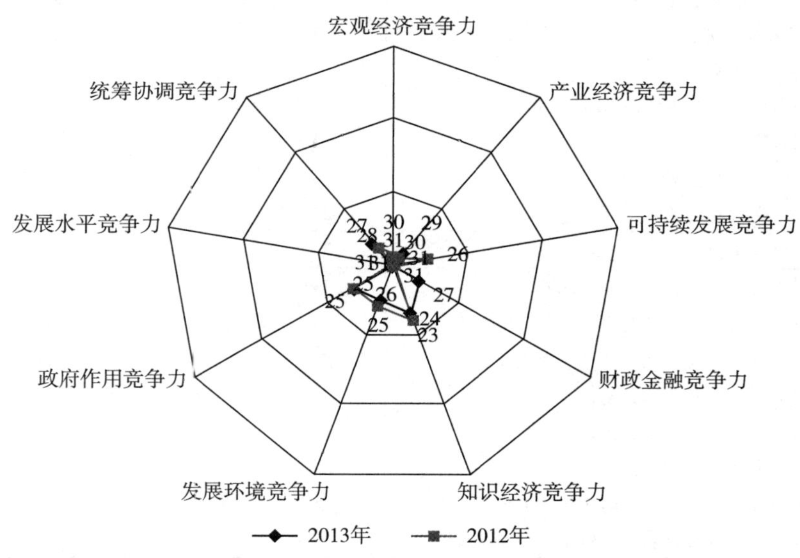

图28－1　2012～2013年甘肃省经济综合竞争力二级指标比较雷达图

（1）从综合排位看，2013年甘肃省经济综合竞争力综合排位在全国居第30位，这表明其在全国处于劣势地位；与2012年相比，综合排位保持不变。

（2）从指标所处区位看，9个二级指标均处于下游区。

表 28－1 2012～2013 年甘肃省经济综合竞争力二级指标比较表

项目 年份	宏观经济竞争力	产业经济竞争力	可持续发展竞争力	财政金融竞争力	知识经济竞争力	发展环境竞争力	政府作用竞争力	发展水平竞争力	统筹协调竞争力	综合排位
2012	30	30	26	31	23	25	25	31	28	30
2013	31	29	31	27	24	26	25	31	27	30
升降	－1	1	－5	4	－1	－1	0	0	1	0
优劣度	劣势	劣势	劣势	劣势	劣势	劣势	劣势	劣势	劣势	劣势

（3）从指标变化趋势看，9 个二级指标中，有 3 个指标处于上升趋势，分别为产业经济竞争力、财政金融竞争力、统筹协调竞争力，这些是甘肃省经济综合竞争力上升的动力所在；有 2 个指标排位没有发生变化，分别为政府作用竞争力和发展水平竞争力；有 4 个指标处于下降趋势，分别为宏观经济竞争力、可持续发展竞争力、知识经济竞争力和发展环境竞争力，这些是甘肃省经济综合竞争力下降的拉力所在。

2. 甘肃省经济综合竞争力各级指标动态变化分析

表 28－2 2012～2013 年甘肃省经济综合竞争力各级指标排位变化态势比较表

二级指标	三级指标	四级指标数	上升		保持		下降		变化趋势
			指标数	比重（%）	指标数	比重（%）	指标数	比重（%）	
宏观经济竞争力	经济实力竞争力	12	3	25.0	5	41.7	4	33.3	下降
	经济结构竞争力	6	2	33.3	3	50.0	1	16.7	保持
	经济外向度竞争力	9	4	44.4	4	44.4	1	11.1	上升
	小计	27	9	33.3	12	44.4	6	22.2	下降
产业经济竞争力	农业竞争力	10	3	30.0	4	40.0	3	30.0	上升
	工业竞争力	10	3	30.0	5	50.0	2	20.0	保持
	服务业竞争力	10	2	20.0	4	40.0	4	40.0	下降
	企业竞争力	10	4	40.0	5	50.0	1	10.0	上升
	小计	40	12	30.0	18	45.0	10	25.0	上升
可持续发展竞争力	资源竞争力	9	2	22.2	5	55.6	2	22.2	上升
	环境竞争力	8	2	25.0	3	37.5	3	37.5	下降
	人力资源竞争力	8	3	37.5	5	62.5	0	0.0	上升
	小计	25	7	28.0	13	52.0	5	20.0	下降
财政金融竞争力	财政竞争力	12	7	58.3	4	33.3	1	8.3	上升
	金融竞争力	10	2	20.0	5	50.0	3	30.0	上升
	小计	22	9	40.9	9	40.9	4	18.2	上升
知识经济竞争力	科技竞争力	9	3	33.3	4	44.4	2	22.2	保持
	教育竞争力	10	1	10.0	4	40.0	5	50.0	上升
	文化竞争力	8	2	25.0	2	25.0	4	50.0	下降
	小计	27	6	22.2	10	37.0	11	40.7	下降

续表

二级指标	三级指标	四级指标数	上升		保持		下降		变化趋势
			指标数	比重(%)	指标数	比重(%)	指标数	比重(%)	
发展环境竞争力	基础设施竞争力	9	3	33.3	5	55.6	1	11.1	保持
	软环境竞争力	9	1	11.1	5	55.6	3	33.3	下降
	小　计	18	4	22.2	10	55.6	4	22.2	下降
政府作用竞争力	政府发展经济竞争力	5	1	20.0	2	40.0	2	40.0	上升
	政府规调经济竞争力	5	1	20.0	3	60.0	1	20.0	上升
	政府保障经济竞争力	6	2	33.3	0	0.0	4	66.7	下降
	小　计	16	4	25.0	5	31.3	7	43.8	保持
发展水平竞争力	工业化进程竞争力	6	1	16.7	2	33.3	3	50.0	上升
	城市化进程竞争力	7	2	28.6	3	42.9	2	28.6	下降
	市场化进程竞争力	6	2	33.3	4	66.7	0	0.0	保持
	小　计	19	5	26.3	9	47.4	5	26.3	保持
统筹协调竞争力	统筹发展竞争力	8	1	12.5	3	37.5	4	50.0	下降
	协调发展竞争力	8	5	62.5	0	0.0	3	37.5	上升
	小　计	16	6	37.5	3	18.8	7	43.8	上升
合　计		210	62	29.5	89	42.4	59	28.1	保持

从表28－2可以看出，210个四级指标中，上升指标有62个，占指标总数的29.5%；下降指标有59个，占指标总数的28.1%；保持指标有89个，占指标总数的42.4%。综上所述，甘肃省经济综合竞争力上升的动力大于下降的拉力，但由于保持指标所占比重较大，2012～2013年甘肃省经济综合竞争力排位保持不变。

3. 甘肃省经济综合竞争力各级指标优劣势结构分析

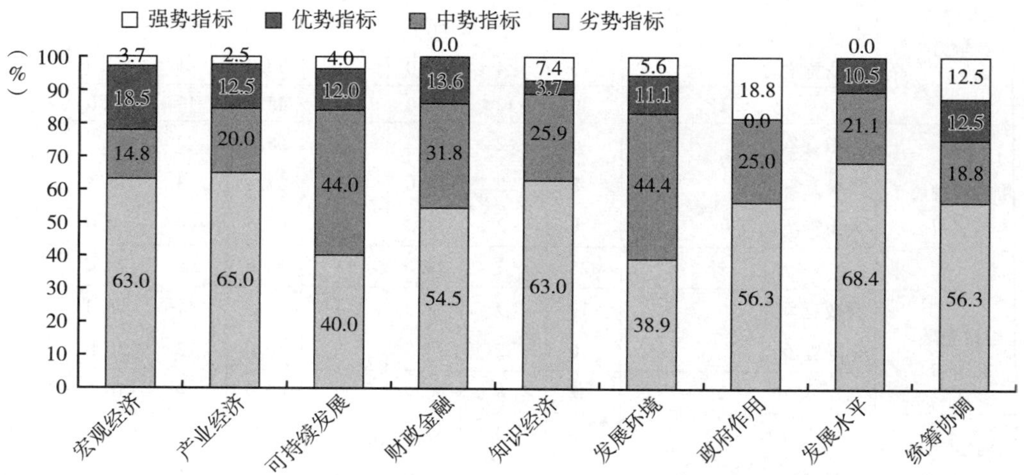

图28－2　2013年甘肃省经济综合竞争力各级指标优劣势比较图

表 28－3 2013 年甘肃省经济综合竞争力各级指标优劣势比较表

二级指标	三级指标	四级指标数	强势指标 个数	强势指标 比重(%)	优势指标 个数	优势指标 比重(%)	中势指标 个数	中势指标 比重(%)	劣势指标 个数	劣势指标 比重(%)	优劣势
宏观经济竞争力	经济实力竞争力	12	0	0.0	3	25.0	1	8.3	8	66.7	劣势
	经济结构竞争力	6	0	0.0	0	0.0	3	50.0	3	50.0	劣势
	经济外向度竞争力	9	1	11.1	2	22.2	0	0.0	6	66.7	中势
	小　计	27	1	3.7	5	18.5	4	14.8	17	63.0	劣势
产业经济竞争力	农业竞争力	10	1	10.0	2	20.0	2	20.0	5	50.0	劣势
	工业竞争力	10	0	0.0	0	0.0	2	20.0	8	80.0	劣势
	服务业竞争力	10	0	0.0	1	10.0	1	10.0	8	80.0	劣势
	企业竞争力	10	0	0.0	2	20.0	3	30.0	5	50.0	劣势
	小　计	40	1	2.5	5	12.5	8	20.0	26	65.0	劣势
可持续发展竞争力	资源竞争力	9	0	0.0	3	33.3	6	66.7	0	0.0	优势
	环境竞争力	8	1	12.5	0	0.0	1	12.5	6	75.0	劣势
	人力资源竞争力	8	0	0.0	0	0.0	4	50.0	4	50.0	劣势
	小　计	25	1	4.0	3	12.0	11	44.0	10	40.0	劣势
财政金融竞争力	财政竞争力	12	0	0.0	2	16.7	4	33.3	6	50.0	劣势
	金融竞争力	10	0	0.0	1	10.0	3	30.0	6	60.0	劣势
	小　计	22	0	0.0	3	13.6	7	31.8	12	54.5	劣势
知识经济竞争力	科技竞争力	9	0	0.0	0	0.0	2	22.2	7	77.8	劣势
	教育竞争力	10	2	20.0	1	10.0	2	20.0	5	50.0	劣势
	文化竞争力	8	0	0.0	0	0.0	3	37.5	5	62.5	劣势
	小　计	27	2	7.4	1	3.7	7	25.9	17	63.0	劣势
发展环境竞争力	基础设施竞争力	9	0	0.0	0	0.0	5	55.6	4	44.4	劣势
	软环境竞争力	9	1	11.1	2	22.2	3	33.3	3	33.3	中势
	小　计	18	1	5.6	2	11.1	8	44.4	7	38.9	劣势
政府作用竞争力	政府发展经济竞争力	5	1	20.0	0	0.0	0	0.0	4	80.0	劣势
	政府规调经济竞争力	5	0	0.0	0	0.0	3	60.0	2	40.0	劣势
	政府保障经济竞争力	6	2	33.3	0	0.0	1	16.7	3	50.0	中势
	小　计	16	3	18.8	0	0.0	4	25.0	9	56.3	劣势
发展水平竞争力	工业化进程竞争力	6	0	0.0	2	33.3	1	16.7	3	50.0	中势
	城市化进程竞争力	7	0	0.0	0	0.0	2	28.6	5	71.4	劣势
	市场化进程竞争力	6	0	0.0	0	0.0	1	16.7	5	83.3	劣势
	小　计	19	0	0.0	2	10.5	4	21.1	13	68.4	劣势
统筹协调竞争力	统筹发展竞争力	8	0	0.0	1	12.5	1	12.5	6	75.0	劣势
	协调发展竞争力	8	2	25.0	1	12.5	2	25.0	3	37.5	中势
	小　计	16	2	12.5	2	12.5	3	18.8	9	56.3	劣势
合　计		210	11	5.2	23	11.0	56	26.7	120	57.1	劣势

基于图 28－2 和表 28－3，从四级指标来看，强势指标 11 个，占指标总数的 5.2%；优势指标 23 个，占指标总数的 11.0%；中势指标 56 个，占指标总数的 26.7%；劣势指标 120 个，占指标总数的 57.1%。从三级指标来看，没有强势指标；优势指标 1 个，占三级指标总数的 4%；中势指标 5 个，占三级指标总数的 20%；劣势指标 19 个，占三级指标总数的 76%。反映到二级指标上来，劣势指标有 9 个，占二级指标总数的 100%。综合来看，由于劣势指标在指标体系中居于主导地位，2013 年甘肃

省经济综合竞争力处于劣势地位。

4. 甘肃省经济综合竞争力四级指标优劣势对比分析

表 28-4　2013 年甘肃省经济综合竞争力各级指标优劣势比较表

二级指标	优劣势	四　级　指　标
宏观经济竞争力（27 个）	强势指标	实际 FDI 增长率（1 个）
	优势指标	地区生产总值增长率、固定资产投资额增长率、全社会消费品零售总额增长率、进出口增长率、出口增长率（5 个）
	劣势指标	地区生产总值、人均地区生产总值、财政总收入、人均财政收入、固定资产投资额、人均固定资产投资额、全社会消费品零售总额、人均全社会消费品零售总额、所有制经济结构优化度、城乡经济结构优化度、就业结构优化度、进出口总额、出口总额、实际 FDI、外贸依存度、对外经济合作完成营业额、对外直接投资（17 个）
产业经济竞争力（40 个）	强势指标	财政支农资金比重（1 个）
	优势指标	农业增加值增长率、农民人均纯收入增长率、服务业增加值增长率、规模以上企业平均资产、规模以上企业平均增加值（5 个）
	劣势指标	农业增加值、人均农业增加值、农民人均纯收入、农产品出口占农林牧渔总产值比重、农村人均用电量、工业增加值、人均工业增加值、工业资产总额、工业资产总贡献率、规模以上工业主营业务收入、规模以上工业利润总额、工业全员劳动生产率、工业成本费用利润率、服务业增加值、人均服务业增加值、服务业从业人员数增长率、限额以上批发零售企业主营业务收入、限额以上批零企业利税率、限额以上餐饮企业利税率、旅游外汇收入、房地产经营总收入、规模以上工业企业数、规模以上企业销售利税率、产品质量抽查合格率、工业企业 R&D 经费投入强度、中国驰名商标持有量（26 个）
可持续发展竞争力（25 个）	强势指标	人均废水排放量（1 个）
	优势指标	人均国土面积、人均耕地面积、人均牧草地面积（3 个）
	劣势指标	森林覆盖率、人均工业废气排放量、人均工业固体废物排放量、一般工业固体废物综合利用率、生活垃圾无害化处理率、自然灾害直接经济损失、文盲率、大专以上教育程度人口比例、平均受教育程度、人口健康素质（10 个）
财政金融竞争力（22 个）	强势指标	（0 个）
	优势指标	地方财政支出占 GDP 比重、税收收入增长率、保险深度（3 个）
	劣势指标	地方财政收入、地方财政支出、地方财政收入占 GDP 比重、税收收入占 GDP 比重、人均地方财政收入、人均税收收入、存款余额、人均存款余额、贷款余额、人均贷款余额、保险费净收入、保险密度（12 个）
知识经济竞争力（27 个）	强势指标	万人中小学学校数、万人中小学专任教师数（2 个）
	优势指标	教育经费占 GDP 比重（1 个）
	劣势指标	R&D 人员、R&D 经费、发明专利授权量、财政科技支出占地方财政支出比重、高技术产业增加值、高技术产业增加值占工业增加值比重、高技术产品出口额占商品出口额比重、教育经费、人均教育经费、人均文化教育支出占个人消费支出比重、高等学校数、高校专任教师数、报纸出版数、出版印刷工业销售产值、城镇居民人均文化娱乐支出、农村居民人均文化娱乐支出、城镇居民人均文化娱乐支出占消费性支出比重（17 个）
发展环境竞争力（18 个）	强势指标	个体私营企业数增长率（1 个）
	优势指标	查处商标侵权假冒案件、食品安全事故数（2 个）
	劣势指标	铁路网线密度、公路网线密度、人均邮电业务总量、万户上网用户数、万人外资企业数、万人个体私营企业数、万人商标注册件数（7 个）

续表

二级指标	优劣势	四　级　指　标
政府作用竞争力（16个）	强势指标	财政支出用于基本建设投资比重、下岗职工再就业率、城镇登记失业率（3个）
	优势指标	（0个）
	劣势指标	财政支出对GDP增长的拉动、政府公务员对经济的贡献、政府消费对民间消费的拉动、财政投资对社会投资的拉动、调控城乡消费差距、规范税收、医疗保险覆盖率、养老保险覆盖率、失业保险覆盖率（9个）
发展水平竞争力（19个）	强势指标	（0个）
	优势指标	工业增加值占GDP比重、信息产业增加值占GDP比重（2个）
	劣势指标	高技术产业规模以上企业产值、高技术产业增加值占工业增加值比重、高技术产品出口额占商品出口额比重、城镇化率、城镇居民人均可支配收入、城市平均建成区面积比重、人均日生活用水量、人均居住面积、非公有制经济产值占全社会总产值的比重、社会投资占投资总额比重、私有和个体企业从业人员比重、亿元以上商品市场成交额、居民消费支出占总消费支出比重（13个）
统筹协调竞争力（16个）	强势指标	资源竞争力与宏观经济竞争力比差、资源竞争力与工业竞争力比差（2个）
	优势指标	最终消费率、全社会消费品零售总额与外贸出口总额比差（2个）
	劣势指标	社会劳动生产率、社会劳动生产率增速、万元GDP综合能耗、非农用地产出率、生产税净额和营业盈余占GDP比重、固定资产投资额占GDP比重、人力资源竞争力与宏观经济竞争力比差、城乡居民家庭人均收入比差、城乡居民人均现金消费支出比差（9个）

28.2　甘肃省经济综合竞争力各级指标具体分析

1. 甘肃省宏观经济竞争力指标排名变化情况

表28－5　2012～2013年甘肃省宏观经济竞争力指标组排位及变化趋势表

指　　标	2012年	2013年	排位升降	优劣势
1　宏观经济竞争力	30	31	－1	劣势
1.1　经济实力竞争力	29	30	－1	劣势
地区生产总值	27	27	0	劣势
地区生产总值增长率	6	9	－3	优势
人均地区生产总值	30	30	0	劣势
财政总收入	27	29	－2	劣势
财政总收入增长率	23	12	11	中势
人均财政收入	20	31	－11	劣势
固定资产投资额	26	26	0	劣势
固定资产投资额增长率	5	4	1	优势
人均固定资产投资额	28	25	3	劣势
全社会消费品零售总额	26	26	0	劣势
全社会消费品零售总额增长率	7	9	－2	优势
人均全社会消费品零售总额	30	30	0	劣势

续表

指　　标	2012 年	2013 年	排位升降	优劣势
1.2　经济结构竞争力	30	30	0	劣势
产业结构优化度	13	15	-2	中势
所有制经济结构优化度	31	31	0	劣势
城乡经济结构优化度	29	29	0	劣势
就业结构优化度	28	28	0	劣势
资本形成结构优化度	23	14	9	中势
贸易结构优化度	20	19	1	中势
1.3　经济外向度竞争力	17	12	5	中势
进出口总额	27	27	0	劣势
进出口增长率	22	9	13	优势
出口总额	27	26	1	劣势
出口增长率	4	4	0	优势
实际 FDI	31	28	3	劣势
实际 FDI 增长率	29	1	28	强势
外贸依存度	23	23	0	劣势
对外经济合作完成营业额	26	26	0	劣势
对外直接投资	8	26	-18	劣势

2. 甘肃省产业经济竞争力指标排名变化情况

表 28-6　2012~2013 年甘肃省产业经济竞争力指标组排位及变化趋势表

指　　标	2012 年	2013 年	排位升降	优劣势
2　产业经济竞争力	30	29	1	劣势
2.1　农业竞争力	25	22	3	劣势
农业增加值	23	23	0	劣势
农业增加值增长率	3	5	-2	优势
人均农业增加值	28	26	2	劣势
农民人均纯收入	31	31	0	劣势
农民人均纯收入增长率	4	6	-2	优势
农产品出口占农林牧渔总产值比重	17	22	-5	劣势
人均主要农产品产量	16	16	0	中势
农业机械化	28	19	9	中势
农村人均用电量	25	25	0	劣势
财政支农资金比重	3	2	1	强势

续表

指　标	2012 年	2013 年	排位升降	优劣势
2.2 工业竞争力	30	30	0	劣势
工业增加值	27	27	0	劣势
工业增加值增长率	20	17	3	中势
人均工业增加值	27	27	0	劣势
工业资产总额	26	26	0	劣势
工业资产总额增长率	7	13	-6	中势
工业资产总贡献率	26	26	0	劣势
规模以上工业主营业务收入	25	26	-1	劣势
规模以上工业利润总额	27	27	0	劣势
工业全员劳动生产率	31	29	2	劣势
工业成本费用利润率	31	30	1	劣势
2.3 服务业竞争力	15	28	-13	劣势
服务业增加值	27	27	0	劣势
服务业增加值增长率	2	6	-4	优势
人均服务业增加值	31	31	0	劣势
服务业从业人员数	18	18	0	中势
服务业从业人员数增长率	1	30	-29	劣势
限额以上批发零售企业主营业务收入	25	24	1	劣势
限额以上批零企业利税率	23	28	-5	劣势
限额以上餐饮企业利税率	19	27	-8	劣势
旅游外汇收入	30	29	1	劣势
房地产经营总收入	28	28	0	劣势
2.4 企业竞争力	29	26	3	劣势
规模以上工业企业数	27	27	0	劣势
规模以上企业平均资产	8	8	0	优势
规模以上企业平均增加值	4	4	0	优势
流动资金周转次数	19	19	0	中势
规模以上企业平均利润	22	20	2	中势
规模以上企业销售利税率	23	27	-4	劣势
新产品销售收入占主营业务收入比重	16	16	0	中势
产品质量抽查合格率	29	21	8	劣势
工业企业 R&D 经费投入强度	30	26	4	劣势
中国驰名商标持有量	29	24	5	劣势

3. 甘肃省可持续发展竞争力指标排名变化情况

表 28－7　2012～2013 年甘肃省可持续发展竞争力指标组排位及变化趋势表

指　　标	2012 年	2013 年	排位升降	优劣势
3　可持续发展竞争力	26	31	－5	劣势
3.1　资源竞争力	12	10	2	优势
人均国土面积	5	5	0	优势
人均可使用海域和滩涂面积	13	13	0	中势
人均年水资源量	22	20	2	中势
耕地面积	12	12	0	中势
人均耕地面积	5	5	0	优势
人均牧草地面积	5	5	0	优势
主要能源矿产基础储量	14	15	－1	中势
人均主要能源矿产基础储量	16	12	4	中势
人均森林储积量	13	14	－1	中势
3.2　环境竞争力	23	29	－6	劣势
森林覆盖率	26	27	－1	劣势
人均废水排放量	2	2	0	强势
人均工业废气排放量	21	21	0	劣势
人均工业固体废物排放量	23	21	2	劣势
人均治理工业污染投资额	4	11	－7	中势
一般工业固体废物综合利用率	24	21	3	劣势
生活垃圾无害化处理率	30	30	0	劣势
自然灾害直接经济损失	22	29	－7	劣势
3.3　人力资源竞争力	27	26	1	劣势
人口自然增长率	15	13	2	中势
15～64 岁人口比例	15	15	0	中势
文盲率	28	25	3	劣势
大专以上教育程度人口比例	22	22	0	劣势
平均受教育程度	27	27	0	劣势
人口健康素质	27	27	0	劣势
人力资源利用率	15	15	0	中势
职业学校毕业生数	21	18	3	中势

4. 甘肃省财政金融竞争力指标排名变化情况

表 28－8　2012～2013 年甘肃省财政金融竞争力指标组排位及变化趋势表

指　　标	2012 年	2013 年	排位升降	优劣势
4　财政金融竞争力	31	27	4	劣势
4.1　财政竞争力	31	23	8	劣势
地方财政收入	27	27	0	劣势
地方财政支出	27	27	0	劣势
地方财政收入占 GDP 比重	22	23	－1	劣势

续表

指　　标	2012 年	2013 年	排位升降	优劣势
地方财政支出占 GDP 比重	5	4	1	优势
税收收入占 GDP 比重	24	23	1	劣势
税收收入占财政总收入比重	27	16	11	中势
人均地方财政收入	31	31	0	劣势
人均地方财政支出	16	15	1	中势
人均税收收入	31	31	0	劣势
地方财政收入增长率	23	12	11	中势
地方财政支出增长率	22	14	8	中势
税收收入增长率	5	4	1	优势
4.2　金融竞争力	29	28	1	劣势
存款余额	27	27	0	劣势
人均存款余额	24	24	0	劣势
贷款余额	27	27	0	劣势
人均贷款余额	24	23	1	劣势
货币市场融资额	10	18	-8	中势
中长期贷款占贷款余额比重	16	17	-1	中势
保险费净收入	26	26	0	劣势
保险密度	24	25	-1	劣势
保险深度	8	8	0	优势
人均证券市场筹资额	20	13	7	中势

5. 甘肃省知识经济竞争力指标排名变化情况

表 28-9　2012～2013 年甘肃省知识经济竞争力指标组排位及变化趋势表

指　　标	2012 年	2013 年	排位升降	优劣势
5　知识经济竞争力	23	24	-1	劣势
5.1　科技竞争力	26	26	0	劣势
R&D 人员	26	26	0	劣势
R&D 经费	25	25	0	劣势
R&D 经费投入强度	19	17	2	中势
发明专利授权量	25	26	-1	劣势
技术市场成交合同金额	15	13	2	中势
财政科技支出占地方财政支出比重	29	29	0	劣势
高技术产业增加值	27	26	1	劣势
高技术产业增加值占工业增加值比重	25	26	-1	劣势
高技术产品出口额占商品出口额比重	22	22	0	劣势
5.2　教育竞争力	23	22	1	劣势
教育经费	27	27	0	劣势
教育经费占 GDP 比重	5	4	1	优势
人均教育经费	19	22	-3	劣势
公共教育经费占财政支出比重	17	20	-3	中势
人均文化教育支出占个人消费支出比重	23	25	-2	劣势

续表

指　　标	2012 年	2013 年	排位升降	优劣势
万人中小学学校数	1	1	0	强势
万人中小学专任教师数	2	2	0	强势
高等学校数	26	26	0	劣势
高校专任教师数	25	26	-1	劣势
万人高等学校在校学生数	17	20	-3	中势
5.3　文化竞争力	22	24	-2	劣势
文化产业增加值	20	20	0	中势
图书和期刊出版数	20	19	1	中势
报纸出版数	25	25	0	劣势
出版印刷工业销售产值	24	26	-2	劣势
城镇居民人均文化娱乐支出	25	29	-4	劣势
农村居民人均文化娱乐支出	24	23	1	劣势
城镇居民人均文化娱乐支出占消费性支出比重	20	25	-5	劣势
农村居民人均文化娱乐支出占消费性支出比重	12	13	-1	中势

6. 甘肃省发展环境竞争力指标排名变化情况

表 28-10　2012~2013 年甘肃省发展环境竞争力指标组排位及变化趋势表

指　　标	2012 年	2013 年	排位升降	优劣势
6　发展环境竞争力	25	26	-1	劣势
6.1　基础设施竞争力	29	29	0	劣势
铁路网线密度	28	28	0	劣势
公路网线密度	27	27	0	劣势
人均内河航道里程	20	20	0	中势
全社会旅客周转量	15	15	0	中势
全社会货物周转量	20	19	1	中势
人均邮电业务总量	28	26	2	劣势
万户移动电话数	21	16	5	中势
万户上网用户数	27	28	-1	劣势
人均耗电量	16	16	0	中势
6.2　软环境竞争力	9	12	-3	中势
外资企业数增长率	7	11	-4	中势
万人外资企业数	22	23	-1	劣势
个体私营企业数增长率	3	3	0	强势
万人个体私营企业数	29	29	0	劣势
万人商标注册件数	31	31	0	劣势
查处商标侵权假冒案件	8	8	0	优势
每十万人交通事故发生数	11	11	0	中势
罚没收入占财政收入比重	14	20	-6	中势
食品安全事故数	11	9	2	优势

7. 甘肃省政府作用竞争力指标排名变化情况

表 28－11 2012～2013 年甘肃省政府作用竞争力指标组排位及变化趋势表

指 标	2012 年	2013 年	排位升降	优劣势
7 政府作用竞争力	25	25	0	劣势
7.1 政府发展经济竞争力	24	22	2	劣势
财政支出用于基本建设投资比重	3	3	0	强势
财政支出对 GDP 增长的拉动	27	28	－1	劣势
政府公务员对经济的贡献	30	30	0	劣势
政府消费对民间消费的拉动	23	22	1	劣势
财政投资对社会投资的拉动	28	29	－1	劣势
7.2 政府规调经济竞争力	24	22	2	劣势
物价调控	14	14	0	中势
调控城乡消费差距	28	26	2	劣势
统筹经济社会发展	19	19	0	中势
规范税收	23	24	－1	劣势
人口控制	18	18	0	中势
7.3 政府保障经济竞争力	18	19	－1	中势
城市城镇社区服务设施数	13	14	－1	中势
医疗保险覆盖率	21	27	－6	劣势
养老保险覆盖率	28	29	－1	劣势
失业保险覆盖率	24	25	－1	劣势
下岗职工再就业率	12	3	9	强势
城镇登记失业率	5	3	2	强势

8. 甘肃省发展水平竞争力指标排名变化情况

表 28－12 2012～2013 年甘肃省发展水平竞争力指标组排位及变化趋势表

指 标	2012 年	2013 年	排位升降	优劣势
8 发展水平竞争力	31	31	0	劣势
8.1 工业化进程竞争力	21	19	2	中势
工业增加值占 GDP 比重	7	8	－1	优势
工业增加值增长率	12	14	－2	中势
高技术产业规模以上企业产值	27	27	0	劣势
高技术产业增加值占工业增加值比重	25	26	－1	劣势
高技术产品出口额占商品出口额比重	22	22	0	劣势
信息产业增加值占 GDP 比重	8	7	1	优势
8.2 城市化进程竞争力	29	31	－2	劣势
城镇化率	29	29	0	劣势
城镇居民人均可支配收入	31	31	0	劣势
城市平均建成区面积比重	27	27	0	劣势
人均拥有道路面积	21	15	6	中势

续表

指　　标	2012 年	2013 年	排位升降	优劣势
人均日生活用水量	20	22	-2	劣势
人均居住面积	30	31	-1	劣势
人均公共绿地面积	26	17	9	中势
8.3　市场化进程竞争力	30	30	0	劣势
非公有制经济产值占全社会总产值的比重	31	31	0	劣势
社会投资占投资总额比重	29	29	0	劣势
私有和个体企业从业人员比重	22	22	0	劣势
亿元以上商品市场成交额	25	25	0	劣势
亿元以上商品市场成交额占全社会消费品零售总额比重	17	16	1	中势
居民消费支出占总消费支出比重	23	22	1	劣势

9. 甘肃省统筹协调竞争力指标排名变化情况

表 28-13　2012~2013 年甘肃省统筹协调竞争力指标组排位及变化趋势表

指　　标	2012 年	2013 年	排位升降	优劣势
9　统筹协调竞争力	28	27	1	劣势
9.1　统筹发展竞争力	25	28	-3	劣势
社会劳动生产率	28	30	-2	劣势
社会劳动生产率增速	6	26	-20	劣势
万元 GDP 综合能耗	24	25	-1	劣势
非农用地产出率	28	28	0	劣势
生产税净额和营业盈余占 GDP 比重	23	24	-1	劣势
最终消费率	4	4	0	优势
固定资产投资额占 GDP 比重	29	29	0	劣势
固定资产交付使用率	17	13	4	中势
9.2　协调发展竞争力	22	19	3	中势
环境竞争力与宏观经济竞争力比差	24	14	10	中势
资源竞争力与宏观经济竞争力比差	3	1	2	强势
人力资源竞争力与宏观经济竞争力比差	24	26	-2	劣势
资源竞争力与工业竞争力比差	8	1	7	强势
环境竞争力与工业竞争力比差	25	17	8	中势
城乡居民家庭人均收入比差	29	30	-1	劣势
城乡居民人均现金消费支出比差	28	25	3	劣势
全社会消费品零售总额与外贸出口总额比差	6	8	-2	优势

B.30

29

青海省经济综合竞争力评价分析报告

青海省简称青，位于青藏高原东北部，分别与青海省、四川省、西藏自治区、新疆维吾尔自治区相连。境内的青海湖是中国最大的内陆高原咸水湖。青海省也是长江、黄河的源头所在。青海省土地面积72万平方公里，2013年全省常住人口为578万人，地区生产总值为2101亿元，同比增长10.8%，人均GDP达36510元。本部分通过分析2012～2013年青海省经济综合竞争力以及各要素竞争力的排名变化，从中找出青海省经济综合竞争力的推动点及影响因素，为进一步提升青海省经济综合竞争力提供决策参考。

29.1 青海省经济综合竞争力总体分析

1. 青海省经济综合竞争力一级指标概要分析

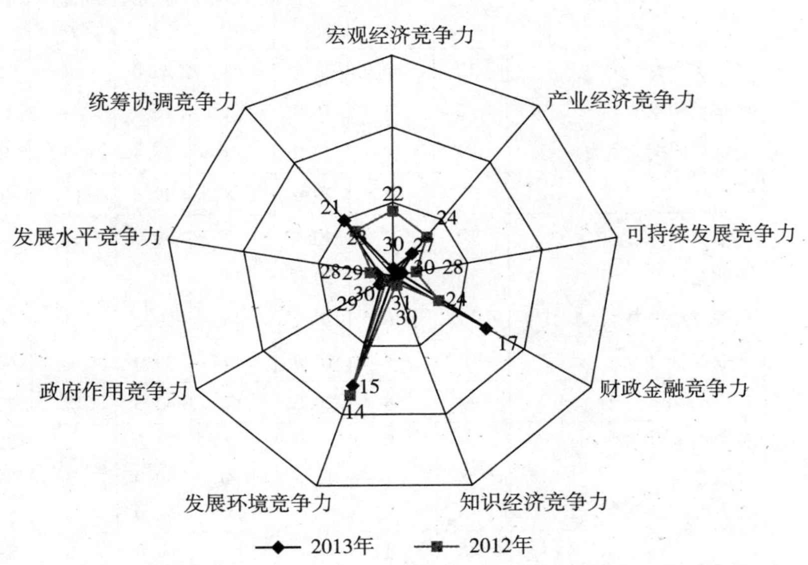

图29－1　2012～2013年青海省经济综合竞争力二级指标比较雷达图

（1）从综合排位看，2013年青海省经济综合竞争力综合排位在全国居第29位，这表明其在全国处于劣势地位；与2012年相比，综合排位下降了3位。

（2）从指标所处区位看，2个二级指标处于中游区，为财政金融竞争力和发展环境竞争力；其余指标均处于下游区。

表 29－1　2012～2013 年青海省经济综合竞争力二级指标比较表

年份＼项目	宏观经济竞争力	产业经济竞争力	可持续发展竞争力	财政金融竞争力	知识经济竞争力	发展环境竞争力	政府作用竞争力	发展水平竞争力	统筹协调竞争力	综合排位
2012	22	24	28	24	30	14	30	28	23	26
2013	30	27	30	17	31	15	29	29	21	29
升降	－8	－3	－2	7	－1	－1	1	－1	2	－3
优劣度	劣势	劣势	劣势	中势	劣势	中势	劣势	劣势	劣势	劣势

（3）从指标变化趋势看，9 个二级指标中，有 3 个指标处于上升趋势，分别为财政金融竞争力、政府作用竞争力和统筹协调竞争力，这些是青海省经济综合竞争力上升的动力所在；有 6 个指标处于下降趋势，分别为宏观经济竞争力、产业经济竞争力、可持续发展竞争力、知识经济竞争力、发展环境竞争力、发展水平竞争力，这些是青海省经济综合竞争力下降的拉力所在。

2. 青海省经济综合竞争力各级指标动态变化分析

表 29－2　2012～2013 年青海省经济综合竞争力各级指标排位变化态势比较表

二级指标	三级指标	四级指标数	上升		保持		下降		变化趋势
			指标数	比重（%）	指标数	比重（%）	指标数	比重（%）	
宏观经济竞争力	经济实力竞争力	12	5	41.7	3	25.0	4	33.3	上升
	经济结构竞争力	6	1	16.7	1	16.7	4	66.7	下降
	经济外向度竞争力	9	2	22.2	4	44.4	3	33.3	下降
	小　计	27	8	29.6	8	29.6	11	40.7	下降
产业经济竞争力	农业竞争力	10	4	40.0	5	50.0	1	10.0	上升
	工业竞争力	10	3	30.0	4	40.0	3	30.0	上升
	服务业竞争力	10	0	0.0	5	50.0	5	50.0	下降
	企业竞争力	10	1	10.0	3	30.0	6	60.0	下降
	小　计	40	8	20.0	17	42.5	15	37.5	下降
可持续发展竞争力	资源竞争力	9	0	0.0	7	77.8	2	22.2	下降
	环境竞争力	8	1	12.5	4	50.0	3	37.5	下降
	人力资源竞争力	8	3	37.5	4	50.0	1	12.5	保持
	小　计	25	4	16.0	15	60.0	6	24.0	下降
财政金融竞争力	财政竞争力	12	4	33.3	6	50.0	2	16.7	上升
	金融竞争力	10	3	30.0	5	50.0	2	20.0	上升
	小　计	22	7	31.8	11	50.0	4	18.2	上升
知识经济竞争力	科技竞争力	9	1	11.1	5	55.6	3	33.3	保持
	教育竞争力	10	2	20.0	3	30.0	5	50.0	下降
	文化竞争力	8	2	25.0	2	25.0	4	50.0	保持
	小　计	27	5	18.5	10	37.0	12	44.4	下降

续表

二级指标	三级指标	四级指标数	上升		保持		下降		变化趋势
			指标数	比重（%）	指标数	比重（%）	指标数	比重（%）	
发展环境竞争力	基础设施竞争力	9	2	22.2	5	55.6	2	22.2	保持
	软环境竞争力	9	3	33.3	6	66.7	0	0.0	上升
	小　计	18	5	27.8	11	61.1	2	11.1	下降
政府作用竞争力	政府发展经济竞争力	5	1	20.0	4	80.0	0	0.0	上升
	政府规调经济竞争力	5	0	0.0	4	80.0	1	20.0	保持
	政府保障经济竞争力	6	4	66.7	1	16.7	1	16.7	上升
	小　计	16	5	31.3	9	56.3	2	12.5	上升
发展水平竞争力	工业化进程竞争力	6	2	33.3	3	50.0	1	16.7	保持
	城市化进程竞争力	7	0	0.0	3	42.9	4	57.1	下降
	市场化进程竞争力	6	2	33.3	2	33.3	2	33.3	上升
	小　计	19	4	21.1	8	42.1	7	36.8	下降
统筹协调竞争力	统筹发展竞争力	8	3	37.5	3	37.5	2	25.0	下降
	协调发展竞争力	8	1	12.5	1	12.5	6	75.0	保持
	小　计	16	4	25.0	4	25.0	8	50.0	上升
合　计		210	50	23.8	93	44.3	67	31.9	下降

从表 29－2 可以看出，210 个四级指标中，上升指标有 50 个，占指标总数的 23.8%；下降指标有 67 个，占指标总数的 31.9%；保持指标有 93 个，占指标总数的 44.3%。综上所述，青海省经济综合竞争力下降的拉力大于上升的动力，使得 2012～2013 年青海省经济综合竞争力排位下降 3 位。

3. 青海省经济综合竞争力各级指标优劣势结构分析

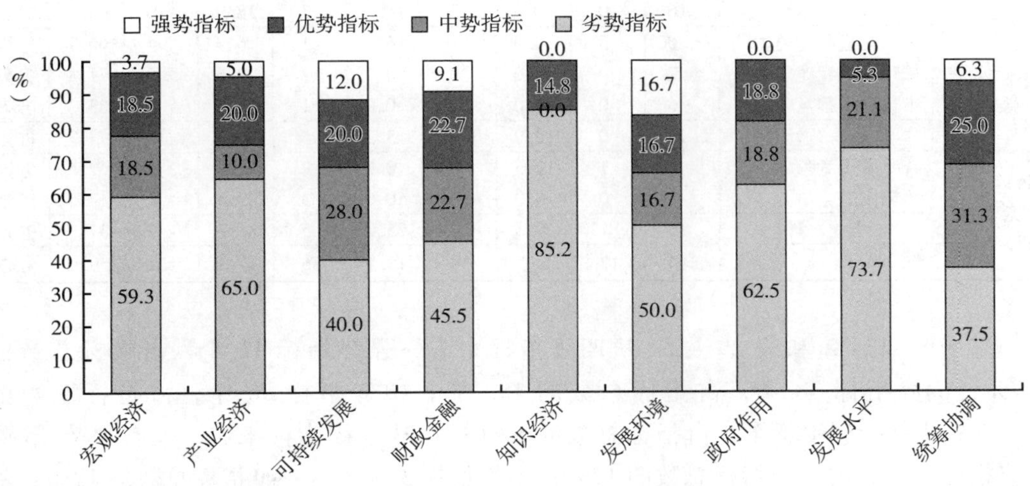

图 29－2　2013 年青海省经济综合竞争力各级指标优劣势比较图

表 29－3　2013 年青海省经济综合竞争力各级指标优劣势比较表

二级指标	三级指标	四级指标数	强势指标 个数	强势指标 比重(%)	优势指标 个数	优势指标 比重(%)	中势指标 个数	中势指标 比重(%)	劣势指标 个数	劣势指标 比重(%)	优劣势
宏观经济竞争力	经济实力竞争力	12	1	8.3	4	33.3	2	16.7	5	41.7	劣势
	经济结构竞争力	6	0	0.0	0	0.0	2	33.3	4	66.7	劣势
	经济外向度竞争力	9	0	0.0	1	11.1	1	11.1	7	77.8	劣势
	小　计	27	1	3.7	5	18.5	5	18.5	16	59.3	劣势
产业经济竞争力	农业竞争力	10	1	10.0	2	20.0	0	0.0	7	70.0	劣势
	工业竞争力	10	0	0.0	2	20.0	2	20.0	6	60.0	劣势
	服务业竞争力	10	0	0.0	0	0.0	2	20.0	8	80.0	劣势
	企业竞争力	10	1	10.0	4	40.0	0	0.0	5	50.0	中势
	小　计	40	2	5.0	8	20.0	4	10.0	26	65.0	劣势
可持续发展竞争力	资源竞争力	9	3	33.3	1	11.1	4	44.4	1	11.1	优势
	环境竞争力	8	0	0.0	2	25.0	1	12.5	5	62.5	劣势
	人力资源竞争力	8	0	0.0	2	25.0	2	25.0	4	50.0	劣势
	小　计	25	3	12.0	5	20.0	7	28.0	10	40.0	劣势
财政金融竞争力	财政竞争力	12	2	16.7	2	16.7	4	33.3	4	33.3	中势
	金融竞争力	10	0	0.0	3	30.0	1	10.0	6	60.0	劣势
	小　计	22	2	9.1	5	22.7	5	22.7	10	45.5	中势
知识经济竞争力	科技竞争力	9	0	0.0	0	0.0	0	0.0	9	100.0	劣势
	教育竞争力	10	0	0.0	4	40.0	0	0.0	6	60.0	劣势
	文化竞争力	8	0	0.0	0	0.0	0	0.0	8	100.0	劣势
	小　计	27	0	0.0	4	14.8	0	0.0	23	85.2	劣势
发展环境竞争力	基础设施竞争力	9	1	11.1	1	11.1	3	33.3	4	44.4	中势
	软环境竞争力	9	2	22.2	2	22.2	0	0.0	5	55.6	优势
	小　计	18	3	16.7	3	16.7	3	16.7	9	50.0	中势
政府作用竞争力	政府发展经济竞争力	5	0	0.0	1	20.0	0	0.0	4	80.0	劣势
	政府规调经济竞争力	5	0	0.0	1	20.0	1	20.0	3	60.0	劣势
	政府保障经济竞争力	6	0	0.0	1	16.7	2	33.3	3	50.0	劣势
	小　计	16	0	0.0	3	18.8	3	18.8	10	62.5	劣势
发展水平竞争力	工业化进程竞争力	6	0	0.0	1	16.7	1	16.7	4	66.7	劣势
	城市化进程竞争力	7	0	0.0	0	0.0	2	28.6	5	71.4	劣势
	市场化进程竞争力	6	0	0.0	0	0.0	1	16.7	5	83.3	劣势
	小　计	19	0	0.0	1	5.3	4	21.1	14	73.7	劣势
统筹协调竞争力	统筹发展竞争力	8	1	12.5	0	0.0	2	25.0	5	62.5	劣势
	协调发展竞争力	8	0	0.0	4	50.0	3	37.5	1	12.5	优势
	小　计	16	1	6.3	4	25.0	5	31.3	6	37.5	劣势
合　计		210	12	5.7	38	18.1	36	17.1	124	59.0	劣势

基于图 29－2 和表 29－3，从四级指标来看，强势指标 12 个，占指标总数的 5.7%；优势指标 38 个，占指标总数的 18.1%；中势指标 36 个，占指标总数的 17.1%；劣势指标 124 个，占指标总数的 59.0%。从三级指标来看，没有强势指标；优势指标 3 个，占三级指标总数的 12%；中势指标 3 个，占三级指标总数的 12%；劣势指标 19 个，占三级指标总数的 76%。反映到二级指标上来，没有强势指标和优势指标；中势指标有 2 个，占二级指标总数的 22.2%；劣势指标有 7 个，占二级指标总数

的77.8%。综合来看，由于劣势指标在指标体系中居于主导地位，2013年青海省经济综合竞争力处于劣势地位。

4. 青海省经济综合竞争力四级指标优劣势对比分析

表29－4 2013年青海省经济综合竞争力各级指标优劣势比较表

二级指标	优劣势	四级指标
宏观经济竞争力（27个）	强势指标	全社会消费品零售总额增长率（1个）
	优势指标	地区生产总值增长率、财政总收入增长率、固定资产投资额增长率、人均固定资产投资额、进出口增长率（5个）
	劣势指标	地区生产总值、财政总收入、固定资产投资额、全社会消费品零售总额、人均全社会消费品零售总额、产业结构优化度、所有制经济结构优化度、城乡经济结构优化度、贸易结构优化度、进出口总额、出口总额、实际FDI、实际FDI增长率、外贸依存度、对外经济合作完成营业额、对外直接投资（16个）
产业经济竞争力（40个）	强势指标	农民人均纯收入增长率、规模以上企业平均资产（2个）
	优势指标	农业增加值增长率、财政支农资金比重、工业资产总额增长率、工业成本费用利润率、规模以上企业平均增加值、规模以上企业平均利润、规模以上企业销售利税率、产品质量抽查合格率（8个）
	劣势指标	农业增加值、人均农业增加值、农民人均纯收入、农产品出口占农林牧渔总产值比重、人均主要农产品产量、农业机械化、农村人均用电量、工业增加值、工业资产总额、工业资产总贡献率、规模以上工业主营业务收入、规模以上工业利润总额、工业全员劳动生产率、服务业增加值、人均服务业增加值、服务业从业人员数、服务业从业人员数增长率、限额以上批发零售企业主营业务收入、限额以上批零企业利税率、旅游外汇收入、房地产经营总收入、规模以上工业企业数、流动资金周转次数、新产品销售收入占主营业务收入比重、工业企业R&D经费投入强度、中国驰名商标持有量（26个）
可持续发展竞争力（25个）	强势指标	人均国土面积、人均年水资源量、人均牧草地面积（3个）
	优势指标	人均主要能源矿产基础储量、人均废水排放量、自然灾害直接经济损失、人口自然增长率、大专以上教育程度人口比例（5个）
	劣势指标	耕地面积、森林覆盖率、人均工业废气排放量、人均工业固体废物排放量、一般工业固体废物综合利用率、生活垃圾无害化处理率、文盲率、平均受教育程度、人口健康素质、职业学校毕业生数（10个）
财政金融竞争力（22个）	强势指标	地方财政支出占GDP比重、人均地方财政支出（2个）
	优势指标	地方财政收入增长率、税收收入增长率、人均贷款余额、中长期贷款占贷款余额比重、人均证券市场筹资额（5个）
	劣势指标	地方财政收入、地方财政支出、税收收入占财政总收入比重、地方财政支出增长率、存款余额、贷款余额、货币市场融资额、保险费净收入、保险密度、保险深度（10个）
知识经济竞争力（27个）	强势指标	（0个）
	优势指标	教育经费占GDP比重、人均教育经费、万人中小学学校数、万人中小学专任教师数（4个）
	劣势指标	R&D人员、R&D经费、R&D经费投入强度、发明专利授权量、技术市场成交合同金额、财政科技支出占地方财政支出比重、高技术产业增加值、高技术产业增加值占工业增加值比重、高技术产品出口额占商品出口额比重、教育经费、公共教育经费占财政支出比重、人均文化教育支出占个人消费支出比重、高等学校数、高校专任教师数、万人高等学校在校学生数、文化产业增加值、图书和期刊出版数、报纸出版数、出版印刷工业销售产值、城镇居民人均文化娱乐支出、农村居民人均文化娱乐支出、城镇居民人均文化娱乐支出占消费性支出比重、农村居民人均文化娱乐支出占消费性支出比重（23个）

续表

二级指标	优劣势	四级指标
发展环境竞争力（18个）	强势指标	人均耗电量、个体私营企业数增长率、食品安全事故数（3个）
	优势指标	万户移动电话数、查处商标侵权假冒案件、罚没收入占财政收入比重（3个）
	劣势指标	铁路网线密度、公路网线密度、全社会旅客周转量、全社会货物周转量、外资企业数增长率、万人外资企业数、万人个体私营企业数、万人商标注册件数、每十万人交通事故发生数（9个）
政府作用竞争力（16个）	强势指标	（0个）
	优势指标	财政支出用于基本建设投资比重、规范税收、下岗职工再就业率（3个）
	劣势指标	财政支出对GDP增长的拉动、政府公务员对经济的贡献、政府消费对民间消费的拉动、财政投资对社会投资的拉动、物价调控、统筹经济社会发展、人口控制、城市城镇社区服务设施数、养老保险覆盖率、失业保险覆盖率（10个）
发展水平竞争力（19个）	强势指标	（0个）
	优势指标	信息产业增加值占GDP比重（1个）
	劣势指标	工业增加值占GDP比重、高技术产业规模以上企业产值、高技术产业增加值占工业增加值比重、高技术产品出口额占商品出口额比重、城镇居民人均可支配收入、城市平均建成区面积比重、人均拥有道路面积、人均居住面积、人均公共绿地面积、非公有制经济产值占全社会总产值的比重、社会投资占投资总额比重、亿元以上商品市场成交额、亿元以上商品市场成交额占全社会消费品零售总额比重、居民消费支出占总消费支出比重（14个）
统筹协调竞争力（16个）	强势指标	社会劳动生产率增速（1个）
	优势指标	资源竞争力与宏观经济竞争力比差、资源竞争力与工业竞争力比差、城乡居民人均现金消费支出比差、全社会消费品零售总额与外贸出口总额比差（4个）
	劣势指标	万元GDP综合能耗、非农用地产出率、生产税净额和营业盈余占GDP比重、固定资产投资额占GDP比重、固定资产交付使用率、城乡居民家庭人均收入比差（6个）

29.2 青海省经济综合竞争力各级指标具体分析

1. 青海省宏观经济竞争力指标排名变化情况

表 29－5　2012～2013 年青海省宏观经济竞争力指标组排位及变化趋势表

指　　标	2012年	2013年	排位升降	优劣势
1　宏观经济竞争力	22	30	－8	劣势
1.1　经济实力竞争力	28	27	1	劣势
地区生产总值	30	30	0	劣势
地区生产总值增长率	8	9	－1	优势
人均地区生产总值	21	20	1	中势
财政总收入	28	31	－3	劣势
财政总收入增长率	7	4	3	优势
人均财政收入	3	16	－13	中势

续表

指　标	2012 年	2013 年	排位升降	优劣势
固定资产投资额	30	30	0	劣势
固定资产投资额增长率	3	8	-5	优势
人均固定资产投资额	7	5	2	优势
全社会消费品零售总额	30	30	0	劣势
全社会消费品零售总额增长率	4	2	2	强势
人均全社会消费品零售总额	27	25	2	劣势
1.2 经济结构竞争力	21	24	-3	劣势
产业结构优化度	29	30	-1	劣势
所有制经济结构优化度	23	24	-1	劣势
城乡经济结构优化度	26	25	1	劣势
就业结构优化度	15	15	0	中势
资本形成结构优化度	1	19	-18	中势
贸易结构优化度	18	21	-3	劣势
1.3 经济外向度竞争力	26	29	-3	劣势
进出口总额	31	31	0	劣势
进出口增长率	8	5	3	优势
出口总额	31	31	0	劣势
出口增长率	17	12	5	中势
实际 FDI	29	31	-2	劣势
实际 FDI 增长率	6	31	-25	劣势
外贸依存度	31	31	0	劣势
对外经济合作完成营业额	27	27	0	劣势
对外直接投资	29	30	-1	劣势

2. 青海省产业经济竞争力指标排名变化情况

表 29-6　2012~2013 年青海省产业经济竞争力指标组排位及变化趋势表

指　标	2012 年	2013 年	排位升降	优劣势
2 产业经济竞争力	24	27	-3	劣势
2.1 农业竞争力	28	25	3	劣势
农业增加值	27	27	0	劣势
农业增加值增长率	15	6	9	优势
人均农业增加值	24	24	0	劣势
农民人均纯收入	29	28	1	劣势
农民人均纯收入增长率	3	1	2	强势
农产品出口占农林牧渔总产值比重	30	30	0	劣势
人均主要农产品产量	26	26	0	劣势
农业机械化	21	29	-8	劣势
农村人均用电量	30	30	0	劣势
财政支农资金比重	14	7	7	优势

续表

指　　标	2012 年	2013 年	排位升降	优劣势
2.2　工业竞争力	27	26	1	劣势
工业增加值	28	28	0	劣势
工业增加值增长率	13	12	1	中势
人均工业增加值	18	16	2	中势
工业资产总额	29	29	0	劣势
工业资产总额增长率	6	8	-2	优势
工业资产总贡献率	28	27	1	劣势
规模以上工业主营业务收入	29	29	0	劣势
规模以上工业利润总额	28	28	0	劣势
工业全员劳动生产率	19	23	-4	劣势
工业成本费用利润率	7	10	-3	优势
2.3　服务业竞争力	28	30	-2	劣势
服务业增加值	30	30	0	劣势
服务业增加值增长率	11	14	-3	中势
人均服务业增加值	23	23	0	劣势
服务业从业人员数	29	29	0	劣势
服务业从业人员数增长率	5	22	-17	劣势
限额以上批发零售企业主营业务收入	29	29	0	劣势
限额以上批零企业利税率	16	24	-8	劣势
限额以上餐饮企业利税率	5	13	-8	中势
旅游外汇收入	29	30	-1	劣势
房地产经营总收入	30	30	0	劣势
2.4　企业竞争力	9	12	-3	中势
规模以上工业企业数	29	29	0	劣势
规模以上企业平均资产	1	1	0	强势
规模以上企业平均增加值	5	6	-1	优势
流动资金周转次数	29	30	-1	劣势
规模以上企业平均利润	4	6	-2	优势
规模以上企业销售利税率	9	10	-1	优势
新产品销售收入占主营业务收入比重	31	31	0	劣势
产品质量抽查合格率	2	6	-4	优势
工业企业 R&D 经费投入强度	26	28	-2	劣势
中国驰名商标持有量	28	27	1	劣势

3. 青海省可持续发展竞争力指标排名变化情况

表 29 - 7 2012 ~ 2013 年青海省可持续发展竞争力指标组排位及变化趋势表

指 标	2012 年	2013 年	排位升降	优劣势
3 可持续发展竞争力	28	30	-2	劣势
3.1 资源竞争力	4	6	-2	优势
人均国土面积	3	3	0	强势
人均可使用海域和滩涂面积	13	13	0	中势
人均年水资源量	2	2	0	强势
耕地面积	27	27	0	劣势
人均耕地面积	13	13	0	中势
人均牧草地面积	2	2	0	强势
主要能源矿产基础储量	17	19	-2	中势
人均主要能源矿产基础储量	4	7	-3	优势
人均森林储积量	15	15	0	中势
3.2 环境竞争力	30	31	-1	劣势
森林覆盖率	30	30	0	劣势
人均废水排放量	8	7	1	优势
人均工业废气排放量	27	27	0	劣势
人均工业固体废物排放量	31	31	0	劣势
人均治理工业污染投资额	14	17	-3	中势
一般工业固体废物综合利用率	22	23	-1	劣势
生活垃圾无害化处理率	14	27	-13	劣势
自然灾害直接经济损失	4	4	0	优势
3.3 人力资源竞争力	29	29	0	劣势
人口自然增长率	5	5	0	优势
15 ~ 64 岁人口比例	22	19	3	中势
文盲率	30	30	0	劣势
大专以上教育程度人口比例	18	8	10	优势
平均受教育程度	30	29	1	劣势
人口健康素质	29	29	0	劣势
人力资源利用率	18	20	-2	中势
职业学校毕业生数	30	30	0	劣势

4. 青海省财政金融竞争力指标排名变化情况

表 29 - 8 2012 ~ 2013 年青海省财政金融竞争力指标组排位及变化趋势表

指 标	2012 年	2013 年	排位升降	优劣势
4 财政金融竞争力	24	17	7	中势
4.1 财政竞争力	18	17	1	中势
地方财政收入	30	30	0	劣势
地方财政支出	28	28	0	劣势
地方财政收入占 GDP 比重	20	18	2	中势

续表

指　　标	2012 年	2013 年	排位升降	优劣势
地方财政支出占 GDP 比重	2	2	0	强势
税收收入占 GDP 比重	17	16	1	中势
税收收入占财政总收入比重	30	25	5	劣势
人均地方财政收入	18	18	0	中势
人均地方财政支出	2	2	0	强势
人均税收收入	18	18	0	中势
地方财政收入增长率	7	4	3	优势
地方财政支出增长率	5	30	-25	劣势
税收收入增长率	6	7	-1	优势
4.2　金融竞争力	27	26	1	劣势
存款余额	29	29	0	劣势
人均存款余额	12	12	0	中势
贷款余额	30	30	0	劣势
人均贷款余额	11	9	2	优势
货币市场融资额	25	23	2	劣势
中长期贷款占贷款余额比重	5	4	1	优势
保险费净收入	30	30	0	劣势
保险密度	27	27	0	劣势
保险深度	27	28	-1	劣势
人均证券市场筹资额	4	5	-1	优势

5. 青海省知识经济竞争力指标排名变化情况

表 29-9　2012~2013 年青海省知识经济竞争力指标组排位及变化趋势表

指　　标	2012 年	2013 年	排位升降	优劣势
5　知识经济竞争力	30	31	-1	劣势
5.1　科技竞争力	31	31	0	劣势
R&D 人员	30	30	0	劣势
R&D 经费	29	30	-1	劣势
R&D 经费投入强度	23	25	-2	劣势
发明专利授权量	30	30	0	劣势
技术市场成交合同金额	25	25	0	劣势
财政科技支出占地方财政支出比重	31	30	1	劣势
高技术产业增加值	28	28	0	劣势
高技术产业增加值占工业增加值比重	29	29	0	劣势
高技术产品出口额占商品出口额比重	27	31	-4	劣势
5.2　教育竞争力	26	31	-5	劣势
教育经费	28	29	-1	劣势
教育经费占 GDP 比重	2	6	-4	优势
人均教育经费	3	6	-3	优势
公共教育经费占财政支出比重	28	31	-3	劣势

续表

指　标	2012 年	2013 年	排位升降	优劣势
人均文化教育支出占个人消费支出比重	29	27	2	劣势
万人中小学学校数	9	10	-1	优势
万人中小学专任教师数	11	10	1	优势
高等学校数	30	30	0	劣势
高校专任教师数	30	30	0	劣势
万人高等学校在校学生数	31	31	0	劣势
5.3 文化竞争力	30	30	0	劣势
文化产业增加值	29	30	-1	劣势
图书和期刊出版数	31	30	1	劣势
报纸出版数	29	29	0	劣势
出版印刷工业销售产值	28	29	-1	劣势
城镇居民人均文化娱乐支出	30	30	0	劣势
农村居民人均文化娱乐支出	26	29	-3	劣势
城镇居民人均文化娱乐支出占消费性支出比重	29	27	2	劣势
农村居民人均文化娱乐支出占消费性支出比重	29	30	-1	劣势

6. 青海省发展环境竞争力指标排名变化情况

表 29-10　2012～2013 年青海省发展环境竞争力指标组排位及变化趋势表

指　标	2012 年	2013 年	排位升降	优劣势
6 发展环境竞争力	14	15	-1	中势
6.1 基础设施竞争力	20	20	0	中势
铁路网线密度	30	30	0	劣势
公路网线密度	30	30	0	劣势
人均内河航道里程	16	11	5	中势
全社会旅客周转量	30	30	0	劣势
全社会货物周转量	30	30	0	劣势
人均邮电业务总量	15	16	-1	中势
万户移动电话数	5	6	-1	优势
万户上网用户数	12	11	1	中势
人均耗电量	2	2	0	强势
6.2 软环境竞争力	10	5	5	优势
外资企业数增长率	30	29	1	劣势
万人外资企业数	29	29	0	劣势
个体私营企业数增长率	1	1	0	强势
万人个体私营企业数	26	25	1	劣势
万人商标注册件数	25	25	0	劣势
查处商标侵权假冒案件	6	6	0	优势
每十万人交通事故发生数	21	21	0	劣势
罚没收入占财政收入比重	6	5	1	优势
食品安全事故数	1	1	0	强势

7. 青海省政府作用竞争力指标排名变化情况

表 29－11　2012～2013 年青海省政府作用竞争力指标组排位及变化趋势表

指　　标	2012 年	2013 年	排位升降	优劣势
7　政府作用竞争力	30	29	1	劣势
7.1　政府发展经济竞争力	30	29	1	劣势
财政支出用于基本建设投资比重	4	4	0	优势
财政支出对 GDP 增长的拉动	30	30	0	劣势
政府公务员对经济的贡献	26	26	0	劣势
政府消费对民间消费的拉动	28	24	4	劣势
财政投资对社会投资的拉动	30	30	0	劣势
7.2　政府规调经济竞争力	23	23	0	劣势
物价调控	24	24	0	劣势
调控城乡消费差距	7	11	－4	中势
统筹经济社会发展	30	30	0	劣势
规范税收	6	6	0	优势
人口控制	28	28	0	劣势
7.3　政府保障经济竞争力	27	25	2	劣势
城市城镇社区服务设施数	29	30	－1	劣势
医疗保险覆盖率	23	19	4	中势
养老保险覆盖率	27	24	3	劣势
失业保险覆盖率	29	29	0	劣势
下岗职工再就业率	16	10	6	优势
城镇登记失业率	16	14	2	中势

8. 青海省发展水平竞争力指标排名变化情况

表 29－12　2012～2013 年青海省发展水平竞争力指标组排位及变化趋势表

指　　标	2012 年	2013 年	排位升降	优劣势
8　发展水平竞争力	28	29	－1	劣势
8.1　工业化进程竞争力	29	29	0	劣势
工业增加值占 GDP 比重	26	22	4	劣势
工业增加值增长率	20	20	0	中势
高技术产业规模以上企业产值	30	28	2	劣势
高技术产业增加值占工业增加值比重	29	29	0	劣势
高技术产品出口额占商品出口额比重	27	31	－4	劣势
信息产业增加值占 GDP 比重	4	4	0	优势
8.2　城市化进程竞争力	25	28	－3	劣势
城镇化率	20	20	0	中势
城镇居民人均可支配收入	30	30	0	劣势
城市平均建成区面积比重	30	30	0	劣势
人均拥有道路面积	26	28	－2	劣势

续表

指　　标	2012 年	2013 年	排位升降	优劣势
人均日生活用水量	9	13	-4	中势
人均居住面积	21	24	-3	劣势
人均公共绿地面积	25	27	-2	劣势
8.3 市场化进程竞争力	28	27	1	劣势
非公有制经济产值占全社会总产值的比重	23	24	-1	劣势
社会投资占投资总额比重	30	30	0	劣势
私有和个体企业从业人员比重	20	17	3	中势
亿元以上商品市场成交额	29	29	0	劣势
亿元以上商品市场成交额占全社会消费品零售总额比重	27	29	-2	劣势
居民消费支出占总消费支出比重	28	24	4	劣势

9. 青海省统筹协调竞争力指标排名变化情况

表 29-13　2012～2013 年青海省统筹协调竞争力指标组排位及变化趋势表

指　　标	2012 年	2013 年	排位升降	优劣势
9　统筹协调竞争力	23	21	2	劣势
9.1 统筹发展竞争力	29	31	-2	劣势
社会劳动生产率	19	18	1	中势
社会劳动生产率增速	8	3	5	强势
万元 GDP 综合能耗	30	30	0	劣势
非农用地产出率	29	29	0	劣势
生产税净额和营业盈余占 GDP 比重	19	21	-2	劣势
最终消费率	9	15	-6	中势
固定资产投资额占 GDP 比重	31	31	0	劣势
固定资产交付使用率	27	26	1	劣势
9.2 协调发展竞争力	4	4	0	优势
环境竞争力与宏观经济竞争力比差	10	11	-1	中势
资源竞争力与宏观经济竞争力比差	5	6	-1	优势
人力资源竞争力与宏观经济竞争力比差	5	11	-6	中势
资源竞争力与工业竞争力比差	15	6	9	优势
环境竞争力与工业竞争力比差	12	13	-1	中势
城乡居民家庭人均收入比差	26	26	0	劣势
城乡居民人均现金消费支出比差	7	9	-2	优势
全社会消费品零售总额与外贸出口总额比差	3	4	-1	优势

B.31

30 宁夏回族自治区经济综合竞争力评价分析报告

宁夏回族自治区简称宁，位于我国西北地区，处在黄河中上游地区及沙漠与黄土高原的交接地带，与内蒙古自治区、甘肃省、陕西省等省区为邻。全区面积6.6平方公里。2013年总人口为654万人，地区生产总值为2565亿元，同比增长9.8%，人均GDP达39420元。本部分通过分析2012~2013年宁夏回族自治区经济综合竞争力以及各要素竞争力的排名变化，从中找出宁夏回族自治区经济综合竞争力的推动点及影响因素，为进一步提升宁夏回族自治区经济综合竞争力提供决策参考。

30.1 宁夏回族自治区经济综合竞争力总体分析

1. 宁夏回族自治区经济综合竞争力一级指标概要分析

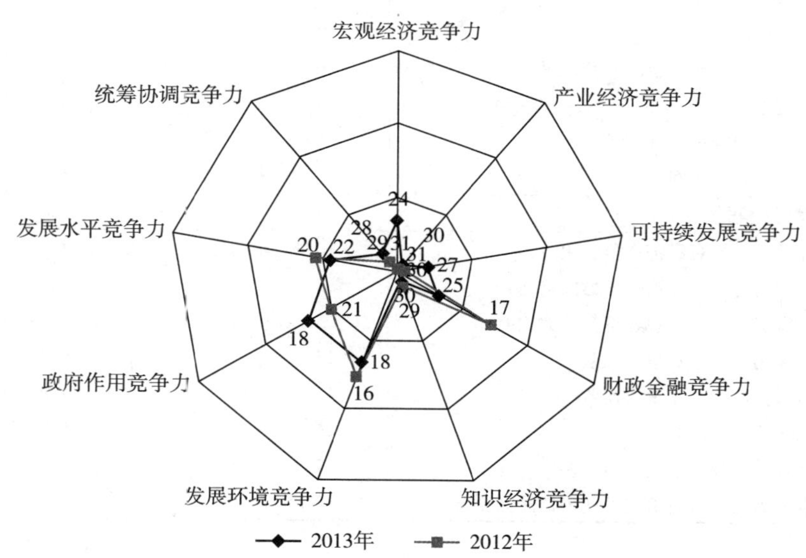

图30-1 2012~2013年宁夏回族自治区经济综合竞争力二级指标比较雷达图

（1）从综合排位看，2013年宁夏回族自治区经济综合竞争力综合排位在全国居第27位，这表明其在全国处于劣势地位；与2012年相比，综合排位上升了2位。

表 30－1 2012～2013 年宁夏回族自治区经济综合竞争力二级指标比较表

项目 年份	宏观经济竞争力	产业经济竞争力	可持续发展竞争力	财政金融竞争力	知识经济竞争力	发展环境竞争力	政府作用竞争力	发展水平竞争力	统筹协调竞争力	综合排位
2012	31	31	30	17	29	16	21	20	29	29
2013	24	30	27	25	30	18	18	22	28	27
升降	7	1	3	－8	－1	－2	3	－2	1	2
优劣度	劣势	劣势	劣势	劣势	劣势	中势	中势	劣势	劣势	劣势

（2）从指标所处区位看，9 个指标均处于中下游区，其中，发展环境竞争力和政府作用竞争力等 2 个指标为宁夏回族自治区经济综合竞争力的中势指标。

（3）从指标变化趋势看，9 个二级指标中，有 5 个指标处于上升趋势，分别为宏观经济竞争力、产业经济竞争力、可持续发展竞争力、政府作用竞争力、统筹协调竞争力，这些是宁夏回族自治区经济综合竞争力上升的动力所在；有 4 个指标处于下降趋势，分别为财政金融竞争力、知识经济竞争力、发展环境竞争力和发展水平竞争力，这些是宁夏回族自治区经济综合竞争力下降的拉力所在。

2. 宁夏回族自治区经济综合竞争力各级指标动态变化分析

表 30－2 2012～2013 年宁夏回族自治区经济综合竞争力各级指标排位变化态势比较表

二级指标	三级指标	四级指标数	上升		保持		下降		变化趋势
			指标数	比重（%）	指标数	比重（%）	指标数	比重（%）	
宏观经济竞争力	经济实力竞争力	12	6	50.0	3	25	3	25	下降
	经济结构竞争力	6	2	33.3	1	16.7	3	50	上升
	经济外向度竞争力	9	4	44.4	2	22.2	3	33.3	上升
	小　计	27	12	44.4	6	22.2	9	33.3	上升
产业经济竞争力	农业竞争力	10	3	30.0	5	50.0	2	20.0	下降
	工业竞争力	10	5	50.0	4	40.0	1	10.0	上升
	服务业竞争力	10	2	20.0	5	50.0	3	30.0	下降
	企业竞争力	10	4	40.0	4	40.0	2	20.0	上升
	小　计	40	14	35.0	18	45.0	8	20.0	上升
可持续发展竞争力	资源竞争力	9	3	33.3	6	66.7	0	0.0	上升
	环境竞争力	8	3	37.5	4	50.0	1	12.5	保持
	人力资源竞争力	8	3	37.5	2	25.0	3	37.5	上升
	小　计	25	9	36.0	12	48.0	4	16.0	上升
财政金融竞争力	财政竞争力	12	5	41.7	3	25.0	4	33.3	下降
	金融竞争力	10	2	20.0	2	20.0	6	60.0	上升
	小　计	22	7	31.8	5	22.7	10	45.5	下降
知识经济竞争力	科技竞争力	9	2	22.2	4	44.4	3	33.3	保持
	教育竞争力	10	1	10.0	5	50.0	4	40.0	保持
	文化竞争力	8	3	37.5	2	25.0	3	37.5	下降
	小　计	27	6	22.2	11	40.7	10	37.0	下降

续表

二级指标	三级指标	四级指标数	上升		保持		下降		变化趋势
			指标数	比重(%)	指标数	比重(%)	指标数	比重(%)	
发展环境竞争力	基础设施竞争力	9	0	0.0	7	77.8	2	22.2	下降
	软环境竞争力	9	4	44.4	2	22.2	3	33.3	上升
	小　计	18	4	22.2	9	50.0	5	27.8	下降
政府作用竞争力	政府发展经济竞争力	5	2	40.0	1	20.0	2	40.0	上升
	政府规调经济竞争力	5	1	20.0	3	60.0	1	20.0	上升
	政府保障经济竞争力	6	4	66.7	1	16.7	1	16.7	上升
	小　计	16	7	43.8	5	31.3	4	25.0	上升
发展水平竞争力	工业化进程竞争力	6	0	0.0	2	33.3	4	66.7	保持
	城市化进程竞争力	7	2	28.6	2	28.6	3	42.9	保持
	市场化进程竞争力	6	1	16.7	1	16.7	4	66.7	下降
	小　计	19	3	15.8	5	26.3	11	57.9	下降
统筹协调竞争力	统筹发展竞争力	8	4	50.0	2	25.0	2	25.0	保持
	协调发展竞争力	8	4	50.0	0	0.0	4	50.0	上升
	小　计	16	8	50.0	2	12.5	6	37.5	上升
合　计		210	70	33.3	73	34.8	67	31.9	上升

从表30－2可以看出，210个四级指标中，上升指标有70个，占指标总数的33.3%；下降指标有67个，占指标总数的31.9%；保持不变的指标有73个，占指标总数的34.8%。综上所述，宁夏回族自治区经济综合竞争力上升的动力小于下降的拉力，但受其他外部因素的综合影响，2012～2013年宁夏回族自治区经济综合竞争力排位仍处于上升趋势。

3. 宁夏回族自治区经济综合竞争力各级指标优劣势结构分析

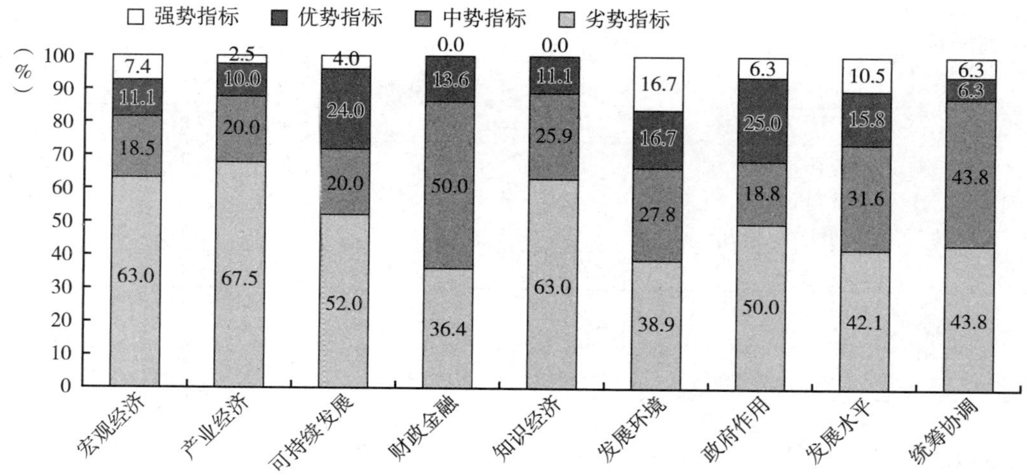

图30－2　2013年宁夏回族自治区经济综合竞争力各级指标优劣势比较图

表 30－3 2013 年宁夏回族自治区经济综合竞争力各级指标优劣势比较表

二级指标	三级指标	四级指标数	强势指标		优势指标		中势指标		劣势指标		优劣势
			个数	比重（%）	个数	比重（%）	个数	比重（%）	个数	比重（%）	
宏观经济竞争力	经济实力竞争力	12	0	0.0	2	16.7	4	33.3	6	50.0	劣势
	经济结构竞争力	6	0	0.0	1	16.7	1	16.7	4	66.7	劣势
	经济外向度竞争力	9	2	22.2	0	0.0	0	0.0	7	77.8	优势
	小　计	27	2	7.4	3	11.1	5	18.5	17	63.0	劣势
产业经济竞争力	农业竞争力	10	1	10.0	1	10.0	3	30.0	5	50.0	劣势
	工业竞争力	10	0	0.0	1	10.0	1	10.0	8	80.0	劣势
	服务业竞争力	10	0	0.0	0	0.0	2	20.0	8	80.0	劣势
	企业竞争力	10	0	0.0	2	20.0	2	20.0	6	60.0	劣势
	小　计	40	1	2.5	4	10.0	8	20.0	27	67.5	劣势
可持续发展竞争力	资源竞争力	9	0	0.0	4	44.4	2	22.2	3	33.3	中势
	环境竞争力	8	1	12.5	1	12.5	2	25.0	4	50.0	劣势
	人力资源竞争力	8	0	0.0	1	12.5	1	12.5	6	75.0	劣势
	小　计	25	1	4.0	6	24.0	5	20.0	13	52.0	劣势
财政金融竞争力	财政竞争力	12	0	0.0	3	25.0	5	41.7	4	33.3	劣势
	金融竞争力	10	0	0.0	0	0.0	6	60.0	4	40.0	劣势
	小　计	22	0	0.0	3	13.6	11	50.0	8	36.4	劣势
知识经济竞争力	科技竞争力	9	0	0.0	0	0.0	1	11.1	8	88.9	劣势
	教育竞争力	10	0	0.0	3	30.0	3	30.0	4	40.0	劣势
	文化竞争力	8	0	0.0	0	0.0	3	37.5	5	62.5	劣势
	小　计	27	0	0.0	3	11.1	7	25.9	17	63.0	劣势
发展环境竞争力	基础设施竞争力	9	1	11.1	2	22.2	2	22.2	4	44.4	中势
	软环境竞争力	9	2	22.2	1	11.1	3	33.3	3	33.3	中势
	小　计	18	3	16.7	3	16.7	5	27.8	7	38.9	中势
政府作用竞争力	政府发展经济竞争力	5	0	0.0	1	20.0	0	0.0	4	80.0	劣势
	政府规调经济竞争力	5	1	20.0	0	0.0	2	40.0	2	40.0	中势
	政府保障经济竞争力	6	0	0.0	3	50.0	1	16.7	2	33.3	优势
	小　计	16	1	6.3	4	25.0	3	18.8	8	50.0	中势
发展水平竞争力	工业化进程竞争力	6	1	16.7	1	16.7	1	16.7	3	50.0	劣势
	城市化进程竞争力	7	1	14.3	1	14.3	3	42.9	2	28.6	中势
	市场化进程竞争力	6	0	0.0	1	16.7	2	33.3	3	50.0	劣势
	小　计	19	2	10.5	3	15.8	6	31.6	8	42.1	劣势
统筹协调竞争力	统筹发展竞争力	8	0	0.0	1	12.5	2	25.0	5	62.5	劣势
	协调发展竞争力	8	1	12.5	0	0.0	5	62.5	2	25.0	中势
	小　计	16	1	6.3	1	6.3	7	43.8	7	43.8	劣势
合　计		210	11	5.2	30	14.3	57	27.1	112	53.3	劣势

基于图 30－2 和表 30－3，从四级指标来看，强势指标 11 个，占指标总数的 5.2%；优势指标 30 个，占指标总数的 14.3%；中势指标 57 个，占指标总数的 27.1%；劣势指标 112 个，占指标总数的 53.3%。从三级指标来看，没有强势指标；优势指标 2 个，占三级指标总数的 8%；中势指标 6 个，占三级指标总数的 24%；劣势指标 17 个，占三级指标总数的 84%。反映到二级指标上来，没有强势指标和优势指标。综合来看，由于劣势指标在指标体系中居于主导地位，2013 年宁夏回族自治区经

济综合竞争力处于劣势地位。

4. 宁夏回族自治区经济综合竞争力四级指标优劣势对比分析

表 30－4　2013 年宁夏回族自治区经济综合竞争力各级指标优劣势比较表

二级指标	优劣势	四　级　指　标
宏观经济竞争力（27 个）	强势指标	进出口增长率、出口增长率（2 个）
	优势指标	固定资产投资额增长率、人均固定资产投资额、产业结构优化度（3 个）
	劣势指标	地区生产总值、财政总收入、固定资产投资额、全社会消费品零售总额、全社会消费品零售总额增长率、人均全社会消费品零售总额、所有制经济结构优化度、城乡经济结构优化度、就业结构优化度、资本形成结构优化度、进出口总额、出口总额、实际 FDI、实际 FDI 增长率、外贸依存度、对外经济合作完成营业额、对外直接投资（17 个）
产业经济竞争力（40 个）	强势指标	财政支农资金比重（1 个）
	优势指标	人均主要农产品产量、工业资产总额增长率、规模以上企业平均资产、产品质量抽查合格率（4 个）
	劣势指标	农业增加值、人均农业增加值、农民人均纯收入、农民人均纯收入增长率、农业机械化、工业增加值、人均工业增加值、工业资产总额、工业资产总贡献率、规模以上工业主营业务收入、规模以上工业利润总额、工业全员劳动生产率、工业成本费用利润率、服务业增加值、服务业增加值增长率、服务业从业人员数、服务业从业人员数增长率、限额以上批发零售企业主营业务收入、限额以上批零企业利税率、旅游外汇收入、房地产经营总收入、规模以上工业企业数、流动资金周转次数、规模以上企业平均利润、规模以上企业销售利税率、工业企业 R&D 经费投入强度、中国驰名商标持有量（27 个）
可持续发展竞争力（25 个）	强势指标	人均治理工业污染投资额（1 个）
	优势指标	人均国土面积、人均耕地面积、人均牧草地面积、人均主要能源矿产基础储量、自然灾害直接经济损失、人口自然增长率（6 个）
	劣势指标	人均年水资源量、耕地面积、人均森林储积量、森林覆盖率、人均废水排放量、人均工业废气排放量、人均工业固体废物排放量、15～64 岁人口比例、文盲率、平均受教育程度、人口健康素质、人力资源利用率、职业学校毕业生数（13 个）
财政金融竞争力（22 个）	强势指标	（0 个）
	优势指标	地方财政支出占 GDP 比重、税收收入占 GDP 比重、人均地方财政支出（3 个）
	劣势指标	地方财政收入、地方财政支出、税收收入占财政总收入比重、地方财政支出增长率、存款余额、贷款余额、保险费净收入、人均证券市场筹资额（8 个）
知识经济竞争力（27 个）	强势指标	（0 个）
	优势指标	教育经费占 GDP 比重、万人中小学学校数、万人中小学专任教师数（3 个）
	劣势指标	R&D 人员、R&D 经费、R&D 经费投入强度、发明专利授权量、技术市场成交合同金额、高技术产业增加值、高技术产业增加值占工业增加值比重、高技术产品出口额占商品出口额比重、教育经费、公共教育经费占财政支出比重、高等学校数、高校专任教师数、文化产业增加值、图书和期刊出版数、报纸出版数、出版印刷工业销售产值、城镇居民人均文化娱乐支出（17 个）
发展环境竞争力（18 个）	强势指标	人均耗电量、查处商标侵权假冒案件、食品安全事故数（3 个）
	优势指标	铁路网线密度、万户移动电话数、个体私营企业数增长率（3 个）
	劣势指标	公路网线密度、人均内河航道里程、全社会旅客周转量、全社会货物周转量、外资企业数增长率、万人外资企业数、每十万人交通事故发生数（7 个）

续表

二级指标	优劣势	四　级　指　标
政府作用竞争力（16个）	强势指标	物价调控（1个）
	优势指标	财政支出用于基本建设投资比重、养老保险覆盖率、失业保险覆盖率、下岗职工再就业率（4个）
	劣势指标	财政支出对GDP增长的拉动、政府公务员对经济的贡献、政府消费对民间消费的拉动、财政投资对社会投资的拉动、统筹经济社会发展、人口控制、城市城镇社区服务设施数、城镇登记失业率（8个）
发展水平竞争力（19个）	强势指标	信息产业增加值占GDP比重、人均公共绿地面积（2个）
	优势指标	工业增加值占GDP比重、人均拥有道路面积、亿元以上商品市场成交额占全社会消费品零售总额比重（3个）
	劣势指标	高技术产业规模以上企业产值、高技术产业增加值占工业增加值比重、高技术产品出口额占商品出口额比重、城镇居民人均可支配收入、人均居住面积、非公有制经济产值占全社会总产值的比重、亿元以上商品市场成交额、居民消费支出占总消费支出比重（8个）
统筹协调竞争力（16个）	强势指标	资源竞争力与工业竞争力比差（1个）
	优势指标	最终消费率（1个）
	劣势指标	万元GDP综合能耗、非农用地产出率、生产税净额和营业盈余占GDP比重、固定资产投资额占GDP比重、固定资产交付使用率、环境竞争力与工业竞争力比差、城乡居民家庭人均收入比差（7个）

30.2　宁夏回族自治区经济综合竞争力各级指标具体分析

1. 宁夏回族自治区宏观经济竞争力指标排名变化情况

表30－5　2012～2013年宁夏回族自治区宏观经济竞争力指标组排位及变化趋势表

指　标	2012年	2013年	排位升降	优劣势
1　宏观经济竞争力	31	24	7	劣势
1.1　经济实力竞争力	30	31	－1	劣势
地区生产总值	29	29	0	劣势
地区生产总值增长率	13	18	－5	中势
人均地区生产总值	16	15	1	中势
财政总收入	31	30	1	劣势
财政总收入增长率	13	11	2	中势
人均财政收入	7	15	－8	中势
固定资产投资额	29	29	0	劣势
固定资产投资额增长率	10	5	5	优势
人均固定资产投资额	8	7	1	优势
全社会消费品零售总额	29	29	0	劣势
全社会消费品零售总额增长率	27	26	1	劣势
人均全社会消费品零售总额	25	27	－2	劣势

续表

指　　标	2012 年	2013 年	排位升降	优劣势
1.2　经济结构竞争力	24	23	1	劣势
产业结构优化度	10	10	0	优势
所有制经济结构优化度	21	22	-1	劣势
城乡经济结构优化度	24	26	-2	劣势
就业结构优化度	25	26	-1	劣势
资本形成结构优化度	27	22	5	劣势
贸易结构优化度	19	18	1	中势
1.3　经济外向度竞争力	31	10	21	优势
进出口总额	30	30	0	劣势
进出口增长率	28	1	27	强势
出口总额	30	30	0	劣势
出口增长率	25	2	23	强势
实际 FDI	28	29	-1	劣势
实际 FDI 增长率	31	29	2	劣势
外贸依存度	29	26	3	劣势
对外经济合作完成营业额	28	29	-1	劣势
对外直接投资	28	29	-1	劣势

2. 宁夏回族自治区产业经济竞争力指标排名变化情况

表 30-6　2012～2013 年宁夏回族自治区产业经济竞争力指标组排位及变化趋势表

指　　标	2012 年	2013 年	排位升降	优劣势
2　产业经济竞争力	31	30	1	劣势
2.1　农业竞争力	22	24	-2	劣势
农业增加值	26	26	0	劣势
农业增加值增长率	9	14	-5	中势
人均农业增加值	23	22	1	劣势
农民人均纯收入	24	24	0	劣势
农民人均纯收入增长率	14	23	-9	劣势
农产品出口占农林牧渔总产值比重	21	20	1	中势
人均主要农产品产量	5	5	0	优势
农业机械化	25	25	0	劣势
农村人均用电量	19	18	1	中势
财政支农资金比重	1	1	0	强势

续表

指　　标	2012 年	2013 年	排位升降	优劣势
2.2 工业竞争力	31	28	3	劣势
工业增加值	29	29	0	劣势
工业增加值增长率	21	16	5	中势
人均工业增加值	21	21	0	劣势
工业资产总额	28	28	0	劣势
工业资产总额增长率	4	7	-3	优势
工业资产总贡献率	29	28	1	劣势
规模以上工业主营业务收入	28	28	0	劣势
规模以上工业利润总额	30	29	1	劣势
工业全员劳动生产率	28	25	3	劣势
工业成本费用利润率	30	29	1	劣势
2.3 服务业竞争力	30	31	-1	劣势
服务业增加值	29	29	0	劣势
服务业增加值增长率	22	29	-7	劣势
人均服务业增加值	12	14	-2	中势
服务业从业人员数	30	30	0	劣势
服务业从业人员数增长率	24	21	3	劣势
限额以上批发零售企业主营业务收入	30	30	0	劣势
限额以上批零企业利税率	26	23	3	劣势
限额以上餐饮企业利税率	7	12	-5	中势
旅游外汇收入	31	31	0	劣势
房地产经营总收入	29	29	0	劣势
2.4 企业竞争力	30	27	3	劣势
规模以上工业企业数	28	28	0	劣势
规模以上企业平均资产	6	6	0	优势
规模以上企业平均增加值	13	12	1	中势
流动资金周转次数	27	27	0	劣势
规模以上企业平均利润	24	24	0	劣势
规模以上企业销售利税率	28	30	-2	劣势
新产品销售收入占主营业务收入比重	21	20	1	中势
产品质量抽查合格率	9	10	-1	优势
工业企业 R&D 经费投入强度	25	22	3	劣势
中国驰名商标持有量	30	25	5	劣势

3. 宁夏回族自治区可持续发展竞争力指标排名变化情况

表 30－7　2012～2013 年宁夏回族自治区可持续发展竞争力指标组排位及变化趋势表

指　　标	2012 年	2013 年	排位升降	优劣势
3　可持续发展竞争力	30	27	3	劣势
3.1　资源竞争力	23	18	5	中势
人均国土面积	8	8	0	优势
人均可使用海域和滩涂面积	13	13	0	中势
人均年水资源量	30	28	2	劣势
耕地面积	25	25	0	劣势
人均耕地面积	6	6	0	优势
人均牧草地面积	6	6	0	优势
主要能源矿产基础储量	15	14	1	中势
人均主要能源矿产基础储量	16	4	12	优势
人均森林储积量	26	26	0	劣势
3.2　环境竞争力	24	24	0	劣势
森林覆盖率	27	26	1	劣势
人均废水排放量	25	25	0	劣势
人均工业废气排放量	31	31	0	劣势
人均工业固体废物排放量	26	26	0	劣势
人均治理工业污染投资额	1	1	0	强势
一般工业固体废物综合利用率	15	14	1	中势
生活垃圾无害化处理率	27	16	11	中势
自然灾害直接经济损失	3	5	－2	优势
3.3　人力资源竞争力	26	25	1	劣势
人口自然增长率	3	4	－1	优势
15～64 岁人口比例	23	21	2	劣势
文盲率	25	27	－2	劣势
大专以上教育程度人口比例	20	13	7	中势
平均受教育程度	26	21	5	劣势
人口健康素质	25	25	0	劣势
人力资源利用率	20	22	－2	劣势
职业学校毕业生数	29	29	0	劣势

4. 宁夏回族自治区财政金融竞争力指标排名变化情况

表 30－8　2012～2013 年宁夏回族自治区财政金融竞争力指标组排位及变化趋势表

指　　标	2012 年	2013 年	排位升降	优劣势
4　财政金融竞争力	17	25	－8	劣势
4.1　财政竞争力	11	21	－10	劣势
地方财政收入	29	29	0	劣势
地方财政支出	31	31	0	劣势
地方财政收入占 GDP 比重	12	11	1	中势

续表

指　标	2012 年	2013 年	排位升降	优劣势
地方财政支出占 GDP 比重	4	6	-2	优势
税收收入占 GDP 比重	12	10	2	优势
税收收入占财政总收入比重	3	22	-19	劣势
人均地方财政收入	15	13	2	中势
人均地方财政支出	7	7	0	优势
人均税收收入	12	13	-1	中势
地方财政收入增长率	13	11	2	中势
地方财政支出增长率	2	28	-26	劣势
税收收入增长率	19	16	3	中势
4.2 金融竞争力	28	27	1	劣势
存款余额	30	30	0	劣势
人均存款余额	18	19	-1	中势
贷款余额	29	29	0	劣势
人均贷款余额	10	11	-1	中势
货币市场融资额	18	19	-1	中势
中长期贷款占贷款余额比重	19	16	3	中势
保险费净收入	28	29	-1	劣势
保险密度	15	14	1	中势
保险深度	9	11	-2	中势
人均证券市场筹资额	30	31	-1	劣势

5. 宁夏回族自治区知识经济竞争力指标排名变化情况

表 30-9　2012~2013 年宁夏回族自治区知识经济竞争力指标组排位及变化趋势表

指　标	2012 年	2013 年	排位升降	优劣势
5 知识经济竞争力	29	30	-1	劣势
5.1 科技竞争力	29	29	0	劣势
R&D 人员	28	28	0	劣势
R&D 经费	28	28	0	劣势
R&D 经费投入强度	24	23	1	劣势
发明专利授权量	29	29	0	劣势
技术市场成交合同金额	28	30	-2	劣势
财政科技支出占地方财政支出比重	18	19	-1	中势
高技术产业增加值	31	30	1	劣势
高技术产业增加值占工业增加值比重	30	30	0	劣势
高技术产品出口额占商品出口额比重	24	25	-1	劣势
5.2 教育竞争力	30	30	0	劣势
教育经费	30	30	0	劣势
教育经费占 GDP 比重	7	10	-3	优势
人均教育经费	8	12	-4	中势
公共教育经费占财政支出比重	25	29	-4	劣势

续表

指　　标	2012 年	2013 年	排位升降	优劣势
人均文化教育支出占个人消费支出比重	21	17	4	中势
万人中小学学校数	5	5	0	优势
万人中小学专任教师数	7	7	0	优势
高等学校数	29	29	0	劣势
高校专任教师数	29	29	0	劣势
万人高等学校在校学生数	18	19	-1	中势
5.3　文化竞争力	27	28	-1	劣势
文化产业增加值	30	31	-1	劣势
图书和期刊出版数	29	29	0	劣势
报纸出版数	30	30	0	劣势
出版印刷工业销售产值	29	28	1	劣势
城镇居民人均文化娱乐支出	19	23	-4	劣势
农村居民人均文化娱乐支出	19	16	3	中势
城镇居民人均文化娱乐支出占消费性支出比重	21	17	4	中势
农村居民人均文化娱乐支出占消费性支出比重	16	17	-1	中势

6. 宁夏回族自治区发展环境竞争力指标排名变化情况

表 30-10　2012~2013 年宁夏回族自治区发展环境竞争力指标组排位及变化趋势表

指　　标	2012 年	2013 年	排位升降	优劣势
6　发展环境竞争力	16	18	-2	中势
6.1　基础设施竞争力	14	16	-2	中势
铁路网线密度	8	9	-1	优势
公路网线密度	23	23	0	劣势
人均内河航道里程	22	22	0	劣势
全社会旅客周转量	29	29	0	劣势
全社会货物周转量	28	28	0	劣势
人均邮电业务总量	14	14	0	中势
万户移动电话数	8	10	-2	优势
万户上网用户数	18	18	0	中势
人均耗电量	1	1	0	强势
6.2　软环境竞争力	23	18	5	中势
外资企业数增长率	28	24	4	劣势
万人外资企业数	26	27	-1	劣势
个体私营企业数增长率	5	5	0	优势
万人个体私营企业数	17	16	1	中势
万人商标注册件数	18	19	-1	中势
查处商标侵权假冒案件	2	2	0	强势
每十万人交通事故发生数	29	28	1	劣势
罚没收入占财政收入比重	10	12	-2	中势
食品安全事故数	4	1	3	强势

7. 宁夏回族自治区政府作用竞争力指标排名变化情况

表 30 – 11 2012 ~ 2013 年宁夏回族自治区政府作用竞争力指标组排位及变化趋势表

指　　标	2012 年	2013 年	排位升降	优劣势
7 政府作用竞争力	21	18	3	中势
7.1 政府发展经济竞争力	28	26	2	劣势
财政支出用于基本建设投资比重	12	7	5	优势
财政支出对 GDP 增长的拉动	28	26	2	劣势
政府公务员对经济的贡献	24	24	0	劣势
政府消费对民间消费的拉动	24	25	-1	劣势
财政投资对社会投资的拉动	24	26	-2	劣势
7.2 政府规调经济竞争力	15	14	1	中势
物价调控	2	2	0	强势
调控城乡消费差距	17	12	5	中势
统筹经济社会发展	29	29	0	劣势
规范税收	17	18	-1	中势
人口控制	23	23	0	劣势
7.3 政府保障经济竞争力	12	10	2	优势
城市城镇社区服务设施数	25	28	-3	劣势
医疗保险覆盖率	14	12	2	中势
养老保险覆盖率	11	7	4	优势
失业保险覆盖率	7	7	0	优势
下岗职工再就业率	5	4	1	优势
城镇登记失业率	30	28	2	劣势

8. 宁夏回族自治区发展水平竞争力指标排名变化情况

表 30 – 12 2012 ~ 2013 年宁夏回族自治区发展水平竞争力指标组排位及变化趋势表

指　　标	2012 年	2013 年	排位升降	优劣势
8 发展水平竞争力	20	22	-2	劣势
8.1 工业化进程竞争力	24	24	0	劣势
工业增加值占 GDP 比重	8	10	-2	优势
工业增加值增长率	11	13	-2	中势
高技术产业规模以上企业产值	28	29	-1	劣势
高技术产业增加值占工业增加值比重	30	30	0	劣势
高技术产品出口额占商品出口额比重	24	25	-1	劣势
信息产业增加值占 GDP 比重	3	3	0	强势
8.2 城市化进程竞争力	17	17	0	中势
城镇化率	17	17	0	中势
城镇居民人均可支配收入	25	25	0	劣势
城市平均建成区面积比重	15	16	-1	中势
人均拥有道路面积	9	5	4	优势

续表

指　　标	2012 年	2013 年	排位升降	优劣势
人均日生活用水量	17	20	-3	中势
人均居住面积	22	30	-8	劣势
人均公共绿地面积	4	2	2	强势
8.3　市场化进程竞争力	20	21	-1	劣势
非公有制经济产值占全社会总产值的比重	21	22	-1	劣势
社会投资占投资总额比重	15	18	-3	中势
私有和个体企业从业人员比重	10	16	-6	中势
亿元以上商品市场成交额	28	28	0	劣势
亿元以上商品市场成交额占全社会消费品零售总额比重	10	7	3	优势
居民消费支出占总消费支出比重	24	25	-1	劣势

9. 宁夏回族自治区统筹协调竞争力指标排名变化情况

表 30-13　2012~2013 年宁夏回族自治区统筹协调竞争力指标组排位及变化趋势表

指　　标	2012 年	2013 年	排位升降	优劣势
9　统筹协调竞争力	29	28	1	劣势
9.1　统筹发展竞争力	30	30	0	劣势
社会劳动生产率	15	12	3	中势
社会劳动生产率增速	14	11	3	中势
万元 GDP 综合能耗	31	31	0	劣势
非农用地产出率	26	23	3	劣势
生产税净额和营业盈余占 GDP 比重	27	27	0	劣势
最终消费率	11	10	1	优势
固定资产投资额占 GDP 比重	27	28	-1	劣势
固定资产交付使用率	14	21	-7	劣势
9.2　协调发展竞争力	13	11	2	中势
环境竞争力与宏观经济竞争力比差	19	17	2	中势
资源竞争力与宏观经济竞争力比差	10	11	-1	中势
人力资源竞争力与宏观经济竞争力比差	21	18	3	中势
资源竞争力与工业竞争力比差	2	3	-1	强势
环境竞争力与工业竞争力比差	24	25	-1	劣势
城乡居民家庭人均收入比差	25	24	1	劣势
城乡居民人均现金消费支出比差	17	12	5	中势
全社会消费品零售总额与外贸出口总额比差	13	17	-4	中势

B.32
31
新疆维吾尔自治区经济综合竞争力评价分析报告

新疆维吾尔自治区简称新，地处中国西北边疆，东部与甘肃、青海相连，南部与西藏相邻，西部和北部分别与巴基斯坦、印度、阿富汗、塔吉克斯坦、吉尔吉斯斯坦、哈萨克斯坦、俄罗斯、蒙古等国接壤，是国境线最长、交界邻国最多的省区。新疆维吾尔自治区总面积为166万多平方公里，是全国土地面积最大的省份。2013年总人口为2264万人，地区生产总值为8360亿元，同比增长11%，人均GDP达37181元。本部分通过分析2012～2013年新疆维吾尔自治区经济综合竞争力以及各要素竞争力的排名变化，从中找出新疆维吾尔自治区经济综合竞争力的推动点及影响因素，为进一步提升新疆维吾尔自治区经济综合竞争力提供决策参考。

31.1 新疆维吾尔自治区经济综合竞争力总体分析

1. 新疆维吾尔自治区经济综合竞争力一级指标概要分析

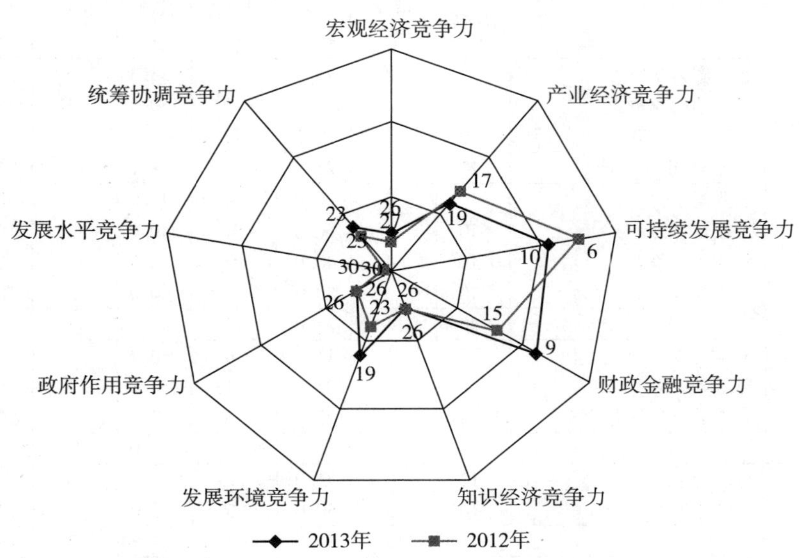

图31－1　2012～2013年新疆维吾尔自治区经济综合竞争力二级指标比较雷达图

表 31－1　2012～2013 年新疆维吾尔自治区经济综合竞争力二级指标比较表

项目／年份	宏观经济竞争力	产业经济竞争力	可持续发展竞争力	财政金融竞争力	知识经济竞争力	发展环境竞争力	政府作用竞争力	发展水平竞争力	统筹协调竞争力	综合排位
2012	27	17	6	15	26	23	26	30	25	24
2013	26	19	10	9	26	19	26	30	23	24
升降	1	－2	－4	6	0	4	0	0	2	0
优劣度	劣势	中势	优势	优势	劣势	中势	劣势	劣势	劣势	劣势

（1）从综合排位看，2013 年新疆维吾尔自治区经济综合竞争力综合排位在全国处于第 24 位，表明其在全国处于劣势地位；与 2012 年相比，综合排位保持不变。

（2）从指标所处区位看，处于上游区的指标有 2 个，为可持续发展竞争力、财政金融竞争力；处于中游区的指标有 2 个，分别为产业经济竞争力和发展环境竞争力；其余 5 个二级指标均处于下游区。

（3）从指标变化趋势看，9 个二级指标中，有 4 个指标处于上升趋势，为宏观经济竞争力、财政金融竞争力、发展环境竞争力、统筹协调竞争力，这些是新疆维吾尔自治区经济综合竞争力上升的动力所在；有 3 个指标排位没有发生变化，为知识经济竞争力、政府作用竞争力、发展水平竞争力；有 2 个指标处于下降趋势，为产业经济竞争力、可持续发展竞争力，这些是新疆维吾尔自治区经济综合竞争力下降的拉力所在。

2. 新疆维吾尔自治区经济综合竞争力各级指标动态变化分析

表 31－2　2012～2013 年新疆维吾尔自治区经济综合竞争力各级指标排位变化态势比较表

二级指标	三级指标	四级指标数	上升		保持		下降		变化趋势
			指标数	比重（%）	指标数	比重（%）	指标数	比重（%）	
宏观经济竞争力	经济实力竞争力	12	3	25.0	4	33.3	5	41.7	上升
	经济结构竞争力	6	2	33.3	3	50.0	1	16.7	保持
	经济外向度竞争力	9	2	22.2	6	66.7	1	11.1	下降
	小　计	27	7	25.9	13	48.1	7	25.9	上升
产业经济竞争力	农业竞争力	10	2	20.0	4	40.0	4	40.0	下降
	工业竞争力	10	5	50.0	4	40.0	1	10.0	上升
	服务业竞争力	10	4	40.0	2	20.0	4	40.0	下降
	企业竞争力	10	3	30.0	5	50.0	2	20.0	下降
	小　计	40	14	35.0	15	37.5	11	27.5	下降
可持续发展竞争力	资源竞争力	9	1	11.1	6	66.7	2	22.2	保持
	环境竞争力	8	2	25.0	4	50.0	2	25.0	上升
	人力资源竞争力	8	1	12.5	3	37.5	4	50.0	上升
	小　计	25	4	16.0	13	52.0	8	32.0	下降
财政金融竞争力	财政竞争力	12	9	75.0	2	16.7	1	8.3	上升
	金融竞争力	10	3	30.0	5	50.0	2	20.0	保持
	小　计	22	12	54.5	7	31.8	3	13.6	上升
知识经济竞争力	科技竞争力	9	3	33.3	5	55.6	1	11.1	保持
	教育竞争力	10	3	30.0	6	60.0	1	10.0	上升
	文化竞争力	8	5	62.5	2	25.0	1	12.5	下降
	小　计	27	11	40.7	13	48.1	3	11.1	保持

续表

二级指标	三级指标	四级指标数	上升		保持		下降		变化趋势
			指标数	比重(%)	指标数	比重(%)	指标数	比重(%)	
发展环境竞争力	基础设施竞争力	9	4	44.4	5	55.6	0	0.0	上升
	软环境竞争力	9	1	11.1	5	55.6	3	33.3	上升
	小　计	18	5	27.8	10	55.6	3	16.7	上升
政府作用竞争力	政府发展经济竞争力	5	2	40.0	2	40.0	1	20.0	下降
	政府规调经济竞争力	5	0	0.0	5	100.0	0	0.0	保持
	政府保障经济竞争力	6	2	33.3	1	16.7	3	50.0	保持
	小　计	16	4	25.0	8	50.0	4	25.0	保持
发展水平竞争力	工业化进程竞争力	6	1	16.7	2	33.3	3	50.0	保持
	城市化进程竞争力	7	1	14.3	2	28.6	4	57.1	保持
	市场化进程竞争力	6	2	33.3	3	50.0	1	16.7	保持
	小　计	19	4	21.1	7	36.8	8	42.1	保持
统筹协调竞争力	统筹发展竞争力	8	3	37.5	1	12.5	4	50.0	下降
	协调发展竞争力	8	4	50.0	2	25.0	2	25.0	上升
	小　计	16	7	43.8	3	18.8	6	37.5	上升
合　计		210	68	32.4	89	42.4	53	25.2	保持

从表31－2可以看出，210个四级指标中，上升指标有68个，占指标总数的32.4%；下降指标有53个，占指标总数的25.2%；保持不变的指标有89个，占指标总数的42.4%。综上所述，新疆维吾尔自治区经济综合竞争力上升的动力大于下降的拉力，但受其他外部因素的综合影响，2012～2013年新疆维吾尔自治区经济综合竞争力排位仍保持不变。

3. 新疆维吾尔自治区经济综合竞争力各级指标优劣势结构分析

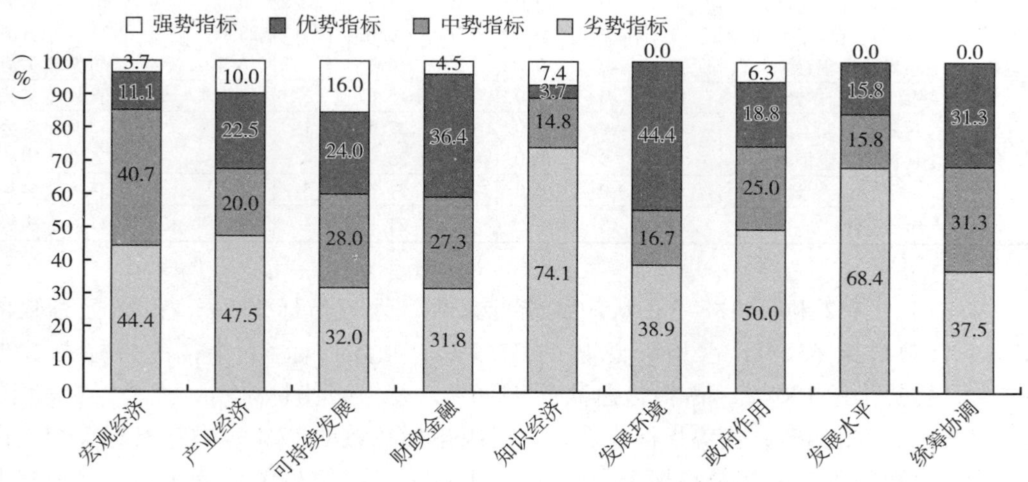

图31－2　2013年新疆维吾尔自治区经济综合竞争力各级指标优劣势比较图

表 31－3　2013 年新疆维吾尔自治区经济综合竞争力各级指标优劣势比较表

二级指标	三级指标	四级指标数	强势指标		优势指标		中势指标		劣势指标		优劣势
			个数	比重（%）	个数	比重（%）	个数	比重（%）	个数	比重（%）	
宏观经济竞争力	经济实力竞争力	12	1	8.3	2	16.7	3	25.0	6	50.0	劣势
	经济结构竞争力	6	0	0.0	0	0.0	2	33.3	4	66.7	劣势
	经济外向度竞争力	9	0	0.0	1	11.1	6	66.7	2	22.2	劣势
	小　计	27	1	3.7	3	11.1	11	40.7	12	44.4	劣势
产业经济竞争力	农业竞争力	10	1	10.0	3	30.0	4	40.0	2	20.0	优势
	工业竞争力	10	2	20.0	1	10.0	0	0.0	7	70.0	中势
	服务业竞争力	10	0	0.0	2	20.0	3	30.0	5	50.0	劣势
	企业竞争力	10	1	10.0	3	30.0	1	10.0	5	50.0	中势
	小　计	40	4	10.0	9	22.5	8	20.0	19	47.5	中势
可持续发展竞争力	资源竞争力	9	3	33.3	4	44.4	2	22.2	0	0.0	强势
	环境竞争力	8	0	0.0	1	12.5	2	25.0	5	62.5	劣势
	人力资源竞争力	8	1	12.5	1	12.5	3	37.5	3	37.5	劣势
	小　计	25	4	16.0	6	24.0	7	28.0	8	32.0	优势
财政金融竞争力	财政竞争力	12	1	8.3	6	50.0	3	25.0	2	16.7	优势
	金融竞争力	10	0	0.0	2	20.0	3	30.0	5	50.0	劣势
	小　计	22	1	4.5	8	36.4	6	27.3	7	31.8	优势
知识经济竞争力	科技竞争力	9	0	0.0	0	0.0	1	11.1	8	88.9	劣势
	教育竞争力	10	2	20.0	1	10.0	2	20.0	5	50.0	中势
	文化竞争力	8	0	0.0	0	0.0	1	12.5	7	87.5	劣势
	小　计	27	2	7.4	1	3.7	4	14.8	20	74.1	劣势
发展环境竞争力	基础设施竞争力	9	0	0.0	4	44.4	1	11.1	4	44.4	劣势
	软环境竞争力	9	0	0.0	4	44.4	2	22.2	3	33.3	中势
	小　计	18	0	0.0	8	44.4	3	16.7	7	38.9	中势
政府作用竞争力	政府发展经济竞争力	5	0	0.0	1	20.0	0	0.0	4	80.0	劣势
	政府规调经济竞争力	5	0	0.0	1	20.0	1	20.0	3	60.0	劣势
	政府保障经济竞争力	6	1	16.7	1	16.7	3	50.0	1	16.7	优势
	小　计	16	1	6.3	3	18.8	4	25.0	8	50.0	劣势
发展水平竞争力	工业化进程竞争力	6	0	0.0	2	33.3	0	0.0	4	66.7	劣势
	城市化进程竞争力	7	0	0.0	0	0.0	2	28.6	5	71.4	劣势
	市场化进程竞争力	6	0	0.0	1	16.7	1	16.7	4	66.7	劣势
	小　计	19	0	0.0	3	15.8	3	15.8	13	68.4	劣势
统筹协调竞争力	统筹发展竞争力	8	0	0.0	3	37.5	1	12.5	4	50.0	劣势
	协调发展竞争力	8	0	0.0	2	25.0	4	50.0	2	25.0	中势
	小　计	16	0	0.0	5	31.3	5	31.3	6	37.5	劣势
合　计		210	13	6.2	46	21.9	51	24.3	100	47.6	劣势

基于图 31－2 和表 31－3，从四级指标来看，强势指标 13 个，占指标总数的 6.2%；优势指标 46 个，占指标总数的 21.9%；中势指标 51 个，占指标总数的 24.3%；劣势指标 100 个，占指标总数的 47.6%。从三级指标来看，强势指标 1 个，占三级指标总数的 4%；优势指标 3 个，占三级指标总数的 12%；中势指标 5 个，占三级指标总数的 20%；劣势指标 16 个，占三级指标总数的 64%。反映到二级指标上来，没有强势指标；优势指标有 2 个，占二级指标总数的 22.2%。综合来看，由于劣

势指标在指标体系中居于主导地位，2013年新疆维吾尔自治区经济综合竞争力处于劣势地位。

4. 新疆维吾尔自治区经济综合竞争力四级指标优劣势对比分析

表 31－4　2013年新疆维吾尔自治区经济综合竞争力各级指标优劣势比较表

二级指标	优劣势	四　级　指　标
宏观经济竞争力（27个）	强势指标	财政总收入增长率（1个）
	优势指标	地区生产总值增长率、固定资产投资额增长率、实际FDI增长率（3个）
	劣势指标	地区生产总值、财政总收入、固定资产投资额、全社会消费品零售总额、全社会消费品零售总额增长率、人均全社会消费品零售总额、产业结构优化度、所有制经济结构优化度、就业结构优化度、贸易结构优化度、实际FDI、对外直接投资（12个）
产业经济竞争力（40个）	强势指标	农业增加值增长率、工业资产总额增长率、工业成本费用利润率、规模以上企业平均利润（4个）
	优势指标	人均农业增加值、农民人均纯收入增长率、人均主要农产品产量、工业全员劳动生产率、服务业从业人员数增长率、限额以上餐饮企业利税率、规模以上企业平均资产、规模以上企业平均增加值、规模以上企业销售利税率（9个）
	劣势指标	农民人均纯收入、农业机械化、工业增加值、工业增加值增长率、人均工业增加值、工业资产总额、工业资产总贡献率、规模以上工业主营业务收入、规模以上工业利润总额、服务业增加值、服务业从业人员数、限额以上批零企业利税率、旅游外汇收入、房地产经营总收入、规模以上工业企业数、新产品销售收入占主营业务收入比重、产品质量抽查合格率、工业企业R&D经费投入强度、中国驰名商标持有量（19个）
可持续发展竞争力（25个）	强势指标	人均国土面积、主要能源矿产基础储量、人均主要能源矿产基础储量、人口自然增长率（4个）
	优势指标	人均年水资源量、人均耕地面积、人均牧草地面积、人均森林储积量、人均治理工业污染投资额、大专以上教育程度人口比例（6个）
	劣势指标	森林覆盖率、人均工业废气排放量、人均工业固体废物排放量、一般工业固体废物综合利用率、生活垃圾无害化处理率、人口健康素质、人力资源利用率、职业学校毕业生数（8个）
财政金融竞争力（22个）	强势指标	地方财政收入增长率（1个）
	优势指标	地方财政收入占GDP比重、地方财政支出占GDP比重、税收收入占GDP比重、税收收入占财政总收入比重、人均地方财政支出、税收收入增长率、保险深度、人均证券市场筹资额（8个）
	劣势指标	地方财政收入、地方财政支出、存款余额、贷款余额、货币市场融资额、中长期贷款占贷款余额比重、保险费净收入（7个）
知识经济竞争力（27个）	强势指标	教育经费占GDP比重、万人中小学专任教师数（2个）
	优势指标	人均教育经费（1个）
	劣势指标	R&D人员、R&D经费、R&D经费投入强度、发明专利授权量、技术市场成交合同金额、高技术产业增加值、高技术产业增加值占工业增加值比重、高技术产品出口额占商品出口额比重、教育经费、人均文化教育支出占个人消费支出比重、高等学校数、高校专任教师数、万人高等学校在校学生数、图书和期刊出版数、报纸出版数、出版印刷工业销售产值、城镇居民人均文化娱乐支出、农村居民人均文化娱乐支出、城镇居民人均文化娱乐支出占消费性支出比重、农村居民人均文化娱乐支出占消费性支出比重（20个）

续表

二级指标	优劣势	四　级　指　标
发展环境竞争力（18个）	强势指标	（0个）
	优势指标	人均邮电业务总量、万户移动电话数、万户上网用户数、人均耗电量、外资企业数增长率、个体私营企业数增长率、罚没收入占财政收入比重、食品安全事故数（8个）
	劣势指标	铁路网线密度、公路网线密度、人均内河航道里程、全社会货物周转量、万人外资企业数、万人个体私营企业数、每十万人交通事故发生数（7个）
政府作用竞争力（16个）	强势指标	下岗职工再就业率（1个）
	优势指标	财政支出用于基本建设投资比重、规范税收、医疗保险覆盖率（3个）
	劣势指标	财政支出对GDP增长的拉动、政府公务员对经济的贡献、政府消费对民间消费的拉动、财政投资对社会投资的拉动、物价调控、统筹经济社会发展、人口控制、城市城镇社区服务设施数（8个）
发展水平竞争力（19个）	强势指标	（0个）
	优势指标	工业增加值占GDP比重、工业增加值增长率、亿元以上商品市场成交额占全社会消费品零售总额比重（3个）
	劣势指标	高技术产业规模以上企业产值、高技术产业增加值占工业增加值比重、高技术产品出口额占商品出口额比重、信息产业增加值占GDP比重、城镇化率、城镇居民人均可支配收入、城市平均建成区面积比重、人均居住面积、人均公共绿地面积、非公有制经济产值占全社会总产值的比重、社会投资占投资总额比重、私有和个体企业从业人员比重、居民消费支出占总消费支出比重（13个）
统筹协调竞争力（16个）	强势指标	（0个）
	优势指标	社会劳动生产率、社会劳动生产率增速、最终消费率、资源竞争力与工业竞争力比差、环境竞争力与工业竞争力比差（5个）
	劣势指标	万元GDP综合能耗、非农用地产出率、生产税净额和营业盈余占GDP比重、固定资产投资额占GDP比重、人力资源竞争力与宏观经济竞争力比差、全社会消费品零售总额与外贸出口总额比差（6个）

31.2　新疆维吾尔自治区经济综合竞争力各级指标具体分析

1. 新疆维吾尔自治区宏观经济竞争力指标排名变化情况

表31-5　2012~2013年新疆维吾尔自治区宏观经济竞争力指标组排位及变化趋势表

指　标	2012年	2013年	排位升降	优劣势
1　宏观经济竞争力	27	26	1	劣势
1.1　经济实力竞争力	23	21	2	劣势
地区生产总值	25	25	0	劣势
地区生产总值增长率	11	6	5	优势
人均地区生产总值	18	18	0	中势
财政总收入	24	27	-3	劣势
财政总收入增长率	4	1	3	强势
人均财政收入	8	19	-11	中势

续表

指　　标	2012 年	2013 年	排位升降	优劣势
固定资产投资额	23	23	0	劣势
固定资产投资额增长率	2	7	-5	优势
人均固定资产投资额	14	13	1	中势
全社会消费品零售总额	27	27	0	劣势
全社会消费品零售总额增长率	21	25	-4	劣势
人均全社会消费品零售总额	26	28	-2	劣势
1.2　经济结构竞争力	26	26	0	劣势
产业结构优化度	21	21	0	劣势
所有制经济结构优化度	30	30	0	劣势
城乡经济结构优化度	14	14	0	中势
就业结构优化度	26	25	1	劣势
资本形成结构优化度	25	15	10	中势
贸易结构优化度	27	28	-1	劣势
1.3　经济外向度竞争力	23	26	-3	劣势
进出口总额	19	19	0	中势
进出口增长率	14	17	-3	中势
出口总额	17	17	0	中势
出口增长率	14	13	1	中势
实际 FDI	27	27	0	劣势
实际 FDI 增长率	7	7	0	优势
外贸依存度	13	13	0	中势
对外经济合作完成营业额	18	18	0	中势
对外直接投资	27	24	3	劣势

2. 新疆维吾尔自治区产业经济竞争力指标排名变化情况

表 31-6　2012~2013 年新疆维吾尔自治区产业经济竞争力指标组排位及变化趋势表

指　　标	2012 年	2013 年	排位升降	优劣势
2　产业经济竞争力	17	19	-2	中势
2.1　农业竞争力	4	8	-4	优势
农业增加值	20	20	0	中势
农业增加值增长率	2	1	1	强势
人均农业增加值	9	9	0	优势
农民人均纯收入	22	22	0	劣势
农民人均纯收入增长率	1	4	-3	优势
农产品出口占农林牧渔总产值比重	14	16	-2	中势
人均主要农产品产量	4	4	0	优势
农业机械化	8	21	-13	劣势
农村人均用电量	12	11	1	中势
财政支农资金比重	7	11	-4	中势

续表

指　　标	2012 年	2013 年	排位升降	优劣势
2.2　工业竞争力	20	18	2	中势
工业增加值	25	25	0	劣势
工业增加值增长率	26	24	2	劣势
人均工业增加值	25	24	1	劣势
工业资产总额	24	21	3	劣势
工业资产总额增长率	2	2	0	强势
工业资产总贡献率	20	24	-4	劣势
规模以上工业主营业务收入	26	25	1	劣势
规模以上工业利润总额	23	23	0	劣势
工业全员劳动生产率	6	6	0	优势
工业成本费用利润率	3	2	1	强势
2.3　服务业竞争力	17	24	-7	劣势
服务业增加值	26	26	0	劣势
服务业增加值增长率	3	18	-15	中势
人均服务业增加值	22	20	2	中势
服务业从业人员数	27	26	1	劣势
服务业从业人员数增长率	7	4	3	优势
限额以上批发零售企业主营业务收入	19	17	2	中势
限额以上批零企业利税率	29	31	-2	劣势
限额以上餐饮企业利税率	4	4	0	优势
旅游外汇收入	22	23	-1	劣势
房地产经营总收入	25	26	-1	劣势
2.4　企业竞争力	14	18	-4	中势
规模以上工业企业数	26	26	0	劣势
规模以上企业平均资产	5	5	0	优势
规模以上企业平均增加值	8	9	-1	优势
流动资金周转次数	21	20	1	中势
规模以上企业平均利润	3	3	0	强势
规模以上企业销售利税率	2	4	-2	优势
新产品销售收入占主营业务收入比重	28	28	0	劣势
产品质量抽查合格率	30	30	0	劣势
工业企业 R&D 经费投入强度	31	30	1	劣势
中国驰名商标持有量	27	25	2	劣势

3. 新疆维吾尔自治区可持续发展竞争力指标排名变化情况

表 31-7 2012~2013 年新疆维吾尔自治区可持续发展竞争力指标组排位及变化趋势表

指　标	2012 年	2013 年	排位升降	优劣势
3 可持续发展竞争力	6	10	-4	优势
3.1 资源竞争力	2	2	0	强势
人均国土面积	1	1	0	强势
人均可使用海域和滩涂面积	13	13	0	中势
人均年水资源量	6	5	1	优势
耕地面积	15	15	0	中势
人均耕地面积	4	4	0	优势
人均牧草地面积	4	4	0	优势
主要能源矿产基础储量	3	3	0	强势
人均主要能源矿产基础储量	2	3	-1	强势
人均森林储积量	7	8	-1	优势
3.2 环境竞争力	29	27	2	劣势
森林覆盖率	31	31	0	劣势
人均废水排放量	12	16	-4	中势
人均工业废气排放量	29	29	0	劣势
人均工业固体废物排放量	25	25	0	劣势
人均治理工业污染投资额	16	8	8	优势
一般工业固体废物综合利用率	25	25	0	劣势
生活垃圾无害化处理率	25	26	-1	劣势
自然灾害直接经济损失	18	11	7	中势
3.3 人力资源竞争力	23	22	1	劣势
人口自然增长率	1	1	0	强势
15~64 岁人口比例	19	20	-1	中势
文盲率	9	14	-5	中势
大专以上教育程度人口比例	7	7	0	优势
平均受教育程度	15	16	-1	中势
人口健康素质	26	26	0	劣势
人力资源利用率	29	28	1	劣势
职业学校毕业生数	24	25	-1	劣势

4. 新疆维吾尔自治区财政金融竞争力指标排名变化情况

表 31-8 2012~2013 年新疆维吾尔自治区财政金融竞争力指标组排位及变化趋势表

指　标	2012 年	2013 年	排位升降	优劣势
4 财政金融竞争力	15	9	6	优势
4.1 财政竞争力	9	6	3	优势
地方财政收入	26	26	0	劣势
地方财政支出	23	22	1	劣势
地方财政收入占 GDP 比重	11	8	3	优势

续表

指　　标	2012 年	2013 年	排位升降	优劣势
地方财政支出占 GDP 比重	6	5	1	优势
税收收入占 GDP 比重	8	6	2	优势
税收收入占财政总收入比重	9	6	3	优势
人均地方财政收入	16	12	4	中势
人均地方财政支出	8	8	0	优势
人均税收收入	14	12	2	中势
地方财政收入增长率	4	1	3	强势
地方财政支出增长率	9	13	-4	中势
税收收入增长率	15	9	6	优势
4.2　金融竞争力	21	21	0	劣势
存款余额	25	25	0	劣势
人均存款余额	16	16	0	中势
贷款余额	25	25	0	劣势
人均贷款余额	16	15	1	中势
货币市场融资额	29	29	0	劣势
中长期贷款占贷款余额比重	22	21	1	劣势
保险费净收入	25	24	1	劣势
保险密度	9	12	-3	中势
保险深度	5	5	0	优势
人均证券市场筹资额	8	9	-1	优势

5. 新疆维吾尔自治区知识经济竞争力指标排名变化情况

表 31-9　2012~2013 年新疆维吾尔自治区知识经济竞争力指标组排位及变化趋势表

指　　标	2012 年	2013 年	排位升降	优劣势
5　知识经济竞争力	26	26	0	劣势
5.1　科技竞争力	30	30	0	劣势
R&D 人员	25	25	0	劣势
R&D 经费	27	27	0	劣势
R&D 经费投入强度	29	29	0	劣势
发明专利授权量	26	25	1	劣势
技术市场成交合同金额	27	29	-2	劣势
财政科技支出占地方财政支出比重	16	15	1	中势
高技术产业增加值	29	29	0	劣势
高技术产业增加值占工业增加值比重	31	31	0	劣势
高技术产品出口额占商品出口额比重	31	29	2	劣势
5.2　教育竞争力	19	14	5	中势
教育经费	21	21	0	劣势
教育经费占 GDP 比重	4	3	1	强势
人均教育经费	6	5	1	优势
公共教育经费占财政支出比重	16	14	2	中势

续表

指　　标	2012 年	2013 年	排位升降	优劣势
人均文化教育支出占个人消费支出比重	18	29	-11	劣势
万人中小学学校数	15	15	0	中势
万人中小学专任教师数	1	1	0	强势
高等学校数	27	27	0	劣势
高校专任教师数	27	27	0	劣势
万人高等学校在校学生数	27	27	0	劣势
5.3　文化竞争力	28	29	-1	劣势
文化产业增加值	16	13	3	中势
图书和期刊出版数	22	22	0	劣势
报纸出版数	24	24	0	劣势
出版印刷工业销售产值	26	24	2	劣势
城镇居民人均文化娱乐支出	27	26	1	劣势
农村居民人均文化娱乐支出	28	27	1	劣势
城镇居民人均文化娱乐支出占消费性支出比重	27	29	-2	劣势
农村居民人均文化娱乐支出占消费性支出比重	30	29	1	劣势

6. 新疆维吾尔自治区发展环境竞争力指标排名变化情况

表 31-10　2012~2013 年新疆维吾尔自治区发展环境竞争力指标组排位及变化趋势表

指　　标	2012 年	2013 年	排位升降	优劣势
6　发展环境竞争力	23	19	4	中势
6.1　基础设施竞争力	27	23	4	劣势
铁路网线密度	29	29	0	劣势
公路网线密度	29	29	0	劣势
人均内河航道里程	28	28	0	劣势
全社会旅客周转量	22	17	5	中势
全社会货物周转量	23	23	0	劣势
人均邮电业务总量	9	9	0	优势
万户移动电话数	12	9	3	优势
万户上网用户数	11	10	1	优势
人均耗电量	9	4	5	优势
6.2　软环境竞争力	13	11	2	中势
外资企业数增长率	4	8	-4	优势
万人外资企业数	30	30	0	劣势
个体私营企业数增长率	6	7	-1	优势
万人个体私营企业数	27	27	0	劣势
万人商标注册件数	16	16	0	中势
查处商标侵权假冒案件	13	13	0	中势
每十万人交通事故发生数	25	23	2	劣势
罚没收入占财政收入比重	8	8	0	优势
食品安全事故数	4	5	-1	优势

7. 新疆维吾尔自治区政府作用竞争力指标排名变化情况

表 31 －11　2012 ~2013 年新疆维吾尔自治区政府作用竞争力指标组排位及变化趋势表

指　　标	2012 年	2013 年	排位升降	优劣势
7　政府作用竞争力	26	26	0	劣势
7.1　政府发展经济竞争力	29	30	－1	劣势
财政支出用于基本建设投资比重	6	5	1	优势
财政支出对 GDP 增长的拉动	26	27	－1	劣势
政府公务员对经济的贡献	28	28	0	劣势
政府消费对民间消费的拉动	30	30	0	劣势
财政投资对社会投资的拉动	29	27	2	劣势
7.2　政府规调经济竞争力	29	29	0	劣势
物价调控	31	31	0	劣势
调控城乡消费差距	16	16	0	中势
统筹经济社会发展	22	22	0	劣势
规范税收	7	7	0	优势
人口控制	30	30	0	劣势
7.3　政府保障经济竞争力	9	9	0	优势
城市城镇社区服务设施数	21	23	－2	劣势
医疗保险覆盖率	13	9	4	优势
养老保险覆盖率	22	20	2	中势
失业保险覆盖率	11	12	－1	中势
下岗职工再就业率	1	1	0	强势
城镇登记失业率	16	17	－1	中势

8. 新疆维吾尔自治区发展水平竞争力指标排名变化情况

表 31 －12　2012 ~2013 年新疆维吾尔自治区发展水平竞争力指标组排位及变化趋势表

指　　标	2012 年	2013 年	排位升降	优劣势
8　发展水平竞争力	30	30	0	劣势
8.1　工业化进程竞争力	28	28	0	劣势
工业增加值占 GDP 比重	9	9	0	优势
工业增加值增长率	6	8	－2	优势
高技术产业规模以上企业产值	29	30	－1	劣势
高技术产业增加值占工业增加值比重	31	31	0	劣势
高技术产品出口额占商品出口额比重	31	29	2	劣势
信息产业增加值占 GDP 比重	24	26	－2	劣势
8.2　城市化进程竞争力	27	27	0	劣势
城镇化率	24	26	－2	劣势
城镇居民人均可支配收入	28	28	0	劣势
城市平均建成区面积比重	29	29	0	劣势
人均拥有道路面积	15	11	4	中势

续表

指　　标	2012 年	2013 年	排位升降	优劣势
人均日生活用水量	15	16	-1	中势
人均居住面积	24	28	-4	劣势
人均公共绿地面积	24	26	-2	劣势
8.3　市场化进程竞争力	29	29	0	劣势
非公有制经济产值占全社会总产值的比重	30	30	0	劣势
社会投资占投资总额比重	27	27	0	劣势
私有和个体企业从业人员比重	25	27	-2	劣势
亿元以上商品市场成交额	20	18	2	中势
亿元以上商品市场成交额占全社会消费品零售总额比重	7	5	2	优势
居民消费支出占总消费支出比重	30	30	0	劣势

9. 新疆维吾尔自治区统筹协调竞争力指标排名变化情况

表 31-13　2012~2013 年新疆维吾尔自治区统筹协调竞争力指标组排位及变化趋势表

指　　标	2012 年	2013 年	排位升降	优劣势
9　统筹协调竞争力	25	23	2	劣势
9.1　统筹发展竞争力	26	27	-1	劣势
社会劳动生产率	12	9	3	优势
社会劳动生产率增速	23	10	13	优势
万元 GDP 综合能耗	28	29	-1	劣势
非农用地产出率	30	30	0	劣势
生产税净额和营业盈余占 GDP 比重	30	29	1	劣势
最终消费率	7	8	-1	优势
固定资产投资额占 GDP 比重	22	24	-2	劣势
固定资产交付使用率	13	16	-3	中势
9.2　协调发展竞争力	16	13	3	中势
环境竞争力与宏观经济竞争力比差	14	13	1	中势
资源竞争力与宏观经济竞争力比差	16	14	2	中势
人力资源竞争力与宏观经济竞争力比差	22	25	-3	劣势
资源竞争力与工业竞争力比差	16	7	9	优势
环境竞争力与工业竞争力比差	9	7	2	优势
城乡居民家庭人均收入比差	17	18	-1	中势
城乡居民人均现金消费支出比差	16	16	0	中势
全社会消费品零售总额与外贸出口总额比差	24	24	0	劣势

BⅢ 专题分析报告

Special Reports

B.33
专题一
新常态下中国省域经济发展的动力结构分析

动力是赋予经济发展生命的源泉，是维持经济发展活力的支柱，是驱动经济不断前行的助推器，离开了动力支撑，经济发展如同“无源之水，无本之木”，会丧失根基，弱化生命。然而动力并不是一劳永逸的，动力本身的产生和发展也具有生命周期，动力的产生需要催化剂的刺激，动力的强弱取决于催化剂的质量和使用合理与否。当原有的催化剂不断被消耗以及动力作用进程中对催化剂的要求不断提升时，动力也会不断弱化，需要有新的催化剂补给来实现动力的转换和更迭，通过动力本身的更新和生命的延续为经济持续发展不断注入新的活力。

省域经济是构成我国经济总体的基本单位，省域经济发展的动力也是我国经济发展的动力源泉。省域经济发展是内在动力和外在动力共同驱动的结果，其中内在动力主要来自各个省域内部的资源禀赋、区位优势、要素结构、特殊政策等，外部动力主要来自整体经济的宏观环境、改革开放、国家战略实施等。因此，省域经济发展的内在动力会通过省域经济与总体经济的关系纽带自下而上地传输，同时，总体经济的发展动力也会通过这一纽带从外部不断向省域经济发展的内部输送。省域经济发展的动力与总体经济发展的动力在本质上是互通的，是一致的。

经过了改革开放 30 多年的飞速发展，虽然中国经济的基本面和战略机遇没有改变，但是经济发展确实已经进入了增速放缓、结构调整、动力转换的新常态，追求高速度，依赖强刺激的传统经济发展动力模式显然已不合时宜，为解决内生动力不足、下行压力较大等问题，必然要挖掘新的潜力，增添新的动力。

一　新常态下对中国省域经济发展传统动力的反思

改革开放一度被视为我国经济发展的根本动力，然而在发展的不同阶段，这一动力对省域经济发展的注入和影响是不同的。改革开放初期，以政府为主导的自上而下的改革随着政策的实施一步步地破除计划经济体制的束缚，加上我国实施的对外开放格局，培育和释放了市场的活力，外在强劲动力的注入推动了省域经济的发展，由于政策的倾斜性和省域发展要素的差异，客观上造成了不同省域经济发展的动力差距，东部沿海地区省域经济发展动力最为充沛，而中西部地区发展动力长期不足。随着改革开放的推进，特别是社会主义市场经济体制改革目标的确立和实施，市场对资源配置的作用进一步显现，推动劳动力、资本等要素向优势部门和优势领域集中，自上而下的改革力量和自下而上的市场力量相互叠加，形成了推动省域经济发展的巨大合力，进一步拉大了省域间的动力差距，同时也初步形成了要素投入、出口扩张、投资增长的传统动力模式。进入21世纪以来，国际上加入世界贸易组织和国内住房制度改革推动的房地产业发展，如同给经济发展加装了两台新发动机，使2001～2007年成为新中国自成立以来增速最快的时期之一，再加上国家陆续实施的西部大开放、振兴东北等老工业基地和中部崛起等区域战略，省域经济发展的动力强劲，而且不同省域还形成了各具特色与优势的动力体系。如一些东部地区省份外贸出口动力突出，一些西部地区省份资源开采动力明显，一些工业基础较好的省份工业投资驱动力量较强。

国际金融危机爆发后世界掀起了一场涉及经济、技术、环境和社会广泛领域的新的革命，正改变着世界经济的增长轨迹和传统格局。我国经济发展也进入“增长速度换挡期、结构调整阵痛期和前期刺激政策进入消化期”这样“三期叠加”的复杂困局，迫切要求对经济发展的动力结构进行反思和重构。

（一）中国省域经济发展传统动力的“功”与“过”

改革开放以来，中国省域经济发展的动力结构调整主要依托解放思想、改革创新，不断用新的、更有效率的经济活动去接替旧的、失去效率的生产投资，不断挖掘要素资源优势，驱动中国经济综合竞争力的稳步提升，在全球经济发展进程中形成具有中国特色的增长模式和动力结构。但随着人口、土地等红利的逐步消减，出口、投资、房地产等拉动增长的传统引擎动力作用的逐步减弱，多年来依托要素投入、外延扩张的快速发展累积的问题和风险不断凸显释放，传统的增长动力模式已然没有作用空间，迫切需要转变发展方式、培育经济增长新动力。

1. 传统经济发展动力曾快速有效地推动中国省域经济发展

改革开放之初，我国经济社会发展水平非常低，经济基础薄弱，物资极为短缺，百姓一穷二白，贫困人口众多，温饱不足。在这种“窘态”下，要迅速摆脱贫困，就必须全力加速发展经济，运用各种资源和条件、千方百计促进经济快速增长，奋起直追。在全国人民的共同努力下，30多年来，中国经济总量迅速增长，按可比价计算，2013

年的 GDP 是 1978 年的 26 倍多，年均增长 9.8%，其中有 16 年的经济增长率超过两位数。在全国经济规模迅速扩大的同时，各省域经济规模也迅速扩大。按当年价计算，2013 年，地区生产总值超过万亿元的省份达到 24 个，超 2 万亿元的省份达到 12 个，超 5 万亿元的省份达到 3 个，最高的广东省达到 62163.97 万亿元，许多省份“富可敌国”。

改革开放以来我国经济增长如此之快，从本质上说，主要是依靠改革开放释放出来的发展动力与活力，同时依靠高投入、高消耗、粗放型的增长方式和强有力的外需拉动，投资和出口是中国经济增长的重要引擎。在当时的国际国内环境下，在劳动力、原材料、资源、土地等要素价格比较低的情况下，依赖投资和出口、依赖资源的消耗，以低成本要素和投资驱动经济增长是适合中国国情的，也是符合经济增长规律的，能够有效地促进经济增长。而且事实也已证明，正是这种模式把我国推上世界第二大经济体的位置。

2. 传统经济发展动力带来了许多问题

在传统的经济发展动力作用下，中国经济虽然经历了总量迅速扩张的繁荣，但也积累了明显的问题。

首先是严重的结构失衡问题。从产业结构上看，我国产业层次比较低，处于价值链的末端，附加值低。同时，资源配置浪费，以加工制造业为主的工业产能过剩，而服务业产能却严重不足，看病难、上学难、安居难、出行难、融资难等问题突出，影响国民福利的改善。从需求结构上看，老旧的考核机制引发了各地方政府的招商引资竞赛，唯 GDP 论英雄，投资和出口超常增长，占比畸高，而消费占比偏低且相对下滑。从收入分配结构上看，我国的收入分配体制已经高度扭曲，两极分化有逐渐加大的趋势，在国民收入分配中，资本所得不断上升，劳动所得不断下降。此外，政府和民众之间的财富高度不均衡，政府拿得太多，老百姓拿得太少。而且在民众不同群体之间收入高低悬殊，行业与行业之间、级别与级别之间的差距也逐年扩大。从区域结构上看，区域发展不平衡问题突出，东部沿海地区在改革开放后率先快速崛起，中西部地区发展则相对滞后，东部与中西部地区的差距日渐扩大。从城乡结构上看，城市发展迅速，大城市尤其是北上广深等特大城市的城市病愈发严重，而广大的农村地区发展缓慢，城乡之间的差距不断扩大。从金融市场结构来看，金融市场结构单一，对实体经济服务不足。此外，城乡之间的户籍壁垒和不同的资源配置制度，以及建立在此基础上的其他问题也还比较突出。

其次是严重的资源环境问题。在要素和投资驱动下，高投入、高消耗成为经济增长的必然选择，由此带来的是资源的大量消耗，自然生态环境的迅速恶化，表现为水土流失严重、沙漠化迅速扩展、草原退化加剧、森林资源锐减、生物物种加速灭绝、地下水水位下降、水体污染严重、大气污染严重、固体废弃物存放量大、垃圾包围城市、环境污染向农村蔓延等问题。2008 年，《瞭望》周刊载文指出，目前我国的“资源环境安全系数”（主要反映人与自然的和谐程度和可持续发展能力，由土地、水、矿产、生态环境等要素构成）在 1.73 左右，在全世界 10 个人口过亿的大国中排倒数第二，接近完全

不安全国家之列。① 这些都说明当前我国的资源环境压力非常大，资源环境的瓶颈约束将越来越强，给我国经济的可持续增长带来巨大挑战，亟待破解。

3. 传统经济发展动力发挥的作用逐渐减弱

从世界各国经济发展的历史经验来看，当一个国家或地区经历了一段时间的高速增长后，都会出现增速“换挡”回落的现象，由“高速挡”切换到“中速挡”或“中高速挡”，这是现代国家经济发展的普遍走向，具有规律性和必然性，我国也不能例外。从数据上来看，2003～2007年，我国经济的年均增长率为11.6%，2008～2011年降为9.6%，2012年和2013年均为7.7%，2014年上半年降为7.4%，可以清楚看出我国经济由高速增长转为中高速增长。

经济增速的回落意味着我国经济发展动力发挥的作用在减弱。我国传统经济发展动力的特点是依靠大量消耗低成本要素、大力开展学习型技术进步、严重依赖投资和出口，在特定的国际国内环境下，这种发展模式能发挥强大的作用。但当前我国面临的国际国内环境已经发生了根本性转变，传统经济发展动力发挥的作用将逐渐减弱。

首先，生产要素成本不断上升，低成本要素驱动难以为继。我国经济快速发展带来的一个必然结果是要素拥有者的收入迅速提高，表现在劳动力、原材料、能源、资源、土地等生产要素的价格迅速上升，这意味着企业的生产成本迅速上升，企业依靠消耗低成本要素获得利润的时代一去不复返，低成本要素驱动的经济发展方式已难以为继。

其次，学习型技术进步的空间日渐缩小，依靠学习和模仿降低成本的方式已经走到尽头。改革开放以来，我国技术进步的主要方式是学习和模仿、“边干边学”，即所谓的学习型技术进步，此时技术进步的主要目的是迅速降低成本，而不是获取最先进的技术，因此自主创新在技术进步中的比重很低，贡献很小。但随着我国经济的快速发展和科学技术水平的迅速提高，我国的科技水平越来越接近世界科技前沿，学习的空间日渐缩小，依靠学习和模仿降低成本的方式已经不适应中国的实际，必须走自主创新之路，提高自主创新能力和水平。

再次，高投资问题突出，投资收益率不断下降，投资驱动的作用逐渐减弱。长期以来，投资尤其是政府投资是我国经济增长的重要引擎，投资在GDP中的比重非常高。虽然投资对于基础设施建设和新生产能力的形成有至关重要的作用，但长期高水平的投资也带来了许多问题，比如当前面临的严重的产能过剩问题，同时还会抑制居民的消费，损害居民福利，降低消费在经济发展中的作用。此外，随着我国经济的发展，好的投资机会、投资回报率高的项目越来越少。可以预见，投资在未来我国经济增长中仍将发挥一定作用，但是其重要性和作用会逐渐减弱，而且更加偏向消费性投资而不是生产性投资。

最后，外需不振，出口导向型经济增长后劲不足。长期以来，我国采取的是出口导向型战略，经济增长严重依赖出口，外贸依存度非常高，但2008年国际金融危机爆发

① 中国新闻网：《中国资源环境安全系数接近完全不安全国家之列》，http：//www.chinanews.com/cj/hgjj/news/2008/02－21/1169531.shtml。

后，外需萎靡不振，中国庞大的出口令世界市场难以完全消化，出口导向型经济增长后劲不足。而且世界市场充满了不确定性，过高的外贸依存度将使我国面临很高的外部风险，不得不降低出口在经济增长中的作用。

（二）新常态对中国省域经济发展动力的新要求

当前中国经济正处于“三期叠加”的阶段，而且这个阶段持续的时间将比较长，加上世界经济还处于深度调整之中，使我国经济发展的内外环境更趋复杂，中国经济发展进入“新常态”。中国经济进入“新常态”表面上看是增速的换挡，实质是增长动力的转换与接续。经济新常态客观上要求中国经济增长方式发生转变，对原有模式进行取舍和革新，赋予发展方式新内涵、新变化、新趋势，对经济发展动力提出新要求，激发经济发展的新动能，这也是新时期经济工作面临的新挑战和新机遇。而要激发经济发展的新动能，需要从经济增长供给方的“三大发动机”（制度变革、创新驱动和转型升级）上寻找新出路。

1. 新常态迫切要求经济领域深化改革

1978 年以来，我国经济快速发展的一个重要原因是坚持改革开放，改革开放给中国经济发展带来了动力和活力。随着中国经济进入“新常态”，经济改革也进入“深水区”和“攻坚期”，增量改革已经很困难，必须要转向存量改革。从长远来看，保障经济增长的动力仍然是改革，通过释放新一轮的改革红利，为经济增长提供新的动力和活力。由于改革需要逐步进行，全面推进，需要不停地去推动，需要花很长的时间，因此改革释放的红利会持续很长时间，这个动力也会持续比较长的时间。面对新十年的机遇和挑战，中国经济没有选择，走不了回头路，必须敢于打破固有利益格局，全面深化改革，释放红利，突破传统增长模式的束缚，划清政府与市场的边界，促进公平与正义，实现共享共富，这样才能续写经济发展奇迹。

2. 新常态迫切要求经济发展转向创新驱动

从宏观层面来看，新常态下，依靠生产要素和资源环境的低成本、生产技术的简单模仿的粗放型增长方式已经难以为继，必须把发展动力转换到以科技创新为核心的全面创新上来，逐步转向创新驱动。通过不断创新，可以促进产业结构的调整，压缩过剩产能，减少低效供给，增加有效需求，进而推动经济发展方式转变和经济结构调整，培育可持续的竞争力，为经济发展提供持久动能。可以说，创新是解决当前我国面临的各种问题的突破口和重要手段。从微观层面来看，新常态下的三期叠加会形成倒逼机制，逼迫企业主动进行创新，提高自主创新能力和水平，进而提高资源的利用效率。可以预见，创新将成为未来“新常态”体系中的重要环节。

3. 新常态迫切要求经济转型升级

当前我国面临着严重的结构失衡问题，给我国经济带来了极大困扰。新常态下，我国迫切需要解决的就是结构失衡问题，这个问题不解决，也就意味着产能过剩问题、消费拉动经济问题、居民收入增长问题、区域不平衡发展问题、城乡差距问题都无法得到解决，中国经济永远都不可能实现健康的、可持续的增长。因此，新常态迫切要求我国经济加快转型升级，通过转型升级来推动经济增长，这也是我国一个难得的机遇。世界上许多国家正是因为没有很好地、及时地实现转型升级，而错失了再次快速发展的机会，甚至陷入“中等收入陷阱”。当然，我们也应该看到，当前我国经济正在发生一系列重大而深刻的变化，正在孕育着新的突破，此时我们更应该把握住机会加快经济的转型升级，进而实现经济的快速增长。

二 新常态下中国省域经济发展正处于动力升级的关键时期

在内外压力的双重倒逼下，构建省域经济发展新的动力模式势在必行，这一新动力并不是对传统动力的修复或改进，而是对传统动力的扬弃，既要摆脱传统动力运行的弊端，又要构建全新的动力机制。总体经济发展的动力需求和期待会进一步向省域经济传导，这也意味着，作为我国经济组成部分的省域经济正处于动力转换和升级的重要关口。

（一）省域经济发展动力转变时期的“关键性”特征表现

2015 中央经济工作会议指出，在新常态下，“经济发展动力正从传统增长点转向新的增长点”。传统增长点向新增长点转变的过程也正是发展动力升级的过程，这对省域经济发展而言既是机遇，又是挑战，一方面可以借助动力转变破除经济发展中累积的诸多矛盾，构建新的发展机制和产业体系；另一方面能否顺利实现动力的转变又考验着各个省域对短期发展困境的承受能力和寻求突破的创新能力。认识新常态，适应新常态，引领新常态，沿着当前和今后一个时期我国经济发展的大逻辑，是省域经济发展必须经历的一个不断调整和适应的过程，是能否顺利实现动力转变的关键，具体表现在以下几个方面。

1. 省域经济正处于发展动力升级的“矛盾期”

发展动力升级虽然是各个省域当前经济发展的重要目标和任务，也基本明确了新的动力源泉、动力结构和作用机制，但是在具体的政策选择和实施中，省域经济又会面临一些矛盾。比如是在原有产业体系基础上进行动力转变，还是要构建新兴的产业部门？是对原有经济发展模式进行修复和更新，还是要构建全新的经济发展模式？是在经济全部领域进行大范围的变革，还是针对某些重点部门和领域？等等。这主要关系到各个省域发展动力升级的成本，涉及的产业部门越多，经济领域越宽泛，必然要付出的成本也越大。这考验着各个省域的经济发展基础实力以及对动力升级过程中可能带来的短期“阵痛”的承受能力，而且，动力转变后是否和省域的资源要素、宏观环境相适应，是否能按照既定的预期促进经济增长也存在很大的不确定性。因此，各个省域不得不在动力升级过程可能带来的不确定预期收益和成本之间做出艰难的选择。

2. 省域经济正处于发展动力升级的“迷茫期”

新常态下，发展动力升级就是要从过去长期依托的“要素驱动”“投资驱动”向“创新驱动”转变，要从传统增长点转向居民消费、创新等新的增长点。现阶段发展动力升级是全球经济面临的共同问题，是对以往发展动力的根本性转变和调整，没有普遍适用的模式，也没有成熟的经验可以借鉴。由于不同省域在经济发展程度、创新基础和创新能力等方面有很大的差异，因此，在实现动力升级过程中所依托的路径、速度、手段等各不相同，究竟应该怎么转，转到怎样的程度是各个省域经济不得不慎重考虑的问题，也难免有时会陷入迷茫中。经济发展程度较好的地区是跟随发达国家创新的风向标，还是独辟蹊径，构建自身的创新模式？经济发展较为落后的地区是沿用发达省域结构升级模式，在稳步推动工业化进程中创新，还是采取激进发展方式，在工业化进程中同时发展服务业，直接实行发达地区的动力升级模式，实现结构的跨越式升级？在做出具体选择的时候，省域经济发展不得不考虑其中的风险。

3. 省域经济正处于发展动力升级的“试验期”

当前全球经济仍处于缓慢、脆弱的复苏之中，发达经济体之间的分化加剧，新兴经济体的潜在增长率下降，全球经济存在高度的“非同步性”，中国经济发展也从高速增长转向中高速增长，但是中国经济也正向形态更高级、分工更复杂、结构更合理的阶段演化。中国在国际经济中的地位和影响力不断提升，中国经济发展动力的转变升级也成为全球的期待。正如一种新方法投入生产、一件新产品投入市场一样，总要经过一段的试验期，新常态下的经济发展动力升级面临的是新的环境，解决的是新的问题，具体方法和路径的实施也不可避免地要进行创新性的尝试，要对各种可能遇到的问题进行预估，要对可能产生的有利或不利的影响进行科学的预判，当然也有可能会在某个领域遭遇失败或挫折。当前省域经济发展正处在对动力升级具体路径探索的试验阶段，期待能探寻一条符合各省域经济发展实际的动力升级之路。

4. 省域经济正处于发展动力升级的“突围期”

省域经济发展动力升级会受到一些约束和羁绊，如经济发展基础实力能否支撑强力的经济变革，一些固有的利益集团是否会接受新的动力模式，动力升级中产生的“沉没成本”是否在可承受的范围内，经济发展与资源环境的承载力之间能否协调，等等，动力升级过程本身也会出现要素投入不足、市场波动等问题，旧矛盾和新问题交织在一起，都有可能成为省域经济发展动力升级的障碍。再加上旧增长模式的退出是波动性的，新增长模式的发力也是不平稳的，这就意味在动力结构转换升级的过渡期中，省域经济增长速度不可避免会出现波动，而且这一时期可能会持续一段较长的时间。当前，省域经济正处在这样的“突围期”，如何平稳地渡过这一时期，避免出现动力升级进程反复、陷入拉锯战式的“陷阱”中，顺利实现障碍突破，需要各省域有更大的勇气和魄力。

（二）新常态下中国省域经济发展新动力是省域经济综合竞争力的重要源泉

经济发展是充满竞争的，竞争彰显经济发展的活力与后劲，竞争不仅把不同的竞争主体联系在一起，而且成为驱动不同地区发展的重要推动力量。省域经济综合竞争力在经济中外在表现为对资源要素的争夺力，竞争力越强的区域对要素有越强的吸引力、控制力和配置力。竞争力又源自省域内部的宏观经济、产业经济、可持续发展经济、知识

经济、财政金融等经济发展各个领域形成的合力，是内在发展能力的外在表现，因此，省域内部的经济结构、产业结构、要素投入结构等的调整和变化会不断改变竞争力的外在表现。省域内部的结构调整也会促进省域经济发展动力的转变，这意味着驱动省域经济发展的动力是省域经济综合竞争力的重要源泉，经济发展的动力越强劲，在区域经济竞争中注入的竞争力越多，当然，省域经济竞争的愈加激烈也会要求经济发展的动力作用不断增强。

长期以来，我国省域经济竞争力的动力主要来源于要素和投资的驱动，粗放式的要素投入、大规模的投资以及过于注重对外贸易，成为许多省域支撑市场竞争的力量基础，随着动力的消耗和作用空间受限，省域经济竞争力也愈显疲态，提升的空间越来越小，一定程度上也降低了市场经济的活跃度。新常态要求我国省域经济发展的动力从传统的要素和投资驱动向创新驱动转变，这将会极大地改变省域经济的竞争方式和竞争力的布局，创新会成为省域经济竞争的关键领域，而那些创新步伐快、改革成效显著、结构转型升级顺畅的省域，其竞争力的表现会尤为抢眼，这也为那些竞争力表现欠佳的省域提升竞争地位提供了一个难得的机遇。新常态下中国省域经济发展新动力会使省域经济综合竞争力的特征出现以下几点变化。

1. 省域经济的潜在竞争力更深入挖掘

省域经济综合竞争力包括现实竞争力和潜在竞争力，但在长期以来的竞争中，省域经济竞争一般只注重现实的较量，特别是在经济快速增长阶段，潜在竞争力的开拓和挖掘往往被忽视。新常态下，现实竞争力的提升空间越来越小，潜在竞争力的开拓和挖掘显得至关重要。在改革、创新、转型升级等这些被视为中国省域经济发展新动力的因素不断被深入运用的进程中，省域经济发展的潜在竞争力会不断释放出来，而这些动力本身又具有无限的空间，潜在竞争力释放的广度和宽度也是无限的。

2. 省域经济的制度软实力更充分释放

省域经济综合竞争力包括硬实力和软实力，长期的省域经济竞争中，软实力往往被忽视了。新常态下，制度的改革与创新所迸发的制度软实力将是驱动竞争力提升的重要力量。省域经济发展动力转变过程中必然会遭遇制度性障碍，新的增长动力必须突破旧的生产关系的束缚，这也决定了新常态下的发展必须依靠制度性的改革和创新，使新的生产力在新的制度中得到进一步的释放。因此，各个省域改革的主动性，制度改革的力度，制度创新的深度彰显了制度软实力的重要性。

3. 省域经济的波动承受力更为关键

在新动力取代旧动力的动力结构转变过程中，原有利益的固化和生产关系的束缚，使这一转变过程必然会出现暂时性的波动和反复，特别是在“三期叠加”的复杂困局时期，未来的经济发展充满了变数和不确定性，这也极大地考验着各个省域对经济波动的承受能力。内在经济发展的波动向外传导会影响外在竞争力的稳定性，省域的波动承受力越强，就越能在内部化解波动引起的不良影响，实现动力转变的平稳过渡，确保外在竞争优势的稳定发挥和竞争力的持续提升。

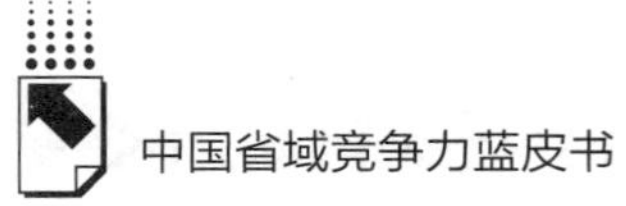

4. 省域经济的发展持续力更得到注重

新常态下经济增长动力的转换和经济发展方式的转变并不是一种暂时性的行为，而是对长期发展战略的调整。虽然当前我国经济发展的增速有所放缓，但经济平稳运行的态势没有改变。工业化、城镇化将为经济增长提供持续动力，区域不平衡创造的发展空间依然巨大，消费结构升级潜力有待充分释放。省域经济竞争力的提升有无限的潜力，有广阔的空间，省域经济竞争将更加注重持续力的较量，以稳定的心态，持续巩固加强经济稳中有进、稳中提质的好势头，也为中国经济平稳健康发展夯实动力。

三　新常态下中国省域经济发展动力调整的趋向

改革、创新和转型升级是新常态下中国省域经济发展动力调整的方向。这三个动力源要素之间并不是孤立的，而是相互渗透、相互融合、相互促进的，共同凝结成动力源稳固的基石。创新和转型升级的关键在于破除体制机制障碍，而改革是破除这些障碍的重要手段，应将改革广泛渗透入技术创新和转型之中，通过改革破除制约创新和结构升级的思想障碍和制度藩篱，开拓创新和转型升级的思维。创新会为改革和结构升级提供新的思路和方法，摆脱传统观念的束缚，彰显新生事物的生命力。转型升级可以为改革和创新提供更大空间，同时也为改革和创新效果的检验提供更大的平台，转型升级中遇到的新难题可以成为改革和创新的重要突破口。改革、技术创新和转型升级三者是相互交织在一起的，只有稳步推进三者的发展，才能更好地为新常态下省域经济的发展提供稳定而持续的动力。

（一）冲破固化藩篱，向深化改革要动力

深化改革是新常态下中国省域经济获取新动力的前提和基础。当前我国进入改革深水区，面对着利益固化的藩篱、思维固化的藩篱、体制固化的藩篱，它们严重地束缚着经济发展的动力和活力，迫切需要用新思想、新办法破除长期积淀的旧习惯、老框框，在实践的基础上形成系统完备、科学规范、运行有效的制度体系，实现制度创新。要围绕负面清单、权力清单、责任清单全面深化改革，通过各领域改革的联动集成，激发活力。要加快转变政府职能，简政放权、放管结合，划清政府与市场的边界，将“无形之手”从“有形之手”下解放出来，使市场充分发挥配置资源的决定性作用。同时，推动改革从政策推动向法治引领转变，实现调整改革的常态化，构建经济增长新的动力机制。只有这样，才能充分释放改革红利，实现经济新增长。

（二）冲破保守藩篱，向科技创新要动力

技术创新是新常态下中国省域经济获取新动力的重要手段。改革开放以来，我国科学技术水平取得了显著进步，有些技术甚至已经达到世界领先水平，但是在自主创新方面我们还很落后，还很保守。我们应该冲破保守思维，超前规划布局，大力集聚和培养创新人才，加大创新投入，着力推动以科技创新为核心的全面创新，围绕市场需求导向

和产业发展方向，坚持企业在创新中的主体地位，重点攻克一批关键核心技术，引领世界先进水平。要有步骤地、系统地推进科技体制改革，建立与社会主义市场经济体制相适应的、符合科技发展规律的现代科技体制，激发全社会的创新活力，解放和发展“第一生产力”，获取技术创新的红利，加快促进科技与经济紧密结合，提高技术进步对经济增长的贡献率，形成新的动力源泉，推动经济持续健康发展。

（三）冲破僵化藩篱，向转型升级要动力

转型升级是新常态下中国省域经济获取新动力的重要路径。当前我国的经济结构比较僵化，结构的转型和升级还有巨大的空间，这是新常态下的新机遇。我们应该全面推进产业结构、需求结构、收入分配结构、区域结构、城乡结构等的调整升级，积极稳妥地推动新型工业化、新型城镇化，改造提升传统产业，大力发展战略新兴产业，压缩过剩产能，减少低效供给，增加有效需求，统筹城乡发展，进而推动实现产业结构高级化、收入分配合理化、城乡发展一体化，促进经济发展方式转变和经济结构调整，为经济增长提供持久动力。

四　新常态下中国省域经济发展动力的政策建议

当前我国省域经济发展动力的转变仍存在很大的障碍，包括传统的思想、旧有的体制、固化的利益、低水平的发展结构等，这些矛盾和阻力的累积不是一朝一夕的问题，有的根深蒂固，要彻底铲除需要有很大的决心和勇气。要积极调整心态，认识新常态，采取措施适应新常态，更重要的是要打造新的驱动力量引领新常态，坚定不移地向深化改革要动力，向技术创新要动力，向转型升级要动力，这样才能更好地顺应经济社会发展的大逻辑，持续获得省域经济发展的驱动力，持续推进省域经济综合竞争力的不断提升。要从动力源泉——动力传导——动力实施的新动力链条的每个环节入手，确保省域经济发展动力结构转换的平稳性和动力作用发挥的高效性。

（一）深入挖掘动力源泉，确保新动力运行的稳定性和持续性

动力源是动力作用的基础和源头，决定了动力作用发挥的程度和后劲，要增强省域经济发展的动力首先要确保动力源向外传输力量的稳定性和持续性，只有深入挖掘动力源，清除动力约束的障碍，才能彻底释放动力运行的活力，通过动力结构的调整和适应，形成稳固的动力源作用根基。因此，在新常态下，一方面，要激活动力源的各个要素；另一方面，要加强各要素之间的关联性，形成强大的合力。

改革、技术创新和转型升级是省域经济发展动力源最为活跃的三个要素。必须全面深化改革，进一步释放市场活力，通过创新驱动加快转换发展动力，通过转方式调结构不断提升发展质量和效益。党的十八届三中全会以来，我国多年未有进展的改革得以强势推进，改革的成效也在市场中有了初步的显现，全面深化改革成为各省域发展新动力的来源。各地区应进一步加大改革力度，合理安排改革进程，既认真完成党中央国务院

确定的年度改革任务，又有利于形成长远制度安排，要加快行政审批、投资、价格、垄断行业、特许经营、资本市场、民营银行准入等领域改革，妥善处理好政府与市场的关系。当然进入改革的攻坚区和深水区，会面临更加复杂的环境，也会触及深层次的利益格局，这需要各省域有不惧艰难、敢于挑战的勇气和决心，为经济发展营造更加公平的竞争环境，让市场主体能有更大的自由作用的空间。创新驱动已经成为引领全球产业变革和经济增长的关键动力，创新驱动的根本还在于自主创新，自主创新凝聚的内力是最为稳定和扎实的。各个地区要加强科技基础设施建设，加大科学基础研究投入，确保创新成果的源头供给；集中力量攻克关键技术领域，抢占科技发展的制高点；强化企业创新主体的培育，面向市场需求确定创新的主攻方向，推进产学研的深度融合，搭建科技成果转化的平台机制，让创新供给实实在在地转化为新产品、新项目和新产业；以开放的姿态加强区域创新合作，积极融入全球创新体系，加快创新人才集聚，开辟更加广阔的创新空间。加快结构调整和升级，更加突出消费对经济增长的引擎作用。加快产业结构升级，推进农业、工业的现代化、信息化，大力发展生产性服务业，用信息技术去改造提升传统产业，实现工业化和信息化的协同推进。破解城乡二元结构，推进新型城镇化建设，释放更多内需潜力。

（二）畅通动力传导机制，确保新动力作用的高效性和连续性

新动力的源泉和动力作用发挥的领域之间连通着新动力传导的渠道和途径，要确保动力源泉产生的动力源源不断地输送到经济发展的各个领域，还有赖于畅通的动力传导机制。在动力传导过程中，主要会涉及政府、企业、居民三大主体，这三大主体在动力传输过程中扮演的角色各不相同，但又缺一不可。其中，政府是动力传输的引导者，企业是动力传输的操作者，广大居民是动力传输的支撑者，要建立畅通的动力传导机制，应以市场为纽带，把政府、企业、居民三大主体串联在一起，相互协调，相互配合，减少动力传输过程中的效率损失，确保新动力作用的高效性和连续性。

政府作为动力传输的引导者，应科学地引导动力传输的方向，确保不同类型的新动力能与作用部门和领域相匹配。改革、技术创新和转型升级所产生的动力具有不同的特点，虽然这些动力作用的目标和结果是一致的，但是作用领域和部门的侧重点各不相同，比如改革的动力应主要作用于市场，技术创新的动力应主要作用于企业，转型升级的动力应主要作用于产业和区域，等等。如果没有按照最优的资源配置方式进行传导，可能会降低动力作用的效率。因此，政府应明确我国经济增长的重点和难点领域，把握动力传输的方向，采取更加有效的政策科学地引导不同类型的动力传导，根据不同部门和领域的实际问题配置最佳的发展动力。

企业作为动力传输的具体操作者，应将动力传输的任务落到实处，将发展动力实实在在地传导到动力作用的具体领域。企业作为经济发展的重要主体和社会财富的主要缔造者，不仅要践行政府的各项改革要求和政策，响应国家创新驱动的号召，而且应发挥能动性，主动参与到改革和技术创新的潮流中。要增强企业的经济主体意识，使企业明白其个体利益与社会经济发展的整体利益是结合在一起的。适应市场经济发展的规律，

借助企业在产业发展、市场运行、产业链延伸、国内外贸易等经济发展各个领域中所编织的强大经济网络，把经济发展新动力传输到经济发展的各个领域。

广大居民作为动力传输的支撑者，应以社会主人翁的角色参与到经济发展建设中去。广大居民既是生产者，也是消费者，更是社会改革的重要推动力量。广大居民的利益诉求会形成自下而上推动改革的强大力量，广大居民消费潜力的发挥，对新型城镇化进程的参与，以及在各项社会民生事业发展中的受益都会加快动力传输的速度，使动力传输的渠道更加稳固。如果失去了广大人民群众的参与和支持，意味着这种动力是没有意义的，那么动力传输过程就会出现塌陷。因此，要相信和依靠广大人民群众，要坚持以人为本，加快民生事业的发展，提高广大人民群众参与经济发展的积极性，使新动力的作用发挥具有更加坚实的群众基础。

（三）破解动力实施的障碍，确保新动力作用的实效性和常态化

经济发展新动力最终要落实到经济社会发展的具体部门和领域，才能真正发挥出动力的作用。但是由于固有的利益集团的阻碍，新旧发展动力交替时期的冲突，动力结构转换增加的企业成本和社会成本，广大人民群众的理解度和参与度不高等，都可能成为动力实施的阻碍力量，应尽快破除影响动力实施的各项障碍矛盾，为新动力作用的发挥提供更加广阔的平台和空间，确保新动力的作用力量不被减弱，使新常态下新动力对经济发展的作用效果也能实现常态化。

破除既有利益集团的障碍。经济发展新动力，特别是改革的新动力可能会损害原有既得利益集团的利益，为了维护自身的利益，他们可能会对新动力进行抗拒和抵制，甚至制止新动力作用的发挥，比如垄断行业、一些把握重要权力的政府部门，等等。再加上在我国运行多年的有些体制机制已经根深蒂固，要改变这些规则也会遭遇很大的阻碍。因此，要破除既有利益集团的障碍，就要有改革的魄力和不惧艰难的勇气，政府部门应该制定强有力的配套政策确保改革的顺利推进，要坚定改革的信念和决心，确保新动力的实施真正落到实处。

化解经济短期波动的担忧。当前我国正处在新旧动力的交替时期，由于旧动力运行的根基较深，新动力虽然有强劲的发展势头，但毕竟基础还较为薄弱，还不稳定，因此，新旧动力在一定时期内还会处于胶着状态，新动力要完全取代旧动力并不是一朝一夕可以完成的。这也意味着我国经济会出现短期的波动。应该意识到这种短期的波动是新常态下正常的市场现象。政府应该继续推进“积极的财政政策要有力度，货币政策要更加注重松紧适度”的方针，引导市场经济在注重经济增长的同时更加关注经济增长的质量，通过科学的宣传和引导，培育整个社会对经济发展的信心。

冲破地方利益的约束。从根本上而言，省域经济发展的新动力和全国经济发展的新动力是一致的，但是省域经济在新动力的实施过程中还会有地方利益的考虑。在履行中央政府部门的政策和任务过程中，地方的利益可能会和整体的利益相冲突，地方政府出于自身利益的考虑可能会消极地执行中央政府的政策，如在结构升级过程中，消费需求应该摆在“三驾马车”的第一位，但是消费对经济增长的效应肯定不如投资来得快，

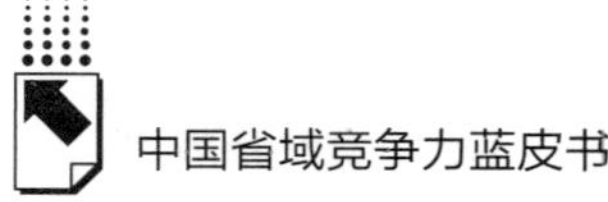

有些地方政府为了追求短期的增长可能还是会更加注重投资。因此，要加强对地区的监督和考核，淡化对经济增长速度的追求，以经济增长质量作为考核的主要指标，引导地方政府真正走出地方利益的约束，自觉地将自身利益与全国利益融为一体。

争取更大的理解和支持。经济发展新动力的实施需要得到更广泛的企业和人民群众的理解和支持。企业生产过程中的技术创新和新的生产方式的调整会增加企业的生产成本，这可能会引起企业的反感；一些农民在新型城镇化建设进程中可能会面临失去祖祖辈辈耕种的土地、在短期内难以找到自己的归属感等困境。在新动力的实施过程中也会伴随产生一些新的问题和矛盾，这就需要做好新动力实施的保障工作，给予技术创新企业税收等方面的优惠政策，加强农民社会保障的力度，同时要做好广泛的社会宣传，争取更广泛的社会理解和支持，使新动力的实施能得到更广泛的拥护。

B.34
专题二
新常态下中国省域产业结构分析

当前发达国家经济复苏存在诸多不确定性，新兴经济体增长继续下行，后危机时代的世界经济还未能完全走出低迷阴霾。同时，国内劳动力成本不断上升、资源环境承载压力日益加大，以往的经济增长方式难以为继。再加上前期经济刺激政策与我国产业结构不合理双重作用下出现的产能过剩，传统的经济增长刺激方式的作用空间已十分有限。这一系列发展条件和环境的变化，加大了当前经济的下行压力。我国经济逐步进入了增长速度换挡期、结构调整阵痛期和前期刺激政策消化期。这一时期经济出现了结构调整方面的积极变化，服务业增长势头显著，内需不断扩大，中国经济呈现出新常态。可以说，新常态是摆脱传统粗放型高速增长态势，进入高效率、低成本的集约型、可持续的稳态中高速增长阶段。新常态的新，关键在于经济结构的转型升级，在于解决好我国产业中的第二产业疲弱与第三产业乏力、过剩产能与防止经济失速、资源在传统行业与金融部门之间的不合理配置，以及研发实力难以支持科技产业快速发展等产业结构性问题。因此，深入分析当前我国产业结构调整所面临的形势，结合当前我国各省域产业结构调整的状况，探寻合理的产业结构优化思路，成为新常态下我国各省、区、市经济保持健康发展的必然选择。

一　新常态下中国产业结构调整阵痛期的背景分析

产业结构不断优化调整是推动一国或地区经济不断增长的动力，而产业结构优化不仅仅体现在总量的快速增长上，更加体现为经济质量的提升。也就是说，改善产业结构不仅要关注总量指标，更应关注质量型与效益型指标。这就意味着产业结构优化调整，将不仅会触动当前经济中具有较大规模存量的产能过剩、附加值低的产业，还会扩大新兴产业、绿色产业以及服务业等产业的增量，但发展这些产业又面临选择的痛苦和风险的压力，故而产业结构调整的阵痛难以避免。

然而，当前我国产业结构调整面临着更加复杂的形势，使这一时期我国产业结构调整的阵痛显得更为剧烈。一方面金融危机促使全球产业结构大变革，发达国家为应对经济危机而发起的“再工业化”和推进新兴产业发展，使我国产业结构调整面临着更大的外部挑战。另一方面，国内又面临着经济下行压力、产业结构失衡以及生态环境危机等问题，使依靠低成本和产能扩张支撑经济增长的动力减弱。产业结构调整面临既不能大规模压缩传统产业，又必须快速优化产业结构、发展新兴产业的发展困局。可见紧迫性与严峻性是新常态下我国产业结构调整面临的现实背景。然而，阵痛期也是机遇期，所以深入分析当前我国产业结构调整所面临的形势，明确产业结构调整思路，缓解新常态下的产业结构调整阵痛，是快速提升我国产业竞争力、适应当前世界产业经济竞争的应有选择。

（一）金融危机促发全球产业大变革

国际金融危机促使发达国家将科技创新作为重塑竞争优势和摆脱经济危机的重要手段。技术革命推进了全球产业结构的深刻调整，而以科技创新为基础的新兴产业，正逐步成为后危机时代发达国家着力培育的新经济增长点，这一世界产业结构的大变革使我国产业结构调整面临着严峻的外部环境。

1. 发达国家的制造业回归以及新兴产业的发展促使了全球产业链重构

随着国际金融危机蔓延、恶化并波及全球，美国、欧洲等发达国家认为，产业结构长期失衡是导致本轮国际金融危机的重要原因之一，也强烈意识到制造业对于改善经济和就业的重要性。为此，发达国家一方面陆续推出“再工业化”战略，推动以制造业升级和发展新兴产业为核心的产业结构调整；另一方面，发达国家不断孕育以“互联网 + 新能源”为聚合推动力，信息技术、数字技术、网络技术与可再生能源相结合为主要内容的新产业革命。这对包括中国在内的新兴经济体的产业发展产生了重大而深远的影响。

以实体经济为基础的国内产业体系，无论在发达国家还是发展中国家都是应对经济危机、保障经济增长的关键所在，这是此次危机后发达国家对其产业结构失衡的有效反思。因此，发达国家开始“回归”制造业。但这种回归不是简单的回归，而是以技术创新为核心的回归，是对传统制造业进行全产业链的重构，涉及上游材料、中游制造和下游应用，并且服务业与工业的结合越来越紧密。这就意味着，此轮发达国家的制造业回归将会推动国际产业价值链的重组，形成制造与服务相融合，高中低端诸环节一体化协同发展的新型国际产业分工格局。这区别于当今中高低端三个环节分离的格局，是重新走向一体化的格局。这一新的全球产业变革使新兴国家的传统比较优势大大削弱，可能对它们（在新的国际产业分工中）更为不利。而且，新的产业革命必将带来生产方式、产业组织、商业模式等的全方位创新。新兴经济体在还未完全实现本国产业结构优化升级的情况下，面对新产业革命，实现产业转型升级，挑战大于机遇。

2. 新兴经济体产业转型升级面临艰巨的外部挑战

当前发达经济体经济不振，为了巩固和强化其在全球价值链中的绝对主导地位，其必将更加重视核心技术和尖端技术的创新能力提升，从而与新兴经济体的差距逐步拉大。并且，发达国家还将依据其占有的技术、资金和市场等优势，建立不合理的国际经济秩序，会进一步削弱新兴经济体原有的竞争优势，使新兴经济体在国际分工中处于更加不利的地位。

同时新兴经济体本身因劳动力成本上升比较优势逐步消失，制造业竞争力减弱，再加上发展中国家高端型、实用型人力资本储备相对不足，新兴产业发展面临阻碍。然而新兴产业的发展，影响并决定着一国未来的产业竞争力，这一系列不利的外部环境加大了新兴经济体产业转型升级面临的全球市场竞争压力。故而，在此外部环境下，我国产业结构调整应当立足于全球产业结构重构，缩短产业结构调整阵痛期，加快产业结构优化步伐，快速发展新兴产业，并将其转化为竞争优势，积极抢占世界经济战略制高点。

（二）当前我国呈现出产业发展困局

当前，我国经济正处于增长速度换挡期、结构调整阵痛期和前期刺激政策消化期，三期叠加的特殊阶段，传统产业难退出、新兴产业基础弱以及产业结构失衡的问题凸显，呈现出产业发展困局，产业结构调整升级显得尤为迫切。

1. 经济下行压力需要产业发展稳增长

当前我国工业运行缓中趋稳，总体经济发展预期较为稳定。但是，下行压力和困难依然不容忽视。2014 年 11 月进出口增速均大幅低于市场预期，国家统计局 12 月 10 日发布的数据显示，CPI 同比上涨 1.4%，创下 5 年新低；同时，PPI 同比下降 2.7%，也是连续 33 个月同比负增长。从 CPI 和 PPI 未来走势看，我国已现通缩隐忧，考虑到产能过剩影响，PPI 可能或将长期负增长，这些宏观数据都显示经济仍然面临较大的下行风险。在产能过剩与需求疲软的情况下，稳增长的任务艰巨。尤其在国际金融危机、国外需求疲软冲击我国出口，国内粗放型投资引发社会和经济问题，投资和出口型的经济增长模式已然不适应当前发展的情形下，扩大内需本应成为引领我国经济转型发展的重要动力，保障经济增长的主要途径。然而，近年来我国消费对 GDP 的贡献水平仍然较低（见表 2 - 1），因此，为了保障经济稳定增长，调整当前经济中具有较大规模存量产业的压力巨大，而这些存量较大的产业又往往是传统亟须升级的产业。

表 2 - 1 消费对经济增长的贡献情况

单位：%

年份	2013	2012	2011	2010	2009	2008
最终消费支出对国内生产总值增长的贡献率	50.0	55.0	56.5	43.1	49.8	44.2
最终消费支出对国内生产总值增长的拉动	3.90	4.24	5.26	4.49	4.58	4.24

数据来源：国家统计局：http://data.stats.gov.cn/workspace/index?m=hgnd。

2. 生态环境改善倒逼产能化解与产业转型升级

传统粗放式增长型产业尽管凭借“低成本”带来了经济的快速增长，但所产生的水、大气污染等环境问题，不仅危害到了人们的生活质量，而且对生态环境的可持续性也造成了严重破坏，环境承载压力日渐显著。此外，随着社会经济的发展，人们的环境保护意识迅速觉醒，要求改善生态环境的需求日趋激烈，因此，加快改造传统产业，促进产业转型升级，是当前实现经济社会与自然环境和谐发展的必然选择。但需要指出的是，传统产业尤其是重污染型产业，大都存在产能过剩的问题，诸如钢铁、水泥、玻璃、船舶、电解铝等行业的产能利用率长期低于 80%。为此，改善生态环境质量必然要求对重型污染产业进行优化调整，化解产能过剩。但正如前文所指出的，这些产业的存量较大，化解产能必会触及经济总量，影响经济增长。因而，在保障经济稳定增长的前提下，实现化解过剩产能，调整传统产业结构，其必然的思路就是快速扩大新产业的增量，这也是当前我国产业转型升级不得不面对的又一问题。

3. 发展新兴产业亟须创新驱动

新兴产业是引领产业转型发展的关键，其发展状况往往影响着该国在未来全球产业竞争中的地位。与传统产业不同（传统产业在技术已趋向成熟的情况下，生产成本在一定程度上决定了其产业竞争力），当前新兴产业的发展更加有赖于技术创新，科技创新与自主研发往往是决定新兴产业竞争力的核心因素。

但我国在科技创新上存在一定劣势，因为最近30多年来，我国技术进步的主要方式是学习和模仿。这就是所谓的“后发优势”。由于改革开放初期我国的技术水平跟世界科技前沿差距很大，所以学习和模仿的空间很大。由于学习和模仿具有成本低、风险小的特点，这就导致我国的技术进步严重依赖学习和模仿，相对而言，自主创新的贡献就不大。实际上，对于企业而言，需要的技术往往不是最先进的技术，而是使其成本最小化的技术。但随着我国经济的发展和技术的进步，以及与世界科技前沿之间差距的缩小，学习型技术进步在我国正在迅速走向尽头。通过自主创新，发展新兴产业成为当前我国产业发展的必然选择和合理方向。但创新具有高投入、高风险的特性，因此，尽管我国科技创新研发快速增长，但起步晚以及研发投入不足，使我国科技创新成果及其应用状况与科技强国尚存在较大的差距，这是我国发展新兴产业不得不面对的现实背景。

二　新常态下中国及省域的产业结构变动分析

过去30多年，中国经济的年均增长率接近10%，创造了世界经济史上的奇迹。但当前经济发展的外部需求环境和内在支撑条件都已发生了深刻变化，中国经济增长速度明显放缓，由经济危机前的10%以上回落到8%以下，2014年前三季度更下降至7.4%，中国经济进入由高速增长转为中高速增长的换挡期。正如前文所指出的那样，要实现新常态下经济的平稳增长，需要经济结构优化升级，需要更为合理、更为适应新常态的产业结构作为支撑。

（一）新常态下中国产业结构变动状况分析

1. 三次产业增加值占国内生产总值的比重趋于合理

2008年金融危机以来，我国第一产业增加值所占比重呈现出平缓下降的变化态势。2010~2013年较为稳定地维持在10%左右，2014年前三季度下降到了9%左右，反映出我国第一产业在新常态下仍有逐步下降的趋势。第二产业增加值占GDP的比重呈现出逐年下降的趋势，自2013年起下降到了45%以下，并开始低于第三产业增加值占GDP的比重。其中工业增加值所占比重也呈现出逐渐降低的变动轨迹，自2011年起所占比重下降到了40%以下，反映出近年来化解产能过剩、提升传统制造业、优化产业结构对工业的影响明显。第三产业增加值占GDP的比重呈现出逐年上升的态势，并且自2012年以来增长幅度明显加快，2012年比2011年增加了1.2个百分点，2013年又比2012年提高了1.5个百分点（见表2-2）。表明"'十二五'规划纲要"中提出要快速发展服务业的引导效果逐步显现。

表2-2　产业增加值占GDP的比重

单位：%

年份	第一产业	第二产业		第三产业
			工业	
2008	10.7	47.4	41.5	41.8
2009	10.3	46.2	39.7	43.4
2010	10.1	46.7	40.0	43.2
2011	10.0	46.6	39.8	43.4
2012	10.1	45.3	38.4	44.6
2013	10.0	43.9	37.0	46.1
2014(前三季度)	9.0	44.2	37.4	46.7

数据来源：《中国统计年鉴》(2014)；国家统计局《2014年1-3季度我国GDP（国内生产总值）初步核算情况》。

2. 三次产业带动经济增长状况逐步优化

第一产业对经济增长的贡献率呈现波动态势，2012年的贡献率与2008年相同，皆为5.7%，但2013年回落为4.9%。从第一产业对经济增长的拉动状况来看，自2009年以后稳定在0.4%这一水平上，反映出第一产业带动经济增长的能力趋于稳定。第二产业的贡献率与对经济增长的拉动，自2010年以后都呈现出逐年递减的态势，并且下降趋势较为明显。贡献率由2010年的56.8%下降到了2013年的48.3%；对经济增长的拉动由2010年的5.9%下降到了2013年的3.7%。但反观第三产业，自2010年以后贡献率呈现出明显的上升势头，由2010年的39.3%上升到了2013年的46.8%。在经济增速明显放缓的情况下，第三产业对经济增长的拉动尽管有所放缓，但与第二产业的差距逐步缩小，由2010年相差1.8个百分点缩减到2013年的0.1个百分点（见表2-3、表2-4）。上述产业对经济增长的带动状况表明，进入新常态以来，我国经济增长正在由主要依靠工业带动逐步向三次产业协同带动的方向转变，中国经济结构正在积极实现"质量更好，结构更优"。

表2-3　三次产业对经济增长的贡献率

单位：%

年份	第一产业	第二产业		第三产业
			工业	
2008	5.7	49.3	43.4	45.0
2009	4.5	51.9	40.0	43.6
2010	3.8	56.8	48.5	39.3
2011	4.6	51.6	44.7	43.8
2012	5.7	48.7	40.6	45.6
2013	4.9	48.3	39.9	46.8

数据来源：《中国统计年鉴》(2014)。

表 2-4　三次产业对国内生产总值增长的拉动

单位：%

年份	国内生产总值	第一产业	第二产业		第三产业
				工业	
2008	9.6	0.6	4.7	4.2	4.3
2009	9.2	0.4	4.8	3.7	4.0
2010	10.4	0.4	5.9	5.1	4.1
2011	9.3	0.4	4.8	4.2	4.1
2012	7.7	0.4	3.7	3.1	3.5
2013	7.7	0.4	3.7	3.1	3.6

数据来源：《中国统计年鉴》（2014）。

3. 工业生产稳步增加，增长速度逐年放缓

表2-5表明我国工业增加值逐年稳定增加，反映出我国的工业化进程仍处于稳步推进阶段。但自2010年后，我国工业增加值增速呈现逐年下降趋势，在2010年和2011年实现两位数增长后，2012年、2013年下降到8%以下。相对于轻工业，重工业自2010年后增长回落更为明显，自2010年的16.5%下降到2012年的9.9%，降低了5.6个百分点。反映出进一步化解产能过剩以及保护生态环境、有意识调节重工业增长的效应已经显现。2014年前三季度，我国制造业同比增长9.6%，表明我国制造业发展态势依然强劲。

表 2-5　工业增加值及其增长速度

年份	工业增加值（亿元）	增速（%）		
			重工业	轻工业
2008	130260	9.5	13.2	12.3
2009	135240	8.3	11.5	9.7
2010	160722	12.1	16.5	13.6
2011	188470	10.7	14.3	13.0
2012	199671	7.9	9.9	10.1
2013	210689	7.6		

数据来源：《中国统计年鉴》（2014）；其中增速来源于各年统计公报，增速计算值与报告值不完全一致。

4. 新兴产业与高新技术产业发展迅速

新常态下，经济要从中高速迈向中高端，告别大而不强的窘境，只有通过创新转变发展方式、实现产业结构的优化升级，这是实现全面协调可持续发展的必然选择。而科技创新作为推动产业结构优化升级的不竭动力，同时也是培育新兴产业的关键。加大研究与发展经费投入，激励科研则是实现科技创新的基础与前提。为此"'十二五'规划纲要"中明确提出到2015年"研究与试验发展经费支出占国内生产总值比重达到2.2%"。2013年，我国科技经费投入继续保持增长，国家财政科技支出稳步增加，研究与发展（R&D）经费投入力度加大，全国共投入研究与发展（R&D）经费11846.6

亿元，比上年增加1548.2亿元，增长15%；研究与发展（R&D）经费投入强度（与国内生产总值之比）为2.08%，首次突破2%。研发投入的增加推动了科技创新的发展。2013年，我国发明专利授权数达到1313000件，比2009年增加了731008件。科技创新成果的普及与应用有效地推动了我国产业升级，提升了我国产品的国际竞争力。2012年我国高技术产品出口额为6603亿元，比2009年增加了2834亿元，可见我国高技术产业发展迅速。

当前新兴产业从业人员快速增长，2013年末，在第二产业和第三产业企业法人单位中，有战略性新兴产业活动的企业法人单位16.6万个，占全部企业法人单位的2%。其中，节能环保产业7.1万个，占全部企业法人单位的0.9%；新材料产业4.7万个，占0.6%。有战略性新兴产业活动的企业法人单位从业人员2362.3万人，占全部企业法人单位从业人员的8.1%。

近年来我国高技术产业发展势头良好，比传统工业增速普遍要高。2013年末，全国共有规模以上高技术产业（制造业）企业法人单位26894个（见表2-6），比2008年末增长4.2%；占规模以上制造业的比重为7.8%，比2008年提高1.3个百分点。2013年，规模以上高技术产业（制造业）企业法人单位R&D经费支出2034.3亿元，比2008年增长178.2%；占规模以上制造业的比重为25.6%，比2008年提高0.6个百分点；R&D经费投入强度为1.75%，比2008年提高0.44个百分点，比规模以上制造业平均水平高0.87个百分点。2013年，规模以上高技术产业（制造业）企业法人单位全年专利申请量14.3万件，其中发明专利申请7.4万件，分别比2008年增长194.9%和179%；发明专利申请所占比重为51.8%，比规模以上制造业平均水平高15.2个百分点。2014年上半年高技术产业增加值的增长速度为12.4%，比规模以上工业的平均水平高3.6个百分点。从新产业、新业态的发展情况来看，应该说技术创新起到了非常好的推动作用，技术进步对经济增长，尤其对结构调整和转型升级的贡献不断增加，这一点是毋庸置疑的。

表2-6 高新技术产业发展状况

年份	R&D机构数（个）	R&D人员全时当量（万人年）	R&D经费（亿元）	新产品开发经费（亿元）	专利申请数（件）	有效发明专利数（件）	企业数（个）	主营业务收入（亿元）
2008	2534	28.5	655.2	798.4	39656	23915	25817	55728.9
2009	2845	35.9	774.0	925.1	51989	31830	27218	59566.7
2010	3184	39.9	967.8	1006.9	59683	50166	28189	74482.8
2011	3254	42.7	1237.8	1528	77725	67428	21682	87527.2
2012	5158	52.6	1491.5	1827.5	97200	97878	24636	102284.0
2013	4583	55.9	1734.4	2069.5	102532	115884	26894	116048.9

注：其中生产经营情况的数据口径为规模以上工业企业，科技活动及相关情况的数据口径为大中型企业。
数据来源：《中国统计年鉴》（2014年）、《中国统计年鉴》（2010年）。

（二）新常态下中国省域产业结构状况分析

省域经济发展直接影响或决定了国家整体经济的发展走向和发展水平。当前我国各省、区、市的产业结构调整与优化升级状况不尽相同，深入分析各省、区、市的产业结构状况，对找寻新常态下省域产业结构调整中存在的问题、改善产业结构状况具有重要意义。

1. 各省、区、市三次产业结构状况分析（见表2－7）

（1）第一产业增加值占地区生产总值比重普遍呈下降趋势。2013 年第一产业增加值占地区生产总值比重较大的省、区、市为海南、新疆、黑龙江、广西和云南，均在 16% 以上；第一产业比重较小的省份为上海、北京和天津，均在 1.3% 以下。与金融危机前的 2008 年相比，2013 年第一产业比重降低到 10% 以下的省份有 15 个，比 2008 年多 6 个。2013 年与 2008 年相比较，第一产业比重除黑龙江、山西和新疆外，均呈现出不同程度的下降。其中，降幅较大的是海南、四川、湖南和江西，分别降低了 6%、5.9%、5.4% 和 5%，反映出这些省份的产业结构正在趋于优化。2013 年与 2008 年相比，黑龙江、山西和新疆的第一产业增加值占地区生产的总值比重呈现出不同程度的上升，分别增长了 4.4%、1.7% 和 1.2%。其中山西和新疆呈波动性上升。而黑龙江自 2010 年后，第一产业比重呈逐年上升的态势。该省"'十二五'规划"中提出实现由粮食大省向绿色食品强省跨越的目标，这一产业发展规划在一定程度上促进了第一产业的迅速发展。

（2）第二产业增加值占地区生产总值的比重变化呈现出差异化。2013 年第二产业增加值占地区生产总值比重超过 50% 以上的省份有 15 个，其中 10 个为中西部省份。与 2008 年相比较，2013 年第二产业比重增加的省份有 11 个，除福建外皆为中西部省份，反映出中西部地区正处于工业化快速发展时期。其中第二产业比重增加较多的省份为安徽、西藏、湖北、四川、广西和吉林，均增加了 5 个百分点以上。2013 年第二产业比重较少的省份为北京和海南，均在 30% 以下，分别为 22.3% 和 22.7%，反映出这两个省市对工业依赖性较小。与 2008 年相比较，2013 年第二产业比重下降较多的省份为黑龙江、天津、上海、山西、山东以及江苏，降幅均在 5% 以上，分别为 11.4%、9.5%、8.3%、7.6%、6.9% 和 5.8%。其中天津、上海、山东、江苏等东部经济发达省份正处于向工业化后期发展阶段，因而第二产业比重降幅较大。但黑龙江与山西第二产业比重下降幅度较大，主要是化解产能过剩与经济转型所致。

（3）第三产业增加值占地区生产总值比重普遍呈现上升态势。2013 年第三产业增加值占地区生产总值比重超过 45% 的省份有 8 个，6 个为东部经济发达省份；超过 50% 的有 3 个，为北京、上海和西藏，分别为 76.9%、62.2% 和 53%，反映出北京和上海已经进入以第三产业为主导的后工业化阶段，符合经济发展规律。2013 年第三产业比重小于 40% 的省份有 14 个，除福建、辽宁与河北外，皆为中西部省份，反映出中西部地区第三产业依然薄弱。2013 年与 2008 年相比，第三产业比重上升的省份有 24 个，其中上升幅度较大的有天津、上海、海南、山东、黑龙江和江苏，增幅均在 6 个百分点以上，其中天津增幅达 10.2%，反映出这些区域第三产业发展迅速。在第三产业

表 2-7 中国各省、区、市三次产业增加值占地区增加值比重

单位：%

地区	第一产业比重						第二产业比重						第三产业比重					
	2008 年	2009 年	2010 年	2011 年	2012 年	2013 年	2008 年	2009 年	2010 年	2011 年	2012 年	2013 年	2008 年	2009 年	2010 年	2011 年	2012 年	2013 年
北京	1.1	1.0	0.9	0.8	0.8	0.8	25.7	23.5	24	23.1	22.7	22.3	73.2	75.5	75.1	76.1	76.5	76.9
天津	1.9	1.7	1.6	1.4	1.3	1.3	60.1	53.0	52.5	52.4	51.7	50.6	37.9	45.3	46.0	46.2	47.0	48.1
河北	12.6	12.8	12.6	11.9	12.0	12.4	54.2	52.0	52.5	53.5	52.7	52.2	33.2	35.2	34.9	34.6	35.3	35.5
山西	4.4	6.5	6	5.7	5.8	6.1	61.5	54.3	56.9	59	55.6	53.9	34.2	39.2	37.1	35.2	38.7	40.0
内蒙古	11.7	9.5	9.4	9.1	9.1	9.5	55.0	52.5	54.6	56	55.4	54.0	33.3	38.0	36.1	34.9	35.5	36.5
辽宁	9.7	9.3	8.8	8.6	8.7	8.6	55.8	52.0	54.1	54.7	53.2	52.7	34.5	38.7	37.1	36.7	38.1	38.7
吉林	14.3	13.5	12.1	12.1	11.8	11.6	47.7	48.7	52	53.1	53.4	52.8	38.0	37.9	35.9	34.8	34.8	35.5
黑龙江	13.1	13.4	12.6	13.5	15.4	17.5	52.5	47.3	50.2	50.3	44.1	41.1	34.4	39.3	37.2	36.2	40.5	41.4
上海	0.8	0.8	0.7	0.7	0.6	0.6	45.5	39.9	42.1	41.3	38.9	37.2	53.7	59.4	57.3	58.0	60.4	62.2
江苏	6.9	6.6	6.1	6.2	6.3	6.2	55.0	53.9	52.5	51.3	50.2	49.2	38.1	39.6	41.4	42.4	43.5	44.7
浙江	5.1	5.1	4.9	4.9	4.8	4.8	53.9	51.8	51.6	51.2	50.0	49.1	41.0	43.1	43.5	43.9	45.2	46.1
安徽	16.0	14.9	14	13.2	12.7	12.3	46.6	48.7	52.1	54.3	54.6	54.6	37.4	36.4	33.9	32.5	32.7	33.0
福建	10.7	9.7	9.3	9.2	9.0	8.9	50.0	49.1	51	51.6	51.7	52.0	39.3	41.3	39.7	39.2	39.3	39.1
江西	16.4	14.4	12.8	11.9	11.7	11.4	52.7	51.2	54.2	54.6	53.6	53.5	30.9	34.4	33.0	33.5	34.6	35.1
山东	9.7	9.5	9.2	8.8	8.6	8.7	57.0	55.8	54.2	52.9	51.5	50.1	33.4	34.7	36.6	38.3	40.0	41.2
河南	14.4	14.2	14.1	13	12.7	12.6	56.9	56.5	57.3	57.3	56.3	55.4	28.6	29.3	28.6	29.7	30.9	32.0
湖北	15.7	13.9	13.4	13.1	12.8	12.6	43.8	46.6	48.6	50	50.3	49.3	40.5	39.6	37.9	36.9	36.9	38.1
湖南	18.0	15.1	14.5	14.1	13.6	12.6	44.2	43.5	45.8	47.6	47.4	47.0	37.8	41.4	39.7	38.3	39.0	40.3
广东	5.5	5.1	5	5	5.0	4.9	51.6	49.2	50	49.7	48.5	47.3	42.9	45.7	45.0	45.3	46.5	47.8
广西	20.3	18.8	17.5	17.5	16.7	16.3	42.4	43.6	47.1	48.4	47.9	47.7	37.4	37.6	35.4	34.1	35.4	36.0
海南	30.0	27.9	26.1	26.1	24.9	24.0	29.8	26.8	27.7	28.3	28.2	27.7	40.2	45.3	46.2	45.5	46.9	48.3
重庆	11.3	9.3	8.6	8.4	8.2	8.0	47.7	52.8	55	55.4	52.4	50.5	41.0	37.9	36.4	36.2	39.4	41.4
四川	18.9	15.8	14.4	14.2	13.8	13.0	46.3	47.4	50.5	52.5	51.7	51.7	34.8	36.7	35.1	33.4	34.5	35.2
贵州	16.4	14.1	13.6	12.7	13.0	12.9	42.3	37.7	39.1	38.5	39.1	40.5	41.3	48.2	47.3	48.8	47.9	46.6
云南	17.9	17.3	15.3	15.9	16.0	16.2	43.0	41.9	44.6	42.5	42.9	42.0	39.1	40.8	40.0	41.6	41.1	41.8
西藏	15.3	14.5	13.5	12.3	11.5	10.7	29.2	31.0	32.3	34.5	34.6	36.3	55.5	54.6	54.2	53.2	53.9	53.0
陕西	11.0	9.7	9.8	9.8	9.5	9.5	56.1	51.9	53.8	55.4	55.9	55.5	32.9	38.5	36.4	34.8	34.7	34.9
甘肃	14.6	14.7	14.5	13.5	13.8	14.0	46.3	45.1	48.2	47.4	46.0	45.0	39.1	40.2	37.3	39.1	40.2	41.0
青海	11.0	9.9	10	9.3	9.3	9.9	55.1	53.2	55.1	58.4	57.7	57.3	34.0	36.9	34.9	32.3	33.0	32.8
宁夏	10.9	9.4	9.4	8.8	8.5	8.7	52.9	48.9	49	50.2	49.5	49.3	36.2	41.7	41.6	41.0	42.0	42.0
新疆	16.4	17.8	19.8	17.2	17.6	17.6	49.6	45.1	47.7	48.8	46.4	45.0	33.9	37.1	32.5	34.0	36.0	37.4

数据来源：根据《中国统计年鉴》（2009~2014 年）整理获得。

比重下降的7个省份中，除福建外均为中西部省份，其中安徽下降幅度最大，达到4.4个百分点。可见我国中西部地区仍处于工业化快速发展阶段，第三产业发展空间较大。

2. 部分省、区、市三次产业带动经济增长状况分析

从部分省、区、市2013年三次产业对地区生产总值的贡献率来看（见表2－8），除海南外，其他省、区、市第一产业的贡献率都已低于10%，其中北京和天津皆低于1个百分点，江苏和广东分别为1.8%和1.3%。第一产业贡献率较高的是海南、广西、河南和湖北，分别为15.0%、6.6%、5.9%和5.4%。2013年与2009年相比，除山东、湖北和河南有所波动外，皆呈现出递减的态势，表明第一产业增加值的增加量小于地区生产总值增加量。2013年第二产业贡献率除北京、广东和海南外，均高于50%。其中安徽、福建、山东和河南均高于60%，表明我国多数省份第二产业依然是经济增长的主要贡献者。2013年第三产业贡献率中北京、广东和海南均已超过50%，反映出第三产业已经逐步成为他们的支柱产业。而安徽、福建、山东、河南、湖北和广西的第三产业贡献率还在40%以下，反映出第三产业在这些地区经济增长中的贡献有限。

表2－8　中国部分省、区、市三次产业对地区生产总值的贡献率

单位：%

地区	项目	2008年	2009年	2010年	2011年	2012年	2013年
北京	第一产业	0.1	0.4	-0.1	0.1	0.3	0.3
	第二产业	2.4	26.5	34.4	19.7	22.9	24.9
	工　业	0.6	18.6	30.7	18.1	17.6	19.6
	第三产业	97.5	73.1	65.7	80.2	76.8	74.8
天津	第一产业	0.4	0.4	0.3	0.4	0.3	0.4
	第二产业	61.1	61.5	66.3	58.6	58.6	54.9
	工　业	58.5	58.0	63.3	56.1	55.9	51.1
	第三产业	38.5	38.1	33.4	41.0	41.1	44.7
江苏	第一产业	2.1	2.1	2.1	2.2	2.6	1.8
	第二产业	60.4	58.1	59.3	56.0	57.7	55.9
	工　业	57.7	50.6	54.9	52.2	51.8	51.4
	第三产业	37.4	39.8	38.6	41.8	39.7	42.3
安徽	第一产业	7.5	5.6	4.2	4.2	5.9	4.1
	第二产业	58.9	62.2	70.2	69.3	64.2	65.9
	工　业	53.8	54.5	63.2	63.5	58.2	60.8
	第三产业	33.6	32.2	25.6	26.6	29.9	30.0
福建	第一产业	3.8	3.6	2.1	3.3	3.2	3.2
	第二产业	58.8	57.1	67.9	67.2	63.6	63.6
	工　业	51.4	47.6	58.7	59.0	54.0	54.0
	第三产业	37.4	39.3	30.0	29.5	33.2	33.2
山东	第一产业	3.7	2.9	2.3	3.4	4.1	3.3
	第二产业	58.8	66.9	61.9	58.4	58.8	61.4
	第三产业	37.5	30.2	35.8	38.2	37.1	35.3

续表

地区	项目	2008 年	2009 年	2010 年	2011 年	2012 年	2013 年
河南	第一产业	6.5	5.1	4.5	4.3	5.8	5.9
	第二产业	68.5	64.8	68.5	63.6	65.1	65.6
	工　业	65.3	55.1	64.3	61.2	59.8	58.8
	第三产业	25.0	30.0	27.0	32.1	29.1	28.5
湖北	第一产业	6.2	5.1	3.7	4.3	5.1	5.4
	第二产业	56.0	57.9	66.1	62.9	59.1	57.6
	工　业	49.2	47.0	60.3	58.1	52.6	50.1
	第三产业	37.8	37.0	30.2	32.8	35.8	37.0
湖南	第一产业	5.3	4.7	3.5	4.8	3.6	3.3
	第二产业	46.3	58.9	61.9	61.0	54.0	51.9
	工　业	41.7	49.8	55.8	56.1	49.6	46.4
	第三产业	48.5	36.4	34.6	34.2	42.4	44.8
广东	第一产业	1.9	2.5	1.7	2.1	2.2	1.3
	第二产业	58.0	50.1	62.0	52.7	45.1	45.4
	工　业	57.8	45.2	58.9	50.2	43.8	44.0
	第三产业	40.1	47.4	36.3	45.2	52.7	53.3
广西	第一产业	7.6	6.8	5.5	6.8	8.1	6.6
	第二产业	56.9	55.3	64.8	63.1	61.6	59.0
	工　业	51.9	42.3	54.3	54.0	51.3	48.0
	第三产业	35.6	37.9	29.8	30.1	30.3	34.4
海南	第一产业	22.3	18.2	11.1	13.5	17.1	15.0
	第二产业	14.5	28.7	32.3	35.2	34.4	26.8
	工　业	6.6	12.6	21.1	20.9	18.2	12.2
	第三产业	63.2	53.1	56.6	51.3	48.5	58.2

注：产业贡献率指产业增加值与 GDP 增量之比

数据来源：各省份统计年鉴（2014）。

从部分省、区、市 2013 年三次产业对地区经济增长的拉动情况来看（见表 2 - 9），除海南外第一产业对地区经济增长的拉动均已小于 0.7 个百分点，并大都呈现递减趋势。2013 年北京、天津和广东的第一产业对经济增长的拉动已等于或小于 0.1 个百分点。从 2013 年第二产业对经济增长的拉动情况来看，除北京、广东和海南外，其他省份均在 5% 以上，但大都呈现出递减状态，表明尽管多数省份第二产业依然是带动经济增长的主要动力，但状况正在进一步改善。2013 年第三产业拉动经济增长中，除河南外，其他省份的拉动均在 3% 以上，除北京、广东和海南外，第三产业对经济增长的拉动均小于第二产业，表明第三产业对经济增长的拉动作用仍较为有限。

表 2-9　中国部分省、区、市三次产业对地区生产总值增长的拉动情况

单位：%

地区	项目	2008 年	2009 年	2010 年	2011 年	2012 年	2013 年
北京	地区生产总值	9.1	10.2	10.3	8.1	7.7	7.7
	第一产业	0.01	0.04	-0.01	0.01	0.02	0.02
	第二产业	0.2	2.7	3.5	1.6	1.8	1.9
	第三产业	8.9	7.5	6.8	6.5	5.9	5.8
天津	地区生产总值	16.5	16.5	17.4	16.4	13.8	12.5
	第一产业	0.1	0.1	0.1	0.1	0	0
	第二产业	10.1	10.1	11.5	9.6	8.1	6.9
	第三产业	6.3	6.3	5.8	6.7	5.7	5.6
江苏	地区生产总值	12.3	12.4	12.7	11.0	10.1	9.6
	第一产业	0.3	0.3	0.3	0.2	0.3	0.2
	第二产业	7.4	7.2	7.5	6.2	5.8	5.4
	第三产业	4.6	4.9	4.9	4.6	4	4
安徽	地区生产总值	12.7	12.9	14.6	13.5	12.1	10.4
	第一产业	0.9	0.7	0.6	0.6	0.7	0.4
	第二产业	7.5	8.1	10.2	9.4	7.8	6.8
	第三产业	4.3	4.2	3.7	3.6	3.6	3.1
福建	地区生产总值	13.0	12.3	13.9	12.3	11.4	11.0
	第一产业	0.5	0.5	0.3	0.4	0.4	0.3
	第二产业	7.6	7	9.4	8.3	7.5	7
	第三产业	4.9	4.8	4.2	3.6	3.5	3.7
山东	地区生产总值	12.0	12.2	12.3	10.9	9.8	9.6
	第一产业	0.4	0.4	0.3	0.4	0.4	0.3
	第二产业	7.1	8.1	7.6	6.3	5.8	5.9
	第三产业	4.5	3.7	4.4	4.2	3.6	3.4
河南	地区生产总值	12.1	11.0	12.5	11.9	10.1	9.0
	第一产业	0.8	0.6	0.6	0.5	0.6	0.5
	第二产业	8.3	7.1	8.6	7.6	6.6	5.9
	第三产业	3	3.3	3.4	3.8	2.9	2.6
湖北	地区生产总值	13.4	13.5	14.8	13.8	11.3	10.1
	第一产业	0.8	0.7	0.5	0.6	0.6	0.6
	第二产业	7.5	7.8	9.8	8.7	6.7	5.8
	第三产业	5.1	5.0	4.5	4.5	4.0	3.7
湖南	地区生产总值	13.9	13.7	14.6	12.8	11.3	10.1
	第一产业	0.7	0.6	0.5	0.6	0.4	0.3
	第二产业	6.4	8.1	9	7.8	6.1	5.3
	第三产业	6.8	5	5.1	4.4	4.8	4.5
广东	地区生产总值	10.4	9.7	12.4	10.0	8.2	8.5
	第一产业	0.2	0.2	0.2	0.2	0.2	0.1
	第二产业	6	4.9	7.7	5.3	3.7	3.9
	第三产业	4.2	4.6	4.5	4.5	4.3	4.5
海南	地区生产总值	10.3	11.7	16.0	12.0	9.1	10.0
	第一产业	2.3	2.1	1.8	1.6	1.6	1.5
	第二产业	1.5	3.4	5.2	4.2	3.1	2.7
	第三产业	6.5	6.2	9.1	6.2	4.4	5.8

注：三次产业拉动指 GDP 增长速度与各产业贡献率之乘积。

数据来源：各省份统计年鉴（2014）。

3. 中国各省、区、市新兴产业与高新技术产业发展状况分析

（1）科技创新投入逐年增加。首先各省、区、市 R&D 人员全时当量不断增加，即全时人员数加非全时人员按工作量折算为全时人员的总和在不断增加。规模以上工业企业是各省、区、市工业创新的主体，通过表 2－10 可见，各省、区、市规模以上工业企业的 R&D 人员投入均处于不断上升趋势。与 2008 年相比，2013 年规模以上工业的 R&D 人员全时当量均有所增加，其中增加最多的省份是江苏、广东、浙江和山东，增加额均超过了 10 万人年以上，分别增加了 274389 人年、248830 人年、184141 人年和 119868 人年。而 2013 年 R&D 人员全时当量投入最多的省份是广东、江苏和浙江，分别为 426330 人年、393942 人年和 263507 人年。其次，各省、区、市 R&D 经费投入不断增加。与 2008 年相比，2013 年各省、区、市规模以上工业企业 R&D 经费投入均有所增加，增加最多的省份为江苏、广东和山东，分别为 8305528 万元、8265212 万元和 7074135 万元。2013 年规模以上工业企业 R&D 经费投入最多的省份是江苏、广东和山东，均在 1000 亿元以上，分别为 12395745 万元、12374791 万元和 10528097 万元。

（2）科技创新产出效益明显提升。科技创新投入的不断增加推动了科技创新成果的涌现，推动了产业升级与产品竞争力提升（见表 2－11）。2013 年全国规模以上工业企业新产品项目数比 2008 年增长了近两倍，新产品产值增长了近 1.5 倍。与 2008 年相比，2013 年各省、区、市规模以上工业企业的新产品项目数都得到了大幅度提升，其中增长最快的是海南，增长了 10 倍以上；安徽、浙江、吉林、福建和江苏增长幅度也较大，增长均在 3 倍以上。2013 年与 2008 年相比，绝大多数省份的新产品产值实现了增长，增长最快的省份为湖南和安徽，增长了 3 倍以上；而河南、宁夏、广西和浙江也增长了 2 倍以上；而吉林与青海的新产品产值有所减少。新产品项目数量的增加也带动了我国新产品的出口，提升了产业竞争力。与 2008 年相比，2013 年我国新产品出口产值增长了近 75%。其中新产品出口产值增长幅度最大的省份是海南和河南，增长了 8 倍以上；宁夏和贵州也增长了 2 倍以上。新产品产值的大幅度提升以及新产品出口产值的增加，都反映出科技创新日益成为我国产业竞争力提升的主要动力。

（3）高新技术产业和新兴产业发展态势良好

当前多数省、区、市的高新技术产业发展较快，在工业中的比重不断提升。2013 年多数省份的高新技术产业实现了增长，北京高技术产业实现增加值 1327 亿元，增长 7%；天津高新技术产业完成工业总产值 8136.02 亿元，增长 16.5%，占规模以上工业的 30.8%，比上年提高 0.6 个百分点；河北高新技术产业增加值增长了 14.2%；内蒙古高新技术产业增加值增长了 23.5%；吉林高技术制造业实现增加值 452.74 亿元，增长了 21.4%；福建高技术产业实现增加值 804.39 亿元，比上年增长 13.1%；河南高技术产业增长了 29.1%；湖南高技术产业增加值增长了 27.3%，增加值占规模以上工业的比重为 9.0%，比上年提高了 1.5 个百分点；湖北高新技术制造业增长较快，全年完成增加值 3267.06 亿元，比上年增长了 16.5%，占规模以上工业增加值的比重达 29.3%；江苏全年实现高新技术产业产值超过 5 万亿元，比上年增长 15%，占规模以上工业总产值的比重达 38.5%，同比提高 1 个百分点；浙江高新技术产业增加值为 2993

表 2-10 中国各省、区、市规模以上工业企业研究与发展（R&D）投入情况

地 区	2008 年			2009 年			2010 年		
	项目数(项)	R&D 人员全时当量(人年)	R&D 经费(万元)	项目数(项)	R&D 人员全时当量(人年)	R&D 经费(万元)	项目数(项)	R&D 人员全时当量(人年)	R&D 经费(万元)
全 国	103234	1014223	26813110	133994	1306179	32115692	145589	1369908	40153965
北 京	6730	26892	709676	4393	31010	857518	4194	29225	1061357
天 津	4765	21799	897905	5412	26863	1077340	5665	28164	1392212
河 北	3477	25365	728740	3743	37219	876779	4346	37814	1078941
山 西	1325	29905	469652	1808	34022	572980	2194	29998	675657
内蒙古	617	11290	268366	688	12437	357371	1030	14363	474299
辽 宁	4951	39987	1289771	5867	47818	1524988	6063	44424	1913437
吉 林	859	8273	253053	1026	17188	306229	1621	19411	355405
黑龙江	2882	26642	480800	3496	30087	586423	4113	32467	728451
上 海	5465	36692	1811127	6439	60695	2070546	6397	57346	2377472
江 苏	11631	119553	4090217	15261	184542	4519598	17826	201161	5513458
浙 江	7115	79366	1935081	9690	95861	2158526	11046	116965	2723447
安 徽	2389	27693	612300	3533	33423	781883	4446	34167	1040238
福 建	2560	32199	647190	3445	37964	861242	3309	44062	1161171
江 西	1840	14420	448625	2169	20264	516110	1917	18561	589366
山 东	10653	107535	3453962	15724	122934	4111741	17192	119921	5269241
河 南	4349	46407	901765	5665	68061	1221761	6082	67982	1485875
湖 北	3135	35625	772287	4256	47226	1057682	4602	47806	1429050
湖 南	2365	25542	633251	3696	32312	825422	3982	35206	1137692
广 东	11316	177500	4109579	19080	224650	5000738	22117	258943	6268811
广 西	1041	7083	196087	2183	10392	265124	1747	11895	358915
海 南	44	417	6324	164	618	14366	197	862	18334
重 庆	2650	20872	439451	3120	24098	521899	3230	21662	672418
四 川	4417	38298	613068	5503	42497	732963	4392	34600	809767
贵 州	740	5659	141039	1120	7696	177654	1018	8633	217791
云 南	796	6921	111778	720	6973	131235	1082	7589	180687
西 藏				9	398	1937	9	19	1162
陕 西	3028	24859	420110	3574	27911	561281	3419	27812	710176
甘 肃	819	9466	168607	824	10941	184849	1090	8673	208652
青 海	103	784	25126	123	1592	39821	151	1842	60210
宁 夏	559	2831	59982	577	3243	69912	433	2363	73020
新 疆	613	4346	118192	686	5244	129772	679	5970	167254

续表

地区	2011年			2012年			2013年		
	项目数(项)	R&D人员全时当量(人年)	R&D经费(万元)	项目数(项)	R&D人员全时当量(人年)	R&D经费(万元)	项目数(项)	R&D人员全时当量(人年)	R&D经费(万元)
全国	232158	1939075	59938055	287524	2246179	72006450	322567	2493958	83184005
北京	7048	49829	1648538	8226	53510	1973442	10037	58036	2130618
天津	10515	47828	2107772	12062	60681	2558685	12904	68175	3000377
河北	6055	51498	1586189	7574	55979	1980850	7618	65049	2327418
山西	2348	32476	895891	2795	31542	1069590	2885	34024	1237698
内蒙古	1320	17645	701635	1857	21509	858477	2133	26990	1004406
辽宁	6799	47513	2747063	7710	52064	2894569	7813	59090	3331303
吉林	1885	17884	488723	1990	24365	604326	6421	23709	698136
黑龙江	4343	39661	838042	4231	36256	906170	4307	37296	950335
上海	12378	79147	3437627	12833	82355	3715075	13441	92136	4047800
江苏	31933	287447	8998944	44570	342262	10803107	48530	393942	12395745
浙江	28672	203904	4799069	35582	228618	5886071	42158	263507	6843562
安徽	8426	56275	1628304	11882	73356	2089814	14394	86000	2477246
福建	6441	75503	1943993	9080	90280	2381656	10426	100200	2791966
江西	2608	23969	769834	2930	23877	925985	4288	29519	1106443
山东	25193	180832	7431254	30119	204398	9056007	31906	227403	10528097
河南	8415	93833	2137236	9349	102846	2489651	11257	125091	2953410
湖北	7077	71281	2107553	8062	77087	2633099	9522	85826	3117987
湖南	6928	57478	1817773	7563	69784	2290877	8425	73558	2703987
广东	29243	346260	8994412	37460	424563	10778634	40759	426330	12374791
广西	2890	20155	586791	3526	20845	702225	2890	20700	817063
海南	299	1587	57760	478	2767	78093	769	2882	93567
重庆	4524	27652	943975	5113	31577	1171045	5794	36605	1388199
四川	6712	36839	1044666	9868	50533	1422310	10298	58148	1688902
贵州	1345	9564	275217	1649	12135	315079	1717	16049	342541
云南	1514	10335	299279	1665	12321	384430	1729	11811	454278
西藏	16	22	1637	24	78	5312	20	81	4617
陕西	4210	30829	966768	5164	36728	1192770	6099	45809	1401480
甘肃	1280	9307	257916	1912	11445	337785	1731	12472	400743
青海	131	1833	81965	147	2020	84197	145	2039	89540
宁夏	853	3967	118879	1170	4196	143696	1073	4817	167494
新疆	757	6723	223352	933	6202	273425	1078	6668	314257

表 2－11　中国各省、区、市规模以上工业企业新产品开发及生产情况

地　区	2008 年			2009 年			2010 年		
	新产品项目数（项）	新产品产值（亿元）	新产品出口产值(亿元)	新产品项目数（项）	新产品产值（亿元）	新产品出口产值(亿元)	新产品项目数（项）	新产品产值（亿元）	新产品出口产值(亿元)
全　国	121359	52395	13211	152824	58717	10680	159637	73606	14774
北　京	3613	2471	711	4905	2100	640	4848	2539	674
天　津	6180	2664	748	5647	2709	752	6181	3224	841
河　北	3248	1005	125	3975	1102	196	4048	1286	143
山　西	1654	646	139	1681	719	122	1927	676	42
内蒙古	698	324	29	797	549	45	936	607	40
辽　宁	4717	1847	396	6454	2360	192	5997	2123	267
吉　林	1384	1528	37	1377	2815	12	895	1526	63
黑龙江	2306	452	38	3044	495	22	3280	595	28
上　海	5986	4546	760	8844	4567	813	8573	5504	1023
江　苏	14473	6604	2800	17125	7277	2009	20817	9609	2197
浙　江	10059	4959	1522	12006	4826	1183	13842	6584	1776
安　徽	3632	943	144	4965	1421	76	5919	1984	141
福　建	2526	1590	852	3360	1559	636	3708	2159	647
江　西	1779	591	108	1810	491	65	2084	783	100
山　东	12267	5413	1034	16951	6849	913	17019	8797	1308
河　南	5247	1348	218	5445	1433	98	5762	1709	118
湖　北	4196	1681	111	5470	1667	128	5856	2423	150
湖　南	2696	1174	156	3929	1776	86	4145	2425	116
广　东	16062	7437	2809	23167	8029	2356	24443	11498	4656
广　西	1436	510	54	2241	734	22	2150	986	41
海　南	61	55	2	132	10	1	228	98	1
重　庆	3256	1570	137	3342	1744	99	3264	2642	121
四　川	5243	1548	134	6514	1934	113	5718	1563	135
贵　州	1278	181	12	1698	187	9	1344	330	22
云　南	753	261	20	808	227	13	806	241	18
西　藏	1	0	0	1	5	0		0	0
陕　西	4620	514	47	5088	656	32	3809	942	58
甘　肃	979	239	34	988	159	19	1014	364	25
青　海	94	49	0	72	54	0	83	17	0
宁　夏	636	81	11	600	105	11	567	102	23
新　疆	279	163	22	388	156	18	374	268	1

续表

地区	2011年			2012年			2013年		
	新产品项目数（项）	新产品产值（亿元）	新产品出口产值（亿元）	新产品项目数（项）	新产品产值（亿元）	新产品出口产值（亿元）	新产品项目数（项）	新产品产值（亿元）	新产品出口产值（亿元）
全国	266232	100890	20223	323448	110530	21894	358287	128461	22853
北京	9238	3548	647	11024	3318	557	13310	3673	540
天津	14658	3797	749	12219	4460	932	11977	5570	1192
河北	6292	1990	229	7541	2458	293	7194	2916	293
山西	2171	891	152	2726	928	153	2938	1027	127
内蒙古	1314	542	34	1567	581	39	1581	629	33
辽宁	7416	2847	415	8641	3194	226	8568	4093	373
吉林	2631	2288	75	2683	2158	65	6516	703	39
黑龙江	4148	572	32	3384	566	54	3438	583	39
上海	15726	7142	1033	17042	7400	1054	17295	7688	775
江苏	38009	13755	4393	53973	17845	5273	58353	19714	4320
浙江	34186	10750	2536	41874	11284	2674	47778	14882	2981
安徽	11174	3359	234	15137	3732	314	17320	4379	277
福建	6721	3195	796	9123	3291	1069	10534	3440	944
江西	2870	953	130	3241	1287	175	4381	1683	158
山东	23040	10920	1769	28171	12913	1864	31100	14284	1734
河南	7880	2606	218	9106	2576	211	11150	4791	1968
湖北	8633	3234	161	9629	3698	237	10722	4654	202
湖南	7525	3873	181	8418	4769	163	9089	5725	224
广东	32879	14694	5685	43314	15403	5980	47387	18014	6039
广西	3468	1219	64	3320	1237	45	3332	1587	51
海南	426	141	19	594	134	19	704	160	19
重庆	4612	3170	393	5693	2430	156	6820	2696	134
四川	10035	2064	123	11656	2096	150	12681	2476	204
贵州	1749	950	31	1978	383	35	1908	368	37
云南	1485	357	26	1512	447	26	1903	443	21
西藏	7	2	0	11	2	0	8	2	0
陕西	5035	1092	41	6052	872	40	6491	1015	31
甘肃	1192	510	30	1759	595	41	1629	619	44
青海	94	9	0	103	10	0	111	13	0
宁夏	887	153	20	1131	186	41	966	280	36
新疆	731	269	8	826	276	8	1103	353	20

亿元，增长了10.3%，占规模以上工业的比重为25.6%，比上年提高了0.3个百分点；广东高技术制造业增加值为6143.29亿元，同比增长9.8%；甘肃高技术产业完成工业增加值56.9亿元，比上年增长15.5%，占全省规模以上工业增加值的2.8%。可见无论东部还是中西部地区，高新技术产业都在蓬勃发展。

各省份也都注重了新兴产业的培育，推动了新兴产业的发展。2013年北京全年文化创意产业实现增加值2406.7亿元，比上年增长9.1%，占地区生产总值的比重为12.3%，与上年持平。生产性服务业实现增加值9811.8亿元，增长10.4%，占地区生产总值的比重为50.3%，比上年提高0.6个百分点。天津全年航空航天、石油化工、装备制造、电子信息、生物医药、新能源新材料、轻纺和国防等八大优势产业完成工业总产值23578.60亿元，增长12.7%，占规模以上工业的89.3%。上海全年战略性新兴产业增加值为2997.5亿元，比上年增长7%，占上海市生产总值的比重为13.9%。河北高端装备制造、电子信息和新能源三个领域增加值分别增长16.3%、22.0%和10.5%。黑龙江战略性新兴产业快速发展，在全省规模以上工业企业中，战略性新兴产业累计实现工业增加值495.0亿元，比上年增长12.3%，高于全省规模以上工业增加值增速5.4个百分点，占全省规模以上工业企业增加值的10.2%。湖南规模以上高加工度工业增加值增长了14.1%，增加值占规模以上工业的比重为35.6%，比上年提高1个百分点。安徽战略性新兴产业产值增长了23.4%。江苏新兴产业销售收入比上年增长了18%。江西规模以上十大战略性新兴产业实现工业增加值2077.2亿元，增长了12.2%。广东先进制造业增加值为12314.71亿元，增长9.3%；现代服务业增加值为17173.26亿元，增长11.1%。甘肃文化产业实现增加值105.8亿元，比上年增长35.6%，占生产总值的1.7%。可见，各省、区、市的新兴产业正在逐步成长，在规模以上工业企业中所占的份额在逐步增加。

4. 新常态下中国省域产业结构状况的简要评述

从上述省域产业结构状况分析看出，其一，金融危机以来，我国省域产业结构日趋向合理的方向调整，多数省份第一产业比重逐步降低，第三产业比重逐年增加，尽管中西部地区第二产业比重仍有上升的趋势，但上升幅度有所降低，一方面表明化解产能过剩影响工业产值增加，另一方面反映出中西部地区的工业化向更高层次迈进。同时，从三次产业对经济的带动作用看出，尽管第二产业，尤其是工业对经济增长的拉动作用仍然强劲，但一方面第一产业的拉动作用降幅不大，第三产业拉动作用不断提升，反映出我国经济正在由主要依靠工业带动逐步向三次产业协同带动的方向转变。其二，科研创新投入不断增加，高新技术产业与新兴产业快速发展，经济稳定增长潜在动力充足。各省、区、市规模以上工业企业的科研投入都呈现出加快增长态势，创新成果对高新技术产业和新兴产业的支撑作用逐步显现，这些产业的蓬勃发展，为新常态下经济的稳定增长注入了活力。

三　新常态下中国省域产业结构存在的问题分析

1. 依靠传统产业带动经济增长难以为继

近年来，尽管我国的高新技术产业和新兴产业发展迅速，但发展时间较短，还未能对经济增长产出与投入相对应的驱动作用。在此情况下，不少省份仍然依靠传统产业支撑着经济，传统产业对经济增长的拉动作用依然较大，这从上述分析中可以看出。然而，当前随着制造业成本上升致使我国制造业优势逐渐丧失，再加上国际市场的不景气，传统产业增长空间急剧压缩；同时化解产能过剩降低了传统产业增长的步伐，依靠传统产业带动经济增长的省份面临着严峻的经济下行压力。2013 年黑龙江第二产业比重比 2008 年降低了 11.4%，辽宁减少 3.1%，工业增长速度明显放缓。继 2013 年经济明显减速后，2014 年东三省这种颓势有增无减：上年经济增速位列倒数第三的黑龙江，2014 年前三季度，以 5.2% 的增速成为倒数第一，辽宁增速也收窄为 6.2%。此外，依靠能源产业带动经济增长的部分地区也陷入经济发展困境，一些省份随着资源（如煤炭、石油）枯竭，经济增速明显放缓。煤炭大省山西，其经济增长速度由 2011 年的 13% 下降到 2012 年的 10.1%，再降低到 2013 年的 8.9%。应该说，这股寒意直接来自全国钢铁、煤炭以及重工业的不景气和产能过剩，因此，依然依靠现有的传统产业带动，在新常态下必然难以维持经济的稳定增长。

2. 第二产业升级乏力与第三产业增长缓慢

第二产业，尤其是传统制造业依然是当前我国经济的主要支撑，也是我国具有较强国际竞争力的产业，然而随着国内外经济形势和发展环境的转变，转型升级成为传统产业不得不面临的选择。只有推进第二产业优化升级，才能为正处在工业化快速发展阶段的我国，提供经济增长的动力。用高新技术和先进适用技术改造传统产业，促进传统产业嫁接高新技术，改变经营方式、管理模式、经营理念、技术创新方式等，实现产业运行质量的提高，推进传统产业优化升级，可以使传统产业在新的经济形势下焕发出旺盛的生命力，成为推动我国经济稳定增长的新动力。然而，现实状况是受传统制造业存量较大，以及科技与经济联系程度不够紧密等的影响，第二产业优化升级进程缓慢。如湖北高新技术制造业增加值仅占规模以上工业增加值比重的 29.3%；甘肃高技术产业完成工业增加值仅占全省规模以上工业增加值的 2.8%，可见传统工业融合高新技术进行优化升级仍有较大的作为空间。

发展第三产业，让第三产业在国民经济中发挥更大作用，是当前经济发展阶段的要求，也是新常态下推进经济稳定增长的要求。然而，2013 年第三产业比重超过 50% 的仅有 3 个省、区、市，而小于 40% 的有 14 个省份。可见多数省份第三产业仍未成为区域经济的主要组成部分。2013 年与 2008 年相比较，第三产业比重增幅超过 5 个百分点的有 10 个省份，比重还有所下降的有 7 个省份；2013 年与 2010 年相比，第三产业比重上升幅度超过 4 个百分点的仅有 5 个省份，下降的则有 7 个省份，可见多数省份的第三产业发展速度仍然较为缓慢。

3. 科技创新与高新技术驱动作用较低

加快科技创新，推进高新技术产业和新兴产业发展，从而为经济创造新的增长点，这是新常态下经济实现稳定增长的重要保障。当前发达国家正在大力推进科技创新，培育并快速发展新兴产业，使其成为推动经济快速复苏的重要着力点。美国当前的经济复苏快于其他发达经济体，在一定程度上得益于页岩油开采技术带动了美国能源产业，进而促进了经济增长。而我国的科技创新与高新技术在对产业转型升级和新兴产业培育，以及带动经济增长方面的作用较为有限。体现在高投入、高产出，但并没有带来高收益，并未成为经济增长的有力助推器。2013 年我国 R&D 经费支出比 2009 年和 2010 年分别增长了 104.2% 和 67.7%，但高新技术出口额仅分别增长了 75.2% 和 34.1%。尽管我国规模以上工业企业 R&D 经费投入 2013 年比 2008 年、2010 年分别增长了 2 倍和 1 倍以上；R&D 人员全时投入当量增长了近 1.5 倍和 82.1%；但全国规模以上工业企业新产品产值仅增长了 145.2% 和 74.5%，全国规模以上工业企业新产品出口产值仅增长了近 73% 和 54.7%，可见我国高新技术产品的技术含量和附加值偏低，大而不强的现象仍然存在。

究其原因，一方面是我国的自主创新能力及高新技术与发达国家仍存在一定的差距，另一方面是科技与经济还未实现紧密联系，产学研之间还缺乏有效的联结机制。而造成上述问题的原因，其一是我国科技经费投入仍然较低，2011 年中国研发支出占 GDP 比重仅为 1.87%，低于美国（2.77%），较低的投入影响到科技的相应产出，我国每年专利申请数只接近日本的 1/2，美国的 1/3。2013 年我国 R&D 经费投入强度首次突破 2%，达到 2.08%，但仍低于我国"'十二五'规划纲要"中提出的 2.2%。各省、区、市中 R&D 经费投入强度高于全国平均水平的仅有 8 个，而 R&D 经费投入强度低于 1% 的则有 11 个（见表 2-12），可见我国以及各省、区、市在科技创新投入上仍然比较有限。其二是高新技术与产业融合不畅，一方面以高新技术为支撑的新兴产业发展基础薄弱，风险较大，因此难以快速壮大；另一方面传统产业存量较大，高新技术改造和提升传统产业步伐较慢。

表 2-12　2013 年全国各地区研究与发展（R&D）经费情况

地区	R&D 经费(亿元)	R&D 经费投入强度(%)	地区	R&D 经费(亿元)	R&D 经费投入强度(%)
全　国	**11846.6**	**2.08**	河　南	355.3	1.11
北　京	1185	6.08	湖　北	446.2	1.81
天　津	428.1	2.98	湖　南	327	1.33
河　北	281.9	1	广　东	1443.5	2.32
山　西	155	1.23	广　西	107.7	0.75
内蒙古	117.2	0.7	海　南	14.8	0.47
辽　宁	445.9	1.65	重　庆	176.5	1.39
吉　林	119.7	0.92	四　川	400	1.52
黑龙江	164.8	1.15	贵　州	47.2	0.59
上　海	776.8	3.6	云　南	79.8	0.68
江　苏	1487.4	2.51	西　藏	2.3	0.29
浙　江	817.3	2.18	陕　西	342.7	2.14
安　徽	352.1	1.85	甘　肃	66.9	1.07
福　建	314.1	1.44	青　海	13.8	0.65
江　西	135.5	0.94	宁　夏	20.9	0.81
山　东	1175.8	2.15	新　疆	45.5	0.54

注：研究与发展（R&D）经费投入强度为 R&D 经费投入量与国内生产总值之比

数据来源：国家统计局：《2013 年全国科技经费投入统计公报》，2014 年 10 月 23 日。

4. 区域产业发展失衡，难以适应当前经济发展形势

长期以来，我国一直风行东部经济发达地区产业升级，中西部承接东部产业转移的区域产业布局思路。尽管这一产业布局理念在一定程度上促进了中西部的产业发展，但在当前经济新形势下，这一区域产业布局出现了明显的不适应性。我国东部地区在经济发展到一定阶段后，率先进入工业化后期，新兴产业和高新技术产业发展迅速。然而，在产能过剩背景下，在传统产业亟须优化升级的情况下，出现了中西部地区承接的传统产业难以带动区域经济增长的窘境。

此外，长期以来存在的产业区域布局问题，在新的经济形势下更加凸显出来。以传统重工业为基础的东北地区，在振兴东北老工业基地战略的支持下，2007～2010 年，经济增速一直高于东部地区。然而从 2013 年开始，增速靠前的东北，开始陷落。究其原因是东北地区结构转型尽管推进很多年，但目前仍以重化工业、大型国企为主，传统产业升级步伐缓慢，因此经济受到的冲击也比较大。而中西部地区依靠能源产业的省域，经济增长因能源（煤炭、石油、天然气、铁矿石等）价格的下滑，及人口和人才的流失而陷入困境，区域产业发展缓慢。区域间产业发展差距迅速拉大，不利于产业对接和整体产业升级，影响到我国产业的协调发展与产业结构的优化，也势必影响到我国经济的稳定增长。

5. 产能过剩成为当前产业升级的重大阻力

如前所述，产能过剩主要是传统产业产能的过剩，而对于多数省份而言，传统产业依然是他们经济的中坚，存量较大，化解产能势必要压缩存量，这必会影响到该区域的经济增长。以钢铁大省河北省压减过剩产能为例，2013 年共压减粗钢产能 788 万吨，2014 年目标 1500 万吨，如此大力度关停高能耗企业直接导致一季度 GDP 增速下降至 4.2%，仅为 2013 年的一半，经济有失速的风险。而 2013 年以来东北地区的经济减速也是东三省长久以来形成的产业结构不够优化，生产产能过剩所致。

尽管众所周知，产能过剩的根本原因是传统产业结构不合理。但调整产业结构，必然要触动传统产业的巨大存量，必然影响到经济增长速度。长期以来，虽然各省都很重视调整产业结构，但一旦顾忌到经济会有下行的风险，调整产业结构便更容易成为一种口号而难以落实。此外，为了缓解经济下行压力，保障经济增长，部分省份甚至会出台刺激传统产业发展的政策，致使传统产业的生产能力过剩问题逐年突出，存量进一步增大，进而影响到当前对传统产业的改造与升级。

四　新常态下中国省域产业结构优化升级的政策建议

1. 推进新兴产业快速发展，助推新常态下经济稳定增长

战略性新兴产业是以重大技术突破和重大发展需求为基础，对经济社会全局和长远发展具有重大引领带动作用，知识技术密集、物质资源消耗少、成长潜力大、综合效益好的产业。当前金融危机促使全球产业竞争的角逐点集中在新兴产业，因此，加快培育和发展战略性新兴产业是构建国际竞争新优势、掌握发展主动权的迫切需要。为此，应

增强科技创新和自主研发能力，掌握关键核心技术和相关知识产权，加快培育和发展我国战略性新兴产业。由于科技创新具有随机性与偶然性，因此，以之为基础的新兴产业发展也具有不确定性。为此，应当立足于我国国情，通过相关政策引导科技创新，培育和发展新兴产业。要立足于我国市场需求的巨大优势，将宏观引导与市场调节相结合，发展能快速满足市场需求，又具有国际竞争力的相关新兴产业；要立足于我国传统产业存量巨大的现实，发展能带动传统产业转型升级的相关新兴产业；要立足于我国当前国际产业竞争力薄弱的不利局面，发展能快速利用全球创新资源，突破关键核心技术，占领国际市场的新兴产业。通过发展相关新兴产业，加快形成支柱产业，为新常态下的经济注入不竭的增长动力。

2. 积极发展现代服务业，推进产业结构转型升级

加快发展服务业，提高服务业在三次产业结构中的比重，尽快使服务业成为国民经济的主导产业，是推进经济结构调整、加快转变经济发展方式的必由之路，是有效缓解能源资源短缺的瓶颈制约、提高资源利用效率的迫切需要，是适应对外开放新形势、实现综合国力整体跃升的有效途径。然而上述分析表明，我国服务业总体发展水平较低，增长速度较慢，并且发展中存在一系列问题。诸如高端服务业和现代服务业发展滞后，传统服务业亟待提高等。这些问题制约了我国服务业对国民经济的带动作用，尽管我国第三产业比重已经超过第二产业，但其对经济增长的贡献率仍低于第二产业，对经济增长的拉动也低于第二产业。因此，加快发展服务业，应加快发展现代服务业和高端服务业，促进金融保险、现代物流、信息咨询、软件和创意产业发展，提升传统服务业的国际竞争力。

3. 创新驱动产业高端转型，提升产业国际竞争力

当前科学技术越来越成为推动经济社会发展的主要力量，创新驱动是大势所趋。而此次出现的新一轮科技革命和产业变革与我国加快转变经济发展方式形成历史性交汇，为我们实施创新驱动发展战略提供了难得的重大机遇。“机会稍纵即逝，抓住了就是机遇，抓不住就是挑战。”为此，应深入实施创新驱动发展战略，进一步增强创新投入力度，着力增强自主创新能力，提升我国产业科技含量。应全面深化改革，使之成为创新发展的动力之源，通过破除体制机制障碍，营造有利于新技术发明、产业化和新兴企业成长壮大的体制机制和政策环境，加强政策支持和协调力度，健全激励机制、完善创新环境，最大限度地解放和激发科技作为第一生产力所蕴藏的巨大潜能。推动科技创新与经济社会发展紧密结合，以高新技术改造传统产业，发展高端装备制造业，将高端装备制造业培育成为国民经济的支柱产业。推动自主创新国产化，大力发展智能制造和绿色制造，全面提升我国产业的国际竞争力，使我们国家真正实现从要素驱动的“汗水式增长”到科技驱动的“创新式增长”的跨越。

4. 优化产业布局，整体推进产业结构优化升级

应统筹全国产业布局，避免低水平重复建设。根据区域产业生产力与区位优势，发展特色产业，优化产业的空间分布，推动各资源要素的重新组合配置，在实现产业集聚效应的同时，体现出本区域产业的特色优势。在承接产业转移方面，经济欠发达地区应着重考虑产业发展空间与本区域环境承载力，有选择地承接先进产业，避免低水平引进。并以产业转移为契机，倒逼产业在转移中升级，在升级后承接，从而实现区域产业在转移中呈现跨越式发展。通过增强区域协作，推进产业协调发展，实现产业结构从失衡到优化，整体升级，从而突破产业发展困局。

5. 坚持市场导向的资源配置方式，优化产业结构，消化过剩产能

产能过剩是因供需不平衡产生的，是特定工业部门的闲置产能超过某种合理界限的现象。我国当前的产能过剩，在一定程度上是前期为实现经济增长刺激传统产业发展而造成的。因此，全面化解产能过剩，要避免以往的行政性干预，确定市场在资源配置中的决定性地位，依靠市场需求和价格调节，来调节行业产能。因为消耗过剩产能在一定程度上会影响区域经济增长，为此应当化解产能过剩与培育新产业同步推进。但需要注意的是，要全面把握供求关系新变化，通过发挥市场机制的作用探索未来产业发展方向，着重发展需求强劲的行业，例如：新兴的服务业、环境保护产业、旅游业、针对新的消费新常态衍生的产业等，实现在经济平稳增长中消化过剩产能。

B.35 专题三 新常态下中国省域城乡结构分析

城乡结构调整是我国社会转型过程中最为迟缓、最为艰巨的一项任务。中国的城乡结构不仅指经济结构，还反映了一种严格的社会地位等级体系，在此体系下，城乡居民在收入、教育、生活方式等方面都存在很大的不同。城乡结构调整与其他社会结构调整有着密切的关系，加快调整城乡结构，不仅可以挖掘潜在的就业机会，稳定经济增长，还是实现经济可持续发展和建设和谐社会的必然选择。本专题首先阐述了城乡结构调整所面临的新形势，并对城乡结构调整的现状进行了分析，接着考察了城乡结构调整存在的问题，最后提出了促进城乡结构优化的战略途径。开展本专题的研究，对于优化我国城乡结构、提高城镇化水平、推进社会转型具有重要的战略意义和理论价值。

一 新常态下中国省域城乡结构调整的形势分析

城乡关系是一个国家或地区发展过程中必须要处理的重大关系，妥善处理城乡关系，是实现城乡一体化发展、构建和谐社会的内在要求。中国城乡结构主要表现为城乡分割的二元结构。伴随着中国经济结构转型和经济发展，城乡二元结构问题日趋凸显，并面临着各种新的环境和挑战，因此加快城乡结构调整刻不容缓。

（一）新型城镇化是最大的结构调整

党的十八大报告指出，要推进经济结构战略性调整，必须以改善需求结构、优化产业结构、促进区域协调发展、推进城镇化为重点。通过推进城镇化进程缩小城乡差距是当前我国社会科学研究的热点问题。目前我国主要采用城镇化率这一指标来衡量城镇化水平，城镇化率是指城镇人口占常住人口的比例。自改革开放以来，我国城镇化速度明显提高，城镇人口规模不断扩大，2013 年我国城镇化率为 53.73%。但是如此高的城镇化率并没有显著改善城乡二元结构，2013 年我国城镇居民人均可支配收入为 26955.1 元，而农村居民人均纯收入仅为 8895.9 元，前者是后者的 3 倍之多，这表明过去的城镇化进程并没有有效地缩小城乡差距，城乡结构失衡的问题依旧存在。为此，我国提出了新型城镇化道路建设，出台了《国家新型城镇化规划（2014 ~ 2020 年）》，并确定了一批国家新型城镇化综合试点城市（镇）。与过去的城镇化相比，新型城镇化强调以人为本，努力实现人口城镇化，让更多农业转移人口逐渐融入城市，推进市民化进程，促进城乡发展一体化，实现新型工业化、信息化、城镇化和农业现代化同步发展。城乡结构调整的目标和核心是城镇化和城乡一体化，国家新型城镇化的蓬勃发展，必然会带动城乡结构加快调整和优化，给经济社会持续稳定发展创造优越的条件。

（二）土地制度改革是城乡结构调整的突破点

土地是民生之本。当前我国正处于经济结构转型调整的关键时期，在城乡结构问题上，土地问题是核心问题之一。不断深化土地制度改革，加快农村土地流转，促进城乡一体化发展，是一项十分迫切的重要任务。现行的土地二元体制，严重影响了城乡一体化发展的进程，阻碍了城镇化的快速推进。目前随着城镇化的发展，各地区普遍出现了“村外现代化，村里脏乱差”的现象。与此同时，农村建设用地效率普遍较低，由于农民进城务工，一些地方农村空心化、土地粗放闲置的现象尤为严重。而位于城市周边或城中村位置的土地，由于经济的不断发展，实现了大幅升值，这使很多农民为了在城市扩展建设中获得更大的利益，不愿意放弃农村户口，部分村民甚至在一些集体建设用地上自发、无序地占地建房，阻碍了经济有序发展。为此，国家出台了一系列推动土地制度改革的意见和方案，为城乡结构调整、促进新型城镇化建设创造了有利的条件。十八届三中全会《决定》指出，要选择若干试点，“慎重稳妥推进农民住房财产权抵押、担保、转让，探索农民增加财产性收入渠道。建立农村产权流转交易市场，推动农村产权流转交易公开、公正、规范运行”，国务院印发的《关于引导农村土地经营权有序流转发展农业适度规模经营的意见》明确了坚持所有权、稳定承包权、放活经营权“三权”分离的改革路径。这些措施都为打破土地二元结构，加快城乡结构调整，推进新型城镇化建设奠定了良好的基础。

（三）城乡结构调整是跨越“中等收入陷阱”的必然选择

目前我国正处于全面建设小康社会和跨越“中等收入陷阱”的关键时期，深入推进城镇化是一个必然选择，激活农村资源对于发展是至关重要的。所谓“中等收入陷阱”，指的是当一个国家人均收入达到中等水平后，由于经济增长动力不足，容易陷入一种经济停滞状态。改革开放 30 多年来，中国经济始终保持了高速增长，居民收入也在不断提高，但中国同样面临着跨越“中等收入陷阱”的问题。目前中国所呈现的新常态特征，正是“中等收入陷阱”特征的表现，比如经济增长回落、经济结构调整、产能过剩、贫富差距拉大等，而贫富差距悬殊是“中等收入陷阱”国家的突出特征，对于中国而言，城乡收入差距问题历来是社会关注的焦点。当前国际金融危机的影响仍未消退，西方各经济体又面临主权债务危机等问题，在世界经济可能长期放缓的背景下，扩大内需成为我国发展的战略基点，而城镇化是扩大内需的最大潜力。随着城镇化的推进，城市人口不断增加，这将创造巨大的投资需求，包括城市基础设施投资、住房投资、公共服务投资等。提高城镇化水平，在一定程度上能够提高城乡居民收入，进而拉动居民消费，拉动内需，为经济稳定增长提供充足的需求条件。

二　新常态下中国省域城乡结构调整的现状分析

（一）城乡人口结构

随着城镇化进程的加快，城镇人口不断增加，城镇化率不断提高。表 3－1 以城镇化率这一指标反映了全国各省、区、市城乡人口结构的基本情况。由表 3－1 可以看出，2008～2013 年全国各省、区、市城镇化水平总体呈现出不断提高的趋势，且东部省份的城镇化水平明显高于中西部省份。

从全国来看，2013 年，我国城镇化率为 53.73%，与 2008 年相比，提高了 6.74 个百分点。从各省、区、市来看，2013 年，城镇化率超过 50% 的省份有 18 个，依次为上海、北京、天津、广东、辽宁、江苏、浙江、福建、内蒙古、重庆、黑龙江、湖北、吉林、山东、海南、山西、宁夏和陕西，城镇化率排在前三位的都是东部省份，其中上海的城镇化率最高，达到了 89.61%，城镇化率最低的是西藏，仅为 23.72%。与 2008 年相比，城镇化水平增幅最高的是江苏，增加了 9.81 个百分点，其次是湖北和陕西；增幅最小的是吉林，仅增加了 0.98 个百分点。综上可知，2008～2013 年，随着经济社会的快速发展，我国城镇化水平大幅提高，各省、区、市积极稳妥推进城镇化，使城镇化水平逐年提高。

表 3－1　2008～2013 年各省、区、市人口城镇化率

单位：%

地区＼年份	2008	2009	2010	2011	2012	2013
全　国	**46.99**	**48.34**	**49.95**	**51.27**	**52.57**	**53.73**
北　京	84.92	85.00	85.93	86.18	86.23	86.29
天　津	77.21	78.01	79.60	80.44	81.53	82.00
河　北	41.89	43.74	44.50	45.60	46.80	48.11
山　西	45.12	45.99	48.04	49.68	51.26	52.56
内蒙古	51.72	53.42	55.50	56.61	57.75	58.69
辽　宁	60.05	60.35	62.10	64.04	65.64	66.45
吉　林	53.22	53.32	53.33	53.40	53.71	54.20
黑龙江	55.40	55.49	55.67	56.49	56.91	57.39
上　海	88.60	88.60	89.27	89.31	89.33	89.61
江　苏	54.30	55.61	60.58	61.89	63.01	64.11
浙　江	57.60	57.90	61.61	62.29	63.19	64.01
安　徽	40.51	42.10	43.01	44.81	46.49	47.86
福　建	53.01	55.10	57.11	58.09	59.61	60.76
江　西	41.36	43.19	44.06	45.70	47.51	48.87
山　东	47.61	48.32	49.70	50.95	52.43	53.76
河　南	36.03	37.70	38.50	40.57	42.43	43.80

续表

地区＼年份	2008	2009	2010	2011	2012	2013
湖　北	45.19	46.00	49.70	51.82	53.50	54.51
湖　南	42.15	43.19	43.30	45.10	46.65	47.96
广　东	63.37	63.41	66.18	66.50	67.40	67.76
广　西	38.16	39.21	40.00	41.81	43.53	44.82
海　南	48.01	49.19	49.83	50.51	51.52	52.74
重　庆	49.98	51.59	53.00	55.02	56.98	58.35
四　川	37.40	38.70	40.17	41.83	43.54	44.90
贵　州	29.12	29.88	33.80	34.97	36.42	37.84
云　南	33.00	34.00	34.70	36.80	39.30	40.47
西　藏	21.92	22.30	22.67	22.77	22.73	23.72
陕　西	42.09	43.49	45.76	47.29	50.01	51.30
甘　肃	33.56	34.87	36.13	37.17	38.75	40.12
青　海	40.79	42.01	44.76	46.30	47.47	48.44
宁　夏	44.98	46.08	47.87	49.92	50.70	51.99
新　疆	39.65	39.83	43.02	43.55	43.98	44.48

数据来源：国家统计局。

（二）城乡收入结构

伴随着中国经济的高速增长，居民收入差距在不断扩大，而城乡居民之间的收入差距是我国居民收入差距中最突出的现象。城乡之间收入差距的扩大，不仅是社会不稳定的潜在因素，还会造成经济效率的下降。大量研究表明，过去所实施的城市偏向政策是造成城乡收入差距不断扩大的原因之一。表 3 -2 列出了全国各省、区、市 2008 ~2013 年城乡居民收入的变化。

从全国来看，2013 年我国城镇居民家庭人均可支配收入为 26955 元，与 2008 年相比，提高了 11174 元；2013 年农村居民家庭人均纯收入为 8896 元，与 2008 年相比，提高了 4135 元；2013 年城乡居民收入比为 3.03，与 2008 年相比，减小了 0.28 个百分点。数据表明，2008 ~2013 年，随着经济的高速增长，城乡居民的收入都有很大幅度的提高，但城乡居民收入间的差距没有明显缩小。

从各省、区、市来看，2013 年城镇居民家庭人均可支配收入在 40000 元以上的省份包括上海和北京；在 30000 ~40000 元的省份有浙江、广东、江苏、天津和福建等 5 个省份；在 10000 ~20000 元的省份包括新疆、黑龙江、青海、甘肃等 4 个省份；其余 20 个省份的城镇居民家庭人均可支配收入处于 20000 ~30000 元。2013 年农村居民家庭人均纯收入在 10000 元以上的省份依次包括上海、北京、浙江、天津、江苏、广东、福建、山东、辽宁等 9 个省份，其余省份都少于 10000 元。2013 年城乡居民收入比超过 3 的省份依次包括贵州、云南、甘肃、陕西、广西、宁夏、青海、山西、西藏、重庆等 10 个省份，其余省份的城乡收入比也在 2 以上。更进一步看，2013 年城镇居民家庭人均可支配收入最高的是上海，为 43851 元，最低的是甘肃，为 18965 元；2013 年农村居民家庭人均纯收入最高的是上海，为 19595 元，最低的是甘肃，为 5108 元；2013 年城乡居民收入比最大的是贵州，为 3.8，最小的是黑龙江，为 2.03。与 2008 年相比，城镇居民家庭人均可支配收入增幅最大的是上海，增加了 17176 元，最小的是西藏，增加了 7541 元；农村居民家庭人均纯收入增幅最大的是上海，增加了 8155 元，最小的是甘肃，增加了 2384 元；城乡居民家庭收入比变化幅度最大的是西藏，由 2008 年的 3.93 减少到 3.04，最小的是山西，减少了 0.06。

综上可知，从城镇居民家庭人均可支配收入和农村居民家庭人均纯收入两个指标看，2008 ~2013 年全国各省、区、市城乡居民收入普遍都有所增加，其中上海城乡居民收入增幅最大。从城乡居民收入比指标看，2008 ~2013 年全国各省、区、市城乡居民收入比有所下降，但比值仍大于 2，部分省份的城乡居民收入比超过 3，这表明我国城乡收入差距问题依然很严重。

表 3 -2　2008 ~2013 年各省、区、市城乡居民收入变化

单位：元

地区＼年份	2008		2009		2010		2011		2012		2013	
	城市	农村	城市	农村	城市	农村	城市	农村	城市	农村	城市	农村
全　国	**15781**	**4761**	**17175**	**5153**	**19109**	**5919**	**21810**	**6977**	**24565**	**7917**	**26955**	**8896**
北　京	24725	10662	26739	11669	29073	13262	32903	14736	36469	16476	40321	18338
天　津	19423	7911	21402	8688	24293	10075	26921	12321	29626	14026	32294	15841
河　北	13441	4796	14718	5150	16263	5958	18292	7120	20543	8081	22580	9102
山　西	13119	4097	13997	4244	15648	4736	18124	5601	20412	6357	22456	7154
内蒙古	14433	4656	15849	4938	17698	5530	20408	6642	23150	7611	25497	8596
辽　宁	14393	5577	15761	5958	17713	6908	20467	8297	23223	9384	25578	10523
吉　林	12830	4933	14006	5266	15412	6237	17797	7510	20208	8598	22275	9621
黑龙江	11581	4856	12566	5207	13857	6211	15696	7591	17760	8604	19597	9634
上　海	26675	11440	28838	12483	31838	13978	36231	16054	40188	17804	43851	19595
江　苏	18680	7357	20552	8004	22944	9118	26341	10805	29677	12202	32538	13598
浙　江	22727	9258	24611	10007	27359	11303	30971	13071	34550	14552	37851	16106
安　徽	12990	4203	14086	4504	15788	5285	18606	6232	21024	7161	23114	8098
福　建	17962	6196	19577	6680	21781	7427	24907	8779	28055	9967	30816	11184
江　西	12866	4697	14022	5075	15481	5789	17495	6892	19860	7829	21873	8782
山　东	16305	5641	17811	6119	19946	6990	22792	8342	25755	9447	28264	10620
河　南	13231	4454	14372	4807	15930	5524	18195	6604	20443	7525	22398	8475
湖　北	13153	4656	14368	5035	16058	5832	18374	6898	20840	7852	22906	8867
湖　南	13821	4513	15084	4909	16566	5622	18844	6567	21319	7440	23414	8372
广　东	19733	6400	21575	6907	23898	7890	26898	9372	30227	10543	33090	11669
广　西	14146	3690	15452	3980	17064	4543	18854	5231	21243	6008	23305	6791
海　南	12608	4390	13751	4744	15581	5275	18369	6446	20918	7408	22929	8343
重　庆	14368	4126	15749	4478	17532	5277	20250	6480	22968	7383	25216	8332

续表

地区＼年份	2008		2009		2010		2011		2012		2013	
	城市	农村	城市	农村	城市	农村	城市	农村	城市	农村	城市	农村
四　川	12633	4121	13839	4462	15461	5087	17899	6129	20307	7001	22368	7895
贵　州	11759	2797	12863	3005	14143	3472	16495	4145	18701	4753	20667	5434
云　南	13250	3103	14424	3369	16065	3952	18576	4722	21075	5417	23236	6141
西　藏	12482	3176	13544	3532	14981	4139	16196	4904	18028	5719	20023	6578
陕　西	12858	3137	14129	3438	15695	4105	18245	5028	20734	5763	22858	6503
甘　肃	10969	2724	11930	2980	13189	3425	14989	3909	17157	4507	18965	5108
青　海	11640	3061	12692	3346	13855	3863	15603	4609	17566	5364	19499	6196
宁　夏	12932	3681	14025	4048	15345	4675	17579	5410	19831	6180	21833	6931
新　疆	11432	3503	12258	3883	13644	4643	15514	5442	17921	6394	19874	7297

数据来源：国家统计局。

（三）城乡消费结构

消费是一国经济增长的原动力，目前在国家实施扩大内需政策的环境下，消费问题再度成为研究热点。恩格尔系数是关于居民消费结构变化的重要指标，反映了食品支出占消费支出的比重。随着居民收入的提高，家庭中用来购买食物的支出比例会逐渐下降。联合国根据恩格尔系数的大小，对各国的生活水平有一个划分标准，即恩格尔系数在20%以下为极其富裕；20%～30%为富足；30%～40%为相对富裕；40%～50%为小康；50%～60%为温饱；大于60%为贫穷。表3－3给出了全国各省、区、市2008～2013年城乡恩格尔系数的变化。

从全国来看，2013年我国城镇居民家庭恩格尔系数为35%，与2008年相比，减少了约3个百分点；2013年农村居民家庭恩格尔系数为37.7%，与2008年相比，减少了6个百分点；2013年城乡居民家庭恩格尔系数相差2.7个百分点，与2008年相比，差额减少了约3个百分点。按照联合国关于恩格尔系数大小的划分标准，目前我国城乡居民处于相对富裕的水平。

从各省、区、市来看，2013年城镇居民恩格尔系数小于30%的省份有山西和吉林；大于40%的省份有重庆、海南、西藏；其他省份的城镇居民恩格尔系数处于30%～40%。2013年农村居民恩格尔系数大于40%的省份包括广西、四川、江西、贵州、重庆、福建、云南、广东、海南、西藏；其余省份的农村恩格尔系数处于30%～40%。更进一步看，2013年城镇居民家庭恩格尔系数最高的是西藏，为48.15%，最低的是山西，为27.93%；2013年农村居民家庭恩格尔系数最高的是西藏，为54.25%，最低的是青海，为30.89%；2013年城乡居民家庭恩格尔系数差距最大的是广东，最小的是甘肃。与2008年相比，城镇居民家庭恩格尔系数变化幅度最大的是云南，减少了9.19个百分点，最小的是海南，减少了0.17个百分点；农村居民家庭恩格尔系数变化幅度最大的是广西，减少了13.38个百分点，最小的是北京，增加了0.73个百分点；城乡居民家庭恩格尔系数差距变化幅度最大的是重庆，与2008年相比，2013年城乡恩格尔系数差距缩小了 10.53 个百分点，变化幅度最小的是山西。

综上可知，从全国恩格尔系数指标看，2008 ~2013 年，随着人民生活水平的提高，城乡居民食品消费支出比例总体呈现出下降趋势，且城乡居民家庭恩格尔系数差额也在逐渐缩小。从各省份恩格尔系数指标看，大多数省份的城乡居民都处于相对富裕的生活状态。

表 3 -3　2008 ~2013 年各省、区、市城乡居民家庭恩格尔系数比较

单位：%

年份 地区	2008		2009		2010		2011		2012		2013	
	城市	农村	城市	农村	城市	农村	城市	农村	城市	农村	城市	农村
全　国	**37.9**	**43.7**	**36.5**	**41**	**35.7**	**41.1**	**36.3**	**40.4**	**36.2**	**39.3**	**35**	**37.7**
北　京	33.79	33.92	33.17	31.57	32.07	32.36	31.41	32.44	31.34	33.21	31.10	34.65
天　津	37.29	41.02	36.51	43.25	35.87	41.74	36.17	35.33	36.67	36.23	36.58	34.86
河　北	34.73	38.17	33.59	35.70	32.32	35.15	33.83	33.53	33.61	33.87	32.29	32.01
山　西	33.78	38.96	32.84	37.06	31.17	37.46	31.34	37.71	31.57	33.42	27.93	33.04
内蒙古	32.82	41.00	30.50	39.78	30.09	37.55	31.25	37.53	30.84	37.29	31.78	35.54
辽　宁	38.98	40.61	37.98	36.75	35.08	38.18	35.53	39.14	35.01	38.34	32.19	35.19
吉　林	33.99	39.57	33.33	35.13	32.26	36.73	32.69	35.28	31.72	36.68	29.24	33.04
黑龙江	36.28	32.97	35.28	31.38	35.42	33.79	36.07	38.86	36.10	37.86	35.80	35.19
上　海	36.65	40.91	34.99	37.12	33.52	37.28	35.48	40.88	36.78	40.49	34.89	37.48
江　苏	37.94	41.34	36.29	39.20	36.52	38.08	36.12	35.08	35.37	33.37	34.73	33.13
浙　江	36.43	36.89	33.59	36.37	34.26	34.22	34.57	37.28	35.05	37.05	34.43	35.64
安　徽	41.00	44.28	39.59	40.88	37.95	40.69	39.80	41.46	38.74	39.25	39.12	39.65
福　建	40.63	46.38	39.67	45.94	39.26	46.15	39.22	46.36	39.36	45.98	36.95	44.18
江　西	41.68	49.35	39.85	45.55	39.51	46.34	39.80	45.20	39.70	43.53	37.70	42.26
山　东	33.61	38.06	32.92	36.65	32.06	37.54	33.15	35.71	32.97	34.26	32.88	34.54
河　南	34.85	38.30	34.21	36.02	32.99	37.24	34.15	36.10	33.55	33.82	33.15	34.45
湖　北	42.17	46.85	40.42	44.79	38.68	43.10	40.75	39.01	40.27	37.61	39.74	36.76
湖　南	39.92	51.18	38.55	48.93	36.55	48.44	36.89	45.24	37.25	43.86	35.15	38.38
广　东	37.78	49.03	36.93	48.32	36.49	47.68	36.89	49.08	36.87	49.05	36.70	44.78
广　西	42.41	53.42	39.89	48.68	38.06	48.49	39.50	43.81	38.98	42.27	37.89	40.05
海　南	44.93	53.33	44.69	53.08	44.81	50.04	44.88	51.32	45.35	50.46	44.76	48.03
重　庆	39.64	53.30	37.68	49.08	37.59	48.28	39.05	46.84	41.45	44.16	40.67	43.80
四　川	43.97	52.03	40.44	42.03	39.48	48.27	40.68	46.23	40.36	46.85	39.60	42.24
贵　州	43.09	51.70	41.51	45.17	39.90	46.25	40.22	47.64	39.67	44.61	35.87	42.96
云　南	47.07	49.60	43.72	48.21	41.48	47.21	39.21	47.10	39.39	45.61	37.88	44.22
西　藏	51.21	52.44	50.71	49.59	50.05	49.71	49.85	50.51	49.33	53.65	48.15	54.25
陕　西	36.70	37.45	37.26	35.09	37.06	34.25	36.57	29.94	36.20	29.72	36.43	31.82
甘　肃	38.32	47.17	37.78	41.28	37.41	44.71	37.38	42.24	35.82	39.76	36.82	37.09
青　海	40.47	42.12	40.39	36.27	39.37	38.23	38.89	37.83	37.80	34.81	35.28	30.89
宁　夏	35.08	41.63	33.39	41.68	33.24	38.42	34.77	37.29	33.90	35.34	31.95	31.15
新　疆	37.32	42.60	36.30	41.55	36.23	40.33	38.33	36.14	37.71	35.67	35.01	33.86

数据来源：国家统计局。

（四）城乡基本公共服务

改革开放以来，我国实行的是城市偏向政策以及工业优先发展的战略，导致城乡差距不断扩大，城市与农村之间的矛盾日益突出。要改变城乡差距过大的现状，除了通过经济发展逐步缩小城乡收入差距外，还需要从制度变迁的角度进行突破，这是因为城乡差距不仅是经济发展水平和收入分配问题，更反映了城乡居民所享受的基本公共服务水平的差距。全面推进社会主义新农村建设，其重要内容就是要改善农村居民的生产与生活条件，实现城乡公共服务的均等化。推进基本公共服务均等化发展，不仅关系到人民群众的切身利益，也能从根本上改变劳动力素质，提升经济发展动力，从而顺利跨越“中等收入陷阱”。此外，城乡基本公共服务均等化也是实现“中国梦”的重要内容，要实现人民幸福，就应该让居民享受更好的教育、更高水平的医疗卫生服务、更可靠的社会保障、更舒适的生活条件。表3－4选取了每万人医疗机构床位数这一指标比较了2011～2013年全国各省、区、市医疗卫生服务情况。

从全国来看，2013年我国城市每万人医疗机构床位数为73.58张，与2011年相比，增加了11.18张；2013年农村每万人医疗机构床位数为33.45张，与2011年相比，增加了5.45张；2013年每万人医疗机构床位数城乡比为2.2，与2011年相比，变化不大。数据表明，2011～2013年，随着我国大力推进民生建设，城乡医疗卫生条件都有很大的改善，但城乡间的医疗卫生差距没有明显缩小。

从各省、区、市来看，2013年，青海、吉林和西藏等3个省份的城市每万人医疗机构床位数在100张以上，重庆的城市每万人医疗机构床位数小于50张，其余省份的城市每万人医疗机构床位数在50～100张之间。2013年，新疆的农村每万人医疗机构床位数在50张以上，其余省份都小于50张。2013年每万人医疗机构床位数城乡比超过3的省份依次包括吉林、青海、西藏、广东、宁夏等5个省份，其余省份的城乡比也在1以上。更进一步看，2013年城市每万人医疗机构床位数最高的是青海，为140.17张，最低的是重庆，为45.83张；2013年农村每万人医疗机构床位数最高的是新疆，为55.01张，最低的是广东，为22.82张；2013年每万人医疗机构床位数城乡比最大的是吉林，为4.41，最小的是重庆，为1.10。与2011年相比，城市每万人医疗机构床位数增幅最大的是吉林，增加了65.88张，最小的是辽宁，减少了5.01张；农村每万人医疗机构床位数增幅最大的是辽宁，增加了10.87张，最小的是上海，减少了2.93张；每万人医疗机构床位数城乡比变化幅度最大的是吉林，由2011年的2.06增加到2013年的4.41，最小的是甘肃，减少了0.01。

综上可知，从城市每万人医疗机构床位数和农村每万人医疗机构床位数两个指标看，2011～2013年全国各省、区、市城乡医疗卫生条件普遍都有所提升。这也充分体现了各地区政府对城乡公共服务均等化的重视，并以实际行动促进了这一目标的实现。从每万人医疗机构床位数城乡比指标看，2011～2013年全国各省、区、市每万人医疗机构床位数城乡比有所下降，但比值仍大于1，部分省份的每万人医疗机构床位数城乡比超过4，这表明要实现公共服务均等化目标还面临诸多挑战。

表 3－4　2011～2013 年各省、区、市城乡居民医疗卫生服务（每万人医疗机构床位数）

单位：张

地区＼年份	2011		2012		2013	
	城市	农村	城市	农村	城市	农村
全　国	**62.40**	**28.00**	**68.84**	**31.14**	**73.58**	**33.45**
北　京	76.23	35.14	79.41	36.15	81.45	34.66
天　津	52.26	36.39	57.24	37.75	61.6	38.18
河　北	77.85	27.31	82.63	28.76	87.17	30.39
山　西	75.75	32.96	81.26	34.03	84.92	34.91
内蒙古	72.53	29.06	86.45	31.25	92.95	33.79
辽　宁	74.95	31.29	79.67	33.78	69.94	42.16
吉　林	68.44	33.22	72.48	35.41	134.32	30.49
黑龙江	74.56	25.99	78.45	29.13	84.3	30.83
上　海	76.78	49.92	78.56	44.82	81.45	46.99
江　苏	53.23	31.43	65.38	33.13	74.41	34.89
浙　江	66.11	28.98	71.61	31.79	72.24	34.45
安　徽	50.44	21.75	50.28	24.39	56.51	25.21
福　建	59.57	26.33	65.29	29.6	72.07	32.64
江　西	56.22	21.98	67.97	26.04	70.46	28.01
山　东	58.95	36.95	64.69	43.12	70.72	42.67
河　南	70.32	23.1	79.64	26.21	84.39	28.6
湖　北	60.49	25.23	70.31	28.57	72.31	35.77
湖　南	72.77	27.54	79.01	31.17	86.89	33.86
广　东	62.42	21.64	68.91	22.95	77.08	22.82
广　西	44.07	22.88	47.41	25.77	50.61	28.87
海　南	53.33	24.31	58.39	25.64	61.88	26.79
重　庆	37.81	31.95	40.86	37.15	45.83	41.71
四　川	52.61	31.25	61.72	36.01	68.19	38.75
贵　州	62.43	22.48	69.57	27.39	69.62	32.63
云　南	79.72	31.56	86.88	35.69	89	38.68
西　藏	92.73	27.69	63.91	24.49	103.17	30.02
陕　西	58.85	29.56	63.71	32.72	68.51	35.78
甘　肃	51.34	27.91	64.7	31.44	62.45	34.1
青　海	113.41	27.43		28.58	140.17	34.45
宁　夏	59.2	24.4	67.94	23.93	76.57	25.38
新　疆	89.36	50.2	124.8	49.65	99.21	55.01

数据来源：国家统计局。

三 新常态下中国省域城乡结构调整面临的主要问题

应该看到，近年来我国在促进城乡统筹协调发展方面出台了一系列政策措施，也取得了较为显著的成效，但是当前城乡二元结构造成的深层次矛盾仍然比较突出，我国省域城乡结构调整面临的主要问题包括以下几个方面。

（一）省域城镇化水平差异比较明显

城镇化是我国未来经济增长最大的动力所在，也是破解我国城乡二元结构的重要途径。城镇化水平的高低往往与经济发展水平成正比。根据发达国家的经验，城镇化率在30%～70%是加速城镇化的时期，发达国家的城镇化率一般在80%左右。2013年我国城镇化率为53.73%，比2012年增加了1.16个百分点，继续呈上升态势，但是我国各省份的城镇化水平存在较大差异，而且户籍城镇化率只有36%左右，这种“伪城镇化”导致户籍人口与非户籍人口在教育、就业、医疗、社会保障等社会服务均等化方面存在明显差距，制约了城乡结构的调整优化。

如表3－1所示，从2013年我国省域城镇化率数据来看，城镇化率高于全国平均水平的省份有14个，其中有8个省份城镇化率高于60%，这些省份均为东部沿海发达地区。而中西部大多数省份城镇化率低于全国平均水平，其中，西藏、贵州还低于40%，甘肃、云南、河南、新疆、广西、四川也低于45%。根据数据统计，东部地区常住人口城镇化率达到62.2%，而中部、西部地区分别只有48.5%、44.8%。因此，中西部地区将是未来我国城镇化的发展重点，也是未来投资发展的重要方向。另一方面，从东部地区城镇化发展的质量和水平来看，尽管北上广等地的城镇化率已经达到发达国家的水平，但这些省份在产业结构、收入分配、公共产品供给、社会创新等方面与发达国家仍有较大的差距。因此对这些省份来说，未来城镇化的重点将从量的拓展转移到质的提升方面。

（二）城乡居民收入差距依然较大

尽管近年来我国城乡居民收入差距逐渐缩小，但总体差距依然较大。从反映收入差距的基尼系数来看，根据国家统计局的数据（如图3－1所示），过去的15年中，我国的基尼系数先是逐步扩大，而后又呈现略有缩小的趋势。2013年全国居民收入基尼系数为0.473，虽然从2008年以来连续5年下降，但居民收入的绝对差距仍在扩大。按照国际一般标准，0.4是国际警戒线，0.4以上的基尼系数表示收入差距较大，当基尼系数达到0.6以上时，则表示收入差距很大。城乡居民收入差距过大是造成整体基尼系数过高的主要原因。尽管2013年全国城乡居民收入比差继续下降，但仍然达到了3.03。从全国31个省份来看，如图3－2所示，2013年城乡居民收入比差超过3的有10个省份，大部分分布在西部地区，其余省份的城乡收入比差也都大于2。由此可见，尽管改革开放以来，城乡居民收入水平不断提高，但农民的总体收入水平依然偏低，尤其是财产性收入总量小、渠道少、占比低，只有保证农民收入增长更快一点，才能实现进一步缩小城乡收入差距的目标。

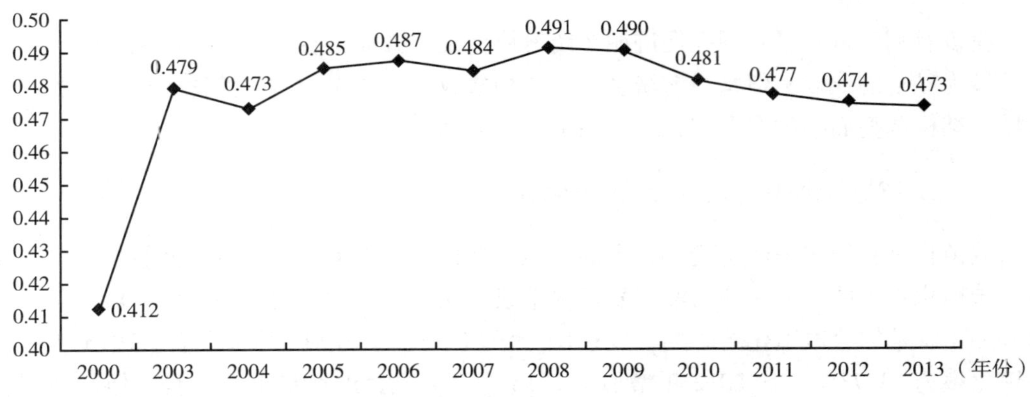

图 3－1　2000～2013 年全国居民收入基尼系数走势

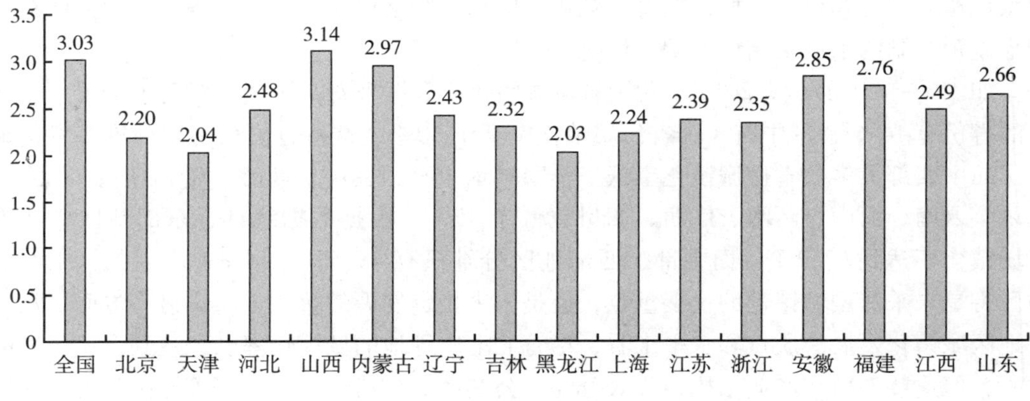

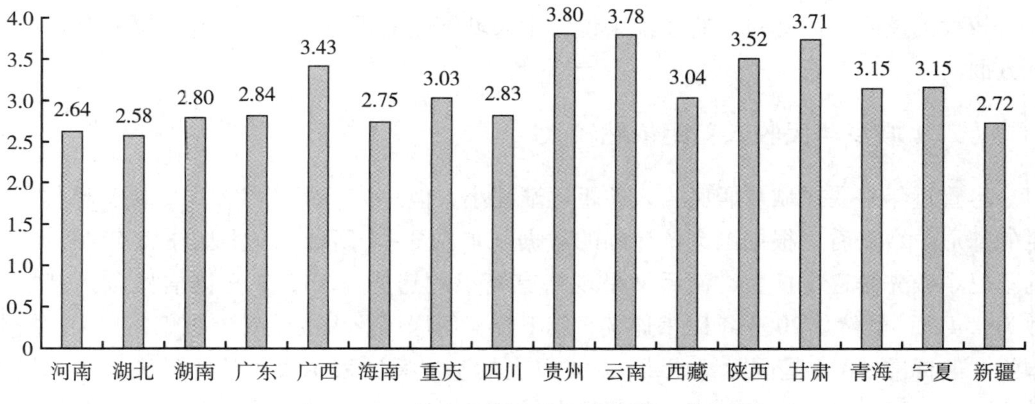

图 3－2　2013 年中国省域城乡居民收入比差情况

（三）城乡资源配置失衡问题仍然存在

长期以来我国实行向城市倾斜的公共资源分配政策，即在教育、医疗、卫生及社会保障等方面实行城乡有别的二元分治结构，重城市轻农村、重工业轻农业，这造成城乡在公共服务的资源占有、服务能力及供给水平上存在较大差距。[①] 近几年来，我国更加突出强调推进城乡基本公共服务均等化，对农村在文化教育、医疗卫生、社会保障等方面的投入不断加大，但与城市相比仍有较大差距。

从教育经费投入来看，2013 年国家财政性教育经费为 24488.22 亿元，占国内生产总值的比例为 4.30%，其中，全国普通小学和普通初中生均公共财政预算教育事业费支出分别为 6901.77 元和 9258.37 元，农村分别为 6854.96 元和 9195.77 元；全国普通小学和普通初中生均公共财政预算公用经费支出分别为 2068.47 元和 2983.75 元，农村分别为 1973.53 元和 2968.37 元。[②] 农村生均义务教育经费增长幅度高于全国水平，农村教育整体发展走势良好，但城乡教育发展仍有巨大差距。农村教育依然薄弱，留守儿童问题、代课教师问题、教学点问题、教学条件问题还比较突出，在乡村小学撤并、农村教师队伍优化、农村寄宿制学校建设、数字教育资源建设等方面还亟待加强。

从医疗卫生情况来看，我国城乡医疗卫生资源分布不均衡的状况也比较明显。如表 3-5 所示，2013 年我国城市每千人卫生技术人员为 9.18 人，农村仅为 3.64 人，城乡比为 2.52；城市每千人医疗卫生机构床位数为 7.36 张，农村仅为 3.35 张，城乡比为 2.20。从省域数据来看，2013 年每千人卫生技术人员城乡比超过 3 的有 7 个省份，其中西藏最高，达到 4.85，其余省份大部分超过 2，重庆最低，为 1.36；每千人医疗卫生机构床位数城乡比超过 3 的有 5 个省份，其中吉林最高，达到 4.41，其余省份大部分超过 2，重庆最低，为 1.10。由于城乡医疗卫生资源配置不合理，农村医疗卫生投入相对不足，医疗卫生基础设施比较落后，相关技术人员业务素质低、医疗水平差，农村医疗服务体系呈现相对落后的局面。

从社会保障体系来看，近年来我国社会保障制度改革的步伐也在不断加快，社会保障的覆盖面不断扩大，保障水平不断提高，但是受城乡二元体制的影响，我国的社会保障体系也存在城乡分割的问题。以城乡居民最低生活保障为例，目前我国最低生活保障呈现明显的城乡分割状态，城乡低保标准和待遇水平差距较大。2012 年全国城市最低生活保障的平均标准为 330 元/（人·月），而农村为 173 元/（人·月），农村仅为城市最低生活保障标准的 1/2 左右；2012 年全国城市最低生活保障的实际支出水平为 239 元/（人·月），农村仅为 104 元/（人·月），农村不足城市水平的 1/2。[③] 农村虽然已逐步建立起新型农村合作医疗、新型农村养老保险和农村低保等社会保障项目，但是相对于城市而言，农村社会保障依然存在着项目不全、覆盖面狭窄、保障水平低、社会化程度低等一系列问题。

---

① 纪江明：《缩小城乡公共服务资源的现实差距》，《中国经济时报》2011 年 1 月 10 日。

② 数据来源于教育部、国家统计局、财政部关于 2013 年全国教育经费执行情况统计公告。

③ 王延中、龙玉其：《社会保障城乡统筹发展四论》，《行政管理改革》2014 年第 8 期。

表 3－5　2013 年中国省域城乡医疗卫生资源分布情况

区域＼项目	每千人卫生技术人员			每千人医疗卫生机构床位数		
	城市(人)	农村(人)	城乡比	城市(张)	农村(张)	城乡比
全　国	**9.18**	**3.64**	**2.52**	**7.36**	**3.35**	**2.20**
北　京	15.88	8.14	1.95	8.15	3.47	2.35
天　津	8.67	5.28	1.64	6.16	3.82	1.61
河　北	10.28	3.18	3.23	8.72	3.04	2.87
山　西	10.87	3.78	2.88	8.49	3.49	2.43
内蒙古	11.74	4.08	2.88	9.30	3.38	2.75
辽　宁	7.62	4.14	1.84	6.99	4.22	1.66
吉　林	13.14	3.70	3.56	13.43	3.05	4.41
黑龙江	8.62	3.74	2.30	8.43	3.08	2.73
上　海	11.13	7.66	1.45	8.15	4.70	1.73
江　苏	8.90	3.94	2.26	7.44	3.49	2.13
浙　江	10.30	5.69	1.81	7.22	3.44	2.10
安　徽	6.28	2.63	2.39	5.65	2.52	2.24
福　建	10.21	3.74	2.73	7.21	3.26	2.21
江　西	8.13	2.95	2.76	7.05	2.80	2.52
山　东	9.05	5.02	1.80	7.07	4.27	1.66
河　南	9.34	3.09	3.03	8.44	2.86	2.95
湖　北	7.91	3.78	2.09	7.23	3.58	2.02
湖　南	9.42	3.37	2.80	8.69	3.39	2.57
广　东	11.78	3.04	3.88	7.71	2.28	3.38
广　西	7.56	3.35	2.26	5.06	2.89	1.75
海　南	9.82	3.84	2.56	6.19	2.68	2.31
重　庆	4.84	3.55	1.36	4.58	4.17	1.10
四　川	7.68	3.56	2.16	6.82	3.88	1.76
贵　州	7.42	2.87	2.59	6.96	3.26	2.13
云　南	9.96	3.27	3.04	8.90	3.87	2.30
西　藏	14.29	2.95	4.85	10.32	3.00	3.44
陕　西	9.01	4.54	1.99	6.85	3.58	1.91
甘　肃	6.76	3.29	2.05	6.24	3.41	1.83
青　海	16.44	3.58	4.59	14.02	3.45	4.07
宁　夏	9.07	3.11	2.92	7.66	2.54	3.02
新　疆	12.88	5.50	2.34	9.92	5.50	1.80

数据来源：《中国统计年鉴》(2014)。

(四)城乡二元结构下的农村环境问题较为严峻

由于城乡二元结构体制的存在，我国环境保护也出现了明显的城乡二元分化问题，主要体现为环境保护的社会资源分配、基础设施、资金投入、技术条件乃至环境法制、环境保护意识等方面的城乡差异。[①] 长期以来，我国环境保护的重点在城市，对农村地区的环境保护重视不够，甚至个别西部农村地区的环境保护还处于“空白”状态，以至于环境污染渐呈“农村包围城市”之势。在城乡二元结构的背景下，由于农民收入水平相对较低，受有限经济条件的制约，农民在生活和生产经营决策时往往优先考虑如何发展经济、提高收入，而忽略了对农村环境的保护，因而更有可能做出以环境污染和生态破坏为代价换取经济增长的短视行为。以农业生产活动中的环境污染为例，由于我国耕地资源短缺，为了追求土地增产，农村地区普遍存在过量施用化肥、农药等污染源的现象，造成了土壤污染、水体污染等环境问题。2008 年我国的化肥施用量为 5239. 0 万吨，2011 年为 5704. 2 万吨，2013 年达到 5911. 9 万吨，其中氮肥平均施用量约为 300 千克/公顷，远远超过了 225 千克/公顷的国际施用标准。此外，农村规模化的畜禽水产养殖、生活垃圾污染、乡镇企业排放的工业污染物等也加剧了农村环境问题。因此，加快治理农村环境污染问题，更好地推进美丽乡村建设和新农村建设，是迫在眉睫的艰巨任务。

四　新常态下中国省域城乡结构调整优化的发展路径

当前，我国已进入经济发展新常态，要进一步促进城乡结构调整与优化，关键在于加快推进新型城镇化建设，以新型城镇化引领城乡发展一体化。党的十八大报告提出，城乡发展一体化是解决“三农问题”的根本途径，“要加大统筹城乡发展力度，增强农村发展活力，逐步缩小城乡差距，促进城乡共同繁荣，……加快完善城乡发展一体化体制机制，着力在城乡规划、基础设施、公共服务等方面推进一体化，促进城乡要素平等交换和公共资源均衡配置，形成以工促农、以城带乡、工农互惠、城乡一体的新型工农、城乡关系”。党的十八届三中全会则进一步阐述了城乡发展一体化问题，指出城乡二元结构是制约城乡发展一体化的主要障碍，必须坚持走中国特色新型城镇化道路，促进城镇化和新农村建设协调推进。2014 年 9 月 16 日，李克强总理在主持召开推进新型城镇化建设试点工作座谈会上指出：“新型城镇化是关系现代化全局的大战略，是最大的结构调整。”加快推进新型城镇化建设是解决中国农业、农村、农民问题的重要途径，是促进城乡结构调整优化的战略选择，也是未来中国经济发展的主要动力。具体来看，推进新型城镇化和城乡发展一体化，促进城乡结构调整与优化，应着重从以下几个方面着手。

（一）努力提高农民收入水平，进一步缩小城乡收入差距

根据目前城乡居民的收入水平，要有效缩小城乡收入差距，必须保证农民收入增速持续超过经济增速和城镇居民收入增速。因此，应把农民增收置于重中之重的位置，充分考虑农村以及农业产业的自然属性和资源约束，转变农民收入增长方式，在千方百计增加居民收入的同时更加强调实现农民收入的持续快速增长。要进一步加大农业科技投

① 柯坚：《城乡二元结构背景下的农村环境问题》，《中国科学报》2014 年 11 月 21 日。

入，逐步提高农业生产效率，有效提升农产品的质量和标准化水平。加快发展现代农业，鼓励农民通过参与标准化的农产品生产、分级、包装、运销、加工等过程分享更多的附加价值。通过实行农村劳动力就业培训全覆盖等战略措施，提高农民的技能水平，实现收入倍增。推进城乡要素平等交换，改革土地征收制度，让农民更多地获得土地开发利用的增值收益。根据中共中央办公厅、国务院办公厅印发的《关于引导农村土地经营权有序流转发展农业适度规模经营的意见》，要在坚持农村土地集体所有的前提下，促使承包权和经营权分离，形成所有权、承包权、经营权三权分置，经营权合理流转的格局，加快引导农村土地经营权有序流转，实现农地适度规模经营，优化土地资源配置效率，促进农业增效和农民增收，切实维护农民在土地流转中的公平主体地位。通过赋予农村家庭土地承包权以抵押、转让、出租等完全的物权，形成进城务工农民的农地退出机制，有效地促进其承包地的流转，以农地的规模经营来大幅度提高农民的收入。开展农村土地股权化改革试点，鼓励城市资本下乡参与土地流转和规模经营。推进以土地承包经营权、林权和宅基地使用权入股设立农民专业合作社，变土地资源为土地资本。

（二）深入推进户籍制度改革，加快促进城乡基本公共服务均等化

2014 年 7 月 30 日，国务院公布《关于进一步推进户籍制度改革的意见》，标志着进一步推进户籍制度改革开始进入全面实施阶段。应深入贯彻落实户籍制度改革意见的要求，加快建立城乡统一的户口登记制度，以适应城镇化快速推进和外来人口规模不断扩大的趋势，推进农业转移人口市民化，逐步把符合条件的农业转移人口转为城镇居民，使农民拥有与市民平等的户籍身份，推进义务教育、就业服务、基本养老、基本医疗卫生、住房保障等城镇基本公共服务覆盖全部常住人口，真正实现“以人为本”的新型城镇化，这是实现城乡基本公共服务均等化的重要内容。为了保证进城农民工能够获得公平的城市基本公共服务保障，应考虑构建中央对农民工流入地的转移支付制度，按照农民工市民化人口规模、公共服务成本等因素，给予流入地必要的补助。

同时，国家财政要加大对农村基础教育、医疗卫生、社会保障等基本公共服务投入的倾斜。加大基础教育尤其是农村基础教育投入，加快推进城乡义务教育资源均衡配置，新增教育经费要更多地向农村、边远、贫困和民族地区倾斜，向弱势群体倾斜，向教师队伍建设倾斜。统筹城乡教学条件、教师配置及基础设施建设，完善农村教师补充机制，改善农村教师生活条件，提高农村教师队伍素质，稳步推进农村学校宽带网络、数字教育资源、网络学习空间建设，提高农村教育信息化程度。切实加强国家对农村医疗卫生的投入，完善农村三级医疗卫生网络。积极推进城乡医疗卫生资源整合，探索城乡医疗卫生资源统筹配置模式。鼓励和引导城市医疗卫生人力资源向农村转移和下沉。加强对农村社会保障的支持。要根据国家财力，逐步提高农村最低生活保障补助标准，不断缩小城乡低保水平。目前农村新农保和城居保已经合并，使城乡居民养老保险的一体化制度建设取得历史性突破。下一步要加快新农合和城市居民医疗保险制度的并轨，

允许农民医疗保险基金可异地转移和报销，这将有利于提高农民医疗保障服务的可行性。①

（三）加大财政支农力度，加强农村基础设施建设

完善促进基本公共服务均等化的公共财政体系。各级财政应增加用于农业发展的比例和额度，逐步提高国家财政用于农业、农村、农民的支出比重。完善转移支付制度，加大财力均衡力度，保障地方政府提供基本公共服务的财力。扩大公共财政覆盖农村的范围，提高基础设施和公共服务保障水平。统筹城乡基础设施建设，加快促进公共基础设施向农村延伸，强化城乡基础设施互联互通、共建共享。尤其要增加对农村道路、电力、能源、水利、通信等方面的投入，改善农村的生产条件和生活环境，促进农村经济发展，带动农民收入增加。

（四）切实抓好农村生态环境保护，深入推进美丽乡村建设

加强农村生态环境保护，不仅是生态文明建设的内在要求，也是社会主义新农村建设和美丽乡村建设的重要任务，更是加快推进新型城镇化、实现城乡发展一体化的重要举措。应明确把治理农村环境污染和生态破坏作为美丽乡村建设的主要载体和深度延伸，联动推进生态人居、生态环境、生态经济、生态文化建设，倒逼农村生产方式、生活方式转型升级，促进农村经济发展方式转变。积极构建农村生态环境保护长效机制，加大对农村环境保护的执法力度，不断增强农民维护农村环境卫生的自觉性和责任感，全面提高农民群众环保意识，促进农民思想观念、行为方式、生活方式转变。加大农村污染防治资金投入力度，加强农村环境保护基础设施建设，防止污染累积效应导致的环境污染治理难度增大。不断优化畜禽养殖布局、结构、规模和方式，大幅减少农业面源污染。鼓励农村环境污染防治技术研究，加大农村科技培训力度，推动农村污染防治成熟技术的推广应用，倡导和推进循环经济、绿色经济发展，创新发展生态农业，提升农产品结构，发展优质、高效、生态型农产品，培育发展无公害产品、绿色产品和有机农产品。

① 苏明：《如何推进我国城乡基本公共服务均等化》，《中国经济时报》2014 年 12 月 15 日。

B.36
专题四 新常态下中国省域需求结构优化升级分析

总需求由被称为驱动经济增长“三驾马车”的投资需求、消费需求和净出口需求三大部分构成，需求结构就是围绕这三大需求的结构关系展开的，即按支出法统计的GDP中内需（最终消费和资本形成）与外需（货物和服务的净出口）及内需各组成部分之间的比例关系。其中，消费需求是由居民永久性收入决定的，属于最终需求；投资需求是消费需求的派生需求，属于中间需求；净出口是国外对本国产品的净需求，受到国外经济状况的影响。金融危机以来，我国经济发展进入了经济增长速度换挡期、结构调整阵痛期、前期刺激政策消化期“三期叠加”阶段。在这样的背景下，2010年党的十七届五中全会提出，“十二五”期间要坚持扩大内需，建立扩大消费需求的长效机制，加快形成消费、投资和出口协调拉动经济增长的局面；“十二五”列出的十大建设任务中，扩大内需位居首位；2011年，中央经济工作会议提出了要牢牢把握扩大内需的战略基点；2012年国务院总理在中央政府工作报告中，着力突出了扩大国内需求尤其是消费需求；十八大报告中再次明确提出了加快建立扩大消费需求长效机制，释放居民消费潜力的战略意义；2014年的中央经济工作会议，尤其突出强调了当前经济发展的九个新常态，其中前面三个新常态分别是消费需求、投资需求以及出口和国际收支的转变，而这三个新常态均属于需求结构方面的内容。因此正确认识当前中国需求结构优化升级提出的背景、发展现状以及未来发展趋势意义重大。本专题将对新常态下我国、四大片区以及31个省、区、市需求结构演进的情况进行分析。本专题所探讨的新常态时期界定为2008年以来，但为了能够更为系统、全面、客观地反映中国需求结构演进的特征，部分指标的数据以1978年改革开放作为时间节点。从中能够更为清晰地看出2008～2014年这段时间在中国改革开放以来整个阶段的演进规律。

一 新常态下中国省域需求结构优化升级的背景分析

1. 需求结构优化升级是顺应后危机时代国际经济贸易形势变化的客观要求

2008年，发端于美国的经济危机迅速波及全球，尽管世界各国采取了一系列措施试图尽快走出危机的低迷期，但危机的影响依然深远，表4－1中显示了危机前后主要发达国家以及金砖国家GDP增长率的变化情况，从中可以看出，2008年和2009年是受到危机影响最大的两个年份，尤其是2009年除了印度和中国外，其他国家的GDP增长率均为负值，世界经济由于缺乏新的增长点而陷入中期低迷阶段，导致这些国家不得不抑制国内有效需求，减少进口，同时发达国家为了扶持本国工业的发展，解决国内的就业问题，实施了“再工业化战略”，很多工厂纷纷搬回母国，这种模式也使我国的出口贸易发展受到制约。正是这种外部经济的变化导致中国外需对经济增长的贡献保持在较低水平上。因此，针对国际需求结构的变化，为了减少外部市场对我国市场的干扰作用，扩大内需仍然具有不可替代的作用。在发挥投资需求主导作用的同时，如何进一步促进消费，仍是当前以及今后较长一段时期内我国所面临的主要问题。

表 4－1　金融危机前后主要发达国家及金砖国家 GDP 增长率变化情况

单位：%

年份	美国	日本	德国	法国	俄罗斯	南非	印度	巴西	中国
2005	3.3	1.3	0.7	1.6	6.4	5.3	9.3	3.2	11.3
2006	2.7	1.7	3.7	2.4	8.2	5.6	9.3	4	12.7
2007	1.8	2.2	3.3	2.4	8.5	5.5	9.8	6.1	14.2
2008	－0.3	－1	1.1	0.2	5.2	3.6	3.9	5.2	9.6
2009	－2.8	－5.5	－5.6	－2.9	－7.8	－1.5	8.5	－0.3	9.2
2010	2.5	4.7	4.1	2	4.5	3.1	10.3	7.5	10.4
2011	1.6	－0.5	3.6	2.1	4.3	3.6	6.6	2.7	9.3
2012	2.3	1.8	0.4	0.3	3.4	2.5	4.7	1	7.7
2013	2.2	1.6	0.1	0.3	1.3	1.9	5	2.5	7.7
均值	1.5	0.7	1.3	0.9	3.8	3.3	7.5	3.5	10.2

2. 需求结构优化升级是顺应中国经济增速迎来新的换挡期的需要

改革开放 30 多年以来，我国以接近两位数的速度增长，如图 4－1 所示，但自 2008 年以来，这种高速增长结束，中国经济增速迎来换挡期，从高速增长期向中高速平稳期过渡。2010 年，GDP 实际增速为 10.4%，但之后一路下降，整体经济增速放缓，经济增长的下行趋势明显，而增速放缓的背后更凸显出结构调整优化升级的重要性。其中，需求结构是中国经济结构的重要组成部分，中国在后危机时期的经济发展取决于需求结构决定的动力结构的转换和新动力机制的形成，内需将在经济增长中发挥更大的作用，直接关系到经济增长的模式和经济的可持续发展。

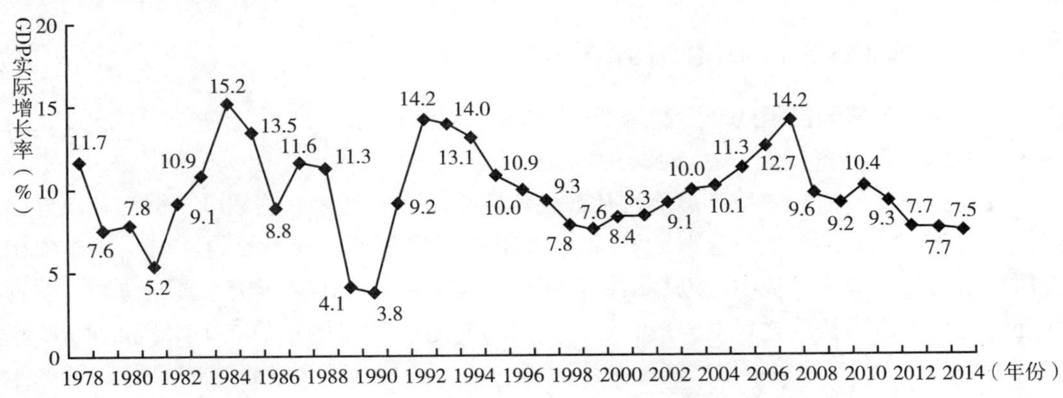

图 4－1　1978 年以来我国 GDP 实际增长率变化情况

3. 需求结构优化升级是中国实现产业结构更为健康成长的必由之路

改革开放三十几年来我国一直以10%左右的速度在发展，但在发展的背后也面临着很多问题，集中体现在产业结构以粗放型为主，存在大量过剩产能，一些原料、能源等需要以高价通过进口的渠道获得，劳动力成本上升，人口红利逐步消失。这就意味着我国经济结构面临着调整的阵痛期，加快经济结构战略性调整是大势所趋。在中央“重点要在促进发展方式转变上下工夫”这一战略性要求的导向下，各个地区都在加大经济结构调整力度。十八大报告中曾经指出必须以改善需求结构、优化产业结构、促进区域协调发展、推进城镇化为重点。以往所强调的产业结构调整更多的是强调在政府的指导下，依靠科技进步等手段来完成，这种方式所带来的问题是需求和供给出现了结构性不对称的问题，出现了大量的生产过剩。而一个国家的需求结构决定了这个国家的产业结构，需求结构合理则产业结构合理。重谈需求结构优化升级将会使由此而形成的产业结构的基本面更为健康，不会出现大幅度的生产过剩现象，更加突出强调了市场在资源配置中的基础作用，强调通过需求结构来带动产业结构的调整。

4. 需求结构优化升级是我国消化前期刺激政策的关键手段

2008年以来，在金融危机爆发初期，为了防止国内经济增速持续回落，我国政府明确提出了“保增长”，全面实施了一揽子促进经济平稳较快发展的经济刺激计划。计划实施后出现了全社会投资增长势头强劲的局面，政府通过实施家电下乡、汽车下乡等措施促进消费需求的增长。但此轮增长主要是从投资方面入手，经济可持续发展受到制约，现在急需寻找新的增长动力机制，进一步消化前期的刺激政策，实现从要素驱动、投资驱动到创新驱动的转变。而消费驱动型的经济增长模式才是有利于中国经济持续、高效、和谐发展的有效选择，所以消费结构的转型升级是消化我国前期刺激政策的关键手段。

二　新常态下中国省域需求结构演进的特征分析

为了更为全面地反映中国需求结构的演进特征，本部分先从国家的角度探讨需求结构演进的情况，在此基础上再详细地探讨四大经济区以及31个省区市的需求结构特征。

（一）新常态下中国总体需求结构演进分析

1. 国内生产总值各组成部分数值变化情况

（1）消费和投资持续平稳增长，但增速减缓

按支出法衡量的国内生产总值包括最终消费支出、资产形成总额以及货物和服务净流出，图4－2和表4－2中分别是1978年以来我国按照支出法衡量的国内生产总值构成情况以及统计分析，从中可以看出，各年份的最终消费支出高于资本形成总额，两者均处于持续平稳增长的过程中，最终消费支出增速超过20%的年份有1985年、1988年以及1993～1995年，1994年增速最高，为33.5%，而资本形成总额增速超过20%的年份居多，包括1984年、1985年、1988年、1992～1995年、2003～2004年以及2008

年，1993 年增速最高，为 55.83%。从均值情况来看，1978 ~2013 年我国最终消费支出均值为 66927.47 亿元，从 2001 年开始，最终消费支出均高于此平均水平；1978 ~2013 年我国资本形成总额均值为 56402.69 亿元，从 2004 年开始，资本形成总额均高于此平均水平。2008 年金融危机以来，消费和投资的增速均略有放缓，消费支出从 2008 年为的 16% 上升为 2011 年的 19.6% 之后又下降为 2013 年的 11.5%。投资则从 2008 年的 24.68% 下降到 2013 年的 10.91%，

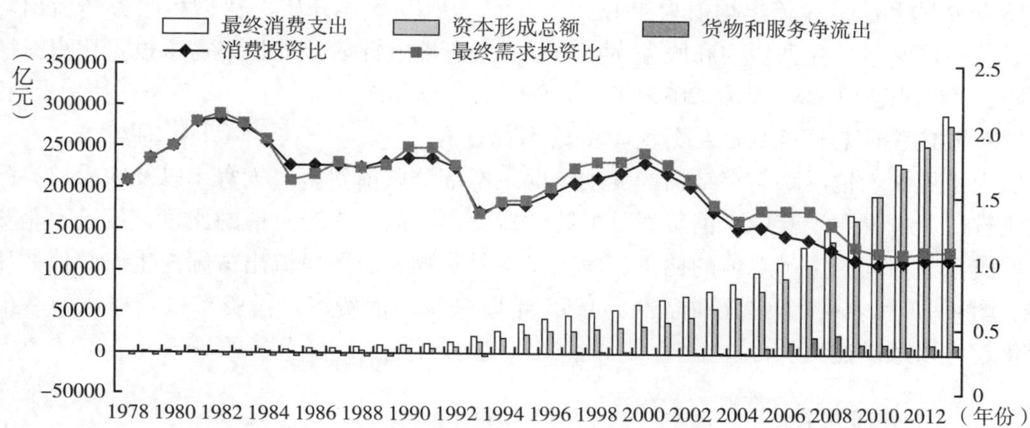

图 4 -2　1978 ~2013 年国内生产总值各组成部分构成情况

表 4 -2　1978 ~2013 年国内生产总值各组成部分统计性分析

单位：%

最终消费支出均值	资本形成总额均值	货物和服务净流出均值	最大最终消费支出总额/年份	最大资本形成总额/年份	最大货物和服务净流出/年份	最小最终消费支出总额/年份	最小资本形成总额/年份
66927.47	56402.69	4813.95	292165.6/2013	280356.1/2013	24226.8/2008	2239.1/1978	1377.9/1978
最小货物和服务净流出/年份	消费投资比均值	最终需求投资比	最大消费投资比/年份	最大最终需求投资比/年份	最小消费投资比/年份	最小最终需求投资比/年份	
-679.5/1993	1.19	1.27	2.08/1982	2.13/1982	1.00/2010	1.07/2011	

从曲线的形状可以看出，最终消费支出和资本形成总额的差距在逐步缩小，最终消费支出/资本形成总额在波动中逐步下降，1978 年为 1.63，1982 年比重值最高，为 2.08，2008 年为 1.11，2013 年为 1.04。而最终需求投资比的变动趋势还受到了货物和服务净流出的影响，但其图形波动的趋势与消费投资比的趋势一致，说明最终消费支出和资本形成总额仍然是我国国内生产总值变化的主要影响因素。

（2）货物和服务净流出在波动中略有下降，2008 年为历史的最高水平

从货物和服务净流出来看，自 1994 年开始，货物和服务净流出均为正值，即出口大于进口，尤其是 2003 ~2008 年，我国出口的增长速度是改革开放以来罕见的。在这

样的背景下，外向型经济获得很大的发展，2008 年我国货物和服务净流出最高，为 24226.8 亿元。但之后受到国际金融危机的影响，大多数发达国家面临着经济衰退、失业加剧以及财政赤字等三大问题的困扰，纷纷锁紧银根，减少进口，使我国的货物和服务净流出在波动中略有下降，2009 年与 2008 年相比，货物和服务净流出减少了 9190 亿元，减少的金额是历史上最大的。2008 年，我国的货物和服务净流出为 24226.8 亿元，2013 年仅为 14151.3 亿元，2013 年与 2008 年相比，减少了 10075.5 亿元。1978 ~ 2013 年货物和服务净流出均值为 4813.95 亿元，从 2005 年开始，货物和服务净流出均高于此平均水平。受到货物和服务净流出变动的影响，此阶段的最终需求投资比也有所下降，2008 年为 1.28，到了 2013 年为 1.09。

2. 国内生产总值各组成部分比率变动情况分析

为了更深入地反映需求结构的变动情况，本部分以消费率、投资率以及净出口率的变化进行分析说明。其中，消费率是最终消费支出与国内生产总值的比重，投资率是资产形成总额与国内生产总值的比重，净出口率是货物和服务净流出占国内生产总值的比重。图 4－3 和表 4－3 中分别描述了 1978 年以来我国消费率、投资率以及净出口率的变化趋势以及描述性统计。

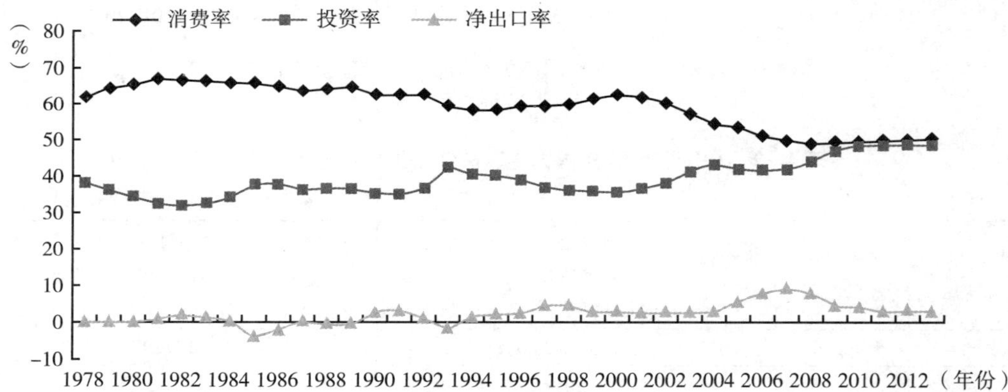

图 4－3　1978 ~ 2013 年我国消费率、投资率和净出口率变化趋势图

表 4－3　1978 ~ 2013 年我国消费率、投资率和净出口率的统计性分析

单位：%

平均消费率	平均投资率	平均净出口率	最大消费率/年份	最大投资率/年份	最大净出口率/年份	最小消费率/年份	最小投资率/年份	最小净出口率/年份
58.0	39.7	2.3	67.1/1981	48.3/2011	8.8/2007	48.2/2010	31.9/1982	－4.1/1985

（1）消费率略有上升，但依然偏低

从消费率的变化情况来看，2008 年我国的消费率为 48.6%，之后略有下降，2009 年为 48.5%，2010 年为 48.2%，此值是 1978 年以来历史的最低水平，2013 年与2008年相比上升了1.1个百分点。尽管在其之后略有上升，但总的消费率均低于50%，远低于改革开放初期60%的水平，也低于2006年以前任何一年的消费率。按照先进工业化国家的现代经济增长规律，效率的提升主要取决于总需求中最终消费需求的增加，表4－4显示了2008年以来主要发达国家和金砖五国最终消费率的变动情况，美国的消费率均值为84.5%，位居第1位，其次是巴西，为82%，再次是南非，为81.2%，而中国的最终消费率均值仅为49%，不仅远远地低于发达国家标准，也低于其他金砖国家的水平。即使在当前国家政策的影响下，消费率略有上升，但提升幅度不够，依然偏低。

表4－4　2008～2013年主要发达国家和金砖五国最终消费率变化情况

单位：%

	美国	日本	德国	法国	俄罗斯	南非	印度	巴西	中国
2008	84	77	73	78	65	80	70	79	48.6
2009	86	80	77	80	74	81	69	82	48.5
2010	85	79	75	80	69	80	68	81	48.2
2011	85	81	75	79	66	80	70	81	49.1
2012	84	81	75	79	68	83	72	84	49.5
2013	83	82	75	79	72	83	72	85	49.8
均值	84.5	80	75	79.2	69	81.2	70.2	82	49

资料来源：世界银行数据库

（2）投资率仍然位居高位，但增速放缓

从投资率变化情况来看，2008年，我国的投资率为43.8%，在中央出台4万亿经济刺激计划的影响下，2009年投资率有了大幅度的提升，为47.2%，2010年为48.1%，2011年为48.3%，达到历史最高值，之后投资率略有下降，2012年为47.7%，2013年为47.8%，2013年与2008年相比投资率上升了4个百分点，但增速略有放缓。从该区段的曲线特征可以看出，这个区间的投资率整体位居高位，均高于40%，1993年之前的投资率低于40%，1982年的投资率最低，为31.9%。而西方国家的投资率一般介于20%～25%，表4－5给出了主要发达国家和金砖五家2008年以来投资率的变化情况，从中可以看出，即便是在金融危机时期，发达国家和新兴市场国家的投资率也没有太大幅度的上升，反而出现了下降的趋势，说明这些国家主要采取消费需求调整等来刺激经济的增长，并不是集中于投资领域。而中国的投资率大幅度攀升，2008～2013年中国投资率均值为47.2%，位居所分析国家的首位，其次为印度，为35.2%，其他国家的投资率均低于25%，美国投资率均值仅为19.2%。从中可以看出，我国需求拉动主要依靠高投资率来完成，这种经济结构主要靠大规模的投资拉动，在一定程度上缓解了产能过剩等问题，但长远来看，其对经济的带动作用有限。

表 4－5　2008～2013 年主要发达国家和金砖五国的投资率变化情况

单位：%

	美国	日本	德国	法国	俄罗斯	南非	印度	巴西	中国
2008	21	23	21	24	26	23	36	21	43.8
2009	16	20	18	21	19	20	36	18	47.2
2010	19	20	20	22	23	19	37	20	48.1
2011	19	20	21	23	25	19	36	20	48.3
2012	20	21	19	23	24	19	35	18	47.7
2013	20	21	19	22	23	19	31	18	47.8
均值	19.2	20.8	19.7	22.5	23.33	19.8	35.2	19.2	47.2

（3）出口增速出现换挡，但降幅放缓

从净出口率变化情况来看，受到外部经济形势变化的影响，2008 年以来，我国净出口率一路下降，2008 年为 7.7%，2009 年为 4.3%，直接下降了 3.4 个百分点，之后的降幅略有放缓，2013 年净出口率为 2.4%，2013 年与 2008 年相比净出口率下降了 5.3 个百分点，与消费率和投资率相比较，其下降幅度是最大的。

综合以上三点可以看出，我国内需（消费需求和投资需求之和）占总需求的比重超过 90%，而外需（货物和服务净流出）占总需求的比重低于 10%，2008 年金融危机前夕，净出口率最大时也只占到了 8.8%，说明消费需求和投资需求是拉动中国经济增长的主要动力，消费、储蓄、投资之间的比例问题一直没有得到合理的解决。从描述性统计来看，1978～2013 年平均消费率、平均投资率和平均净出口率分别为 58%、39.7% 和 2.3%，平均消费率高于平均投资率高于平均净出口率。最大消费率、最小投资率和最小净出口率分别出现在 1978～2013 年的早期阶段，而最小消费率、最大投资率和最大净出口率主要出现在 1978～2013 年的后期阶段。

3. 三大需求对国内生产总值的贡献率以及拉动率变动特征分析

（1）资本和消费对国内生产总值的贡献率在波动中有所上升，但货物和服务净流出对国内生产总值的贡献率在波动中明显下降

从最终消费支出对国内生产总值的贡献率来看，2008 年为 44.2%，2011 年达到此阶段的最高值，为 56.5%，之后略有下降，2013 年为 50%，年均贡献率为 49.78%，其对国内生产总值的贡献程度在波动中有所上升，2013 年比 2008 年上涨了 5.8 个百分点。从资本形成总额对国内生产总值的贡献率来看，2008 年为 47%，2009 年达到最高值，为 87.6%，之后资本形成总额对国内生产总值的贡献率有所下降，到了 2013 年为 54.4%，可见，资本形成总额对国内生产总值的贡献程度在波动中有所上升，2013 年比 2008 年上涨了 7.4 个百分点。从货物和服务净流出对国内生产总值的贡献率来看，2008 年为 8.8%，2009 年为 －37.4%，2010 年为 4%，2011 年为 －4.2%，2012 年为 －2.1%，2013 年为 －4.4%，从数值可以看出，其在波动中明显下降，2013 年比 2008 年下降了 13.2 个百分点（见表 4－6）。

(2) 三大需求对国内生产总值的拉动作用均有所下降

从最终消费支出对国内生产总值的拉动作用可以看出，2008 年为 4.2 个百分点，2013 年为 3.9 个百分点，在波动中有所下降，2013 年比 2008 年下降了 0.3 个百分点。从资本形成总额对国内生产总值的拉动作用来看，2008 年为 4.5 个百分点，2009 年达到此阶段的最高值，为 8.1 个百分点，之后又在波动中下降，2013 年为 4.2 个百分点，2013 年比 2008 年下降了 0.3 个百分点。从货物和服务净流出对国内生产总值的拉动作用来看，2008 年为 0.9 个百分点，2010 年为 0.4 个百分点，其他年份均为负值，2013 年仅为 -0.3 个百分点，2013 年比 2008 年，下降了 1.2 个百分点（见表 4-6）。

(3) 小结

从以上分析还可以看出，2008~2013 年资本形成总额对国内生产总值的贡献率（56.1%）>最终消费支出对国内生产总值的贡献率（49.78%）>货物和服务净出口对国内生产总值的贡献率（-5.88%）。2008~2013 年资本形成总额对国内生产总值的拉动作用（5.05 个百分点）>最终消费支出对国内生产总值的拉动作用（4.45 个百分点）>货物和服务净出口对国内生产总值的拉动作用（-0.5 个百分点)，说明我国以投资驱动经济增长的模式并没有发生根本的转变。

表 4-6　2008~2013 年三大需求对国内生产总值的贡献率和拉动点

年份	最终消费支出		资本形成总额		货物和服务净出口	
	贡献率	拉动	贡献率	拉动	贡献率	拉动
2008	44.2	4.2	47	4.5	8.8	0.9
2009	49.8	4.6	87.6	8.1	-37.4	-3.5
2010	43.1	4.5	52.9	5.5	4	0.4
2011	56.5	5.3	47.7	4.4	-4.2	-0.4
2012	55.1	4.2	47	3.6	-2.1	-0.1
2013	50	3.9	54.4	4.2	-4.4	-0.3
均值	49.78	4.45	56.1	5.05	-5.88	-0.5

注：贡献率的单位为%，拉动的单位为百分点。本表数据来自《中国统计年鉴》(2014)，是按照不变价格来进行计算的。

4. 消费需求结构演进特征分析

由于消费需求是未来中国拉动经济增长的关键，本部分将重点对消费需求结构展开深入分析。最终消费是由居民消费和政府消费构成的，其中居民消费由城镇居民消费和农村居民消费构成。

(1) 居民消费支出是扩大内需的主力，但居民消费支出比重略有下降

从图 4-4 和表 4-7 可以看出，我国最终消费支出不断上升，其中居民消费支出由 1978 年的 1759.1 亿元上升到 2013 年的 212187.5 亿元，增长了 119.62 倍，年均值为 49279.48 亿元，自 2001 年起，居民消费支出均超过了年均值水平。政府消费支出从 1978 年的 480 亿元提升到 2013 年的 79978.1 亿元，增长了 165.62 倍，年均值为 17648

亿元，自2002年起，政府消费支出均超过了年均值水平。从年均值来看，我国居民消费支出是政府消费支出的2.79倍，说明居民消费支出是扩大内需的主力。

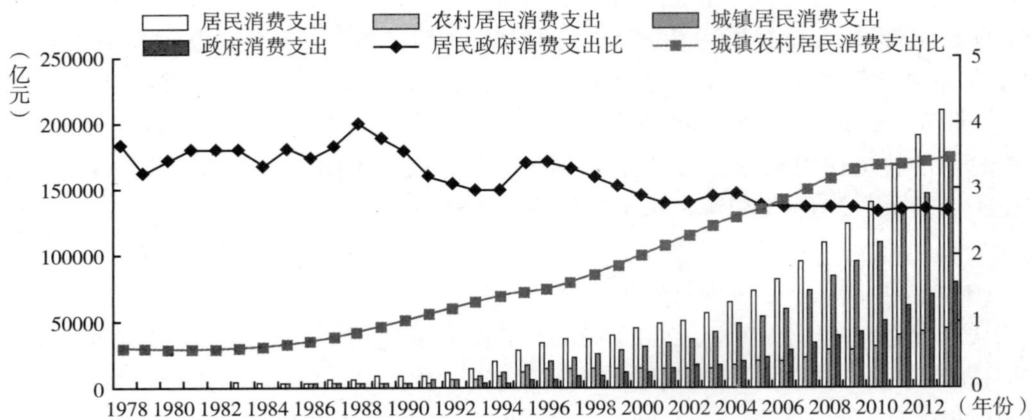

图4-4　1978～2013年我国最终消费支出构成情况

表4-7　1978～2013我国最终消费支出统计性分析

居民消费支出均值	农村居民消费支出均值	城镇居民消费支出均值	政府消费支出均值	最大居民消费支出/年份	最大农村居民消费支出/年份	最大城镇居民消费支出/年份	最大政府消费支出/年份	最小居民消费支出/年份
49279.48	13738.65	35540.82	17648	212187/2013	47113.5/2013	165074/2013	79978.1/2013	1759.5/1978
最小农村居民消费支出/年份	最小城镇居民消费支出/年份	最小政府消费支出/年份	居民政府消费支出比均值	城镇农村居民消费支出比均值	最大居民政府消费支出比/年份	最大城镇农村居民消费支出比/年份	最小居民政府消费支出比/年份	最小城镇农村消费支出比/年份
1092.4/1978	667.1/1978	480/1978	3.16	1.74	3.99/1988	3.5/2013	2.64/2010	0.61/1978、1979

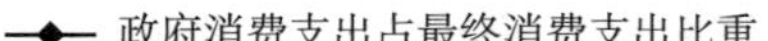

图4-5　1978～2013年最终消费支出构成情况

从图4－5中可以看出，我国居民消费支出占最终消费支出的比重始终高于政府消费支出占最终消费支出的比重，但居民消费支出占最终消费支出的比重略有下降，而政府消费支出占最终消费支出的比重略有上升，2008年金融危机以来，居民消费支出比重为72.8%，2013年为72.6%，下降了0.2个百分点，而政府消费支出2008年为27.2%，2013年为27.4%，上升了0.2个百分点。

（2）城镇居民消费支出高于农村居民消费支出，但农村市场未来消费增长潜力巨大

在居民消费支出的构成中，城镇居民消费支出和农村居民消费支出均处于不断上升的趋势，其中，城镇居民消费支出从1978年的666.7亿元提升到2013年的165074亿元，增长了246.60倍，年均值为35540.82亿元，自2002年起，城镇居民消费支出均超过了年均值水平；农村居民消费支出从1978年的1092.4亿元上升到2013年的47113.5亿元，增长了42.13倍，年均值为13738.65亿元，自1996年起，农村居民消费支出均超过了年均值水平。从中可以看出，我国城镇居民消费支出的增长速度远远地快于农村居民消费支出的增长速度。

从图4－5中还可以看出，城镇居民消费支出比重不断上升，而农村居民消费支出比重不断下降。出现这种结构性特征主要有如下几个方面原因：随着居民收入水平的提高，越来越多的居民把钱投入到了房产中，从而减少了消费支出，增加了投资需求，金融市场所提供的金融产品的日益丰富对消费支出也存在一定的分流作用。我国居民消费支出比重下降主要是受到农村居民支出比重下降的影响，未来要进一步开发农村市场，释放农村市场的需求潜力。

从图4－4中还可以看出，我国居民政府消费支出比在波动中略有下降，1978年为3.66，1988年达到历史的最高点，为3.99，之后在波动中略有下降，2013年，居民政府消费支出比为2.65。从城镇农村居民消费支出比来看，其上升趋势明显，1978年为0.61，为历史最低点，2013年达到3.50，表明我国居民消费中城镇居民消费支出增长的速度大于农村居民消费支出增长的速度。

（3）居民消费水平逐步提升，城乡消费水平差距缩小

从居民消费水平差异来看，2008～2013年，我国城镇和农村居民的消费水平均处于不断上升的趋势，2008年城镇居民消费水平为13635元，到了2013年为22880元，增长了67.76%；2008年农村居民消费水平为3901元，到了2013年为7409元，增长了89.93%，农村居民消费水平的增长速度快于城镇居民消费水平的增长速度。2008年金融危机以来我国城乡收入差距存在缩小趋势，2008年农村居民消费水平为3901元，城镇居民消费水平为13653元，城乡消费水平比为3.5，2013年农村居民消费水平为7409元，城镇居民消费水平为22889元，城乡消费水平比为3.1（见表4－8），这种城乡收入差距的缩小也有利于未来消费结构的转型升级。

表 4-8　2008~2013 年我国居民消费水平差异

年份	居民消费水平(元)	农村居民消费水平(元)	城镇居民消费水平(元)	城乡消费水平对比
2008	8430	3901	13653	3.5
2009	9283	4163	14904	3.6
2010	10522	4700	16546	3.5
2011	12570	5870	19108	3.3
2012	14110	6632	21035	3.2
2013	15632	7409	22880	3.1
均值	11758	5446	18021	3.309

（二）新常态下中国需求结构演进的区域差异分析

1. 各区域最终消费支出、资本形成总额、货物和服务净流出分析

（1）各省市自治区国内生产总值构成情况分析

图 4-6 和表 4-9 显示了 2008~2013 年我国各区域按照支出法所衡量的国内生产总值的均值水平。从中可以看出，2008~2013 年均最终消费支出最高的省份是广东省，为 23720.97 亿元，西藏最低，为 362.78 亿元，广东省的年均最终消费支出是西藏的 65.39 倍。2008~2013 年均资本形成总额最高的省份是山东省，为 23005.5 亿元，西藏最低，为 568.37 亿元，山东省的资本形成总额为西藏的 40.48 倍。2008~2013 年货物和服务净流出最大的省份是广东，为 5415.04 亿元，最小的是河南，为 -3935.31 亿元，两地区之间差距为 9350.35 亿元。消费投资比和最终需求投资比的变动趋势基本一致，其中消费投资比最大的地区是河南省，为 1.37，最小的地区是内蒙古，为 0.48；最终需求投资比最大的是广东，为 1.51，最小的是西藏，为 -0.0049。

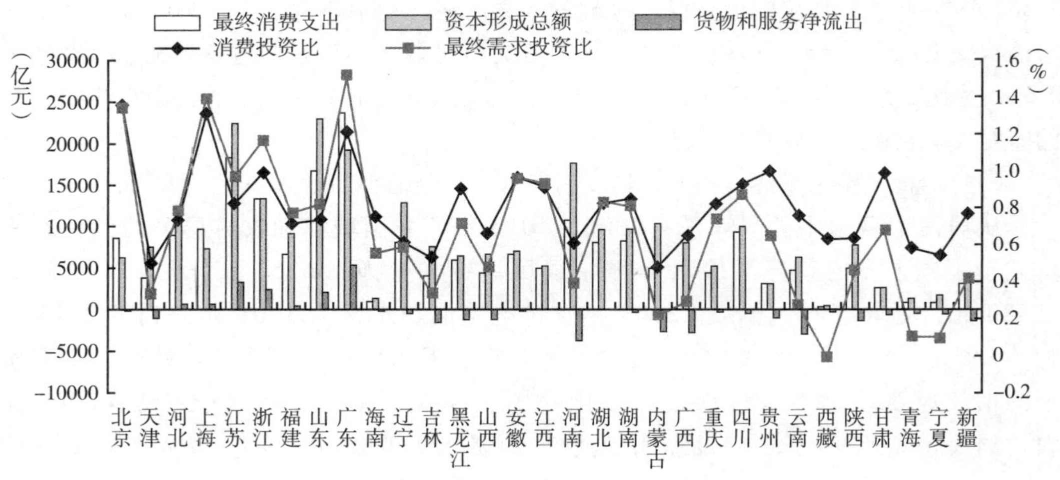

图 4-6　2008~2013 年全国 31 个省区市国内生产总值构成情况

从图 4-6 和表 4-9 还可以看出，最终消费支出高于全国平均水平（7024.93 亿元）的省份包括广东等 12 个省区市，其中广东、江苏、山东、浙江、河南 5 个省的最

终消费支出均过万亿元。资本形成总额高于全国平均水平（8630.79 亿元）的省份包括山东等 12 个地区，其中山东、江苏、广东、河南、浙江、辽宁、河北、内蒙古和四川 9个地区的资本形成总额过万亿元。货物和服务净流出高于全国平均水平（-362.64 亿元）的地区包括广东等 12 个地区，其中广东、江苏、浙江、山东、河北、上海、福建、湖北和江西的货物和服务净流出均为正值。消费投资比高出全国平均水平（0.81）的地区包括北京等 14 个地区，其中北京、上海和广东的消费投资比均超过 1。最终需求投资比高于全国平均水平（0.77）的地区包括广东等 13 个地区，其中广东、上海、北京和浙江的最终需求投资比均高于 1。

表 4-9　2008~2013 年全国 31 个省区市国内生产总值构成统计分析

最终消费支出均值	最终资本形成总额均值	货物和服务净流出均值	消费投资比均值	最终需求投资比均值	最大最终消费支出/省份	最大资本形成总额/省份	最大货物和服务净流出/省份
7024.93	8630.79	-362.64	0.81	0.77	23720.97/广东	23005.5/山东	5415.04/广东
最小最终消费支出/省份	最小资本形成总额/省份	最小货物和服务净流出/省份	最大消费投资比/省份	最大最终需求投资比/省份	最小消费投资比/省份	最小最终需求投资比/省份	
362.78/西藏	568.37/西藏	-3935.31/河南	1.37/河南	1.51/广东	0.48/内蒙古	0/西藏	

（2）四大区域国内生产总值构成情况分析

从四大区域来看（如图 4-7 所示），2008~2013 年的最终消费支出均值东部地区（11137.74 亿元）>中部地区（7224.08 亿元）>东北部地区（6024.28 亿元）>西部地区（3748.19 亿元）。2008~2013 年的资本形成总额均值东部地区（12264.93 亿元）>中部地区（9373.99 亿元）>东北部地区（9018.83 亿元）>西部地区（5133.72 亿元）。2008~2013 年货物和服务净流出均值东部地区（1369.06 亿元）>中部地区（-902.9 亿元）>东北部地区（-1114.94 亿元）>西部地区（-1347.52 亿元）。

从最终消费支出来看，东部地区和中部地区均高于全国平均水平，其他地区则低于全国平均水平，从最终资本形成总额看，东部地区、中部地区和东北部地区均高于全国平均水平，西部地区低于全国平均水平；从货物和服务净流出看，东部地区高于全国平均水平，其他三大片区均低于全国平均水平。从消费投资和最终需求投资比来看，仅有东部地区高于全国平均水平。

2. 各区域消费率、投资率和净出口率差异分析

（1）各省区市消费率、投资率和净出口率的差异分析

图 4-8 显示了 2008~2013 年中国 31 个省份消费率、投资率和净出口率的年均值比较。经分析发现，31 个省区市的投资率和消费率均高于净出口率，北京、上海、浙江、广东、贵州、甘肃、安徽的年均消费率均高于投资率，除此之外，其他地区的年均消费率均低于投资率。31 个省区市的消费率、投资率和净出口率的平均值差异较大。消费率最高的地区为西藏，高达 65.18%，最低的地区为天津市，为 37.59%，两者之

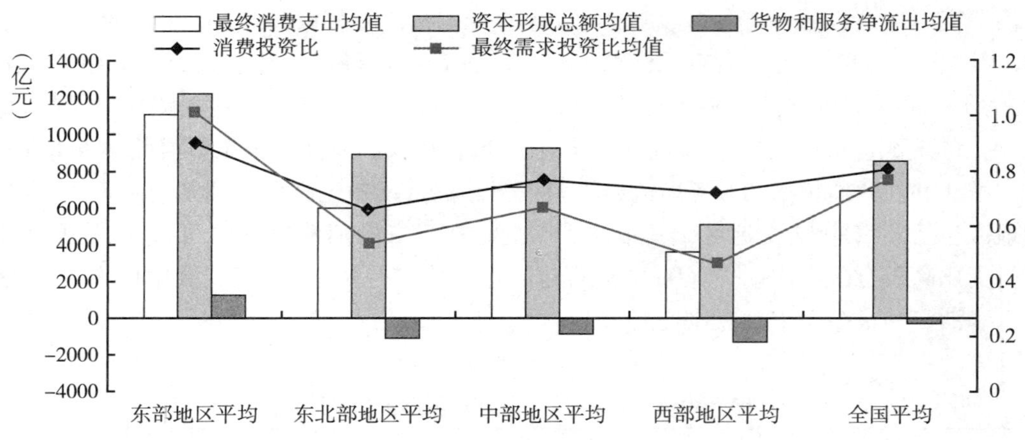

图 4-7　2008～2013 年全国及四大区域国内生产总值构成情况

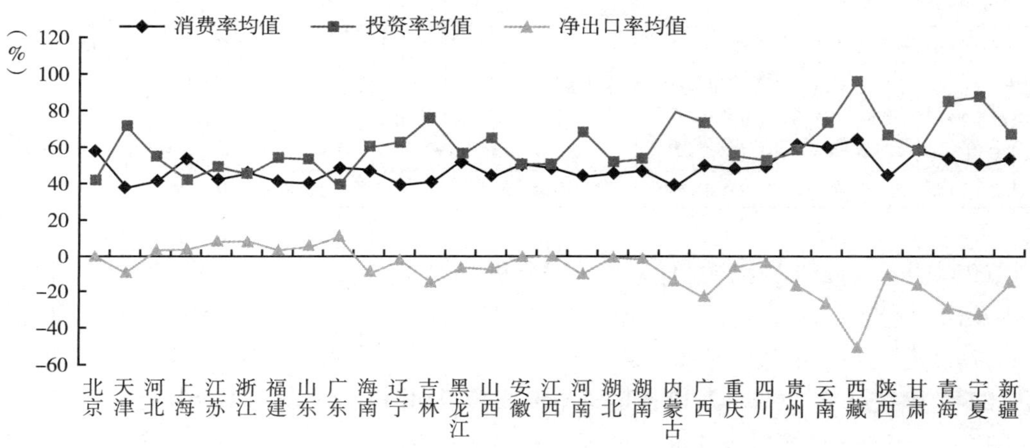

图 4-8　2008～2013 年全国 31 个省区市年均消费率、投资率、净出口率分析

间的差额高达 27.59 个百分点。投资率最高的是西藏，高达 96.46%，投资率最低的地区是广东，为 39.14%，两者之间的差额高达 57.32 个百分点。净出口率最高的是广东省，为 11.65%，最低的是西藏，为 -49.36%，两者之间的差额达到 61.01 个百分点。2008～2013 年消费率均值高于全国平均水平（49%）的地区包括西藏、贵州、云南、甘肃、北京、广东、上海等 14 个地区。2008～2013 年投资率均值中，除了广东、上海、北京、浙江外，其他地区的投资率均高于全国平均水平（47.2%）。2008～2013 年的净出口率均值中，除了广东、浙江、江苏和山东外，其他地区的净出口率均低于全国平均水平（3.91%）。

（2）四大区域消费率、投资率及净出口率差异分析

从四大区域年均消费率来看，西部地区的年均消费率（50.53%）＞中部地区的年均消费率（47.24%）＞东部地区的年均消费率（45.43%）＞东北部地区的年均消费率（45.33%），但年均值较低的地区近 6 年的消费率在波动中略呈上升趋势，东部地

区的消费率从 2008 年的 45.25% 上升为 2013 年的 46.83%，上升了 1.58 个百分点，东北部地区从 2008 年的 45.20% 上升到 2013 年的 45.33%，上升了 0.13 个百分点。而年均值较高的地区如中部地区和西部地区的消费率在波动中略有下降，中部地区从 2008 年的 48.32% 下降为 2013 年的 47.24%，下降了 1.08 个百分点，西部地区从 2008 年的 51.41% 下降为 2013 年的 50.53%，下降了 0.88 个百分点（见图 4－9）。

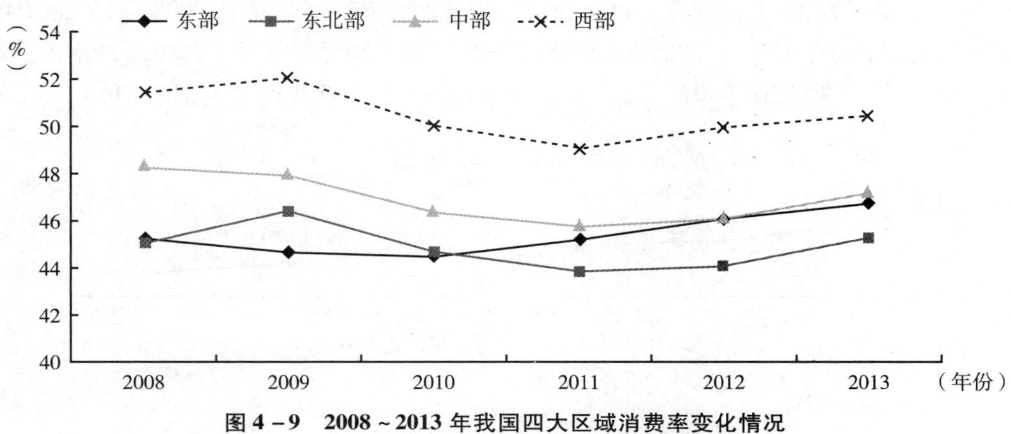

图 4－9　2008～2013 年我国四大区域消费率变化情况

从四大区域年均投资率的演进情况来看，西部地区的年均投资率（66.40%）＞东北部地区的年均投资率（65.86%）＞中部地区的年均投资率（58.69%）＞东部地区的年均投资率（48.89%）。东部地区、中部地区以及西部地区的投资率均有上升的趋势，其中，西部地区的投资率，从 2008 年的 59.02% 上升到 2013 年的 70.83%，上升了 11.81 个百分点，中部地区从 2008 年的 52.84% 上升到 2013 年的 62.31%，上升了 9.47 个百分点，东部地区上升的幅度相对较小，由 2008 年的 46.25% 上升到 2013 年的 50.13%，上升了 3.88 个百分点。而东北部地区的投资率则略有下降，2008 年为 69.29%，2013 年为 66.28%，下降了 3.01 个百分点（见图 4－10）。

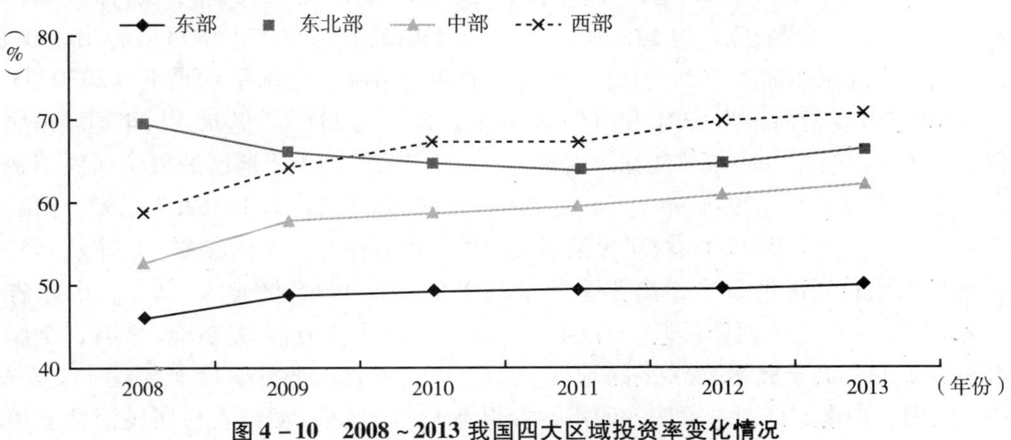

图 4－10　2008～2013 我国四大区域投资率变化情况

注：此图中的东部、东北部、中部和西部地区的投资率值是各个地区所含省份的资本形成总额/GDP 总额。

从四大区域年均净出口率演进情况来看，东部地区年均净出口率（5.86%）>中部地区年均净出口率（-5.21%）>东北部地区的年均净出口率（-8.04%）>西部地区的年均净出口率（-16.88%）。受到金融危机的影响，四大区域净出口率均有大幅度的下降，东部地区净出口率从2008年的9.25%下降到2013年的3.04%，下降了6.21个百分点。中部地区次之，其净出口率从2008年的-0.6%下降到2013年的-8.95%，下降了8.35个百分点。再次为东北部地区，其净出口率从2008年的-4.94%下降到2013年的9.84%，下降了4.9个百分点。最后为西部地区，其净出口率由2008年的-10.0%下降到2013年的-21.3%，下降了11.3个百分点（见图4-11）。

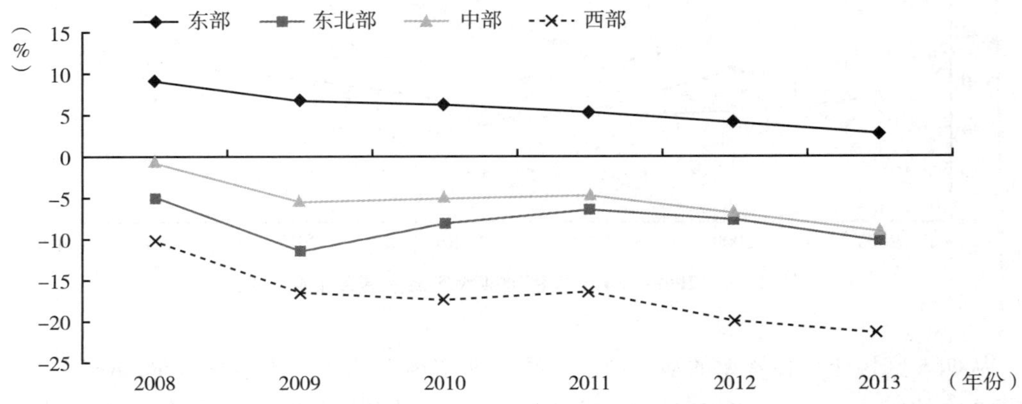

图4-11　2008~2013年我国四大区域净出口率变化情况

3. 消费需求结构区域差异分析

（1）31个省区市消费需求结构区域差异分析

图4-12和表4-10中显示了2008~2013年我国31个省区市各类消费需求年均值的情况以及统计描述。从年均居民消费支出可以看出，广东、江苏、山东、浙江等12个地区的居民消费支出高于全国平均水平（5155.64亿元），其中广东省最高，为18964.85亿元，西藏最低，为142.10亿元。从年均政府消费支出中可以看出，江苏、广东、山东、北京、浙江等12个地区的政府消费支出高于全国平均水平（2030.53亿元），其中江苏省最高，为6321.05亿元，西藏最低，为231.67亿元。从年均城镇居民消费支出中可以看出，广东、江苏、山东、浙江、上海等12个地区的城镇居民消费支出高于全国平均水平（3944.98亿元），其中，广东省最高，为16462.7亿元，西藏最低，为77.40亿元。从年均农村居民消费支出中可以看出，山东、江苏、广东、浙江等13个地区的农村居民消费支出高于全国平均水平（1210.65亿元），其中，山东省最高，为3207.04亿元，西藏最低，为64.7亿元。从居民政府消费支出比来看，全国平均水平为2.54，高于此平均水平的地区包括上海、浙江、福建、广东、辽宁、安徽、江西、河南、湖南、广西、重庆、四川、贵州等13个地区。城镇农村居民消费支出比全国平均水平为3.26，高于此水平的地区包括北京、天津、上海、浙江、广东、辽宁、内蒙古以及重庆等8个地区。

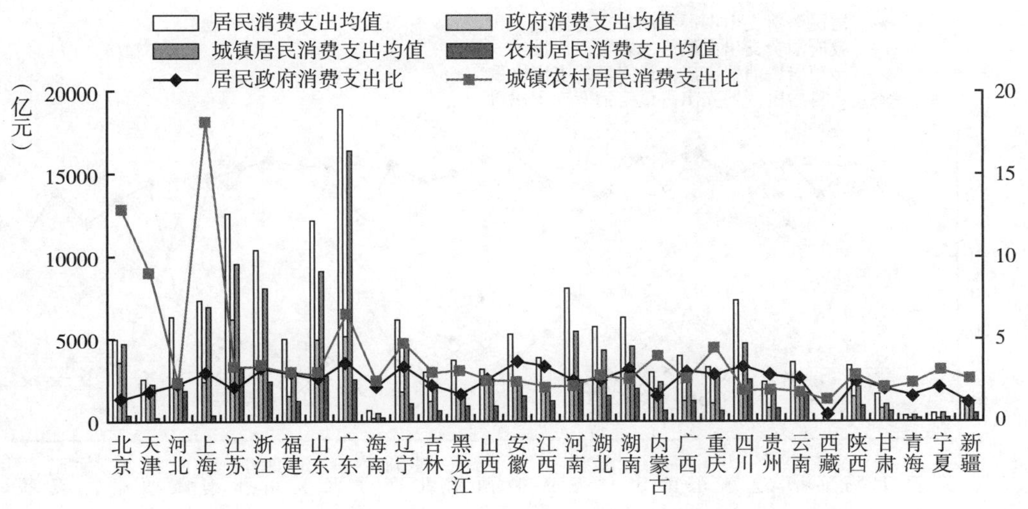

图 4－12 2008～2013 年我国 31 个省区市年均消费需求结构分析

表 4－10 2008～2013 年我国 31 个省区市消费需求描述统计

居民消费支出均值	农村居民消费支出均值	城镇居民消费支出均值	政府消费支出均值	最大居民消费支出/省份	最大农村居民消费支出/年份	最大城镇居民消费支出/年份	最大政府消费支出/年份	最小居民消费支出/年份
5155.64	1210.65	3944.98	2030.53	18964.85/广东	3207.04/山东	16462.7/广东	6371.05/江苏	142.1/西藏
最小农村居民消费支出/年份	最小城镇居民消费支出/年份	最小政府消费支出/年份	居民政府消费支出比均值	城镇农村居民消费支出比均值	最大居民政府消费支出比/年份	最大城镇农村居民消费支出比/年份	最小居民政府消费支出比/年份	最小城镇农村消费支出比/年份
64.70/西藏	77.40/西藏	231.67/西藏	2.54	3.26	3.63/安徽	18.18/上海	0.61/西藏	1.2/西藏

图 4－13 中显示了 2008～2013 年中国 31 个省、区、市最终消费支出比重的情况。从中可以看出，除西藏外各个省份的居民消费支出比重均高于政府消费支出比重，其中，居民消费支出比重高于全国平均水平（71.74%）的地区包括上海、浙江、福建、广东、辽宁、安徽、江西、河南、湖南、广西、重庆、四川、贵州、云南等 14 个省份，其中最高的省份是安徽省，均值为 78.41%，均值最低的地区是西藏，为 38.02%。反之，这些地区的政府消费支出均低于全国平均水平（28.26%），均值最低的省份是安徽省，为 21.59%，最高的地区是西藏，为 61.98%。城镇居民消费支出占最终消费支出的比重高于全国平均水平（54.9%）的地区包括天津、上海、浙江、福建、广东、辽宁、安徽以及重庆 8 个地区，最高的地区是上海，为 71.32%，比重最低的是西藏，为 20.71%。反之，这些地区的农村居民消费支出占最终消费支出比重的低于全国平均水平（16.85%），最低的地区是上海，为 3.92%，最高的地区是四川，为 27.03%。

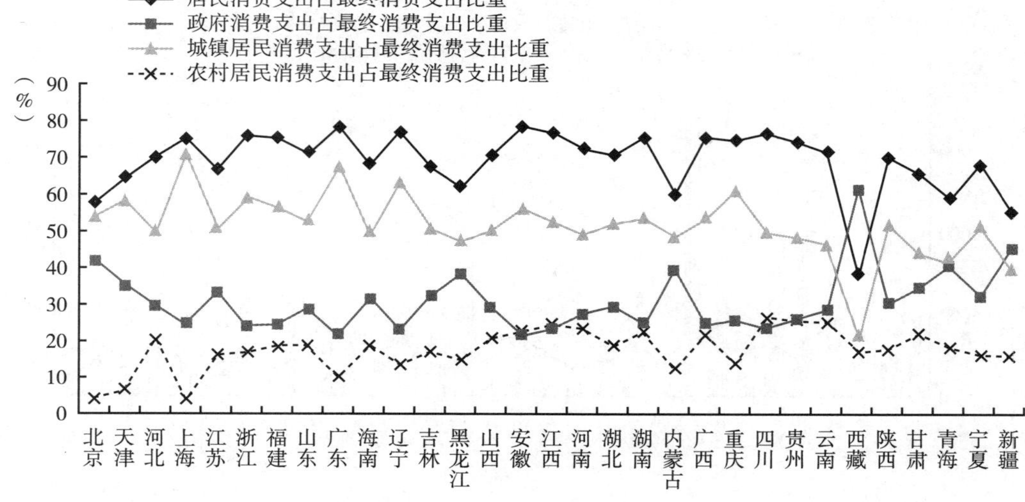

图 4－13　我国 31 个省区市最终消费支出构成分析

（2）四大区域消费需求结构分析

从四大区域来看，2008～2013 年年均居民消费支出东部地区（8170.89 亿元）＞中部地区（5481.86 亿元）＞东北部地区（4311.01 亿元）＞西部地区（2690.98 亿元)。2008～2013 年年均政府消费支出东部地区（3208.13 亿元）＞中部地区（1919.92 亿元）＞东北部地区（1846.77 亿元）＞西部地区（1150.43 亿元)。2008～2013 年城镇居民年均消费支出东部地区（6626.84 亿元）＞中部地区（3840.56 亿元）＞东北部地区（3402.42 亿元）＞西部地区（1897.96 亿元)。2008～2013 年农村居民年均消费支出中部地区（1641.30 亿元）＞东部地区（1544.05 亿元）＞东北部地区（908.60 亿元）＞西部地区（793.01 亿元)（见图 4－14）。

从居民消费支出来看，东部地区与中部地区高于全国平均水平，其他两个片区低于全国平均水平；从政府消费支出来看，仅有东部地区高于全国平均水平，其他三大片区均低于全国平均水平；从城镇居民消费支出来看，东部地区和中部地区高于全国平均水平，其他地区均低于全国平均水平；从农村居民消费支出来看，中部地区和东部地区高于全国的平均水平。

4. 居民消费水平区域差异分析

图 4－15 中显出了 2008～2013 年我国 31 个省区市城镇和农村居民的年均消费水平，从中可以看出，两个指标的趋势图基本一致，说明城镇居民消费水平高的地区往往其农村居民消费水平也高于其他地区，城镇居民消费水平和农村居民消费水平最高的地区均集中于上海，分别为 35593.78 元和 16008.3 元，最低的地区是西藏，分别为 11127.04 元和 2821.55 元，城镇居民消费水平中均值最高的上海是西藏的 3.20 倍，农村居民消费水平中均值最高的上海是西藏的 5.67 倍。农村的消费水平差距更大。从城乡消费水平之比可以看出，各个地区的差异不一，城乡差异较低的省份主要集中于东部

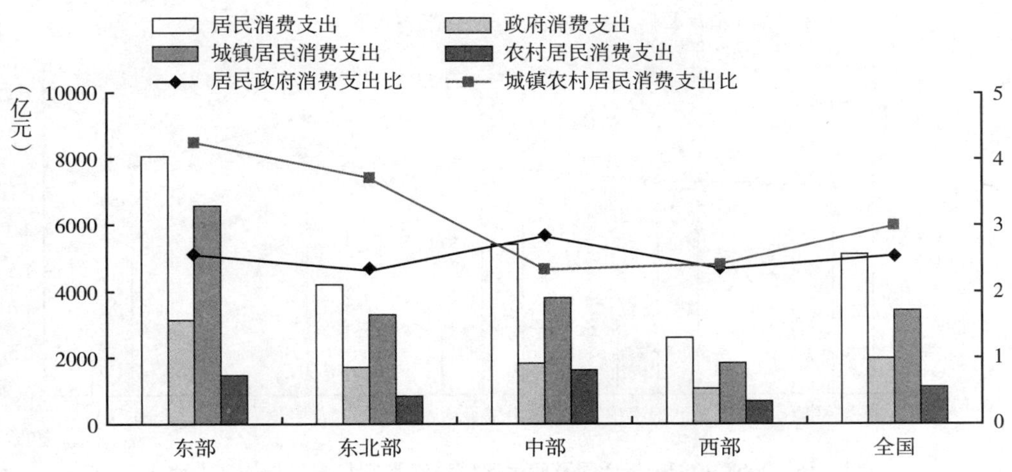

图 4－14　全国及四大区域消费需求结构分析

沿海地区，包括江苏、北京、浙江、上海、天津等地，其中江苏最低，为 2.12，城乡水平较高的地区主要集中于西部地区，包括西藏、重庆、贵州、甘肃等地，其中西藏的城乡差异值最大，为 3.94。

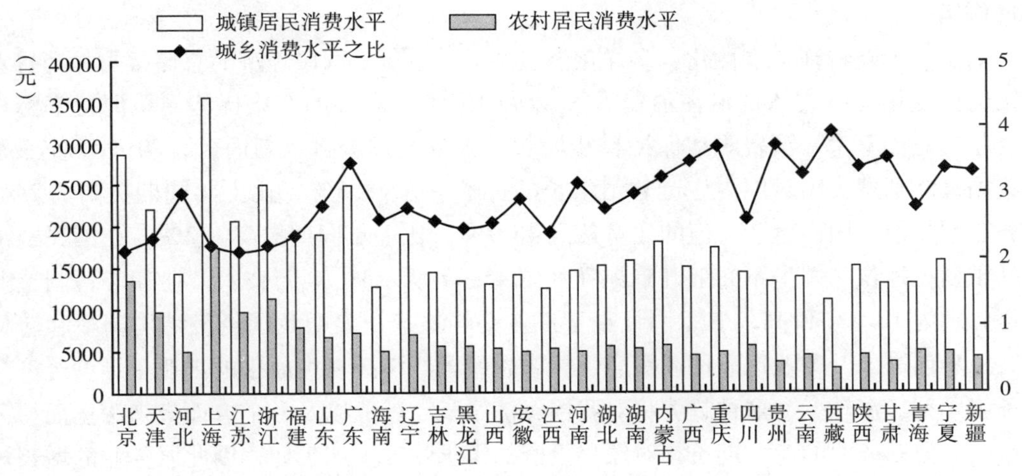

图 4－15　2008～2013 年我国 31 个省区市城镇和农村居民年均消费水平

分区域来看，城镇居民消费水平均值东部地区（22078.74 元）>东北部地区（15575.06 元）>西部地区（14488.87 元）>中部地区（14152.96 元），其中东部地区的城镇居民消费水平高于全国平均水平（16977.32 元）。农村居民消费水平东部地区（9124.26 元）>东北部地区（5962.52 元）>中部地区（5113.24 元）>西部地区（4346.5 元），其中东部地区的农村居民消费水平高于全国平均水平，其他片区仍然有很大的提升空间。从城乡消费水平之比来看，西部地区（3.37）>中部地区（2.78）>东北部地区（2.59）>东部地区（2.52），西部地区的城乡消费水平差距最大（见图 4－16）。

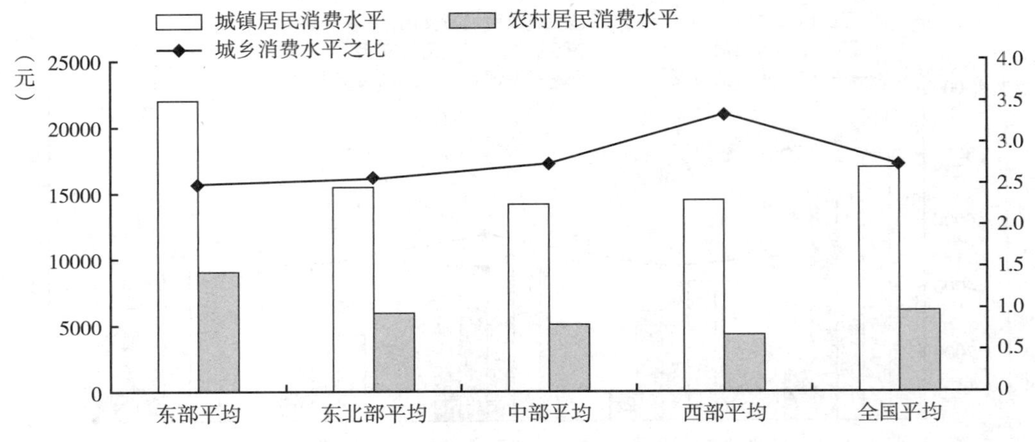

图 4－16　2008～2013 年全国及四大区域城镇和农村居民年均消费水平

三　新常态下中国省域需求结构的变化趋势

1. 投资增长放缓，服务主导型经济初现，结构优化驱动消费发挥拉动经济增长的基础性作用

消费呈现新特征，个性化、多样化消费渐成为主流，国民经济的总储蓄与总消费发生结构性变化，13 亿人的潜在消费需求成为中国增长转型的突出优势，总消费率将稳定地超过总储蓄率，消费驱动保持稳步增长。服务业发展进入新时代，2014 年前三季度我国最终消费支出对国内生产总值增长的贡献率为 48.5%，比上年同期提高 2.7%，服务业增加值占国内生产总值的比重达到 46.7%，比上年同期提高 1.2%，在国民经济中处于领先地位，并呈不断上升趋势（如图 4－17 所示）。高新技术产业和装备制造业增速分别为 12.3% 和 11.1%，明显高于工业平均增速，表明我国经济结构调整和转型升级稳步前进。服务业比重持续提高，标志着我国经济正在由原来的工业主导型经济向服务主导型经济转变，这种趋势将对我国经济增长、就业以及各个方面带来深远而持久的影响。但服务业的产业链条相对短，投资的需求强度不如工业，因此服务业的增长短期内不一定能弥补工业增速下行带来的影响。但服务业受国际汇率和价格变化的影响相对较小，因此增长波动相对较小，是“新常态”下经济稳增长的持续动力。此外，“新常态”下中国经济运行增速放缓，投资换挡，消费保持稳增长，内需对经济增长的贡献日益加强，这种需求结构的改善也将与服务业比重的持续提高互相促进。

2. “微刺激”常态化，保障经济稳定运行，改革驱动投资发挥拉动经济增长的关键作用

经历了 30 多年高强度、大规模开发建设后，传统产业相对饱和，成为未来一段时间经济下行风险的主要来源：一是受制造业持续产能过剩、需求不足影响，民间投资意愿减弱；二是房地产市场深度调整导致房地产投资持续下行；三是税收和土地出让收入

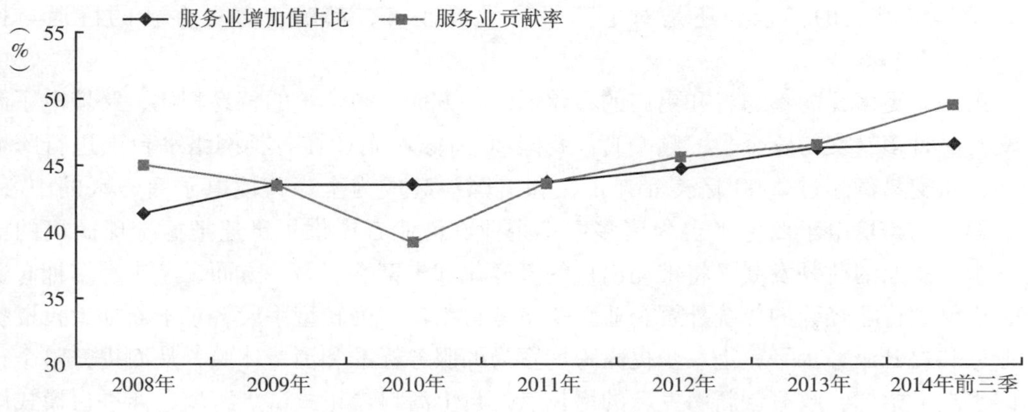

图 4－17　2008 年以来服务业增加值及贡献率情况

减少，偿债进入高峰期，地方政府投资能力下降；四是受预期以及其他各类因素影响，国有大中型企业和外商投资步伐放慢。但同时我国在基础设施方面还存在薄弱环节，城乡民生领域仍有大量欠账，在传统产业改造、设备更新改造和研发方面仍有巨大的投资需求和空间，以高新技术产业发展和创新，互联互通基础建设，新业态、新商业模式为代表的新的投资机会仍不断大量涌现，因此要实现经济结构的调整，国家层面的刺激政策不可能完全中断或大幅度变化，投资拉动经济增长的关键作用不会改变，但简单的扩大货币供应和加大固定资产投资难以长期持续，需配套施以税收优惠等“微刺激”方式，以有效投资保持一定的投资增幅和经济的稳增长。“新常态”下改革和创新将驱动投资转向，强调坚持调整、精准投资、消除障碍、创新投融资方式。其中，进一步简政放权、清理权力清单等关键性的改革措施将强化企业投资自主权，激发民间资本活力。2014 年以来国务院已先后取消和下放 600 多项行政审批事项，3～10 月新登记注册企业同比增长了 56.2%，前 3 季度民间投资占全部投资的比重进一步上升了 64.7%，投资的主体地位进一步增强，成为带动就业和投资的重要力量。随着重点领域投融资机制的不断创新，利率市场化改革的继续推进，民营银行的问世，农产品、资源性产品、公共服务产品价格形成机制改革继续深化……。这些改革措施将进一步激化社会投资的积极性。

3. 传统出口需求减弱，创新驱动新比较优势培育，发挥拉动经济增长的支撑作用

联合国经济和社会事务部最新发表的《2015 年世界经济形势与展望》报告显示，2014 年世界经济继续缓慢增长，预计 2015 年和 2016 年世界经济将分别增长 3.1% 和 3.3%。东亚地区预计 2015～2016 年的增长率将维持在 6% 的水平，保持强劲的居民消费势头，出口也将有所改善。我国低成本比较优势将发生转化，但出口竞争优势依然存在，高水平引进来、大规模走出去同步发生，新的比较优势正在逐步形成。在“跨境交易”与“电子商务”双引擎的拉动之下，我国跨境电商产品出口开始步入高速增长时期，成为中国进出口贸易增长最快的领域。在市场需求、技术革新和政策支持的三重推动下，行业成熟度和服务标准迅速提升，无论对于出

口拉动经济增长的需求，还是对电商平台发展而言，都蕴含着更多新的机遇与挑战。

第一，更多元的参与者和更广的覆盖面。一方面，与传统的贸易相比，跨境电子商务交易品种多，交易资金多，频率高。我国 20 万家小企业在各类网络平台上进行跨境贸易，年交易额超过 2500 亿美元，正在和美国一起成为全球跨境电子商务区的中心。全球领先的跨境电子商务平台为诸多中小企业、创业者提供了迅速把握全球商机的捷径，中小卖家的蓬勃发展又将推动出口的多样化和丰富性。另一方面，越来越多拥有资金、规模和行业经验的传统外贸企业将跨境零售出口作为转型手段，正不断加大投资扩张业务和提升服务水平，进一步提高跨境贸易的服务标准和消费体验，从而提升整个行业的水准。第二，政策创新引发新的增长点。自上海口岸正式试点跨境电商进口模式以来，上海海关直购进口模式成交约 2.4 万单，网购保税进口模式成交约 3.2 万单，合计货值逾 1700 万元。随着美国亚马逊、1 号店等大型成熟电商入驻，上海口岸跨境贸易电子商务业务量呈大幅增长态势，2014 年 8 月、9 月、10 月上海海关单月成交订单数环比分别增加 7.5 倍、79.3% 和 1.5 倍，审核通过备案商品数万种，业务范围涵盖美国、韩国、澳大利亚等多个跨境网购热点地区，跨境电商品牌集聚规模效应初步显现。伴随天津、福建、广东三地自贸区的建立和发展，自贸区的跨境电商运营将为对外电商规范化指明方向——通过跨境平台降低物流和通关等高额成本，增强商品竞争力，进一步拓宽国外庞大的消费市场。尽管跨境电商行业日渐火热，但信息流、金融流、物流服务等生产性服务业发展水平较低仍然是制约行业发展的瓶颈。第三，成熟的国际市场增长潜力依旧。以美国、英国、德国、澳大利亚为代表的成熟市场，由于人均购买力强、消费风格成熟、网上消费普及、整体商业规范程度高、物流配套设施完善等因素仍然具很强的市场吸引力。依靠全球领先的跨境电商平台、产业链的承上启下和产业聚集，建立起全新的比较优势，我国跨境电商零售出口产业在成熟市场中将继续表现出巨大的增长潜力。

4. 互联网思维驱动有效供给，挖掘消费潜力，成为拉动经济增长的新生力量

“新供给主义”经济学认为，为了使经济增长更具可持续性，须更多发挥“市场之手”的作用，减少供给抑制和需求抑制。2008 ~ 2014 年，网络消费不断为中国消费创造着巨大增量，成为撬动消费的重要支点，互联网经济的蓬勃发展正为“市场之手”插上翅膀。我国目前已是全球最大的网络零售市场，国家统计局数据显示，2014 年前 10 月限额以上单位网上零售额 3307 亿元，增长 55.6%，而同一时期，社会消费品零售总额同比增速仅 12.0%（如图 4 – 18 所示）。淘宝“双 11”网络购物节全天交易额 571 亿元（约合 93 亿美元），超过美国“黑色星期五”所有传统商场的销售额（91 亿美元）和网络销售额（24 亿美元）。

如此巨大的购买力从何而来？电商平台和网商靠什么吸引众多如此疯狂的消费者？“双 11”后电商是否能够持续带来消费增长？这些问题的答案昭示着未来几年释放消费潜力、提供有效供给的关键力量。

第一，与往年“双 11”消费者买便宜货、卖家清库存相比，消费者的消费能力

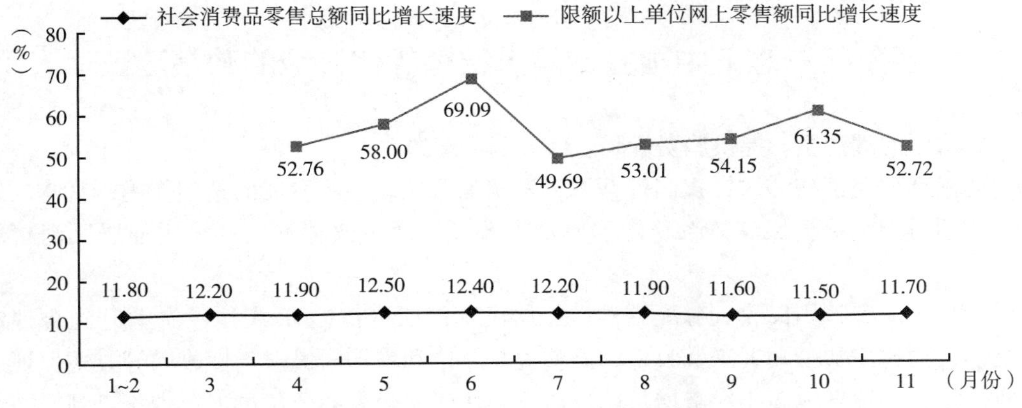

图 4-18 2014 年社会消费品与限额以上单位网上零售总额增速对比*

注：*限额以上单位网上零售额是指限额以上单位通过公共网络交易平台（包括自建网站和第三方平台）实现的消费品零售额，国家统计局未公布 2014 年 1~2 月份限额以上单位网上零售总额和增速，因此从 3 月份起计。

出现明显提升、消费结构正在发生变化——智能手机、互联网电视等高科技商品，长线海外旅游等“贵价”产品，甚至是单价高昂的汽车成交额大幅增长，反映了消费层次的明显提升，说明新产品、新服务挖掘了消费者的消费潜力，也更有效地满足了需求。第二，以移动互联和大数据为代表的信息技术正改变传统的消费和生产方式。以互联、无缝、多屏为特征的“全渠道”购物方式快速发展，使消费者能够随时、随地购物，结合“虚拟现实互动”“大数据分析推荐”等创新服务，消费体验大幅度提高，同时也对卖家未来把握“指尖经济”提出了新挑战——如何利用海量的消费信息再造生产、仓储和配送流程。第三，供给渠道更加通畅。随着“最后 30 公里”配送环节的打通，三、四线城市和农村消费者的网购潜力被激活。从“买得起”到“有得买”再到“买得顺畅”，正是这种变化，促进了网络消费的高速增长。第四，互联网思维颠覆传统行业。从各类金融理财“宝宝”的问世，到打车软件的激战，再到钢铁、装备制造拥抱电子商务，互联网思维通过 O2O（线上到线下）、网络协同制造、网络众包、工业云等模式不断渗透并在深层次上对传统行业进行重构。更重要的是，每一次的渗透和重构，都带来了供给方式的重大改变和消费的极大刺激。而这种新兴技术在应用层面的创新，也正是我国产业发挥承上启下、产业聚集与协作优势，逐步重塑“新比较优势”的契机。第五，“线下服务”线上快速发展。在 2014 年淘宝的“双 12”活动中，线下生活服务类产品成为最大的亮点。保洁、洗衣、洗牙补牙等过去难以形成电商产品的服务项目得以“上线”。一方面，传统线下服务通过在线预约、在线支付、24 小时服务、基于大数据分析的跟踪服务等实现“旧貌换新颜”，不但提高了服务水平，也进一步刺激了个人服务消费的需求；另一方面，借助互联网平台更加开放、自由、透明的竞争环境，提供更高水平服务的供应商能够更好地获得消费者的信任，从而实现优胜劣汰，反过来又能吸引更多消费者的参与。

四　新常态下中国省域需求结构优化升级的政策建议

1. 宏观治理消费，提供消费保障，释放消费潜力

要激活居民消费需求，提高消费率，发挥消费拉动经济发展的基础作用，基本的思路就是通过健全社会保障体系稳定居民消费预期，通过改善消费环境增强居民消费信心。

第一，应完善国民收入分配结构。在居民部门所得占GDP之比没有上升到合理水平之前，通过增加劳动者工资收入、调整税收结构和增加居民财产性收入等方式保证居民收入增长率适度地高于经济增长率。通过加快建立合理的公务员工资增长机制，加快实施事业单位绩效工资，加强垄断性行业收入监管，保障劳动要素收入，整顿不合理收入和过高收入等手段调控收入分配结构。通过改善人力资本（作为劳动要素）的收入，在实现收入分配调控的同时刺激人均人力资本的提升，为技术创新和科学发展提供动力。

第二，完善包括保险、教育、医疗在内的全方位的社会保障体系，降低居民预防性储蓄率，防止经济波动对城乡居民尤其是弱势群体的冲击，加大对低收入者的救济力度，改善他们的消费结构。

第三，要保持房地产价格的相对稳定，避免随房价上涨而导致的消费占总需求之比不断下降的现象再次出现。加大对首次购房者的信贷与税收优惠，适当放宽二套房贷款政策，促进合理的住房消费。

第四，加强消费立法与监管，保障消费信息安全。在线消费和服务的大幅度增加意味着大量个人和企业数据的在线储存，数据安全问题的重要性越发凸显。国家一方面需要推进立法，保障在线信息不会被非法使用和出售，处罚人为的数据泄露。另一方面，需要督促企业树立正确的安全意识，建立数据安全防护系统，谨防网络攻击带来的数据泄露。

第五，进一步健全包括食品质量安全、质量检验、品牌标识、质量监管责任、在线支付安全体系在内的有关消费的各项法律法规建设，在严打假冒伪劣、防止价格欺诈、确保食药品质量安全的基础上增强消费者信心，促进安全、放心消费。

2. 转变投资方式，推进有效投资，带动产业与消费升级

经济“新常态”下我国总需求结构的调整，是要通过有效而稳定的投资，建立投资与消费之间的相对平衡关系，并非因为要强调消费而完全否定投资。所谓有效投资，就是以最小化的投资达到满足最终消费的既定产出，是要从过去强调“大、赶、快、上”的粗放增长投资，转变到强调效率增长、推动创新的新型投资上来。

首先要进一步优化我国投资主体的结构。通过简政放权，推进投融资体制改革，对内建立更加开放的金融市场而扩大民间投资；督促部门和地方层面加快出台消除审批的“负面清单”，把该放的权放到位；减少国有企业在竞争性领域的投资，避免扭曲市场对投资风险与收益的评价，降低民间投资的资本成本。其次，政府消费推行“稳投资”

与“精准投资”。一方面要防止投资大幅滑坡，确保政府投资在稳增长中发挥关键作用。中央预算内投资围绕中西部铁路、城市基础设施、通用航空机场、水利工程环保等国民经济薄弱环节和落后领域建设；加快推进开发性金融支持棚户区改造政策落实，加快保障性安居工程建设进度；在房地产下滑严重城市可以考虑政府收购商品房作为保障性用房，维护房地产市场的基本正常运行。另一方面投资的目的须从“为增长而投资”转向“为消费而投资、为民生而投资”。通过宏观定位规划，产业集聚建设，制定投融资、土地、财税政策以及直接投资等手段重点培育电子商务、绿色能源、养老健康、文化创意以及教育等具有发展潜力、能够推动产业结构升级和带动消费升级的产业。最后，重点关注技术更新改造和创新投资，充分发挥投资在转变发展方式中的作用。安排专项资金支持智能制造业发展、智慧城市建设，加强国家网络和信息安全等工作中的前瞻部署。组建一批国家信息物理系统网络平台，负责承担基础理论研究，推动重点行业企业的开发应用；启动国家智能制造重大专项工程，重点突破智能机器人技术，推动制造业向智能化发展转型；开展数字工厂应用示范，在全国范围内分行业分区域选取试点示范企业给予扶持；推动制造业大数据应用，鼓励行业龙头应用大数据技术提升生产制造、供应链管理、产品营销及服务等环节的智能决策水平和经营效率；制定出台“两化深度融合”标准化路线图，引导企业推进信息化建设，同时着力实现标准的国际化。

3. 激励并保障企业创新，促进有效供给，提升消费层次

全球金融危机后，供给端的约束已经成为导致经济增长放缓的关键问题，因此宏观调控政策需要由需求扩张管理转向有效供给管理。必须通过深化改革开放，加快形成统一透明、有序规范的市场环境。通过放松规制、结构性减税、鼓励技术创新、允许要素自由流动、完善制度等多个角度降低企业生产成本、提高企业生产率和效益，从供给端发力，通过有效供给提高消费层次。

第一，加强经济立法，更加注重产权和知识产权保护，引领创新“新常态”。进一步完善市场监督制度，构建法治化营商环境，把立法的工作重点放在产权保护、市场主体保障、竞争秩序构建、激励创新、失信惩戒等方面，建立一套包括公司法、税法、劳动法、合同法、招标投标法、国有资产管理法、消费者权益保护法、反不正当竞争法在内的市场经济法律体系。在中央层面，清理和废除妨碍全国统一市场和公平竞争的各种规定和做法，严禁和惩处各类垄断和地方保护的政策行为；在地方层面，加快政府职能部门的整合，有序推进监管行为司法化。

第二，构建有利于促进工业转型升级的制度体系。工业升级一方面增加了管控的复杂性，技术标准的制定需要相应的法律法规保障；另一方面也需要制定相应的规章制度促进创新。德国工业 4.0 战略采取了一系列措施以加强制度保障，比如设立处理各类问题的专职工作组，制定和实施安全性支撑行动，建立培训和再教育制度等。我国的工业升级面临更加突出的问题，非常有必要建立和完善有利于工业转型升级的长效机制，包括知识产权保护制度，节能环保、质量安全等重点领域的法律法规，人才培养和激励机制等，形成推动工业转型升级的制度保障。

第三，更加注重市场和消费心理分析，提供能激活需求的产品。政府应继续以鼓励创新为重点，引导企业调整产品结构，引导消费结构升级。加快推动电子信息消费、农村服务消费、绿色循环消费等新型消费的推广；进一步拓展通信产品、家政服务、文化娱乐、休闲旅游等服务性消费；降低部分消费品进口关税，缩小高档消费品境内外价差，促进海外奢侈消费品消费回流国内市场。

第四，利用互联网推动企业经营模式创新，提升服务水平。我国传统服务业的相对落后和发展不平衡为企业借助互联网发展在线服务创造了机会。各级政府应通过政策扶持和技术支持鼓励传统企业发展线上业务。传统企业可以借由移动互联网实现业务流程的更新，例如银行业通过网银、微信等平台提供7×24小时的快捷服务，餐饮业通过在线点单可以极大地节约人力成本，家政业的在线预约和评价模式有助于实现信息对称。乃至于电商企业可以借由移动互联网和大数据分析实施跟踪式、有的放矢的营销和产品。例如在线电商可以通过消费行为的周期分析，在供应链采购、仓储管理、物流配送方面提前预判从而缩短服务时间；金融业运用互联网思维开设的“直销银行”可以通过电脑、电子邮件、手机、电话等远程渠道让专业化金融服务变成可由客户自己执行的普通服务，银行没有营业网点，不发放实体卡，从而可以为客户提供更有竞争力的服务价格。

第五，助推企业品牌创新。企业品牌创新是现今市场化改革、发展创新、提升消费层次和塑造出口优势的最优路径之一。企业品牌创新是根据科技进步和市场变化，从量变积累到质变。各级政府在这一过程中，既需要“搭台唱戏”，重点支持现有知名的龙头企业面向世界，实施差异化品牌创新战略，依靠品牌创新来打造企业高度的融合力、强大的传播力和广泛的文化认同，推动产品从区域走向世界；也需要“整体包装”，对具有全球比较优势的产业，由政府主导整合多个企业的优势资源，制定相关产品统一的广告宣传及出口政策，推动中小品牌从竞争走向融合，在全球打响产业品牌；还需要扶持和鼓励具有发展潜质、有技术优势的新兴高科技企业实施名牌战略。

4. 发力产业中端，扶持制造业与生产性服务业协调发展，重塑比较优势

从目前国际分工的格局和我国科技发展的水平来看，逐步从产业链低端向高端延伸是基本战略，但同时也需要清醒地认识到发展的现状。一方面，我国在新技术研发、国际标准制定、全球品牌影响力等关键环节与国际先进水平还有明显差距；另一方面，我国是世界人口大国，如果一味追求制造业的产业链升级，而向劳动力成本更低的国家转移下游制造业，不但可能会影响经济的平稳发展，造成失业率快速上升，也会失去发展生产性服务业的良机。在未来经济增速换挡期、结构调整阵痛期要实现制造业的转型升级，对生产性服务业的要求会越来越高。我国应该两手一起抓，在努力发展高端制造业的同时，通过进一步对内对外扩大开放，创造良好环境，重点发展与我国现阶段制造业性质与发展水平相匹配的生产性服务业。首先是要加快研究服务业进一步扩大对外开放的政策措施，对已经明确的扩大开放要求，要抓紧落实配套措施，要统一内外资法律法规，促进生产性服务业领域有序开放。尤其在快速发展的跨境电商服务方面，形成一套成熟的流程，建立一体化服务平台，加快跨境消费、支付、信息申报、物流信息的自动比对，加快征税、放行等通关步骤，提高服务水平。接着是要对内进一步放开生产性服务业领域市场准入，进一步减少生产性服务业重点领域前置审批和资质认定项目，鼓励社会资本以多种方式发展生产性服务业。生产性服务业领域宽、范围广，需要通过重点领域加快发展，支持大力发展物流、金融等需求显著、带动力强的生产服务业，推动商务服务业、信息服务业、科技服务业的发展，适当鼓励服务业集聚发展，降低对实物产品的消耗需求，使生产性服务业的质量水平、内部结构上一个新层次，进而提高制造业附加值，促其产业升级和结构优化。再次是要促进生产与服务融合。生产与服务融合能够有效降低交易成本，提高劳动生产率和资源配置效率。当前要集中精力，突出重点，大力发展服务外包、融资租赁、商务咨询和电子商务，积极发展第三方物流，尽快将我国的生产与服务融合发展提高到一个新的水平。最后是提高现有制造业的售后服务水平。售后服务是企业开拓市场的重要途径，应鼓励企业大力发展专业维护维修服务，积极发展售后服务新业态，提高服务质量，完善服务标准，不断提高用户满意度。

5. 建设省域特色自贸区，推进投资与贸易便利化综合改革，释放制度红利

国务院已经确认在广东、天津、福建三地再建三个自贸区，但仍需基于三地各异的资源禀赋与发展现状，探索差异化建设方案，避免限入政策洼地。福建自贸区，目标应是打造两岸投资贸易便利化的先行区和投资环境国际化的实验区，突出两岸自由贸易，在吸引台资和对台投资方面加大制度创新，建设成为 21 世纪海上丝绸之路经贸合作的前沿平台，立足台海，连接东盟；天津自贸区，应主要依托高端制造业实现金融和贸易服务创新，以发挥融资租赁业务功能为重点，增加对内辐射效应，突出自由贸易港功能，在上海自贸区涉足不深的利率市场化、汇率管制放开、人民币资本项目放开等方面往前推进；广东自贸区，应以制度创新为核心，利用对外交流方面的经验，在营造法治化国际化营商环境、推进投资贸易便利化方面先行先试，以深化粤港澳合作为重点，进一步探索粤港澳合作新机制，加快经贸规则与国际的对接，在离岸金融和跨境人民币业务等金融创新方面更进一步。积极发展自贸区经济是进行深水区改革的顶层设计，是释放制度红利的战略需要，从这个角度说，我国未来还应在四大自贸区探索的基础上，考察具有资源优势和辐射能力的区域，建设更多具有鲜明特色的自贸区。

B.37
专题五 新常态下中国省域收入分配结构分析

一 新常态下中国省域收入分配结构调整的形势分析

1. “人口红利”和劳动力结构调整

改革开放以来，特别是加入世贸组织以来，中国经济高速增长，取得了举世瞩目的成绩，中国制造产品在国际市场上具有巨大的成本优势，一个重要方面就是中国拥有海量的廉价劳动力，特别是广大农村剩余劳动力转移到工业部门就业，工资水平和劳动保障水平较低，企业只需支付非常低廉的用工成本。形成这一局面的主要原因是中国人口众多，人口结构较好，青壮年人口占总人口的比重较高，没有劳动能力的少儿和老年人所占比重较低，整个社会的抚养比比较低，形成“人口红利”，劳动力市场总体供过于求，压制了劳动力成本上升，成为中国经济增长的重要推动力，为中国几十年的发展做出了极大贡献。但随着我国计划生育政策多年来形成的累计效应，中国的生育率逐年下降，2013 年中国总和生育率只有1.4，这个水平已经非常接近国际上公认的1.3 的“低生育陷阱”。生育率逐步下降必然导致人口结构的老龄化，社会抚养比快速上升，青壮年人口比重开始下降，劳动力市场正在进行强力的结构调整，近年来部分地区和部分行业不断出现的“用工荒”，既是劳动力市场结构失衡的表现，也是我国“人口红利”逐步消失的明证。国内外大多数研究表明，中国正处在人口红利末期，“人口”红利即将耗尽，“十二五”期间正是“人口红利”消失的转折点。

虽然中国人口总数一直在增长，2008～2013 年增加了 3270 万人，但从近年来中国人口的年龄结构来看，14 岁及以下人口比重下降比较快，5 年内下降了2.6 个百分点（见表5－1），15～64 岁人口比重上升后再下降，而65 岁及以上老年人口比重持续上升，老龄化趋势非常明显，按照联合国标准，中国早已进入老龄化社会。少儿抚养比的下降和老年抚养比的上升趋势，表明未来中国的年龄结构中，青壮年人口的比重会出现大幅度下降。

从全国各省份来看，2013 年 15～64 岁人口比重只有北京和上海超过 80%，主要是这两个直辖市吸引了其他地区大量就业人口的流入，四川、河南等传统人口大省和广西、贵州等省份的比例都很低。从 15～64 岁人口比重变化来看，共有 23 个省份的比重下降，北京和上海的比重有较大幅度下降，吉林和黑龙江两省都从 80% 以上下降到80% 以下。从老年抚养比来看，重庆和四川都超过 18%，江苏则超过了 16%，只有广东、青海、宁夏、西藏和新疆五地的比重低于 10%。从近两年老年抚养比变化来看，只有 6 个省份是下降的，且下降幅度都比较小，而其他 25 个省份的老年抚养比都有不同程度的上升，其中上升幅度最大的是上海，提高了 3.9 个百分点，天津、内蒙古、江苏、陕西、宁夏上升幅度超过 2 个百分点（见表 5－2）。

表 5－1　中国人口年龄结构

指标	年末总人口（万人）	14 岁及以下人口比重(%)	15～64 岁人口比重(%)	65 岁及以上人口比重(%)	少儿抚养比(%)	老年抚养比(%)	总抚养比(%)
2008 年	132802	19.0	72.7	8.3	26.0	11.3	37.4
2009 年	133450	18.5	73.0	8.5	25.3	11.6	36.9
2010 年	134091	16.6	74.5	8.9	22.3	11.9	34.2
2011 年	134735	16.5	74.4	9.1	22.1	12.3	34.4
2012 年	135404	16.5	74.1	9.4	22.2	12.7	34.9
2013 年	136072	16.4	73.9	9.7	22.2	13.1	35.3

资料来源：《中国统计年鉴》(2014)。

表 5－2　中国省域人口年龄结构

单位：%

地区	15～64 岁人口比重			少儿抚养比			老年抚养比		
	2011 年	2012 年	2013 年	2011 年	2012 年	2013 年	2011 年	2012 年	2013 年
北　京	82.4	82.0	81.5	10.6	11.4	12.2	10.7	10.5	10.5
天　津	79.6	77.8	77.4	13.4	15.1	14.5	12.3	13.4	14.8
河　北	74.2	73.0	73.0	23.7	24.6	24.4	11.0	12.5	12.6
山　西	76.1	76.3	76.3	21.2	20.6	20.6	10.2	10.4	10.5
内蒙古	79.4	78.3	77.7	17.2	17.7	17.7	8.7	10.1	11.0
辽　宁	77.9	79.7	79.4	14.6	13.0	13.1	13.8	12.5	12.9
吉　林	78.6	80.0	78.6	16.2	15.3	15.0	11.1	9.7	12.3
黑龙江	80.3	79.0	79.1	14.6	15.3	15.2	10.0	11.2	11.3
上　海	83.8	82.5	80.0	9.9	10.3	11.7	9.4	10.9	13.3
江　苏	76.2	75.3	74.4	17.1	17.5	17.9	14.2	15.3	16.5
浙　江	78.8	78.9	78.9	16.0	15.6	15.1	10.9	11.1	11.7
安　徽	71.5	71.6	71.0	25.2	25.3	26.0	14.7	14.4	14.8
福　建	76.6	74.7	75.0	20.6	22.4	22.5	10.0	11.5	10.9
江　西	70.9	70.4	71.3	30.3	30.6	27.6	10.8	11.5	12.6
山　东	73.7	73.3	73.5	21.1	22.0	21.0	14.6	14.3	14.9
河　南	70.5	70.6	70.3	29.4	29.1	29.5	12.5	12.5	12.7
湖　北	75.6	75.2	75.1	18.9	18.7	19.9	13.4	14.3	13.2
湖　南	71.6	70.2	71.2	25.0	26.5	25.7	14.6	15.8	14.9
广　东	76.2	76.6	76.1	22.6	21.4	21.9	8.6	9.1	9.5
广　西	68.5	68.1	69.2	32.1	33.2	31.0	13.9	13.7	13.4
海　南	73.2	73.6	73.1	27.2	25.9	25.6	9.4	9.9	11.2
重　庆	71.5	70.7	71.1	22.4	23.2	21.9	17.4	18.3	18.6
四　川	71.8	72.0	70.7	22.6	22.6	23.4	16.8	16.4	18.1
贵　州	66.7	67.9	68.6	36.2	33.8	32.2	13.6	13.5	13.5
云　南	72.7	72.7	72.0	26.9	26.9	27.8	10.6	10.7	11.1
西　藏	72.1	72.5	71.6	32.0	30.5	32.5	6.7	7.5	7.2
陕　西	76.5	76.7	75.1	19.6	18.3	20.1	11.1	12.1	13.1
甘　肃	74.2	74.2	74.2	22.7	22.3	22.8	12.0	12.5	12.0
青　海	73.5	72.4	73.0	28.0	28.5	27.2	8.1	9.7	9.8
宁　夏	73.6	72.0	72.7	28.4	29.7	27.9	7.4	9.2	9.7
新　疆	73.4	72.7	72.8	27.2	28.2	28.6	9.0	9.3	8.8

资料来源：《中国统计年鉴》(2014)。

教育优先发展是党和国家提出并长期坚持的一项重大方针，在经济发展的同时，我国也大力发展教育，提高人民的文化水平。教育是开发人力资源的主要途径，广大劳动者的受教育程度不断提高，可使劳动者素质有明显提升。我们根据目前中国教育体制，把6岁以上人口用受教育年限的平均水平代表人口的受教育程度，计算近年来中国人口受教育程度的变化。2013年平均受教育年限，超过10年的有北京、天津、上海和辽宁四个省份，其中北京以12年的平均受教育年限远远超过其他省份，只有云南和西藏相对比较低。随着国家教育政策的不断完善和落实，国家教育经费投入的不断加大，加上社会各界对教育越来越重视，各省区市人口平均受教育年限提升比较明显。2008~2013年，除西藏以外，其他30个省份人口平均受教育年限都有一定程度的增加，这5年内甘肃、浙江、安徽、北京、辽宁、贵州、江苏七个省份人口平均受教育年限的增加幅度都超过一年，增加比较快的既有东部经济较发达地区，也有西部欠发达省份（见表5-3）。

表5-3 中国人口平均受教育年限

单位：年

地区	2008年	2009年	2010年	2011年	2012年	2013年
北京	11.0	11.2	11.4	11.6	11.8	12.0
天津	9.9	10.1	10.2	10.4	10.5	10.5
河北	8.4	8.4	8.5	8.7	8.7	8.9
山西	8.8	8.9	9.0	9.2	9.4	9.4
内蒙古	8.4	8.5	8.9	9.2	9.2	9.0
辽宁	9.1	9.2	9.4	9.5	9.9	10.1
吉林	8.9	8.9	9.0	9.1	9.3	9.4
黑龙江	8.7	8.7	8.9	9.1	9.2	9.5
上海	10.5	10.6	10.6	10.5	10.7	10.6
江苏	8.4	8.5	8.9	9.2	9.3	9.4
浙江	8.2	8.4	8.6	8.8	9.2	9.4
安徽	7.4	7.6	7.9	8.2	8.5	8.5
福建	7.8	8.3	8.6	8.8	8.6	8.6
江西	8.3	8.5	8.6	8.7	8.9	9.2
山东	8.3	8.3	8.5	8.7	8.8	8.9
河南	8.3	8.4	8.5	8.7	8.7	8.8
湖北	8.5	8.5	8.8	9.0	9.2	9.3
湖南	8.4	8.5	8.6	8.8	8.7	9.0
广东	8.8	8.9	9.1	9.3	9.3	9.2
广西	8.0	8.1	8.4	8.6	8.4	8.6
海南	8.3	8.4	8.7	8.9	9.1	9.2
重庆	7.8	7.9	8.4	8.8	8.6	8.7
四川	7.5	7.7	8.0	8.2	8.5	8.4
贵州	7.0	7.1	7.3	7.6	7.6	8.0

续表

地区	2008年	2009年	2010年	2011年	2012年	2013年
云　南	6.9	6.9	7.3	7.7	7.8	7.8
西　藏	4.7	4.5	5.0	5.5	5.1	4.4
陕　西	8.5	8.6	8.8	9.0	9.1	9.3
甘　肃	7.2	7.3	7.7	8.2	8.3	8.3
青　海	7.3	7.4	7.6	7.8	7.6	8.0
宁　夏	8.1	8.2	8.3	8.4	8.4	8.7
新　疆	8.6	8.7	8.9	9.2	9.0	9.0

资料来源：《中国统计年鉴》（2014）。

人口结构的调整和就业人口的减少，会逐步改变劳动力就业市场，劳动力供过于求的状况将逐步消失，取而代之的是劳动力供不应求和劳动力的结构失衡，这将使劳动者在就业市场上由不利地位转向更有利地位，最直接的结果便是获得更高的工资报酬和福利待遇，必将提高劳动者在分配中的地位。老龄人口比重不断提升，社会抚养比不断提高，也加大了青壮年就业人口的负担和压力，从社会角度来看只有提高劳动者的工作报酬，才能使他们有能力应付日益严重的家庭负担。同时随着教育水平的提高，在国家加大对教育投入的同时，也需要家庭和个人加大教育投入，因而也提高了个人就业的机会成本。劳动者素质和就业能力的提高，一方面会提高工作效率，促进经济增长质量提升，另一方面也要求获得更高的报酬，作为教育投入和高效工作的补偿。

2. 新型城镇化下的劳动力转移

党的十八大报告提出“坚持走中国特色新型工业化、信息化、城镇化、农业现代化道路”，新一届中央政府一直把推进城镇化建设作为重要施政方针之一，认为新型城镇化是我国未来经济转型的发展方向。新型城镇化要求城乡统筹、城乡一体化，要求城市化和产业化互动，城市建设和人员流动协调，城镇化建设和产业发展必然需要更多的农村就业人员向城镇转移。2008～2013年，中国城镇人口共增加1.07亿人，乡村人口则下降了7438万人，城镇人口比重提高了6.7个百分点，平均每年提高1.3个百分点（见表5－4），说明我国城镇化速度非常快，有大量的人口从乡村转移到城镇，其中农村劳动力到城镇就业是人口转移的最主要组成部分。

表5－4　中国城乡人口及比重

指标	年末总人口(万人)	城镇		乡村	
		人口数(万人)	比重(%)	人口数(万人)	比重(%)
2008年	132802	62403	46.99	70399	53.01
2009年	133450	64512	48.34	68938	51.66
2010年	134091	66978	49.95	67113	50.05
2011年	134735	69079	51.27	65656	48.73
2012年	135404	71182	52.57	64222	47.43
2013年	136072	73111	53.73	62961	46.27

资料来源：《中国统计年鉴》（2014）。

在城镇化浪潮席卷之下，全国各地加快了推进城镇化建设的步伐，各省份城镇建成区面积显著增加，城镇人口规模和比重得到明显提升，不但通过房地产行业带动了一大批相关产业的发展，促进了地区经济的增长，也为乡村人口转移提供了极大便利。从城镇化率来看，2013 年北京、上海和天津三个直辖市都超过 80%，特别是上海接近 90%。广东、江苏、浙江、福建和辽宁等沿海东部省份的城镇化率都超过 60%，城镇化率低于 50% 的都是中部和西部省份，共 13 个，其中西藏最低。从近 5 年城镇化率的变化来看，各省份都有比较明显的提高，特别是江苏、湖北和陕西提升幅度超过 9 个百分点，贵州和重庆提升幅度超过 8 个百分点，其他中西部省份的城镇化率提升幅度也都比较显著（见表 5 -5）。

表 5 -5　中国各省份城镇人口比重

单位：%

地　区	2008 年	2009 年	2010 年	2011 年	2012 年	2013 年
北　京	84.9	85.0	86.0	86.2	86.2	86.3
天　津	77.2	78.0	79.6	80.5	81.6	82.0
河　北	41.9	43.7	44.5	45.6	46.8	48.1
山　西	45.1	46.0	48.1	49.7	51.3	52.6
内蒙古	51.7	53.4	55.5	56.6	57.7	58.7
辽　宁	60.1	60.4	62.1	64.1	65.7	66.5
吉　林	53.2	53.3	53.3	53.4	53.7	54.2
黑龙江	55.4	55.5	55.7	56.5	56.9	57.4
上　海	88.6	88.6	89.3	89.3	89.3	89.6
江　苏	54.3	55.6	60.6	61.9	63.0	64.1
浙　江	57.6	57.9	61.6	62.3	63.2	64.0
安　徽	40.5	42.1	43.0	44.8	46.5	47.9
福　建	53.0	55.1	57.1	58.1	59.6	60.8
江　西	41.4	43.2	44.1	45.7	47.5	48.9
山　东	47.6	48.3	49.7	51.0	52.4	53.8
河　南	36.0	37.7	38.5	40.6	42.4	43.8
湖　北	45.2	46.0	49.7	51.8	53.5	54.5
湖　南	42.2	43.2	43.3	45.1	46.7	48.0
广　东	63.4	63.4	66.2	66.5	67.4	67.8
广　西	38.2	39.2	40.0	41.8	43.5	44.8
海　南	48.0	49.1	49.8	50.5	51.6	52.7
重　庆	50.0	51.6	53.0	55.0	57.0	58.3
四　川	37.4	38.7	40.2	41.8	43.5	44.9
贵　州	29.1	29.9	33.8	35.0	36.4	37.8
云　南	33.0	34.0	34.7	36.8	39.3	40.5
西　藏	21.9	22.3	22.7	22.7	22.8	23.7
陕　西	42.1	43.5	45.8	47.3	50.0	51.3
甘　肃	33.6	34.9	36.1	37.2	38.8	40.1
青　海	40.9	41.9	44.7	46.2	47.4	48.5
宁　夏	45.0	46.1	47.9	49.8	50.7	52.0
新　疆	39.6	39.9	43.0	43.5	44.0	44.5

资料来源：《中国统计年鉴》（2014）。

我国长期以来形成的城乡“二元”经济社会结构和严格的户籍制度严重束缚了人口流动，成为人口流动的双重壁垒。但随着产业发展在区域间的巨大差异吸引人们在不同区域间流动，在追求更好工作条件和提高生活水平的正当要求下，越来越多的人选择异地工作和居住，人口流动规模越来越大。近年来中国跨区域流动的趋势还在加大，据国家统计局调查，中国2010年流动人口是2.21亿人，2011年达到2.3亿人，2012年和2013年分别达到2.36亿人和2.45亿人。从各省份本地人口比重来看，最低的是上海、北京、浙江、福建和广东等沿海发达省份，特别是上海本地居民只有39.3%，北京是46.6%（见表5－6），外来人口超过一半，其他东部沿海省份这一比例也比较低，说明这些经济发达省份吸引了大量外来人口就业和居住，非常具有竞争力。

城镇化进程推动农民进入城镇居住和就业，经济落后地区居民向经济发达地区转移。这样的大规模人口转移一方面促进了劳动力的区域分布调整，大量农村剩余劳动力进入城镇就业，转向第二产业和第三产业，经济欠发达地区劳动力向经济发达地区转移，从生产率较低的农业部门向生产效率更好、技术条件更好、资本密集度更高的部门转移，优化各地劳动力结构，提高劳动力资源配置效率，有利于提高整个社会的劳动生产率，促进经济结构升级，更快地发展区域经济。另一方面也有利于劳动者找到更好的工作条件，在提升自身技能和就业能力的同时，为劳动者获得更高的劳动报酬提供便利，使居民获得更多工资收入，从整体上提高居民收入。

表5－6　2011～2013年中国各省份本地户口人员比重

单位：%

地　区	2011年	2012年	2013年	地　区	2011年	2012年	2013年
北　京	42.9	49.1	46.6	湖　北	85.0	82.2	78.6
天　津	73.9	75.7	76.1	湖　南	89.6	91.4	90.5
河　北	88.4	91.5	90.2	广　东	68.5	63.8	64.2
山　西	84.3	81.7	78.9	广　西	84.6	87.7	85.9
内蒙古	67.9	68.3	72.3	海　南	77.0	79.6	80.9
辽　宁	79.3	74.2	77.5	重　庆	78.0	80.5	79.3
吉　林	81.3	81.0	84.1	四　川	83.3	81.3	84.7
黑龙江	84.5	86.1	84.3	贵　州	81.6	84.3	82.7
上　海	34.9	36.3	39.3	云　南	82.9	83.4	87.0
江　苏	75.5	79.0	81.2	西　藏	91.4	98.7	93.1
浙　江	59.6	60.1	58.2	陕　西	86.3	85.5	83.7
安　徽	85.1	84.4	86.2	甘　肃	90.1	88.9	90.2
福　建	59.5	62.8	61.1	青　海	79.2	82.8	83.4
江　西	86.7	90.5	90.2	宁　夏	75.8	75.4	76.7
山　东	87.4	86.4	88.6	新　疆	76.3	78.8	80.3
河　南	87.0	90.3	91.3				

资料来源：《中国统计年鉴》（2014）。

3. 区域产业结构调整和产业资本转移

我国区域经济发展极不平衡，东部沿海地区凭借改革开放的先行政策优势，通过承接国外产业转移，吸引国外资金和技术，吸引了大量的资源和人才，取得了经济发展的先发优势，而广大中西部地区政策落后、资金短缺、技术缺乏，加之资源和人才短缺，经济发展水平和居民收入明显落后于东部地区。在产业结构上，东部地区先行发展劳动密集型产业，在积累了大量资本和技术以后，逐步实现了产业转型升级，大力发展技术密集型和资本密集型产业，服务业发展较快，基本完成了从工业化中期向后期转变。各地都在逐步推进产业结构升级，在这个过程中，必然伴随区域间的产业转移。东部地区在产业转型升级过程中，逐步把处于产业链低端的劳动密集型产业和资源消耗型产业转移到中西部地区，经济较为落后的中西部地区，则凭借资源优势、人力优势和技术后发优势，大量承接东部的产业，吸引其他地区资本，实现本地产业的快速发展。

产业结构及其变化最能反映一个地区的工业化进程，从第二产业增加值占地区生产总值的比重来看，2013 年，比重最高的是青海，达到 57.3%，陕西、河南和安徽等中西部省份的比重也都很高，东部省份中，只有天津、河北和福建的第二产业增加值比重超过 50%，北京和上海第二产业比重比较低，特别是北京的比重已下降到 22.3%。第二产业增加值比重的变化更能反映各地工业化进程的差异，2008 ~ 2013 年东部大部分省份的比重都有下降，特别是天津、上海、山东和江苏等经济发达省份的第二产业增加值所占比重下降幅度较大，而安徽、湖北、四川和广西等中西部省份的比重有较大幅度提升（见表 5 – 7）。

表 5 – 7　中国各省份第二产业增加值比重

单位：%

地　区	2008 年	2009 年	2010 年	2011 年	2012 年	2013 年
北　京	25.7	23.5	24.0	23.1	22.7	22.3
天　津	60.1	53.0	52.5	52.4	51.7	50.6
河　北	54.2	52.0	52.5	53.5	52.7	52.2
山　西	61.5	54.3	56.9	59.0	55.6	53.9
内蒙古	55.0	52.5	54.6	56.0	55.4	54.0
辽　宁	55.8	52.0	54.1	54.7	53.2	52.7
吉　林	47.7	48.7	52.0	53.1	53.4	52.8
黑龙江	52.5	47.3	50.2	50.3	44.1	41.1
上　海	45.5	39.9	42.1	41.3	38.9	37.2
江　苏	55.0	53.9	52.5	51.3	50.2	49.2
浙　江	53.9	51.8	51.6	51.2	50.0	49.1
安　徽	46.6	48.7	52.1	54.3	54.6	54.6
福　建	50.0	49.1	51.0	51.6	51.7	52.0
江　西	52.7	51.2	54.2	54.6	53.6	53.5
山　东	57.0	55.8	54.2	52.9	51.5	50.1
河　南	56.9	56.5	57.3	57.3	56.3	55.4
湖　北	43.8	46.6	48.6	50.0	50.3	49.3

续表

地　区	2008 年	2009 年	2010 年	2011 年	2012 年	2013 年
湖　南	44.2	43.5	45.8	47.6	47.4	47.0
广　东	51.6	49.2	50.0	49.7	48.5	47.3
广　西	42.4	43.6	47.1	48.4	47.9	47.7
海　南	29.8	26.8	27.7	28.3	28.2	27.7
重　庆	47.7	52.8	55.0	55.4	52.4	50.5
四　川	46.3	47.4	50.5	52.5	51.7	51.7
贵　州	42.3	37.7	39.1	38.5	39.1	40.5
云　南	43.0	41.9	44.6	42.5	42.9	42.0
西　藏	29.2	31.0	32.3	34.5	34.6	36.3
陕　西	56.1	51.9	53.8	55.4	55.9	55.5
甘　肃	46.3	45.1	48.2	47.4	46.0	45.0
青　海	55.1	53.2	55.1	58.4	57.7	57.3
宁　夏	52.9	48.9	49.0	50.2	49.5	49.3
新　疆	49.6	45.1	47.7	48.8	46.4	45.0

2013 年，从第三产业增加值比重来看，北京以 76.9% 的比重遥遥领先于其他省份，而且这一比重也超过大部分发达国家和地区。上海、天津和广东等东部省份的比重也比较高，但与发达国家和地区相比还有一定的差距，有 14 个省份的比重低于 40%。近年来，大部分省份第三产业增加值比重都有所上升，而且上升幅度较大，只有少数省份的比重是下降的，既有东部的福建，也有中部的安徽和湖北，也有西部的西藏和青海（见表 5－8）。总体来看，各地产业结构都处于转型升级过程中，第三产业增加值比重都会逐步上升，产业资本的流动使区域经济发展趋于平衡，区域经济发展的差距会逐步缩小，区域收入分配差距也会逐步下降。

表 5－8　中国各省份第三产业增加值比重

单位：%

地　区	2008 年	2009 年	2010 年	2011 年	2012 年	2013 年
北　京	73.2	75.5	75.1	76.1	76.5	76.9
天　津	37.9	45.3	46.0	46.2	47.0	48.1
河　北	33.2	35.2	34.9	34.6	35.3	35.5
山　西	34.2	39.2	37.1	35.2	38.7	40.0
内蒙古	33.3	38.0	36.1	34.9	35.5	36.5
辽　宁	34.5	38.7	37.1	36.7	38.1	38.7
吉　林	38.0	37.9	35.9	34.8	34.8	35.5
黑龙江	34.4	39.3	37.2	36.2	40.5	41.4
上　海	53.7	59.4	57.3	58.0	60.4	62.2
江　苏	38.1	39.6	41.4	42.4	43.5	44.7
浙　江	41.0	43.1	43.5	43.9	45.2	46.1

续表

地　区	2008 年	2009 年	2010 年	2011 年	2012 年	2013 年
安　徽	37.4	36.4	33.9	32.5	32.7	33.0
福　建	39.3	41.3	39.7	39.2	39.3	39.1
江　西	30.9	34.4	33.0	33.5	34.6	35.1
山　东	33.4	34.7	36.6	38.3	40.0	41.2
河　南	28.6	29.3	28.6	29.7	30.9	32.0
湖　北	40.5	39.6	37.9	36.9	36.9	38.1
湖　南	37.8	41.4	39.7	38.3	39.0	40.3
广　东	42.9	45.7	45.0	45.3	46.5	47.8
广　西	37.4	37.6	35.4	34.1	35.4	36.0
海　南	40.2	45.3	46.2	45.5	46.9	48.3
重　庆	41.0	37.9	36.4	36.2	39.4	41.4
四　川	34.8	36.7	35.1	33.4	34.5	35.2
贵　州	41.3	48.2	47.3	48.8	47.9	46.6
云　南	39.1	40.8	40.0	41.6	41.1	41.8
西　藏	55.5	54.6	54.2	53.2	53.9	53.0
陕　西	32.9	38.5	36.4	34.8	34.7	34.9
甘　肃	39.1	40.2	37.3	39.1	40.2	41.0
青　海	34.0	36.9	34.9	32.3	33.0	32.8
宁　夏	36.2	41.7	41.6	41.0	42.0	42.0
新　疆	33.9	37.1	32.5	34.0	36.0	37.4

4. 社会保障体系逐步完善

完善的社会保障体系，是保障人民生活的“安全网”、社会运行“稳定器”和收入分配“调节器”，是民主文明社会稳定运行的重要保障。改革开放以来，我国经济实力迅速提高，政府和居民收入都有较大增加，社会保障制度不断向各种所有制经济组织和各类人群拓展，参加各类社会保障的人数快速增加，各类社会保障覆盖范围明显扩大，社会保障的收入和投入规模不断增长，社会保障体系建设取得重要进展。我国已经初步形成了以社会保险、社会救助、社会福利为基础，以基本养老、基本医疗、最低生活保障制度为重点，以慈善事业、商业保险为补充的社会保障制度体系框架，在维护社会公平正义、缩小收入分配差距方面发挥了较大作用。

从基本养老保险和医疗保险来看，近几年我国城乡居民和职工参加人数显著增加，覆盖面显著提升，特别是在农村开展的“新型农村合作医疗”从 2003 年起在全国部分县（市）试点，到 2010 年逐步实现基本覆盖全国农村居民，各级财政对新农合和居民医保的人均补助标准不断提高，2014 年达到每人 320 元。2009 年开始在农村推广的新型农村养老保险，通过个人缴费、集体补助及其他经济组织、社会公益组织、个人对参保人缴费的资助以及地方政府对参保人缴费的补贴，为每个新农保参保人建立了终身记录的养老保险个人账户，为广大农村居民提供了基本养老保险。2013 年年底，全国参

加基本养老保险的人数达到8.2亿人，比2010年增加了4.6亿人，几乎翻了一番。其中，参加基本养老保险的城镇职工人数达到2.42亿人，比2010年增加4775万人，城乡居民参保人数达到4.98亿人，比2010年增加3.95亿人，主要是农村居民参保人数大幅度增加引起的。2013年年底参加城镇基本医疗保险的人数达到5.7亿人，比2010年增加1.38亿人，其中职工参保人数增加3708万人，居民参保人数增加1.01亿人，保险覆盖面明显扩大（见表5－9和表5－10）。

表5－9　全国基本养老保险和基本医疗保险参加人数情况

单位：万人

年　份	基本养老保险人数				城镇基本医疗保险人数		
	合计	城镇职工	城镇离退休人员	城乡居民	合计	城镇职工	城镇居民
2010年	35984	19402	6305	10277	43263	23735	19528
2011年	61573	21565	6826	33182	47343	25227	22116
2012年	78796	22981	7446	48370	53642	26486	27156
2013年	81968	24177	8041	49750	57072	27443	29629

表5－10　2013年中国各省份基本养老保险和基本医疗保险参加人数情况

单位：万人

地区	基本养老保险人数				城镇基本医疗保险人数		
	城镇职工	城镇离退休人员	城乡居民	合计	城镇职工	城镇居民	合计
北　京	1091.3	220.0	180.1	1491.4	1354.8	160.1	1514.9
天　津	352.3	168.4	95.5	616.2	493.1	508.4	1001.5
河　北	859.6	335.1	3354.2	4548.8	926.3	748.2	1674.5
山　西	491.9	180.5	1533.7	2206.2	646.5	439.7	1086.3
内蒙古	323.8	172.7	780.3	1276.8	464.5	521.7	986.2
辽　宁	1171.7	557.8	1046.9	2776.3	1624.8	708.5	2333.3
吉　林	406.8	248.4	643.1	1298.3	574.9	803.7	1378.6
黑龙江	639.9	422.2	815.8	1877.9	868.1	712.3	1580.4
上　海	992.4	437.5	80.0	1509.9	1394.1	256.4	1650.5
江　苏	1987.8	594.3	2384.0	4966.1	2274.7	1152.9	3427.6
浙　江	1976.5	398.9	1355.8	3731.2	1791.1	2330.0	4121.1
安　徽	592.2	219.1	3308.7	4120.0	716.0	944.9	1660.8
福　建	679.6	133.2	1467.2	2280.0	703.0	580.8	1283.8
江　西	547.1	207.0	1772.5	2526.6	569.9	906.7	1476.6
山　东	1800.4	459.2	4512.8	6772.4	1809.7	1838.2	3647.9
河　南	1024.4	325.6	4797.0	6147.0	1140.2	1157.0	2297.2
湖　北	823.5	395.9	2236.3	3455.6	922.8	1037.8	1960.6
湖　南	762.2	329.5	3316.0	4407.8	799.3	1516.9	2316.2
广　东	3761.7	421.3	2346.8	6529.9	3473.0	5706.8	9179.8

续表

地区	基本养老保险人数				城镇基本医疗保险人数		
	城镇职工	城镇离退休人员	城乡居民	合计	城镇职工	城镇居民	合计
广西	365.8	172.6	1664.0	2202.4	466.6	564.4	1031.0
海南	174.4	57.1	272.1	503.6	220.0	186.6	406.5
重庆	497.8	275.4	1122.9	1896.0	539.5	2695.3	3234.8
四川	1124.1	596.2	3001.6	4721.8	1282.0	1204.0	2486.0
贵州	254.7	82.6	1487.2	1824.5	344.7	327.4	672.1
云南	268.6	115.7	2152.7	2537.0	458.0	660.8	1118.8
西藏	10.5	3.5	140.4	154.5	30.6	24.3	54.8
陕西	493.0	191.9	1704.9	2389.9	571.7	672.5	1244.3
甘肃	188.5	99.9	1238.5	1526.9	297.1	325.7	622.8
青海	62.8	27.6	216.1	306.4	89.7	91.6	181.3
宁夏	101.8	41.9	179.5	323.3	108.6	456.9	565.5
新疆	332.5	143.8	543.6	1019.9	488.0	389.1	877.1

随着各类参保人数的迅速增加，社会保障体系逐步健全，各类资金筹集渠道越加多样化，保障基金的规模迅速增加，各类保险的规模效益会逐步体现，对广大城乡居民的覆盖面和惠及力度会逐步增加，不但为城乡居民提供各种必要的保障，减缓各种意外带来的冲击，也将直接增加城乡居民收入，从而提升居民生活水平，对大部分低收入群体而言意义重大。

二　新常态下中国省域收入分配结构调整的状况分析

（一）初次分配结构调整现状

在国民经济运行的收入分配中，首先由参与经济活动的各种要素获得相应报酬，在初次分配中，主要有资本、劳动力两大类生产要素参与生产分配，资本获得企业盈余，劳动力获得劳动者报酬，再加上政府提供公共服务而征收的生产税。各类要素在初次分配中获得报酬的比重及其变化，反映了收入分配结构。

1. 资本所得收入分配调整现状

企业的营业盈余既是资本从事生产经营活动获得的报酬，也是企业进行积累、投资和扩大再生产的重要来源，营业盈余在国民收入初次分配中的比重，反映了资本在经济中的地位，也反映了一个国家或地区资本的充裕程度，当然也和技术水平、管理水平等因素有很大关系。

从各省区市来看，企业的营业盈余在国民收入中的比重差别非常大，2012 年最高的是黑龙江，达到33.7%，最低的是西藏，只有12%，大多数省份的比重在20%~30%，黑龙江、天津、内蒙古、陕西和山东五个省份都超过了 30%，既有东部省份，也有西

部省份，但营业盈余比重低于20%的8个省份除辽宁和海南以外，都是西部省份。从2009～2012年各省份营业盈余所占比重的变化来看，大部分省份是上升的，其中青海上升了9.2个百分点，四川和广西分别上升了6.4个和6个百分点，上升幅度比较大的都是中西部省份，而浙江和广东的比重有所下降，也有其他西部省份的比重是下降的（见表5－11）。这综合说明资本在国民收入中的比重比较高，而且存在上升的趋势。

表5－11　中国各省份企业盈余占国民收入比重

单位：%

地区	2009年	2010年	2011年	2012年	地区	2009年	2010年	2011年	2012年
北　京	19.3	21.8	21.8	20.2	湖　北	23.0	28.9	25.7	24.8
天　津	34.0	33.7	33.1	32.6	湖　南	24.3	23.3	22.8	23.5
河　北	20.9	21.0	24.2	23.2	广　东	25.5	27.3	25.1	23.3
山　西	23.8	30.6	26.1	24.2	广　西	14.4	14.6	15.1	20.4
内蒙古	29.0	30.6	31.0	31.8	海　南	15.9	17.0	17.2	15.3
辽　宁	19.5	20.0	21.5	17.8	重　庆	24.9	25.1	25.2	24.8
吉　林	28.2	28.7	28.6	29.3	四　川	21.5	24.4	27.2	27.9
黑龙江	33.6	34.8	35.3	33.7	贵　州	15.4	17.5	17.2	15.5
上　海	26.6	28.2	28.5	26.3	云　南	17.9	20.4	19.1	16.6
江　苏	27.1	30.2	30.0	29.8	西　藏	13.9	14.1	13.7	12.0
浙　江	32.6	33.7	30.9	29.2	陕　西	26.8	32.3	30.9	31.5
安　徽	21.7	25.2	25.5	25.2	甘　肃	22.9	16.6	18.9	19.7
福　建	22.6	26.5	26.7	24.4	青　海	14.8	23.5	21.0	24.1
江　西	22.0	25.3	25.5	25.6	宁　夏	19.4	20.9	22.2	19.8
山　东	26.4	30.8	30.4	30.6	新　疆	16.0	21.0	19.6	17.2
河　南	23.3	24.5	25.8	22.9					

2. 税收所得收入分配调整现状

企业生产经营活动中需要向政府交纳各项税金、附加费和规费，同时获得政府发放的各种生产补贴，这里的各种税金，指应交增值税、营业税金及附加、管理费中列支的税费等，属于间接税，不包括所得税等直接税。这里的生产补贴是政府对生产经营单位的政策性亏损补贴、价格补贴和出口企业的出口退税等补贴。生产税净额是抵消获得补贴后企业所缴税费，也是政府在初次分配中获得的收入。生产税净额占国民收入比例的高低反映了政府在国民收入初次分配中的地位，也是政府在资源配置和经济管控中能力大小的体现。

从各省区市来看，生产税净额在国民收入中的比重差别比较大，2012年，最高的是云南和辽宁，都超过20%，除了西藏只有8.9%以外，其他省份的比重都在10%～20%，从分布来看，大部分东部省份的比重较高，中西部省份相对较低。从生产税净额占国民收入比重的变化来看，2009～2012年有25个省份的比重是上升的，下降的只有6个省份，以中部省份居多，在上升幅度较大的省份中，甘肃上升了5个百分点，辽宁上升了4.7个百分点，相对而言，西部省份的比重上升幅度较大，而东部省份的上升幅度较小（见表5－12）。生产税净额比重提升的事实，表明政府在市场经济中的地位越来越突出，在资源配置和收益分配中的地位显著加强。由于生产税大部分是从价征收，物价上涨对税收比重提升有很大的贡献，近几年经济刺激计划实施后，货币发行量迅速增长，导致生产领域的原材料和大宗商品价格上升明显，都有助于生产税的显著提升。

表5－12　中国各省份生产税净额占国民收入比重

单位：%

地区	2009年	2010年	2011年	2012年	地区	2009年	2010年	2011年	2012年
北　京	16.1	15.6	15.8	16.2	湖　北	14.2	14.3	13.6	14.2
天　津	15.4	15.2	15.7	16.6	湖　南	15.0	15.9	16.5	16.2
河　北	11.8	12.2	12.0	12.8	广　东	15.2	14.9	16.1	15.8
山　西	15.3	16.3	16.3	16.4	广　西	12.4	12.9	12.7	13.2
内蒙古	13.3	13.4	14.5	13.6	海　南	15.2	16.5	17.4	19.1
辽　宁	16.2	16.8	18.6	20.9	重　庆	14.0	14.9	14.8	14.6
吉　林	15.0	15.4	15.5	15.6	四　川	15.9	15.6	15.4	15.4
黑龙江	12.8	16.1	16.8	15.4	贵　州	14.9	15.2	16.6	18.1
上　海	19.4	19.2	19.3	19.9	云　南	20.5	20.8	20.5	22.5
江　苏	15.7	15.2	14.8	14.5	西　藏	7.3	7.4	8.1	8.9
浙　江	14.9	15.4	16.2	15.9	陕　西	16.9	16.8	18.2	17.9
安　徽	14.5	14.4	13.6	13.7	甘　肃	12.5	16.2	18.1	17.5
福　建	12.7	12.7	13.0	14.3	青　海	14.7	14.6	17.5	14.7
江　西	19.4	17.1	16.8	16.3	宁　夏	11.3	10.9	12.2	14.0
山　东	14.6	16.0	16.8	16.6	新　疆	15.3	14.6	16.4	15.2
河　南	16.7	13.3	12.5	15.7					

3. 劳动所得收入分配调整现状

企业劳动者或者个体经营者，都会获得各种形式的工资、奖金和津贴等劳动报酬，既包括货币形式的，也包括实物形式的，还包括各种补贴和社会保险费等。劳动者报酬是劳动者劳动所得的收入，也是居民获得收入的主要来源，劳动所获得报酬在国民收入中的比重反映了一个国家和地区劳动者的地位，与国家的收入分配政策有很大关系，也与劳动力市场的供求关系以及劳动者本身的劳动能力有关。

从横向比较来看，劳动者报酬所占比重最高，接近50%，约为营业盈余和生产税净额比重之和，但从国际比较来看，仍然偏低，特别是与发达国家的劳动者报酬所占比重相比，有很大差距。从各省区市来看，劳动者报酬在国民收入中的比重差别很大，2012年西藏的劳动者报酬比重最高，达到64.3%，也是唯一超过60%的省份。东部的北京、河北和福建，以及西部的广西、贵州和新疆等省份的比重超过50%，而天津、吉林、黑龙江、山东和陕西五省份的比重则低于40%，另外有一半省份的比重介于40%～50%。整体来看，劳动者报酬所占比重与区域关系不大。从劳动者报酬占国民收入比重的变化来看，2009～2012 年只有 10 个省份的比重上升，主要是广东、浙江等东部沿海省份，其他 21 个省份的比重是下降的，主要是青海、陕西等西部省份，而且下降幅度比较大，其中青海的比重在四年内下降了 10.3 个百分点（见表 5－13）。

表 5－13　中国各省份劳动者报酬占国民收入比重

单位：%

地区	2009 年	2010 年	2011 年	2012 年	地区	2009 年	2010 年	2011 年	2012 年
北　京	50.5	49.0	49.2	50.9	湖　北	47.8	42.8	48.0	48.6
天　津	37.7	38.6	38.7	39.1	湖　南	50.2	50.1	49.8	49.6
河　北	55.3	55.3	51.0	51.4	广　东	45.2	44.4	45.6	47.7
山　西	45.9	39.5	41.6	43.9	广　西	59.6	59.4	58.1	55.1
内蒙古	46.4	43.6	43.5	43.8	海　南	52.2	50.4	50.5	50.7
辽　宁	49.3	48.7	46.2	46.5	重　庆	50.7	49.2	49.2	49.8
吉　林	40.2	38.9	38.7	38.4	四　川	47.8	47.1	44.6	44.1
黑龙江	40.6	36.9	36.7	39.6	贵　州	53.5	53.1	52.3	53.3
上　海	39.2	39.3	40.2	41.6	云　南	49.6	46.3	48.0	50.6
江　苏	43.6	41.4	41.8	42.3	西　藏	63.9	64.1	63.5	64.3
浙　江	39.6	38.9	40.8	42.1	陕　西	45.2	39.8	39.3	38.5
安　徽	50.1	49.0	48.6	49.1	甘　肃	46.9	52.1	46.0	46.5
福　建	53.2	50.2	49.8	50.7	青　海	53.8	47.0	45.3	43.5
江　西	40.7	45.1	44.0	42.7	宁　夏	53.3	54.5	50.5	49.2
山　东	44.8	39.5	38.5	38.5	新　疆	54.5	52.0	50.6	53.0
河　南	49.1	49.8	49.9	50.1					

整体来看，近年来，在国民收入初次分配中，资本所得和政府税收所占比重有提升的趋势，而劳动者报酬所占比重有明显的下降趋势，特别是西部省份政府收入比重上升而劳动者报酬比重下降的现象比较明显，说明当前国民收入初次分配结构中，资本和政府的收入比重逐步提升，劳动者的收入比重逐步下降，这与我国当前劳动力的结构调整和资本拥有量的逐步充盈趋势不一致，随着劳动力结构的进一步调整，在经济新常态下，初次分配格局有待朝着更加公平有效的角度调整。

（二）再分配结构调整现状

国民收入初次分配之后，各级政府以社会管理者的身份主要通过税收和财政支出的形式参与国民收入再分配，是保障社会分配公平性的必要环节，也是缩小国民收入差距的主要途径。我国由于历史原因，国民收入分配还存在较大差距，突出表现在城乡之间、行业之间和区域之间的收入差距较大。

1. 城乡居民收入分配结构调整现状

（1）城镇居民收入结构分析

中央政策文件和政府工作报告多次提出要不断增加就业和居民收入，使城乡居民收入与经济同步增长。随着市场经济体制改革的深入推进，经济形势和业态越来越复杂，城乡居民收入渠道也日益多元化，居民收入在快速增长的同时，居民之间的收入差距也在逐渐扩大。2013 年全国城镇居民人均总收入为 29547 元，人均可支配收入为 26955 元。从各种收入来源来看，工资性收入仍然是城镇居民收入的主要来源，2013 年工资性收入占城镇居民总收入的 64.1%，西藏最高，达到 86.9%，大部分省份处于 60% ~70%。转移性收入是城镇居民从财政、民政等政府部门得到的补贴性收入和收益，目前是城镇居民的第二大收入来源，占全部收入的 1/4 左右，但是西藏和广东等地比重较低。近年来，城镇居民的经营性收入和财产性收入有所提高，但占全部收入的比重仍然比较低，经营性收入比重较高的是贵州和内蒙古等中西部省份，比较低的是北京、上海和天津以及一些西部省份，而财产性收入比重比较高的省份是福建等东、中部省份，宁夏和新疆等地的比重较低（见表 5 – 14）。

表 5 – 14　2013 年中国各省份城镇居民收入及来源结构

地　区	人均可支配收入(元)	人均总收入(元)	工资性收入比重(%)	经营性收入比重(%)	财产性收入比重(%)	转移性收入比重(%)
全　国	**26955**	**29547**	**64.1**	**9.5**	**2.7**	**23.7**
北　京	40321	45274	66.9	3.3	1.3	28.6
天　津	32294	35656	65.2	3.5	1.6	29.7
河　北	22580	24143	60.4	10.1	1.5	27.9
山　西	22456	24014	67.5	5.1	1.5	25.9
内蒙古	25497	26978	68.1	13.4	1.9	16.6
辽　宁	25578	27905	56.9	10.8	2.4	29.9
吉　林	22275	23544	61.1	10.5	1.5	26.8
黑龙江	19597	21149	59.2	10.6	1.2	28.9
上　海	43851	48879	68.0	4.7	1.6	25.7
江　苏	32538	35131	62.3	10.1	2.2	25.4
浙　江	37851	41241	59.3	12.4	3.6	24.7
安　徽	23114	25006	62.1	10.2	3.3	24.3
福　建	30816	33383	64.2	10.4	6.3	19.0
江　西	21873	22949	64.3	10.7	4.7	20.3
山　东	28264	30628	70.4	9.8	2.6	17.3
河　南	22398	23687	62.1	11.4	2.1	24.4
湖　北	22906	25180	61.8	9.3	2.1	26.7
湖　南	23414	24643	56.6	13.0	4.4	25.9
广　东	33090	36504	69.3	10.4	4.4	15.9
广　西	23305	25029	62.5	9.3	4.0	24.2
海　南	22929	24920	63.3	10.9	3.3	22.5
重　庆	25216	26850	62.0	8.7	2.5	26.8
四　川	22368	23894	62.7	9.6	3.3	24.5
贵　州	20667	21413	63.6	15.2	2.7	18.5
云　南	23236	24698	61.3	10.3	5.9	22.5
西　藏	20023	22561	86.9	3.2	1.9	8.1
陕　西	22858	24109	68.2	4.2	1.3	26.3
甘　肃	18965	20149	66.2	6.5	1.8	25.6
青　海	19499	22131	63.3	7.7	1.3	27.7
宁　夏	21833	23767	64.6	11.0	0.8	23.5
新　疆	19874	22388	69.6	8.1	0.7	21.6

根据国家统计局调查数据，把我国城镇居民收入按高低顺序分成五个等分组，2008年最高组是人均34668元，是最低组的5.7倍，差距非常大。2013年，最高组达到56389元，比2008年增长了62.7%，相应地最低组只有11434元，比2008年增长了88.2%，最高组和最低组的比值缩小到4.9（见表5－15）。从各组的增长速度来看，收入越低的组，其平均收入增长速度越高，说明近年来我国城镇居民收入分配差距有所缩小，但差距仍然比较大。

表5－15　中国城镇居民人均可支配收入分组

单位：元，%

年　份	低收入户（20%）	中等偏下户（20%）	中等收入户（20%）	中等偏上户（20%）	高收入户（20%）
2008年	6075	10196	13984	19254	34668
2009年	6725	11244	15400	21018	37434
2010年	7605	12702	17224	23189	41158
2011年	8789	14498	19545	26420	47021
2012年	10354	16761	22419	29814	51456
2013年	11434	18483	24518	32415	56389
名义增长速度	88.2	81.3	75.3	68.4	62.7

（2）农村居民收入来源结构

我国农村居民规模庞大，受制于资本和技术的短缺，生产力提升缓慢，广大农民收入相对较低，仍然存在大量的贫困人口。历年来，中央和各级地方政府都非常重视农村和农业发展问题，着力解决“三农”问题，其中提高农村居民收入又成为农村工作的重中之重。随着“三农”政策的不断推行，农村经济得到快速发展，大量剩余农村劳动力向城镇转移，农业生产率得到明显提高，农户家庭经营日益市场化，财政补贴和农村社会保障日益完善，农村居民收入增长明显，收入来源结构多元化。

2013年全国农村居民人均纯收入为8896元，在收入来源当中，工资性收入和经营性收入是农民收入中最重要的两大来源，东部沿海和中部农村经济较发达的地区，农民收入来源中工资性收入所占比重最大，大部分超过50%，而东北和西部省份农民工资性收入所占的比重相对较低，大部分在40%以下，其中内蒙古、吉林和新疆都不足20%。与工资性收入相反，家庭经营性纯收入比重比较高的大多是东北和西部省份，吉林最高，达到71.3%，大多数省份超过50%，而东部沿海省份的这一比例较低，北京和上海都在5%左右。这反映了各地工业化进程不同，对当地农民的就业方式有很大影响，东部地区农民大多从事工业部门的劳动，传统家庭农业生产的比重较低，而广大西部地区农民对传统农业生产的依赖性还比较高。农民收入中比重较小的是财产性收入和转移性收入，西部省份农民的转移收入所占比重比较高，大多数超过10%，东中部省份的比重相对较低，比较特殊的是北京和上海，农民的转移性收入比重最高。另外农民的财产性收入所占比重普遍较低，只有北京、上海和广东等经济发达省份的比重相对较高（见表5－16）。

表 5－16　2013 年中国各省份农村居民收入及来源结构

地　区	人均纯收入(元)	工资性收入(%)	家庭经营纯收入(%)	财产性收入(%)	转移性收入(%)
全　国	**8896**	**45.2**	**42.6**	**3.3**	**8.8**
北　京	18337	65.6	4.5	11.0	18.8
天　津	15841	57.4	28.9	7.1	6.7
河　北	9102	57.5	35.4	1.8	5.3
山　西	7154	56.5	31.8	1.3	10.4
内蒙古	8596	19.7	62.2	4.3	13.7
辽　宁	10523	40.0	49.0	2.7	8.3
吉　林	9621	18.8	71.3	2.0	8.0
黑龙江	9634	20.7	66.1	4.5	8.8
上　海	19595	62.5	5.4	7.4	24.7
江　苏	13598	56.0	31.3	4.2	8.5
浙　江	16106	57.1	29.5	4.5	8.8
安　徽	8098	46.1	45.5	1.4	7.0
福　建	11184	46.4	43.7	3.2	6.6
江　西	8781	50.4	41.9	2.2	5.5
山　东	10620	48.3	42.6	2.7	6.4
河　南	8475	42.3	50.6	1.9	5.3
湖　北	8867	43.6	49.4	1.1	5.8
湖　南	8372	54.9	35.4	1.8	8.0
广　东	11669	60.6	22.2	8.9	8.2
广　西	6791	39.9	50.4	1.0	8.7
海　南	8343	36.0	49.8	4.2	10.1
重　庆	8332	49.1	37.6	2.8	10.5
四　川	7895	44.9	42.1	2.6	10.5
贵　州	5434	47.3	43.4	1.4	7.9
云　南	6141	28.2	59.4	3.7	8.7
西　藏	6578	22.4	63.2	1.4	13.0
陕　西	6503	48.5	38.4	3.3	9.8
甘　肃	5108	43.1	43.7	2.6	10.6
青　海	6196	37.9	41.5	2.7	18.0
宁　夏	6931	41.5	46.9	1.9	9.7
新　疆	7296	18.0	63.8	3.2	15.1

根据国家统计局调查数据，把我国农村居民收入按高低顺序分成五个等分组，2008 年最高组是人均 11290 元，是最低组的 7.5 倍，差距非常大。2013 年，最高组达到 21273 元，比 2008 年增长了 88.4%，相应地最低组只有 2583 元，比 2006 年增长了 72.2%，最高组和最低组的比值扩大到 8.2 倍。从各组的增长速度来看，最低组增长最慢，其他组增长速度较高（见表 5－17），说明近年来我国农村居民收入分配的差距在不断扩大，低收入群体收入增长缓慢，缺乏有效增长途径。

表 5－17　中国农村居民人均纯收入分组

单位：元，%

年　份	低收入户（20%）	中等偏下户（20%）	中等收入户（20%）	中等偏上户（20%）	高收入户（20%）
2008 年	1500	2935	4203	5929	11290
2009 年	1549	3110	4502	6468	12319
2010 年	1870	3621	5222	7441	14050
2011 年	2001	4256	6208	8894	16783
2012 年	2316	4807	7041	10142	19009
2013 年	2583	5516	7942	11373	21273
名义增长速度	72.2	88.0	89.0	91.8	88.4

（3）城乡居民收入比

近年来，尽管受到国际金融危机和国内经济结构调整的影响，但在中央连续出台积极货币政策和财政政策的情况下，社会投资规模得到保持，货币发行量迅速增加，中国经济仍然保持快速增长态势，经济增长速度放缓幅度较小，城乡居民收入得到快速增长，但长期以来的城乡二元经济导致城乡收入差距非常大。2013 年城镇居民人均可支配收入达到 26955 元，比 2008 年名义增长 70.8%，农村居民人均纯收入 8896 元，比 2008 年名义增长 86.9%，高于城镇居民收入增长速度，城乡居民收入比由 2008 年的 3.31 下降到 2013 年的 3.03，近年来城乡居民收入差距逐步缩小，但中国城乡居民收入的差距仍然很大，这种差距在世界各国中都是少见的（见表 5－18）。

表 5－18　中国城乡居民收入和比值

年份	城镇居民人均可支配收入(元)	农村居民人均纯收入(元)	比值	年份	城镇居民人均可支配收入(元)	农村居民人均纯收入(元)	比值
2008 年	15781	4761	3.31	2011 年	21810	6977	3.13
2009 年	17175	5153	3.33	2012 年	24565	7917	3.10
2010 年	19109	5919	3.23	2013 年	26955	8896	3.03

从各个省份来看，2013 年有 10 个省份的城乡居民收入比值超过 3 倍，除了山西以外，其他都是西部省份，特别是贵州的比值达到 3.8 倍，云南和甘肃的比值超过 3.7 倍，比值比较低的是东部和东北省份，但都超过 2 倍，从中可以发现，经济发展水平越

高的地区，城乡居民收入比值就越小。从2011～2013年的变化来看，所有省份的城乡居民收入比值都有下降，下降幅度比较大的是西部省份，天津的下降幅度也比较大（见表5－19）。由此可见，加快推进工业化进程，促进经济快速增长，有利于消除城乡差距，使城乡居民收入比逐步缩小。

表5－19　中国各省份城乡居民收入比值

地　区	2011年	2012年	2013年	地　区	2011年	2012年	2013年
北　京	2.23	2.21	2.20	湖　北	2.66	2.65	2.58
天　津	2.18	2.11	2.04	湖　南	2.87	2.87	2.80
河　北	2.57	2.54	2.48	广　东	2.87	2.87	2.84
山　西	3.24	3.21	3.14	广　西	3.60	3.54	3.43
内蒙古	3.07	3.04	2.97	海　南	2.85	2.82	2.75
辽　宁	2.47	2.47	2.43	重　庆	3.12	3.11	3.03
吉　林	2.37	2.35	2.32	四　川	2.92	2.90	2.83
黑龙江	2.07	2.06	2.03	贵　州	3.98	3.93	3.80
上　海	2.26	2.26	2.24	云　南	3.93	3.89	3.78
江　苏	2.44	2.43	2.39	西　藏	3.30	3.15	3.04
浙　江	2.37	2.37	2.35	陕　西	3.63	3.60	3.52
安　徽	2.99	2.94	2.85	甘　肃	3.83	3.81	3.71
福　建	2.84	2.81	2.76	青　海	3.39	3.27	3.15
江　西	2.54	2.54	2.49	宁　夏	3.25	3.21	3.15
山　东	2.73	2.73	2.66	新　疆	2.85	2.80	2.72
河　南	2.76	2.72	2.64				

2. 行业收入分配结构调整现状

近年来，我国不断深化市场经济体制改革，对外资和民营资本逐步放开准入领域，行业壁垒正在逐步消除和放开，行业竞争日益激烈，资本和劳动力在行业间的流动更加便利。但长期以来我国计划经济体系的影响在部分行业和领域还根深蒂固，政府直接干预和行业垄断还普遍存在，行业间的盈利水平还存在巨大差异，加之人事制度改革相对滞后，人员流动和考核机制还不完善，导致行业间就业人员的收入存在很大差距。

以城镇单位就业人员的平均工资为例，2013年全国平均工资是51474元，比2008年名义增长78.1%。从各行业来看，最高的是金融业达到99659元，比2008年名义增长84.9%，其次是信息传输、计算机服务和软件业也达到90926元，比2008年名义增长65.6%。就业人员平均工资最低的农、林、牧、渔业，只有25820元，是所有行业中唯一平均工资不足3万元的行业，制造业也比较低，只有46431元。总体来看，服务业就业人员平均工资比较高，第二产业次之，第一产业最低。从近年来平均工资增长来看，增速比较快的是农、林、牧、渔业，5年间实现翻倍，其次是建筑业、批发和零售业，以及制造业等行业，增速比较低的是公共管理和社会组织、信息传输、计算机服务和软件业等行业。平均工资最高和最低的行业平均工资比2008年是4.3倍，近年来逐步下降，2012年开始低于4倍，2013年仍然超过3.85倍，差距非常明显（见表5－20）。

表5－20　中国各行业城镇单位就业人员平均工资

单位：元

指标	2008年	2009年	2010年	2011年	2012年	2013年
全　　部	**28898**	**32244**	**36539**	**41799**	**46769**	**51474**
农、林、牧、渔业	12560	14356	16717	19469	22687	25820
采矿业	34233	38038	44196	52230	56946	60139
制造业	24404	26810	30916	36665	41650	46431
电力、燃气及水的生产和供应业	38515	41869	47309	52723	58202	67082
建筑业	21223	24161	27529	32103	36483	42072
交通运输、仓储和邮政业	32041	35315	40466	47078	53391	57872
信息传输、计算机服务和软件业	54906	58154	64436	70918	80510	90926
批发和零售业	25818	29139	33635	40654	46340	50308
住宿和餐饮业	19321	20860	23382	27486	31267	34043
金融业	53897	60398	70146	81109	89743	99659
房地产业	30118	32242	35870	42837	46764	51048
租赁和商务服务业	32915	35494	39566	46976	53162	62543
科学研究、技术服务和地质勘查业	45512	50143	56376	64252	69254	76603
水利、环境和公共设施管理业	21103	23159	25544	28868	32343	36122
居民服务和其他服务业	22858	25172	28206	33169	35135	38428
教育业	29831	34543	38968	43194	47734	51951
卫生、社会保障和社会福利业	32185	35662	40232	46206	52564	57991
文化、体育和娱乐业	34158	37755	41428	47878	53558	59339
公共管理和社会组织	32296	35326	38242	42062	46074	49245

3. 区域收入分配结构调整现状

尽管中国整体上还属于发展中国家，正处在工业化、城市化加快推进的过程之中，但区域经济发展存在非常大的差异，不同区域的经济发展水平、经济结构和产业发展差别非常大，造成各地区居民收入水平存在较大差异。2013年城镇居民人均可支配收入26955元，在各省份当中，只有8个东部经济发达省份超过全国平均水平，其中上海人均可支配收入最高，达到43851元。处于全国平均水平以下的有23个省份，其中黑龙江、青海、甘肃和新疆的人均可支配收入不足2万元。上海城镇居民人均可支配收入是甘肃的2.3倍，这一比值在2011年是2.4倍，说明三年来城乡居民收入的区域差距有所缩小。从三年来人均可支配收入的变化来看，全部31个省份都有增长，上海和北京增长幅度最大，都超过7000元，其他东部省份的增长幅度也较大，增长比较慢的是西部省份。

2013年全国农村居民人均纯收入是8896元，在各省份当中，东部和东北共12个省份的农村居民人均纯收入超过全国平均水平，最高的北京和上海，接近人均2万元，西部省份的人均纯收入偏低，其中甘肃、贵州等8个西部省份不足7000元，上海农村居民人均纯收入是甘肃的3.8倍，这一比值在2011年是4.1倍，虽然有所缩小，但反映出农村居民收入的区域差距仍然非常大，而且这一差距也远远超过城镇居民收入的区域差距。从三年来人均纯收入的变化来看，全部31个省份都有增长，北京增长幅度最大，超过3600元，其他东部省份的增长幅度也较大，增长比较慢的是西部省份（见表5-21）。

表5-21 中国各省份城乡居民人均收入

单位：元

	城镇居民人均可支配收入			农村居民人均纯收入		
	2011年	2012年	2013年	2011年	2012年	2013年
北京	32903	36469	40321	14736	16476	18337
天津	26921	29626	32294	12321	14026	15841
河北	18292	20543	22580	7120	8081	9102
山西	18124	20412	22456	5601	6357	7154
内蒙古	20408	23150	25497	6642	7611	8596
辽宁	20467	23223	25578	8297	9384	10523
吉林	17797	20208	22275	7510	8598	9621
黑龙江	15696	17760	19597	7591	8604	9634
上海	36230	40188	43851	16054	17804	19595
江苏	26341	29677	32538	10805	12202	13598
浙江	30971	34550	37851	13071	14552	16106
安徽	18606	21024	23114	6232	7160	8098
福建	24907	28055	30816	8779	9967	11184
江西	17495	19860	21873	6892	7829	8781
山东	22792	25755	28264	8342	9447	10620
河南	18195	20443	22398	6604	7525	8475
湖北	18374	20840	22906	6898	7852	8867
湖南	18844	21319	23414	6567	7440	8372
广东	26897	30227	33090	9372	10543	11669
广西	18854	21243	23305	5231	6008	6791
海南	18369	20918	22929	6446	7408	8343
重庆	20250	22968	25216	6480	7383	8332
四川	17899	20307	22368	6129	7001	7895
贵州	16495	18701	20667	4145	4753	5434
云南	18576	21075	23236	4722	5417	6141
西藏	16196	18028	20023	4904	5719	6578
陕西	18245	20734	22858	5028	5763	6503
甘肃	14989	17157	18965	3909	4507	5108
青海	15603	17566	19499	4608	5364	6196
宁夏	17579	19831	21833	5410	6180	6931
新疆	15514	17921	19874	5442	6394	7296

从区域分布来看，中国城乡居民收入区域差距比较明显，2013 年东部地区城镇居民人均可支配收入达到 32472 元，相对比较高，中西部和东北地区都比较低而且非常接近，东部、中部、西部和东北地区人均可支配收入比值为是 1∶0.700∶0.699∶0.704，这一比值在 2008 年是 1∶0.689∶0.675∶0.683，从收入增长来看，2008～2013 年，名义增长幅度最大的是西部地区，最低的是东部地区，说明区域间的城镇居民收入差距逐步缩小。2013 年东部地区农村居民人均纯收入达到 12052 元，相对比较高，也是唯一超过万元的区域，东北地区次之，西部地区最低，东部、中部、西部和东北地区人均纯收入比值为是 1∶0.695∶0.567∶0.822，而这一比值在 2008 年是 1∶0.675∶0.533∶0.773，从收入增长来看，2008～2013 年，名义增长幅度最大的是西部地区和东北地区，最低的是东部地区，说明区域间的农村居民收入差距逐步缩小（见表 5－22）。

表 5－22　中国城乡居民人均收入区域比较

单位：元

年　份	城镇居民人均可支配收入				农村居民人均纯收入			
	东部地区	中部地区	西部地区	东北地区	东部地区	中部地区	西部地区	东北地区
2008 年	19203	13226	12971	13120	6598	4453	3518	5101
2009 年	20953	14367	14213	14324	7156	4793	3816	5457
2010 年	23273	15962	15806	15941	8143	5510	4418	6434
2011 年	26406	18323	18159	18301	9585	6530	5247	7791
2012 年	29622	20697	20600	20759	10817	7435	6027	8846
2013 年	32472	22736	22710	22875	12052	8377	6834	9909

三　新常态下中国省域收入分配结构调整的趋势分析

1. 行业垄断利润逐步下降

自 20 世纪 80 年代末 90 年代初起，中国的行业收入差距出现逐步扩大的趋势，行业收入差距是导致居民收入差距的重要因素之一。行业的市场集中率对行业的平均工资有很大影响，垄断行业职工的平均工资是其他行业的 2～3 倍，职工工资的隐性收入和隐性福利上的差距也相当大。① 中南财经政法大学中国收入分配研究中心的调查研究表明，中国社会服务业和农林牧渔业职工平均工资最低，而电力、通信、金融保险业、房地产等垄断行业的收入最高，且不同行业职工平均工资最高值与最低值的比值仍在继续扩大。垄断行业凭借垄断地位、国家政策倾斜、税收优惠等多种途径独自享有收入溢价、行业垄断利润的独占优势，使行业收入分配不能在公平与效率间进行有效的权衡和取舍。为了治理行业垄断与收入分配差距问题，我国各省区市立足于市场化改革，引入竞争机制，以期实现市场主体的多元化。同时，在相关垄断行业的有效竞争

① 于良春、菅敏杰：《行业垄断与居民收入分配差距的影响因素分析》，《产业经济研究》2013 年第 2 期。

市场形成之前，政府将作为市场监管者，加强对垄断行业不合理的收入分配制度的监管，建立垄断行业收入合理增长机制，为解决行业垄断与收入分配差距问题提供有力保障。因此，新常态下，合理控制行业垄断利润是垄断行业进行分配制度改革的最直接途径。

从全国范围来看，分别选取服务业中的房地产行业和工业中的计算机、通信和其他电子设备制造业，通用设备制造业和燃气生产和供应业等四个行业为考察对象。以房地产行业为例，中国房地产百强企业研究报告显示，2008～2010 年，在进行政策调控和金融危机爆发之际，房地产行业的利润出现了较大幅度的下滑；尤其在 2010 年以后，利润的主要风险转向了行业内部风险，企业间的竞争加剧、人力成本的提高和代理项目结算周期的延长，拉低了百强企业的净利润率，从前几年的 30% 左右下降到近 3 年来的 20% 左右（见图 5－1）。从工业来看，以计算机、通信和其他电子设备制造业，通用设备制造业与燃气生产和供应业为例，2008 年金融危机以来，这三个垄断行业的利润总额的绝对数尽管呈增长的趋势（在 2008～2010 年，这三个垄断行业有近乎甚至超翻倍的增长，其中，计算机、通信和其他电子设备制造业利润总额增加了 1330.36 亿元，利润增长率达 86.23%；通用设备制造业利润总额增加了 1122.83 亿元，利润增长率达 70.71%；燃气生产和供应业利润总额增加了 128.6 亿元，利润增长率达 102.6%），但 2010 年也是一个拐点，2011 年开始利润增长率和工业成本费用利润率转为下降趋势，其中计算机、通信和其他电子设备制造业工业成本费用利润率由 2010 年的 5.47% 降至 2013 年的 4.48%，通用设备制造业则从 2010 年的 8.56% 降至 2013 年的 7.25%，燃气生产和供应业则从 2010 年的 11.37% 降至 2013 年的 9.98%（见图 5－2）。这在一定程度上说明我国垄断行业的利润在收入分配受到监管、市场经济竞争性增强和市场主体多元化等各项因素的影响下呈现出相对下降的趋势。

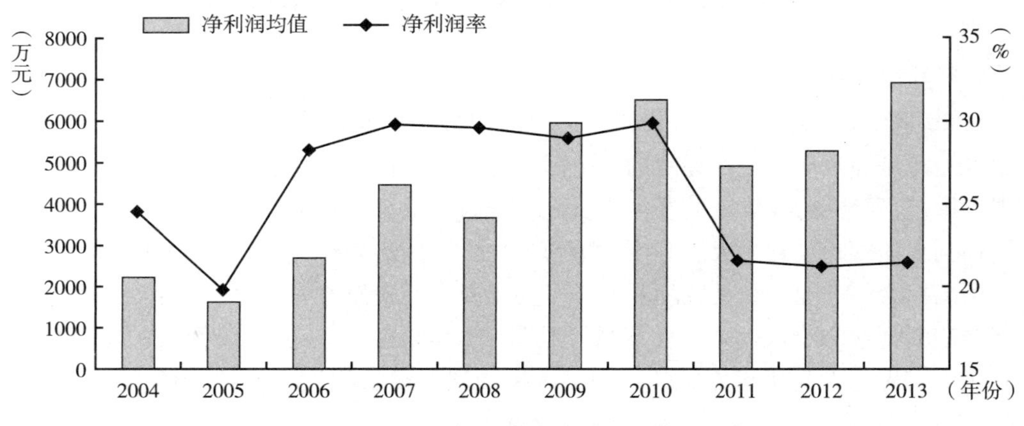

图 5－1　2004～2013 年房地产百强企业净利润变化情况

数据来源：《2014 中国房地产百强企业研究报告》。

从省域来看，选取国有及国有控股工业企业为考察对象，各省、区、市国有及国有控股工业企业工业成本费用利润率情况如表 5－23 所示。首先，从区域来看，2013 年

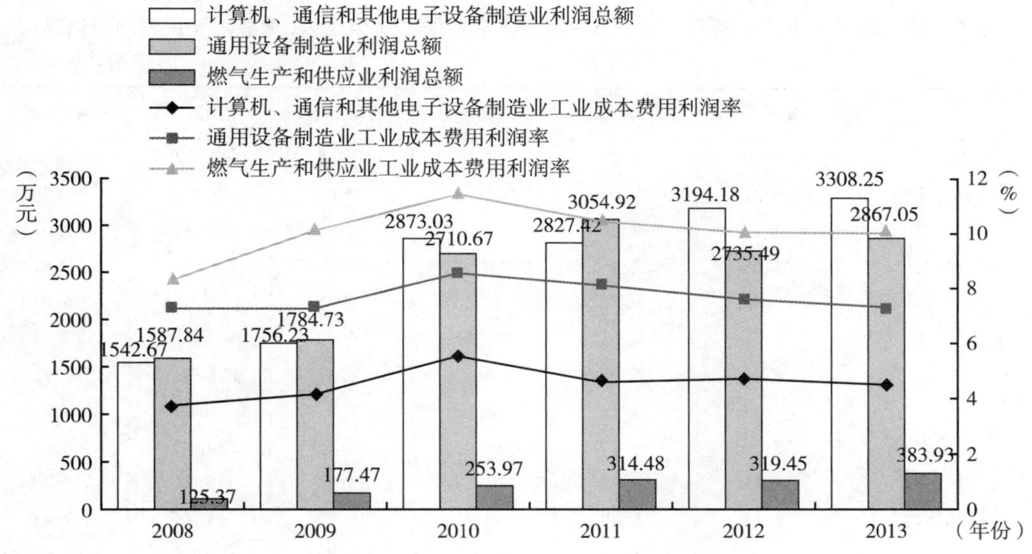

图5－2　2008～2013年部分垄断行业利润变化情况

数据来源：根据2009～2014年《中国统计年鉴》相关资料整理。

东部、东北部、中部和西部地区国有及国有控股工业企业工业成本费用利润率分别为7.41%、7.48%、4.47%、7.13%，中部地区明显低于其他地区，但东北地区下降幅度最大，与2008年相比，下降了5.31个百分点，这是选择竞争性领域作为东北老工业基地调整和改造的突破口的显著效果。东部地区以2011年为拐点，国有及国有控股工业企业工业成本费用利润率开始进入下降趋势，中部和西部地区的拐点是2010年，但东北地区则是从2008年开始一直处于波动下降趋势。其次，从各省、区、市来看，2013年陕西省国有及国有控股工业企业工业成本费用利润率居全国首位，达15.51%，海南省、黑龙江省、新疆维吾尔自治区、青海省、上海市等5个省、区、市国有及国有控股工业企业工业成本费用利润率也超过了两位数，分别为13.74%、13.72%、13.03%、10.98%、10.87%。但东北地区和西部地区的部分省、区、市的国有及国有控股工业企业工业成本费用利润率一直处于低水平，如西藏自治区，2008～2013年国有及国有控股工业企业工业成本费用利润率分别为－0.24%、－0.42%、5.93%、8.9%、－1.54%、－3.47%，其中有四年的工业成本费用利用率为负值；而辽宁省国有及国有控股工业企业工业成本费用利润率也一直在低位徘徊，2008～2013年国有及国有控股工业企业工业成本费用利润率分别为－0.62%、1.96%、3.31%、1.95%、0.08%、1.68%。总的来说，2008～2013年各省、区、市国有及国有控股工业企业工业成本费用利润率处于下降趋势，并且各省、区、市的国有及国有控股工业企业工业成本费用利润率的标准差、变异系数也处于下降趋势，分别从2008年的7.92、1.04降至2013年的4.00、0.59，这说明各省、区、市国有及国有控股工业企业工业成本费用利润率相对差距呈缩小趋势。

表 5-23　2008~2013 年各省、区、市国有及国有控股工业企业* 工业成本费用利润率情况

单位：%

地区＼年份	2008 年	2009 年	2010 年	2011 年	2012 年	2013 年
北　京	4.72	6.19	7.6	7.65	8.27	6.95
天　津	9.31	7.07	11.21	10.61	10.21	8.76
河　北	4.22	3.71	3.9	4.16	2.82	2.67
上　海	3.58	7.45	9.94	9.02	8.95	10.87
江　苏	3.33	6.28	7.13	6.15	5.07	6.01
浙　江	1.71	6.01	6.61	6.12	5.63	7.07
福　建	4.2	5.08	6.8	6.72	4.92	5.21
山　东	7.45	7.19	8.07	7.8	6.49	5.82
广　东	8.02	9.17	10.45	5.42	4.63	6.98
海　南	14.55	10.77	12.51	25.54	17.53	13.74
东部平均	**6.11**	**6.89**	**8.42**	**8.92**	**7.45**	**7.41**
辽　宁	-0.62	1.96	3.31	1.95	0.08	1.68
吉　林	4.52	5.95	8.42	8.34	6.56	7.04
黑龙江	34.46	17.5	18.63	21.62	18.24	13.72
东北平均	**12.79**	**8.47**	**10.12**	**10.64**	**8.29**	**7.48**
山　西	6.44	6.21	8.46	7.77	5.33	3.46
安　徽	4.32	5.46	7.07	5.72	5.09	3.89
江　西	2.23	3.49	4.44	4.62	3.75	4.09
河　南	4.33	2.75	4.51	4.04	2.51	3.26
湖　北	8.62	6.75	7.27	6.59	6	6.35
湖　南	5.52	5.85	6.51	6.02	5.22	5.77
中部平均	**5.24**	**5.09**	**6.38**	**5.79**	**4.65**	**4.47**
内蒙古	7.67	10.83	16.66	16.35	13.2	8.83
广　西	3.05	4.65	6.64	3.28	3.04	3.44
重　庆	4.77	3.77	4.55	4.41	3.63	4.69
四　川	4.46	6.13	8.22	7.29	7.26	6.07
贵　州	5.87	6.74	7.67	8.89	11.53	9.29
云　南	6.8	8.51	10.57	8.49	6.74	7.42
西　藏	-0.24	-0.42	5.93	8.9	-1.54	-3.47
陕　西	19.4	13.09	18.35	19.01	16.51	15.51
甘　肃	1.74	4.36	4.55	4.09	3.65	3.39
青　海	22.41	10.58	15.17	17.15	13.24	10.98
宁　夏	2.39	7.21	9.56	8.87	4.85	6.37
新　疆	26.32	16.99	21.88	19.95	15.83	13.03
西部平均	**8.72**	**7.70**	**10.81**	**10.56**	**8.16**	**7.13**
全国平均	**7.60**	**7.01**	**9.12**	**9.11**	**7.27**	**6.74**
31 省市区标准差	**7.92**	**3.89**	**4.66**	**5.88**	**5.02**	**4.00**
31 省市区变异系数	**1.04**	**0.55**	**0.51**	**0.65**	**0.69**	**0.59**

注：*因房地产行业，计算机、通信和其他电子设备制造业，通用设备制造业与燃气生产和供应业的省域利润的相关经济效益指标没有相关统计，为统一口径，这里选取国有及国有控股工业企业作为垄断行业进行分析。

数据来源：2009~2014 年《中国统计年鉴》。

2. 劳动报酬收入比重逐步上升

根据国家统计局统计年鉴的数据，从地区生产总值收入法构成项目中可以看出，我国各省、区、市的劳动报酬在初次分配中的比重长期处于不断下降的趋势，但反映资本净收入的营业盈余、反映政府收入的生产税净额所占比重则是逐渐上升的。这些数据趋势表明，我国国民收入初次分配结构呈现为“强资本、弱劳动”的格局，在经济快速增长的同时，广大劳动群众对改革发展成果分享的份额在不断减少，而资本分享的份额在快速增加，劳动者的利益被资本侵蚀，这是当前最大的分配不公问题。[①] 因此，只有提高我国劳动报酬在初次分配中的比重，实现劳动收入增长与国民收入增长水平的基本同步，才能逐渐脱离“强资本、弱劳动”收入分配格局，从根本上解决初次分配不公的问题，这是政府和社会共同努力的方向，也是收入分配改革中劳动报酬的发展趋势。经验研究表明，劳动报酬份额还在某种程度上具有度量经济发达程度的作用。发达程度越高，雇员就业比例就会越高，劳动报酬份额也会越高。[②] 与美国、欧洲等西方发达国家相比，我国 GDP 中劳动报酬所占份额非常低，如美国长期以来劳动报酬占比稳定在 60% 左右，这也满足“卡尔多事实”。但是，我国劳动报酬比重偏低正是因为我国现在处于工业化初期，面临资本短缺和劳动力过剩的约束，“强资本”是加速工业化的前提条件。我国已明确指出要走新型工业化道路，逐步减少经济建设方面的支出，增加改善民生问题方面的支出，加大财政、税收在收入初次分配和再分配中的调节作用；同时，利用“新常态”重新整顿的机会，坚持以人为本的科学发展观，加快自主创新能力建设，建立统一、开放的劳动力市场，调整劳动力供给结构，积极扩大就业，并逐步提升劳动报酬在 GDP 的比重。

从劳动报酬及 GDP 的增长情况来看（如表 5 - 24 和图 5 - 3 所示），2009 ~ 2012 年，我国国民经济发展迅速，社会财富不断增加，劳动者的劳动报酬也得到了较大幅度的提高，人民的生活水平也实现了质的飞越。尽管与 GDP 增长速度相比，劳动收入尤其是劳动报酬的增长速度较为滞后，但近年来的收入分配改革已经取得了显著的成效。2009 ~ 2012 年，劳动报酬增长率高于 GDP 增长率的省、区、市已经有北京、天津、上海、浙江、江西、河南、湖北、广东、云南、西藏等 10 个省份，劳动者劳动报酬的提升已经有了初步成效。

从各省、区、市劳动报酬占 GDP 比重的情况来看（如图 5 - 4 所示），总体上我国各省、区、市劳动报酬占 GDP 的比重普遍比较低，尤其是金融危机过后的两年，劳动报酬占 GDP 比重有所下降，但中央政府为应对世界性金融危机采取了一系列的政策性、结构性调整，促进了新常态下经济结构的深刻、全面升级，这体现在 2010 年以后我国各省、区、市劳动报酬占 GDP 的比重大部分处于上升趋势，最直接的社会表现是我国

① 沈卫平：《提高劳动收入比重的主要路径》，《现代经济探讨》2010 年第 11 期。

② 张车伟：《中国劳动报酬份额变动与总体工资水平估算及分析》，《经济学动态》2012 年第 9 期。

表 5-24　2009~2012 年各省、区、市劳动报酬情况

单位：亿元

地区 \ 年份	2009	2010	2011	2012
北　京	6141.60	6919.99	7992.38	9102.64
天　津	2836.97	3556.17	4378.14	5040.37
河　北	9533.09	11280.60	12496.98	13656.68
上　海	5901.84	6742.05	7709.62	8389.14
江　苏	15019.10	17141.63	20523.13	22867.66
浙　江	9105.37	10788.87	13185.55	14583.69
福　建	6510.05	7400.03	8741.77	9979.11
山　东	15200.40	15457.01	17443.68	19235.34
广　东	17849.91	20452.36	24287.53	27239.83
海　南	863.14	1039.62	1273.37	1447.36
东部平均	8896.15	10077.83	11803.21	13154.18
辽　宁	7493.57	8982.04	10268.90	11559.60
吉　林	2924.57	3370.41	4085.94	4589.20
黑龙江	3487.49	3823.13	4615.53	5417.92
东北平均	4635.21	5391.86	6323.46	7188.91
山　西	3374.63	3638.33	4675.44	5319.18
安　徽	5039.17	6058.54	7435.30	8445.19
江　西	3118.08	4258.71	5143.98	5529.01
河　南	9566.24	11503.22	13439.43	14834.53
湖　北	6199.16	6827.85	9432.57	10814.15
湖　南	6561.52	8040.19	9802.10	10988.08
中部平均	5643.13	6721.14	8321.47	9321.69
内蒙古	4520.61	5086.28	6240.45	6960.77
广　西	4626.32	5682.23	6806.45	7183.36
重　庆	3308.46	3901.69	4930.41	5679.13
四　川	6769.64	8089.35	9381.81	10537.71
贵　州	2094.97	2444.38	2982.45	3650.80
云　南	3058.20	3344.07	4271.34	5214.01
西　藏	281.86	325.38	384.47	450.54
陕　西	3691.49	4028.24	4911.66	5566.50
甘　肃	1590.40	2145.94	2307.07	2628.86
青　海	581.69	635.34	756.12	823.58
宁　夏	720.82	921.35	1061.65	1150.85
新　疆	2329.37	2829.07	3345.03	3979.27
西部平均	2797.82	3286.11	3948.24	4485.45

数据来源：2010~2014 年《中国统计年鉴》。

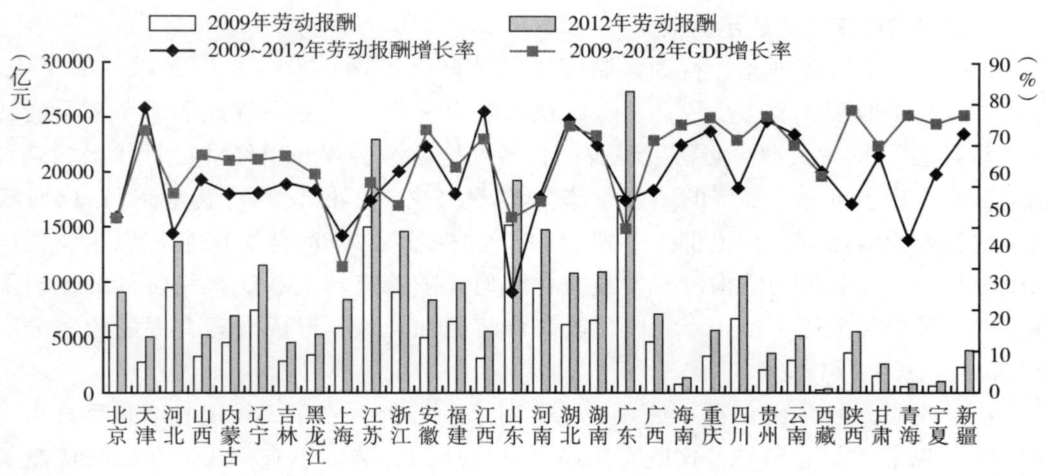

图 5－3　2009[*] ～2012 年各省、区、市劳动报酬及 GDP 增长情况

注：＊2008 年各省、区、市劳动报酬数据缺失，是因为国家和地方统计局暂未统计 2008 年各省、区、市劳动报酬情况。下同。

数据来源：根据 2009 ～2014 年《中国统计年鉴》相关资料整理。

大部分蓝领工人的工资涨得远远比白领工资高。影响我国劳动份额的因素包括产业结构以及劳动者相对谈判能力的变化，[①] 新常态下，全面提高劳动者素质依然是先进生产力发展的“第一要务”。我国 31 个省、区、市不是独立的经济体，所以不会单独出现上升趋势，当前超过六成的省份出现上升趋势，表明劳动报酬收入占比逐步上升是我国劳动报酬整体的发展趋势，也将是扭转我国收入差距扩大趋势的重要举措。

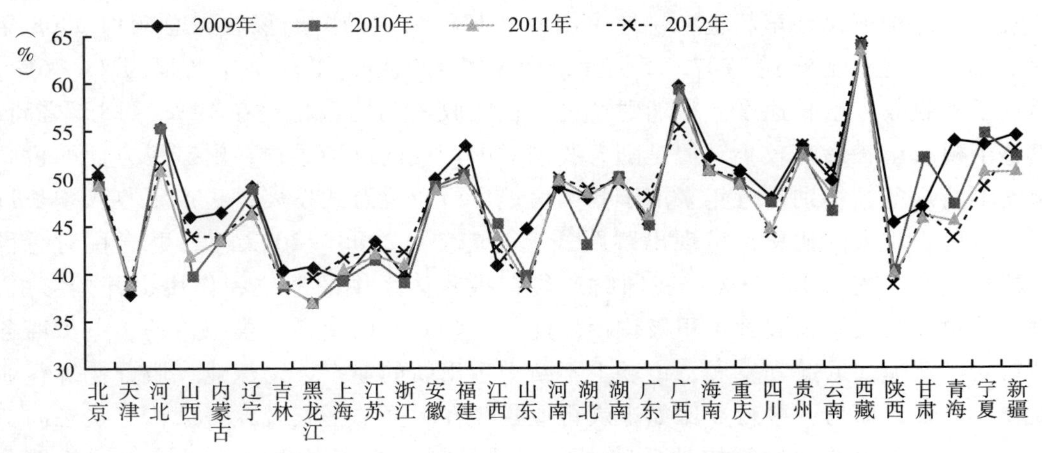

图 5－4　2009 ～2012 年各省、区、市劳动报酬占 GDP 比重的情况

数据来源：根据 2009 ～2014 年《中国统计年鉴》相关资料整理。

① 李稻葵、刘霖林、王红领：《GDP 中劳动份额演变的 U 型规律》，《经济研究》2009 年第 1 期。

3. 政府税收来源的逐步调整

我国税收工作在理念、行为、制度以及体制等方面正发生积极而深刻的变化，并在“为什么收税、收多少税、怎么收税以及由谁收”等方面逐渐形成了不可逆转的“新常态”。[①] 税收源自经济，税收增长情况能够综合反映出经济运行状况，二者相互影响、密不可分。经济的“新常态”客观上决定了税收的“新常态”，同时税收工作各方面的深刻变化也催生了税收的“新常态”。2008 年金融危机以来，我国以流转税为主体的税制结构没有发生变化，但是随着流转税和所得税份额的逐渐下降，财产税份额的逐步提升，我国税收来源将更加合理，形成合理有序的收入分配格局。

从税收收入的总量来看（如表 5 – 25 所示），2008 ~2013 年税收增长呈现出先高后低、先增后减的趋势，这既有国民经济发展的影响，也有营改增和税收优惠等改革和政策性因素的影响。自 2008 年金融危机以来，我国税收总额平均增长率为 18.83%，其中以增值税、营业税、烟叶税为主的流转税对总税收的贡献率平均为 45%，成为拉动税收收入增长的主要来源，每年平均增幅为 16.42%。流转税作为税收的主要构成部分，整体增长较为平稳。但 2008 年的金融危机，导致除财产税外，流转税、所得税的增长大幅度下降，这方面因素也反映在税收收入总额上。2008 年我国税收增长率为 20.79%，2007 年 12 月 29 日通过个税法案，个税起征点上调至 2000 元，并于 2008 年 3 月起施行，同时，又受到金融危机的影响，税收增长率有了大幅度的降低，降至 2009 年的 12.48%。2010 年后，我国国民经济开始复苏，但经济增长速度放缓，逐渐回落到中高速增长区间，税收收入增长速度也开始下滑，在连续三年的下降后降至 2013 年的 13.89%。2008 ~2013 年，以房地产税、土地增值税、车船税、耕地占用税和契税为主的财产税收入总额由 2008 年的 3120.49 亿元上升到 7707.72 亿元，增长了 1.5 倍，平均每年增幅为 28.76%，超过了税收收入增长速度。虽然财产税占税收收入的比重稳定在 14% ~18%之间，对整个税收增长影响较小，但是随着我国对财产税的逐渐重视，财产税方面的税收制度不断规范，特别是近年来由于我国房地产行业跳跃式发展，房产税收入增长迅速，占税收收入的比重也呈现出跳跃式上升趋势。2008 ~2013 年，财产税对总税收的贡献率平均为 25.53%，我国财产税在税收体系中的地位和作用也开始突出，对拉动税收收入增长起到了积极作用。此外，随着关联交易、虚拟市场、电子商务等新兴经营模式的蓬勃发展，市场上不断滋生出新的业态，物流业、服务业等行业税收在增长，而另一些行业比如煤炭行业税收在下降，是宏观经济从传统状态向新状态转变过程中的一种结构性反映。在宏观经济新常态条件下，经济的结构性分化，将带来税收增长的行业分化和区域分化，并将成为今后税收增长的一个新常态。

---

① 张雷宝：《认识税收工作的“新常态”》，《中国税务报》，2014 年 11 月 5 日。

表 5－25　2008～2013 年我国税收增量贡献对比

单位：亿元

年份 \ 项目	税收收入		流转税*			所得税			财产税		
	总额（亿元）	增长率（%）	增值额（亿元）	贡献率（%）	增长率（%）	增值额（亿元）	贡献率（%）	增长率（%）	增值额（亿元）	贡献率（%）	增长率（%）
2008	23255.11	20.79	1665.98	41.62	16.18	1084.09	27.08	24.60	545.93	13.64	22.39
2009	26157.43	12.48	1532.04	52.79	12.81	10.13	0.35	0.18	1093.91	37.69	36.66
2010	32701.49	25.02	2786.25	42.58	20.65	1482.38	22.65	26.95	1689.63	25.82	41.43
2011	41106.74	25.70	3305.87	39.33	20.31	2184.66	25.99	31.29	1540.72	18.33	26.71
2012	47319.08	15.11	2826.78	45.50	14.43	731.90	11.78	7.98	1671.10	26.90	22.87
2013	53890.88	13.89	3169.30	48.23	14.14	696.64	10.60	7.04	2022.34	30.77	22.52

注：* 流转税主要包括增值税、营业税、烟叶税，所得税主要包括企业所得税和个人所得税，财产税主要包括房地产税、土地增值税、车船税、耕地占用税和契税。

数据来源：根据 2009～2014 年《中国统计年鉴》相关数据资料整理。

从税收收入的结构比例来看，流转税作为我国税收主体的地位没有改变，所得税处于相对次要地位，但从表 5－26 发现，流转税和所得税占税收收入的比重总体呈现下降趋势，由 2008 年的 51.43%、23.61% 下降到 2013 年的 47.47%、19.66%，分别下降了 3.96 个百分点、3.95 个百分点。首先，流转税比重降低是增值税和营业税增长幅度不断下降带来的结果，而烟叶税对税收构成则没有明显变化，其中，增值税主要影响劳动要素收入，① 因此增值税下降有利于劳动收入的提升。2008～2013 年流转税比例降幅最大的前三个省、区、市的是西藏、辽宁、新疆，分别下降了 16.08%、10.97%、8.89%，可见税收收入分配改革较为明显的主要是我国西部地区，但也出现 3 个省、区、市流转税比例有微小幅度上升的现象，分别是北京、江苏、甘肃，分别上升了 0.17%、0.07%、1.57%。其次，所得税占税收收入的比重也越来越小，在企业所得税的份额逐渐加大，个人所得税由于 2008 年和 2011 年起征点的两次提升增幅越来越小的情况下，所得税占税收收入的比重呈现出趋缓下降的趋势。2008～2013 年所得税比例降幅最大的前三个省、区、市的是辽宁、北京和天津，分别下降了 6.6%、5.35%、4.83%，但也出现 5 个省、区、市所得税比例上升的现象，分别是西藏、新疆、山西、重庆、宁夏，分别上升了 16.58%、15.32%、2.13%、0.93%、0.83%，其中尽管西部地区如西藏和新疆享有各项税收优惠，但是近几年国民经济的迅速发展，各行业发展的蒸蒸日上，扩大了所得税的税面，而且 2011 以来，这些省、区、市的所得税也呈现出下降的趋势。总的来说，我国 31 个省、区、市的流转税和所得税占税收收入的比重处于下降趋势。最后，财产税总体规模逐渐增加，占税收收入的比重大幅度上升，2013 年比重达到了 20.41%，与 2008 年相比上升了 7.58 个百分点。2008～2013 年财产税比例除西藏下降了 0.57% 外，其余 30 个省、区、市都出现了不同程度的增长，其中增幅最大的前三个省、区、市的是贵州、辽宁、海南、分别增长了 14.47%、13.12%、12.62%，主要是受房产税、土地增值税和耕地占用税大幅度提高的影响。

① 郭庆旺、吕冰洋：《论税收对要素收入分配的影响》，《经济研究》2011 年第 6 期。

表 5－26　2008～2013 年我国各省、区、市流转税、所得税和财产税税收收入占税收收入比重

单位：%

地区＼项目＼年份	2008			2009			2010		
	流转税	所得税	财产税	流转税	所得税	财产税	流转税	所得税	财产税
全　国	**51.43**	**23.61**	**12.83**	**51.58**	**21.03**	**15.59**	**49.78**	**21.35**	**17.64**
北　京	45.63	37.67	10.87	48.71	31.78	13.26	47.32	32.35	14.61
天　津	53.00	24.87	13.12	52.53	21.36	17.03	51.90	21.74	17.67
河　北	55.29	20.66	9.01	54.65	19.08	11.70	52.75	17.97	15.90
山　西	57.70	19.94	4.35	55.26	22.14	4.99	56.35	21.61	5.70
内蒙古	51.31	17.83	10.86	48.54	18.11	14.46	49.25	18.68	13.90
辽　宁	46.93	19.09	17.08	44.62	14.70	24.10	42.40	15.71	25.39
吉　林	50.86	19.30	14.09	51.16	18.75	16.18	51.19	19.17	16.55
黑龙江	55.00	16.25	9.49	52.29	16.17	12.20	52.33	15.56	14.99
上　海	49.40	33.86	9.78	51.18	30.07	12.74	48.84	32.03	13.11
江　苏	50.33	23.18	15.39	50.87	20.64	18.09	47.89	22.20	19.98
浙　江	51.52	23.32	13.83	52.03	21.13	15.65	49.31	21.31	18.94
安　徽	52.06	18.17	15.32	51.87	16.30	17.55	48.70	15.99	22.53
福　建	50.36	23.03	15.41	51.29	21.94	16.94	48.04	22.07	20.26
江　西	51.33	17.66	18.29	51.49	14.57	21.96	49.60	14.35	24.84
山　东	47.71	18.93	16.62	46.36	16.54	20.44	47.04	17.41	19.95
河　南	49.59	20.08	14.03	48.60	18.02	17.10	47.19	17.40	20.51
湖　北	52.00	21.70	13.17	52.63	18.86	15.67	48.64	18.17	21.30
湖　南	56.42	16.12	15.67	56.17	14.35	17.01	51.29	13.39	22.35
广　东	52.68	26.96	11.82	52.86	24.34	14.26	50.04	25.40	16.59
广　西	54.42	16.36	18.00	52.88	13.43	23.09	53.47	15.88	20.68
海　南	54.67	17.31	15.84	53.73	16.75	18.66	55.20	15.22	20.53
重　庆	56.82	14.65	15.36	57.36	14.38	16.04	51.88	16.17	20.99
四　川	53.22	18.34	14.91	54.01	17.33	16.48	53.59	16.88	18.52
贵　州	55.75	20.69	8.36	55.44	20.37	9.56	54.06	19.83	12.12
云　南	54.25	18.50	10.99	55.28	16.60	12.28	54.21	16.31	14.73
西　藏	70.44	16.95	2.79	69.74	15.25	3.24	61.15	25.74	1.88
陕　西	56.79	17.94	7.71	57.67	17.07	9.85	57.39	16.93	11.85
甘　肃	56.01	17.62	9.19	58.23	14.73	9.24	59.49	14.12	9.94
青　海	59.14	17.38	5.18	57.34	17.07	5.34	58.42	16.24	4.89
宁　夏	62.36	13.17	8.28	61.51	15.18	9.38	60.33	15.50	11.13
新　疆	60.30	0.19	8.09	56.46	16.03	10.14	54.44	16.19	10.25

续表

年份 / 项目 / 地区	2011			2012			2013		
	流转税	所得税	财产税	流转税	所得税	财产税	流转税	所得税	财产税
全　国	**47.64**	**22.30**	**17.78**	**47.36**	**20.92**	**18.98**	**47.47**	**19.66**	**20.41**
北　京	45.86	33.51	13.56	46.94	33.09	12.86	45.80	32.32	14.86
天　津	49.20	23.39	17.51	49.82	21.46	18.33	49.67	20.04	19.59
河　北	50.96	19.02	15.83	50.23	17.71	16.82	50.30	16.60	18.52
山　西	55.32	22.12	6.71	53.30	24.64	7.06	52.24	22.07	10.26
内蒙古	47.04	21.30	13.12	44.89	20.31	15.48	44.42	16.48	19.25
辽　宁	39.26	15.40	27.84	35.57	13.09	30.95	35.96	12.49	30.20
吉　林	45.33	19.24	22.01	42.35	18.15	24.48	42.74	17.51	25.65
黑龙江	49.41	15.49	16.48	46.74	15.07	16.01	46.37	14.73	17.71
上　海	45.96	32.97	14.14	45.67	32.83	14.54	47.70	31.41	14.10
江　苏	46.34	23.49	18.73	49.52	20.28	18.74	50.40	18.98	19.51
浙　江	46.66	23.14	18.70	48.68	22.18	17.43	48.56	21.43	18.82
安　徽	49.13	17.44	20.28	48.10	16.89	21.21	47.89	15.39	23.70
福　建	45.33	22.75	21.21	47.64	22.22	20.40	46.00	20.28	23.63
江　西	48.94	16.75	23.10	48.34	15.40	24.73	48.55	14.04	25.84
山　东	45.39	19.01	19.56	43.87	17.60	20.55	44.20	15.58	23.45
河　南	46.76	18.49	20.27	46.23	17.05	21.70	45.10	16.05	25.15
湖　北	48.62	19.15	20.22	48.29	18.53	21.58	47.21	17.01	24.31
湖　南	50.55	15.10	21.41	49.47	15.02	22.67	49.03	14.40	24.39
广　东	46.91	25.71	16.72	46.36	23.92	19.04	46.75	22.93	19.53
广　西	50.83	17.84	20.61	45.68	14.45	30.02	46.18	13.91	29.72
海　南	48.39	17.81	24.15	43.66	15.39	30.99	46.31	16.31	28.46
重　庆	48.62	17.03	23.40	47.23	15.75	25.71	48.14	15.58	24.08
四　川	52.29	17.78	18.35	51.47	17.51	19.55	50.35	16.86	21.97
贵　州	51.62	20.06	15.18	50.33	17.43	20.54	49.61	16.41	22.83
云　南	51.47	17.23	17.84	51.19	16.25	19.14	52.35	15.42	19.06
西　藏	46.21	42.22	2.05	40.59	49.55	1.41	54.36	33.53	2.22
陕　西	54.69	18.05	11.69	51.68	17.94	14.23	50.38	16.36	17.09
甘　肃	56.02	15.01	10.45	56.77	14.40	10.07	57.58	13.14	11.54
青　海	57.23	15.91	5.20	58.35	13.38	6.63	56.47	15.07	8.49
宁　夏	59.02	17.88	10.39	57.35	15.49	13.42	57.95	14.00	14.55
新　疆	51.66	17.15	10.19	51.49	16.58	12.29	51.41	15.51	15.34

数据来源：根据 2009 ~ 2014 年《中国统计年鉴》相关数据资料整理。

4. 城乡收入相对差距逐步缩小

“中国贫富差距的实质是城乡差距”。[①] 改革开放以来，中国一直存在相当大的城乡

① 中共中央宣传部理论局：《理论热点面对面 2007》，学习出版社，2007，第 65 页。

差别。过去35年，我国各省、区、市坚持抓好“三农”工作，坚持在工业化、信息化、城镇化深入发展中同步推进现代农业综合配套改革试点，支持发展多种形式适度规模经营。同时，彻底取消农业税和各种收费，不断强化农业补贴政策，从补贴流通环节渗透补贴生产环节和消费环节，补贴标准逐年提高，覆盖范围不断扩大，补贴资金从2007年的639亿元增加到2012年的1923亿元。[①] 2013年，我国不断加强农村水电路气等基础设施建设，全面完成1.5万座小型水库除险加固工程，新解决农村6300多万人饮水安全问题。随着中央调整收入差距的决心越来越大、反腐以及国企薪酬改革力度的越来越强，城镇中高收入户居民收入增长速度将会明显下降，城乡收入的差距会越来越小。2013年，我国城镇居民人均可支配收入实际增长7%，农村居民人均纯收入实际增长9.3%，农村贫困人口减少1650万人，[②] 城乡居民收入差距继续缩小。今后，应继续促进城乡居民收入与经济同步增长，使广大人民群众普遍得到实惠。

自2008年至今，我国城乡居民人均收入总体呈上升趋势，其中城镇居民人均可支配收入，由2008年的15781元增加到2013年的26955元，约增加了71%；同期农村人均纯收入也从4761元增加到8896元，约增加了87%。可见，城乡居民的收入水平都有显著提高，人民生活也得到了巨大改善，且农村居民人均纯收入上升幅度略高于城镇居民人均可支配收入上升幅度。同时，城乡居民人均可支配收入也存在实质性的变化，城镇居民人均可支配收入与农村居民人均纯收入的比例连续5年下降，从2009年的3.33∶1降至2013年的3.03∶1（见图5－5），我国城乡收入差距呈现出了缩小的势头。不过，国际上城市居民收入与农村居民收入合理差距应为1.5～2.0倍。然而，我国城乡居民收入比却一直高于这个数值，这充分表明我国城乡居民收入差距现状仍旧严峻。

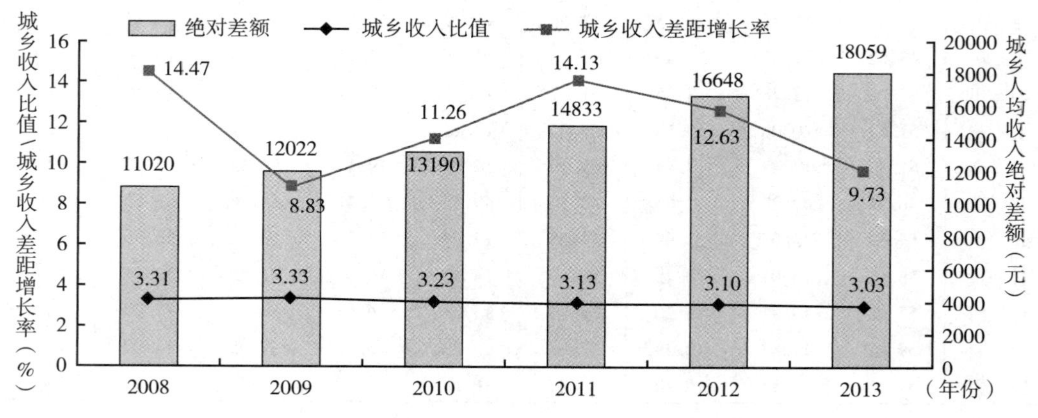

图5－5 2008～2013年我国城乡居民收入差距的变动轨迹

数据来源：2008～2013年《中国统计年鉴》数据资料整理。

① 第十二届全国人民代表大会第一次会议，国务院总理温家宝政府工作报告，2013年3月5日。

② 2014全国两会政府工作报告。

5. 区域收入差距逐步缩小

在应对国际金融危机的严重冲击时，我国继续深入实施区域发展总体战略，颁布实施全国主体功能区规划，制定西部大开发新十年指导意见和一系列区域发展规划，加快推进西藏、新疆等地区跨越式发展，发挥各地比较优势，实现区域经济协调发展。近年来，我国中西部和东北地区主要发展指标增速高于全国平均水平，甚至外贸进出口贸易增长速度都高于东部沿海地区，东部地区产业转型升级步伐加快，各具特色、良性互动的区域发展格局正在形成，区域协调性发展趋势明显。如图5－6和图5－7所示，2007年以后，中西部地区的经济增速（实际GDP增长率）开始跟上并高于东部，打开了“西高东低”增长的局面。同时，东部地区与中西部地区的人均GDP比也开始下降，2013年东部人均GDP仅是中西部的1.76倍。随着区域经济协调发展，区域收入差距也将逐步缩小。从泰尔指数结果（表5－27）可以分析出，2011年开始我国各省、区、市收入差距在缓慢缩小，并且趋于稳定，其中，区域间差距对总收入差距贡献了很大比

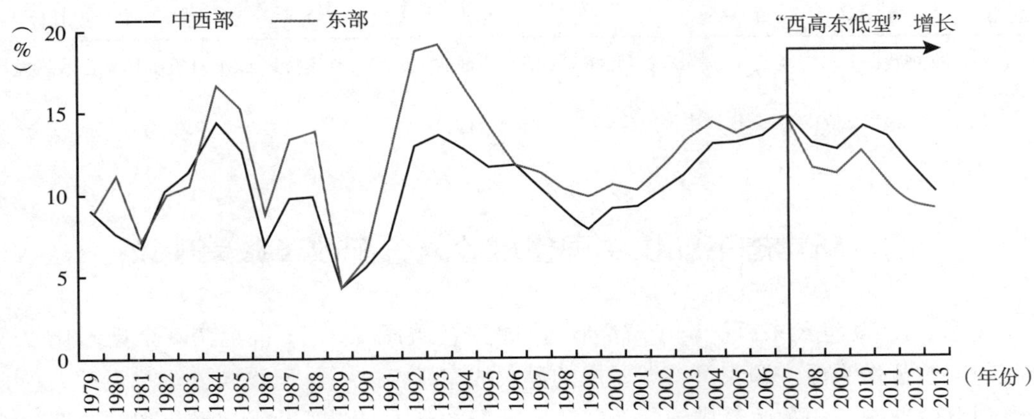

图5－6 东部地区与中西部地区经济增长率变化趋势

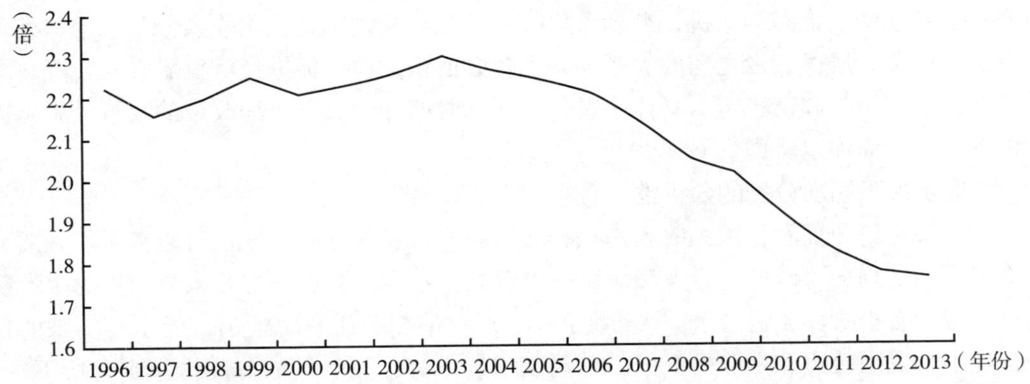

图5－7 东部地区与中西部地区人均GDP比值变化趋势

数据来源：历年《中国统计年鉴》及CEIC数据库，其中东部地区与中西部地区的经济增长率，是区内各省、区、市的实际GDP增长率以2013年的名义GDP构成比作为权数核算的加权平均。

例，总体差距水平的上升或下降主要受区域间差距水平变动的影响。“十二五”期间，国家继续推进产业结构调整，中西部紧抓历史机遇，努力实现自身产业结构优化升级，实现新型工业化和经济发展方式的转变。同时，我国继续加大转移支付力度，改善转移支付结构，特别是均衡性转移支付的比重，在地方转移支付分配过程中，向中、西部地区倾斜，进一步加大对中、西部不发达地区的转移支付力度，大规模减贫取得明显成效，使地区间收入差距逐渐缩小。可见，中西部地区发展后发优势明显，这种区域差距缩小的趋势应该还会持续下去。

表 5-27　2008～2013 年我国地区收入差距变化及“区域内差距”和“区域间差距”的分解

年份	区域内差距（Tw）	区域间差距（Tb）	总差距 Tp	年份	区域内差距（Tw）	区域间差距（Tb）	总差距 Tp
2008 年	0.0198	0.1444	0.1641	2011 年	0.0154	0.1745	0.1899
2009 年	0.0202	0.1608	0.1810	2012 年	0.0161	0.1683	0.1844
2010 年	0.0168	0.1607	0.1775	2013 年	0.0154	0.1662	0.1817

注：本文把我国的经济区域分为东部、东北部、中部和西部四大区域，利用省级 GDP 计算我国地区收入差距及其因素的分解。

数据来源：根据 2009～2013 年《中国统计年鉴》数据资料核算。

四　新常态下加快中国省域收入分配改革政策建议

我国早在 20 世纪末就提出了解决收入分配不公的命题，21 世纪初甚至把深化收入分配制度改革作为促进国家可持续发展的重大战略举措之一，但收入分配差距扩大趋势未得到有效遏制，相关政策措施收效甚微。在新常态下，放缓的经济增速和结构调整给解决收入分配提供了机会。实践证明，社会中等收入群体的壮大有助于社会稳定，然而当前国民收入正在向政府和企业倾斜，分配格局正呈现“强资本而弱劳动”的趋势，因此要借助经济新常态的契机，继续深化收入分配制度改革，优化收入分配结构，处理好政府、企业、居民三者之间的关系，调动各方面积极性，促进经济发展方式转变，维护社会公平正义与和谐稳定。具体来看，新常态时期加快收入分配改革的政策措施可以从以下几个方面加以考虑。

1. 逐步提高初次分配的公平性

从经济理论角度看，国民收入初次分配的实质是要素分配，统计时通常在宏观意义上将国民经济划分为政府、企业和居民三大部分，对应的初次分配收入分别称为生产税净额、劳动者报酬和营业盈余。① 多数学者在近年的相关研究中指出，近十几年来的初次分配中，我国政府和企业分配份额呈现双增加态势，而居民的分配份额则有所下降。城镇工薪阶层和广大农民工等中低收入者，往往只能靠自身的劳动力生产要素参与分

① 李虹茹：《新时期我国收入分配公平问题研究》，沈阳师范大学硕士学位论文，2014。

配，而富裕阶层多了资本等其他要素参与分配。因此，在新常态下，要逐步提高初次分配的公平性，在初次分配中提高劳动报酬的比重。只有使劳动力要素参与分配的比重超过其他要素，并实现劳动报酬增长和劳动生产率提高同步，劳动报酬占比连年下降趋势才能得到扭转，劳动者的劳动价值才能得到更为充分的体现，社会贫富差距才能不断缩小，同时社会公平也才能得到更大程度上的改进。由于劳动者在与企业的博弈当中处于劣势地位，无法适时适宜提高自身的工资与收入，因此，要建立独立的工会组织并完善集体谈判制度，从而提高劳动者与企业博弈的能力，明显增加低收入者收入水平，持续扩大中等收入群体，不断提高人民生活质量和水平，提高收入分配的公平性。

2. 完善财政管理制度

随着市场经济体制改革的深入，财政的经济建设职能逐渐退化，新时期要求增强财政的两项职能和使命：一是为社会提供公共产品的公共财政职能，确保广大人民共享改革发展成果；二是要着力履行宏观调控功能，调节转型期收入分配不公、经济发展不平衡等问题。收入分配职能是公共财政的一项基本职能，因此，发挥财政政策的导向作用，逐步扭转收入分配差距扩大趋势，促进初次分配公平目标的实现，是市场经济条件下财政职能的应有之义。① 我国“经济建设型”财政向“公共服务型”财政的转变，是我国财政改革发展史的一个重要里程碑，积极建设有中国特色的公共财政体系，加大财政转移支付力度，有助于从根本上优化收入分配制度。新常态下，完善财政管理制度，强化“收支两条线”管理，确保财政支出的科学、规范、有效，可从制度上遏制腐败和低效率，确保财政职能得到充分的发挥。更重要的是，要积极发挥财政的政策导向作用，加大对基础教育特别是偏远农村基础教育的财政投入，促进教育公平，缩小城乡、区域教育差距，推进教育资源均等化。同时，财政政策应优化国民教育结构，支持人才市场建设，促进劳动力的合理流动，实现劳动就业的帕累托效率，尤其对于我国经济发展水平不高的中西部地区，不宜采用提高劳动者工资水平的方式调节收入分配，而应该采用提升劳动者整体素质进而扩大就业的方式来全面提高收入水平。

3. 深化税收体系改革

税收具有显著的调节收入分配的功能，在筹集财政收入的同时，也可以改善或恶化居民收入分配，缩小居民收入差距的税收体系会直接影响到居民收入分配的公平度。研究表明，由于我国传统税收体系还存在不合理的税制设计（当前税制整体是累退的），收入越高的家庭，税率越低，而收入越低的家庭，税率越高。② 因此，我国居民收入差距日益扩大的现象与当前不合理的税制设计息息相关，深化税收体系改革迫在眉睫。因此，可以主要从以下两个方面着手，一是优化税收结构，降低间接税比重、提高直接税比重（我国现行的直接税与间接税比例失调的税制结构，造成了收入分配的逆向调节），通过财税制度改革，为企业减轻负担，尤其是为广大中小企业和民营企业减负。可逐步降低中小企业、小微企业的增值税和营业税税率，提高起征点，降低低收入群体

① 刘清亮、高志勇：《初次分配的公平性与财政政策导向》，《河北学刊》2008 年第 1 期。

② 岳希明、张斌、徐静：《中国税制的收入分配效应测度》，《中国社会科学》2014 年第 6 期。

收入和消费的税收负担。可大幅度提高个人所得税起征点，降低中低收入群体的税收负担，加大对高收入群体的征税监管力度，填补高收入群体避税漏洞。二是完善税收的调节功能，适当提高具有居民收入分配功能的税收在税收体系中所占的比重，如所得税和财产税，补充开征具有调节功能的遗产税、赠予税等新税种，这些税种的主要目的在于调节收入分配而非增加财政收入，加大高收入群体流量和存量资产的税收支出。

4. 加快完善社会保障体系

改革开放以来，我国初步建立了与社会主义市场经济体制相适应的多层次的中国特色社会保障体系，保障了广大人民的基本生活需求，提高了社会整体特别是广大低收入群体的福利水平，但将其纳入收入分配改革的范畴内加以考虑的时候，由于政府对社会保障转移支付不足等原因，它仍存在覆盖面偏窄、衔接性不足、调整机制不稳、缴费率过高等问题。为了更好地发挥社会保障体系调节收入分配、促进社会公平的作用，需要在下一步的改革中进一步加快完善社会保障体系。首先，要通过完善和推广养老保险个人账户的功能，坚持全覆盖、保基本、多层次的原则，推进养老保险“并轨”运行，增强资金的可持续性，充分发挥养老保险在收入分配调节中的长期性作用；其次，通过改革医疗保险的保障水平、支付方式并增强各项医保制度间的衔接，加强医疗保险在收入分配调节中的核心作用。同时，也要进一步推动社会福利制度、社会保险制度和社会救济制度的发展，发挥它们在收入分配调节中的引领和托底作用。尤为重要的是，应着手建立更加完备的顶层设计和总体规划，优化和整合各类社会保障项目，将社会救助、社会福利和社会保险的有效衔接起来，减少管理和协调的成本，避免社会救济、社会保险和社会福利项目的交叉重叠所造成的资源浪费，逐步实现城乡间和地区间社会保障待遇的统一，充分发挥社会保障体系的整体保障功能，实现社会保障制度全国“一盘棋”，推动收入分配改革尽快取得实质性进展。

5. 推进机关事业单位收入分配改革

机关事业单位是我国重要的人力资源集中地，科学合理、公平公正、规范有序的机关事业单位收入分配对于吸收人才、留住人才和充分调动人才的积极性、创造性，促进机关事业单位的整体发展有非常重要的意义。① 深化机关事业单位的收入分配制度改革是整个社会收入分配改革的重要组成部分。我国各地区有关部门要研究制定机关事业单位的工资水平及其正常调整机制，适时出台相关政策，通过立法的方式，为提高机关事业单位收入水平提供政策依据和法律保障。要做好机关事业单位收入分配制度的改革，主要应从以下几方面进行考虑：（1）研究制定机关事业单位工资水平决定和正常调整机制，进一步改革工资结构和工资制度，建立机关事业单位工作人员工资的正常增长机制，包括建立地区附加津贴制度，建立职务与职级并行制度，调整基本工资标准和机关事业单位离退休人员基本离退休费等措施，规范工资收入和辅助性收入，适当提高收入水平。（2）构建科学合理的绩效管理制度，通过建立完善的绩效考评和工资激励机制，重视机关事业单位职工的实绩和贡献，正确处理公平与效率、员工贡献与个人收入之间

① 夏琛桂、石金涛：《对我国机关事业单位收入分配的调查分析》，《科学学研究》2007 年第 3 期。

的关系，既保证低职务人员适当的工资标准，又适当加大不同职务、级别的工资差距，形成合理的工资关系，激励和提高各类岗位工作人员的工作积极性和创造性。（3）健全宏观调控机制，完善收入分配调控政策，理顺分配关系，规范分配秩序，以建立工资调查制度为契机，定期进行机关事业单位和其他相当单位人员的工资水平调查比较，妥善处理好社会不同群体之间的收入分配关系，逐步缩小各类型单位之间的收入差距，促进社会的和谐发展。

BⅣ 附 录

Appendix

B.38
附录1
中国省域经济综合竞争力评价指标体系

二级指标（9个）	权重	三级指标（25个）	权重	四级指标（210个）	权重
B1		C11		（12个）	
宏观经济竞争力	0.15	经济实力竞争力	0.4	地区生产总值	0.105
				地区生产总值增长率	0.095
				人均地区生产总值	0.098
				财政总收入	0.090
				财政总收入增长率	0.088
				人均财政收入	0.088
				固定资产投资额	0.095
				固定资产投资额增长率	0.080
				人均固定资产投资额	0.077
				全社会消费品零售总额	0.080
				全社会消费品零售总额增长率	0.052
				人均全社会消费品零售总额	0.052
		C12		（6个）	
		经济结构竞争力	0.3	产业结构优化度	0.188
				所有制经济结构优化度	0.178
				城乡经济结构优化度	0.187
				就业结构优化度	0.158
				资本形成结构优化度	0.131
				贸易结构优化度	0.158

续表

二级指标（9个）	权重	三级指标（25个）	权重	四级指标（210个）	权重
		C13		（9个）	
宏观经济竞争力	0.15	经济外向度竞争力	0.3	进出口总额	0.150
				进出口增长率	0.100
				出口总额	0.120
				出口增长率	0.100
				实际 FDI	0.120
				实际 FDI 增长率	0.100
				外贸依存度	0.080
				对外经济合作完成营业额	0.150
				对外直接投资	0.080
B2		C21		（10个）	
产业经济竞争力	0.125	农业竞争力	0.2	农业增加值	0.115
				农业增加值增长率	0.096
				人均农业增加值	0.102
				农民人均纯收入	0.116
				农民人均纯收入增长率	0.095
				农产品出口占农林牧渔总产值比重	0.088
				人均主要农产品产量	0.092
				农业机械化	0.092
				农村人均用电量	0.102
				财政支农资金比重	0.102
		C22		（10个）	
		工业竞争力	0.3	工业增加值	0.163
				工业增加值增长率	0.098
				人均工业增加值	0.143
				工业资产总额	0.138
				工业资产总额增长率	0.083
				工业资产总贡献率	0.073
				规模以上工业主营业务收入	0.076
				规模以上工业利润总额	0.089
				工业全员劳动生产率	0.073
				工业成本费用利润率	0.064
		C23		（10个）	
		服务业竞争力	0.25	服务业增加值	0.110
				服务业增加值增长率	0.090
				人均服务业增加值	0.110
				服务业从业人员数	0.100
				服务业从业人员数增长率	0.090
				限额以上批发零售企业主营业务收入	0.100
				限额以上批零企业利税率	0.100
				限额以上餐饮企业利税率	0.100
				旅游外汇收入	0.100
				房地产经营总收入	0.100

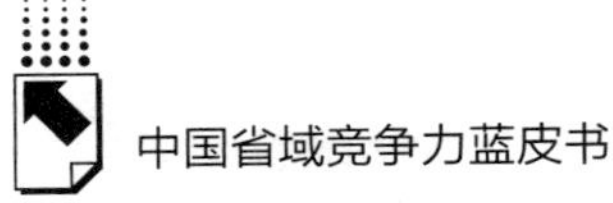

续表

二级指标（9个）	权重	三级指标（25个）	权重	四级指标（210个）	权重
		C24		（10个）	
产业经济竞争力	0.125	企业竞争力	0.25	规模以上工业企业数	0.135
				规模以上企业平均资产	0.089
				规模以上企业平均增加值	0.101
				流动资金周转次数	0.085
				规模以上企业平均利润	0.101
				规模以上企业销售利税率	0.090
				新产品销售收入占主营业务收入比重	0.080
				产品质量抽查合格率	0.098
				工业企业 R&D 经费投入强度	0.119
				中国驰名商标持有量	0.102
B3		C31		（9个）	
可持续发展竞争力	0.1	资源竞争力	0.325	人均国土面积	0.108
				人均可使用海域和滩涂面积	0.100
				人均年水资源量	0.097
				耕地面积	0.110
				人均耕地面积	0.144
				人均牧草地面积	0.099
				主要能源矿产基础储量	0.116
				人均主要能源矿产基础储量	0.117
				人均森林储积量	0.109
		C32		（8个）	
		环境竞争力	0.325	森林覆盖率	0.185
				人均废水排放量	0.110
				人均工业废气排放量	0.110
				人均工业固体废物排放量	0.110
				人均治理工业污染投资额	0.100
				一般工业固体废物综合利用率	0.100
				生活垃圾无害化处理率	0.100
				自然灾害直接经济损失	0.185
		C33		（8个）	
		人力资源竞争力	0.35	人口自然增长率	0.111
				15～64岁人口比例	0.122
				文盲率	0.109
				大专以上教育程度人口比例	0.150
				平均受教育程度	0.140
				人口健康素质	0.130
				人力资源利用率	0.130
				职业学校毕业生数	0.108

续表

二级指标(9个)	权重	三级指标(25个)	权重	四级指标(210个)	权重
B4		C41		(12个)	
财政金融竞争力 0.1	0.1	财政竞争力	0.55	地方财政收入	0.079
				地方财政支出	0.084
				地方财政收入占GDP比重	0.079
				地方财政支出占GDP比重	0.103
				税收收入占GDP比重	0.090
				税收收入占财政总收入比重	0.084
				人均地方财政收入	0.084
				人均地方财政支出	0.084
				人均税收收入	0.079
				地方财政收入增长率	0.080
				地方财政支出增长率	0.080
				税收收入增长率	0.078
		C42		(10个)	
		金融竞争力	0.45	存款余额	0.110
				人均存款余额	0.110
				贷款余额	0.110
				人均贷款余额	0.110
				货币市场融资额	0.090
				中长期贷款占贷款余额比重	0.110
				保险费净收入	0.080
				保险密度(人均保险费收入)	0.080
				保险深度(保费收入占GDP比重)	0.080
				人均证券市场筹资额	0.120
B5		C51		(9个)	
知识经济竞争力	0.125	科技竞争力	0.425	R&D人员	0.180
				R&D经费	0.090
				R&D经费投入强度	0.090
				发明专利授权量	0.110
				技术市场成交合同金额	0.110
				财政科技支出占地方财政支出比重	0.090
				高技术产业增加值	0.110
				高技术产业增加值占工业增加值比重	0.110
				高技术产品出口额占商品出口额比重	0.110
		C52		(10个)	
		教育竞争力	0.425	教育经费	0.160
				教育经费占GDP比重	0.090
				人均教育经费	0.160
				公共教育经费占财政支出比重	0.090
				人均文化教育支出占个人消费支出比重	0.060
				万人中小学学校数	0.050
				万人中小学专任教师数	0.050
				高等学校数	0.080
				高校专任教师数	0.130
				万人高等学校在校学生数	0.130

续表

二级指标（9个）	权重	三级指标（25个）	权重	四级指标（210个）	权重
知识经济竞争力	0.125	C53		（8个）	
		文化竞争力	0.15	文化产业增加值	0.110
				图书和期刊出版数	0.110
				报纸出版数	0.110
				出版印刷工业销售产值	0.110
				城镇居民人均文化娱乐支出	0.160
				农村居民人均文化娱乐支出	0.120
				城镇居民人均文化娱乐支出占消费性支出比重	0.160
				农村居民人均文化娱乐支出占消费性支出比重	0.120
B6		C61		（9个）	
发展环境竞争力	0.1	基础设施竞争力	0.55	铁路网线密度	0.11
				公路网线密度	0.12
				人均内河航道里程	0.099
				全社会旅客周转量	0.129
				全社会货物周转量	0.129
				人均邮电业务总量	0.102
				万户移动电话数	0.101
				万户上网用户数	0.095
				人均耗电量	0.115
		C62		（9个）	
		软环境竞争力	0.45	外资企业数增长率	0.110
				万人外资企业数	0.130
				个体私营企业数增长率	0.110
				万人个体私营企业数	0.130
				万人商标注册件数	0.110
				查处商标侵权假冒案件	0.080
				每十万人交通事故发生数	0.080
				罚没收入占财政收入比重	0.130
				食品安全事故数	0.120
B7		C71		（5个）	
政府作用竞争力	0.1	政府发展经济竞争力	0.366	财政支出用于基本建设投资比重	0.202
				财政支出对 GDP 增长的拉动	0.201
				政府公务员对经济的贡献	0.196
				政府消费对民间消费的拉动	0.197
				财政投资对社会投资的拉动	0.204
		C72		（5个）	
		政府规调经济竞争力	0.317	物价调控	0.209
				调控城乡消费差距	0.211
				统筹经济社会发展	0.190
				规范税收	0.200
				人口控制	0.190

续表

二级指标（9个）	权重	三级指标（25个）	权重	四级指标(210个)	权重
政府作用竞争力	0.1	C73		(6个)	
		政府保障经济竞争力	0.317	城市城镇社区服务设施数	0.132
				医疗保险覆盖率	0.202
				养老保险覆盖率	0.202
				失业保险覆盖率	0.202
				下岗职工再就业率	0.138
				城镇登记失业率	0.124
B8		C81		(6个)	
发展水平竞争力	0.1	工业化进程竞争力	0.366	工业增加值占GDP比重	0.125
				工业增加值增长率	0.115
				高技术产业规模以上企业产值	0.215
				高技术产业增加值占工业增加值比重	0.195
				高技术产品出口额占商品出口额比重	0.155
				信息产业增加值占GDP比重	0.195
		C82		(7个)	
		城市化进程竞争力	0.317	城镇化率	0.25
				城镇居民人均可支配收入	0.25
				城市平均建成区面积比重	0.08
				人均拥有道路面积	0.08
				人均日生活用水量	0.08
				人均居住面积	0.13
				人均公共绿地面积	0.13
		C83		(6个)	
		市场化进程竞争力	0.317	非公有制经济产值占全社会总产值的比重	0.212
				社会投资占投资总额比重	0.191
				私有和个体企业从业人员比重	0.176
				亿元以上商品市场成交额	0.116
				亿元以上商品市场成交额占全社会消费品零售总额比重	0.112
				居民消费支出占总消费支出比重	0.193
B9		C91		(8个)	
统筹协调竞争力	0.1	统筹发展竞争力	0.55	社会劳动生产率	0.160
				社会劳动生产率增速	0.120
				万元GDP综合能耗	0.160
				非农用地产出率	0.150
				生产税净额和营业盈余占GDP比重	0.100
				最终消费率	0.110
				固定资产投资额占GDP比重	0.100
				固定资产交付使用率	0.100
		C92		(8个)	
		协调发展竞争力	0.45	环境竞争力与宏观经济竞争力比差	0.125
				资源竞争力与宏观经济竞争力比差	0.125
				人力资源竞争力与宏观经济竞争力比差	0.125
				资源竞争力与工业竞争力比差	0.125
				环境竞争力与工业竞争力比差	0.125
				城乡居民家庭人均收入比差	0.125
				城乡居民人均现金消费支出比差	0.125
				全社会消费品零售总额与外贸出口总额比差	0.125

B.39

附录2

2013年中国省域经济综合竞争力评价指标得分和排名情况

一 2013年中国省域宏观经济竞争力及三级指标得分和排名情况

	指标得分				指标排名			
	经济实力竞争力	经济结构竞争力	经济外向度竞争力	宏观经济竞争力	经济实力竞争力	经济结构竞争力	经济外向度竞争力	宏观经济竞争力
北　京	39.2	74.9	32.9	48.0	13	1	4	5
天　津	52.9	64.1	20.8	46.7	5	6	9	6
河　北	39.0	58.3	13.2	37.1	14	8	22	11
山　西	31.4	35.9	9.3	26.1	23	25	28	27
内蒙古	40.3	39.4	7.9	30.3	11	22	30	20
辽　宁	50.0	58.5	26.5	45.5	6	7	7	7
吉　林	27.2	55.6	11.0	30.9	29	10	24	19
黑龙江	28.5	52.2	10.8	30.3	26	15	25	21
上　海	33.4	66.7	34.0	43.6	18	4	3	8
江　苏	71.5	73.3	43.2	63.5	1	2	2	2
浙　江	53.1	69.9	32.0	51.8	4	3	6	4
安　徽	36.7	50.7	15.7	34.6	16	17	17	16
福　建	48.5	53.2	17.1	40.5	7	13	14	9
江　西	31.4	54.0	13.4	32.8	22	11	21	17
山　东	65.6	57.3	32.3	53.1	2	9	5	3
河　南	44.1	44.0	19.1	36.6	8	21	13	12
湖　北	44.1	51.0	15.6	37.6	9	16	19	10
湖　南	40.1	52.5	15.4	36.4	12	14	20	13
广　东	63.2	66.4	71.8	66.7	3	5	1	1
广　西	30.2	34.2	10.3	25.4	25	27	27	28
海　南	27.5	53.9	12.8	31.0	28	12	23	18
重　庆	35.0	48.3	20.7	34.7	17	20	11	15
四　川	40.6	48.9	15.7	35.6	10	19	18	14
贵　州	32.0	31.1	16.5	27.1	20	28	16	25
云　南	32.9	18.7	21.5	25.2	19	31	8	29
西　藏	30.9	49.6	1.6	27.8	24	18	31	23
陕　西	38.9	27.1	16.8	28.7	15	29	15	22
甘　肃	26.1	22.7	20.6	23.5	30	30	12	31
青　海	28.3	36.7	8.3	24.8	27	24	29	30
宁　夏	25.0	38.0	20.8	27.7	31	23	10	24
新　疆	31.6	35.1	10.7	26.4	21	26	26	26

二　2013年中国省域产业经济竞争力及三级指标得分和排名情况

	指标得分					指标排名				
	农业竞争力	工业竞争力	服务业竞争力	企业竞争力	产业竞争力	农业竞争力	工业竞争力	服务业竞争力	企业竞争力	产业竞争力
北　京	28.0	27.3	45.7	58.8	39.9	30	22	4	3	8
天　津	29.1	45.0	33.5	60.2	42.7	27	6	7	2	6
河　北	44.1	38.2	21.3	35.3	34.4	6	11	19	23	15
山　西	25.7	19.1	11.5	36.9	23.0	31	27	29	19	28
内蒙古	46.0	40.5	14.1	40.6	35.0	3	8	26	13	13
辽　宁	41.7	41.3	29.4	36.7	37.3	7	7	8	20	9
吉　林	39.3	32.0	13.4	38.6	30.5	12	19	27	17	20
黑龙江	50.3	24.1	17.5	43.2	32.4	2	25	23	9	18
上　海	31.8	34.9	52.8	51.6	42.9	20	15	2	6	5
江　苏	44.6	71.1	49.6	60.2	57.7	5	1	3	1	1
浙　江	33.7	46.8	39.1	50.8	43.3	18	5	6	7	4
安　徽	36.2	34.8	25.6	35.3	32.9	15	16	13	22	17
福　建	39.4	38.3	25.1	40.4	35.7	10	10	14	14	11
江　西	32.0	36.0	16.0	32.0	29.2	19	14	25	25	23
山　东	52.9	70.7	42.1	52.7	55.5	1	2	5	4	2
河　南	45.1	50.1	25.0	40.0	40.3	4	4	15	15	7
湖　北	40.7	36.6	26.8	41.7	36.2	9	13	11	11	10
湖　南	36.4	34.0	26.4	42.8	34.8	14	17	12	10	14
广　东	31.4	58.7	65.7	51.8	53.2	21	3	1	5	3
广　西	34.4	26.4	18.2	28.2	26.4	17	23	22	29	25
海　南	39.4	17.7	27.5	36.7	29.2	11	29	10	21	22
重　庆	28.1	28.9	23.4	39.8	30.1	29	20	16	16	21
四　川	36.6	37.5	28.7	34.0	34.2	13	12	9	24	16
贵　州	30.2	28.3	22.8	24.6	26.4	26	21	18	30	26
云　南	36.1	24.2	23.1	29.2	27.5	16	24	17	28	24
西　藏	28.4	16.6	18.3	19.6	20.1	28	31	21	31	31
陕　西	30.5	40.1	19.1	48.8	35.1	23	9	20	8	12
甘　肃	31.1	16.7	12.6	31.5	22.3	22	30	28	26	29
青　海	30.3	21.6	9.6	40.7	25.1	25	26	30	12	27
宁　夏	30.3	18.3	7.2	29.8	20.8	24	28	31	27	30
新　疆	41.4	32.2	17.0	36.9	31.4	8	18	24	18	19

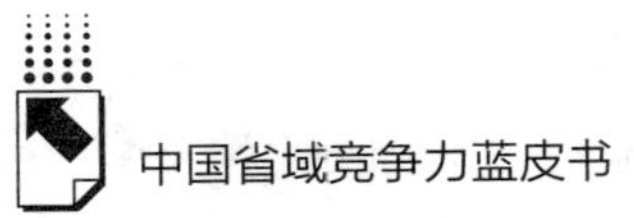

三　2013年中国省域可持续发展竞争力及三级指标得分和排名情况

	指标得分				指标排名			
	资源竞争力	环境竞争力	人力资源竞争力	可持续发展竞争力	资源竞争力	环境竞争力	人力资源竞争力	可持续发展竞争力
北　京	0.4	72.0	73.3	49.2	31	8	1	5
天　津	3.6	68.1	57.8	43.5	29	16	6	22
河　北	14.2	60.3	51.2	42.1	17	25	13	23
山　西	32.9	61.0	48.7	47.6	5	23	18	9
内蒙古	57.5	61.4	44.9	54.4	1	22	23	1
辽　宁	19.1	63.0	53.0	45.2	11	21	12	14
吉　林	19.8	68.3	44.7	44.3	9	15	24	20
黑龙江	35.5	65.1	47.4	49.3	4	20	21	4
上　海	0.5	60.1	57.9	40.0	30	26	5	26
江　苏	13.1	65.8	54.3	44.6	20	18	9	19
浙　江	9.2	70.4	62.1	47.6	27	10	2	8
安　徽	13.0	70.1	55.9	46.6	21	12	8	11
福　建	17.1	80.8	53.8	50.7	14	1	10	3
江　西	10.8	75.6	48.4	45.0	23	4	19	15
山　东	18.3	68.5	58.2	48.6	12	14	4	6
河　南	13.0	66.5	57.1	45.8	22	17	7	12
湖　北	10.5	70.2	53.4	44.9	25	11	11	16
湖　南	10.0	71.5	50.4	44.2	26	9	14	21
广　东	10.7	65.6	59.4	45.6	24	19	3	13
广　西	17.4	77.6	50.2	48.4	13	3	15	7
海　南	23.8	79.9	50.1	51.3	7	2	16	2
重　庆	8.6	73.2	42.6	41.5	28	5	27	24
四　川	16.9	51.7	48.8	39.4	15	30	17	29
贵　州	16.5	69.8	34.8	40.2	16	13	30	25
云　南	20.5	72.7	41.1	44.7	8	6	28	18
西　藏	43.1	53.1	23.9	39.6	3	28	31	28
陕　西	13.8	72.4	48.0	44.8	19	7	20	17
甘　肃	19.1	52.5	43.3	38.4	10	29	26	31
青　海	32.1	47.3	37.6	39.0	6	31	29	30
宁　夏	14.2	60.6	43.9	39.7	18	24	25	27
新　疆	43.1	53.5	46.1	47.5	2	27	22	10

四 2013年中国省域财政金融竞争力及三级指标得分和排名情况

	指标得分			指标排名		
	财政竞争力	金融竞争力	财政金融竞争力	财政竞争力	金融竞争力	财政金融竞争力
北京	64.5	72.8	68.3	1	1	1
天津	50.1	32.5	42.2	3	8	5
河北	21.9	21.5	21.7	30	22	29
山西	29.1	33.7	31.2	22	6	14
内蒙古	27.9	20.8	24.7	24	24	26
辽宁	36.8	30.1	33.8	9	10	8
吉林	25.4	20.8	23.3	27	25	28
黑龙江	21.2	19.3	20.3	31	29	31
上海	63.9	54.8	59.8	2	2	2
江苏	45.5	45.3	45.4	5	4	4
浙江	34.7	41.2	37.6	13	5	6
安徽	30.9	22.6	27.2	19	19	19
福建	35.8	27.6	32.1	12	12	11
江西	34.4	18.8	27.3	15	30	18
山东	33.7	32.0	33.0	16	9	10
河南	29.5	24.0	27.0	20	15	20
湖北	36.5	26.1	31.8	10	14	12
湖南	26.6	24.0	25.4	26	17	24
广东	45.9	54.7	49.9	4	3	3
广西	22.0	21.3	21.7	29	23	30
海南	36.1	24.0	30.6	11	16	15
重庆	23.4	28.2	25.6	28	11	23
四川	34.7	32.9	33.9	14	7	7
贵州	37.5	22.2	30.6	8	20	16
云南	38.5	23.3	31.7	7	18	13
西藏	33.4	17.6	26.3	18	31	22
陕西	26.6	26.7	26.6	25	13	21
甘肃	28.7	19.3	24.5	23	28	27
青海	33.6	20.7	27.8	17	26	17
宁夏	29.3	19.7	25.0	21	27	25
新疆	42.0	22.0	33.0	6	21	9

五　2013年中国省域知识经济竞争力及三级指标得分和排名情况

	指标得分				指标排名			
	科技竞争力	教育竞争力	文化竞争力	知识经济竞争力	科技竞争力	教育竞争力	文化竞争力	知识经济竞争力
北　京	69.7	60.0	71.7	65.9	3	1	4	3
天　津	38.3	45.0	28.6	39.7	6	7	20	7
河　北	11.4	38.3	31.3	25.8	18	18	17	18
山　西	8.4	42.5	46.3	28.5	22	9	7	13
内蒙古	6.2	24.2	25.7	16.8	25	29	23	29
辽　宁	18.3	34.9	39.1	28.5	14	23	12	14
吉　林	10.0	32.0	37.4	23.5	19	26	13	21
黑龙江	8.3	27.9	20.9	18.5	23	28	27	28
上　海	52.3	43.3	67.1	50.7	4	8	5	4
江　苏	76.7	59.0	78.9	69.5	1	2	1	1
浙　江	42.7	41.2	72.3	46.5	5	12	3	5
安　徽	16.0	37.6	30.0	27.3	15	19	18	17
福　建	22.3	34.8	36.6	29.8	10	24	14	12
江　西	14.8	42.1	26.9	28.2	16	11	22	16
山　东	34.4	51.6	49.2	43.9	7	6	6	6
河　南	19.4	52.8	40.3	36.7	12	4	9	9
湖　北	23.3	38.8	39.2	32.2	9	15	11	11
湖　南	13.9	38.6	40.7	28.4	17	17	8	15
广　东	75.1	57.6	75.1	67.6	2	3	2	2
广　西	8.8	36.6	32.6	24.1	21	20	16	20
海　南	9.1	32.2	21.0	20.7	20	25	26	25
重　庆	19.0	28.0	22.0	23.3	13	27	25	22
四　川	28.2	40.8	35.5	34.6	8	13	15	10
贵　州	6.7	42.2	27.4	24.9	24	10	21	19
云　南	4.3	38.8	29.0	22.6	28	16	19	23
西　藏	4.6	36.5	8.5	18.7	27	21	31	27
陕　西	22.2	51.7	39.7	37.3	11	5	10	8
甘　肃	5.4	35.5	22.2	20.7	26	22	24	24
青　海	1.8	21.3	9.4	11.2	31	31	30	31
宁　夏	3.2	23.9	20.4	14.6	29	30	28	30
新　疆	2.5	40.3	16.8	20.7	30	14	29	26

六　2013年中国省域发展环境竞争力及三级指标得分和排名情况

	指标得分			指标排名		
	基础设施竞争力	软环境竞争力	发展环境竞争力	基础设施竞争力	软环境竞争力	发展环境竞争力排名
北　京	55.9	52.2	54.3	4	2	2
天　津	39.6	49.6	44.1	7	4	6
河　北	39.6	31.6	36.0	9	30	13
山　西	26.8	35.5	30.7	19	23	20
内蒙古	27.0	35.0	30.6	18	25	21
辽　宁	42.1	46.5	44.1	6	7	7
吉　林	18.4	37.9	27.2	27	19	28
黑龙江	17.1	35.7	25.5	28	22	30
上　海	63.3	66.2	64.6	2	1	1
江　苏	59.8	46.9	54.0	3	6	3
浙　江	54.7	43.4	49.6	5	9	4
安　徽	38.3	32.3	35.6	11	29	14
福　建	38.1	44.4	40.9	12	8	8
江　西	24.6	36.6	30.0	21	21	23
山　东	39.6	34.7	37.4	8	26	10
河　南	38.4	33.4	36.1	10	28	12
湖　北	34.3	41.1	37.3	13	14	11
湖　南	33.9	33.8	33.9	14	27	16
广　东	63.5	30.6	48.7	1	31	5
广　西	21.1	35.1	27.4	26	24	27
海　南	22.4	39.9	30.3	22	16	22
重　庆	29.9	52.0	39.9	15	3	9
四　川	21.3	39.1	29.3	25	17	24
贵　州	21.3	37.3	28.5	24	20	25
云　南	15.5	39.9	26.5	30	15	29
西　藏	8.6	42.8	24.0	31	10	31
陕　西	27.5	41.5	33.8	17	13	17
甘　肃	16.6	41.6	27.8	29	12	26
青　海	24.9	47.3	35.0	20	5	15
宁　夏	28.6	38.5	33.1	16	18	18
新　疆	22.0	41.6	30.8	23	11	19

七　2013年中国省域政府作用竞争力及三级指标得分和排名情况

	指标得分				指标排名			
	政府发展经济竞争力	政府规调经济竞争力	政府保障经济竞争力	政府作用竞争力	政府发展经济竞争力	政府规调经济竞争力	政府保障经济竞争力	政府作用竞争力排名
北　京	30.6	73.1	74.1	61.5	24	3	3	6
天　津	59.7	73.9	30.2	58.5	3	2	26	8
河　北	46.2	60.6	41.0	52.1	9	12	13	10
山　西	34.1	67.2	35.6	48.4	21	9	16	15
内蒙古	34.4	57.8	34.4	44.7	20	17	18	20
辽　宁	53.1	70.1	63.1	65.1	7	6	5	4
吉　林	37.7	72.3	37.1	52.0	18	5	15	11
黑龙江	31.5	61.8	41.2	47.2	23	10	11	17
上　海	50.7	72.9	52.5	61.9	8	4	7	5
江　苏	65.0	68.4	54.7	66.1	1	7	6	3
浙　江	58.6	77.6	64.1	70.2	4	1	4	1
安　徽	44.0	57.4	34.7	48.1	12	19	17	16
福　建	62.0	57.8	32.0	54.0	2	16	20	9
江　西	40.5	45.6	31.9	41.6	16	24	21	23
山　东	56.8	67.6	49.0	61.1	5	8	8	7
河　南	45.0	58.1	25.6	45.9	10	15	28	19
湖　北	44.4	50.2	31.0	44.4	11	21	23	21
湖　南	43.9	60.9	31.7	48.4	13	11	22	14
广　东	56.1	59.9	84.1	69.1	6	13	1	2
广　西	40.4	36.8	26.2	36.5	17	30	27	28
海　南	27.2	44.4	74.2	49.7	28	27	2	12
重　庆	42.5	40.7	41.1	43.5	14	28	12	22
四　川	42.4	57.7	37.9	48.7	15	18	14	13
贵　州	28.5	44.8	30.9	36.6	27	26	24	27
云　南	29.1	44.9	18.7	33.0	25	25	30	30
西　藏	20.2	21.5	11.9	19.0	31	31	31	31
陕　西	36.7	56.1	23.9	41.6	19	20	29	24
甘　肃	31.5	49.4	33.0	40.1	22	22	19	25
青　海	25.6	47.6	30.3	36.4	29	23	25	29
宁　夏	28.8	59.2	45.4	46.6	26	14	10	18
新　疆	23.4	37.5	45.9	36.9	30	29	9	26

八　2013年中国省域发展水平竞争力及三级指标得分和排名情况

	指标得分				指标排名			
	工业化进程竞争力	城市化进程竞争力	市场化进程竞争力	发展水平竞争力	工业化进程竞争力	城市化进程竞争力	市场化进程竞争力	发展水平竞争力
北　京	67.1	68.0	39.7	62.0	2	2	25	4
天　津	36.6	54.5	50.1	49.2	6	6	20	6
河　北	16.5	30.3	62.3	36.9	27	20	11	16
山　西	18.1	25.7	36.5	27.6	23	22	26	26
内蒙古	12.3	37.2	52.1	34.6	31	10	19	20
辽　宁	19.0	33.6	68.4	40.9	20	13	5	12
吉　林	18.1	25.6	54.9	33.4	22	23	17	21
黑龙江	23.9	23.5	44.3	31.4	16	24	23	24
上　海	58.5	72.5	66.8	69.1	4	1	7	2
江　苏	61.4	57.1	85.4	70.4	3	4	1	1
浙　江	25.4	59.8	82.7	57.4	14	3	2	5
安　徽	12.4	31.8	65.3	36.9	30	16	9	17
福　建	26.8	46.1	62.2	46.4	11	8	12	9
江　西	26.8	34.9	64.2	42.9	10	12	10	11
山　东	25.5	47.5	67.4	48.1	13	7	6	8
河　南	23.6	22.1	57.4	34.9	17	25	15	19
湖　北	25.6	35.7	57.8	40.8	12	11	14	14
湖　南	19.6	33.0	66.8	40.4	18	14	8	15
广　东	68.0	54.6	68.4	66.5	1	5	4	3
广　西	18.4	30.4	56.0	35.6	21	18	16	18
海　南	33.4	32.9	59.6	43.2	7	15	13	10
重　庆	31.9	40.0	69.7	48.4	8	9	3	7
四　川	38.2	27.4	53.1	40.9	5	21	18	13
贵　州	16.9	17.4	40.3	25.3	25	30	24	28
云　南	16.7	20.4	45.4	28.0	26	26	22	25
西　藏	29.0	18.9	24.8	25.4	9	29	31	27
陕　西	24.4	30.3	35.8	31.4	15	19	28	23
甘　肃	19.5	16.2	28.5	22.1	19	31	30	31
青　海	12.7	19.4	36.3	23.3	29	28	27	29
宁　夏	18.0	31.8	47.5	33.3	24	17	21	22
新　疆	13.5	19.8	32.2	22.4	28	27	29	30

九　2013年中国省域统筹协调竞争力及三级指标得分和排名情况

	指标得分			指标排名		
	统筹发展竞争力	协调发展竞争力	统筹协调竞争力	统筹发展竞争力	协调发展竞争力	统筹协调竞争力
北　京	74.6	51.9	64.4	2	25	3
天　津	73.0	61.6	67.9	3	9	2
河　北	43.0	67.5	54.0	18	5	10
山　西	37.1	57.4	46.3	26	15	22
内蒙古	46.2	61.5	53.1	13	10	11
辽　宁	44.2	69.2	55.4	15	3	8
吉　林	48.6	69.6	58.1	9	1	6
黑龙江	54.3	69.3	61.0	6	2	5
上　海	82.4	53.4	69.3	1	21	1
江　苏	48.2	62.1	54.4	10	8	9
浙　江	63.2	59.5	61.5	4	12	4
安　徽	41.7	49.8	45.3	20	27	25
福　建	51.2	52.0	51.6	7	24	15
江　西	45.3	55.3	49.8	14	18	16
山　东	50.6	65.5	57.3	8	7	7
河　南	41.0	55.2	47.4	21	20	19
湖　北	40.9	56.3	47.8	22	16	18
湖　南	47.3	58.1	52.2	11	14	13
广　东	55.3	49.6	52.7	5	28	12
广　西	42.4	41.9	42.2	19	31	31
海　南	39.3	52.3	45.1	24	22	26
重　庆	46.5	49.9	48.0	12	26	17
四　川	39.4	67.1	51.9	23	6	14
贵　州	31.9	55.7	42.6	29	17	29
云　南	39.0	46.5	42.3	25	30	30
西　藏	43.2	52.1	47.2	17	23	20
陕　西	43.7	47.5	45.4	16	29	24
甘　肃	34.3	55.3	43.8	28	19	27
青　海	28.9	68.4	46.7	31	4	21
宁　夏	30.2	60.2	43.7	30	11	28
新　疆	35.5	58.3	45.8	27	13	23

十　2013年中国省经济综合竞争力及二级指标得分和排名情况

地区	指标得分									
	宏观经济竞争力	产业竞争力	可持续发展竞争力	财政金融竞争力	知识经济竞争力	发展环境竞争力	政府作用竞争力	发展水平竞争力	统筹协调竞争力	经济综合竞争力
北　京	48.0	39.9	49.2	68.3	65.9	54.3	61.5	62.0	64.4	56.4
天　津	46.7	42.7	43.5	42.2	39.7	44.1	58.5	49.2	67.9	47.8
河　北	37.1	34.4	42.1	21.7	25.8	36.0	52.1	36.9	54.0	37.4
山　西	26.1	23.0	47.6	31.2	28.5	30.7	48.4	27.6	46.3	33.5
内蒙古	30.3	35.0	54.4	24.7	16.8	30.6	44.7	34.6	53.1	35.8
辽　宁	45.5	37.3	45.2	33.8	28.5	44.1	65.1	40.9	55.4	43.5
吉　林	30.9	30.5	44.3	23.3	23.5	27.2	52.0	33.4	58.1	35.9
黑龙江	30.3	32.4	49.3	20.3	18.5	25.5	47.2	31.4	61.0	34.4
上　海	43.6	42.9	40.0	59.8	50.7	64.6	61.9	69.1	69.3	54.7
江　苏	63.5	57.7	44.6	45.4	69.5	54.0	66.1	70.4	54.4	58.9
浙　江	51.8	43.3	47.6	37.6	46.5	49.6	70.2	57.4	61.5	51.4
安　徽	34.6	32.9	46.6	27.2	27.3	35.6	48.1	36.9	45.3	36.7
福　建	40.5	35.7	50.7	32.1	29.8	40.9	54.0	46.4	51.6	41.8
江　西	32.8	29.2	45.0	27.3	28.2	30.0	41.6	42.9	49.8	35.8
山　东	53.1	55.5	48.6	33.0	43.9	37.4	61.1	48.1	57.3	48.9
河　南	36.6	40.3	45.8	27.0	36.7	36.1	45.9	34.9	47.4	38.8
湖　北	37.6	36.2	44.9	31.8	32.2	37.3	44.4	40.8	47.8	38.9
湖　南	36.4	34.8	44.2	25.4	28.4	33.9	48.4	40.4	52.2	37.8
广　东	66.7	53.2	45.6	49.9	67.6	48.7	69.1	66.5	52.7	58.4
广　西	25.4	26.4	48.4	21.7	24.1	27.4	36.5	35.6	42.2	31.3
海　南	31.0	29.2	51.3	30.6	20.7	30.3	49.7	43.2	45.1	35.2
重　庆	34.7	30.1	41.5	25.6	23.3	39.9	43.5	48.4	48.0	36.6
四　川	35.6	34.2	39.4	33.9	34.6	29.3	48.7	40.9	51.9	38.3
贵　州	27.1	26.4	40.2	30.6	24.9	28.5	36.6	25.3	42.6	30.9
云　南	25.2	27.5	44.7	31.7	22.6	26.5	33.0	28.0	42.3	30.7
西　藏	27.8	20.1	39.6	26.3	18.7	24.0	19.0	25.4	47.2	27.2
陕　西	28.7	35.1	44.8	26.6	37.3	33.8	41.6	31.4	45.4	35.7
甘　肃	23.5	22.3	38.4	24.5	20.7	27.8	40.1	22.1	43.8	28.6
青　海	24.8	25.1	39.0	27.8	11.2	35.0	36.4	23.3	46.7	29.1
宁　夏	27.7	20.8	39.7	25.0	14.6	33.1	46.6	33.3	43.7	30.7
新　疆	26.4	31.4	47.5	33.0	20.7	30.8	36.9	22.4	45.8	32.1

续表

地区	指标排名									
	宏观经济竞争力	产业经济竞争力	可持续发展竞争力	财政金融竞争力	知识经济竞争力	发展环境竞争力	政府作用竞争力	发展水平竞争力	统筹协调竞争力	经济综合竞争力
北　京	5	8	5	1	3	2	6	4	3	3
天　津	6	6	22	5	7	6	8	6	2	7
河　北	11	15	23	29	18	13	10	16	10	14
山　西	27	28	9	14	13	20	15	26	22	23
内蒙古	20	13	1	26	29	21	20	20	11	18
辽　宁	7	9	14	8	14	7	4	12	8	8
吉　林	19	20	20	28	21	28	11	21	6	17
黑龙江	21	18	4	31	28	30	17	24	5	22
上　海	8	5	26	2	4	1	5	2	1	4
江　苏	2	1	19	4	1	3	3	1	9	1
浙　江	4	4	8	6	5	4	1	5	4	5
安　徽	16	17	11	19	17	14	16	17	25	15
福　建	9	11	3	11	12	8	9	9	15	9
江　西	17	23	15	18	16	23	23	11	16	19
山　东	3	2	6	10	6	10	7	8	7	6
河　南	12	7	12	20	9	12	19	19	19	11
湖　北	10	10	16	12	11	11	21	14	18	10
湖　南	13	14	21	24	15	16	14	15	13	13
广　东	1	3	13	3	2	5	2	3	12	2
广　西	28	25	7	30	20	27	28	18	31	25
海　南	18	22	2	15	25	22	12	10	26	21
重　庆	15	21	24	23	22	9	22	7	17	16
四　川	14	16	29	7	10	24	13	13	14	12
贵　州	25	26	25	16	19	25	27	28	29	26
云　南	29	24	18	13	23	29	30	25	30	28
西　藏	23	31	28	22	27	31	31	27	20	31
陕　西	22	12	17	21	8	17	24	23	24	20
甘　肃	31	29	31	27	24	26	25	31	27	30
青　海	30	27	30	17	31	15	29	29	21	29
宁　夏	24	30	27	25	30	18	18	22	28	27
新　疆	26	19	10	9	26	19	26	30	23	24

B.40

附录3

2013年中国31个省、区、市主要经济指标数据

统计资料（Ⅰ）

地 区	GDP（亿元）	GDP增长率（%）	人均GDP（元）	第一产业增加值（亿元）	第二产业增加值（亿元）	工业增加值（亿元）	第三产业增加值（亿元）
北 京	19501	7.7	93213	162	4352	3537	14986
天 津	14370	12.5	99607	188	7277	6679	6905
河 北	28301	8.2	38716	3500	14762	13195	10039
山 西	12602	8.9	34813	774	6793	6033	5036
内蒙古	16832	9.0	67498	1599	9084	7944	6149
辽 宁	27078	8.7	61686	2322	14269	12510	10487
吉 林	12981	8.3	47191	1509	6858	6033	4614
黑龙江	14383	8.0	37509	2517	5918	5090	5948
上 海	21602	7.7	90092	129	8028	7237	13445
江 苏	59162	9.6	74607	3646	29094	25612	26422
浙 江	37568	8.2	68462	1785	18447	16368	17337
安 徽	19039	10.4	31684	2348	10404	8928	6287
福 建	21760	11.0	57856	1936	11315	9455	8508
江 西	14339	10.1	31771	1636	7671	6434	5031
山 东	54684	9.6	56323	4743	27422	24222	22519
河 南	32156	9.0	34174	4059	17806	15961	10290
湖 北	24668	10.1	42613	3098	12172	10531	9399
湖 南	24502	10.1	36763	3099	11517	10001	9885
广 东	62164	8.5	58540	3048	29427	27426	29689
广 西	14378	10.2	30588	2344	6863	5750	5171
海 南	3146	9.9	35317	756	871	551	1519
重 庆	12657	12.3	42795	1017	6398	5250	5242
四 川	26261	10.0	32454	3426	13579	11579	9256
贵 州	8007	12.5	22922	1029	3244	2687	3734
云 南	11721	12.1	25083	1895	4928	3768	4898
西 藏	808	12.1	26068	87	293	61	428
陕 西	16045	11.0	42692	1526	8912	7507	5608
甘 肃	6268	10.8	24296	879	2821	2225	2568
青 海	2101	10.8	36510	208	1204	971	689
宁 夏	2565	9.8	39420	223	1265	945	1077
新 疆	8360	11.0	37181	1468	3766	3024	3126

统计资料（Ⅱ）

地　区	地方财政收入（亿元）	固定资产投资（亿元）	全社会消费品零售总额（亿元）	进出口总额（亿美元）	出口总额（亿美元）	实际 FDI（亿美元）
北　京	3315	6847	8375	4290	631	85
天　津	1760	9130	4470	1285	490	168
河　北	2084	23194	10517	549	310	65
山　西	1516	11032	5139	158	80	28
内蒙古	1553	14217	5114	120	41	46
辽　宁	3105	25108	10581	1145	645	290
吉　林	1041	9979	5426	258	67	68
黑龙江	1163	11453	6251	389	162	46
上　海	3744	5648	8052	4413	2042	168
江　苏	5861	36373	20797	5508	3288	333
浙　江	3441	20782	15226	3358	2487	142
安　徽	1793	18622	6542	455	283	107
福　建	1776	15327	8275	1693	1065	67
江　西	1372	12850	4576	367	282	76
山　东	4059	36789	22295	2665	1342	141
河　南	2040	26087	12427	600	360	135
湖　北	1823	19307	10886	364	228	69
湖　南	1782	17841	9019	252	148	87
广　东	6229	22308	25454	10916	6364	250
广　西	1166	11908	5133	328	187	7
海　南	409	2698	993	150	37	18
重　庆	1703	10435	4600	687	468	106
四　川	2421	20326	10561	646	419	106
贵　州	1014	7374	2366	83	69	15
云　南	1338	9968	4005	253	157	25
西　藏	87	876	293	33	33	1
陕　西	1601	14884	5000	201	102	37
甘　肃	520	6528	2174	102	47	3
青　海	186	2361	544	14	8	1
宁　夏	264	2651	611	32	26	1
新　疆	909	7732	2108	276	223	5

统计资料（Ⅲ）

地　区	教育经费（亿元）	金融机构存款余额（亿元）	旅游外汇收入（百万美元）	铁路网线密度（公里/平方公里）	公路网线密度（公里/平方公里）	耕地面积（千公顷）	森林覆盖率（%）
北　京	681.2	91661	4795	7.8	132.1	232	35.8
天　津	461.4	23317	2591	8.1	131.9	441	9.9
河　北	837.6	39445	586	3.3	92.6	6317	23.4
山　西	542.4	26269	823	2.4	89.0	4056	18.0
内蒙古	456.9	15264	962	0.9	14.6	7147	21.0
辽　宁	669.5	39418	3477	3.4	74.9	4085	38.2
吉　林	422.1	14886	552	2.3	49.3	5535	40.4
黑龙江	501.3	18293	604	1.3	35.4	11830	43.2
上　海	679.5	69256	5245	5.6	153.3	244	10.7
江　苏	1435.0	88302	2380	2.4	146.2	4764	15.8
浙　江	950.1	73732	5393	1.9	109.5	1921	59.1
安　徽	736.6	26938	1660	2.5	124.0	5730	27.5
福　建	574.9	28939	4573	2.2	80.3	1330	66.0
江　西	664.5	19583	525	1.8	91.1	2827	60.0
山　东	1399.7	63358	2731	2.7	160.9	7515	16.7
河　南	1171.5	37591	660	3.0	150.9	7926	21.5
湖　北	690.6	32903	1219	2.1	122.1	4664	38.4
湖　南	809.5	26876	823	1.9	111.1	3789	47.8
广　东	1744.6	119685	16278	1.9	112.8	2831	51.3
广　西	609.9	18401	1547	1.7	46.9	4218	56.5
海　南	174.6	5953	337	2.0	70.3	728	55.4
重　庆	437.3	22789	1268	2.0	149.3	2236	38.4
四　川	1036.4	48122	765	0.7	62.4	5947	35.2
贵　州	560.7	13298	201	1.2	98.0	4485	37.1
云　南	686.0	20829	2418	0.7	58.2	6072	50.0
西　藏	107.2	2501	128	0.0	5.9	362	12.0
陕　西	710.1	25737	1676	2.1	80.3	4050	41.4
甘　肃	377.1	12071	20	0.6	33.1	4659	11.3
青　海	121.5	4111	19	0.3	9.8	543	5.6
宁　夏	113.0	3881	12	2.5	55.0	1107	11.9
新　疆	532.7	14248	585	0.3	10.2	4125	4.2

统计资料（Ⅳ）

地　区	年末人口（万人）	人口自然增长率（‰）	城镇化率（%）	平均受教育程度（年）	城镇登记失业率（%）	居民消费品零售价格指数（%）	城镇居民人均可支配收入（元）	农村居民家庭人均纯收入（元）
北　京	2115	4.4	86.3	12.0	1.21	103.3	45274	18337
天　津	1472	2.3	82.0	10.5	3.6	102.7	35656	15841
河　北	7333	6.2	48.1	8.9	3.68	102.6	24143	9102
山　西	3630	5.2	52.6	9.4	3.13	102.5	24014	7154
内蒙古	2498	3.4	58.7	9.0	3.66	103.1	26978	8596
辽　宁	4390		66.5	10.1	3.35	102.8	27905	10523
吉　林	2751	0.3	54.2	9.4	3.7	102.5	23544	9621
黑龙江	3835	0.8	57.4	9.5	4.44	103.2	21149	9634
上　海	2415	2.9	89.6	10.6	3.98	102.8	48879	19595
江　苏	7939	2.4	64.1	9.4	3.03	102.6	35131	13598
浙　江	5498	4.6	64.0	9.4	3.01	102.2	41241	16106
安　徽	6030	6.8	47.9	8.5	3.41	102.3	25006	8098
福　建	3774	6.2	60.8	8.6	3.55	102.4	33383	11184
江　西	4522	6.9	48.9	9.2	3.17	102.7	22949	8781
山　东	9733	5.0	53.8	8.9	3.24	102.1	30628	10620
河　南	9413	5.5	43.8	8.8	3.09	102.5	23687	8475
湖　北	5799	4.9	54.5	9.3	3.49	102.9	25180	8867
湖　南	6691	6.5	48.0	9.0	4.2	102.0	24643	8372
广　东	10644	6.0	67.8	9.2	2.43	102.8	36504	11669
广　西	4719	7.9	44.8	8.6	3.3	103.2	25029	6791
海　南	895	8.7	52.7	9.2	2.17	103.2	24920	8343
重　庆	2970	3.6	58.3	8.7	3.4	102.6	26850	8332
四　川	8107	3.0	44.9	8.4	4.11	102.5	23894	7895
贵　州	3502	5.9	37.8	8.0	3.26	102.7	21413	5434
云　南	4687	6.2	40.5	7.8	3.98	102.7	24698	6141
西　藏	312	10.4	23.7	4.4	2.47	103.5	22561	6578
陕　西	3764	3.9	51.3	9.3	3.32	102.8	24109	6503
甘　肃	2582	6.1	40.1	8.3	2.3	102.7	20149	5108
青　海	578	8.0	48.5	8.0	3.31	103.1	22131	6196
宁　夏	654	8.6	52.0	8.7	4.06	102.0	23767	6931
新　疆	2264	10.9	44.5	9.0	3.36	103.8	22388	7296

B.41
参考文献

1. 国家统计局：《中国统计年鉴2013》，北京：中国统计出版社，2013。
2. 国家统计局：《中国统计年鉴2014》，北京：中国统计出版社，2014。
3. 中国科技统计：http：//www. sts. org. cn。
4. 中华人民共和国商务部：《中国农产品进出口月度统计报告》。
5. 中国人民银行：《2012 中国区域金融运行报告》，http：//www. pbc. gov. cn。
6. 中华人民共和国新闻出版总署：《2012 年新闻出版产业分析报告》。
7. 胡锦涛：《坚定不移沿着中国特色社会主义道路前进，为全面建成小康社会而奋斗：在中国共产党第十八次全国代表大会上的报告》，北京：人民出版社，2012。
8. 谢旭人：《为国理财　为民服务——党的十六大以来财政发展改革成就》，北京：人民出版社，2012。
9. 高培勇等：《中国公共财政建设报告2012》（全国版），北京：社会科学文献出版社，2012。
10. 高培勇等：《中国公共财政建设报告2012》（地方版），北京：社会科学文献出版社，2012。
11. 娄峥嵘：《我国公共服务财政支出效率研究》，北京：中国社会科学出版社，2011。
12. 李扬：《中国金融改革30年》，北京：社会科学文献出版社，2008。
13. 吴晓灵：《中国金融体制改革30年回顾与展望》，北京：人民出版社，2008。
14. 汪小亚：《农村金融体制改革研究》，北京：中国金融出版社，2009。
15. 财政部财政科学研究所：《60 年来中国财政发展历程与若干重要节点》，《改革》2009 年第10 期。
16. 黄麟：《促进城乡公共服务均等化的地方财政体制改革研究》，《改革与战略》2011年第12 期。
17. 贾康：《“十二五”时期中国财政制度改革》，《财政研究》2011 年第7 期。
18. 贾敬全：《促进区域经济协调发展的财政政策研究》，《经济问题探索》2011 年第5期。
19. 刘迎霜：《中国金融体制改革历程——基于金融机构、金融市场、金融监管视角的叙述》，《南京社会科学》2011 年第4 期。
20. 孙晓霞：《统筹规划“十二五”开局之年的财政金融工作》，《中国财政》2011 年第5 期。
21. 贾晓俊、岳希明：《我国均衡性转移支付资金分配机制研究》，《经济研究》2012 年第1 期。

22. 尹晨、严立新：《中国农村金融改革与发展战略刍议》，《毛泽东邓小平理论研究》2012 年第 1 期。
23. 刘丽娟：《完善公共财政体制　实现基本公共服务均等化》，《广东行政学院学报》2012 年第 1 期。
24. 李森：《论集权、分权均衡的实现及我国财政体制的优化》，《税务与经济》2012 年第 2 期。
25. 曲凤杰：《加快金融改革开放　推动金融体系国际化进程》，《宏观经济管理》2012 年第 3 期。
26. 魏加宁：《加快金融体制改革　化解金融潜在风险》，《经济研究参考》2012 年第 8 期。
27. 郑新立：《我国金融体制改革的五大关键点》，《经济研究参考》2012 年第 8 期。
28. 周小川：《党的十六大以来中国金融业改革发展取得巨大成就》，《金融时报》2012 年 9 月19 日。
29. 《十六大以来中国资本市场改革发展概况》，《证券时报》2011 年 10 月 31 日。
30. 樊华、周德祥：《中国省域科技创新效率演化及其影响因素研究》，《科研管理》2012 年第 1 期。
31. 何莉娟：《关于建设区域科技创新信息服务平台的思考》，《科技情报开发与经济》2012 年第 12 期。
32. 李葳、王宏起：《区域科技创新平台体系建设与运行策略》，《科技进步与对策》2012 年第 6 期。
33. 李应生：《科技创新成果转化的难点与对策研究》，《河南科技》2012 年第 2 期。
34. 宋平：《中日韩三国科技创新能力的比较与启示》，《山东社会科学》2012 年第 7 期。
35. 谭文华等：《福建省科技创新平台建设的回顾与展望》，《福建农林大学学报》2011 年第 2 期。
36. 万娜：《我国科技创新体系建设带来的思考》，《科技创新导报》2011 年第 27 期。
37. 许楠、王立岩：《创新型城市科技创新系统运行机制与效率测度》，《统计与决策》2012 年第 13 期。
38. 国家统计局：《从十六大到十八大经济社会发展成就系列报告之一》，http：//www.stats.gov.cn/tjfx/ztfx/sbdcj/t20120815_402827873.htm。
39. 国家统计局：《“十一五”经济社会发展成就系列报告之十六：我国经济结构调整取得重要进展》，http：//www.stats.gov.cn/tjfx/ztfx/sywcj/t20110311_402709772.htm。
40. 白瑞雪、翟珊珊：《基于产业链视角的“十二五”时期产业结构优化升级研究》，《中国特色社会主义研究》2012 年第 4 期。
41. 逯元堂等：《我国产业结构调整的环境成效实证分析》，《中国人口·资源与环境》2011 年第 12 期。

42. 余子鹏、刘勇：《我国产业结构调整与要素效率关系分析》，《经济学家》2011 年第 8 期。
43. 盛朝迅：《比较优势因素变化对我国产业结构调整的影响》，《经济纵横》2012 年第 8 期。
44. 赵弘等：《比较视角下的北京信息服务业竞争力分析》，《中国科技论坛》2009 年第 7 期。
45. 张耘：《北京国际科技创新枢纽建设与世界城市战略研究》，《开放导报》2011 年第 5 期。
46. 韩利红等：《河北省创新型科技人才竞争力评价与分析》，《河北大学学报：哲学社会科学版》2009 年第 6 期。
47. 陶军：《基于产业集群战略的内蒙古“西部经济区”核心竞争力提升的研究》，《开发研究》2011 年第 3 期。
48. 荣宏庆：《辽宁装备制造业竞争力现状与比较优势分析》，《扬州大学学报》（人文社会科学版）2011 年第 1 期。
49. 李冬：《吉林省农产品出口贸易竞争力的测算与分析》，《经济纵横》2009 年第 7 期。
50. 项卫星等：《黑龙江省文化产业竞争力分析》，《学习与探索》2010 年第 3 期。
51. 吴仁伟等：《上海国际竞争力评估与比较分析》，《社会科学》2009 年第 10 期。
52. 高山：《主要国际金融中心竞争力比较及对上海的启示》，《社会科学研究》2009 年第 4 期。
53. 杨道建等：《江苏省区域竞争力实证研究》，《科技管理研究》2010 年第 22 期。
54. 吕品等：《浙江传统制造业国际竞争力实证分析》，《华东经济管理》2009 年第 9 期。
55. 黄祖辉等：《浙江省农产品国际竞争力的影响因素——基于双钻石模型的对比分析》，《浙江社会科学》2010 年第 9 期。
56. 智颖飙等：《安徽资源环境绩效评估研究》，《安徽大学学报》（自然科学版）2008 年第 5 期。
57. 张文兵：《安徽省制造业竞争力分析》，《国际贸易问题》2007 年第 9 期。
58. 安增军等：《中国区域经济视角的“海峡西岸经济区”构建与福建经济竞争力提升》，《经济管理》2007 年第 14 期。
59. 郑珍远等：《福建省高新技术产业竞争力评价研究——华东六省一市的比较分析》，《东南学术》2010 年第 5 期。
60. 黄新建等：《江西省城市化进程与城市竞争力研究》，《企业经济》2008 年第 6 期。
61. 戚汝庆：《山东科技竞争力分析及对策建议》，《山东师范大学学报：人文社会科学版》2010 年第 2 期。
62. 陈宏：《河南省工业竞争力研究——基于因子分析方法》，《河南社会科学》2010 年第 2 期。

63. 张俊飚等：《湖北农产品市场竞争力的现状分析及提升对策》，《湖北社会科学》2010 年第 12 期。
64. 李梦觉：《湖南工业竞争力的横向评价》，《统计与决策》2008 年第 9 期。
65. 屈韬：《FDI 对广东外贸商品结构和产业竞争力的影响》，《广东商学院学报》2011 年第 2 期。
66. 罗天洪等：《创新视角下重庆市装备制造业竞争力提升机理研究》，《科技进步与对策》2011 年第 3 期。
67. 武友德等：《云南省地区综合经济实力与竞争力比较研究》，《经济问题探索》2009 年第 5 期
68. 何亚东：《我国服务贸易竞争力及发展战略研究》，《国际贸易研究》2010 年第 8 期。
69. 杨洁：《陕西经济对外开放的实证分析及发展对策》，《理论导刊》2010 年第 5 期。
70. 张涑贤等：《基于拓展偏离－份额法的陕西省服务业竞争力及发展对策分析》，《华南师范大学学报：社会科学版》2010 年第 1 期。
71. 姚丽娟：《创新型产业集群是提升欠发达区域竞争力的战略选择——以甘肃为例》，《甘肃社会科学》2009 年第 3 期。
72. 魏晓强等：《青海旅游业综合竞争力评价与预测分析》，《开发研究》2011 年第 2 期。
73. 尚慧丽：《提升区域服务业竞争力的对策研究》，《经济纵横》2010 年第 1 期。
74. 陈红川：《高新技术产业竞争力评价实证研究》，《软科学》2010 年第 8 期。
75. 温晓娟、马春光：《企业国际竞争力相关概念辨析与影响因素探讨》，《经济问题探索》2010 年第 7 期。
76. 李清彬、金相郁等：《要素适宜度与中国区域经济协调：内涵与机制》，《中国人口资源与环境》2010 年第 7 期。
77. 张纯记：《中国省级区域经济发展水平的动态综合评价》，《工业技术经济》2010 年第 7 期。
78. 赵作斌：《刍议区域经济核心竞争力理论与实践》，《经济问题》2008 年第 3 期。
79. 孙翠兰：《“十二五”时期区域经济、社会进一步协调发展总体思路》，《当代经济》2010 年第 13 期。
80. 郑甘澍：《金融危机对我国区域经济影响的分析及其思考》，《中国经济问题》2010 年第 3 期。
81. 税伟：《区域竞争力的国际争论及启示》，《人文地理》2010 年第 1 期。
82. 周广亮：《基于主成分分析的省级区域竞争力评价》，《经济研究参考》2010 年第 65 期。
83. 卢启程等：《国内外区域竞争力研究现状与分析》，《经济问题探索》2011 年第 3 期。
84. 陈梦筱：《中国六大经济区竞争力与发展定位研究》，《经济问题探索》2011 年第 10

期。
85. 相丽玲等：《我国区域知识竞争力的关键要素分析》，《情报理论与实践》2011 年第 3 期。
86. 邬云峰等：《中国“准”经济增长第四极竞争力比较研究》，《探索》2011 年第 4 期。
87. 赵敏、潘晓广：《环境规制、技术创新与经济转型的理性思考》，《山西农业大学学报》（社会科学版）2012 年第 11 期。
88. 刘立峰：《各地区“十二五”规划比较》，《中国投资》2011 年第 12 期。
89. 樊华、周德祥：《中国省域科技创新效率演化及其影响因素研究》，《科研管理》2012 年第 1 期。
90. 何莉娟：《关于建设区域科技创新信息服务平台的思考》，《科技情报开发与经济》2012 年第 12 期。
91. 李葳、王宏起：《区域科技创新平台体系建设与运行策略》，《科技进步与对策》2012 年第 6 期。
92. 李应生：《科技创新成果转化的难点与对策研究》，《河南科技》2012 年第 2 期。
93. 宋平：《中日韩三国科技创新能力的比较与启示》，《山东社会科学》2012 年第 7 期。
94. 许楠、王立岩：《创新型城市科技创新系统运行机制与效率测度》，《统计与决策》2012 年第 13 期。
95. 徐光耀、宋卫国：《2011 ~2012 全球竞争力指数与中国的创新型国家建设》，《中国科技论坛》2012 年第 7 期。
96. 马蕾、刘小斌、宋华明等：《创新驱动战略下的创新高速公路初探》，《科技与经济》2011 年第 6 期。
97. 顾飞、黄睿：《创新驱动战略价值解析》，《重庆电子工程学院学报》2011 年第 4 期。
98. 刘志彪：《从后发到先发：关于实施创新驱动战略的理论思考》，《产业经济研究》2011 年第 4 期。
99. 魏后凯、高春亮：《中国区域协调发展态势与政策调整思路》，《河南社会科学》2012 年第 1 期。
100. 国土开发与地区经济研究所课题组：《“十二五”时期促进我国区域协调发展的重点任务和政策建议》，《宏观经济研究》2010 年第 5 期。
101. 熊辉、杨泰龙、胡柳娟：《论新时期我国统筹区域协调发展战略》，《当代世界与社会主义》2012 年第 2 期。
102. 向延平：《区域协调发展的国际经验及启示》，《宏观经济管理》2013 年第 4 期。
103. 汪阳红：《“十二五”时期促进我国区域协调发展的重点》，《宏观经济管理》2010 年第 7 期。
104. 张伟丽、李建新：《中国行政区经济协调发展的空间格局及演化分析》，《经济地理》2013 年第 6 期。
105. 姬兆亮、戴永翔、胡伟：《政府协同治理：中国区域协调发展协同治理的实现路径》，《西北大学学报》（哲学社会科学版）2013 年第 2 期。
106. 杜鹰：《区域协调发展的基本思路与重点任务》，《求是》2012 年第 4 期。
107. 沙治慧：《公共投资与经济发展的区域协调性研究》，《经济学动态》2012 年第 5 期。
108. 刘丽、齐磊：《推进城乡统筹发展的对策建议》，《农业考古》2011 年第 6 期。
109. 徐昭锟：《我国统筹城乡养老保障制度的探讨》，《劳动保障世界》2013 年第 1 期。
110. 申曙光、吴昱杉：《我国基本医疗保险制度城乡统筹的关键问题分析》，《中国医疗保险》2013 年第 6 期。
111. 吴海东：《城乡统筹中的发展机制探析》，《天府新论》2013 年第 2 期。
112. 田穗、张艺壤：《城乡统筹发展下社会保障制度完善》，《商业时代》2013 年第 2 期。
113. 田丰：《世界经济新看点》，《经济日报》，2013 年 12 月 6 日。
114. 何奕：《区域协调发展面临的问题及解决路径》，《光明日报》，2012 年 6 月 24 日。
115. 鞠姗：《国际贸易格局对中国的影响及对策》，《光明日报》，2013 年 11 月 13 日。
116. 吴洪英：《世界经济步入长期复杂调整期》，《经济日报》，2013 年 11 月 12 日。
117. 范恒山、孙久文、陈宣庆：《中国区域协调发展研究》，北京：商务印书馆，2012。
118. 魏后凯：《中国区域协调发展研究》，北京：中国社会科学出版社，2012。
119. 中共第十七届中央委员会第五次全体会议公报，2010 年 10 月。
120. 刘庶明：《全国各地“十二五”规划纲要建议比较研究》，吉林省人民政府发展研究中心，2011。
121. 延昕珂：《我国企业科技创新的问题与对策研究》，武汉理工大学硕士学位论文，2011。
122. 钟经文：《挖掘新动力，开拓新格局》，《经济日报》，2014 年 12 月 7 日。
123. 新华时评：《“新常态”中有新亮点》，新华网 2014 年 10 月 21 日，http://news.xinhuanet.com/2014-10/21/c_1112916976.htm。
124. 《新常态定位我国经济发展大逻辑》，光明网 2014 年 12 月 14 日，http://economy.gmw.cn/newspaper/2014-12/14/content_102868207.htm。
125. 刘伟、苏剑：《“新常态”下的中国宏观调控》，《经济科学》2014 年第 4 期。
126. 胡家勇：《经济“新常态”下区域发展动力的转换》，《区域经济评论》2014 年第 6 期。
127. 王军：《适应新常态寻求新动力》，《中国经贸导刊》2014 年 7 月上。
128. 刘元春：《“新常态”需除“旧教条”》，《光明日报》2014 年 6 月 23 日第 011 版。

129. 方竹兰：《经济“新常态”下的区域发展动力源于创新》，《区域经济评论》2014年第6期。
130. 周程程：《国家统计局中国经济景气监测中心副主任潘建成：新常态下经济增长仍有三大动力》，每经网，2014年10月23日，http：//www.nbd.com.cn/articles/2014-10-23/870841.html。
131. 《中央经济工作会闭幕：提2015年5项任务（全文）》，中财网，2014年12月11日，http：//news.cnfol.com/guoneicaijing/20141211/19676282.shtml。
132. 张中华：《论产业结构、投资结构与需求结构》，《财贸经济》，2000第1期。
133. 张连城、李方正：《中国需求结构失衡判定的国际比较》，《首都经济贸易大学学报》2014年第4期。
134. 李春顶、夏枫林：《中美需求结构比较与中国未来的需求结构优化》，《中国市场》2014年第3期。
135. 徐伟：《中国开放型经济需求管理》，北京：中国经济出版社，2011年11月。
136. 纪明：《中国需求结构演进研究》，北京：经济科学出版社，2013年1月。
137. 内蒙古发展研究中心：《中国经济“三期叠加”：换挡期、阵痛期、消化期》，《领导决策信息》2013年第32期，http：//www.nmg.cei.gov.cn/jcxx/201309/t20130906_164459.html。
138. 中央经济工作会议首次阐释新常态九大特征：《稳增长成明年首务》，http：//www.guancha.cn/economy/2014_12_12_303130.shtml，2014年12月12日。
139. 魏江、周丹：《我国生产性服务业与制造业互动需求结构及发展态势》，《经济管理》2010年第8期。
140. 夏杰长：《以扩大消费需求为着力点调整我国总需求结构》，《经济学动态》2012第2期。
141. 张蔷：《中国城市文化创意产业现状、布局及发展对策》，《地理科学进展》2013第8期。
142. 赵永新：《协同创新应对产业链竞争》，《人民日报》2014年12月22日第10版。
143. 刘勇：《为转型升级构筑坚实的需求基础》，《经济日报》2014年12月16日第12版。
144. 江宝章、贺林平、朱少军：《自贸区扩容，蓄力新常态》，《人民日报》2014年12月16日第10版。
145. 马一德：《经济立法，引领“新常态”》，《经济日报》2014年12月4日第12版。
146. 曹立编《中国经济新常态》，北京：新华出版社，2014。
147. 吴敬琏等著、胡舒立等编《新常态改变中国：首席经济学家谈大趋势》，北京：民主与建设出版社，2014。
148. 高帆：《中国城乡二元经济结构转化：理论阐释与实证分析》，上海：上海三联书店，2012。
149. 白永秀、吴丰华、周江燕、吴振磊等：《2014中国省域城乡社会一体化水平评价报告》，北京：中国经济出版社，2014。
150. 张桂文：《推进以人为核心的城镇化，促进城乡二元结构转型》，《当代经济研究》2014 年第 3 期。
151. 安虎森、吴浩波：《我国城乡结构调整和城镇化关系研究——一种新经济地理学的视角》，《中国地质大学学报》（社会科学版）2013 年第 4 期。
152. 李兴江、张亚伟：《基于超边际视角的城乡二元结构与城镇化发展分析》，《商业研究》2014 年第 5 期。
153. 陆学艺、杨桂宏：《破除城乡二元结构体制是解决“三农”问题的根本途径》，《中国农业大学学报》（社会科学版）2013 年第 3 期。
154. 王颂吉、白永秀：《中国城乡二元经济结构的转化趋向及影响因素——基于产业和空间两种分解方法的测度与分析》，《中国软科学》2013 年第 8 期。
155. 黄茂兴等：《中国省域经济热点问题研究》，北京：经济科学出版社，2014。
156. 管清友：《产业结构调整进入新常态》，《中国经济和信息化》2014 年第 12 期。
157. 杜传忠：《新常态关键应在经济结构的转型升级》，http：//business. sohu. com/20141101/n405676529. shtml。
158. 陈婷婷：《前有“劲敌”后有“追兵”中国制造何去何从?》，http：//finance. chinanews. com/cj/2012/11 –09/4315816. shtml。
159. 谭志娟：《多数据凸显经济下行压力加大》，http：//www. cb. com. cn/economy/2014_ 1213/1101385. html。
160. 刘伟、苏剑：《“新常态”下的中国宏观调控》，《经济科学》2014 年第 4 期。
161. 林毅夫、苏剑：《论我国经济增长方式的转换》，《管理世界》2007 年第 11 期。
162. 贺海峰：《把脉地方经济“新常态”——对话国家行政学院经济学部主任张占斌》，《决策》2014 年第 10 期。
163. 张启良：《经济增长新常态下的就业问题探析》，《统计与咨询》2014 年第 5 期。
164. 王耀中、帅先富：《努力推动服务业大发展》，《经济日报》2011 年 7 月 11 日第 14 版。
165. 慎海雄：《实现从“汗水式增长”到“创新式增长”的跨越》，http：//news. xinhuanet. com/comments/2014 –08/18/c_ 1112112937. htm。
166. 于良春、菅敏杰：《行业垄断与居民收入分配差距的影响因素分析》，《产业经济研究》2013 第 2 期。
167. 沈卫平：《提高劳动收入比重的主要路径》，《现代经济探讨》2010 第 11 期。
168. 张车伟：《中国劳动报酬份额变动与总体工资水平估算及分析》，《经济学动态》2012 第 9 期。
169. 李稻葵、刘霖林、王红领：《GDP 中劳动份额演变的 U 型规律》，《经济研究》2009 年第 1 期。
170. 张雷宝：《认识税收工作的“新常态”》，《中国税务报》2014 年 11 月 5 日。
171. 郭庆旺、吕冰洋：《论税收对要素收入分配的影响》，《经济研究》2011 年第 6

期。
172. 中共中央宣传部理论局：《理论热点面对面2007》，学习出版社，2007。
173. 第十二届全国人民代表大会第一次会议《政府工作报告》，2013年3月5日。
174. 第十二届全国人民代表大会第二次会议《政府工作报告》，2014年3月5日。
175. 李虹茹：《新时期我国收入分配公平问题研究》，沈阳师范大学硕士学位论文，2014。
176. 刘清亮、高志勇：《初次分配的公平性与财政政策导向》，《河北学刊》2008年第1期。
177. 岳希明、张斌、徐静：《中国税制的收入分配效应测度》，《中国社会科学》2014第6期。
178. 夏琛桂、石金涛：《对我国机关事业单位收入分配的调查分析》，《科学学研究》2007年第3期。
179. 李建平等主编《中国省域经济综合竞争力发展报告（2005～2006）》，北京：社会科学文献出版社，2007。
180. 李建平等主编《中国省域经济综合竞争力发展报告（2006～2007）》，北京：社会科学文献出版社，2008。
181. 李建平等主编《中国省域经济综合竞争力发展报告（2007～2008）》，北京：社会科学文献出版社，2009。
182. 李建平等主编《中国省域经济综合竞争力发展报告（2008～2009）》，北京：社会科学文献出版社，2010。
183. 李建平等主编《中国省域经济综合竞争力发展报告（2009～2010）》，北京：社会科学文献出版社，2011。
184. 李建平等主编《十一五时期中国省域经济综合竞争力发展报告》，北京：社会科学文献出版社，2012.
185. 李建平等主编《中国省域经济综合竞争力发展报告（2011－2012）》，北京：社会科学文献出版社，2013。
186. 李建平等主编《“十二五”中期中国省域经济综合竞争力发展报告》，北京：社会科学文献出版社，2014。
187. 李建平、李建建、黄茂兴等：《中国经济60年发展报告（1949～2009）》，北京：经济科学出版社，2009。
188. 李建平等主编《中国省域环境竞争力发展报告（2005～2009）》，北京：社会科学文献出版社，2010。
189. 李建平等主编《中国省域环境竞争力发展报告（2009～2010）》，北京：社会科学文献出版社，2011。
190. 李建平等主编《“十二五”中期中国省域环境竞争力发展报告》，北京：社会科学文献出版社，2014。
191. 李建平等主编《全球环境竞争力发展报告（2013）》，北京：社会科学文献出版

社，2014。

192. 李闽榕、李建平、黄茂兴：《中国省域经济综合竞争力预测研究报告（2009～2012）》，北京：社会科学文献出版社，2010。

193. 李闽榕、李建平、黄茂兴：《中国省域经济综合竞争力评价与预测研究》，北京：社会科学文献出版社，2007。

194. 李闽榕：《中国省域经济综合竞争力研究报告（1998～2004）》，北京：社会科学文献出版社，2006。

B.42
后　记

本书是课题组发布的第九部《中国省域竞争力蓝皮书》。九年来，在各方的关怀和支持下，《中国省域竞争力蓝皮书》持续得到了社会各界的广泛关注和积极认可，产生了积极的社会反响。2013 年 8 月，由中国社会科学院主办的“第十四次全国皮书年会”公布了首批中国社会科学院以外授权使用“中国社会科学院创新工程学术出版项目”标识的优秀皮书，《中国省域竞争力蓝皮书》光荣入列，这是对这部皮书的重要褒奖，我们必将继续奋力前行。2014 年 10 月，中国社会科学院科研局《关于同意 41 种院外皮书使用创新工程学术出版项目标识的批复》显示，《中国省域竞争力蓝皮书》再次入选中国社会科学院创新工程学术出版项目。

本书是全国经济综合竞争力研究中心 2015 年重点研究项目研究成果、中央财政支持地方高校发展专项项目“福建师范大学产业与区域经济综合竞争力研究创新团队”2014 ~2015 年重大研究成果、中央组织部资助的首批青年拔尖人才支持计划（组厅字〔2013〕33 号文件）2014 ~2015 年资助的阶段性成果、国家社科基金项目（项目编号：10BJL046）资助的阶段性研究成果、福建省社会科学研究基地——福建师范大学竞争力研究中心 2015 年重大项目研究成果、2014 年福建省社科基地重大项目（项目编号：2014JD2010、2014JD2011 和 2014JD2012）的阶段性研究成果、福建省高等学校科技创新团队（闽教科〔2012〕03 号）和福建师范大学创新团队建设计划 2014 ~2015 年资助的阶段性研究成果，以及福建省特色重点学科和省重点学科福建师范大学理论经济学学科 2014 ~2015 年重大研究成果。

省域经济是中国经济的一个重要组成部分，省域经济的重要地位日益凸显，愈来愈引起区域经济发展战略决策者和经济理论界的高度关注。省域经济在中国经济的发展中发挥了中流砥柱的作用，由此也决定了大力提升省域经济综合竞争力研究必将引起理论界、学术界和各级政府决策者的高度重视。自 2007 年起，由全国经济综合竞争力研究中心福建师范大学分中心具体承担研究的“中国省域经济综合竞争力发展报告”系列蓝皮书，已由社会科学文献出版社正式出版了 8 部，分别于 2007 年、2008 年、2009 年、2010 年、2011 年、2012 年、2013 年和 2014 年全国“两会”期间或前夕在中国社会科学院第一学术报告厅举行新闻发布会，引起了各级政府、理论界和海内外新闻媒体的高度关注，产生了强烈的社会反响。

为了全面贯彻落实党的十八大、十八届三中和四中全会以及 2014 年中央经济工作会议精神，课题组结合国内外经济形势对我国各省域经济发展的影响，紧密跟踪研究了“新常态”下我国各省、区、市经济综合竞争力的评价结果，为我国区域经济战略选择提供了有价值的分析依据。值得高兴的是，在国务院发展研究中心《管理世界》杂志

社、中国社会科学院社会科学文献出版社领导的大力支持下，全国经济综合竞争力研究中心福建师范大学分中心将《中国省域经济综合竞争力发展报告（2013～2014）——新常态下中国省域经济结构分析》蓝皮书研究项目再次列为重大研究课题，福建师范大学原校长李建平教授亲自担任课题组组长和本书的主编之一，直接指导和参与了本书的研究和审订书稿工作；本书主编之一的福建省新闻出版广电局党组书记、福建师范大学兼职教授李闽榕博士指导、参与了本书的研究和书稿统改、审订工作；国务院发展研究中心《管理世界》杂志社社长高燕京先生对本书的研究工作给予了积极指导和大力支持，并担任本书的主编之一；国务院发展研究中心《管理世界》杂志社竞争力部主任苏宏文同志为本书的顺利完成积极创造了条件；福建师范大学经济学院原院长李建建教授也对本研究给予了关心和支持。全国经济综合竞争力研究中心福建师范大学分中心常务副主任、福建师范大学经济学院副院长（主持工作）黄茂兴教授为本课题的研究从课题策划到最终完稿做了大量具体工作。

2014 年 3 月以来，课题组着手对省域经济综合竞争力的创新内容、主攻方向、评价方法等问题展开了比较全面和深入研究，跟踪研究 2012～2013 年中国各省、区、市经济发展动态和指标数据，研究对象涉及全国 31 个省级区域。本书一百多万字，数据采集、录入和分析工作庞杂而艰巨，采集、录入基础数据 1.2 万个，计算、整理和分析数据 4 万多个，共制作简图 100 多幅、统计表格 500 多个，竞争力地图 30 幅。这是一项复杂艰巨的工程，课题组的各位研究人员为完成这项工程付出了艰辛劳动，在此谨向全力支持并参与本项目研究的李军军博士（承担本书第二部分第 4～11 章和第三部分“专题五”，共计 20.2 万字）、林寿富博士（承担本书第二部分第 19～23 章和第三部分“专题一”部分内容，共计 13.0 万字）、陈洪昭博士（承担本书第二部分第24～26 章和第三部分“专题二”部分内容，共计 9.0 万字）、王珍珍博士（承担本书第二部分第 29～31 章和第三部分“专题四”部分内容，共计 9.6 万字）、叶琪博士（承担本书第二部分第 27～28 章和第三部分“专题一”部分内容，共计 4.1 万字）、陈伟雄博士（承担本书第二部分第 27～28 章和第三部分“专题三”部分内容，共计 5.3 万字）、周利梅博士（承担本书第二部分第 3 章和第三部分“专题二”部分内容，共计 2.4 万字）、易小丽博士（承担本书第二部分第 1～2 章和第三部分“专题三”部分内容，共计 3.8 万字）、唐杰博士（承担本书第三部分“专题四”部分内容，共计 1.5 万字），以及博（硕）士研究生杨雪星、张宝英、吴娟、林惠玲、林瀚、陈贤龙、叶婉君、张璇、邱雪萍、兰筱琳、李师源、陈志龙、贾学凯、季鹏、邹尔明、彭席席、张艺婷、黄成、李振、肖蕾等同志表示深深的谢意。他（她）们放弃暑假和节假日休息时间，每天坚持工作 10 多个小时，为本研究的数据采集、测算等做了许多细致的工作。

该书也是我校与福建省人民政府发展研究中心共同组织实施的福建省研究生教育创新基地建设项目——福建省政治经济学研究生教育创新基地的阶段性成果，福建师范大学经济学院各年级研究生通过积极参加本项目的研究，增强了科研意识，提高了创新能力，使我院研究生培养质量有了很大提高。

本书还直接或间接引用、参考了其他研究者的相关研究文献，对这些文献的作者表示诚挚的感谢。

社会科学文献出版社的谢寿光社长，政法分社王绯社长以及责任编辑李兰生、赵慧英，为本书的出版，提出了很好的修改意见，付出了辛苦的劳动，在此一并向他们表示由衷的谢意。

由于时间仓促，本书难免存在疏漏和不足，敬请读者批评指正。

编 者

2014 年 12 月

法律声明

“皮书系列”（含蓝皮书、绿皮书、黄皮书）之品牌由社会科学文献出版社最早使用并持续至今，现已被中国图书市场所熟知。“皮书系列”的LOGO（）与“经济蓝皮书”“社会蓝皮书”均已在中华人民共和国国家工商行政管理总局商标局登记注册。“皮书系列”图书的注册商标专用权及封面设计、版式设计的著作权均为社会科学文献出版社所有。未经社会科学文献出版社书面授权许可，任何使用与“皮书系列”图书注册商标、封面设计、版式设计相同或者近似的文字、图形或其组合的行为均系侵权行为。

经作者授权，本书的专有出版权及信息网络传播权为社会科学文献出版社享有。未经社会科学文献出版社书面授权许可，任何就本书内容的复制、发行或以数字形式进行网络传播的行为均系侵权行为。

社会科学文献出版社将通过法律途径追究上述侵权行为的法律责任，维护自身合法权益。

欢迎社会各界人士对侵犯社会科学文献出版社上述权利的侵权行为进行举报。电话：010－59367121，电子邮箱：fawubu@ssap.cn。

社会科学文献出版社

权威报告·热点资讯·特色资源

皮书数据库

ANNUAL REPORT(YEARBOOK) DATABASE

当代中国与世界发展高端智库平台

WWW.PISHU.COM.CN

皮书俱乐部会员服务指南

1. 谁能成为皮书俱乐部成员？

- 皮书作者自动成为俱乐部会员
- 购买了皮书产品（纸质书/电子书）的个人用户

2. 会员可以享受的增值服务

- 免费获赠皮书数据库100元充值卡
- 加入皮书俱乐部，免费获赠该纸质图书的电子书
- 免费定期获赠皮书电子期刊
- 优先参与各类皮书学术活动
- 优先享受皮书产品的最新优惠

3. 如何享受增值服务？

（1）免费获赠100元皮书数据库体验卡

第1步 刮开附赠充值的涂层（右下）；

第2步 登录皮书数据库网站（www.pishu.com.cn），注册账号；

第3步 登录并进入“会员中心”—“在线充值”—“充值卡充值”，充值成功后即可使用。

（2）加入皮书俱乐部，凭数据库体验卡获赠该书的电子书

第1步 登录社会科学文献出版社官网（www.ssap.com.cn），注册账号；

第2步 登录并进入“会员中心”—“皮书俱乐部”，提交加入皮书俱乐部申请；

第3步 审核通过后，再次进入皮书俱乐部，填写页面所需图书、体验卡信息即可自动兑换相应电子书。

4. 声明

解释权归社会科学文献出版社所有

皮书俱乐部会员可享受社会科学文献出版社其他相关免费增值服务，有任何疑问，均可与我们联系。

图书销售热线：010-59367070/7028
图书服务QQ：800045692
图书服务邮箱：duzhe@ssap.cn

数据库服务热线：400-008-6695
数据库服务QQ：2475522410
数据库服务邮箱：database@ssap.cn

欢迎登录社会科学文献出版社官网（www.ssap.com.cn）和中国皮书网（www.pishu.cn）了解更多信息

社会科学文献出版社 SOCIAL SCIENCES ACADEMIC PRESS (CHINA) 皮书系列

卡号：151218231931

密码：

子库介绍
Sub-Database Introduction

中国经济发展数据库

涵盖宏观经济、农业经济、工业经济、产业经济、财政金融、交通旅游、商业贸易、劳动经济、企业经济、房地产经济、城市经济、区域经济等领域，为用户实时了解经济运行态势、把握经济发展规律、洞察经济形势、做出经济决策提供参考和依据。

中国社会发展数据库

全面整合国内外有关中国社会发展的统计数据、深度分析报告、专家解读和热点资讯构建而成的专业学术数据库。涉及宗教、社会、人口、政治、外交、法律、文化、教育、体育、文学艺术、医药卫生、资源环境等多个领域。

中国行业发展数据库

以中国国民经济行业分类为依据，跟踪分析国民经济各行业市场运行状况和政策导向，提供行业发展最前沿的资讯，为用户投资、从业及各种经济决策提供理论基础和实践指导。内容涵盖农业，能源与矿产业，交通运输业，制造业，金融业，房地产业，租赁和商务服务业，科学研究，环境和公共设施管理，居民服务业，教育，卫生和社会保障，文化、体育和娱乐业等 100 余个行业。

中国区域发展数据库

以特定区域内的经济、社会、文化、法治、资源环境等领域的现状与发展情况进行分析和预测。涵盖中部、西部、东北、西北等地区，长三角、珠三角、黄三角、京津冀、环渤海、合肥经济圈、长株潭城市群、关中—天水经济区、海峡经济区等区域经济体和城市圈，北京、上海、浙江、河南、陕西等 34 个省份及中国台湾地区。

中国文化传媒数据库

包括文化事业、文化产业、宗教、群众文化、图书馆事业、博物馆事业、档案事业、语言文字、文学、历史地理、新闻传播、广播电视、出版事业、艺术、电影、娱乐等多个子库。

世界经济与国际政治数据库

以皮书系列中涉及世界经济与国际政治的研究成果为基础，全面整合国内外有关世界经济与国际政治的统计数据、深度分析报告、专家解读和热点资讯构建而成的专业学术数据库。包括世界经济、世界政治、世界文化、国际社会、国际关系、国际组织、区域发展、国别发展等多个子库。